KB047955

직무발명제도 해설

한국특허법학회 편

박영사

전체 특허출원 중 직무발명에 의한 특허출원이 80%를 초과한다고 합니다. 그런 상황에서 직무발명을 효율적으로 관리하는 것은 발명의 창출, 보호, 활용의 역량을 높이는 데 큰 역할을 할 것입니다. 실제로도 직무발명과 관련된 분쟁이 증가하고 있고 회사 내에서의 직무발명 관련 업무량도 증가하고 있습니다. 한국특허법학회는 직무발명 관련 업무에 조금이나마 도움이 되는 지침서를 제공하기 위해 회원들의 뜻을 모아 이 책을 발간하게 되었습니다.

이 책의 집필에는 23명의 한국특허법학회 회원이 참가하였고, 회원들의 다양한 관점은 이 책의 여러 곳에 드러나 있습니다. 그러한 다양함과 비통일성이 이 책의 장점이자 단점일 수도 있을 것입니다. 앞으로 제2판, 제3판을 발간하면서 다양성으로 인한 장점은 보강하고 비통일성으로 인한 단점은 줄이는 노력을 할 것입니다.

이 책의 집필에 기꺼이 참여한 23명 저자의 공이 큽니다. 그들의 노고에 경의를 표합니다. 이 책의 발간을 위하여 편집위원장인 정차호 교수를 비롯한 다수의 편집위원이 많은 노력을 기울였음도 아울러 기록하여 두고자 합니다. 한편 이 책이 처음 기대하였던 분량이나 수준에 미치지 못한 점이 있을 것이나 독자들께서 널리 양해하여 주실 것을 기대하고, 추후 개정판을 통해서 더 나은 작품을 만들어 갈 것을 약속드립니다. 아무쪼록 이 책이 우리나라 직무발명 법리 및 실무의 발전에 조금이라도 도움이 되기를 바랍니다.

한국특허법학회 회원 일동

제 1 장 직무발명제도 개관

제 2 장 직무발명의 요건

제 3 장 직무발명의 승계

제 4 장 직무발명에 대한 보상

제 5 장 기타 직무발명제도 관련 쟁점

〈면책(Disclaimer)〉

이 책에서의 각 저자의 의견은 온전히 학문적이고 개인적인 것이며, 각 저자의 과거, 현재 또는 미래의 근무처, 의뢰인 등의 의견 또는 입장과는 무관합니다.

〈인용(citation)〉

각 저자의 글을 인용하는 경우 아래의 인용례를 활용 또는 참고하여 주시기 바랍니다.

저자성명, "글 제목", 「직무발명제도 해설」, 한국특허법학회 편, 박영사, 2015, xxx면("인용되는 내용").

제 1 장

직무발명제도 개관

제1절 직무발명 법제 입법 이력
제2절 Ⅰ. 독일의 종업원발명법
Ⅱ. 미국의 직무발명제도
Ⅲ. 일본의 직무발명제도
Ⅳ. 중국의 직무발명제도
제3절 직무발명제도에 대한 경제학적 접근

제 1 절 직무발명 법제 입법 이력

성균관대학교 법학전문대학원 교수 정차호

I. 서 론

직무발명에 의한 특허출원이 전체 특허출원 중 80%를 상회하므로,[1] 직무발명제도를 잘 운용하는 것이 우리나라의 발명역량을 제고하는 데 매우 중요할 것이다. 직무발명제도는 세금우대 제도 등 여러 측면이 있지만,[2] 기본적으로 직무발명에 대한 회사와 종업원 사이의 이해관계를 조율하여 직무발명의 왕성한 창출, 활용을 도모하는 목적을 가진다. 우리 직무발명 법제는 그러한 목적을 달성하기 위하여 여러 변화를 거쳐 왔고 앞으로도 많은 변화를 겪을 것이다. 이 절에서는 지금까지의 직무발명 법제의 입법이력을 살펴보고, 그에 따라 우리 직무발명제도의 미래상을 점쳐 본다.

---

1) 2006년 법 개정 당시에 조사된 바에 의하면 직무발명에 의한 출원은 전체 출원 중 84.6%('05), 84.2%('04), 82.1%('03) 등이었다. 2007년부터 2012년까지의 통계는 다음과 같다.

구 분	'07	'08	'09	'10	'11	'12
개인발명(A)	32,189	33,443	35,588	33,267	35,069	36,610
법인발명(B)	140,280	137,189	127,935	136,834	141,931	148,187
계(C)	172,469	170,632	163,523	170,101	177,000	184,797
법인발명 비중(B/C)	81.3%	80.4%	78.2%	80.4%	80.2%	80.2%

특허청, "지식재산통계연보", 2012

2) 조세제한특례법 제10조는 연구·인력 개발비에 대해 세액공제를 인정하고 있으며, 직무발명 보상금을 동 연구·인력개발비에 포함되는 것으로 규정하고 있으며, 소득세법 제12조 제5호는 발명진흥법 제15조에 의한 보상금에 대하여 비과세 혜택을 부여하고 있다.

Ⅱ. 직무발명 법제의 입법 이력

1. 1963년 특허법(법률 제1293호)

직무발명에 대하여는 1963년 특허법이 최초로 규정하기 시작하였다. 동 법 제15조는 '피용자의 발명'이라는 제목 아래 제1항에서는 직무발명을 정의하고, 제2항에서는 사용자 등의 통상실시권을 규정하고, 제3항에서는 법인의 임원 및 공무원을 정의하였다. 나아가 제16조는 '피용자에 대한 보상금'이라는 제목 아래 제1항에서는 피용자(종업원) 등의 보상금을 받을 권리를 규정하고, 제2항에서는 제1항에 의한 대가결정에 있어서 사용자가 얻을 이익을 고려하여야 함을 규정하고, 제3항에서는 사용자 등이 미리 지불한 보수를 보상금 결정 시 참작하여야 함을 규정하였다.

1963년 법이 2015년 현재의 법과 가장 다른 점은 회사가 종업원에게 미리 지불한 보수를 보상금 결정 시 참작하여야 한다는 점이다. 즉, 현재의 법은 회사가 종업원에게 이미 지불한 보수는 발명활동과 상관없이 당연히 지불하여야 하는 것으로 보는 반면, 1963년 법은 이미 지불한 보수를 보상금의 한 형태로 인정한 것이다. 달리 말하면, 현재의 법은 종업원이 연구개발을 하는 그 자체에 대하여 보수를 지급하는 것이고 회사에 이익을 주는 발명을 한 행위에 대하여 추가적으로 보상금을 지급한다고 보고, 1963년 법은 종업원이 회사에 이익을 주는 발명을 한 행위에 대하여 보수 및 보상금을 지급한다고 보는 것이다. 생각건대, 현재의 법이 종업원에게 더 유리한 것이고, 종업원 중 일부만이 회사에 이익을 주는 발명을 하는 것으로 본다면 현재의 법이 타당하고, 종업원 중 다수가 회사에 이익을 주는 발명을 하는 것으로 본다면 1963년 법이 타당하다고 생각된다.

2. 1974년 특허법(법률 제2505호)

1974년 특허법은 제17조에서 '직무발명'이라는 용어를 최초로 도입하고(제1항), 공무원의 직무발명에 대한 특허권을 국유로 함을 명확하게 하고(제2항), 자유발명에 대한 승계, 전용실시권 설정 등의 계약 또는 규정이 무효임을 규정하고(제3항), 공무원의 직무발명에 의한 국유특허권의 처분에 관한 제5항 및

제6항을 신설하였다.

동 법 제18조는 직무발명에 대한 보상에 대하여 규정하였는데, 사용자 등이 미리 지불한 보수를 보상금 산정에 있어서 참작하게 하는 규정을 삭제하고, 공무원의 직무발명에 대한 보상금 지불에 필요한 사항을 대통령령이 정하게 하는 규정을 신설하고(제3항), 사용자 등이 직무발명심의위원회를 둘 수 있는 근거 규정을 신설하였다.

3. 2006년 발명진흥법(법률 제7869호)

1974년 특허법이 직무발명 제도를 규율한 이래 2005년까지 동 제도에 대하여는 사사로운 자구의 수정 외에는 큰 변화가 없어 왔다. 직무발명 제도의 변화와 관련하여서는 2006년 특허법 개정(법률 제7869호) 및 발명진흥법 개정(법률 제7869호)으로 직무발명 관련 규정이 특허법에서 발명진흥법으로 옮겨진 것이 가장 중요하므로 2006년 개정에 대하여 자세하게 살펴볼 필요가 있다.

필자가 2006년 직무발명제도 개정을 옆에서 관찰한 바에 따르면,[3] 2004년 2월 2일 대통령이 "기업의 투자나 연구혁신을 유도하는 방향으로 직무발명의 인센티브를 연구할 것"이라는 지시를 하였고, 그 지시에 따라 2004년 6월 15일 「직무발명보상제도 개선방안」이 국무회의에서 보고되었고, 2005년 2월 16일 "발명진흥법 개정 T/F팀"이 발족되었고, 2005년 4월 발명진흥법 개정안이 입안되었다.[4] 구체적으로는 첫째로, 관련 규정을 발명진흥법으로 이관하고, 둘째로, 사용자의 의무를 강화하는 법 개정안을 마련하였고, 사용자 단체와 종업원 단체의 치열한 논쟁 끝에 2006년 발명진흥법에 규정된 새로운 직무발명제도가 탄생하였다.

필자의 사견으로는 2006년 법 개정 당시의 전반적인 분위기가 종업원 이익을 중시하는 것이었고[5] 그럼으로 인하여 2006년 발명진흥법에 의한 직무발

---

3) 직무발명제도 개선을 위하여 2005년 2월, 특허청(발명정책과) 주도 아래 "발명진흥법 개정 T/F팀"이 구성되었고, 기업, 연구소(4명), 변호사, 변리사(3명), 학계(4명), 관련 부처(3명)로부터의 총 14명이 참가하였고, 본 저자도 그 일원이었다.

4) 특허청, "직무발명제도 이렇게 바뀌었습니다", 2006년 6월 자료, 12면.

5) 2005년 7월 29일 특허청 보도자료에 의하면, "직무발명 활성화 종합대책"이 7월 28일 제9차 과학기술관계장관회의에 상정, 보고되었으며, 동 "대책은 크게 직무발명관련 법제도를 정비하고, 민간기업의 직무발명보상 실시를 유도하기 위한 유인책을 강화하는 2가지 내용이 골자를 이루"었다고 한다.

명제도는 사용자에게 조금이라도 더 불리하고 종업원에게 조금이라도 더 유리한 것이 되었고, 그 불균형은 현재까지도 치유되지 않고 있고, (2013년 법 개정에 대하여 언급을 하는 아래의 장면에서 살펴보는 바와 같이) 2013년 법 개정에서는 오히려 종업원의 이익을 더 중시하는 새로운 규정이 도입되었다. 이하에서는 2006년 발명진흥법 개정으로 도입된 새로운 규정을 간단히 언급한다.

가. 종업원의 통지 의무 부과

2006년 개정 발명진흥법 제10조(현행 제12조)는 종업원이 직무발명의 완성 사실을 지체 없이 사용자에게 통지하여야 함을 새로이 규정하였다. 이 규정의 신설에 있어서 종업원이 직무발명 완성 사실을 지체 없이 통지하지 않았을 때의 벌칙에 관한 규정을 두는 것이 마땅하다는 의견이 있었으나 그 의견은 반영되지 않았다.[6)]

나. 사용자의 통지 의무 부과

2006년 개정법 제11조(현행 제13조) 제1항은 종업원에 의한 직무발명 완성에 관한 통지가 있는 경우 사용자가 반드시 대통령령이 정하는 기간(4개월) 이내에 승계 여부를 문서로 통지하여야 함을 규정한다. 그 기간 이내에 사용자가 문서로 적절히 통지를 하지 않는 경우 같은 조 제3항에 따라 사용자가 관련 권리를 포기한 것으로 간주된다. 즉, 사용자의 미통지에 대한 벌칙이 관련 권리의 포기가 되는 것이다. 본 규정은 첫째, 직무발명신고서의 접수를 승계의사 통지로 갈음할 수 없도록 하는 점, 둘째, 사용자의 실수로 인한 미통지에 대한 벌칙이 지나치게 크다는 점, 국가연구개발사업관리규정과 상충한다는 점,[7)] 온라인 통지로 서면통지를 대신할 수 있는지 여부가 불분명한 점,[8)] 종업원의 직무발명

6) 본 필자는 제10조에 제2항을 다음과 같이 추가하자는 의견을 제시하였었다. "②신고 이행의 절차 및 불이행시의 벌칙에 대하여는 종업원등과 사용자등이 합리적인 절차를 거쳐 자율적으로 합의할 수 있다."

7) 국가연구개발사업관리규정에 의하면 국가연구개발예산이 투여된 연구개발의 결과물인 특허는 주관연구기관이 소유토록 규정하고 있다. 즉, 동 규정에 의하면 발명자 소유가 인정되지 않는 것이다. 주관연구기관의 실수(미통지)가 동 규정을 유명무실하게 하는 것은 바람직하지 않다. 그러므로, 첫째, 제11조 제3항에 대한 예외 규정을 두든지 아니면 둘째, 통지의 지연으로 특허에 대한 권리가 발명자에게 넘어가는 규정을 삭제하든지 둘 중 하나를 하였어야 하였는데, 그러한 의견이 있었는데도 불구하고 그 조치는 취해지지 않았다.

8) "대기업 또는 다출원기관의 경우 기관 내 온라인결재시스템을 구축하고 있으며, 이를 통해 직무발명 신고 등이 이뤄지고 있음"을 감안하여 규정의 '문서' 통지가 '온라인' 통지를 포함

신고 지연에 대한 벌칙이 없는 점과 상응하지 않다는 점 등에 대한 지적으로부터 자유롭기가 어렵다. 그러므로 제11조 제3항은 현행 직무발명제도 관련 규정 중 가장 시급히 개선되어야 하는 것이라고 생각된다.[9)]

다. 직무발명 관련 계약 또는 근무규정의 강제

법 제11조(현행 제13조) 제1항 단서는 직무발명 관련 계약 또는 근무규정이 없는 경우에는 사용자가 직무발명에 대하여 권리의 승계를 주장할 수 없다고 규정하여 단순히 계약 또는 근무규정이 없다는 이유만으로 사용자의 관련 이익이 박탈당하게 되었다. 이와 관련하여 특허청은 2006년 및 2007년 중 전국을 순회하며 직무발명 관련 계약 또는 근무규정을 두어야 한다고 홍보하였다. 필자는 새로운 법인이 매월 약 5천개 이상 새로 설립되는 상황에서 모든 신설 기업이 직무발명 관련 계약 또는 근무규정을 두기를 기대하는 것이 현실적이지 않다고 주장한 바 있다.[10)] 특허청이 2006년 11월 중 연구개발 활동을 하고 있는 기업 1,529개의 응답을 기준으로 조사한 바에 의하면, 직무발명보상제도를 실시하고 있는 기업은 23.24%이었고, 2005년도 조사의 20.1%에서 3.14%p 상승하였다고 한다.[11)]

라. 직무발명 승계 시점의 특정

2006년 법 개정 전에는 직무발명의 승계 시점이 정확히 언제인지에 대하여 이견이 존재하였다. 그러한 이견을 해소하기 위하여 2006년 개정 발명진흥법 제11조(현행 제13조) 제2항은 사용자가 승계의사를 통지한 때를 승계시점으로 규정하였다. 이 규정은 승계시점을 명확하게 하였다는 장점도 가지지만 승계시점을 더 빨리 당길 수 없게 한다는 단점도 가진다. 미국의 경우, 계약 또는 근무규정에 따라 직무발명의 승계시점을 발명의 완성 시점, 직무발명 신고 시점, 입사 당시 계약서에 사인을 한 시점 등에서 자유롭게 승계시점을 정할 수 있는 반면, 우리의 경우 제11조 제2항으로 인하여 별도의 승계시점을 정

하는 개념인지에 대하여 질문이 있었다. 이에 대하여는 법원의 긍정적인 해석이 있을 것으로 기대된다. 독일에서는 '문서' 통지를 엄격하게 해석하는 경우, 이메일 통지, 핸드폰 문자 통지 등이 문서통지에 해당하지 않으므로 문서통지를 문자통지로 변경하였다.

9) 제19조의 잘못된 점에 대한 자세한 설명은 다음 글 참고 : 정차호, "2006년 개정 직무발명제도의 제문제점 및 재 개정방안", 「창작과 권리」(세창출판사), '07. 9월호.

10) 정차호, 위의 논문, 14면.

11) 특허청(산업재산정책팀), "직무발명보상제도 운영실태 조사결과", 2007년 1월, 2면.

할 수가 없게 되었다. 직무발명의 승계시점이 지연되면 ① 종업원 자신에 의한 특허출원의 가능성, ② 종업원에 의한 제3자에의 이중양도의 위험성[12] 등이 높아지므로 승계시점은 빠르면 빠를수록 더 좋다. 어차피 승계되어야 할 직무발명이 빨리 승계된다고 하여 종업원에게 별도의 손해가 있지도 않다. 향후, (적어도) 종업원이 직무발명을 신고하고 그 신고서를 회사가 접수하는 때를 승계시점으로 삼을 수 있도록 법이 개정되어야 할 것이다.

마. 보상금 판단기준의 협의 유도

직무발명과 관련된 분쟁의 대부분은 보상금의 적정성 여부에 관한 것이다. 특히, 사용자가 얻을 이익을 산정하는 작업은 여간 어려운 일이 아니다. 그러한 분쟁을 최소화하기 위하여 2006년 법 개정은 직무발명에 대한 보상금 산정 방식을 일률적으로 규율하는 규정의 도입을 모색하였으나 하나의 규정이 모든 상황에 합리적으로 적용되기는 어렵다는 점으로 인하여 그러한 규정의 도입은 채택되지 않았고[13] 그 대신 사용자가 보상금 산정기준을 종업원과 협의하도록 유도하는 제13조(현행 제15조) 제2항이 도입되었다. 즉, ① 보상형태 및 보상액을 결정하기 위한 기준을 사용자와 종업원이 적절히 협의하고, ② 책정된 보상기준을 적절히 공표하고, ③ 보상액 결정 시 종업원으로부터 의견을 적절히 청취하는 경우, 그 기준에 의한 보상액은 적절한 것이라고 간주하는 것이다. 이 규정은 사용자가 적절한 절차를 거쳐 종업원과 협의하여 보상금 판단기준을 제시하고 그에 따라 보상금 액수를 결정한 경우 그 액수는 정당한 것으로 보고, 법원이 별도의 산정을 하지 않을 수 있게 한다는 점에서 직무발명 보상금 관련 분쟁을 줄이는 데 약간이라도 기여한다고 생각된다. 다만, 종업원 측에서는 그러한 사전 협의가 사용자에게 일방적으로 유리하게 진행될 것이라는 점에 대하여 불만을 제기할 것이 예상되었다. 이러한 불만은 (아래에서 보는 바와 같이) 2013년 법 개정을 유도하였다.

---

12) 미국에서의 이중양도에 의한 분쟁의 발생에 관하여 다룬 글은 다음 참고: 원세환·정차호, "직무발명 이중양도 관련 발명진흥법 개정방안", 「성균관법학」(성균관대학교 법학연구소) 제24권 제1호, 2012년 3월.

13) 보상금 산정방법을 구체적으로 규율하는 규정을 도입하자는 주장은 그 후에도 계속 제기되지만 입법으로 연결되지는 못하여왔다. 예를 들어, 정희수 의원 대표발의, "발명진흥법 일부개정 법률안"(2012. 7. 20.)은 다음과 같은 규정의 신설을 주장한 바 있다. "제1항에 따른 보상금의 최저보상기준 산정방법 및 비율, 산정절차, 그 밖에 필요한 사항은 대통령령으로 정한다."

바. 출원 유보 시의 보상

제14조(현행 제16조)는 사용자가 직무발명에 대하여 출원을 하지 않는 경우에도 종업원은 보상을 받을 수 있음을 규정한다. 그 보상액은 그 직무발명이 특허 또는 실용신안등록으로 보호되었더라면 종업원이 받을 수 있었던 경제적 이익이 고려되어 결정될 것이다. 회사가 특허출원을 한 경우 당연히 보상을 받을 수 있는데 회사가 특허출원을 하지 않았다고 하여 그 보상의 기회가 사라지는 것은 합리적이지 않다는 이해에서 비롯된 규정이다. 사용자가 해당 직무발명을 특허출원하여 특허권을 확보하는 것보다 영업비밀로 운용하는 것이 더 유리하다고 판단할 수 있지만, 그 경우에도 사용자가 종업원에게 보상을 하여야 함은 물론이다. 그런데, 영업비밀로 운용하여 경제적 이익이 발생하였다면 그 이익을 기준으로 보상액을 산정하면 될 것인데 굳이 특허 또는 실용신안등록으로 보호되었더라면 발생하였을 경제적 이익을 기준으로 할 필요는 없을 것이다. 특히 영업비밀로 인한 이익이 산업재산권으로 인한 이익보다 더 큰 경우에는 더욱 그러하다.

사. 직무발명심의기구 운영 유도

제14조의2(현행 제17조)는 사용자가 직무발명에 관한 사항을 심의하기 위하여 직무발명심의기구를 설치·운용할 수 있다고 규정한다. 그 규정은 강행규정이 아니어서 사용자가 위 기구의 설치·운용 여부를 자발적으로 결정할 수 있다. 강행규정이 아니라는 점에서 위 규정의 실효성이 강하지는 않지만 사용자에 의한 심의기구 설치·운용을 유도하는 데에 의의를 둘 수 있다.

아. 산업재산권분쟁조정위원회에의 조정 신청

제14조의3(현행 제18조)은 “직무발명과 관련하여 분쟁이 발생하는 경우 사용자등 또는 종업원등은 제29조의 규정에 의한 산업재산권분쟁조정위원회에 조정을 신청할 수 있다”고 규정한다. 많은 경우 법원에 의한 ‘판결’보다 ‘조정’이 더 바람직할 수 있다. 조문은 사용자 ‘또는’ 종업원이 조정을 신청할 수 있다고 규정하고 있으나 현실적으로는 사용자 ‘및’ 종업원이 합의하여야 조정을 신청할 수 있을 것이다. 제14조의3에도 불구하고 산업재산권분쟁조정위원회에 신청되는 직무발명 관련 분쟁의 건수는 거의 없는 실정이다.

자. 비밀유지의 의무

제14조의4(현행 제19조)는 "종업원등은 사용자등이 직무발명을 출원할 때까지 그 발명의 내용에 관한 비밀을 유지하여야 한다. 다만, 사용자등이 승계하지 아니하기로 확정된 때에는 그러하지 아니하다"고 규정한다. 위 규정은 종업원의 당연한 의무를 규율한 것이다. 다만, 그러한 비밀유지의무가 출원될 때까지만 지속되어야 하는 것인지에 대해서는 의문이 남는다. 회사로서는 출원공개될 때 까지는 출원 취하 후 재 출원 등의 출원전략을 구사할 여지가 있는데 출원 후 종업원이 해당 발명을 공개하게 되면 그러한 전략을 구사할 수가 없게 된다. 그런 의미에서 위 규정은 종업원의 최소한의 의무를 규율하는 것이고 상황에 따라서는 출원이 공개될 때까지 그 의무가 지속된다고 해석되어야 한다. 물론, 출원 후 회사가 대상 발명의 내용을 공개한 후에는 종업원이 해당 발명의 내용에 대하여 비밀을 유지할 아무런 의무도 이유도 없을 것이다.

4. 2013년 개정 발명진흥법(법률 제11960호, 2014. 1. 31. 시행)

2013년 발명진흥법 개정은 유승민의원 대표발의의 발명진흥법 일부개정 법률안이 촉발하였다. 위 개정안은 직무발명 "보상액 산정기준의 모호성으로 인하여 사용자등과 종업원등 모두에게 불만의 원인이 되고, 특히 상대적 약자인 종업원등은 보상에 대한 협상력을 발휘하기 어려운 현실"을 감안하여, 첫째로, "사용자등이 대기업인 경우 사전에 직무발명에 대한 종업원의 권리승계 등을 목적으로 하는 계약이나 근무규정을 체결 또는 작성하지 아니하고서는 통상실시권을 행사할 수 없게 하여 대기업의 직무발명제도 도입을 적극적으로 유도"하고, 둘째로, "직무발명보상에 대한 종업원등의 협상력을 높이기 위하여 사용자등에게 보상규정 작성 시 서면제시 및 종업원과의 협의 등의 의무를 부여하고 직무발명심의위원회를 설치·운영하도록 하는 등 직무발명에 대한 보상과정에서 종업원등의 절차적 권리를 강화"하는 규정 등을 제안하였다.[14] 이하, 위 개정안이 약간의 변화를 거쳐 입법된 내용을 상술한다.

14) 유승민의원 대표발의, "발명진흥법 일부개정 법률안", 2012. 12. 5., 1－2면. 국회 의안정보시스템(www.likms.assembly.go.kr) 참고.

가. 대기업의 직무발명보상제도 도입 유도

2013년 개정 발명진흥법 제10조 제1항의 단서는 대기업이 직무발명에 대한 계약 또는 근무규정을 종업원과의 협의를 거쳐 미리 작성하지 아니한 경우에는 회사가 직무발명에 대하여 제1항이 규정하는 통상실시권을 가지지 못하도록 규정하였다.

2013년 개정 전 발명진흥법	2013년 개정 발명진흥법
제10조 제1항 직무발명에 대하여 종업원등이 특허, 실용신안등록, 디자인등록(이하 "특허등"이라 한다)을 받았거나 특허등을 받을 수 있는 권리를 승계한 자가 특허등을 받으면 사용자등은 그 특허권, 실용신안권, 디자인권(이하 "특허권등"이라 한다)에 대하여 통상실시권(通常實施權)을 가진다.	제10조 제1항 직무발명에 대하여 종업원등이 특허, 실용신안등록, 디자인등록(이하 "특허등"이라 한다)을 받았거나 특허등을 받을 수 있는 권리를 승계한 자가 특허등을 받으면 사용자등은 그 특허권, 실용신안권, 디자인권(이하 "특허권등"이라 한다)에 대하여 통상실시권(通常實施權)을 가진다. 다만, 사용자등이 「중소기업기본법」 제2조에 따른 중소기업이 아닌 기업인 경우 종업원등과의 협의를 거쳐 미리 다음 각 호의 어느 하나에 해당하는 계약 또는 근무규정을 체결 또는 작성하지 아니한 경우에는 그러하지 아니하다. 1. 종업원등의 직무발명에 대하여 사용자등에게 특허등을 받을 수 있는 권리나 특허권등을 승계시키는 계약 또는 근무규정 2. 종업원등의 직무발명에 대하여 사용자등을 위하여 전용실시권을 설정하도록 하는 계약 또는 근무규정

위 개정은 기본적으로 직무발명보상제도 도입률이 40%대에 불과하여 일본의 86.7%(2007년)에 비하여 현저히 낮다는 문제의식에서 출발하였다.

▸ 민간기업, 대학 · 공공연구기관 직무발명제도 도입비율 ◂

구 분	2007년	2008년	2009년	2010년	2011년	2012년
기 업	38.3%	36.3%	39.6%	46.4%	42.6%	43.8%
대학 · 공공연	95.6%	91.0%	92.7%	83.1%	84.0%	78.1%

* 출처 : 한국지식재산연구원, "지식재산활동 실태조사", 2012.

다만, 중소기업에게 위 제도의 도입을 강요하는 것이 현실적으로 어려운 점을 감안하여, "상대적으로 조직과 인력·예산 등이 잘 갖추어진 대기업의 직무발명보상제도 도입을 유도하여, 직무발명에 대한 관심과 종업원의 발명에 대한 정당한 보상문화가 민간기업에 정착되도록" 하기 위하여 우선 대기업이 직무발명 승계에 관한 계약이나 근무규정을 두도록 유도하는 규정이 신설되었다.[15)]

15) 국회 산업통상자원위원회, "발명진흥법 일부개정법률안 심사보고서", 2013. 4., 7면.

▸ 기업형태별 직무발명보상제도 도입비율 ◂

연 도	2007년	2008년	2009년	2010년	2011년	2012년
전 체	38.3%	36.3%	39.6%	46.4%	42.6%	43.8%
대 기 업	75.0%	79.1%	84.0%	74.2%	63.3%	72.9%
중소기업	29.8%	24.7%	25.5%	38.2%	34.3%	26.0%

* 출처 : 한국지식재산연구원, "지식재산활동 실태조사", 2012.

나. 직무발명에 대한 보상과정에서 종업원의 절차적 권리 강화

개정 제15조는 종업원이 가장 관심을 가지는 보상액 결정방법과 관련하여 그 결정방법을 만드는 과정에서 종업원이 적극적으로 개입할 수 있도록 하고, 가장 중요하게는, 보상규정을 종업원에게 불리하게 변경하는 경우에는 해당 계약 또는 규정의 적용을 받는 종업원 과반수의 동의를 받도록 강제하고 있다. 위 규정은 종업원의 이익을 보호하는 매우 적극적인 것이고, 필자가 과문하여 다 알지는 못하지만 추측건대 주요국 중 이 정도로 (직무발명 보상금과 관련하여) 종업원의 이익을 강하게 보호하는 규정을 둔 국가는 없을 것이다.

2013년 개정 전 발명진흥법	2013년 개정 발명진흥법
제15조(직무발명에 대한 보상) ① 종업원등은 직무발명에 대하여 특허등을 받을 수 있는 권리나 특허권등을 계약이나 근무규정에 따라 사용자등에게 승계하게 하거나 전용실시권을 설정한 경우에는 정당한 보상을 받을 권리를 가진다. ②제1항에 따른 보상에 대하여 계약이나 근무규정에서 정하고 있는 경우 그에 따른 보상이 다음 각 호의 상황 등을 고려하여 합리적인 것으로 인정되면 정당한 보상으로 본다. 1. 보상형태와 보상액을 결정하기 위한 기준을 정할 때 사용자등과 종업원등 사이에 행하여진 협의의 상황 2. 책정된 보상기준의 공표 · 게시 등 종업원등에 대한 보상기준의 제시 상황 3. 보상형태와 보상액을 결정할 때 종업원등으로부터의 의견 청취 상황 ③제1항에 따른 보상에 대하여 계약이나 근무규정에서 정하고 있지 아니하거나 제2항에 따른 정당한 보상으로 볼 수 없는 경우 그 보상액을 결정할 때에는 그 발명에 의하여 사용자등이 얻을 이익과 그 발명의 완성에 사용자등과 종업원등이 공헌한 정도를 고려하여야 한다. ④ 생략	제15조(직무발명에 대한 보상) ① 종업원등은 직무발명에 대하여 특허등을 받을 수 있는 권리나 특허권등을 계약이나 근무규정에 따라 사용자등에게 승계하게 하거나 전용실시권을 설정한 경우에는 정당한 보상을 받을 권리를 가진다. ② 사용자등은 제1항에 따른 보상에 대하여 보상형태와 보상액을 결정하기 위한 기준, 지급방법 등이 명시된 보상규정을 작성하고 종업원등에게 문서로 알려야 한다. ③ 사용자등은 제2항에 따른 보상규정의 작성 또는 변경에 관하여 종업원등과 협의하여야 한다. 다만, 보상규정을 종업원등에게 불리하게 변경하는 경우에는 해당 계약 또는 규정의 적용을 받는 종업원등의 과반수의 동의를 받아야 한다. ④ 사용자등은 제1항에 따른 보상을 받을 종업원등에게 제2항에 따른 보상규정에 따라 결정된 보상액 등 보상의 구체적 사항을 문서로 알려야 한다. ⑤ 사용자등이 제3항에 따라 협의하여야 하거나 동의를 받아야 하는 종업원등의 범위, 절차 등 필요한 사항은 대통령령으로 정한다. ⑥ 사용자등이 제2항부터 제4항까지의 규정에 따라 종업원등에게 보상한 경우에는 정당한 보상을 한 것으로 본다. 다만, 그 보상액이 직무발명에 의하여 사용자등이 얻을 이익과 그 발명의 완성에 사용자

	등과 종업원등이 공헌한 정도를 고려하지 아니한 경우에는 그러하지 아니하다. ⑦ 생략(좌 제4항과 동일)

제15조 제3항과 관련하여, 보상규정의 변경이 종업원에게 불리한 것인지 유리한 것인지를 판단하기가 어려운 상황이 많을 것으로 예상되고, 대기업의 경우, 수천, 수만 명의 종업원의 동의를 어떤 방법으로 받을 것인지가 문제가 된다.[16] 입법 과정에서 제기된 그러한 문제점을 인식하여, 제5항이 "사용자등이 제3항에 따라 협의하여야 하거나 동의를 받아야 하는 종업원등의 범위, 절차 등 필요한 사항은 대통령령으로 정한다"고 규정하고 있고, 법 시행령 제7조의2 제1항은 협의 대상인 종업원을 "새로 작성하거나 변경하려는 보상규정의 적용을 받게 되는 종업원등(변경 전부터 적용 받고 있는 종업원등을 포함한다)의 과반수"로 규정하고, 동의 대상인 종업원을 "불리하게 변경하려는 보상규정의 적용을 받고 있는 종업원등의 과반수"로 규정하고 있다.

예를 들어, 삼성전자에서 연구개발을 하는 '연구원'은 모두 위 규정의 적용을 받을 것이되, 인사, 총무 등 업무를 하는 지원부서에서 근무를 하는 직원은 위 규정의 적용을 받지 않을 것임은 상식적으로 이해된다. 그러나, 중간지역의 업무를 하는 직원이 위 규정의 적용을 받는 것인지 여부를 판단하기가 어려울 수도 있다. 또, 연구원이 1만 명인 경우, 그 1만 명 개인 각자의 의견을 묻고 과반수 동의를 받아야 할 것인지에 대하여 의문이 제기된다. 필자의 의견으로는 1만 명 전부에 대한 투표를 할 필요까지는 없을 것이고 그 1만 명의 대표성을 가지는 수백 명 정도의 의견으로 과반수 여부를 판단하는 절차는 허용 가능할 것이다. 물론, 그 수백 명이 전체 1만 명의 대표성을 가지도록 적절한 절차를 거쳐 선발되어야 함을 전제로 한다.

대학 연구인력의 경우 크게 이공계 교수 및 대학원생과 인문사회계 교수 및 대학원생으로 구분될 수 있는데, 인문사회계 교수 및 대학원생이 발명을 할 것이라고 예상이 되지 않고 설사 발명을 하더라도 그 발명은 직무발명이 아니고 자유발명일 것이므로, 이공계 교수 및 대학원생만 협의 또는 동의의 대상으로

16) 국회 산업통상자원위원회, "발명진흥법 일부개정법률안 심사보고서", 2013. 4., 9면("참고로, 유사입법례인 「근로기준법」 제94조제1항에서는 '취업규칙 변경시 근로자 과반수의 의견을 듣고, 근로자에게 불리한 변경 시 동의를 받아야 한다'고 규정하고 있는 바, 보상규정을 불리하게 변경 시 해당 계약 또는 규정의 적용을 받는 종업원등의 과반수의 동의를 얻도록 하는 방법을 고려할 수 있을 것임.").

삼아도 무방할 것이다. 큰 대학의 경우 이공계 교수 및 대학원생의 수도 상당할 수 있으므로 그 전체를 상대로 협의를 하거나 동의를 얻기도 상당히 어려울 수 있다. 그 경우에도 위에서 말한 일반 회사에서의 절차와 유사하게 전체 교수 및 대학원생의 대표성을 가진 소수를 대상으로 협의 및 동의를 구하는 것도 무방할 것이다.

다. 직무발명심의위원회 설치

발명진흥법 제17조는 "직무발명심의위원회의 운영 등"이라는 제목 아래, 제1항에서 심의위원회의 설치 및 운영에 관한 근거를 제시하고,[17] 제2항에서 동 위원회의 구성에 대하여 규정하고,[18][19] 제3항에서 그 "심의위원회의 구성 및 운영에 필요한 사항은 대통령령으로 정한다"고 규정한다.[20] 종업원과 회사 간의 분쟁을 자율적으로 해결할 수 있게 하고, 특히 영업비밀 노출, 고용관계의 단절 등을 방지할 수 있다는 측면에서 위 규정의 장점이 인정된다.[21] 다만, 종업원의 요구가 있는 경우 회사는 심의위원회를 반드시 개최하여야 한다는

17) 제17조 제1항("사용자등은 종업원등의 직무발명에 관한 다음 각 호의 사항을 심의하기 위하여 직무발명심의위원회(이하 "심의위원회"라 한다)를 설치·운영할 수 있다.
1. 직무발명에 관한 규정의 작성·변경 및 운용에 관한 사항
2. 직무발명에 대한 권리 및 보상 등에 관한 종업원등과 사용자등의 이견 조정에 관한 사항").

18) 제17조 제2항("심의위원회는 사용자등과 종업원등(법인의 임원은 제외한다)을 각각 대표하는 같은 수의 위원으로 구성하되, 필요한 경우에는 관련 분야의 전문가를 자문위원으로 위촉할 수 있다.").

19) 법인의 임원은 '종업원등'의 범주에 포함되나 법인의 임원은 종업원의 이익보다는 회사의 이익을 대변할 가능성이 높으므로 직무발명심의위원회의 구성이라는 측면에서는 법인의 임원을 '종업원등'에서 제외시키고 있다.

20) 관련 시행령 제7조의3은 다음과 같다.
"① 법 제17조제2항에 따라 직무발명심의위원회(이하 "심의위원회"라 한다)를 구성하는 경우 사용자등을 대표하는 위원(이하 "사용자위원"이라 한다)과 종업원등(법인의 임원은 제외한다. 이하 이 항에서 같다)을 대표하는 위원(이하 "종업원위원"이라 한다)은 다음 각 호의 요건을 충족하여야 한다.
1. 사용자위원 : 사용자 또는 법인의 대표자와 사용자 또는 법인의 대표자가 위촉하는 사람일 것
2. 종업원위원 : 종업원등이 직접·비밀·무기명투표로 선출한 사람일 것
② 법 제17조제2항 및 제18조제3항 후단에 따른 자문위원은 사용자위원과 종업원위원이 합의하여 위촉한 사람으로 한다.
③ 법 제18조제3항에 따른 심의위원회의 사용자위원과 종업원위원의 수는 각각 3명 이상으로 하여야 한다. 다만, 상시 근무하는 종업원의 수가 30명 미만인 경우에는 각각 1명 이상으로 할 수 있다.
④ 심의위원회에 위원장을 두며, 위원장은 사용자위원과 종업원위원 중에서 호선(互選)한다. 이 경우 사용자위원과 종업원위원 각각 1명을 공동위원장으로 할 수 있다."

21) 국회 산업통상자원위원회, "발명진흥법 일부개정법률안 심사보고서", 2013. 4., 10면.

측면에서 심의위원회 개최의 남발이라는 단점이 지적되고, 상황에 따라 개최하지 않을 수 있는 여지가 있어야 한다는 의견이 있다.[22)]

Ⅲ. 결 론

우리 발명진흥법이 규정하는 직무발명제도는 ① 발명자주의를 채택하고 있다는 점, ② 대기업의 경우 반드시 직무발명 관련 계약 또는 근무규정을 두도록 강하게 유도한다는 점, ③ 회사가 승계를 정해진 기간(4개월) 이내에 문서로 통지하지 않는 경우 회사가 그 직무발명에 대하여 아무런 권리를 가지지 못한다는 점, ④ 직무발명의 승계시점이 회사가 종업원에게 승계의사를 통지한 때라는 점, ⑤ 직무발명 보상에 관한 규정을 종업원과 협의하여야 하고 그 결과를 종업원에게 반드시 알려야 한다는 점, ⑥ 보상규정을 종업원에게 불리하게 변경하는 경우에는 종업원 과반수의 동의를 받아야 한다는 점 등으로 인하여 전 세계에서 종업원에게 가장 유리한 제도가 되었다고 생각한다. 한편, 종업원에게 지나치게 유리한 직무발명제도는 회사의 부담을 가중시킨다는 점, 외국 회사의 국내 자회사 설립 등의 투자를 저해한다는 점 등의 부작용을 초래한다. 그런 점에서 종업원에게 지나치게 유리한 현 제도는 약간이라도 회사에게 유리한 방향으로 개선되어야 한다. 일본의 경우, 우리 정도로 종업원에게 유리한 직무발명제도를 운영하지 않는데도 불구하고 그들의 제도를 회사에게 조금 더 유리한 것으로 변경하기 위하여 2015년 7월 법 개정을 통하여 발명자주의를 사용자주의로 변경하였다. 일본보다 종업원에게 더 유리한 제도를 가진 우리나라는 그러한 변화의 필요성이 더 높다고 본다. 본 저자는 위에서 열거한 우리 직무발명제도에서 종업원 친화적인 6개 항목 중 적어도 3개 정도는 삭제 또는 변경되어야 한다고 생각하고, 그러한 법 개정은 빠르면 빠를수록 좋다고 생각한다. 미래 우리나라의 직무발명제도는 회사와 종업원의 이익이 균형을 이루고 절차적으로 효율적인 것으로 서서히 발전해 갈 것이다.

---

22) 상동, 10－11면.

Ⅰ. 독일의 종업원발명법

명지대학교 법과대학 교수 박영규

1. 직무발명제도의 의미

개인발명과는 달리 직무발명의 경우 사용자가 종업원을 고용하였을 뿐만 아니라 연구에 필요한 설비와 기기를 제공하였으므로, 발명완성에 따르는 혜택이 종업원에게만 주어질 수는 없다. 또한, 종업원이 발명완성을 위하여 기울인 노력과 타고난 능력을 경시하여 발명의 과실을 사용자에게만 귀속시킬 경우, 종업원의 발명의욕이 저하되어 장기적으로는 기업과 산업의 발전을 기대할 수 없다. 이에 따라, 사용자가 연구투자 의욕을 잃지 않도록, 그리고 종업원이 창작의욕을 잃지 않도록 적절한 선에서 조화를 이루도록 하는 것이 필요하다. 이러한 이익의 조화를 노사 간의 자유로운 계약에 맡길 수도 있으나, 우리나라는 산업발전이라는 공익적인 입장을 고려하여 특허법 혹은 발명진흥법에서, 독일은 특허법 혹은 종업원발명에 관한 법률(Gesetz über Arbeitnehmererfindungen, 이하 '종업원발명법'이라 약칭)에서 종업원발명 중 직무발명에 대하여 상세히 규정함으로써 사용자와 종업원 간 이익의 조화를 도모하고 있다. 결국, 직무발명제도는 전체적으로 국가의 연구개발 활동의 장려, 연구개발 투자의 증대를 목표로 한 산업정책적 측면을 가진 제도이며, 그 수단으로 종업원과 사용자 간의 이익 조정을 도모하는 것을 그 취지로 한 제도이다.

2. 독일 종업원발명법의 목적 및 개요

발명에 관한 권리는 원시적으로 발명자가 취득하며,[1] 직무발명에 대하여는 종업원발명법이 별도로 규정하고 있다. 1957년 7월 25일 제정된 종업원발명법은 발명과 기술적 개선의 제안에 대해 종업원과 사용자 간의 이익 조정을 도모하여 종업원의 발명의식을 고양하는 것을 그 목적으로 하고 있다. 동 법 제22조가 규정하고 있는 바와 같이, 종업원발명법의 규정은 고용계약 등에서 종업원에게 불리하게 변경될 수 없다. 다만, 직무발명의 경우에는 그 신고 후에, 자유발명 및 기술적인 개량 제안의 경우에는 그 통지 후에 합의를 통해 변경할 수 있다. 동 법은 제정된 후에 여러 차례에 걸쳐 개정되었는데, 비교적 최근 그리고 주목할 만한 개정은 2002년 1월 18일과 2009년 7월 31일에 있었다. 2002년의 개정은 연방정부로부터 자금의 지원을 받아 수행한 연구개발의 결과인 발명에 대하여 대학이 특허권을 소유할 수 있도록 허용하고 있는 미국의 규정을 모델로 하여,[2] 대학에서의 연구개발 성과를 보다 효율적으로 활용하기 위한 목적, 즉 대학에게 스스로 혹은 제3자를 통해 발명을 상업화할 수 있도록 하기 위한 목적으로 이루어졌다.[3] 그리고 2009년의 개정에서는 제한적 인도청구 규정이

1) 독일 특허법 제6조.

2) 미국에서는 발명에 대한 권리는 원칙적으로 발명자에게 귀속된다. 그러나 종업원에 의한 발명의 권리귀속에 대한 예외 규정이 존재하는데, 1980년 12월 12일에 발효된 바이돌 법(Bayh－Dole Act)이다(35 U.S.C. 200－212). 바이돌 법이 제정되기 이전에는 연방정부로부터 자금을 지원받아 이루어진 연구개발의 결과 만들어진 발명에 대하여 연방정부가 특허권을 취득하고, 발명자에게는 통상실시권만이 인정되었다. 그러나 연방정부가 특허권을 소유하는 경우에는 특허권의 관리가 비효율적이고 상업화되기 어려울 뿐만 아니라 상업화를 위해서는 안정성 실험과 설비투자 및 시장개척 등의 투자가 필요하지만 특허권의 부여가 없는 경우에 민간 기업이 이러한 투자를 하지 않는다는 점이 문제점으로 지적되었다(Council on Government Relations, The Bayh－Dole Act－a Guide to the Law and Implementing Regulations, Sept. 1999, http://www.ucop.edu/ott/faculty/bayh.html; 정상조, "대학교수의 특허권 － 자유발명인가 직무발명인가?" －, 법조 통권 524호(2000. 5), 83, 88, 89쪽). 1980년 개정법 하에서는 연방정부의 지원에 의해 대학에서 이루어진 발명에 대해서 원칙적으로 당해 연구개발을 수행한 대학이 특허권을 취득하도록 하여 특허발명의 상업화를 수행하도록 하는 한편, 연방정부는 무상의 통상실시권을 가지는 것으로 하여 대학에 의한 특허권 취득을 제도적으로 뒷받침해주게 되었다. 또한 개정법은 연구비를 지급한 연방정부는 대학 등이 개발한 특허발명에 대해서 보건이나 안전 또는 기타 공익을 위해서 필요하다고 판단되는 경우에는 당해 대학 등이나 특허권양수인 또는 전용실시권자로 하여금 제3의 신청인에게 실시허락을 해주도록 요구할 권리를 가지고, 특허권자 또는 전용실시권자가 그러한 실시허락을 거절한 경우에는 연방정부 스스로 신청인에게 실시권을 허여할 수 있도록 규정하고 있다(35 U.S.C. 203).

3) BT－Dr 14/5975(2001. 5. 9), S. 5; von Falck/Schmaltz, Hochschulerfindungen : Zuordnung

삭제되었고, 아울러 개정 전에는 요건을 구비한 신고의 도달 후 4월 이내에 직무발명의 인도청구를 하지 아니한 경우 자유발명으로 인정하던 규정을 바꾸어, 4월 이내에 직무발명의 인도청구를 하지 아니한 경우에도 직무발명과 관련된 모든 재산권은 사용자에게 양도되는 것으로 규정하고 있다(제6조 제2항). 이에 따라 사용자는 직무발명에 대한 인도청구를 명확하게 할 것인지의 여부(제6조 제1항), 요건을 구비한 신고의 도달 후 4월 이내에 직무발명에 대한 인도청구를 하지 않아, 즉 침묵하여 결과적으로 인도청구와 동일한 효과를 의도할 것인지의 여부(제6조 제2항), 직무발명에 대한 인도청구를 명확하게 포기하여 자유발명으로 전환하게 할 것인지의 여부를 자유롭게 결정할 수 있게 되었다(제8조).

3. 종업원발명

가. 권리의 귀속

종업원발명법 제4조 제2항에 의해, 직무발명(Diensterfindungen)이라 함은 고용계약 기간 중에 이루어진 발명으로 다음에 해당하는 것을 말한다.

- 해당 발명이 기업체 혹은 공공기관의 종업원 혹은 공무원에게 부과된 업무로부터 유래한 경우, 혹은
- 해당 발명이 기업체 혹은 공공기관에서의 업무 혹은 경험으로부터 주로 유래하는 경우

위에서 언급된 발명 이외의 발명은 자유발명에 해당한다. 하지만 종업원발명법 제18조 제1항에 의해, 고용계약 기간 중에 자유발명을 한 종업원은 이 사실을 사용자에게 지체 없이 통지해야 한다. 또한, 이 경우 종업원은 발명에 관계되는 자료와 필요하다면 그 발명이 자유발명인지 여부를 판단하기 위해 사용자가 필요로 하는 것들 모두를 제공하여야 한다. 아울러 종업원발명법 제19조에 의해, 만약 자유발명이 통지의 시점에서 기업체의 현존하는 또는 예정된 업무범위에 포함됨에도 불구하고, 종업원이 고용계약 기간 중에 자신의 자유발명을 다른 방식으로 이용하고자 할 때에는 우선적으로 사용자가 자유발명을 이

und Vergütung in Deutschland, den Niederlandenk, Frankreich, Großbritannien, den USA und Japan, GRUR 2004, S. 469.

용할 수 있도록 적절한 조건 하에 통상실시권을 제공하여야 한다. 이러한 제공은 종업원발명법 제18조에 규정된 통지와 동시에 이루어져야 한다.

종업원이 직무발명을 한 때에는, 사용자에게 지체 없이 기술상의 문제, 그 해결책 및 직무발명에 이르게 된 경위 등이 포함된 내용을 신고하여야 한다(제5조 제1항, 제2항). 이러한 기재 요건을 충족하지 아니한 신고는 사용자가 2개월 이내에 신고의 보완이 필요하다는 의사를 표시하지 않는 경우 종업원의 신고는 요건을 갖춘 것으로 간주되는데(제5조 제3항), 2개월이라는 기간이 지나치게 짧아서 사용자뿐만 아니라 종업원에게도 불리한 규정으로 작용하고 있다는 비판이 제기 되고 있다. 나아가 직무발명과 자유발명을 구분하는 기준으로서의 역할을 하는 '부과된 업무로부터 유래' 혹은 '업무 혹은 경험으로부터 주로 유래'라는 모호하고 불명료한 개념으로 인해 권리의 귀속과 관련된 분쟁의 여지는 여전히 존재하고 있는 것으로 여겨진다.

나. 보 상

종업원은 사용자가 종업원의 직무발명에 대하여 인도청구를 한 때, 곧바로 사용자에 대해 상당한 보상을 청구할 수 있다(제9조 제1항). 보상의 산정에는 직무발명의 상업적 이용가능성, 기업체 내에서의 종업원의 직무·직위 및 사용자측이 직무발명의 성립에 대하여 기여한 정도가 핵심적 역할을 담당한다(제9조 제2항). 특이하게도 독일에서는 연방노동부장관이 사용자와 종업원을 대표하는 각 중앙기구의 의견을 들은 후 보상액 산정에 관한 지침을 공포한다(제11조). 원칙적으로 보상의 방법과 정도는 직무발명의 청구 후 적절한 기간 내에 사용자와 종업원 간의 약정을 통하여 확정하고(제12조 제1항), 2인 이상의 종업원이 직무발명에 관여된 경우에는 보상액은 각자에 대하여 분리하여 산정해야 한다(제12조 제2항). 또한 직무발명의 인도청구 후 보상에 관한 약정이 적절한 기간 내에 성립되지 아니한 경우에는 사용자는 종업원에게 이유를 구비한 확인서를 통하여 보상액을 확정하고 이러한 확정에 따라 보상액을 지급하여야 하고(제12조 제3항), 종업원이 이러한 확정액에 합의하지 않은 경우에는 2개월 이내에 이러한 확정액에 대하여 서면확인을 통하여 이의를 제기할 수 있다(제12조 제4항).

독일 연방노동부장관이 공포하는 지침에 따르면 보상액은 발명의 가치에 공헌도를 곱하여(보상액 = 발명의 가치 × 공헌도) 결정된다. 이와 관련하여, 보상의 산정에 고려되는 첫 번째 요소인 직무발명의 상업적 이용가능성(발명의 가치)은 실시료 수입의 추정, 사용자의 실질적 사용, 통계적 예측 등의 방법으로 계산되는데, 만일 당해 발명에 대하여 실제로 실시가 허용되어 있다면 발명의 가치는 실시료 수입에서 모든 소요비용을 공제한 액수에 의해 결정된다. 또한, 공헌도는 과제의 설정, 과제의 해결, 기업 내 종업원의 지위 등에 기하여 산출한다. 하지만 이러한 보상의 산정 방법은 지나치게 복잡하고 불확실하다는 점, 보상의 척도가 실제의 실시 실적이 아니라 경제상의 실시가능성을 기준으로 하고 있다는 점 등은 개선되어야 한다는 견해도 있다.

다. 사용자에 의한 승계의사 통지 전에 행한 종업원의 특허출원

우리나라도 직무발명에 대한 권리귀속에 있어 종업원주의(혹은 발명자주의)를 채택하고 있어,[4] 사용자가 권리를 승계하기 위해서는 계약이나 근무규정 등에 예약승계규정이 필요하다.[5] 국내에서 종업원에 의해 이루어진 직무발명에 대해 특허 받을 수 있는 권리가 계약이나 근무규정 등에 의하여 사용자에게 승계되고, 발명이 사용자에 의해 특허출원 전에 공개되더라도 사용자는 정당한 승계인에 해당하기 때문에 공지 등이 되지 아니한 발명으로 인정될 것이다. 아울러 예약승계규정이 있는 경우 종업원은 사용자에게 발명의 완성 시에 지체없이 직무발명의 완성사실을 통지하여야 하며,[6] 이 사실을 통지받은 사용자는 4개월 이내에 그 발명에 대한 승계 여부를 문서로 통지하여야 한다.[7] 이러한 절차에 의하여 사용자가 그 발명에 대한 권리의 승계의사를 통지한 때에는 그때부터 그 발명에 대한 권리는 사용자 등에게 승계된다.[8] 그러나 사용자가 그 발

4) 특허법 제33조.

5) 국내에서 대학발명을 포함한 직무발명제도에 대해서는 정차호, "2006년 개정 직무발명제도의 제 문제점 및 재개정방안," 「창작과 권리」 제48호(2007년 가을호), 2쪽; 구대환, "직무발명의 귀속과 보상 – 한국과 미국을 중심으로 –," 「서울대학교 법학」 제46권 제3호, 159쪽; 박영규, "대학발명의 권리귀속과 보상," 「명지법학」 제6호(2007. 1), 43쪽; 정상조, "대학교수의 특허권 – 자유발명인가 직무발명인가?" –, 「법조」 통권 524호(2000. 5), 83쪽; 김선정, "교수의 발명을 활성화하기 위한 대학의 역할과 법적 과제," 「지적소유권법연구」 제4집(2000. 6), 한국지적소유권 학회, 246쪽 참조.

6) 발명진흥법 제12조.

7) 발명진흥법 제13조 제1항.

8) 발명진흥법 제13조 제2항. 개정 전 사용자가 직무발명에 관한 권리를 승계한 때로부터 4개월

명에 대한 권리의 승계의사를 통지한 때에는 그때부터 그 발명에 대한 권리는 사용자 등에게 승계되기 때문에, 사용자에 의한 승계의사 통지 전에 행한 종업원의 특허출원은 정당한 특허출원이 될 수 있고 사용자로서는 예약승계규정이 있음에도 불구하고 권리자가 될 수 없는 문제가 발생할 수 있다.[9] 즉 종업원의 직무발명에 대하여 사용자의 승계의사 통지 전에는 그 발명에 대한 권리는 현행법상 아직 사용자에게 승계된 것이 아니므로 종업원은 그 발명을 자신의 이름으로 출원하여도 무권리자의 출원이 되지 않을 수도 있는 문제점이 있다.

이러한 문제를 해결하기 위해 독일 종업원발명법 제7조 제2항은 사용자가 인도청구권을 행사하기 이전에 종업원이 당해 발명을 처분하는 경우에 사용자의 권리를 침해하는 한도에서 사용자에 대해서는 처분의 효력이 없는 것으로 규정하고 있다. 이는 상대적 처분금지 조항으로 발명에 대한 재산권에 영향을 미치는 양도, 포기, 실시권 허여 등이 동 조항에 규정된 처분에 해당하고,[10] 인도청구권 행사의 경우에 인도청구권의 의사표시가 종업원에게도 도달함과 동시에 직무발명에 관한 모든 권리는 사용자에게 이전된다(제7조 제1항). 이 때 인도청구권에 대한 선의의 제3자는 독일 민법 제135조 제2항[11]에 상응하는 규정이 독일 종업원발명법에는 없기 때문에 보호되지 않고, 경우에 따라서는 사용자가 종업원에게 채무불이행으로 인한 손해배상청구를 할 수도 있다.[12] 이에 상응하는 규정이 한국 발명진흥법에는 존재하지 않는데, 사용자의 권리를 침해하는 종업원의 정당한 권원 없는 특허출원을 방지하기 위하여 발명진흥법에 상응하는 규정의 도입이 필요하다고 여겨진다.

이라는 기간을 규정하면서도 기산점이 되는 권리승계시점에 관하여 특별한 규정을 두고 있지 않아 권리승계시점에 관한 다툼이 생길 위험이 크다는 비판이 이미 있었다. 이에 대해서는 정상조, 앞의 책, 133－134쪽.

9) 정차호, 앞의 논문, 2, 16쪽.

10) Bartenback/Volz, Arbeitnehmererfindergesetz, 4.Aufl. Carl Heymanns Verlag, 2002, § 7 Rdn. 61.

11) 독일 민법 제135조(법률상의 양도금지)

(1) 어떠한 목적물에 대한 처분이 특정한 사람의 보호만을 목적으로 하는 법률상의 양도금지에 반하는 경우에, 그 처분은 그 사람에 대하여서만 효력이 없다. 강제집행 또는 가압류에 의하여 행하여지는 처분은 법률행위에 의한 처분과 동시된다.

(2) 권리를 무권리자로부터 취득하는 사람을 위한 규정은 이 경우에 준용된다.

12) Bartenback/Volz, a.a.O. § 7 Rdn. 62, 65.

4. 대학발명

가. 2002년 개정 전·후의 차이

2002년 종업원발명법의 개정 전 고등교육기관에서 교수, 강사 및 연구조교가 자신의 지위에 기하여 완성한 발명에는, 공무원 등에게 적용되는 종업원발명법 제40조, 제41조의 적용이 배제됨으로써 자유발명으로 취급되었다.13) 이 경우 통지의무(제18조), 발명의 제공의무(제19조)가 면제되었다(구 제42조 제1항). 다만 사용자가 발명을 낳게 한 연구 작업에 대하여 특별한 재원을 지출한 경우에는 대학교수 등은 발명의 이용 상황을 사용자에게 서면으로 통지하고 사용자의 요청이 있는 경우에는 그 발명의 이용과 이익의 한도를 통지하도록 하고 있었다. 이 경우에 사용자는 통지를 받은 후 3개월 이내에 발명의 수익에 대한 적절한 지분을 청구할 수 있지만, 지분에 입각한 사용자의 수익은 사용자가 지출한 비용의 한도를 초과할 수 없도록 하였다(구 제42조 제2항). 그러나 2002년 2월 7일부터 소위 '대학교수특권' 규정이 삭제됨으로써 대학교수 등의 발명은 여타 종업원의 발명과 동일하게 취급되고 있다. 따라서 종전에는 대학교수 등의 발명은 대학교수 등에게 귀속되었지만 개정법 하에서는 권리의 귀속 여부는 직무발명인지 혹은 자유발명인지 여부에 의해 결정된다.

나. 권리귀속

2002년 개정된 종업원발명법 제42조가 대학교수 등의 발명을 일반 종업원 발명과 동일하게 취급함에 따라, 여타 종업원 발명과 같이 신고의무가 발생하고(제5조), 신고 후 4개월 이내에 사용자의 인도청구(제6조) 등이 가능하다. 대학교수 등에 의해 이루어진 발명에 대한 권리는, 직무발명에 해당하는 경우에는 대학에게 그리고 자유발명에 해당하는 경우에는 발명자에게 귀속됨이 원칙이다. 종업원 발명법 제4조 제2항에 의해 직무발명은 고용관계의 계속 중에 완성된 발명으로서 근무처에서 종업원에 부과된 업무와 관련하여 완성된 경우 또는 근무처의

---

13) 학생에게는 종업원발명법이 적용되지 않는다는 것에 대해서는 Ballhaus, Rechtliche Bindungen bei Erfindungen von Universitätsangehörigen, GRUR 1984, S. 1; Wimmer, Die wirtschaftliche Verwertung von Doktorandenerfindungen, GRUR 1961, S. 449; Busse/Keukenschrijver, Patentgesetz und Gebrauchsmustergesetz, Komm., 5.Aufl. 1999, § 42 ArbEG, Rdnr. 5.

업무나 경험을 바탕으로 이루어진 경우의 발명을 말한다. 그 외의 발명, 예를 들면 부수적 활동 혹은 사적 영역에서 이루어진 발명 등은 자유발명으로 인정되는데, 종업원발명법 제18조, 제19조에 규정된 통지의무, 우선제공의무 등에 의해 제한받는다.[14]

자유발명에는 직무발명에 해당되지 않는 것과 직무발명에 해당함에도 불구하고 사용자의 의사 등 기타의 사유에 의하여 법적으로 자유발명으로 된 것이 있다. 전자의 경우에 관하여는 종업원발명법 제4조 제3항에 직무발명 이외의 것은 자유발명이라고 소극적으로 규정하고 있을 뿐이며, 대학 내에서 이루어진 발명인 경우에 자유발명과 직무발명을 구별하는 명확한 기준 및 제3자의 지원에 의한 연구결과 이루어진 발명이 직무발명 혹은 자유발명에 해당하는지의 여부에 대해서는 명확한 기준을 규정하고 있지 않다.[15] 후자의 경우에는 통지의무나 인도청구에 제공할 의무가 소멸되고 나아가 종업원은 그 발명을 사용자의 동의 없이 계속적인 수익을 얻기 위해 경쟁회사에 실시권을 허여할 수도 있다.

다. 보상 및 기타

종업원발명법 제42조 제1호는 "대학에 종사하는 발명자가 발명을 하였을 경우 사용자에게 당해 발명을 2개월 이내에 통지한 경우에는 자신의 교수 및 연구 성과의 범위 내에서 그 발명을 공표할 권리를 갖는다"라고 하여, 학문 자유의 일부분으로써 적극적인 공개[16]의 자유를 규정하고 있다.[17] 동 규정의 목적은 대학교수 등의 공개의 권리와 대학의 특허출원을 통한 권리화 사이의 충돌을 방지하고자 하는 데 있다.[18] 즉, 유럽특허조약 및 독일 특허법은 신규성 상실에 대한 예외를 매우 제한적으로 규정하고 있어 특허 출원 전 발명이 공개

14) 자유발명과 자유발명으로 된 경우는 구별되어야 한다. 자유발명은 종업원발명법 제18조 및 제19조에 의한 통지 등의 의무가 있으나 자유발명으로 된 경우에는 이러한 의무가 없기 때문이다.

15) BT－Dr 14/5975(2001. 5. 9); BT－Dr 583/01(2001. 8. 17).

16) 공개의 개념에 대해서는 Rogge, Gedanken zum Neuheitsbegriff nach geltendem Patentrecht, GRUR 1996, S. 931.

17) 종업원발명법 제42조의 헌법적 문제에 대해서는 Leuze, Kritische Anmerkungen zu § 42 ArbEG, GRUR 2005, S. 27 참조.

18) 대학 교수가 향유하는 학문의 자유는 창조적 사상뿐만 아니라 그 준비와 학술 활동에 필요한 것으로서 연구결과의 전달과 배포 등의 정리활동도 포함되고, 교수 등의 연구 활동에 대하여 국가나 대학이 간섭하는 것은 학문의 자유를 침해한다라는 내용에 대해서는 Frieling, Forshungstransfer : Wem gehören universitäre Forshungsergebnisse?, GRUR 1987, S. 408 참조.

되는 경우에 발명의 신규성이 상실되어 더 이상 특허권을 취득할 수 없는 가능성이 있기 때문에,[19] 대학교수 등에게는 사용자에게 통지 후 2개월 동안 공개의 자유를 제한하고 반대로 대학에게는 2개월 이내에 특허출원 등을 통한 권리화를 할 수 있는 제도적 장치를 마련해 주고 있다.[20] 이는 대학이 발명자에게 인도청구권을 행사할 수 있는 기간이 2개월에 불과하다는 것을 의미하며, 대학이 출원 여부 등을 결정하여 권리화 하기에 2개월이 적정한지는 의문이다.

종업원발명법 제42조 제2호는 "발명자가 교수 및 연구의 자유를 이유로 자신의 발명을 공개하지 아니하고자 할 경우에는 그 발명을 사용자에게 통지할 의무가 없다"라고 하여, 대학교수의 소극적인 공개의 자유를 규정하고 있다. 이는 대학교수 등이 자신의 발명을 공개하지 않기로 결심한 경우에 종업원발명

---

19) 역사적으로 신규성 의제와 관련하여 중요한 국제적 통일화 노력은 먼저 1934년 6월 2일 런던에서 있었던 파리조약 개정 논의이다. 1934년 런던 파리조약 개정 논의에서 이탈리아는 신규성 의제 기간을 12개월, 네덜란드는 6개월로 하여 파리조약 제4조 J에 새로이 규정하자고 주장하여 미국, 영국 등의 동조를 얻어냈지만 다른 회원국의 반대로 결국 성사되지는 못하였다(Utescher, Zur Londoner Konferenz, GRUR 1934, S. 146, 149, 154; Klauer, Die Ergebnisse der Londoner Konferenz, GRUR 1934, S. 387, 390). 또한 이러한 신규성 의제의 국제적 통일화 노력은 1958년 리스본 파리조약 개정 논의에서도 있었지만 벨기에, 프랑스, 스위스 그리고 1934년 런던 파리조약 개정에서 신규성 의제 규정의 도입을 주장하였던 이탈리아와 네덜란드의 반대로 마찬가지로 결실을 맺지 못하였다. 신규성 의제와 관련하여 1958년 리스본 파리조약 개정 논의가 결실을 맺지 못함에 따라 더 이상 국제적 통일화가 어렵게 된 상황 하에서, 스트라스부르그 협약(유럽특허조약은 스트라스부르그 협약에 기초하여 탄생하였다) 체결 당사국들은 발명자가 자신의 발명을 국내·외에서 공개하는 위험을 방지해야 한다는 취지에서 발명의 공개가 파리조약에서 인정하고 있는 국제박람회 또는 출원인에게 불이익을 주는 명백한 남용으로부터 유래하는 경우로 신규성 의제 규정의 적용대상을 한정하였다. 이 후에 이와 같이 신규성 의제 규정을 제한하는 것에 대해서 유럽 역내에서 많은 비판(Straus, Grace Period and the European and International Patent Law, München 2001, S. 31; Beier/Straus, Gentechnologie und gewerblicher Rechtsschutz, FS 25 Jahre BPatG, Köln etc. 1986, S. 133, 156, 157; Loth, Bericht－Erste Sitzung des Sachverständigenausschusses der WIPO zur Neuheitsschonfrist vom 7. bis 11. Mai 1984 in Genf, GRUR Int. 1984, S. 507; v. Pechmann, Ist der Fortfall der Neuheitsschonfrist des § 2 Satz 2 PatG noch zeitgemäß?, GRUR 1980, S. 436; Benkard, Patentgesetz－Gebrauchsmustergesetz, 9. Aufl. 1999, § 3 Rdn. 94; V. Tetzner, Die personelle Voraussetzung der Neuheitsschonfrist, GRUR 1974, S. 121; BGH GRUR 1969, 271, 272 － Zugseilführung)이 있었음에도 불구하고 여전히 제한적인 신규성 의제 규정은 유럽특허조약 제55조 및 유럽특허조약을 국내 입법화한 각 개별국의 특허법에 그대로 규정되어 있다. 독일도 유럽특허조약이 발효됨에 따라 종전의 "간행물 게재, 공용이 출원 전 6개월 이내에 행해졌고 이러한 간행물 게재, 공용이 출원인 혹은 그 승계인으로부터 유래하는 경우에는 신규성 판단 시 고려하지 않도록 한 규정(1968 독일 특허법 제2조 제2문)이 삭제되어, 현재는 유럽특허조약과 동일하게 신규성 의제 규정은 국제박람회 출품 혹은 발명의 공개가 명백히 남용에 해당하는 경우로 그 적용이 제한되고 있다(독일 특허법 제3조 제4항).

20) Bartenbach/Volz, a.a.O. § 42n.F. Rdnr. 60.

법 제5조에 규정된 신고의무로부터 면제됨을 의미한다. 나아가 대학이 다른 경로를 통해 대학교수 등이 자신의 발명을 비밀로 유지하고 있음을 안 경우에는 인도청구권을 행사할 수 없다.[21] 그리고 대학교수 등이 다시 공개하고자 하는 경우에는 종업원발명법 제42조 제1호가 적용되어 사용자에게 통지해야 하고, 통지 후 2개월 이내에는 공개할 수 없다. 하지만 공동발명인 경우에 공동발명자 일부는 종업원발명법 제42조 제2호의 규정에 의하여 공개를 원하지 아니하고, 또 다른 일부는 공개를 원하는 경우에는 본 규정과 관련하여 문제점이 발생한다.[22] 종업원발명법 제42조 제2호는 대학과 당해 대학교수간의 소극적 공개의 자유에 관한 규정으로 이해되기 때문에, 타 공동발명자는 이에 구속되지 않고 따라서 내부적으로 별도의 계약이 없는 한 원칙적으로 자유롭게 공개할 수 있는 것으로 해석된다.[23]

종업원발명법 제42조 제3호는 "직무발명의 인도청구권을 사용자가 행사한 경우에 발명자는 자신의 교수 및 연구 활동의 범위 내에서 그 발명을 이용함에 있어 통상실시권을 보유한다"라고 규정하고 있는데, 이는 특허법상 시험·연구를 위한 특허발명의 실시범위[24]보다 넓은 것으로 이해된다. 따라서 시험·연구의 대상으로서 발명의 이용뿐만 아니라 교수 및 연구를 위해 작업수단으로 사용할 수 있다.[25] 또한 종업원발명법 제42조 제4호는 "고용인이 그 발명을 실시하는

21) Bartenbach/Volz, a.a.O. § 42n.F. Rdnr. 103.

22) Bartenbach/Volz, a.a.O. § 42n.F. Rdnr. 107.

23) von Falck/Schmaltz, a.a.O. S. 469, 471.

24) 시험·연구를 위한 실시의 허용범위에 대해서는 박영규, "연구 또는 시험을 하기 위한 특허발명 실시의 의미와 한계", 「산업재산권」 제31호(2010. 4), 1쪽; 조영선, 연구·시험을 위한 특허발명의 실시와 특허권의 효력, 저스티스 제116호(2010. 4), 41쪽; 이봉문, "특허법상 시험·연구를 위한 실시 – 제네릭 의약품의 시장판매 허가를 위한 임상시험을 중심으로 –", 「지식재산논단」 제1권 제2호(2004년 12월), 한국발명진흥회 지식재산권연구센터, 3쪽; 이봉문/임정훈, "특허권존속기간연장등록제도가 제약 산업에 미치는 영향", 「창작과 권리」 제30호(2003년 봄호), 2쪽; 김지영, "상업적 목적을 위한 시험·연구 – 의약품 발명을 중심으로", 「창작과 권리」 제33호(2003년 겨울호), 2쪽; 이귀동, "시험·연구를 위한 특허발명의 실시와 특허침해 – 의약 등의 허가를 위한 임상실험에 대한 제 외국의 사례를 중심으로 –", 「창작과 권리」 제22호(2001년 봄호), 2쪽 참조. 아울러 유럽에서의 논의에 대해서는 Straus, Zur Zulässigkeit klinischer Untersuchungen am Gegenstand abhängiger Verbesserungserfindungen, GRUR 1993, S. 308, 310; Chrocziel, Zulassungshandlungen mit patentierten Arzneimittelerfindungen durch Zweitanmelder in der Bundesrepublik Deutschland und den USA, GRUR Int. 1984, S. 735; Eichmann, Produktionsvorbereitung und Versuche vor Schutzrechtsablauf, GRUR 1977, S. 304; A. Krieger, Das neue deutsche Patentrecht nach der Harmonisierung mit dem europäischen Patentrecht – eine Übersicht, GRUR Int. 1981, S. 273.

25) BT-Dr 14/5975(2001. 5. 9), S. 7; BT-Dr 583/01(2001. 8. 17), S. 10.

경우에 보상금액은 그 사용을 통하여 획득한 소득의 100분의 30으로 한다"라고 규정하고 있는데, 이는 특허출원 및 유지비용 등을 공제한 금액의 100분의 30으로 해석된다.[26)]

2002년 개정 법 이전에는 대학교수가 외부의 기업과의 사이에 연구용역계약을 체결하면서 특허 받을 권리를 당해 기업에게 혹은 자신에게 귀속하는 것으로 약정할 수 있었다.[27)] 물론 특허 받을 권리를 당해 기업에게 귀속하는 것으로 약정한 경우에는 그러한 계약에 따라서 대학교수는 당해 기업에 특허 받을 권리를 양도해야 할 의무를 부담하게 되고 결과적으로 당해 기업이 특허권을 취득하게 될 것이다. 하지만 개정법 하에서는 연구용역 수행자는 대학교수이지만 연구용역계약의 당사자는 대학이고, 대학교수는 종업원발명법 제22조에 의해 사용자에게 사전에 특허 받을 권리 혹은 특허권을 포기할 수 없다.

5. 기　타 - 직무발명의 준거법

유럽특허조약을 체결하는 과정에서 종업원발명에 관한 각 당사국 간의 현격한 입장 차이로 인해 유럽특허조약에 종업원발명에 관한 통일적인 규정이 도입되지는 못하였다. 대신 유럽특허조약은 종업원발명에 관해서는 각 체약국의 법률에 위임하고 있다. 다만, 유럽특허조약 제60조 제1항은 종업원발명의 준거법과 관련하여, "특허에 대한 권리는 발명자 혹은 승계인에게 인정된다. 발명자가 종업원인 경우에 특허에 대한 권리는 종업원이 주로 근무하고 있는 국가의 법률에 의해 결정되고, 어느 국가에서 주로 근무하는지의 여부가 확정될 수 없는 때에는 종업원이 소속된 기업이 사업을 영위하고 있는 국가의 법률에 따른다"라고 규정하고 있다. 동 규정에 따라, 종업원이 완성한 발명에 대한 권리는 종업원이 주로 근무하고 있는 국가의 법률에 의해 우선적으로 정하여진다. 또한, 종업원이 주로 근무하는 국가를 확정할 수 없는 때에는, 종업원이 소속된 기업이 사업을 영위하고 있는 국가의 법률에 따라 종업원이 완성한 발명에

26) BT－Dr 583/01(2001. 8. 17), S. 10.

27) 개정 종업원발명법이 연구용역계약에 미치는 영향에 대해서는 Bartenbach/Hellebrand, Zur Abschaffung des Hochschullehrerprivilegs(§ 42 ArbEG) – Auswirkungen auf den Abschluss von Forschungsaufträgen, Mitt. 2002, S. 165 참조.

대한 권리가 정하여진다. 이러한 적용 순서에 따라 종업원이 완성한 발명에 대한 권리는 종업원이 소속된 기업이 아니라 종업원이 실제적으로 근무하고 있는 국가의 법률에 의해 일차적으로 결정된다는 점에서, 유럽특허조약 체결과정에서 고용관계를 최우선적으로 고려하여 준거법을 결정해야 한다는 견해,[28] 실제적인 고용관계를 고려하여 재판관할이 결정되어야 한다는 브뤼셀 협약 제5조와는[29] 차이가 있다.

28) Straus, Die international-privatrechtliche Beurteilung von Arbeitnehmererfindungen im europäischen Patentrecht, GRUR Int. 1984, S. 1, 5; Straus, Rechtsvergleichende Bemerkungen zum Begriff des Arbeitnehmererfinders, GRUR Int. 1984, S. 402, 404.

29) Brussels Convention on Jurisdiction and the Enforcement of Judgments in Civil and Commercial Matters 1968, Art. 5(1).

Ⅱ. 미국의 직무발명제도

서울대학교 의과대학 교수 김미경

1. 발명자에게 일차적으로 귀속되는 발명에 대한 권리

미국의 특허법 아래에서 직무발명을 기반으로 한 특허를 받을 수 있는 권리는 원칙적으로 발명자인 종업원에게 귀속된다. 발명은 이를 만든 사람인 발명자에게 속하는 것으로 추정되고, 이러한 추정은 직무과정에서 발명을 착상하거나 실행 가능하게 만드는 경우에도 달라지지 않기 때문이다.[1] 실제로 발명자로 이름을 올릴 수 있는 사람도 발명을 착상한 자연인에 국한되기 때문에 회사나 착상에 기여하지 않은 자는 공동발명자로 등재될 수 없다.[2] 또한 발명자는 출원권을 가지며, (발명에 대한 권리를 제3자에게 양도하지 않은 한) 등록된 특허는 출원한 발명자에게 발행된다.[3] 이와 같은 제도는 '과학과 유용한 기술을 진보'

1) *See* 35 U.S.C. § 101 ("[W]hoever invents or discovers an new and useful process, machine, manufacture, or composition of matter . . . may obtain a patent therefor."); *see also* Bd. of Trs. of the Leland Stanford Junior Univ. v. Roche Molecular Sys., 131 S.Ct. 2188, 2188 (2011) ("Since 1790, the patent law has operated on the premise that rights in an invention belong to the inventor."); *see also* Teets v. Chromalloy Gas Turbine Corp., 83 F.3d 403 (Fed. Cir. 1996) ("Ownership springs from invention. The patent laws reward individuals for contributing to the progress of science and the useful arts. As part of that reward, an invention presumptively belongs to its creator. . . . Consistent with the presumption that the inventor owns his invention, an individual owns the patent rights even though the invention was conceived and/or reduced to practice during the course of employment.").

2) *See* Sewall v. Walters, 21 F.3d 411, 415 (Fed. Cir. 1994) ("Determining 'inventorship' is nothing more than determining who conceived the subject matter at issue, whether that subject matter is recited in a claim in an application or in a count in an interference.").

3) 발명에 대한 권리("rights in an invention")는 출원권과 등록권을 아우른다. *See* 35 U.S.C.

시키는 데 기여한 사람에게 보상하려는 미국의 특허 정책에 기인한다.[4)]

연방정부의 지원을 받아 만들어진 발명에는 바이-돌 법(The Bayh-Dole Act of 1980)[5)]이 적용된다. 바이-돌 법 아래에서도 발명에 대한 일차권리는 발명자에게 속한다는 전제는 바뀌지 않기에 이와 같은 발명의 권원도 일차적으로는 발명자에게 속한다.[6)] 따라서 연방정부의 지원을 받아 만들어진 발명에 대한 권원은 연방정부와 연구 계약을 체결한 기관에 원칙적으로 귀속되지 않는다.[7)] 예외적으로 발명권이 연방정부에 일차적으로 귀속되는 경우가 있는데, 예를 들어 국가 안보와 관련될 수 있는 핵물질이나 원자력을 다루는 발명들에 대한 권원은 각각 미국원자력법(Atomic Energy Act of 1954)[8)] 및 미국항공우주법(National Aeronautics and Space Act of 1958)[9)]에 따라 미국 연방정부에 일차적으로 귀속된다.[10)]

---

§ 111 (a)(1), (b)(1).

2012년 9월 12일을 기점으로 특허의 소유권자에 관한 규칙에 변화가 있었다. 2012년 9월 16일 전에 출원한 특허의 경우에는 일반적으로 특허에 발명자로 이름이 명시된 사람(들)이 그 소유권을 갖게 되지만, 2012년 9월 12일 및 그 이후에 출원한 특허는 (발명자가 아니라) 출원자가 소유권을 갖는 것으로 추정된다. *See* Manual of Patent Examining Procedure, § 306.01(I); *see also* 37 C.F.R. § 3.73 (a); *see also* 35 U.S.C. § 154 (a)(1).

4) *See* U.S. CONST. art. I, § 8, cl 8. ("The Congress shall have power . . . [t]o promote *the progress of science and useful arts*, by securing for limited times to authors and inventors the exclusive right to their respective writings and discoveries . . .").

5) The Patent and Trademark Law Amendments Act of 1980, Pub. L. No. 96-517, 94 Stat. 3015, 35 U.S.C. §§ 200-12.

6) *See Stanford*, 131 S.Ct. at 2194 ("Our precedents confirm the general rule that rights in an invention belong to the inventor. . . [W]e have recognized that unless there is an agreement to the contrary, an employer does not have rights in an invention 'which is the original conception of the employee alone.' . . . The Bayh-Dole Act does not confer title to federally funded inventions on contractors or authorize contractors to unilaterally take title to those inventions . . .").

7) *See generally Stanford*, 131 S.Ct. 2188.

8) P. L. 83-703, 68 Stat. 944.

9) P. L. 85-568, 72 Stat. 426.

10) *See id*. ("[W]ith respect to certain contracts dealing with nuclear material and atomic energy, Congress provided that title to such inventions 'shall be vested in, and be the property of, the [Atomic Energy] Commission.' Congress has also enacted laws requiring that title to certain inventions made pursuant to contracts with the National Aeronautics and Space Administration 'shall be the exclusive property of the United States,' and that title to certain inventions under contracts with the Department of Energy 'shall vest in the United States.'").

2. 종업원의 발명에 대한 권리의 양도

종업원이 만든 창의적인 산물에 대하여 사용자의 이해관계가 있을 수 있는 상황에서,[11] 법원은 계약의 자유 하에서 개인들 간에 자유롭게 고용관계를 규정하고 다양한 종류의 권리를 거래하는 것을 허용해왔다.[12] 아직까지 직무발명의 귀속이나 보상에 관한 미국 연방 차원에서 통일된 법이 의회를 통과한 적이 없고 미국 특허법 상에는 직무발명 관련 규정이 없으므로, 앞서 언급한 계약의 자유는 각 주의 보통법(common law)에 따른 기본 규칙들(default rules) 및 종업원과 사용자간의 계약과 관련된 해당 주 법에 따라 조절되고 있다.

가. 기본 규칙(Default Rules)

종업원 발명의 소유권에 대한 명시적인 계약이 없는 경우에는 그 소유권은 각 주의 보통법에 따른 기본 규칙들에 의하여 결정된다.[13] 결과적으로는 아래와 같이 종업원 발명의 성격에 따라 그 소유권에 관해 다른 결론에 도달할 수 있다.[14]

---

11) *See Teets*, 83 F.3d 403 ("[T]he law recognizes that employers may have an interest in the creative products of their employees."); *see also* Parker A. Howell, Whose Invention Is It Anyway? Employee Invention－Assignments and Their Limits, WASH. J.L. TECH. & ARTS 79, 85 (2012) ("Outside of patent law, employers generally own intellectual property stemming from employee creative output related to the employer's work . . ."), available at: http://digital.law.washington.edu/dspace－law/handle/1773.1/1169.

12) *See* 6 CHISUM, PATENTS: A TREATISE ON THE LAW OF PATENTABILITY, VALIDITY, AND INFRINGEMENT § 22.03[2], at 22－24 (1992) ("A basic policy of contract law is that persons should be able to structure consensual transactions as they see fit and obtain the benefit of any bargains reached. A likely assumption between parties to an employment relationship is that when inventive behavior is part of the agreed relationship, such behavior has always been fully compensated by waged."); *see also Teets*, 83 F.3d 403 ("[C]ontract law allows individuals to freely structure their transactions and employee relationships. An employee may thus freely consent by contract to assign all rights in inventive ideas to the employer.").

13) *See Teets*, 83 F.3d 403 ("As a matter of common law, after the Supreme Court's decision in Erie Railroad v. Tompkins, 304 U.S. 64, 58 S.Ct. 817, 82 L.Ed. 1188 (1938), state contract principles provide the rules for identifying and enforcing implied－in－fact contracts.").

14) *See id.* ("To apply this contract principle, a court must examine the employment relationship at the time of the inventive work to determine if the parties entered an implied－in－fact contract to assign patent rights."); *see also* See Robert P. Merges, The Law and Economics of Employee Inventions, 13 HARV. J.L. & TECH. 1, 5－7 (1999).

1) 사용자－회사가 소유하는 발명(Firm－Owned Inventions)

계약을 통해 양도 합의를 명시하지 않은 경우에도 사용자－회사는 '발명하도록' 고용된 종업원(hired－to－invent employees)이 한 '모든' 발명과, 연구개발을 하도록 고용된 종업원(general R&D employees)이 한 '일부' 발명에 대한 소유권을 가진다.15) 이는 사용자와 종업원이 고용계약을 통해 묵시적으로 이런 발명에 대한 소유권 양도를 합의한 것으로 판단되기 때문이다.

가) 발명하도록 고용된 종업원의 발명(Employer－Specified Inventions; Specifically－Inventive Employment)

양도 계약이 없는 경우에도 '발명하도록' 고용된 종업원이 만들어 낸 발명적인 산물은 사용자인 회사가 소유한다.16) 대표적인 경우로서 특정한 기술적 문제를 해결하도록 고용된 과학연구자, 디자인공학자 등이 고용 기간에 창출한 성과는 자동적으로 사용자에게 귀속된다.17) 즉 사용자가 제시한 특정 목적을 위해 고용된 어떤 사람이 그 목적을 성취하려는 과정에서 발명이 만들어지면 그 발명은 사용자의 소유가 되고, 이런 판단은 고용계약서에 고용기간 중 종업원에 의해 개발될 발명의 소유권 양도를 명시하는 조항이 없는 경우에도 바뀌지 않는다고 본다.18)

나) 연구개발 종업원(general R&D employees)의 일부 발명

오늘날 미국에서는 '발명하도록' 고용된 종업원뿐만 아니라 연구개발을 위해 고용된 종업원이 이룬 발명적인 산물도 상당한 경우에 회사에 귀속되고

---

15) *See Teets*, 83 F.3d 403 ("Without such an express assignment, employers may still claim an employee's inventive work where the employer specifically hires or directs the employee to exercise inventive faculties."); *see also Teets* ("[W]hen an employer hires a person for general service and the employee invents on the side, the invention belongs to the employee. However, the employer may claim ownership of the invention if the employer hires a person for the 'specific purpose of making the invention.' Even if hired for a general purpose, an employee with the specific task of developing a device or process may cede ownership of the invention from that task to the employer.").

16) *See* Merges, supra note 14, at 5.

17) *See id.*

18) *See* William P. Hovell, *Patent Ownership: An Employer's Rights to His Employee's Invention*, 58 NOTRE DAME L. REV. 863, 866 (1983) ("An employee is hired to create a specific invention when his employer pays him to either invent a specific thing or solve a specific problem. The inventor implicitly agrees to assign the resulting patent to his employer.").

있다.[19] 이와 관련하여 일부 학자들은 1830년부터 1930년 사이에 산업 기술의 성격이 변화하면서 기업 혹은 팀 단위 연구가 증가함에 따라 종업원 소유권보다 사용자 소유권을 지향하는 방향으로 법적 기준이 변화하였다고 기술하고 있다.[20] 그리고 그 전형적인 예로서 1928년 *Houghton v. United States*를 들고 있는데, 동 판결에서 법원은 본래는 일반적인 직무만을 수행하도록 고용된 종업원이 후속적으로 발명을 위한 실험을 하게 된 경우에 그 결과로 나온 발명에 대한 소유권은 사용자에게 귀속된다고 판단하였다.[21] 사용자가 해당 발명을 포함한 종업원의 모든 성과를 임금으로 보상해 왔으므로 종업원은 이미 보상된 발명에 대한 소유권을 사용자에게 양도해야 한다고 보았기 때문이다.[22] 이런 경우 비록 고용계약서에는 발명의 소유권 양도에 대한 명시적 언급이 없다고 하여도, 해당 발명의 소유권에 대한 묵시적 양도 합의가 포함된 것으로 해석한 것이다.[23]

---

19) *See* Merges, supra note 14, at 5 ("[Even in the absence of a contract, the employer owns the inventive output of] general R&D employees, though in older cases this was in doubt.").

20) *See* Catherine L. Fisk, *Removing the 'Fuel of Interest' from the 'Fire of Genius': Law and the Employee−Inventor*, 1830−1930, 65 U. CHI. L. REV. 1127 (1998). 한 명의 발명자가 간단한 농기구를 발명하던 시절로부터 다수 발명자들의 작업을 통합하여, 그리고 사용자−회사의 기존의 지식과 생산 자산을 가지고 발명한 것들을 통합하여 정교한 제조용 기계장치를 개발하게 되는 시절로 바뀐 점을 지적하고 있다.

21) *See* Jonathan D. Ball, *Fixing Ownership of a Patent after the Fact*, AIPLA (2008), p5, quoting *Houghton v. United States*, 23 F.3d 386, 390 (4th Cir. 1928)("[The employer may own any invention from such work based on an implied−in−fact contract to assign patent rights] where the employee was originally hired for more general work but subsequently is 'set to experimenting with the view of making an invention.'"), http://www.scribd.com/doc/205195566/Fixing−Ownership−of−a−Patent−After−the−Fact#; *see also Teets*, 83 F.3d 403 ("DRB specifically directed Teets to devise a one−piece leading edge for GE. Having directed Teets to that task, compensated him for his efforts, paid for the refinement of the process, and paid for the patent protection, Chromalloy owns the patent rights in the HFP. The Florida Supreme Court's decision in Neal governs this case and compels the conclusion that Teets entered an implied−in−fact contract to assign patent rights to Chromalloy.").

22) *See* Merges, *supra* note 14, at 5 ("The implied contract covering employment of [general R&D employees] is said to include the notion that the employer will retain title to any patentable inventions produced by R&D employees because, in a sense, the employees have already been compensated through their wages.").

23) *See id.* ("The implied contract covering employment of [general R&D employees] is said to include the notion that the employer will retain title to any patentable inventions produced by R&D employees because, in a sense, the employees have already been compensated through their wages.").

실제 예로서, *Standard Parts Co. v. Peck*[24]에서 법원은 스탠다드사의 전신인 액슬사에 고용된 펙이 종업원으로서 1년 8개월 동안 발명한 모든 것들에 대한 권원은 액슬사에 귀속되었고 이는 스탠다드사로 이전되기 때문에, 펙은 스탠다드사에 대해 특허권 침해를 주장할 수 없다고 판결하였다.[25] 법원은 그 이유로서 비록 펙의 고용계약서에 양도 관련 조항은 없었지만, 프로세스와 기계를 개발하도록 고용된 이상 펙이 고용 기간에 개발한 모든 프로세스와 기계는 사용자인 회사에 귀속돼야 한다고 보았다.[26] 더욱이 펙이 급여 외에, 위 발명에 대한 보상으로 상여금을 받기로 합의한 사실은 이러한 결론을 더욱 뒷받침한다고 판단하였다.[27] 따라서 법원은 액슬사가 펙의 발명에 대한 샵 권리(Shop Right)를 넘어선 권원을 양도받았고 이를 양수한 스탠다드사는 펙의 특허발명을 자유롭게 실시할 권리가 있다고 결론을 내렸다.[28]

Teets v. Chromalloy Gas Turbine Corp.[29]에서도 법원은 종업원 티츠가 고용 기간에 관리자의 지시에 따라 수행한 특정 프로젝트로부터 출원된 특허는 사용자에게 귀속된다고 판결하였다. 법원은 본래 티츠의 고용 목적은 기간의 정함 없이 일반적인 서비스를 수행하는 것이었지만 해당 프로젝트를 수행하는 동안에는 그 프로젝트를 수행하기 위한 것으로 해석하였다.[30] 더불어 법원은

---

24) 264 U.S. 52 (1924).

25) *See id.*

26) *See id.*, at 59–60 ("By the contract Peck engaged to 'devote his time to the development of a process and machinery' and was to receive therefor a stated compensation. Whose property was the 'process and machinery' to be when developed? The answer would seem to be inevitable and resistless - of him who engaged the services and paid for them, they being his inducement and compensation, they being not for temporary use but perpetual use, a provision for a business, a facility in it and an asset of it, therefore, contributing to it whether retained or sold - the vendee (in this case the Standard Company) paying for it and getting the rights the vendor had (in this case, the Axle Company).").

27) *See id.*, at 59 ("[T]he material parts of [the contract] are as follows: 'This Agreement Witnesseth, that second party is to devote his time to the development of a process and machinery for the production of the front spring now used on the product of the Ford Motor Company. First party is to pay second party for such services the sum of $300 per month. That should said process and machinery be finished at or before the expiration of four months from August 11, 1915, second party is to receive a bonus of $100 per month. That when finished, second party is to receive a bonus of $10 for each per cent of reduction from present direct labor, as disclosed by the books of first party.'").

28) *See id.*, at 60.

29) 83 F.3d 403 (Fed. Cir. 1996).

30) *See Teets*, 83 F.3d 403, *quoting* State v. Neal, 12 So.2d (Fla. 1943) ("The contract of

티츠가 그 프로젝트를 위해 근무시간의 70% 이상을 사용하였고, 프로젝트를 정교하게 하는 데 다른 종업원들의 지원을 받았고 회사의 설비를 사용하였다는 사실, 그리고 특허 출원을 하는 과정에서도 회사의 지원을 받았다는 사실을 고려하였다.[31] 따라서 비록 고용 계약서를 통한 명시적인 발명 양도 계약은 없지만, 특정 프로젝트 수행 기간에 티츠와 회사 간에는 묵시적인 발명 양도 계약이 존재한다고 판단하였다.[32]

반면 고용계약 전에 발명을 완성하였거나, 연구개발 종업원이 직무와 무관한 발명을 하였을 때는 위와는 달리 판단되었다. 연구개발 종업원이 이미 완성된 발명을 하고 온 경우는 해당 발명의 소유권 양도 합의가 고용 계약에 함축되었다고 볼 수 없기 때문에 그 발명에 대한 권원은 종업원이 소유하고, 사용자는 거래 관행에 따라 샾 권리를 받거나 종업원으로부터 실시 허락을 구해야만 발명을 실시할 수 있다.[33] 샾 권리는 종업원이 고용 기간에 사용자의 재료와 기기를 가지고 발명을 착상하고 완성하여 특허를 받았을 때 형평의 원칙에 따라 종업원이 사용자에게 주는 통상실시권이다.[34] 또한 연구개발 종업원이 본인의 업무와 무관한 발명을 한 경우는 그 권원의 귀속이 매우 불확실하므로, 사용

---

employment was in its inception general but when Project No. 239 was set up under the Purnell Act and Dr. Neal placed in charge, it was from that time hence for the express purpose of accomplishing the result that was accomplished."); *see also id.* ("Faced with GE's requests, DRB, through Burnham, assigned Teets as the chief engineer on the GE90 project.").

31) *See id.* ("Teets spent 70% of his time on that project. After undertaking the GE90 project and attempting several solutions to GE's problem, Teets developed the HFP. Teets reduced the invention to practice using DRB's resources – DRB's employees, DRB's shop tools and materials, and DRB's time. DRB has paid and continues to pay for the prosecution of a patent application for the HFP.").

32) *See id.* ("These undisputed facts show an implied – in – fact contract of assignment between Teets and DRB. DRB specifically directed Teets to devise a one – piece leading edge for GE. Having directed Teets to that task, compensated him for his efforts, paid for the refinement of the process, and paid for the patent protection, Chromalloy owns the patent rights in the HFP. The Florida Supreme Court's decision in Neal governs this case and compels the conclusion that Teets entered an implied – in – fact contract to assign patent rights to Chromalloy.").

33) *See* Merges, *supra* note 14, at 5 – 6.

34) *See* Dubilier, 289 U.S., at 188 – 89 ("[The shop – right] is an application of equitable principles. Since the servant uses his master's time, facilities and materials to attain a concrete result, the latter is in equity entitled to use that which embodies his own property and to duplicate it as often as he may find occasion to employ similar appliances in his business.").

자는 사전 양도계약을 맺음으로써 이를 확실하게 하는 것이 꼭 필요하다.[35] 종업원 발명 소유권의 양도 계약과 관련하여, 미국의 8개 주법은 종업원 발명의 성격에 따라 소유권의 귀속을 정하는 보통법의 기본 규칙들을 무시할 수 있는 조항을 담은 양도 계약을 금하고 있으며,[36] 네바다 주법은 명시적인 서면 계약이 없는 한 사용자가 종업원이 개발한 특허성이 있는 발명 및 영업 비밀의 단독 소유권자가 된다고 정하고 있다.[37] 따라서 계약 당사자들은 먼저 해당 주법의 관련 조항을 확인하여 각 주 법에서 허용하는 양도 계약을 체결하는 것이 필요하다.

2) 회사와 관련된 발명(Firm－Related Inventions)

회사 운영이나 제조를 담당하는 종업원, 비－기술직 종업원 등 비－연구개발 종업원에 의해 만들어진 발명에 대한 권리는 발명자인 종업원에게 일차적으로 귀속된다. 기본적으로 특정 발명이나 문제 해결을 위해 고용되지 않은 종업원이 만든 발명 성과를 사용자에게 양도하도록 요구할 수 없기 때문이다.[38] 따라서 *United States v. Dubilier Condenser Corporation*[39]에서는 '비행기 라디오'를 시험하고 연구하는 업무를 맡은 종업원이 아무런 지시 없이 자발적으로 오직 자신의 호기심을 충족하기 위해 '교류(AC)를 방송수신기에 적용하는 기술'을 발명한 경우, 사용자는 그 발명을 양도받을 권리가 없다고 판결하였다.[40]

---

35) *See* Merges, *supra* note 14, at 6.

36) *See* Cal. Lab. Code § 2871 (enacted 1979); Del. Code Ann. tit. 19, § 805 (enacted 1984); 765 Ill. Comp. Stat. 1060/2 Sec. 2. (2)(enacted 1983); Kan. Stat. Ann. § 44－130 (b) (enacted 1986); Minn. Stat. §181.78 Subdivision 2. (enacted 1977); N.C. Gen. Stat. §§ 66－57.2 (enacted 1981); Utah Code Ann. § 34－39－3 (7) (enacted 1989); Wash. Rev. Code § 49.44.140 (2) (enacted 1979).

37) *See* N.V. Rev. Stat. § 600.500 (2013) ("Except as otherwise provided by express written agreement, an employer is the sole owner of any patentable invention or trade secret devel－oped by his or her employee during the course and scope of the employment that relates directly to work performed during the course and scope of the employment."). (Added to NRS by 2001, 942; A 2003, 2832).

38) *See Teets*, 83 F.3d 403 ("[An] employer cannot claim ownership of an employee's invention 'unless the contract of employment by express terms or unequivocal inference shows that the employee was hired for the express purpose of producing the thing patented.'").

39) 289 U.S. 178 (1933).

40) *See Dubilier*, 289 U.S. 178.

다만 경우에 따라 사용자는 비-연구개발 종업원의 발명에 대한 샵 권리를 받을 수 있다. 앞서 기술한 대로 샵 권리는 종업원이 고용 기간에 사용자의 재료와 기기를 가지고 발명을 착상하고 완성하여 특허를 받았을 때 형평법의 원칙에 따라 종업원이 사용자에게 주는 통상실시권이다.[41] 샵 권리를 받은 사용자는 기술료를 내지 않고 자유롭게 종업원의 발명을 만들고 사용할 수 있으나, 발명에 대한 권원 자체를 양도받은 것은 아니므로 사용자는 이를 타인에게 양도할 수는 없다.[42]

사용자가 샵 권리를 갖는지를 결정할 때는 다음 두 가지 요소를 고려한다. 첫째는 해당 발명이 종업원의 업무(예를 들어 회사운영 등)와 관련되어 있는지 살펴보고, 둘째는 종업원이 발명하는 과정 중 시설, 연장, 인력 등 사용자의 재원을 사용하였는지를 본다. 이 두 가지 요소를 고려하여 결과적으로 해당 발명과 사용자의 다른 자산과의 보완적인 혹은 대체 가능한 정도를 분석하고자 하는 것이다. 결론적으로 비-연구개발 종업원이 자신의 업무와 밀접하게 연관된 발명을 하였거나, 발명하기 위해 회사의 재원을 사용한 경우에는 사용자는 샵 권리를 갖게 된다.

샵 권리를 사용자에게 수여함으로써 종업원에 의한 일방적인 정지(holdup)를 배제할 수 있다.[43] 이는 공동소유권의 기본 규칙에 따라 권리를 양쪽으로 나누어 수여함으로써 어느 한편이 이를 자의적으로 처분할 수 없게 되기 때문이다.[44] 이러한 공동소유권은 사용자와 종업원, 회사와 자문가, 혹은 회사와 계약을 체결하고 일하는 독립적인 발명자 사이에서, 그리고 특허의 공동 소유권자들 사이에서 만들어질 수 있다.[45] 하지만 더욱 효율적인 권리 행사를 위해

41) *See id.*, at 188–89 ("[The shop-right] is an application of equitable principles. Since the servant uses his master's time, facilities and materials to attain a concrete result, the latter is in equity entitled to use that which embodies his own property and to duplicate it as often as he may find occasion to employ similar appliances in his business.").

42) *See id.*, at 189 ("But the employer in such a case has no equity to demand a conveyance of the invention, which is the original conception of the employee alone, in which the employer had no part. This remains the property of him who conceived it, together with the right conferred by the patent, to exclude all others than the employer from the accruing benefits. These principles are settled as respects private employment.").

43) *See* Merges, *supra* note 14, at 17 ("[The shop rights doctrine] prevents the possibility of a holdup by the employee and consequent underinvestment in R&D by the firm.").

44) *See id.*, at 18 ("The law precludes holdup . . . by granting an entitlement that leaves neither party at the mercy of the other.").

45) *See id.*, at 19–20.

서는 공동소유권에 대한 사전 양도계약을 맺는 것이 장려된다.[46)]

3) 독립적인 발명(Independent Inventions)

별도의 양도 계약이 없다면 종업원이 자신의 재원을 사용하여 업무장소가 아닌 곳에서 발명을 하거나 자신의 직무와 무관한 발명을 한 경우에는 발명과 관련된 소유권은 온전히 종업원에게 배타적으로 귀속된다.[47)] 이러한 기본 규칙은 대부분의 비－연구개발 종업원의 경우 적용되며, 심지어는 일부 연구개발 종업원의 경우에도 적용될 수 있다.[48)] 사용자는 해당 주법이 허용하는 범위 내에서 사전 양도 계약을 통해 이상의 두 가지 유형의 종업원 발명에 대한 소유권을 확보할 수 있을 것이다.[49)] 미국의 8개 주에서는 관련 법조항을 통해 업무장소를 벗어나서 만든 직무와 무관한 발명에 대한 소유권은 종업원(연구개발 종업원 포함)에게 귀속되도록 고용계약을 규제하고 있다.[50)]

---

46) 양도계약을 통해 공동소유권들을 미리 통합하는 것이 효율적인 이유는 미국에서 특허의 공동소유권자는 아래와 같이 다른 공동소유권자(들)에 대하여 아무런 의무감 없이 발명을 활용할 수 있기 때문이다.
See 35 U.S.C. 262. ("In the absence of any agreement to the contrary, each of the joint owners of a patent may make, use, offer to sell, or sell the patented invention within the United States, or import the patented invention into the United States, without the consent of and without accounting to the other owners."); *see also Willingham v. Star Cutter Co.*, 555 F.2d 1340, 1343 (6th Cir 1977) ("a co－owner could authorize by contract another co－owner to file suit for patent infringement without the permission of the first co－owner, in an action in which the unwilling co－owner is joined as an involuntary plaintiff under Rule 19 [of the Federal Rules of Civil Procedure]"); *see also id.* at 1344 ("a co－owner of a patent can even grant a license to a third party without consent of the other owners"); *see also Schering Corp v. Roussel－UCLAF SA*, 104 F.3d 341, 345 (Fed. Cir. 1997) ("The right to license and the unilateral right to sue are therefore not incompatible, and the granting of one does not necessarily imply the relinquishment of the other."); *see also Israel Bio－engineering Project v. Amgen Inc.*, 475 F.3d 1256 (Fed. Cir. 2007) ("[O]ne co－owner has the right to limit the other co－owner's ability to sue infringer by refusing to join voluntarily in the patent infringement suit.").

47) *See* Merges, *supra* note 14, at 6.

48) *See id.*

49) *See id.*

50) *See id.; see also* Cal. Lab. Code§ 2870 (a) (enacted 1979); Del. Code Ann. tit. 19, § 805 (enacted 1984); 765 Ill. Comp. Stat. 1060/2 Sec. 2. (1) (enacted 1983); Kan. Stat. Ann.§ 44－130 (a) (enacted 1986); Minn. Stat. §181.78 Subdivision 1. (enacted 1977); N.C. Gen. Stat.§§ 66－57.1 (enacted 1981); Utah Code Ann. §34－39－3 (1) (enacted 1989); Wash. Rev. Code§ 49.44.140 (1) (enacted 1979); cf. Nevada NRS 600.500 (이에 대하여 언급하고 있지 않음).

이상과 같이 종업원의 고용계약에 추후 해당 종업원이 만들 직무와 무관한 발명에 대한 소유권 양도가 묵시적으로 포함되어 있다고 보는 것을 꺼리는 미국 법원의 태도는, 발명을 통해 기술혁신을 도모하려는 미국 특허정책의 방향과 일치한다.[51] 즉 미국의 특허제도는 발명의 정당한 가치에 대하여 종업원-발명자와 사용자가 거래할 기회를 보장함으로써 발명을 장려하고자 한다.[52]

4) 자문사 등에 적용되는 기본 규칙(Default Rules for Consultants and the Like)

자문사(consultant), 독립적인 계약자(independent contractors), 외부 연구개발 제공자(external R&D providers) 등에 적용되는 기본 규칙은 종업원에 적용되는 기본 규칙과 다르다. 즉 법원은, 달리 명시된 계약이 없는 한, 자문사 등의 소유권을 즉각적으로 인정한다.[53] 또한 법원은 양도계약을 해석함에도 자문사 등의 양도 의무를 좁게 해석함으로써 결과적으로 자문사 등에 유리한 방향으로 판단하는 경향을 보여 왔다.[54] 이는 종업원의 양도계약을 사용자에게 유리한 방향으로 해석하는 것과 대조를 이룬다.[55]

나. 계약에 의한 권리 귀속(Pre-Invention Assignment Agreements)

발명자의 발명에 대한 권리는 자유롭게 양도될 수 있으므로, 당사자 간의

---

51) *See* TOSHIKO TAKENAKA AND YVES REBOUL, *Employee Invention System: Comparative Law Perspective*, in INTELLECTUAL PROPERTY IN COMMON LAW AND CIVIL LAW 372 (Toshiko Takenakaed ed., 1st ed. 2013).

52) *See* TAKENAKA & REBOUL, *supra* note 51.

53) *See* Merges, *supra* note 14, at 36-37.

54) *See id.*

55) *See id.* 저자는 발명을 자문사 등의 소유하도록 하는 기본법칙은 아래와 같은 이유로 경제학적으로 타당성이 있다고 주장한다. 첫째, 자문사가 발명에 대한 소유권을 회사에 양도하지 않는 경우에 발명적인 작업들을 통합하는데 드는 비용은 종업원이 발명에 대한 소유권을 회사에 양도하지 않는 경우에 비하여 상대적으로 낮다. 이는 자문사가 발명적인 작업을 사용자-회사에 양도하지 않는 경우 이로 인한 정지가 사용자를 위협하는 정도는 종업원에 의한 정지에 비해 미약하기 때문이다. 둘째, 상대적으로 많은 정보를 갖고 있는 사용자에 반하여 일종의 'penalty default'로서 작동할 수 있다. 즉 발명을 자문사 등이 소유하는 경우 자문사 등은 자신의 발명적 성과를 사용자가 소유하길 원하는지 파악할 수 있게 되고, 이러한 정보를 가지고 자신이 받을 보상 및 권리 보호에 대하여 보다 유리하게 사용자와 교섭할 수 있게 된다.

계약이 있는 경우 종업원에게 귀속된 권리의 처분이나 이전은 계약법의 문제가 된다.[56] 많은 사용자가 연구개발 종업원과 비-연구개발 종업원에게 고용 기간에 만들게 될 발명에 대한 권원을 미리 사용자인 회사에 양도하는 계약에 합의할 것을 요구하는 실정에서, 당사자 간의 계약은 종업원 발명에 대한 권리의 귀속을 정하는 데 있어서 제일 중요한 역할을 하게 된다. 아직까지 관련된 연방입법안이 통과된 바가 없으므로, 계약에 의한 권리귀속은 각 주의 계약법 하에서 양도 계약의 유효성(validity)과 집행 가능성(enforceability)을 판단함으로써 결정된다.[57]

1) 신입 종업원의 사전 승계/양도 계약 체결(Pre-invention Assignment Agreements)

앞서 기술한 종업원 발명의 성격에 따른 기본 규칙들에만 의존하다가 종업원의 발명에 대한 소유권을 확보할 수 없는 경우를 우려하여, 사용자들은 거의 관례적으로 고용계약에 신입 종업원이 추후 만들 발명에 대한 권원을 사전에 사용자에게 양도하는 내용을 포함하고 있다.[58] 많은 사용자는 이러한 사전 양도를 연구개발 종업원뿐만 아니라 비-연구개발 종업원에게도 요구하고 있다.[59] 심지어 사용자는 사전 양도 계약을 통하여 (각 주의 종업원 발명 양도에 관한 정책이 정하는 범위 내에서) 보통법의 기본 규칙에 따라 양도받을 수 있는 범위를 넘어서 더욱 광범위한 발명에 대한 권원을 양도받을 수도 있다.[60]

56) *See* Dubilier, 289 U.S. at 187 ("A patent is property and title to it can pass only by assignments.").

57) *See* Hovell, supra note 18, at 883-87 (describing several unsuccessful proposals designed to improve the rights of the employed inventor, including the Brown Bill, the Moss Bill, and the Hart-Owens Bill, and the Kastenmeier Bills), available at: http://scholarship.law.nd.edu/cgi/viewcontent.cgi?article=2429&context=ndlr.

58) *See* Michael R. Mattioli, *The Impact of Open Source on Pre-Invention Assignment Contracts*, 9 U. PA. J. LABOR & EMPLOYMENT L. 207, 208 (2006) ("Pre-invention assignment agreements are commonplace in most American corporations.").

59) *See id.* ("These contracts are typically presented to engineers, and sometimes imposed upon all employees throughout an organization, regardless of their likelihood to invent.").

60) *See id.* ("Generally honored by courts, pre-invention assignment agreements convey to employers all intellectual property rights arising from employee inventions. Such agreements follow employees wherever they go, securing to employers patent rights for inventions created in and outside the scope of employment."); *see also* Anneliese S. Mayer, et al., *Fundamental Intellectual Property Law and Related Restrictive Covenants for Labor and Employment Lawyers*, presented at the ABA 8th Annual Section of Labor &

미국 연방법원은 계약의 조건과 집행 가능성을 해석하면서 각 주의 계약법을 적용함으로써 해당 주의 정책에 따라 계약이 규율되도록 해왔다.[61] 또한 연방 대법원은 각 주의 법원에 특허의 소유권 귀속 및 이전을 규율할 주 법을 자체적으로 개발해 나갈 수 있는 권한을 허용해 왔다.[62] 그러나 주 법원들은 연방 대법원의 선례를 따른 결과, 미국 전역의 주 법원과 연방법원은 특허 소유권 귀속 및 양도 집행 가능성에 관하여 거의 통일된 보통법 판례를 형성했다.[63]

이상의 거의 통일된 주 및 연방의 보통법 판례에 따르면, 종업원－발명가로부터 사용자에게로 발명에 대한 소유권을 이전하기 위해서는 종업원 발명을 사용자에게 양도한다고 명시적으로 합의하는 것이 필요하다.[64] 또한 사용자는 발명자에게 급여를 받는 대가로 어떤 것들을 포기해야 하는지 미리 통지하고, 충분히 협상할 기회를 보장함으로써 상호 명료한 합의를 이룰 수 있도록 해야 한다.[65] 사용자는 종업원으로부터 발명에 대한 권리를 양도받는 것에 대해 추가적인 보상을 약속할 필요는 없다.[66] 그 이유는 급여, 다른 종업원의 발명활동에 대한 지원, 그리고 사용자의 시설을 사용할 권리를 주겠다는 약정이 그에 대한 충분한 대가라고 보기 때문이다.[67]

Employment Law Conference, available at: http://www.americanbar.org/content/dam/aba/events/labor_law/2014/11/papers/75b_panel.authcheckdam.pdf ("Preinvention assignment agreements can be made broader than the common law default, covering more categories of invention than just employer－specified inventions and extending beyond the term of employment to for a reasonable period after employment has ended. As such these agreements have the potential to provide broad protection to employers.").

61) *See* TAKENAKA & REBOUL, *supra* note 51, at 372－73.

62) *See id.*

63) *See id.*

64) *See* Dalzell v. Dueber Watch Case Mfg. Co., 149 U.S. 315 (1893) ("But a manufacturing corporation which has employed a skilled workman, for a stated compensation, to take charge of its works, and to devote his time and services to devising and making improvements in articles there manufactured, is not entitled to a conveyance of patents obtained for inventions made by him while so employed, in the absence of express agreement to that effect." (*citing* Hapgood v. Hewitt, 119 U. S. 226 (1886)); *see also* Dubilier, 289 U.S. at 187 ("The respective rights and obligations of employer and employee, touching an invention conceived by the latter, spring from the contract of employment."); *see also* Stanford, 131 S.Ct. at 2194－95 ("In most circumstances, an inventor must expressly grant his rights in an invention to his employer if the employer is to obtain those rights.").

65) *See* TAKENAKA & REBOUL, *supra* note 51, at 373.

66) *See id.*

67) *See id.*

2) 양도계약의 대상(Scope of Employee Inventions for Assignment)

사용자가 종업원으로부터 발명의 소유권을 양도받으려면 상호 합의로 그 발명의 양도를 계약서에 명시하였고, 그 발명이 해당 주의 법과 정책 아래에서 양도가 허용되며, 양도계약의 내용이 합리적이어야 한다. 양도계약 시 당사자 간에 양도의 대상을 명확하게 함으로써 추후의 양도 대상 범위에 대한 논란의 소지를 없애는 것이 바람직하다.

가) 상호 합의한 양도 계약서에 명시된 발명

United States v. Dubilier Condenser Corporation[68] 판결에 따르면, 한 발명을 만들어 내기 위해 종업원을 고용한 후 그 종업원이 고용계약서에 적시된 자신의 고용 목적과 부합하는 발명을 하였을 때만 사용자에게 특허를 양도할 의무가 발생한다.[69] 고용계약을 통해 상호 합의된 발명적 산물만이 양도계약의 대상이 된다는 이 판결은 발명에 대한 소유권이 통상적인 근무에서 만들어 질 수 있는 다른 종류의 재산권들과는 다르다는 생각에 기반을 둔다.[70] 즉 발명한다는 행위의 특수한 본질 때문에 발명이 아니라 연구를 위해 고용된 종업원이[71] 고용기간 중 발명을 한 경우에는, 이 발명에 대한 소유권은 발명자인

68) 289 U.S. 178 (1933).

69) *See Dubilier*, 289 U.S. 178, at 187 ("One employed to make an invention, who succeeds, during his term of service, in accomplishing that task, is bound to assign to his employer any patent obtained. The reason is that he has only produced that which he was employed to invent. His invention is the precise subject to the contract of employment. A term of the agreement necessarily is that what he is paid to produce belongs to his paymaster. On the other hand, if the employment be general, albeit it cover a field of labor and effort in the performance of which the employee conceived the invention for which he obtained a patent, the contract is not so broadly construed as to require an assignment of the patent.").

70) *See id.*, at 187–88 ("'But a manufacturing corporation, which has employed a skilled workman, for a stated compensation, to take charge of its works, and to devote his time and services to devising and making improvements in articles there manufactured, is not entitled to a conveyance of patents obtained for inventions made by him while so employed, in the absence of express agreement to that effect.'").
특허법을 벗어난 영역에서는 일반적으로 사용자는 업무와 관련되어 종업원이 발휘한 창의성의 결과로 만들어진 저작권, 상표, 영업비밀로 보호될 수 있는 지식재산을 소유할 수 있다고 여겨지고 있다.

71) *See id.*, at 193 ("[O]ne of their duties was 'to carry on investigation research and experimentation in such problems relating to radio and wireless as might be assigned to them by their superiors,' it is charged 'in the course of his employment as aforesaid, there was assigned to said Lowell by his superiors in said radio section, for investigation and

종업원에게 귀속되어야 한다고 판단한 것이다.[72] 따라서 이에 따르면 발명에 대한 소유권은 고용계약 시 종업원이 추후 자신의 발명에 대한 보상을 받아들이고 합의하지 않는 한 사용자에게 이전될 수 없는 것이다.[73]

나) 해당 주의 법과 정책 하에서 양도가 허용되는 발명

사전 양도 계약을 통해 사용자가 종업원으로부터 소유권을 확보할 수 있는 발명의 범위는 각 주의 종업원 발명의 소유권 양도에 관한 공공정책에 따라 달라질 수 있다. 앞서 언급한 바와 같이 미국의 8개 주는 사용자가 종업원의 발명에 대한 소유권을 주장하는 것을 제한하는 법을 통과시켰다. 캘리포니아 주법은 전형적인 경우로서 종업원이 순전히 자신의 시간을 사용하여 사용자의 장비, 물품, 시설, 영업비밀정보 등을 사용하지 않고 개발한 발명에 대한 권리를 양도하는 계약은 효력이 없는 것으로 보았다.[74] 다만 동법에 따라 ① 사용자의 사업 혹은 연구개발과 관련된 발명, 그리고 ② 사용자를 위해 종업원이 수행한 업무로부터 나온 발명은 양도계약 대상 발명에서 제외되지 않는다.[75]

양도 계약의 대상을 표현하는 언어에도 차이가 있다. 유타 주를 제외한

---

research, the problem of developing a radio receiving set capable of operation by alternating current. . . .'").

72) *See id.* ("The reluctance of courts to imply or infer an agreement by the employee to assign his patent is due to a recognition of the peculiar nature of the act of invention, which consists neither in finding out the laws of nature, nor in fruitful research as to the operation of natural laws, but in discovering how those laws may be utilized or applied for some beneficial purpose, by a process, a device or a machine. It is the result of an inventive act, the birth of an idea and its reduction to practice; the product of original thought; a concept demonstrated to be true by practical application or embodiment in tangible form.").

73) *See id.*, at 193-96 ("The courts below expressly found that Dunmore and Lowell did not agree to exercise their inventive faculties in their work, and that invention was not within its scope. . . . [T]he written evidence of their employment does not mention research . . . In no proper sense may it be said that the contract of employment contemplated invention . . . The circumstances preclude the implication of any agreement to assign their inventions or patents.").

74) *See* Cal. Lab. Code § 2870 (a)(1)-(2) ("Any provision in an employment agreement which provides that an employee shall assign, or offer to assign, any of his or her rights in an invention to his or her employer shall not apply to an invention that the employee developed entirely on his or her own time without using the employer's equipment, supplies, facilities, or trade secret information except for those inventions that either: (1) Relate at the time of conception or reduction to practice of the invention to the employer's business, or actual or demonstrably anticipated research or development of the employer; or (2) Result from any work performed by the employee for the employer.").

75) *See id.*

7개 주의 법령에서는 양도계약의 대상을 종업원이 갖는 "발명에 대한 권리(rights in an invention)"라고 기술하고 있다. 반면 유타 주의 법령에서는 그 대상을 발명에 대한 권리나 지식재산(right or intellectual property in or to an invention)"이라고 표현하면서 여기서 지식재산은 특허뿐만 아니라 영업비밀, 노하우, 기술, 비밀정보, 아이디어, 저작권, 상표, 그리고 서비스표장과 관련된 권리, 출원, 그리고 등록을 말한다고 정의하고 있다.76)

보다 근본적으로, 이상의 주 법 조문에서 말하는 '발명'이 무엇을 의미하는지 확실하지 않다. 예를 들면 여기서 말하는 '발명'을 특허성(patentability)과 연관시켜 정의해야 할지 혹은 제품에 대한 아이디어 및 기존의 프로세스나 기기의 개량도 포함하는 개념으로 넓게 정의해야 할지 논란이 될 수 있다. 이러한 논란은 종업원-발명가가 고안하거나 발견한 것이 특허성이 없는 경우에도 사용자에게는 여전히 양도받을 만한 가치가 있을 수 있기 때문에 가능하다. 더욱이 미국의 특허법이나 종업원 발명에 관한 8개 주의 법령에서 발명 자체에 대한 정의는 찾을 수 없다.77) 발명의 사전적 의미 또한 상당히 유동적이다. 사전에서는 발명을 "독립적인 노력을 통해 만들어진 뛰어난 수준의 기술이나 창의력을 특징으로 하는 특허성이 있는 기기나 프로세스" 혹은 "새롭게 발견된 기술이나 작동법" 혹은 "만들어진 혹은 고안된 것"이라 정의하고 있다.78)

---

76) *See* Cal. Lab. Code § 2870 (a) ("any of his or her rights in an invention"); Del. Code Ann. tit. 19, § 805 (any of the employee's rights in an invention"); 765 Ill. Comp. Stat. 1060/2 Sec. 2. (1)("any of the employee's rights in an invention"); Kan. Stat. Ann. § 44-130 (a) ("any of the employee's rights in an invention"); Minn. Stat. § 181.78 Subdivision 1. ("any of the employee's rights in an invention"); N.C. Gen. Stat. §§ 66-57.1 ("any of his rights in an invention"); Utah Code Ann. § 34-39-3 (1) ("any right or intellectual property in or to an invention"); Wash. Rev. Code § 49.44.140 (1) ("any of the employee's rights in an invention").
See also Utah Code Ann. § 34-39-2 (2) "Intellectual property" means any and all patents, trade secrets, know-how, technology, confidential information, ideas, copyrights, trade-marks, and service marks and any and all rights, applications, and registrations relating to them.

77) 미국 특허법에서는 "발명은 발명이나 발견을 일컫는다"고 하면서 발명 자체의 정의는 주지 않고 있다. *See* 35 U.S.C. § 100 (a) The term "invention" means invention or discovery.
참고로 노스캐롤라이나 주는 직무발명 조항이 아닌 발명개발서비스 조항에서 발명의 정의를 "발견, 프로세스, 기계, 디자인, 포뮬레이션, 물질의 조성, 생산물, 개념이나 아이디어, 혹은 이들을 병합한 것"이라고 하고 있다. *See* Article 29. Invention Development Services. § 66-209 (4) "Invention" means any discovery, process, machine, design, formulation, composition of matter, product, concept, or idea, or any combination of these.

78) Black's Law Dictionary 664 (7th Ed. 2000)(defining an invention as a "patentable device or

다) 양도계약의 합리성

종업원은 함축된 공공정책을 앞세워 양도계약의 합리성(reasonableness)을 요구할 수 있다. 여기에서 합리성은 고용종료 후 반경쟁합의(post-employment anticompetition agreement) 및 영업비밀 비공개합의(trade secret non-disclosure agreement)에 관한 판례에서 사용하는 합리성 기준과 유사하여, 법원은 시간 및 대상에 대한 제한을 두지 않은 것과, 고용기간 내외를 불문하고 장래의 모든 발명을 양도하겠다는 합의를 무효라고 판단하였다.79)

3) 양도계약의 집행

일반적으로 법원은 사전양도계약을 사용자에게 유리하게 해석해 왔다.80) 사전 계약을 맺은 후 고용이 단기간만 유지된 경우에도 이는 종업원의 장래 발명에 대한 소유권을 받기 위해 법적으로 충분한 대가(consideration)를 약속한 것

---

process created through independent effort and characterized by an extraordinary degree of skill or ingenuity; a newly discovered art or operation" or "anything that is created or devised").

79) *See* Guth v. Minnesota Mining & Mfg. Co., 72 F.2d 385 (7th Cir. 1934)에서 종업원이 서명한 양도계약서의 문구는 아래와 같다. "(a) all my rights to inventions which I have made or conceived, or may at any time hereafter make or conceive, either solely or jointly with others, relating to abrasives, adhesives or related materials, or to any business in which said company during the period of my employment by said company or by its predecessor or successor in business, is or may be concerned, and (b) all my rights to inventions which, during the period of my employment by said company or by its predecessor or successors in business, I have made or conceived, or may hereafter make or conceive, either solely or jointly with others, or in the time or course of such employment, or with the use of said company's time, material or facilities, or relating to any subject matter with which my work for said company is or may be concerned; and (c) I further agree, without charge to said company, but at its expense, to execute, acknowledge and deliver all such further papers, including applications for patents, and to perform such other acts as I lawfully may, as may be necessary in the opinion of said company to obtain or maintain patents for said inventions in any and all countries.".
See also id., *citing* Aspinwall Mfg. Co. v. Gill, 32 F.697 (C.C.D. N.J. 1887).

80) *See* Steven Cherensky, *A Penny for Their Thoughts: Employee-Inventors*, Preinvention Assignment Agreements, Property, and Personhood, 81 CAL. L. REV. 595, 623 (1993) ("Some preinvention assignment agreements offer no additional consideration for the assignment of an employee-inventor's invention to the employer beyond the continued employment of the employee. Most courts hold that even this is adequate consideration, since the employee-inventor is dischargeable 'at will.' Certainly, there is no requiremen tthat the consideration approximate the value of the invention, though some courts may find that nominal consideration is inadequate.") Available at: http://scholarship.law.berkeley.edu/californialawreview/vol81/iss2/3.

으로 판단하였다.81) 사용자와 종업원 간의 교섭력(bargaining power) 및 정보 접근성(access to information)의 차이에도 불구하고 법원은 사전계약이 비양심적(unconscienability), 강압적(oppression), 혹은 부종계약(contracts of adhesion)이기 때문에 무효라는 주장을 받아들이지 않고 부가적으로 비합리적인 계약문구(unreasonable contract terms) 등이 있는지를 심리하였다.82) 양도 합의에 대한 명목상의 대가만 있는 경우에도 완성된 발명은 일상적으로 사용자에게 양도된 것으로 판단되었다.83) 사전양도계약을 고용된 이후에, 혹은 고용되어 발명을 한 이후에 맺은 경우, 고용기간이 끝나기 전에 양도 계약이 말소된 경우, 혹은 계약서가 구속력 있는 계약의 요건들을 갖추지 못한 경우에도 법원은 한결같이 그 계약의 구속력을 인정하였다.84)

이상과 같이 미국 법원은 명시적인 양도계약의 효력은 인정하는 경향이 있음에도 불구하고, 종업원의 양도 의무가 심하게 도를 지나친 경우에는 양도계약의 내용을 합리적인 범위로 한정하여 해석하였다.85) 또한 앞서 언급된 8개 주는 고용의 조건으로서 법조문상 양도 대상에서 제외된 발명에 대한 소유권 양도를 합의하는 경우, 이는 무효이며 집행 가능하지 않은 것으로 규정하고, 위 발명에 대한 소유권은 양도대상이 아님을 종업원에게 서면으로 통지하도록 하고 있다.86)

이상을 요약하면 양도 조항이 극단적이거나 그 대상이 주 법 상 금지된 경우가 아니면, 사전양도계약을 통해 사용자는 법원에서 인정해 준 광범위한 힘을 가지고 종업원 발명에 대해 소유권을 주장할 수 있게 된다.87) 더욱이 대개의 경우 양도계약에 따라 종업원은 몇 가지 의무를 부여 받게 되는데, 특허출원 및 특허를 사용자에게 양도할 의무, 특허출원 과정을 보조할 의무, 그리고 발명

81) *See* Merges, *supra note* 14, at 8.

82) *See* Cherensky, *supra* note 79, at 620-22.

83) *See* Merges, *supra* note 14, citing John P. Sutton, *Compensation for Employed Inventors*, 1975 CHEMTECH 86, 88 ("[Fifty-four percent] of the [162 employed] inventors [surveyed] received $1.00 or less in direct compensation for their inventions," even though 19% estimated the value of their inventions at over $1 million).

84) *See* Merges, *supra* note 14, at 8-9.

85) *See* Merges, *supra* note 14, at 9, *citing, Roberts v. Sears, Roebuck & Co.*, 573 F.2d 976 (7th Cir. 1978) 법원이 수백만 불 가치의 발명을 일만 불 가치에 지나지 않는다고 종업원에게 말하여 발명을 양도받으려고 한 사용자가 아니라 종업원의 편에 선 예외적인 경우의 예이다.

86) *See* CAL. LAB. CODE §§ 2871-2872.

87) *See* Merges, *supra* note 14, at 8.

에 대한 사용자의 권리를 완벽하게 만드는데 협조할 의무 등이 그 예들이다.[88]

다. 바이-돌 법 하에서 종업원 발명에 대한 소유권 귀속

연방정부의 지원을 받아 연구를 수행한 결과 만들어진 발명에 대한 권원의 귀속 및 양도는 바이-돌 법[89]의 적용을 받게 된다. 바이-돌 법에 따르면 정부 지원으로 연구를 수행한 결과 착상하거나 최초로 실제로 실행 가능하게 된 발명에 대한 권원은 연구용역계약자에게 귀속된다.[90] 그러나 만일 계약자가 발명에 대한 권원을 보유하지 않기로 하거나 혹은 여러 가지 이유로 법에서 정하는 시간 내에 특허출원을 못하게 되면 바이-돌 법에 따라 그 발명에 대한 배타적 권리는 연구비를 지원한 연방기관이 보유할 수 있다.[91] 결과적으로 발명자는 계약자와 연구비 지원 기관 모두 발명에 대한 권리를 포기한 경우에만 그 권원을 보유할 수 있다.[92]

연구용역계약자에게 특허권이 귀속되는 과정은 실제로 상당히 복잡하다. 우선 발명자-종업원으로부터 발명에 대한 권원을 획득하고자 하는 계약자는 아래와 같이 몇 가지 의무를 수행해야 한다.[93]

1. 권원을 갖고자 하는 발명을 공개한다.[94]

2. 상당한 시일 내에 공개한 발명에 대한 권원을 보유하고자 한다는 의사를 밝힌다.[95]

3. 상당한 시일 내에 공개한 발명에 대한 특허 출원을 한다.[96]

4. 권원을 보유한 연구용역계약자는 연구비를 지원한 정부기관에게 실시권을 무상으로 수여한다. 이 실시권은 전 세계에서 비-배타적으로 발명을 실시

---

88) *See id.*

89) The Patent and Trademark Law Amendments Act of 1980, Pub. L. No. 96-517, 94 Stat. 3015, 35 U.S.C. §§ 200-12.

90) *See id.* §§ 202(a), 202(e).

91) *See id.* § 202(a).

92) *See id.* § 202(d).

93) *Id.* §§ 202(c)(1)-(6).

94) *Id.* § 202(c)(1).

95) *Id.* § 202(c)(2).

96) *Id.* § 202(c)(3).

할 수 있는 권리로서 취소될 수 없는 반면 타인에게 이전될 수 없다.[97)]

5. 권원을 보유한 계약자는 발명을 사용하고 사업화하기 위한 노력을 기울이고 그런 노력에 대하여 보고한다.[98)]

6. 출원서의 상세한 설명부분에 해당 발명이 정부 연구비로 개발되었고, 따라서 정부가 발명에 대한 특정한 권리를 갖고 있음을 밝힌다.[99)]

연구비를 지원한 정부기관은 바이-돌 법에 따라 다음과 같은 권리를 갖게 된다. 첫째, 연구용역계약자가 여하한 이유로 발명에 대한 권원을 보유하지 않는 경우, 연구비를 지원한 정부기관이 그 권원을 온전하게 가질 수 있다.[100)] 둘째, 연구비를 지원한 정부기관은 일정하게 정해진 경우에 계약자로 하여금 적절한 신청자가 한 분야에서 해당 발명을 하는 것을 허락하도록 강제할 수 있다.[101)] 이러한 개입권을 'march-in right'라고 부른다.[102)]

바이-돌 법 아래에서 연구용역계약기관에 소속한 발명자는 연구 결과 착상되거나 최초로 실제로 실행가능하게 된 발명에 대하여 비교적 제한된 권리를 가진다.[103)] 첫째, 발명자는 계약기관과 정부기관 다음 순위로 발명에 대한 권원을 보유할 수 있다. 즉 계약자가 권원을 보유하지 않기로 하는 경우 발명자는 그 권원을 보유하겠다고 요청을 하고 정부기관이 이를 허락함으로써 발명자에게 권원이 귀속된다.[104)] 둘째, 계약자가 대학이나 정부출연연구소 등 비영리기관인 경우에 발명자는 실시료(royalty)를 공유할 권리가 있다.

아래에 기술한 최근 두 가지 판례를 통하여, 법원은 바이-돌 법의 권리 귀속 규정에 대한 보다 명확한 해석을 제시하였다.

---

97) *Id.* § 202(c)(4).

98) *Id.* § 202(c)(5).

99) *Id.* § 202(c)(6).

100) *See* Parker Miles Tresemer. *Best Practices for Drafting University Technology Assignment Agreements After FilmTec, Stanford v. Roche, and Patent Reform*, J. L. TECH & POLICY 347, 358 (2012).

101) 35 U.S.C. § 203.

102) *Id.*

103) *See* Tresemer, *supra* note 100, at 360.

104) 35 U.S.C. § 202 (d).

*FilmTec Corp. v. Allied-Signal, Inc.*105) 법원에 따르면, 인적 재산(personal property)인 발명에 대한 권리를 양도하는 계약은 발명이 만들어지기 전이나 후에 언제든지 체결할 수 있지만 사전 양도계약을 통해 사용자가 종업원이 한 발명에 대하여 갖게 되는 권리는 발명 이전과 이후에 각기 다르게 해석된다.106) 즉 법원은 발명이 만들어진 후에는 사전 양도계약에 따라 사용자는 종업원 발명에 대한 권원을 온전하게 가질 수 있으나, 발명이 만들어지기 전에 사용자는 발명에 대하여 형평법적인 권원(equitable title)만을 가질 수 있다고 판단하였다.107) 이는 계약법적으로, 사전 양도계약을 한 경우, 발명이 만들어지기 전에 양도자가 발명에 대하여 갖는 권리는 '인수 가능한 권리(expectant interest)'에 불과하기 때문이라고 설명하였다.108) 법원에 따르면, 실제로 발명이 만들어진 시점에야 비로소 양도받을 온전한 특허권이 생기고, 마침내 특허가 등록되면서 특허에 대한 법적 권원이 양수인에게 넘어가게 된다.109)

이상과 같이 실제 발명 여부에 따라 사전 양도 계약에 대한 해석을 달리하는 것이 중요한 이유는, 형평법적 권원은 온전한 권원에 비하여 소유권자에게 상대적으로 제한된 권리를 부여하기 때문으로 생각된다. 판결문이 기술하듯이 형평법적 권원의 소유권자는 온전한 법적인 권원을 가지고 있는 사람에 대해 형평법적 권원을 내세워 자신의 특허권 침해 행위를 방어할 수 없다.110) 또한 발명 후 양도를 통해 만들어진 선의의 제3의 유상 구매자(*bona fide* purchaser for value)의 권원에 대하여, 이전에 양도를 통해 온전한 법적 권원을 획득하고 그 사실을 특허청에 기록한 양수인은 자신의 권리를 지키고 선의 구매자의 권원을 박탈할 수 있지만, 이전에 형평법적 권원만을 획득한 양수인의 권리는 선의의 구매자가 온전한 법적 권원을 양도받는 순간 자동적으로 박탈되게 된다.111)

Board of Trustees of the Leland Stanford Junior University v. Roche Molecular Systems 판례에 따르면 바이-돌 법은 계약자-사용자가 발명자-종

105) *See* FilmTec Corp. v. Allied-Signal, Inc., 939 F..2d 1568 (Fed. Cir. 1991).
106) *See* Tresemer, *supra* note 100, at 362-63.
107) *See FilmTec*, 939 F.2d at 1572.
108) *See id.*
109) *See id.*
110) *See id.* at 1570.
111) *See* Tresemer, *supra* note 99, at 363-64.

업원으로부터 양도 계약을 통해 온전한 권원을 획득하게 된 발명들에만 적용된다고 결론을 내렸다. 이러한 결론에 이르기 위해, 우선 법원은 210(a) 조항이 적용되는 'subject inventions'는 'inventions of the contractor'이라고 해석함으로써, 바이-돌 법이 정하는 정부지원 발명의 권리 귀속 규칙이 적용되는 대상은 발명자-종업원이 착상하거나 최초로 실행가능하게 만든 모든 발명이 아니라, 연구용역계약자-사용자가 실제로 소유권을 확보한 발명들에 국한된다고 판단하였다.[112] 또한 법원은[113] 바이-돌 법 아래에서 정부지원 발명에 대한 발명자의 권리가 자동적으로 처음부터(*ab initio*) 무효화되는 것은 아님을 명확하게 하면서, 실제로 소유권을 확보하기 위해서는 다른 모든 종업원 발명의 경우와 마찬가지로, 계약자-사용자는 명시적인 양도계약을 통해서 발명자-종업원으로부터 정부지원 발명에 대한 권리를 이전받아야 한다고 판단하였다.[114]

3. 종업원 발명에 대한 보상

미국에서 대다수의 발명은 회사의 종업원에 의해 만들어지고 있는데, 직무범위 내에서 만들어진 발명의 귀속은 고용 계약에 따라 통제된다. 앞서 기술한 바와 같이 미국 법에서 특허는 원래 발명자의 소유이지만, 종업원 발명에 대하여 사용자가 법령에 따른 보상 책임을 지지는 않으며, 직무발명에 대한 보상 등은 개인들 간에 자율적으로 정하는 원칙에 따라 규율되기 때문이다. 또한 보통법 판례에 따르면 급여, 다른 종업원의 지원, 사용자의 시설을 사용할 권리를 주겠다는 약속이 유효한 계약을 성립시키는 데 충분한 대가를 약속한 것으로 볼 수 있는 경우에는, 사용자는 종업원이 발명에 대한 권리를 이전하는 것에 대해 부가적인 보상을 약속하지 않아도 된다. 따라서 사용자와 종업원은 직무발명에 대한 승계, 보상 등에 관해 미리 약정할 수 있고, 고용 계약을 통해 종업원은 아이디어, 발명, 그리고 (발명의) 개량에 대한 권리, 권원, 이해를 온전하게 회사에 양도하기로 합의할 수 있다.

종업원 발명 보상은 결국 사용자가 정하게 되는데 직무과정 중 만들어진

---

112) *See Stanford*, 131 S.Ct. at 2197.

113) *See id.*

114) *See id.*

발명에 대한 주된 보상형태는 급여이지만 미국의 일부 회사들은 종업원의 혁신 노력을 보상하고 증진하고자 전형적인 경우 특허출원 및 특허등록에 관하여 급여와 별도의 보상을 하기도 한다. 설문조사에 응답한 38개 회사의 자료를 기반으로 한 자료에 따르면 미국 회사가 실시하고 있는 종업원 발명에 대한 보상의 실태는 아래 표와 같다.[115] 가치가 높은 특허를 만든 종업원에 대하여, 설문에 응답한 38개 회사 중 29개 회사는 전혀 보상하지 않았고, 나머지 9개 회사 중 4개 회사는 다양한 액수의 현금상(cash prize), 한 회사는 200불 정액 수여, 그리고 마지막 4개 회사는 300불 내지 37,500불 범위의 보상을 하고 있었다.[116] 대략 절반의 회사들은 특허와 관련하여 다른 보상을 하고 있으며, 대다수의 회사들은 발명자에게 비현금성 인센티브를 수여하고 있었다.[117] 아래 표와 같이 전체 회사가 발명자에게 상으로 지급하는 연간 평균 액수는 120만불이었는데, 조사 대상이 된 38개 회사의 연간 총매출액의 범위가 4억불에서 1,770억불이고, 평균 연간 총매출액이 308억불인 것을 고려하였을 때 회사에서 발명자 보상에 쓰는 비용은 매우 적은 비율을 차지하는 것을 알 수 있다.[118] 이러한 현상은 기업이 연구개발에 따르는 불확실성과 투자 리스크를 부담한다는 점과, 발명은 조직적인 연구 성과라는 점을 중시한 결과가 아닌가 생각된다.

회사	보상액			회사당 연간 평균 총 발명자 보상비용
	발명공개	특허출원	특허등록	
전체	$0 84% $1-$100 5% $101-$200 11%	$0 39% $1-$500 21% $501-$1,500 29% $1,501-$3,000 11%	$0 63% $1-$500 26% $501-$2,000 11%	$1.2 million
컴퓨터, 전자	$0 60% $1-$100 13% $101-$200 27%	$1-$500 20% $501-$1,500 53% $1,501-$3,000 27%	$0 60% $1-$500 27% $501-$2,000 13%	$2.6 million
화학, 제약, 바이오텍	$0 100%	$0 40% $1-$500 40% $501-$1,500 20%	$0 85% $1-$500 15%	$0.1 million

115) *See* Report of the IPO Asian Practice Committee, *Employee Inventor Compensation Practice Survey*, Intellectual Property Owners Association, Feb. 2004.
참고로 대상이 된 38개 회사의 연간 총매출액의 범위는 4억불에서 1,710억불이고, 평균 연간 총매출액은 308억불이었다. 연간 미국특허출원 수는 623개이고 외국특허출원 수는 867개였다.

116) *See id.*

117) *See id.*

118) *See id.*

소비재, 기계, 일반제조	$0 100%	$0 84% $1-$500 8% $501-$1,500 8%	$0 40% $1-$500 40% $501-$2,000 20%	$0.5 million

더불어 회사 내 연구개발 관리부서는 종업원 보상 계획(employee reward plans)을 마련하여 종업원 발명에 대하여 적절한 유인책을 마련하고자 노력하고 있다.[119] 실제로 텍사스 인스트루먼츠, 몬샌토, 아이비엠 등은 발명자에게 상당한 액수의 보상금을 지급한다는 사실이 잘 알려졌다.[120] 또한 캘리포니아 주 실리콘밸리의 첨단기술회사들은 성과에 대한 지급 체계(pay-for-performance scheme)를 통해 상당한 인센티브를 지급함으로써 사내 공학자와 과학자들이 창업을 통하여 독립적이고 중대한 소유권을 확보하기보다 계속 기업에 남아 일하는 것을 선택하도록 유도했다.

회사가 운영하는 보상계획의 장점은, ① 시행하는 주체가 해당 산업계, 기술, 회사, 그리고 개별적인 발명가에 대해 잘 알고 있고, ② 다루기 어려운 행정적인 구조에서 벗어날 수 있다는 점이다. 그러나 법원을 통해 사내 보상 프로그램을 집행하는 경우에는, 발명에 대한 평가를 얼마나 신뢰할 수 있을지가 문제로 지적되고 있다. 또한 일반적으로 법원은 명시적이거나 묵시적인 보상약속은 일상적으로 실행시키는 반면, 이를 미세하게 관리할 의도는 없으며, 부당이득(unjust enrichment) 주장에 대하여는 개방적인 태도를 보이는 편이다.

4. 맺음말

미국에서는 직무발명의 귀속에 관하여, 직무발명에 기반을 둔 특허를 받을 수 있는 권리는 원칙적으로 발명자인 종업원에게 귀속되나, 고용계약으로 자유롭게 규정하는 것을 허용하며, 나아가 명시적인 계약이 없는 경우라고 하더라도 '발명하도록' 또는 '제시된 결과를 성취하도록' 고용된 종업원이 만들어 낸

119) 여러 가지 보상체계를 대략 네 가지로 묶어보면, (1) 승진과정에서 은연 중에 중요한 발명에 대하여 보상하는 체계, (2) 중요한 발명에 대한 즉석 상여금 체계, (3) 성과기반 상여금 체계, 그리고 (4) 발명의 가치, 개별 종업원의 기여도 등에 대한 행정적 평가를 기반으로 하는 상세한 보상체계로 분류할 수 있다. *See* Merges, *supra* note 14, at 39-40.

120) *See* Merges, *supra* note 14, at 40, *citing* a report by Shari Caudron, *Motivating Creative Employees Calls for New Strategies*, PERSONNEL J., May 1, 1994, at 105.

발명적인 산물은 회사에 귀속된다. 전형적인 사전 양도계약에 따르면 종업원이 고용 기간에 만든 모든 발명에 대한 권원은 회사에 양도된다.

미국에서의 보통법 판례에 따르면, 직무발명의 보상에 관하여 급여, 다른 종업원의 지원, 사용자의 시설을 사용할 권리를 주겠다는 약속이 유효한 계약을 성립시키는 데 충분한 대가를 약속한 것으로 보기 때문에, 사용자는 종업원이 발명에 대한 권리를 이전하는 것에 대해 추가적인 보상을 약속하지 않아도 되는 등, 일반적으로 법원은 사전 양도계약을 사용자에게 유리하게 해석해 왔다.

또한 직무발명에 대한 보상은 자율적으로 정하는 원칙에 따라 규율되고, 사용자와 종업원이 직무발명에 대한 승계, 보상 등에 관해 미리 약정할 수 있는데, 기업이 연구개발에 따르는 불확실성과 투자 리스크를 부담한다는 점과 발명은 조직적인 연구 성과라는 점을 중시하여, 통상 보상금을 미화 삼천 불 이하로 지급하고 있다. 결과적으로 대부분의 직무발명에 대한 소유권이 사용자 회사에 귀속되는 미국의 직무발명제도는 경제적으로 매우 효율적이며, 안티커몬스(anticommons)의 문제도 피할 수 있는 장점이 있는 것으로 평가되고 있다.[121)]

121) 머지스 교수는 사용자 소유권을 지지하는 네 가지 경제학적 이론을 소개하면서, 종업원은 회사 내부의 보상 체계에 따라 자신의 발명적 활동에 대한 보상을 받을 수 있고, 발명적 아이디어를 갖게 되었을 때 사용자에게 공개하지 않고 퇴사할 수 있는 옵션도 가능하기 때문에 사용자에게 종업원 발명이 귀속되는 것은 합리적이라고 주장하고 있다. *See* Merges, *supra* note 14, at 37－53.

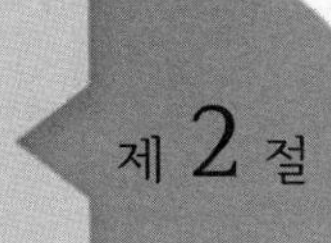

Ⅲ. 일본의 직무발명제도

특허청 국제특허출원심사2팀장 김동엽

1. 개　　요

일본의 특허법 개정에 따른 직무발명제도의 변천사는 다음과 같다.[1)2)]

가. 전매략규칙(轉買略規則, 明治4년(1871년)부터 明治42년(1909년)) 특허법

일본 최초의 특허법인 전매략규칙(轉買略規則, 明治4년) 및 이후의 전매특허조례(專賣特許條例, 明治18년)에는 직무발명에 관한 조항이 없었다.

직무발명에 관한 규정이 최초로 도입된 것은 明治42년 특허법 제3조이었다. 明治42년 특허법에서는 발명자주의 원칙을 채용하였으나, 제3조에서는 직무발명에 대하여 특별히 정한 것이 없는 한 사용자에게 귀속된다고 하면서 사용자주의를 채용하고 있었다. 한편 직무발명이 아닌 발명에 대해서 미리 특허의 양도를 정해 놓는 것은 무효라고 하였으나 청구권에 대해서는 정해진 것이 없었다.

明治42년 특허법에서는 종업원에게 어떠한 보상도 없고 발명은 당연히 사용자에게 귀속된다고 하였으므로, 이는 발명자인 종업원의 보호라는 점에서 부당한 제도라고 볼 수 있다.

---

1) 中山信弘·小泉直樹 編, 「新·注解特許法, 上卷」, 青林書院, 2011, 492－494頁.

2) 일본특허청 홈페이지, 職務発明制度の概要(홈>制度·手続>特許>制度>その他情報提供制度·職務発明制度·先使用権制度·ビジネス方法)>職務発明制度について>職務発明制度の概要, URL:http://www.jpo.go.jp/seido/shokumu/shokumu.htm).

나. 大正10년(1921년) 특허법

大正10년 특허법 제14조에는 현행법과 거의 동일한 구조의 직무발명 규정이 도입되었다. 즉, 직무발명의 정의, 직무발명 이외의 발명의 예약승계 무효, 사용자가 취득하는 법정실시권, 예약승계에 따른 발명자의 보상금 청구권, 재판에서의 보상금 산정 등에 규정하고, 직무발명(그 당시 '임무발명')에서 특허받을 수 있는 권리를 원시적으로 발명자에게 귀속하고 발명자와 그 승계인만이 권리를 취득할 수 있다고 하는 발명자주의를 기본 이념으로 하였다.

다. 昭和34년(1959년) 특허법

昭和34년 특허법에서는 특허 받을 권리 및 특허권은 원시적으로 종업원인 발명자에게 속한다는 발명자주의를 취하고, 사용자 등에게로의 승계에 있어서 상당한 대가(보상금)의[3] 지불을 받을 권리가 종업원 등에게 있다는 권리주의를 기본적 이념으로 하고 있다. 기본적으로는 昭和34년 특허법 제35조는 大正10년 특허법 제14조에 바탕을 두고 있으나, 상당한 대가의 액수 산정에 있어서의 고려요소가 최초로 규정되었다는 점에서 중요한 의미가 있다.

현재에도 平成17년 3월 31일까지 사용자에게 승계된 권리에 대해서는 昭和34년 특허법의 제35조의 규정이 적용되고 있고, 현행법의 해석에 있어서도 이 昭和34년 특허법의 제35조를 근거로 축적된 판례 및 해석은 매우 중요한 역할을 하고 있다.

라. 平成16년(2004년) 특허법

平成16년 특허법 제35조에 의한 신직무발명제도[4]는 직무발명에서의 상당한 대가를 사용자와 종업원 간의 민주적 절차에 맡기는 것을 원칙으로 한다는 점에서 종전까지 유지되어 왔던 직무발명제도와 큰 차이점이 있다. 물론 계약,

3) 일본어의 '相当の対価'라는 기재는 우리나라의 '정당한 대가', '타당한 대가' 또는 '적당한 대가'와 동일한 의미이다. 다만 우리나라에서도 '상당한 대가'의 의미가 일반인들에게도 잘 알려져 있으므로 이하 '상당한 대가'라는 표현을 그대로 원용하기로 한다.

4) 平成16년 특허법의 개정과 더불어 일본 특허청 등에서는 종래의 직무발명제도 대신에 '신직무발명제도'라는 용어를 사용하기 시작한 것으로 보인다.

근무규칙 그 밖의 규정에 기초하여 대가가 지불되는 것이 불합리 하다고 인정되는 경우에는 종래의 직무발명제도에서처럼 일정한 요소를 고려하여 산정된 대가를 상당한 대가로 하고 있다.

平成16년 특허법을 昭和34년 특허법과 대비해 보면 제35조 제1항 내지 제3항에는 변화가 없으나, 제4항에 근무규칙이나 기타 규정에서 '상당한 대가'에 관하여 규정하는 경우에는 협의상황, 의견청취상황 등을 고려하여 그 정하는 바에 따라 대가를 지불하는 것이 불합리하다고 인정되는 것이어서는 아니 된다는 사항이 추가되었으며, 제5항에 대가의 액은 그 발명과 관련하여 사용자가 행하는 부담, 공헌 및 종업원의 처우, 기타 사정을 고려하여 정하도록 한다는 사항이 추가되었다.

마. 平成27년(2015년) 특허법(平成27년 7월 10일 법률 제55호에 의한 개정)

후술하는 올림푸스 광학공업 사건 및 니치아 화학공업 사건의 영향을 받아 平成16년(2004년) 특허법 제35조가 개정되어, 사용자가 상당한 대가를 종업원에게 지불하는 절차 규정이 정해져서 그 지불이 적정한 것인지 어떤지의 예견 가능성이 높아졌다.

이와 같이 平成16년 특허법 제35조 개정은 사용자 등에 대해서는 대가의 액에 대한 예측가능성을 높이고 종업원 등에 대해서는 발명의 대가 산정에 대한 만족도를 높였다고 평가받았으나, 그럼에도 불구하고 개정 이후에도 여전히 '상당한 대가' 청구권은 사용자 등에게 경영상 위험요소로 작용하고 있다는 기업의 의견이 강하고, 平成16년 특허법의 실효성에 대해서는 좀 더 지켜보아야 한다는 의견도 대두되고 있었다.[5)]

이와 같은 주장들이 양립하는 가운데, 일본재흥전략(日本再興戰略, 2013년 6월 14일 각의 의결) 등에서는 일본 직무발명제도의 개선에 대하여 언급한 바 있으며, 이에 일본 특허청에서는 직무발명제도를 개선하기 위한 '직무발명제도에 관한 조사연구위원회'를 구성하여 平成25년(2013년) 7월 4일 1차 회의를 개최한

5) 一般財団法人 知的財産研究所, 「企業等における特許法第35条の制度運用に係る課題及びその解決方法に関する調査研究報告書」, 平成26年2月.

후 平成26년(2014년) 2월까지 일본 기업들의 직무발명제도 운영현황, 상당한 대가 규정 철폐시의 영향, 노동법을 참고한 직무발명제도의 바람직한 개선 방안 등에 대하여 검토를 진행하였다.[6)][7)]

특히 예약승계에 의해 특허를 받을 권리를 이전하는데 기인한 권리귀속의 불안정성을 배제해야 할 필요성과 기업의 연구개발 투자의 활성화와 사업운영의 기동성을 높이기 위하여 불투명하고 불합리한 위험(리스크)이 제거되어야 한다는 필요성이 주장되었다.[8)]

이러한 사회적 환경을 반영하여 특허법 일부 개정에 의하여 특허법 제35조가 개정되었는데, 개정의 주안점은 다음과 같다.

① 계약, 근무 규칙 기타 규정에서 미리 사용자 등에게 특허를 받을 권리를 취득시키는 것으로 정했을 경우에는, 그 특허를 받을 권리는 그 발생시점부터 사용자 등에게 귀속하는 것으로 한다.

② 종업원 등은 특허를 받을 권리 등을 취득한 경우에는 상당한 금전 그 외의 경제적 이익을 받을 권리를 가지는 것으로 한다.

③ 경제산업대신(경제산업성 장관)은 발명을 장려하기 위한 산업구조심의회의 의견을 청취하고, 상당한 금전 그 외의 경제적인 이익의 내용을 결정하기 위한 절차에 관한 지침을 정하는 것으로 한다.

이상과 같은 일본 직무발명제도의 변천에서 특히 平成16년 특허법에서의 규정은 직무발명 제도에서 매우 중요한 의의를 가진다고 하여도 과언이 아닐 것이다. 이하 平成16년 특허법과 또한 최근 개정된 平成25년 특허법에서의 직무발명 규정에 대하여 상세하게 살피기로 한다.

6) 조혜리, 최재식, 「주요국의 직무발명제도 운영 현황 및 일본의 직무발명제도에 대한 고찰」, 지식재산정책, Vol 16., 2013. 9., 한국지식재산연구원, 78－82면.

7) 진행 일정 및 회의 개요는 일본특허청 홈페이지 홈>資料・統計>審議会・研究会>研究会・懇談会等 >職務発明制度に関する調査研究委員会에서 확인할 수 있다. URL:http://www.jpo.go.jp/shiryou/toushin/kenkyukai/syokumuhatsumei.htm.

8) 萩原恒昭, 「日本における職務発明制度の改正について」, 2015 AIPPI-JAPAN 日仏知財セミナー, 2015. 6. 5.

2. 平成16년 특허법에서의 직무발명에 관한 규정

가. 平成16년 특허법 제35조 개정의 배경

2000년을 전후하여 일본 재판소는 사용자가 정한 대가에 대하여 적극적으로 내용규제를 하는 다수의 판결을 냈으며, 이에 따라 일본 산업계가 상당한 혼란을 겪게 되고 따라서 직무발명제도에 대한 재검토의 필요성이 대두되었다. 이에 일본 정부는 산업구조심의회 지적재산정책부회에서 직무발명제도를 심의하도록 하였는데, 平成16년 특허법은 위 지적재산정책부회의 최종보고서의 제도개정안 및 건의의 방향을 따라 입법된 것으로 알려지고 있다.[9][10]

이 보고서에서는, 昭和34년 특허법의 제35조 제1항 내지 제4항은 제3항 및 제4항을 강행규정으로 포함하여 유지함과 더불어, 절차적 규정의 필요성을 감안하여 사용자에게 상당한 대가를 포함하는 직무발명 제도에 관한 정보제공 의무 및 설명 의무를 부과하는 규정을 마련하고, 그러한 실질적인 교섭을 경유하여 결정된 대가를 '상당한 대가'로 간주하는 취지의 규정을 마련할 것을 입법구상안으로 제시하였다.[11]

나. 平成16년 특허법 제35조

平成16년 특허법 제35조는 다음과 같다. 昭和34년 특허법에서 개정된 부분은 밑줄로 표기한다.

(직무발명)

제35조 사용자, 법인 국가 또는 지방 공공 단체(이하 「사용자 등」이라 한다.)는 종업원, 법인의 임원, 국가 공무원 또는 지방 공무원(이하 「종업원 등」이라 한다.)이 그 성질상 당해 사용자 등의 업무 범위에 속하고, 그 발명을 하기까지의 행위가 그 사용자 등에 있어서 종업원 등의 현재 또는 과거의 직무에 속하는 발명(이하 「직무발명」이라 한다.)에 관하여 특허를 받았을 때, 또는 직무 발명에 대해 특허 받을

9) 竹田和彦 著, 김관식 외 역, 「特許의知識 이론과 실무 제8판」 번역판, 도서출판에이제이디자인기획, 2011. 1. 11., 410－411頁.

10) 김삼수, 「직무발명보상제도의 한·일 비교와 정책과제」, 한국산업기술재단 기술정책센터, 2005년 12월, 12－13면.

11) 「職務発明制度の在り方に関する調査研究」, 知財研紀要, 2003. 12., 14－19頁.

권리를 승계한 자가 그 발명에 관하여 특허 받은 때에는 그 특허권에 대하여 통상실시권을 가진다.

2. 종업원 등이 한 발명에 관해서는 그 발명이 직무발명일 경우를 제외하고 미리 사용자 등에게 특허를 받을 권리 또는 특허권을 승계시키거나 또는 사용자 등을 위하여 전용실시권을 설정하도록 정한 계약, 근무규칙, 기타 규정의 조항은 무효로 한다.
3. 종업원 등은 계약 근무규칙, 기타 규칙 규정에 의하여 직무발명에 관하여 사용자 등에게 특허 받을 권리 또는 특허권을 승계시키거나 사용자 등을 위하여 전용실시권을 설정한 때에는 상당한 대가의 지불을 받을 권리를 가진다.
4. 계약, 근무 규칙, 기타 규정에서 전항의 대가에 관하여 정하는 경우에는 대가를 결정하기 위한 기준 책정 시 사용자 등과 종업원 등 사이에서 행해지는 협의상황, 책정된 당해 기준의 개시상황, 대가의 액 산정에 관하여 이루어지는 종업원 등으로부터의 의견청취상황 등을 고려하여 그 정하는 바에 따라 대가를 지불하는 것이 불합리하다고 인정되는 것이어서는 아니 된다.
5. 전항의 대가에 관한 규정이 없는 경우 또는 그 정한 바에 따라 대가를 지불하는 것이 동 항의 규정에 의하여 불합리하다고 인정되는 경우에는 제3항의 대가의 액은 그 발명에 의하여 사용자 등이 받을 이익의 액, 그 발명과 관련하여 사용자 등이 행하는 부담 및 종업원 등 처우, 기타 사정을 고려하여 정하여야 한다.

1) 제35조의 의의

제35조의 취지는 발명을 장려하고, 발명자를 보호하고, 사용자와 종업원 간의 이익을 조정하고자 하는 것이다.[12] 즉 권리 승계를 대가로 발명자의 상당한 대가를 인정하게 함에 의하여 발명을 장려하고, 또한 발명자의 보호를 꾀하도록 하고, 사용자에게는 무상으로 통상실시권을 부여하되 사용자의 공헌도를 대가 산정 요소로 고려하여 당사자들 간의 이익 조정을 도모하고 있는 것이다.

2) 제35조 1항(직무발명의 정의)

특허법 제35조 제1항에서는 "그 성질상 당해 사용자 등의 업무 범위에 속하고, 그 발명을 하기까지의 행위가 그 사용자 등에 있어서 종업원 등의 현재 또는 과거의 직무에 속하는 발명"이 '직무발명'이라고 정의하고 있다. 특허법 제35조의 적용 여부를 판단하는 전제로 사용자의 업무와 종업원의 업무의 관계에 따라 종업원 발명은 다음과 같이 분류된다.

12) 中山信弘 編著, 「註解特許法 <第3版> 上卷」, 2000年, 青林書院, 335頁.

① 자유발명 : 사용자의 업무범위에 속하지 않는 발명
② 업무발명 : 사용자의 업무범위에는 속하나, 발명 행위가 종업원의 직무에 속하지 않는 발명
③ 직무발명 : 사용자의 업무범위에 속하고 또한 발명 행위가 종업원의 직무에 속하는 발명

특허법 제35조 제1항은 이 중 직무발명에 대하여 종업원과 사용자의 권리관계를 정하고 있는 것이다. 특허법 제35조 제1항에 따르면 직무발명이 성립하기 위한 요건은 다음의 3가지이다.

① 종업원이 한 발명일 것
② 그 발명이 성질상 해당 사용자 등의 업무 범위에 속할 것
③ 그 발명을 하기에 이르는 행위가 종업원의 현재 또는 과거의 직무에 속할 것

이들 요건은 해당 발명의 완성 시점에서의 요건이라고 보는 것이 정설이며, 이에 대한 다수의 판례가 있다.[13]

3) 제35조 제2항(직무발명의 승계)

특허법 제35조 제2항은 얼핏 보기에는 난해하다고 할 수도 있으나, 이를 반대 해석하면, 종업원이 한 발명에 대해서 발명자는 특허를 받을 수 있는 권리를 원시적으로 취득하지만 직무발명에 대해서는 계약, 근무 규칙, 기타 규정에 의하여 예약 승계할 수 있다는 것으로 그 의미가 명확해진다. 여기에서 계약, 근무 규칙, 기타 규정은 반드시 노동규약 등에 한정되지 않고 사용자가 일방적으로 정하는 직무발명 규정 등도 포함된다고 해석되고,[14] 다수의 판례도 같은 입장을 취하고 있다.[15]

---

13) 大阪地判 昭54. 5. 18. 判決, 工業所有權法2113の54項, 連續混練機事件 및 名古屋地判 平5. 5. 28. 平2(ワ)304号, 昭和土木・アスパルト合成再生処理装置事件 및 名古屋地判 平4. 12. 21. 判タ814号219項, 大井建興・連続傾の床建型興自走式立体駐車場事件 등.

14) 中山信弘 編著, 前揭書, 346頁.

15) 東京地判平14. 9. 19, 判時1802号30項(日亜化学工業事件, 中間判決) 등.

4) 제35조 제3항(상당한 대가 청구권의 보장)

원래 노동의 성과는 사용자에게 귀속되는 것이 고용계약상의 원칙이지만, 특허법에서는 발명자주의를 채택함과 동시에 그 권리를 사용자에게 양도한 경우에는 발명자에게 대가청구권을 부여하도록 하고 있는데, 이것이 특허법 제35조 제3항의 규정이다.

5) 제35조 제4항(상당한 대가를 정하기 위한 절차의 합리성)

한편 이와 같은 상당한 대가를 어떠한 방법으로 정할지에 대해서 규정한 것이 특허법 제35조 제4항에 해당한다. 제4항에서는 계약, 근무 규칙 그 외의 규정에서 전항의 대가에 관하여 정하는 경우라고 단서하고 있는데, 여기서 계약, 근무규칙, 기타 규정이라는 의의는 형식에는 특별한 한정이 없고 계약, 취업규칙, 노동협약 등 노동법에 근거하는 규정 외에도 이들로부터 독립된 발명자 취급 규칙 등에 의한 규정도 허락된다고 할 것이다.[16]

한편 불합리 여부를 판단하는 고려 요소로서 ① 사용자 등과 종업원 등의 사이에서 열리는 협의상황, ② 책정된 해당 기준의 개시상황, ③ 대가액의 산정에 대해 이루어지는 종업원 등으로부터의 의견청취상황을 열거하고 있는데, 이는 대가액 산정을 위한 전 과정 중에서 위 세 가지 사항이 특히 중요한 요소로 예시된 것이고, 이들을 예시한 것은 절차적인 요소를 중시하겠다는 취지를 밝힌 것이다.[17]

平成16년 특허법 제35조 제4항은 "특허 받을 권리 또는 특허권을 승계하였을 경우에 상당한 대가를 받을 권리가 있다고만 규정"한 昭和34년 특허법에 더하여 상당한 대가를 어떻게 정해야 하는지를 구체적으로 규정하고 있다는 점에서 의의가 있다. 즉 제4항은 원칙적으로 계약, 근무규칙 및 기타 규정에 근거해 정해지는 대가를 '상당한 대가'라고 하고 있으나, 다만, 종업원과 사용자 사이에는 정보의 질과 양, 교섭력 등에서 차이가 있으므로 대가를 결정하는 전 과정을 완전히 사적자치(私的自治)에 위임하는 것은 적절하지 않고, 따라서 계약, 근무규칙 및 기타 규정에서 대가를 정하는 경우에는 그것이 '상당한 대가'라고 인정되기 위하여 대가가 지불될 때까지의 전 과정을 종합적으로 평가했을 때

---

16) 中山信弘·小泉直樹 編, 앞의 책, 536頁.
17) 竹田和彦 著, 김관식 외 역, 앞의 책, 410-411면.

불합리 하다고 판단되는 점이 있어서는 안 된다고 한 것이다.

그런데, 실무상으로는 불합리성의 범위를 정의하고 이를 입증하는 것이 쉽지만은 않아 보인다. 이에 일본특허청에서는 平成16년 특허법 제35조에 따른 신직무발명제도에 관한 절차사례집을 작성하여 공표한 바 있다.[18] 이 절차사례집에서는, 예를 들어, 사용자가 자신의 주장을 반복할 뿐 그 주장의 근거가 되는 자료를 제시하지 않은 경우 또는 충분한 대화를 거치지 않고 협의를 중단하는 경우에는 그 '협의상황'에 불합리성이 있다고 할 것이고,[19] 해당 종업원이 해당 기준을 보고자 할 경우에는 언제든지 볼 수 있는 상황에 놓여있지 않은 경우에는 '개시상황'이 불합리하다고 할 것이며,[20] 공동발명의 경우에 대표자 등을 통하여 의견을 청취함으로써 결과적으로 공동발명자가 자유로운 의견을 진술하는데 지장, 또는 곤란이 있거나, 공동발명자 각자의 의견이 정리되는 형태로 몰각(沒却)되는 경우에는 '의견청취상황'에 불합리성이 있다고 예시하고 있다.[21]

한편 우리나라의 경우 2013. 7. 30.자 개정된 발명진흥법 제15조(직무발명에 대한 보상) 제2항 내지 제4항에서 보상 규정에 대한 고지 의무, 보상 규정 작성 또는 변경 시 종업원 등과의 협의 의무 등을 규정하고 있고, 사용자 등이 제2항부터 제4항까지의 규정에 따라 종업원 등에게 보상한 경우에는 정당한 보상을 한 것으로 보도록 하고 있다.

6) 제35조 제5항(상당한 대가의 산정)

특허법 제35조 제5항은 계약, 근무규칙 및 기타 규정에서 상당한 대가를 정하고 있지 않은 경우 및 정해져 있다고 하더라도 그 규정에 의해 대가를 지불하는 것이 불합리하다고 인정되는 경우의 대가 산정에 대하여 규정하고 있다. 즉, 사용자와 종업원간의 다양한 사정을 고려하여 '상당한 대가'를 산정하는 것이 바람직하므로, '상당한 대가'를 산정할 때의 고려 요소로 昭和34년 특허법 제35조 제4항에서 규정하고 있던 '사용자가 받을 이익의 액'과 '발명이 이루어지는데 사용자가 공헌한 정도' 뿐만 아니라 기타 사정에 대해서도 폭 넓게 고려

18) 日本特許庁, 「新職務発明制度における手続事例集」, 平成16年9月.
19) 日本特許庁, 위의 책, 18頁.
20) 日本特許庁, 위의 책, 23頁.
21) 日本特許庁, 위의 책, 23頁.

한 후에 '상당한 대가'를 산정하도록 조문에 명확하게 규정하였다는 점에서 의의가 있다.

이는 특허법에서 보상금 산정 기준 등 보상에 관한 구체적 규정을 두지 않는 방향으로 공적 개입을 자제하면서도, 개별적이며 구체적 상황에 따라 사용자와 종업원 간의 자율적인 규율을 유도하되, 그 절차적 정당성 내지 합리성을 중시하는 방향으로 규정된 것으로 이해될 수 있다.[22)]

과거 일본 재판소의 판례에서 이용되던 상당한 대가 산정의 기본식은 다음과 같다.

사용자가 받을 이익 × (1 – 사용자 등의 공헌정도) × 공동발명자로서의 기여율

여기에서 '사용자가 받을 이익'이란, 특허발명을 실시하여 얻을 수 있는 이익 전체를 말하는 것이 아니고 법정 통상실시권을 초과하는 부분, 즉 독점적 이익을 가리키는 것이라는 것이 통설이고,[23)] 이에 대한 판례도 확립되어 있다.[24)] 일본 재판소의 판례에서 독점적 이익으로 인정한 것으로는, 사용자가 직무발명을 제3자에게 실시허락한 경우의 실시료 수입, 직무발명 특허권이 사용자로부터 제3자에게 양도된 경우에 사용자가 얻는 양도의 대가 및 직무발명을 사용자가 독점적으로 자기실시한 결과로부터 얻는 초과이익 등이 있다.[25)]

한편, 직무발명 규정이 특허법 제35조의 취지에 부합하고 합리적이고 적절한 것이라면 그에 의하여 종업원들은 '상당한 대가'를 지불받은 것으로 보아야 할 것이다. 그런데 昭和34년 특허법 제35조의 제3항 및 제4항은 강행규정이고,[26)] 위 직무발명 규정에 의해 산출된 대가가 '상당한 대가'로 충분하지 않다고 인정되는 경우에는 종업원은 사용자가 산출한 액수에 구속되지 않고 '상당한 대가'를 청구할 수 있다고 보는 것이 통설이다.

---

22) 한남대학교 산학협력단, 「정당한 직무발명 보상을 위한 산업군별 실시보상액 산정방안 연구」 보고서, 2013. 12., 61면.

23) 竹田和彦, 「従業員の発明に関する若干の問題, 無体財産権法の諸問題」 123頁 및 職務発明の対価の算定 「特許判例百選」 第2版 36頁.

24) 특허청 직무발명연구회 편, 「쟁점별 직무발명 한일 판례 150선」, 2012. 12., 267–268면(平成17년 9월 26일, 大阪地裁 平16(ワ)10584 산세이 제약 주식회사 사건.

25) 中山信弘 · 小泉直樹 編, 앞의 책, 547頁.

26) 青柳昤子, 「職務発明」, 裁判実務大系(9) 294頁 및 福田親男, 「職務発明」, 民事の保護と裁判実務(8) 365頁.

昭和34년 특허법 제35조 제4항에서는 "전항의 대가의 금액은 그 발명에 따른 사용자 등이 받아야 할 이익의 액 및 그 발명이 행해지는데 관하여 기여한 정도를 고려하여 정하여야 한다"고만 규정되어 있어 조문만으로는 발명 후의 사정도 포함하여 고려할 수 있는지가 명확하지 않았으나, 平成16년 특허법 제35조 제5항에서는 "그 발명에 의해 사용자가 받을 이익의 액, 그 발명에 관련하여 사용자가 행한 부담, 공헌 및 종업원의 처우" 이외에 '그 밖의 기타 사정'도 포함시켜, 발명에 의해 특허를 받을 권리가 발생하는 시기 전후에 관계없이 다양한 사정을 고려해야 한다고 규정하고 있다. 즉, 사용자가 얻을 이익에 대해서는 사업화 이후의 단계에서 산출하고 사용자의 공헌도는 사업화 이전의 발명의 완성단계에서 평가함으로써 발생하는 불균형을 반영한 규정이라고 볼 수 있다.

다. 平成16년 특허법 제35조 개정의 영향

한편, 이러한 일본의 平成16년 특허법 개정은 우리나라에도 영향을 미쳐 2006. 3. 3. 법률 제7869호로 개정된 발명진흥법[27] 제13조 제3항에 정당한 보상금과 그 산정 기준에 대하여 명확하게 규정되는 하나의 계기가 되었다.

3. 平成25년 특허법에서의 직무발명에 관한 규정

가. 平成25년 특허법 제35조 개정의 배경

平成25년 특허법 제35조 개정의 가장 큰 특징은 직무발명에 의한 특허를 받을 권리를 그 발생시점부터 사용자 등에게 귀속하는 것으로 할 수 있다고 규정한 것이다. 이와 같이 이른바 법인귀속으로의 개정의 필요성으로 다음과 같은 점이 열거되고 있었다.

① 이노베이션 활성화의 시점

· 기업의 연구개발 투자의 활성화와 사업운영의 기동성을 높이기 위해서 「불투명하고 불합리한 경영상의 위험」을 제거할 필요가 있다.

---

27) 우리나라의 2006. 3. 3.자 개정 발명진흥법에서는 특허법, 발명진흥법, 근로복지기준법, 근로자참여 및 협력증진에관한법률, 기술이전촉진법 등에 산재해 있던 직무발명 관련 규정들을 단일법에서 체계적으로 규율하기 위해 이들을 발명진흥법으로 통일한 바 있다.

· 최적이며 또한 공평감이 있는 사원에게로의 인센티브 시책을 자유롭고 다양하게 설계할 수 있도록 해야 한다.

② 예약 승계에 의한 특허를 받을 권리의 이전으로부터 기인하는 권리 귀속의 불안정성의 배제

· 예약승계 규정을 갖추고 있어도, 발명자가 제3자에게 특허를 받을 권리를 양도하여 그것이 특허출원 되어버리면 예약승계만으로는 대항할 수 없다(특허법 34조 제1항[28]).

· 공동 발명의 경우, 다른 발명자의 동의가 없으면 특허를 받을 권리의 승계가 불가능하다(특허법 33조 제3항[29]). 예약승계 규정이 없는 기업과의 공동 연구에서는 기업의 발명자로부터 개별적으로 이전받을 수 없는 우려가 있다.

나. 平成25년 특허법 제35조

平成25년 특허법 제35조는 다음과 같다. 개정된 부분은 밑줄로 표기한다.

(직무발명)

제35조 사용자, 법인 국가 또는 지방 공공 단체(이하 「사용자 등」이라 한다.)는 종업원, 법인의 임원, 국가 공무원 또는 지방 공무원(이하 「종업원 등」이라 한다.)이 그 성질상 당해 사용자 등의 업무 범위에 속하고, 그 발명을 하기까지의 행위가 그 사용자 등에 있어서 종업원 등의 현재 또는 과거의 직무에 속하는 발명(이하 「직무발명」이라 한다.)에 관하여 특허를 받았을 때, 또는 직무 발명에 대해 특허 받을 권리를 승계한 자가 그 발명에 관하여 특허를 받은 때에는 그 특허권에 대하여 통상실시권을 가진다.

2. 종업원 등이 한 발명에 관해서는 그 발명이 직무발명일 경우를 제외하고 <u>미리,</u> 사용자 등에게 특허를 받을 권리를 <u>취득하도록 하거나, 사용자 등에게 특허권을 승계</u>

---

28) 일본특허법 제34조 제1항은 다음과 같다.
第34条　特許出願前における特許を受ける権利の承継は、その承継人が特許出願をしなければ、第三者に対抗することができない.
제34조 특허출원 전의 특허를 받을 권리의 승계는 그 승계인이 특허출원을 하지 않으면 제3자에게 대항할 수 없다.

29) 일본특허법 제33조 제3항은 다음과 같다
第34条 3 特許を受ける権利が共有に係るときは、各共有者は、他の共有者の同意を得なければ、その持分を譲渡することができない.
제34조 제3항 특허를 받을 권리가 공유에 관련된 때에는 각 공유자는 다른 공유자의 동의를 얻지 아니하면 그 지분을 양도할 수 없다.

시키거나, 또는 사용자 등을 위하여 가전용실시권 또는 전용실시권을 설정하도록 정한 계약, 근무규칙, 기타 규정의 조항은 무효로 한다.

3. 종업원 등이 한 직무발명에 관해서는 계약, 근무규칙, 기타 규정을 정함에 있어서 미리 사용자 등에게 특허를 받을 권리를 취득시키도록 결정한 때에는, 그 특허권을 받을 권리는 그 발생 시점부터 사용자 등에게 귀속한다.
4. 종업원 등은 계약, 근무규칙, 기타 규정에 의하여 직무발명에 관하여 사용자 등에게 특허를 받을 권리를 취득시키거나, 사용자 등에게 특허권을 승계시키거나, 또는 사용자 등을 위하여 전용실시권을 설정한 때, 또는 계약, 근무규칙 기타 규정에 의하여 직무발명에 관하여 사용자 등을 위하여 가전용실시권을 설정한 경우에, 제34조의2 제2항의 규정에 의해 전용실시권이 설정된 것으로 간주된 때에는, 상당한 금전 또는 기타 경제적인 이익(다음 항 및 제7항에서의 「상당한 대가」라고 한다)을 받을 권리를 가진다.
5. 계약, 근무규칙, 기타 규정에서 상당한 이익에 관하여 정하는 경우에는, 상당한 이익의 내용을 결정하기 위한 기준의 책정에 관하여 사용자 등과 종업원 등 사이에 행해진 협의상황, 책정된 당해 기준의 개시상황, 상당한 이익의 내용의 결정에 관형 행해진 종업원 등으로부터의 의견청취상황 등을 고려하여, 그 정하는 바에 따라 상당한 이익을 주는 것이 불합리하다고 인정되는 것이어서는 아니 된다.
6. 경제산업대신은, 발명을 장려하기 위하여, 산업구조심의회의 의견을 듣고, 전항의 규정에 의하여 고려해야 할 상황 등에 관한 사항에 대하여 지침을 정하고, 이를 공표하는 것으로 한다.
7. 상당한 이익에 관한 규정이 없는 경우 또는 그 정한 바에 따라 상당한 이익을 주는 것이 제5항의 규정에 의해 불합리하다고 인정되는 경우에는, 제4항의 규정에 의하여 받아야만 할 상당한 이익의 내용은, 그 발명에 의하여 사용자 등이 받을 이익의 액, 그 발명과 관련하여 사용자 등이 행하는 부담, 공헌 및 종업원 등의 처우, 기타 사정을 고려하여 정하지 않으면 안 된다.

平成25년 특허법 제35조를 平成16년 특허법 제35조와 대비하면, 실질적으로 제3항과 제6항이 새롭게 도입되고, 제4항이 구체화되었다고 볼 수 있다.

1) 제35조 3항(사용자 귀속의 도입, 종업원 귀속과의 선택)

개정특허법에서는 직무발명과 관련된 특허를 받을 권리의 귀속의 불안정성을 해소하기 위한 계약, 근무 규칙 그 외의 규정에서 미리 사용자 등에게 특허를 받을 권리를 취득시키는 것으로 정한 때에는, 그 특허를 받을 권리는 발명이 발생했을 때부터, 즉 처음부터 사용자 등에게 그 권리가 귀속하는 것으로 되었다.

대학·연구기관, 중소기업 등 직무발명과 관련된 특허를 받을 권리의 종업원 귀속을 희망하는 법인 및 직무발명에 관한 계약, 근무 규칙 등이 없는 법인에 대해서는 현행대로 발명이 발생했을 때부터 종업원 등에게 귀속하게 된다.

개정법에 따르더라도 직무발명과 관련된 특허를 받을 권리가 일률적으로 사용자 귀속이 되는 것이 아니라 실질적으로는 종업원 귀속과의 선택이 가능해진다. 사용자 귀속, 종업원 귀속의 어느 경우에도, 귀속하는 것은 특허를 받을 권리이지, 발명자가 종업원 등이 되는 것에는 변함이 없다.

한편, 이러한 개정에 따라, 최근 제품의 고도화·복잡화 등에 따른 지식재산 관리의 어려움이 경감되고 기업에 의한 지식재산의 신속한 일괄관리가 가능해질 것으로 기대된다. 특히 「이중 양도」, 「특허를 받을 권리가 공유와 관련될 경우의 귀속의 불안정성」 이라는 문제점이 해소될 것으로 보인다.

2) 제35조 제6항(상당한 이익의 내용을 결정하기 위한 절차에 관한 지침의 법정화)

개정 특허법 제35조 제6항에서 정하는 지침에 따른 계약, 근무규칙을 책정하고, 그 계약, 근무규칙에 따라 상당한 이익을 제공하도록 함에 의해, 그 이익의 내용이 불합리하지 않을 것으로 판단될 개연성이 높아졌다. 이에 따라 직무발명 소송을 제기하고 제공된 이익보다 매우 많은 금액을 지급하라는 판결이 내려질 위험은 상당히 감소한 것으로 보인다. 따라서 근무규칙을 가진 기업, 특히 대기업은 보다 유연하게 발명자에게 인센티브를 부여할 수 있게 될 것이다.

한편, 개정특허법 제35조 제6항에서는, 경제산업대신(경제산업성 장관)은 발명을 장려하기 위하여 산업구조심의회의 의견을 듣고, 고려해야 할 상황 등에 관한 사항에 대하여 지침을 정하고 이를 공표하도록 규정하고 있는데, 이 지침에서는

① 상당한 이익의 내용을 결정하기 위한 가분의 책정에 있어서 사용자 등과 종업원 등 사이에서 행해진 협의
② 책정된 당해 기준의 개시
③ 상당한 이익의 내용을 결정하기 위해서 행해지는 종업원 등으로부터의

의견청취라는 적정한 절차의 상황 및 지침의 목적 등을 규정할 것으로 알려지고 있다.

3) 제35조 제4항(현재의 법정 대가청구권과 실질적으로 동등한 권리의 보장)

개정 특허법 제35조 제4항에서는 종업원 등이 계약, 근무 규칙 그 외의 규정에 따라 직무발명에 대해서 사용자 등에게 특허를 받을 권리 등을 취득시켰을 경우에는「상당한 이익」(상당한 금전 그 외의 경제적인 이익)을 받을 권리를 가지는 것으로 하고 있다.

현행 제도에서는 종업원 등이「상당한 대가」의 지불을 받을 권리를 가지는 것으로 되어 있어 대가가 금전으로 지불되고 있지만,「상당한 이익」은 금전뿐만 아니라 연구비용, 연구설비, 처우개선 등도 포함될 수 있을 것 같다.

개정 특허법에서 일컫는「상당한 이익」의 내용에 대해서는 계약, 근무 규칙 등에서 정한 것에 의해 상당한 이익을 주는 것이 불합리하다고 인정되는 것이 아닌 한, 그 정한 바에 따른 이익이「상당한 이익」이 된다. 불합리성의 판단 시에는 절차를 중시하여「상당한 이익의 내용을 결정하기 위한 기준의 책정에 있어서 사용자와 종업원 사이에 행해진 협의의 내용」,「책정된 그 기준의 개시 상황」,「상당한 이익의 내용의 결정에 대해서 종업원 등으로부터의 의견청취 상황」 등을 고려해야 할 요소의 예로서 들고 있다(동조 제5항).

또한 계약, 근무 규칙 등에서 상당한 이익에 대해서 규정이 없는 경우, 또는 계약, 근무 규칙 등에서 정한 것에 의해 상당한 이익을 주는 것이 불합리하다고 인정될 경우에는, 상당한 이익에 대해서는「그 발명에 따라 사용자 등이 받을 이익」,「그 발명에 관련하여 사용자 등이 행한 부담, 공헌 및 종업원 등의 처우」그 외의 사정을 고려해 정하게 된다(동조 제7항).

다. 平成27년 특허법 제35조 개정의 영향

이러한 일본의 平成27년 특허법 개정이 직무발명제도에 어떠한 영향을 미칠 것인지 향후 귀추가 주목된다. 개정에 의하여 기대되는 효과에 대해서 일본 특허청에서는 다음과 같이 기술하고 있다.[30]

30) 일본특허청,「平成27年特許法等の一部を改正する法律について」, 平成27年特許法等改正説明会テキスト.

첫째, 현행 제도에서는 공동연구에 관련된 사항에 문제점이 있는데, 즉, 공동연구의 경우 어느 한 기업이 자기 회사의 종업원(공동발명자 a)으로부터 특허를 받을 권리를 승계한 경우 다른 회사의 종업원(공동발명자 b)의 동의도 구할 필요가 있기 때문에 권리의 승계에 관련된 절차 부담이 과제로 남아 있다. 또한 공동연구의 도중에 종업원(공동발명자 a)의 인사이동이 발생한 경우에는 다시 동의를 새롭게 해야 하는 권리 승계에 관련된 절차가 더욱 복잡해지게 된다. 공동 연구의 필요성이 높아지는 추세에서 이러한 문제점은 기업의 지재 전략 실시의 저해 요인의 하나로 되어 있다. 따라서 특허를 받을 권리를 처음부터 사용자 등에게 귀속시킴으로써 이 문제의 해결이 가능하다.

두 번째로, 현행 제도에서는 직무발명의 이중양도의 문제가 있는데, 즉, 발명자인 종업원이 자신의 직무발명을 회사에 보고하지 않고 제3자에게 그 특허를 받을 권리를 양도한 경우에, 당해 제3자가 사용자보다 앞서 특허출원을 한 때에는 현행 특허제도에서는 제3자가 권리자가 된다는 이중양도의 문제가 있는데, 이 또한 특허를 받을 권리를 처음부터 사용자 등에게 귀속시킴으로써 해결할 수 있다.

4. 주요 판례

직무발명에 관한 일본의 판결을 살펴보면, 승계의 문제, 대가청구권, 대가의 산정에 있어서 사용자가 얻을 이익의 산정, 대가의 산정에 있어서 사용자의 공헌, 소멸시효 및 기타 직무발명 해당 여부 등 다양한 쟁점으로 나누어진다.[31]

그 중에서도 사회적으로 관심을 끌뿐만 아니라 법리적으로 활발한 검토가 이루어진 것은 역시 '상당한 대가'의 산정에 관한 부분이라고 할 수 있는데, 이에 관련된 판결들은 2000년을 전후로 내려진 것이 많으며 특히 의미가 있는 것으로 다음의 사건에 대한 판결들을 꼽을 수 있다.

31) 田村善之, 山本敬三愛 編,「職務発明」2005年3月30日, 有斐閣, 52－108頁.

32) 東京高裁 平成15(ネ)4867 特許権 民事訴訟事件 判決(H16. 4. 27).

연번	피고	소 제기일	내용	인정된 상당한 대가	판결일/해당법원
1	올림푸스 광학공업	平成7년(1995년) 平成11년 항소 平成13년 상고	CD 등에 사용되는 판독장치의 소형화 관련 특허에 대해 보상 요구	1심: 250만엔 2심: 250만엔 3심: 2심지지	H11. 4. 16. 동경지재 H13. 5. 22. 동경고재 H15. 4. 22. 최고재
2	니치아 화학공업	平成13년(2001년) 平成16년	'93년에 개발한 청색발광다이오드에 대해 발명자인 나카무라 교수가 상당한 대가의 보상을 청구	604억3006만엔	H16. 1. 30. 동경지재
3	아지노 모토	平成14년(2002년) 平成16년 항소	인공 감미료「아스파르템」을 대량 제조하는 특허를 보유한 직원이 보상을 청구	1억9935만엔 (원고 일부승소)	H16. 2. 24. 동경지재
4	히타치 제작소	平成14년(2002년) 平成15년 항소	「질소자석」에 관한 특허를 보유한 직원이 보상을 청구[32]	1심: 1233만엔 2심: 1379만엔	H15. 8. 29. 동경지재 H16. 4. 27. 동경고재

가. 올림푸스 광학공업(オリンパス光学工業) 사건[33]

올림푸스 광학공업 사건은 광 픽업기구 특허권에 관한 사건인데, 平成16년 특허법 개정의 직접적 계기가 되었던 사건으로 유명하다. 특히 東京高裁에서 법원이 상당한 대가에 대하여 전면적으로 판단한 것에 특별한 의의가 있는데 東京高裁 판결의 주 내용은 다음과 같다.

① 사용자는 특허권 등의 승계에 대해서는 근무규칙, 기타 규정으로 일방적으로 정할 수 있지만, 종업원의 권리인 '상당한 대가'에 관해서는 인정되지 않으며, 종업원의 동의 없이 일방적으로 정할 수 없다.

② 다만 직무발명 규정에서 정한 대가가 특허법 제35조 제3항, 제4항의 취지에 비추어 보아 합리적이고 구체적인 적용도 적절하다면, 종업원에게 상당한 대가가 지불된 것으로 된다.

③ 그러나 특허법 제35조 제3항은 강행규정이기 때문에 발명규정에 의해 산출된 대가액이 상당한 대가에 이르지 못할 경우 종업원은 직무발명 규정에 기초한 산출액에 구속되지 않고 상당한 대가를 청구할 수 있다.

이와 같이 위 판결에서는 특허법 제35조 제3항의 '상당한 대가' 규정을 강행규정으로 해석하여, 근무규칙 등의 규정에 따른 대가 지불이 이루어지더라도 상당한 대가가 되지 못할 경우 종업원의 대가청구권을 인정하였다는 점에서 큰 의의가 있다.

한편, 이 사건의 상고심 판결에서 最高裁는 특허권의 내용 및 가치가 구체화

33) 東京地裁 平成7(ワ)3841 判決(H11. 4. 16.) 時報1690号145頁 참조, 東京高裁 平成11(ネ)3208 判決(H13. 5. 22.) 時報1753号12頁) 참조 및 最高裁 판결(H15. 4. 22.) 最高裁HP「知的財産権裁判例集 참조.

되기 전에 미리 대가액을 확정적으로 정할 수 없으므로 직무발명의 대가를 정한 근무규칙은 제35조의 취지 및 규정 내용에 비추어 허용될 수 없으며, 따라서 근무규칙에서 정한 대가는 상당한 대가의 일부에 해당한다고 볼 것이지 상당한 대가 전부에 해당한다고 해석할 수 없고 대가액이 제35조 제4항의 취지에 부합하여야 비로소 상당한 대가에 이른다고 해석해야 하므로, 결국 종업원은 근무규칙 등에서 정한 대가액이 제35조 제4항에 따라 정한 대가액(상당한 대가)을 충족하지 못할 경우에는 특허법 제35조 제3항에 기초하여 상당한 대가의 부족분을 청구할 수 있다고 하면서, 東京高裁 판결의 주 내용 ③을 지지하였다.

이 最高裁 판결은 東京高裁의 주 내용 ②인 합리성기준설에[34] 의한 대가 결정의 합리성을 검토하지 않은 채 ③의 적정액기준설에[35] 의거하여 법원이 직접 개입하여 상당한 대가를 결정하였다는 점에서 비판을 받기도 하였으나,[36][37] 어찌되었든 昭和34년 특허법 제35조 제4항에 따라서 산정한 적정액을 사전의 정해진 대가의 무효판단의 기준으로 하는 '적정액기준설'을 최종적으로 확정하였다는 점에서 중대한 의의가 있고, 후속하는 다수의 판결에서도 이러한 기준은 계속 유지되게 된다.

한편 ㉮ 직무발명의 대가는 사용자와 종업원 간의 여러 가지 사정을 종합적으로 판단하여 정하는 것이 합당하고, 제3자인 법원은 대가산정의 상당성(타당성)을 객관적으로 판단할 심사능력을 갖추고 있다고 보기 어렵다는 점, ㉯ 직무발명에 따른 상당한 대가의 산정에 대해서는 임금의 수준 결정처럼 가능한 한 제3자가 실체적 개입을 하지 않는 것이 바람직하다는 점, ㉰ 판결에 의해 일부 발명자들에게만 고액의 상당한 대가를 지불하는 것이 사용자 및 종업원 전체의 이익과 지식재산정책에 기여하는지 의심스럽다는 점 등이 위 판결의 문제점으로 지적되기도 하였다.[38]

---

34) 합리성기준설(合理性基準設)은 대가를 산정하는 것이 특허법 제35조 제3항, 4항의 취지에 비추어 합리적인지 어떤지가 무효 판단의 기준이 된다는 설이다. 이는 반드시 적정액이 아니더라도 합리적이라도 한다는 유효하다는 것이다.

35) 적정액기준설(滴定額基準設)은 개정 전 특허법 제35조 제4항에 의하여 사용자가 받을 이익의 액과 사용자가 공헌한 정도를 고려하여 산정된 적정한 대가액을 무효기준으로 한다는 설이다. 이는 종업원이 상당한 대가의 지불을 받을 수 있도록 보장하는 것에 특허법 제35조 제3항의 취지가 있다는 입장을 취한다.

36) 田村善之, 山本敬三 編, 앞의 책, 169－173頁.

37) 김삼수, 앞의 책, 12－13頁.

38) 永野 周志, 「特許権制度の存在理由と職務発明制度－特許法35条批判(1)」, パテント, 2004, Vol. 57 No. 4., 59－71頁.

나. 니치아화학공업(日亜化學工業) 사건[39)]

이 사건에서는 상당한 대가의 산정과 소멸시효에 관한 점이 쟁점이 되었다.

우선 상당한 대가의 산정에 관한 쟁점을 분석하면 원고(中村修二 박사)는 상당한 대가의 산정식에서 사용자 등이 해당 발명에 관한 권리를 승계함에 따라 받는 이익은 해당 발명과 관련된 특허권을 독점함에 따라 얻을 수 있는 이익[40)]으로 해석해야 할 것이며, 여기서 독점의 이익이란 ① 사용자가 직무발명을 자기 회사에서 실시하고 있는 경우에는 발명으로부터 얻을 수 있는 초과 수익이 되고, ② 타사에 동 발명의 실시 허락을 하고 있는 경우에는 그것에 따라 얻을 수 있는 실시료 수입이 된다고 주장하였다.[41)] 따라서 이 사건 특허권에서의 상당한 대가는 다음 식이 된다고 주장하였다.

상당한 대가 = 특허권에 의한 독점의 이익 × 특허권의 공헌도 × 발명자의 공헌도

이에 대하여 피고인 니치아화학공업은 다음 식을 제시하였다.

상당한 대가 = 매상고 × 경쟁사에게 발명의 실시를 금지시킬 수 있는 근거를 제공하는 비율 × 실시료율 × 발명자의 공헌도

재판부는, 독점의 이익을 산정함에 있어서, 이 사건 특허권에 대한 피고 회사의 독점의 이익은 ① 피고 회사가 초과 매상고로부터 얻는 이익을 산정하는 방법과 ② 피고가 토요타합성 및 크리 등의 경쟁회사에 대하여 해당 특허발명의 실시를 허락할 경우를 상정해 그 경우에 얻을 수 있는 실시료 수입에 의해 산정하는 두 가지의 방법이 있을 수 있으나, 이 사건에서는 ①의 방법에 의한 계산방식을 도입하기에는 불명확한 자료가 많으므로 ②의 방법을 채택하는 것으로 하였다.

우선 피고인 니치아화학공업의 平成6년부터 平成14년까지의 반도체 발광소자의 매출액은 2398억 5100만엔이었고 여기에 전체적인 시장성장률, 피고 회사의 시장점유율 및 피고 회사의 성장률을 추측하여 계산하면 특허만료일인 2010년까지의 발광소자의 매출액은 총 1조 1054억 3540만엔이 된다. 한편 반도체

39) 東京地裁 平成13(ワ)17772 判決(H16. 1. 30.) 중 최종판결, 判時1852号36頁 참조.

40) 원고는 이를 「독점의 이익」이라고 표현하였으며, 재판부에서도 이를 인용하였다.

41) 이러한 원고의 새로운 주장은 高林龍 「標準特許法」 74－75頁[有斐閣 · 平成14年]에 근거한 것이라고 판결문에 기재되어 있다.

발광소자 기술을 이용한 반도체 레이저 다이오드 소자에 대해서 1031억 6587만엔의 매출이 예상되므로, 이 사건 특허발명에 의한 피고의 매상고 합계는 총 1조 2086억 127만엔이 된다.

이에 대하여 만일 피고 회사가 경쟁회사들에게 해당 특허의 실시권을 허락하였다면 매상고 중 적어도 2분의 1에 해당되는 제품은 경쟁회사에 의해 판매될 것으로 인정하였으며, 이어서 실시료율에 대해서는 피고가 경쟁 회사들에 비해 휘도가 뛰어난 고휘도 청색 반도체 발광소자(LED) 및 반도체 레이저 다이오드(LD)를 계속 제조해 시장에서의 우위를 유지하고 있는 것은 이 사건 특허발명을 독점하고 있기 때문으로 인정하고, 실시료율은 적게 추측해도 판매액의 20%를 밑도는 것은 아니라고 인정하였다.[42] 따라서 피고 회사가 이 사건 특허발명을 독점함으로써 얻는 이익(독점의 이익)은, 1208억 6012만엔으로 인정된다고 하였다.

또한 이에 대한 발명자의 기여도는 여러 가지 정황으로 미루어보아 50%를 하회하지는 않을 것이므로 50%로 보는 것이 타당하다고 하면서, 결론적으로 발명자의 정당한 대가는 604억 3006만엔이라고 판결하였다.

한편 소멸시효에 대해서는, 피고는 특허출원 1건에 대해 1만엔, 권리성립 1건에 대해 1만엔의 출원보상금 및 등록보상금을 정할 뿐, 이른바 실적 보상의 성질을 가지는 금액의 지불은 일절 정해져 있지 않기 때문에 이 사건의 경우 특허를 받을 수 있는 권리의 승계 시(늦어도, 특허출원의 날인 平成2년 10월 25일)부터 소멸시효가 진행하는 것이고, 소멸시효가 완성하였다고 주장하였으나, 재판부는 원고는 피고 회사로부터 이 사건 특허발명을 출원한 平成2년 10월 25일 무렵에 1만엔, 이 사건 특허권이 설정등록된 平成9년 4월 18일 무렵에 1만엔의 각 지불을 받았지만, 원고는 이 사건 특허권의 설정등록시인 平成9년 4월 18일 무렵에 1만엔의 지불을 받을 때까지는, 피고로부터 지급되는 보상금의 금액 및 그 지급 시기를 몰랐기 때문에 상당한 대가 청구권의 소멸시효는, 원고가 등록 보상금으로서 1만엔의 지불을 받았을 때로부터 기산하는 것이 타당하다고 하였다.

니치아화학공업 사건은 화해로 끝나기는 하였지만, ㉮ 일단 전대미문의

42) 피고인 니치아화학공업은 이 사건 특허발명의 기술은 이용하지 않는 효용가치가 거의 없는 기술이라고 주장하였으나, 재판부에서는 이 사건 특허발명의 기술이 매상고(향후 매상고 포함)의 10%에 달하는 독점권을 부여하는 중요기술이라고 판단하였다.

액수를 상당한 대가로 판결하여 전 세계에 큰 파장을 불러 일으켰다는 점, 특히 ㉯ 미래 시장까지를 적극적으로 예측하여 정당한 대가를 산정하고 발명자의 공헌도를 통상의 5%가 아닌 50%까지로 인정하였다는 점, ㉰ 올림푸스 광학 사건과 더불어 平成16년 특허법 개정에 대한 기폭제가 되었다는 점 등에서 의의가 있다.

다. 아지노모토(味の素) 사건[43]

아지노모토 사건은 특허권 지분이전 등록수속 등 청구사건으로서 이 사건에서 쟁점이 되었던 사항은 다음과 같다.

① 쟁점 1 : 외국 특허에 대한 특허법 제35조의 적용의 가부

② 쟁점 2 : 특허법 제35조에서의 상당한 대가

③ 쟁점 3 : 원고의 대가청구권은 시효에 의하여 소멸되었는가의 여부

쟁점 1에 대해서 원고는 특허법 제35조 제3항에 근거하여 외국 출원과 관련되는 이 사건 특허발명 3 내지 10에 대한 승계의 대가도 청구하였으나, 피고는 동 조항의 '특허 받을 권리'에는 '외국에서 특허 받을 권리'는 포함되지 않고, 동 조항은 외국에서 특허 받을 권리의 승계에 대한 대가 청구에는 적용되지 않는다고 주장하였으나, 재판부는 특허법에서 말하는 '특허 받을 권리'는 '외국에서 특허 받을 권리'를 제외하는 것은 아니므로 외국에서 특허 받을 권리의 승계에 의하여 피고가 받는 이익을 포함하여 대가의 액을 산정하는 것이 타당하다고 하였다.

쟁점 2인 상당한 대가에 대하여 '발명에 의하여 사용자가 받는 이익의 액'과 '사용자의 공헌도'를 고려해야 한다는 것에 대해서는 이견이 없으나, 원고는 발명에 의하여 사용자가 얻는 이익의 액을 회계상의 로열티수입(131억 5700만엔), 노출되지 않은 로열티 수입(114억엔), 유럽 자회사 매입시 특허권을 협상도구로 활용함으로써 얻은 가격할인(13억 6877만엔), APM의 국내매상에 의한 독점적 이익(38억엔)을 합하여 297억 2577만엔으로 산정하고 원고의 기여율을 5/6으로 하여 247억 7147만엔을 청구하였으나,[44] 재판부는 로열티 수입의 일부분으로써

43) 東京地裁 平成14(ワ)20521判決(H16. 2. 24.), 判時1853号38頁 참조.

44) 실제 재판에서는 일부 청구로서 20억엔의 지불을 구하였다.

44억 6800만엔과 유럽에서의 라이센스 기여분 3억 700만엔, 국내에서의 APM 판매에 대한 기여분 31억 99만엔을 더하여 총 79억 7400만엔이 피고가 얻은 이익의 액이라 산정하고, 이중 회사의 기여도 95%를 제하고 또한 공동발명자들 사이에서 원고의 기여도를 50%로 산정하여 1억 9935만엔을 지불하되 이중 100만엔은 보상금 내지 장려금으로 수령하였으므로, 원고가 받을 「상당한 대가의 부족액」은 1억 8935만엔이 되는 것으로 판시하였다.

쟁점 3인 원고의 대가청구권의 소멸에 대하여는, 이 사건에서 원고가 피고에 대해 이 사건 각 발명과 관련되는 특허를 받는 권리를 승계시킨 昭和57년 1월 시점에서는, 근무 규칙 등에 사용자 등이 종업원 등에 대해서 지불해야 할 대가의 지불 시기에 관한 조항이 없었기 때문에 특허 받을 권리를 피고에게 승계시켰을 때가 상당한 대가의 지불을 받는 권리의 소멸시효의 기산점이 된다고 해석하여야 할 것이고, 직무발명의 상당한 대가 청구권은 특허법 제35조에 의해 종업원에게 인정되는 법정권리이기 때문에 소멸시효 기간은 10년이라고 해석해야 할 것이나, 피고는 平成11년에 특허 보상 규정을 정해 "직무발명 특허에 대해서 특허 보상 위원회가 본 규정에 근거하는 보상의 심사·추천을 하는 시기는, 원칙적으로 해당 직무발명 특허에 대해서 특허 출원한 후, 10년, 15년, 20년을 경과했을 때라고 하나, 회사에 현저한 이익을 가져올 경우 등 특별한 사정이 있는 경우는, 특허 보상 위원회는, 이 이외의 시기에 보상을 위한 심사·추천을 할 수가 있다"고 규정(제5조)해 발명 등 취급 규정을 개정하면서 昭和54년(1979년) 4월 1일 이후 특허 출원된 직무발명에 대해서 소급하여 적용한다는 취지를 규정하고(제15조 제2항),[45] 平成13년 1월 17일 특허 보상 위원회의 심사에 의해 원고에 대해 이 사건의 각 발명과 관련되는 특허 보상금을 지불했던 것이므로, 이러한 특허 보상 규정의 제정과 발명 등 취급 규정의 개정에 기초를 두는 특허 보상금은 이른바 실적 보상의 성질을 가지는 것이고 특허법 제35조 제3항, 제4항 소정의 상당한 대가의 일부에 해당된다고 해석하고, 따라서 그 지불은 상당한 대가의

---

45) 아지노모토사의 発明等取扱規程(平成11年10月1日 改定)의 제5조 및 제15조 제2항은 다음과 같다.

第5条 従業員が職務発明をした場合は，その職務発明につき日本国および外国において，特許，実用新案登録または意匠登録を受ける権利(以下「登録を受ける権利」という。)を会社に譲渡しなければならない。ただし，会社が登録を受ける権利の承継を希望しない旨を当該従業員に通知した場合は，この限りでない。

第15条 ② 第9条の規定は，1979年1月1日以降，特許出願された職務発明について，遡って適用する。

지불 채무에 대해서 시효가 완성된 후에 해당 채무를 승인한 것이라고 해야 할 것이기 때문에 피고가 해당 채무에 대해서 소멸 시효를 원용하는 것은 신의칙에 비추어 용서되지 않는 것이 타당하다고 하였다.

라. 히타치금속(日立金属) 사건[46)]

2004. 4. 27. 東京高裁는 영구자석을 발명한 히타치금속의 전 직원 이와타 마사오(岩田雅夫)가 회사를 상대로 발명보상금 9천만엔을 청구한 소송에서, 발명에 따른 총수익의 10% 가량인 1265만엔을 지급하라고 회사에 명하고, 이때 회사 수익을 창출한 직무발명에서 발명사원의 기여도는 10%, 회사의 기여도는 90%라고 판결하였다. 동 사건에 대하여 2003. 8. 東京地裁 판결에서는 종업원의 상당한 대가를 1128만엔으로 명한 바 있다. 종업원인 이와타는 특허출원까지 된 자신의 발명품에 대해 회사가 장려금의 명목으로 103만엔 만을 지불하자 소송을 낸 바 있다.

이 사건에서는 상당한 대가에 대한 원고·피고 간의 주장이 쟁점이 되었는데, 재판부에서는 특허법 제35조 제3항의 '상당한 대가'는 '그 발명의 가치로부터 사용자 등이 취득한 무상의 통상실시권 가치를 공제한 나머지 가치'를 기준으로 하고, 여기에 '그 발명이 완성되는 데 관하여 사용자 등이 공헌한 정도'를 고려해, 비율적으로 할인한 액수가 되는 것이 당연하다고 설시하면서, 상당한 대가는 다음의 식으로 이루어진다고 하였다.

상당한 대가 = (특허권의 가치 - 법정 통상실시권의 가치) × 발명자의 공헌도 비율
특허권의 가치 = (발명에 근거하는 사업의 수입 - 지출비용) × 특허권의 기여 비율
법정 통상실시권의 가치 = (통상실시권에 의한 실시에 근거하는 사업의 수입 - 지출비용) × 특허권의 기여 비율

재판부는, 구체적인 보상 액수에 대해서, 피고인 사용자 등이 얻은 이익의 액은 平成10년 9월부터 平成14년 5월까지의 1억 2324만 8637엔에, 平成14년 6월 이후 平成15년 11월까지의 러닝로열티의 합계 1462만 4750엔을 더한 총 1억 3787만 3387엔이라고 하였으며, 사용자의 공헌도를 90%로 인정하였다.

46) 東京地裁 平15. 8. 29. 判決, 判時1835号114頁 및 東京高裁 H16. 4. 27. 판결, 平成15(ネ)4867 사건, 判時1872号95頁 참조.

따라서 종업원이 받을 수익은 1378만 7000엔이 되고 이때까지의 보상금 113만 7000엔을 제하면 정당한 보상금은 1265만엔이 되는 것으로 산정하였다.

마. 기타 : 노무라 증권(野村證券株式会社) 사건[47]

이 사건은 노무라증권주식회사의 종업원인 원고가 피고에 대해 '증권거래소 컴퓨터에 대한 전자 주문시의 전송지연 시간을 축소하는 방법'에 관한 직무발명의 특허를 받을 권리를 승계시키고 平成16년 특허법 제35조 제3항 및 제5항에 근거해 상당한 대가의 지불을 요구한 사안이다(청구액 2억엔).

이 사건은 상당한 대가의 산정에 관한 쟁점뿐만이 아니라 平成16년 특허법 제35조의 규정을 적용받는 사건에서 최초로 회사의 발명 규정에서 정한 바에 따른 대가 지불의 합리성이 쟁점이 된 사건이라는 점에서 의의가 있다.

재판부는, 특허법 제35조 제4항에 의하면 사용자 등은 근무 규칙 등에서 종업원 등으로부터 직무발명과 관련된 특허를 받을 권리 등의 승계를 받았을 경우 대가에 대해 정함에 있어 그 정한 바가 불합리한지 아닌지는 ① 대가 결정을 위한 기준의 책정에 관한 종업원 등과의 협의상황, ② 기준의 개시상황, ③ 대가 액수의 산정에 관한 종업원 등으로부터의 의견 청취의 상황, ④ 그 외의 사정을 고려하고 판단해야 할 것으로 되어 있으나, 피고는 ①~③에 대하여 어떠한 요소도 만족하지 않고 있으며, ④의 기타 사정에 대해서도 피고는 ①~③을 대신할만한 수단을 확보하고 있다는 증거가 명확하지 않다고 하면서, 그렇다면 해당 발명에 대해서 피고가 원고에 대해 피고 발명 규정에 따라 대가를 지불하는 것(출원 보상금만을 지불하고 실시 보상금은 지불하지 않는다고 한 것)은 불합리하다고 판단하는 것이 타당하다고 하였다.

한편 이 사건에서는 해당 발명에 근거한 독점 이익의 유무를 마저 살핀 후 원고가 해당 발명에 대한 상당한 대가의 지불을 청구하는 것은 부당하다는 취지의 결론을 내렸으나, 이 사건에서 재판부가 平成16년 개정 특허법 시행 이후 최초로 대가 지불의 합리성, 즉 보상 규정의 절차의 합리성에 대해 파격적인 결론을 내린 것은 의미하는 바가 크다.

---

47) 東京地判 平26. 10. 30. 判決, H25(ワ)6158 사건 판결 참조.

위에서 열거한 사례 이외에도 상당한 대가를 산정함에 있어서 사용자 등이 받을 이익의 액을 정교하게 분석하고 시장점유율까지 고려하여 독점의 이익을 산출하는 판례[48]가 나오는 등, 직무발명에서의 상당한 대가에 대하여 고도한 판단이 진행되고 있었다.

그러나 최근 平成25년 특허법 개정에 따라, 직무발명에 관한 소송이 종래의 승계, 대가청구권, 대가의 산정이라는 쟁점으로부터 어떠한 쟁점으로 변화할지는 그 귀추가 주목된다.

5. 향후 전망

平成16년 특허법 제35조 개정은 사용자 등에 대해서는 대가의 액에 대한 예측가능성을 높이고 종업원 등에 대해서는 발명의 대가 산정에 대한 만족도를 높였다고 평가받았다. 그러나 '상당한 대가' 청구권이 사용자 등에게 경영상 위험요소로 작용하고 있다는 기업의 의견이 반영되어 최근 平成25년 특허법 제35조 개정에 의하여 직무발명의 사용자 귀속제도를 골자로 하는 직무발명제도의 개정이 있었다. 이 개정에 의하여 기업은 소송에 대한 위험부담을 낮출 수 있게 된 것으로 기대되나, 연구자·기술자들은 자신의 권리가 없어지게 된다는 상실감으로 인하여 연구개발에 대한 의욕저하를 우려하는 의견도 있다.

또한 최근의 추세에 따르면, 엄격한 절차적 요건을 준수하여 작성된 보상규정에 따라 직무발명에 대한 보상을 하면 '정당한 보상'으로 간주되어, 종업원이 회사에서 지급한 보상이 '정당한 보상'에 미치지 못한다고 하여 직무발명보상금 청구소송을 제기하여도 법원이 개입하여 추가로 보상금이 지급될 여지도 적어지고 있는 것으로 보인다. 이와 같이 일본의 직무발명제도가 새로운 시대상을 반영해가면서 변화하고 있는 것은 일본과 정서, 사회 환경, 기업 문화 및 직무발명제도가 유사한 우리나라에도 시사하는 바가 크다고 할 것이다.

48) 東京地判 平成 19. 6. 27. 판결 平成 17(ワ)2997 사건 등 참조.

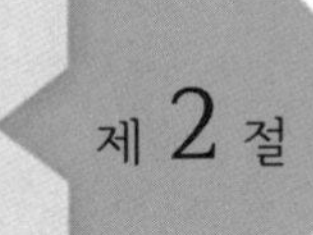

Ⅳ. 중국의 직무발명제도

충북대학교 법학전문대학원 교수 신혜은

1. 서　　론

1992년 한중 수교 이후 중국과의 무역규모는 해마다 증가하였다. 중국은 이미 한국의 최대 교역국이지만 한·중 FTA의 타결로 인해[1] 양국 간의 무역 규모는 더욱 증가할 것으로 예상된다.[2] 특히 최근에는 단순히 완제품을 수출입하는 것 뿐 아니라 한국의 기업들이 직접 중국에 현지 공장을 설립하여 현지에서 제품을 개발하고 생산하는 경우도 늘고 있다. 이처럼 중국에서 제품을 생산하거나 중국으로 제품을 수출하는 경우, 제품생산에 필요한 기술에 대해서는 미리 중국에 특허출원을 하는 것이 중요하다.

기술이 복잡한 현대 사회에서는 직무발명이 대부분을 차지하는바, 중국도 직무발명제도를 두고 있고 직무발명에 대해서는 특별한 취급을 하고 있다. 그러나 구체적인 운용방법은 우리나라와 차이가 있다. 따라서 중국에서 창출된 기술을 보다 효과적으로 활용하기 위해서는 중국의 직무발명제도를 이해하고 이를 새로운 기술 창출을 위한 인센티브로 적절하게 활용하는 것이 중요하다.

1) 한중 FTA는 2012년 5월부터 14차례의 협상을 거친 끝에 2014년 11월 10일 타결되었다.

2) 2011년 기준으로 한·아세안 FTA 상품협정이 발효된 이후 발효 4년차(2010년 6월~2011년 5월)에 우리나라의 대 아세안 교역량은 약 60.8%가 증가한 1,068억 달러 수준에 이르며, 수출은 68.3%, 수입은 52.2%가 증가하였다고 한다(아세안 투데이 보도내용 참조 http://www.aseantoday.kr/news/articleView.html?idxno=2892).

우리나라 특허법에 해당하는 중국 전리법[3]은 1984년에 제정되어 1992년, 2000년 및 2008년의 세 차례 개정을 거쳐 현재에 이르고 있다.[4] 1992년과 2000년의 개정은 미국의 통상압력과 WTO 가입을 위한 피동적인 개정이었던 반면, 2008년의 개정은 중국 정부가 국가발전을 위한 전략으로 지식재산권을 중시하기 시작한 결과 이루어진 능동적인 개정이란 점이 특징이다.[5] 2008년 중국 전리법 개정 및 2010년 전리법 실시세칙의 개정으로 인해 중국에서 특허권에 대한 인식이 높아지고 있고 종업원의 권리의식도 강해졌다.

2008년 개정법에서는 직무발명과 관련하여 큰 변화가 있었는데, 먼저 발명자인 종업원에 대한 법정 보상액 기준이 상향되었다. 아울러 외자투자기업에 대해서도 직무발명에 대한 법정 보상액 규정이 적용되게 되었다. 개정 전 실시세칙에서는 법정 보상액이 적용되는 것은 국유기업만이고 외자투자기업에는 적용되지 않았으나 2008년 중국 전리법 개정 및 그에 따른 2010년 실시세칙의 개정에 의해 중국 현지의 외자투자기업에도 법정 보상액 규정이 적용되는 것으로 되었다.

이하에서는 중국의 직무발명규정들을 우리나라 법규정과의 차이점을 중심으로 살펴본다.

2. 직무발명의 성립과 권리의 귀속

가. 직무발명의 성립요건

중국 전리법에 따르면, 직무발명이란 "단위의[6] 임무를 수행하거나 주로 단

---

3) 산업재산권을 보호하기 위한 법으로, 특허법, 실용신안법, 디자인 보호법, 상표법의 각각 개별 법률을 가지고 있는 우리나라와 달리 중국은 전리법에서 발명, 실용신안 및 디자인을 함께 보호한다. 중국 전리법에서 말하는 발명창조란 발명·실용신안 및 디자인을 포함하는 개념이다(전리법 제2조).

4) 中华人民共和国专利法(2008年12月27日 제3차 개정). 중국은 현재 특허법 제4차 개정 작업 중이다.

5) 중국은 과교흥국(科敎興國)을 표방하면서 2005년 국가지재권전략제정위원회를 설립하고 2008년 지재권전략요강을 마련하였다.

6) 우리 용어로는 사용자라고 해석하는 것이 보다 자연스러우나, 가능한 중국 전리법의 원문을 존중하는 의미에서 단위(單位)라는 표현을 그대로 사용하기로 한다. 중국 전리법과 전리법 실시세칙에서는 특허권의 주체를 단위와 자연인으로 구분하고 있다. "단위"란 계획경제 체제 하에서 관용하는 용어로서, 중국의 민사관련 법률에서 사용하는 "법인, 非법인조직"과 행정

위의 물질기술조건을 이용하여 완성한 발명"을 말한다(전리법 제6조). 따라서 중국에서 직무발명에 해당하기 위해서는 다음의 두 가지 중 어느 하나의 범주에 속하는 발명이어야 한다.

1) 소속 단위의 임무수행 중 완성한 발명

'소속 단위의 임무수행 중 완성한 발명'이란, 본래의 직무(本职工作)를 수행하는 중에 행한 발명뿐만 아니라 본래의 직무 이외에 단위가 부여한 임무를 수행하여 행한 발명도 포함한다. 본래의 직무란 발명자, 설계자가[7] 구체적으로 행할 것으로 예정되어 있는 업무책임의 범위를 말한다. 단위의 업무범위 또는 당해 발명자, 설계자의 개인전공 범위 내라도 그에 해당하지 않는 것은 본래의 직무에 속하지 않는다.[8] 단위가 부여한 임무란 발명자 또는 설계자의 본래 직무 이외에 단위가 배당한 임무를 말한다. 즉, 작업인원이 단위관리자의 요구에 따라 담당한 장기, 단기 또는 임시적인 임무를 말한다. 단위가 부여한 임무인지의 여부를 판단하기 위해서는 충분한 증거가 필요하다.[9] 중국의 법원들은 해당 요건을 판단함에 있어서 해당 임무가 명확하고 구체적일 것과 단위가 구체적인 계획과 일정을 제시하였을 것을 요구하고 있어서 직무발명의 근거로서 "단위가 부여한 임무를 수행하여 행한 발명"이란 점을 주장하는 경우는 드물다고 한다.[10]

아울러 현직에 재직 중 완성한 발명뿐 아니라 퇴직 후의 발명이라도 "퇴직[11] 전의 단위에서 담당한 직무 또는 퇴직 전의 단위가 분배한 임무와 관련된 발명으로서 퇴직 후 1년 이내에 작출(作出)한 발명"은 직무발명에 해당

관련 법률에서 사용하는 "법인 또는 기타 조직"에 대응하는 개념이다. 중국 전리법의 2차 및 3차 개정시 다수의 전문가들이 "단위"를 "법인, 非법인조직" 또는 "법인 또는 기타 조직"으로 수정할 것을 제안하였으나, 지식재산권의 특수성을 감안하여 "단위"라는 용어를 계속 사용하는 것으로 결정하였다고 한다. 단위란 우리나라의 사용자에 해당하는 개념으로, 경제활동의 주체로서 특허권의 주체가 될 수 있는 모든 기관을 의미하고, 국가기관, 단체, 부대, 각종 기업, 사업단위 및 민영비기업단위 등을 모두 포함한다.

7) 중국 전리법에서는 발명 및 실용신안을 완성한 자를 발명자, 디자인을 완성한 자를 설계자라고 지칭한다.

8) 程永顺, 「专利纠纷与处理」, 知识产权出版社, 2011, 52頁.

9) (2006)奥高法民三终字 第74号, 2006. 7. 31.

10) 정해명, 「중국 특허법상 직무발명제도에 관한 연구 – 현행 중국 특허법을 중심으로 –」, 서울대학교 석사학위논문, 2013. 8., 46–47면 참조.

11) 정년퇴직, 원단위에서 이직 또는 노동·인사관계가 종결되는 것을 모두 포함한다.

한다(전리법 실시세칙 제12조). 발명은 하루아침에 이루어지는 것이 아니다. 퇴직 시에는 비록 발명이 완성되지 않았지만 종업원이 해당 단위를 떠난 후 일정 기한 내에 이루어진 발명의 경우에는 이전 단위에서 담당했던 자신의 직무나 이전 단위가 부여한 임무를 수행하면서 발명의 완성에 대한 기초가 이루어진 경우가 많을 것이다. 이에 중국 전리법 실시세칙은 퇴직 후 1년 이내에 작출(作出)한 발명에 대해서는 이전 단위의 직무발명으로 본다는 규정을 두고 있다. "퇴직 후 1년"이란 기간은 종업원의 권리와 이전 단위의 이익을 모두 고려한 것이다. 퇴직 이후의 발명에 대해서는 모두 직무발명에 해당하지 않는다고 한다면 이전 단위의 입장에서는 발명의 완성에 대한 기초가 자신의 단위에서 이루어졌음에도 불구하고 아무런 권리를 보장받지 못할 우려가 있고, 퇴직 이후의 발명에 대해서도 이전 단위의 권리를 인정하는 기간이 너무 길게 되면 종업원의 이직의 자유를 지나치게 침해할 우려가 있기 때문에 중국의 입법자는 이를 고려하여 해당 기간을 1년으로 정하였다.

이를 종합해 보면, '소속 단위의 임무수행 중 완성한 발명'이란, 본인의 본래 직무를 수행하는 중에 행한 발명뿐만 아니라 본래의 직무 범위에 속하지 않는 경우라도 단위의 임무수행 중에 완성된 발명도 포함하나, 이는 우리법상 직무발명의 성립요건으로 요구되는 "직무에 속하는 발명일 것"과 큰 차이가 없는 것으로 판단된다. 중국 전리법에서 예정하는 본래의 직무(本职工作)나 본래의 직무 이외에 단위가 부여한 임무는 모두 우리 특허법 상의 직무의 범위로 볼 수 있기 때문이다. 비록 구법 하의 판례이기는 하나 우리 법원은 직무의 범위를 "피용자가 담당하는 직무내용과 책임범위로 보아 발명을 꾀하고 이를 수행하는 것이 당연히 예정되거나 또는 기대되는 경우를 뜻"한다고 해석하고 있다.[12] 국내의 학설 또한 종업원 등이 발명을 하는 것 자체가 본래의 직무인 경우, 즉 사용자 등이 오로지 발명을 시킬 목적으로 그 종업원을 고용한 경우(예컨대, 회사 연구소 등에서 시험연구 등을 행하는 것을 직무로 하는 경우)뿐 아니라 사용자 등이 처음부터 발명 목적으로 고용하지는 않았지만 후에 종업원 등

12) 대법원 1991. 12. 27. 선고 91후1113 판결. 해당 판결에서는 직무 대신 업무라는 용어를 사용하고 있으나, 이는 1990. 1. 13 법률 제4207호로 개정되기 전 구법 하의 판결이기 때문이다. 개정 전 구 특허법 제17조 제1항은 직무발명을 "피용자, 법인의 임원 또는 공무원(이하 "피용자등"이라 한다)이 그 직무에 관하여 발명한 것이 성질상 사용자·법인 또는 직무를 집행하게 하는 자(이하 "사용자등"이라 한다)의 업무범위에 속하고, 그 발명을 하게 된 행위가 피용자등의 현재 또는 과거의 임무에 속하는 것"으로 정의하고 있다.

에게 어떤 구체적인 발명을 하도록 명령하거나 구체적인 과제를 부여한 경우에도 그 발명이 종업원 등의 직무에 속한다는 점에서 견해가 일치한다.[13)]

우리법과의 가장 큰 차이는, 직무발명의 완성시점을 기준으로 직무발명 해당 여부를 판단하고 퇴직 후의 발명은 직무발명으로 보지 않는 우리법과 달리, 중국은 일정한 기간 및 요건의 제한 하에 퇴직 후의 발명도 직무발명으로 보는 점이다. 중국 전리법 실시세칙은 본래의 직무(本职工作) 중에 한 발명, 본 단위가 부여한 자가 직무 외의 임무수행 중에 한 발명 외에도, 퇴직 후 1년 이내에 작출(作出)한 경우 원래의 직무 등과 관련이 있는 발명은 직무발명에 해당하는 것으로 하고 있다. 그런데 본 요건과 관련해서는 "퇴직 후 1년 이내에 작출(作出)"이란 발명을 착상하였다는 것인지, 구체적인 해결방안을 도출해내었다는 것인지, 발명을 완성하였다는 것인지, 해석상의 다툼이 생길 수 있다.

생각건대 중국 전리법 실시세칙 제12조 제1항은 "본 단위의 임무를 집행하여 완성한 직무발명이란 아래의 발명을 말한다."고 하면서 그 중 하나로 "퇴직, 원래의 단위를 이직하거나 노동 또는 인사관계 종료 후 1년 내에 작출(作出)한 경우"를 들고 있는 점에 비추어 "퇴직 후 1년 이내에 작출(作出)한 경우"란 "퇴직 후 1년 이내에 발명을 완성한 경우"로 해석하는 것이 바람직한 것으로 판단된다. 해당 조문의 의미와 관련해서 실제로 다툼이 발생한 것은 없는 것 같으나, 직무발명성에 관한 다툼이 있는 사례 중에는 "자신이 해당 단위를 떠난 후 1년 후에 완성한 발명이라는 이유로 직무발명에 해당하지 않는다"고 한 주장이 있다.[14)]

발명의 완성일을 특정할 수 없는 경우 통상 특허출원일이 발명의 완성일로 추정된다. 특허출원일은 2001. 12. 7.이고, 전 종업원의 퇴직일자는 2000. 11. 14.인 사건에서 중국 법원은 "피고의 퇴직일부터 당해 특허출원일까지 1년이 경과하였고, 원고는 피고가 정년퇴직을 한 후 1년 내에 여전히 원고 단위에서의 본래의 직무와 관련된 업무에 종사했다는 증거를 제출하지 않았다는 점을 들어 원고의 청구를 기각한 바 있다.[15)] 즉, 특허출원일이 퇴직 시점부터 1년을 경과한 경우에는 해당 발명의 완성시점이 퇴직 시점부터 1년 이내라는 점을 충분한

13) 윤선희, 「특허법 제3판」, 법문사, 295면; 이회기, "職務發明에 대한 小考", 「特許訴訟研究 제3집」, 특허법원, 116면; 한국특허법학회 편, 「특허판례연구 개정판」, 박영사, 2012, 941면.

14) 上海市第二中级人民法院, (2004) 沪二中民五(知)初字第117 号.

15) 北京市第一中级人民法院, (2005) 一中民初字第628号.

증거를 통해 적극적으로 입증하지 못하는 한 직무발명으로 인정받지 못한다.

결론적으로, 종업원 입장에서는 퇴직 후에 완성한 발명이라도 1년 이내라면 직무발명에 해당할 가능성이 있다는 사실을 염두에 두어야 하고, 사용자 입장에서는 종업원들에게 본래의 직무 이외의 임무를 부여하는 경우 반드시 관련 문서에 의해 부여함으로써 후일 직무발명의 성립성과 관련하여 다툼이 일어나지 않도록 할 필요가 있다. 중국 법원은 전직 종업원이 퇴직 후 1년 이내에 출원하여 등록한 특허권에 대해 전(前) 단위가 제기한 소송에서, 단위가 분쟁 특허와 관련한 업무를 배당하였음을 입증하지 못했다는 이유로 해당 발명이 직무발명임을 주장하는 전(前) 단위의 청구를 기각한 바 있다.[16)]

2) 주로 단위의 물질기술조건을 이용하여 완성한 발명

주로 단위의 물질기술조건을 이용하여 완성한 발명은 직무발명에 속한다. 전리법 실시세칙에 따르면, '단위의 물질기술조건'이란 단위의 자금, 설비, 부품, 원재료 또는 대외에 공개하지 않는 기술자료 등을 가리킨다(전리법 실시세칙 제12조).[17)] 전리법 실시세칙의 규정은 예시적인 것이고, 실무상 해당 조건에 대한 판단이 전리법 실시세칙에 규정된 내용에만 국한되는 것은 아니다. 단위가 발명의 기술방안 형성에 실질적인 공헌을 하거나 경제적으로 가치있는 조건을 제공한 경우에는 물질기술조건에 해당할 여지가 있다.[18)]

단위의 물질기술조건을 이용하여 완성했더라도 '주로' 이용하지 않은 경우는 직무발명에 속하지 않는 것이 원칙이므로 어떤 경우 '주로' 이용했다고 할 수 있을지가 문제다. 중국 전리법이나 전리법 실시세칙에는 그에 대한 구체적인 판단기준이 존재하지 않는다. 「기술계약 분쟁사건 심리에 관한 최고인민법원의 약간 문제의 해석」[19)] 제4조에 따르면, "주로 법인 혹은 기타 조직의 물질기술조건을 이용하였다"고 함은 "직원이 기술성과를 연구·개발하는 과정 중, 전부 혹은 대부분 법인 혹은 기타조직의 자금, 설비, 기재 혹은 원자재 등 물질

---

16) (2006)奥高法民三终字 第74号 2006. 7. 31.

17) 1984년 전리법 제정 당시에는 '물질조건'이라고 규정되어 있었으나, 2000년 전리법 개정시 '물질기술조건'으로 수정하였다. 발명의 완성에는 단위의 자금, 설비, 부품, 원재료와 같은 유형적인 조건보다 노하우와 같은 무형적인 기술조건이 더 중요한 경우가 많기 때문이다.

18) 北京市第一中级人民法院(2005) 一中民初字第1221号.

19) 「最高人民法院关于审理技术合同纠纷案件适用法律若干问题的解释」(2004年11月30日最高人民法院审判委员会第1335次会议通过法释[2004]20号).

조건을 이용하고 이런 물질조건이 기술성과의 형성에 실질적인 영향을 미친 경우; 기술성과의 실질적 내용이 법인 혹은 기타조직의 미공개 기술성과, 단계적 기술성과에 기초하여 완성된 경우"를 말한다고 규정하고 있다. 따라서 해당 요건은 실제로 분쟁이 발생한 경우 법원의 판단에 의해 결정될 수밖에 없을 것이어서 분쟁의 가능성을 내포한다. 법원은 일반적으로 '사용된 물질기술조건이 발명의 완성에 반드시 필요하고, 당해 물질기술조건이 결여된 상태에서는 당해 발명을 완성할 수 없는 경우'를 판단기준으로 삼아 해당 요건을 판단하고 있다.[20]

다만 중국은 2000년 전리법 개정시에 기존의 제6조 제3항을 삭제하고 새로 제6조 제3항을 신설함으로써 단위의 물질기술조건을 이용하여 완성한 발명에 대해서는 단위와 발명자간의 계약을 통해 권리의 귀속을 정할 수 있도록 하였다. 개정된 중국 전리법 제6조 제3항에 따르면, 단위의 물질기술조건을 이용하여 완성한 발명창조에 대하여, 그 단위가 발명자 또는 설계자와 계약을 체결하여 특허를 출원할 권리와 특허권의 귀속에 대하여 약정한 경우에는 그 약정에 따른다. 즉 단위의 물질기술조건을 이용하여 완성했지만 '주로' 이용하지 않은 발명에 대해서도 종업원과 미리 합의를 함으로써 합의에 의해 직무발명으로 하는 것이 가능하다. 따라서 위와 같은 분쟁을 사전에 방지하기 위해서는 회사의 직무발명 규정에 "단위의 물질기술조건을 이용하여 완성한 발명에 대해서는 주로 단위의 물질기술조건을 이용하여 완성한 발명인지의 여부에 관계없이 직무발명으로서, 해당 발명에 대한 특허를 받을 수 있는 권리는 회사에 귀속한다."는 규정을 두는 것이 바람직하다.

나. 직무발명의 권리의 귀속

1) 사용자주의 원칙

직무발명에 대한 '특허출원권'은 해당 단위에 속하고 출원에 대해 특허권이 허여된 후에는 해당 단위가 특허권자가 된다(전리법 제6조 제1항). 특허를

20) 佛山市三水毅品电器配件有限公司因与陈志豪专利权属纠纷一案, (2006)粤高法民三终字第77号. 吴应多与浙江乐吉化工股份有限公司专利权属纠纷上诉案,浙江省高级人民法院, (2001)浙经三终字第99号.

받을 수 있는 권리는 발명의 완성과 동시에 발명자에게 원시적으로 귀속되는 우리나라와 달리, 중국은 직무발명에 대해서는 사용자주의를 취하고 있다. 따라서 직무발명에 대해 사용자와 종업원 사이에 특별한 약정이 없는 경우에 우리나라에서는 발명자인 종업원이 특허를 받을 수 있는 권리를 가지는 반면, 중국에서는 사용자가 특허를 받을 수 있는 권리를 가지게 된다.

직무발명 이외의 발명에 대해서는 발명자가 특허를 출원할 권리를 가지고 해당 발명이 등록되면 발명자가 특허권자가 된다. 비직무발명에 대한 출원에 대해서는 누구도 이를 제한할 수 없다(전리법 제7조).[21]

2) 발명자의 명예권과 우선권

중국 전리법에 따르면, 발명자 또는 설계자는 특허문서에 자기가 발명자 또는 설계자임을 명기할 권리가 있다(전리법 제17조). 발명자란 단독 또는 공동으로 발명에 대해 창조적으로 공헌한 자를 말하고, 단순히 자금, 설비, 재료, 시험 조건을 제공하고 조직 관리를 하며, 도면 제작, 자료 정리, 문헌 번역 등을 도운 자는 기술성과를 완성한 자에 포함되지 않는다(기술계약 분쟁사건 심리에 관한 최고인민법원의 약간 문제의 해석 제6조).[22] 한편 계약법에[23] 따르면, 기술성과를 완성한 개인은 관련 기술성과 문서에 자신이 기술성과의 완성자임을 기재할 권리와 영예증서 및 장려를 받을 권리를 가진다(계약법 제328조). 따라서 직무발명에 대해 특허를 받을 수 있는 권리는 사용자에게 속하더라도 발명자는 출원시와 특허등록시 발명자로서 기재될 권리를 여전히 보유한다. 한편 사용자가 직무기술의 성과에 대해 기술계약을 체결하는 경우에는 발명을 한 종업원에게 해당 직무기술성과의 사용과 양도로 얻은 수익 중 일정비율을 장려 또는 대가로써 지급해야 하고, 기술계약을 체결하여 직무기술성과를 양도하는 경우 발명자는 동등한 조건으로 먼저 양수할 권리를 가진다(계약법 제326조).

---

21) 중국은 특허심사절차에서 일반적으로 출원서에 기재한 출원인의 자격을 심사하지 아니한다. 출원인이 개인인 경우에는 그 발명을 비직무발명으로 보고 그 개인이 특허를 출원할 권리가 있다고 추정하고, 특허출원의 내용에 따라 출원인의 자격에 명백하게 의문이 있는 경우에 한하여 출원인의 소속 단위에서 발행한 비직무발명 증명을 제출할 것을 통지한다. 출원인이 단위인 경우에는 그 발명을 직무발명으로 보고 그 단위는 특허출원할 권리가 있다고 추정한다.

22) 「最高人民法院关于审理技术合同纠纷案件适用法律若干问题的解释」(2004年11月30日最高人民法院审判委员会第1335次会议通过法释[2004]20号).

23) 中华人民共和国合同法(1999年3月15日第九届全国人民代表大会第二次会议通过).

3) 위임발명의 경우

위탁발명에 대해 특허를 받을 수 있는 권리는 별도의 협의가 있는 경우를 제외하고 수탁자인 연구개발자가 가진다(전리법 제8조, 계약법 제339조). 연구개발자가 특허권을 취득한 경우 위탁자는 해당 발명을 무상으로 실시할 수 있고, 연구개발자가 특허를 받을 수 있는 권리를 양도하는 경우에는 위탁자는 동등한 조건으로 우선 양도받을 권리를 가진다(계약법 제339조). 당사자 간에 별도의 협의가 없는 경우 직무발명의 경우에는 특허출원권이 사용자에게 귀속되는 반면, 위탁발명의 경우에는 발명자가 특허출원권을 가지게 된다. 따라서 당사자 간의 관계가 고용계약에 근거한 직무발명인지 위탁관계에 근거한 위탁발명인지는 권리의 귀속과 관련하여 매우 중요하다. 전리법 제6조 상의 직무발명에 해당하기 위한 '단위'에는 임시근무단위도 포함되므로(전리법 실시세칙 12조) 근무연한의 장단에 따라 직무발명 해당 여부를 판단해서는 안 된다.

4) 공동발명의 경우

공동발명의 특허출원권은 별도의 협의가 있는 경우를 제외하고 공동연구자가 공유하고, 공동발명에 대해 특허출원을 하는 경우에는 공유자 전원의 동의를 얻어야 한다(전리법 제8조, 계약법 제340조 제3항). 공유자 일방이 자신의 출원권을 양도하기 위해서는 공유자 전원의 동의를 얻어야 한다(전리법 제15조 제2항). 이 경우 다른 당사자는 동등한 조건으로 우선하여 양수받을 수 있는 권리를 가진다(계약법 제340조 제1항). 공동발명자가 동일한 사용자에게 속하는 경우에는 특허출원권은 동일한 단위에 귀속되므로 특허권의 공유문제가 발생하지 않지만 종업원이 다른 단위의 종업원 또는 개인과 공동으로 직무발명을 완성한 경우에는 해당 특허권의 공유 문제가 발생한다. 이때 발명을 한 종업원이 속한 단위는 해당 종업원이 발명에 공헌한 만큼의 지분을 가진다고 해석하는 것이 합리적이다.

공유 특허권의 행사와 관련하여 중국 전리법은 공유자 간의 약정이 있는 경우 그에 따른다는 점에서 우리 법과 동일하다. 약정이 없는 경우 타공유자의 동의 없이 공유자 스스로가 해당 발명을 실시할 수 있다거나, 공유자 일방이 자신의 지분권을 양도하기 위해서는 공유자 전원의 동의를 얻어야 한다는 점도 우리 법과 동일하다(전리법 제15조 제2항). 다만 타인에게 실시권을 허락하는 경우 통상실시권인지 전용실시권인지 여부에 관계없이 다른 공유자의 허락을 얻어야 하는 우리 법과 달리, 중국은 통상실시권의 경우에는 다른 공유자의 동의 없이 단독으로 허락할 수 있다. 이 경우 취득한 실시료는 공유자 간에 분배해야 한다(중국 특허법 제15조 제1항).[24)]

3. 직무발명의 장려 및 대가

가. 직무발명의 장려

중국은 적극적인 발명창조활동을 촉진하기 위해 직무발명에 대한 보상을 '장려'와 '보수'로 구분하여 근거규정을 마련하고 있다. 전리법 제16조에서는 '장려'와 '보수'에 대한 대원칙을, 전리법 실시세칙 제76조 내지 제78조에서는 구체적인 방법을 규정하고 있다.

중국 전리법 제16조는 두 가지 측면에서 의미가 있다. 첫째는 직무발명에 대해 특허권이 부여되면 해당 발명의 실시 여부에 관계없이 단위는 발명자, 설계자에게 장려를 지급하여야 한다는 것이고, 둘째는 해당 발명을 실시한 후에는 응용확산의 범위 및 취득한 경제적 이익에 근거하여 발명자 또는 설계자에게 합리적인 보수를 지급하여야 한다는 것이다. 발명자 또는 설계자에게 수여되는 장려는 반드시 금전이어야 하는지가 문제될 수 있는데, 중국 전리법 제16조는 '장려금'이라는 용어를 사용하지 않고 '장려'라고 표현하고 있고, 전리법 실시세칙 제77조는 사용자와 발명자 사이에 별도의 약정도 없고 사용자가 제정한 규정에도 '전리법 제16조가 규정한 장려의 방식과 액수를 규정하지 않은 경우'에는 해당 조에서 규정하는 최소한의 장려금을 지급하여야 한다고 규정하고 있는 것에 비추어 볼 때, 장려는 금전 외에도 다양한 방법을 통해 이루어질 수 있고 반드시 장려금에 한정되는 것은 아니라고 생각된다.

---

24) 중국의 구 전리법에는 특허를 받을 수 있는 권리나 특허권의 공유에 관한 규정이 없어서 특허권의 무체재산권으로서의 특성이 간과되고 현실에 부합하지 못하다는 비판이 있었다(정덕배, "제3차 중국 특허법 개정에 따른 우리기업의 대응방안", 지식재산21, 2010. 4, 166면). 이에 중국은 전리법 제3차 개정시 권리의 공유에 관한 부분을 신설하였다.

나. 보상수준의 법정화

우리나라 발명진흥법이 절차적 정당성을 가지는 직무발명 보상규정이 존재하는 경우에는 이를 정당한 보상으로 보는 것과 유사하게 중국 또한 당사자 간의 합의를 원칙으로 하고 있다. 전리법 실시세칙 제76조에 따르면, 단위는 발명자 또는 설계자와 약정하거나 또는 단위가 법에 의하여 제정한 규정 중에 전리법 제16조에서 규정하는 장려, 보수의 방식과 금액을 규정할 수 있다. 전리법 실시세칙 제76조에서 규정하는 단위와 발명자 간의 약정에는 사전 근로계약뿐 아니라 발명이 완성된 후에 단위와 발명자 간에 체결된 약정도 포함되고, 단위가 제정한 규정도 포함된다. 다만 본 규정은 반드시 적법하게 제정된 것이어야 한다.[25] 우리나라와의 차이점은 중국의 경우에는 당사자 간에 별도의 약정도 존재하지 않고 사용자가 제정한 규칙에도 직무발명에 대한 장려의 방식과 액수가 규정되어 있지 않은 경우에는 사용자는 일정한 기한 내에 종업원인 발명자에게 법에서 규정하는 장려금 내지는 보수를 지급해야 하는 것이다.

1) 권리화에 따른 보상금

사용자에 해당하는 단위가 발명자와 별도로 약정하지도 않고 단위가 법에 따라 제정한 규칙에 장려의 방식과 액수를 규정하지도 않은 경우에는, 특허권 공고일로부터 3개월 이내에 발명자 또는 설계자에게 장려금을 지급해야 한다.

중국 특허법 실시세칙은 직무발명에 대한 장려금과 보수를 구체적인 액수까지 규정하고 있는데 1특허의 장려금은 최소 3000위안 이상이어야 하며, 1등록실용신안 또는 1등록디자인의 장려금은 최소 1000위안 이상이어야 한다(전리법 실시세칙 제77조 제1항).

발명자 또는 설계자의 제안을 그 소속단위가 채용하여 완성된 발명창조인 경우에 특허권을 수여받은 단위는 장려금을 우대하여 지급하여야 한다(전리법 실시세칙 제77조 제2항). 발명자 또는 설계자가 발명을 완성했을 뿐만 아니라 해당 발명에 대해 주도적으로 제안까지 하였다면 단순히 단위의 지시에 따라 발명을 완성한 경우에 비해 공헌한 바가 크기 때문이다.

25) 国家知识产权局法条司, 关于职务发明创造奖酬制度的完善, 电子知识产权, 2010. 4., 43頁.

2) 실시료 수입에 따른 보상금

사용자에 해당하는 단위가 발명자와 별도로 약정하지도 않고 사내 직무발명규정에 장려의 방식과 액수를 규정하지도 않은 경우에는, 특허권의 존속기간 내에 특허를 실시한 후 매년 그 발명 또는 실용신안을 실시하여 얻은 영업이익에서 최소한 2% 또는 그 등록디자인을 실시하여 얻은 영업이익에서 최소한 0.2%를 발명자 또는 설계자의 보수로 지급하거나, 또는 상술한 비율을 참고하여 발명자 또는 설계자에게 보수를 한 번에 지급하여야 한다. 특허권을 수여받은 단위가 다른 단위 또는 개인에게 그 특허를 실시하도록 허가한 경우에는 그 특허의 실시허가에 의해 얻은 실시료에서 최소한 10%를 발명자 또는 설계자의 보수로 지급해야 한다(전리법 실시세칙 제78조).

3) 당사자 간의 약정과 법정보상액

중국 전리법도 당사자 간의 합의를 원칙으로 하므로 당사자 간에 약정이 존재하면 해당 약정이 전리법 실시세칙 제77조, 제78조의 법정표준보다 우선하여 적용된다. 다만 해당 약정은 합리적인 것이어야 한다. 비록 약정이 존재하더라도 합리적이지 않다면 발명자, 설계자는 법에 따라 기소할 권리를 갖는다.[26] 문제는 "합리적"이라는 개념은 추상적이어서 단위와 발명자 간에 보상의 합리성을 둘러싼 다툼이 발생할 가능성이 존재한다는 것이다. 현행 중국 전리법이 가지는 이와 같은 문제는 우리나라의 구특허법 하의 "정당한" 보상 규정이 가졌던 문제점과 유사하다.[27] 우리나라는 2006년 특허법 개정에서 해당 규정을 삭제하고, 발명진흥법에서[28] 직무발명의 보상에 대한 계약이나 근무규정이 존재하고 해당 규정이 절차적 정당성을 가지는 경우에는 정당한 보상을 한 것으로 보고, 그렇지 않은 경우에는 그 발명에 의하여 사용자가

---

26) 国家知识产权局法条司,关于职务发明创造奖酬制度的完善, 电子知识产权, 2010. 4., 43頁.

27) 2006. 3. 3. 개정 전 구특허법에서는 직무발명에 대한 보상과 관련하여 "종업원등은 직무발명에 대하여 특허를 받을 수 있는 권리 또는 직무발명에 대한 특허권을 계약 또는 근무규정에 의하여 사용자등으로 하여금 승계하게 하거나 전용실시권을 설정한 경우에는 정당한 보상을 받을 권리를 가진다(제40조 제1항). 보상의 액을 결정함에 있어서는 그 발명에 의하여 사용자등이 얻을 이익의 액과 그 발명의 완성에 사용자등 및 종업원등이 공헌한 정도를 고려하여야 한다(제40조 제2항)."라고만 규정하고 있어 '정당한' 보상을 둘러싼 분쟁이 발생할 여지가 있었다.

28) [시행 2006. 9. 4.] [법률 제7869호, 2006. 3. 3., 일부개정].

얻을 이익과 그 발명의 완성에 사용자와 종업원이 공헌한 정도를 고려하여 보상액을 결정하도록 법을 개정한 바 있다. 아울러 2013년 발명진흥법 개정시에는[29] 절차적 정당성을 가지는 경우라도 그 보상액이 직무발명에 의하여 사용자등이 얻을 이익과 그 발명의 완성에 사용자등과 종업원등이 공헌한 정도를 고려하지 아니한 경우에는 정당한 보상으로 볼 수 없다는 조항을 신설하였다(발명진흥법 제15조 제6항). 위와 같은 한국의 입법 경위는 중국 전리법의 개정에도 참고가 될 수 있을 것으로 생각된다.

다. 직무발명보상규정의 중요성

1) 과도한 법정 보상액

중국은 직무발명에 대해 사용자주의를 취한 결과 직무발명에 대해서는 사용자가 특허를 받을 권리를 가지나, 특허권을 수여받은 사용자는 발명자에게 장려를 지급하여야 하고, 해당 발명의 실시에 대해서는 합리적인 보수를 지급하여야 한다. 이때 법에 근거하여 제정된 사용자의 직무발명규정이든 사용자와 종업원 사이의 별도의 계약이든 어떤 형태로든지 당사자 간에 별도의 합리적인 약정이 존재하는 경우에는 그에 따르게 되겠지만 그렇지 않은 경우에는 법정 보상금을 지급하여야 한다. 그런데 실시세칙은 권리화에 따른 최소 보상금을 특허의 경우에는 최소 3000위안으로 법정하고 있다.[30] 기업이 특허출원을 하는 이유는 다양하고, 출원되는 기술 중에 실제로 실용화되어 이윤의 창출까지 이어지는 특허권은 그 중 일부에 불과하다. 그럼에도 불구하고 특허권을 취득한 모든 직무발명에 대해 3000위안을 지급하여야 한다면 사용자 입장에서는 지나치게 큰 부담이 될 수 있다.[31]

---

29) [시행 2014. 1. 31.] [법률 제11960호, 2013. 7. 30., 일부개정].

30) 2008년 개정 전 구법에서는 발명특허의 장려금이 2000위안이었으나 2008년 개정시 3000위안으로 상향되었다.

31) 중국 경제의 발전에 따라 국민생활수준도 많이 향상된 현재에는 해당 법정표준이 너무 경미하므로 발명자, 설계자가 만족할 수 있는 수준으로 올려야 한다는 주장(정해명, 「중국 특허법상 직무발명제도에 관한 연구 – 현행 중국 특허법을 중심으로 –」, 서울대학교 석사학위 논문, 2013. 8., 83－84면)이 있으나, 중국 직무발명의 낮은 실시율(5%, 동논문, 96면 참조)을 고려해 볼 때 과연 법정표준을 올리는 것이 현실적이고 바람직한지 의문이다.

발명자가 특허권을 취득하는 경우에도 사용자는 무상의 통상실시권을 가지는 우리나라와 달리, 중국의 경우는 사용자가 특허권을 취득하고 스스로 실시하는 경우에도 실시보상에 대한 별도의 약정이 없는 경우에는 법에서 정하는 실시료를 지불해야 한다. 전리법 실시세칙에 따른 실시료는 "그 특허를 실시하여 얻은 영업이익에서 최소한 2%"이다. 한편 타인에게 실시허락을 한 경우에는 "그에 의해 얻은 실시료에서 최소한 10%"를 발명자 또는 설계자의 보수로 지급해야 한다. 이와 같은 법정 보상금은 사용자 입장에서는 큰 부담이 될 수 있다.

2) 사후적 분쟁발생 가능성

전리법 실시세칙 제78조는 실시에 따른 보상금을 규정하고 있다. 해당 특허로 인해 실제로 수입을 얻은 경우에만 법에서 정하는 비율에 따라 보상금을 지급하면 되므로 일견 간단해 보이지만 실상은 그렇지 않다.[32] 해당 규정은 1발명, 1제품, 1발명자를 염두에 두고 설계된 것이어서 하나의 제품에 수많은 특허가 공존하는 현실에서는 해당 특허를 실시하여 얻은 영업이익을 어떻게 산정할 것인지, 크로스 라이선스의 경우는 어떻게 할 것인지, 다수의 공동발명자가 존재하는 경우 실시료는 어떻게 분배할 것인지의 문제와 관련하여 분쟁이 발생할 수 있다.

2010년 전리법 실시세칙 개정 당시 많은 단위들이 제78조에 대해 실무상 실행가능성이 높지 않다고 주장했다고 한다. 예컨대 복수의 특허가 존재하는 제품의 경우에는 각각의 특허의 공헌도가 얼마인지 산정하기 어렵기 때문에 1건의 특허 당 창출된 영업이익이 얼마인지 확인할 수 없다는 것이다. 본 우려는 당해 개정시 제76조에 단위와 발명자, 설계자가 보수의 방식과 금액에 관하여 약정할 수 있다는 조항을 두면서 완화되었다고는 하나,[33] 여전히 사후적 분쟁발생가능성이 남아 있다.

---

32) 구체적인 산정방식을 제시하고 있지 않기 때문에 실무상 혼란이 있고, 실제로 직무발명에 대한 보상액이 문제된 사건에서 법원은 최종적으로 보상액이 얼마인지만 밝힐 뿐 그러한 보상액이 산출된 구체적인 산정 과정에 대하여는 언급을 회피한다고 한다. 예컨대 '장려금으로 20,000元, 보상금으로 96,000元을 지급하라'는 식의 판결((2005)二中民初字第82号)이 주로 이룬다고 한다(특허청 연구보고서, 「정당한 직무발명 보상을 위한 산업군별 실시보상액 산정방안 연구」, 2013. 12., 74면 참조).

33) 정해명, 앞의 논문, 2013. 8, 86면.

3) 직무발명보상규정의 중요성

발명자에게 지나치게 높은 법정 보상금을 지급하여야 한다거나 보상금의 분배를 둘러싼 분쟁이 발생할 가능성은 사전에 직무발명보상규정을 마련함으로써 어느 정도 미연에 방지할 수 있다. 전리법 실시세칙의 법정 보상금 규정은 당사자 간의 약정이 존재하지 않는 경우에만 적용되기 때문이다. 다만 중국 전리법 제16조에 따라 '발명자 또는 설계자에게 합리적인 보수를 지급해야 한다'는 것이 대원칙이어서 보상금액이 현저하게 낮은 경우에는 직무발명규정 자체가 무효로 될 수 있으므로 주의를 요한다.

따라서 직무발명과 관련된 분쟁을 미연에 방지하고 사용자 입장에서 과도하지 않으면서도 종업원 입장에서는 직무발명에 대한 정당한 보상이 될 수 있도록 사내 직무발명보상규정을 정비하는 것이 필요하다.[34]

4. 중국 직무발명 관련규정의 특징

가. 넓은 직무발명의 범위와 법정 보상액

중국은 소속단위의 임무수행 중 완성한 발명뿐 아니라 주로 단위의 물질기술조건을 이용하여 완성한 발명도 직무발명에 해당하는 것으로 보고, 일정한 기간 및 요건의 제한 하에 퇴직 후의 발명도 직무발명으로 보는 점에서, 다른 나라와 비교하여 직무발명의 범위를 비교적 넓게 인정하는 점이 특징이다. 또한 직무발명에 해당하는 경우 사용자인 단위에게 특허를 받을 수 있는 권리가 귀속되도록 하는 한편 종업원에 대해서는 법에서 최소한의 보상기준을 마련하고 있는 점이 특징이다. 법정 보상액 규정과 관련해서는 기업의 자율성을 저해한다는 비판이 있을 수 있으나 아직 시장경제와 사회주의가 공존하는 중국의 특징이라고 보는 견해도 있다.[35]

---

34) 원고(설계자)가 피고(단위)의 담당자로 근무하는 동안 피고의 물질기술조건을 이용하여 해당 디자인을 완성하고 자신의 명의로 출원을 하여 디자인등록을 받은 사안에 대해 법원은, 원고의 설계자 신분을 인정하고, 원고와 피고 간에 본건 디자인에 관한 약정이나 법에 따라 제정한 규정이 없다는 사실을 감안하여, 피고가 원고에게 전리법 실시세칙 제77조에 따른 장려금을 지급하여야 한다고 판시한 바 있다(湖南省长沙市中级人民法院 民事判决书(2011)长中民五初字第0736号).

35) 특허청 연구보고서, 「직무발명 보상기업 확인제 도입 방안 및 발명진흥법령 개정방안 연구」, 2012. 8., 37면.

나. 직무발명 관련 규정의 산재

발명진흥법에서 직무발명 관련 규정들을 일목요연하게 규정하고 있는 우리 법과 달리[36] 중국은 직무발명 관련 규정이 다양한 법에 산재해 있는 것이 특징이다. 기본적으로 전리법에서 직무발명에 대한 정의(전리법 제6조), 직무발명에 대한 합리적인 보상(전리법 제16조)에 대해 규정하고, 전리법 실시세칙에서 구체적인 보상방법을 정하고 있으며(전리법 실시세칙 제76조 내지 제78조), 공동연구 개발결과의 귀속이나 직무발명의 양도에 관해서는 계약법에서 규정하고 있다(계약법 제326조, 제328조, 제339조, 제340조). 그 밖에도 예컨대 과학기술성과실용화촉진법과[37] 같은 다양한 법들에 직무발명 관련 규정들이 산재해 있다. 이는 중국의 직무발명 관련 법규들이 아직 형성되어 가는 중이어서 나타나는 현상으로 생각된다.

다. 정부의 노력과 지식재산환경의 변화

현재 중국은 특허 출원 건수에서 세계 1위를 기록하고 있다. 질적인 부분은 별론으로 하더라도 양적인 부분에서 이와 같은 급속한 발전을 이룰 수 있었던 것은 2005년 이후 중국정부의 지식재산 중시정책에 힘입은 바 크다.

중국 국가지식산권전략망에[38] 따르면, 중국은 2007년 이전까지 직무발명에 의한 특허출원이 전체 특허출원의 50% 이하를 차지하였다. 즉 1985년 4월부터 2006년 2월까지 중국의 직무발명 특허출원은 전체 특허출원 중에서 36.9%에 불과하였다. 그러나 2008년 처음으로 직무발명 출원건수가 전체 특허출원의 절반을 넘어선 이래 직무발명 출원건수는 지속적으로 증가하고 있다.[39]

---

36) 우리나라는 국가 과학기술혁신을 위한 직무발명의 역할이 중대됨에 따라 직무발명을 활성화하고 직무발명에 대한 보상을 강화하기 위하여 2006년 직무발명에 대한 보상기준 및 절차 등을 체계적으로 정비하였다. 발명진흥법을 개정(법률 제7869호, 2006. 3. 3.일부개정, 2006. 9. 4.시행)하여「특허법」과「발명진흥법」에 각각 규정되어 있는 직무발명 관련 규정을 통합하고 직무발명제도의 운영상 나타난 일부 미비점을 개선·보완하였다.

37) 中华人民共和国促进科技成果转化法 (1996年5月15日第八届全国人民代表大会常务委员会第十九次会议通过).

38) 中国国家知识产权战略网 http://www.nipso.cn/.

39) 2008년(364,386건, 전체 특허출원 중 50.8%), 2010년(658,570건, 전체 특허출원 중 59.4%) 2011년(324,224건, 전체 특허출원 중 78%).

라. 직무발명조례(안)

중국은 비교적 최근 직무발명에 대해 관심을 가지기 시작했고, 그로 인해 아직은 선진국에 비해 직무발명 출원율이 저조한 편이다.[40] 중국 특허청은 직무발명을 장려하기 위해 2012년에 직무발명조례(안)를[41] 작성한 후 공중의 의견을 구하였는데, 해당 조례안은 몇 차례의 수정을 거쳐 2015년 6월 현재 여전히 의견 수렴 중이다.[42] 해당 조례(안)가 통과되면 그에 따라 전리법 실시세칙도 개정될 예정이라고 한다. 모두 7개의 장과 44개 조문으로 구성된 직무발명조례(안)의 주요 내용은 아래와 같다.

제 1 장 총칙

입법취지, 국가의 책임, 발명 및 발명자의 정의 등이 규정되어 있다. 그에 따르면, "발명이란 중국 영역 내에서 완성된 것으로, 전리권,[43] 식물신품종권 또는 집적 회로 배치 설계권의 보호객체인 지적창조성과"를 말한다.

제 2 장 발명의 권리귀속

직무발명과 비직무발명의 정의와 그 권리의 귀속에 대해 규정한다. 특히 권리귀속에 관해 사용자와 발명자 간의 계약이 조례에 우선한다는 점(약정우선의 원칙)이 규정되어 있다.

제 3 장 발명의 보고와 지식재산의 출원

발명자의 발명보고의무와 사용자의 답신의무, 직무발명에 대해 지식재산권 출원을 하는 경우 사용자 및 발명자의 의무에 대해 규정하고 있다.

제 4 장 직무발명 보상금

단위의 보상금 지급의무 및 보상금액 산정에 대해 규정하고 있다. 단위가 직무발명에 대해 지식재산권을 획득하면 즉시 발명자에게 장려를 지급해야 한다. 단위

---

40) 중국 국가지식산권전략망(中国国家知识产权战略网)은 직무발명 출원율이 낮은 이유를 다음과 같이 분석한 후, 직무발명의 범위를 명확하게 규정하고 직무발명자에게 합리적 보상을 제공할 필요가 있다고 건의하였다. (1) 직무발명의 범위가 명확하지 않아 직무발명으로 출원되어야 할 특허가 비직무발명으로 출원되는 사례가 빈번하며, 이로 인해 특허 귀속 분쟁이 발생한 사례가 많음. (2) 직무발명에 따른 수익 등을 해당 기관이 통제하여 그 발명자에게 직무발명에 대한 합당한 보상이 제대로 이루어지지 않음.

41) 해당 조례는 발명자의 권리구제조치를 명확하게 하여 발명자의 권리를 확보함으로써 직무발명의 창조를 장려하는 것을 목적으로 한다.

42) 해당 조례안의 자세한 내용과 그간의 경과 및 의견수렴 내용은 http://www.sipo.gov.cn/ztzl/ywzt/zwfmtlzl/에서 확인가능(2015. 6. 8. 최종방문).

43) 중국의 전리권은 우리나라의 특허권, 실용신안권, 디자인권을 포괄하는 개념이다.

가 지식재산권을 획득한 직무발명을 양도하거나 타인에게 실시허락하거나 스스로 실시하는 경우 해당 발명이 취득한 경제적 효과와 이익, 발명자의 공헌도 등에 따라 즉시 발명자에게 합리적 보수를 지급해야 한다.

당사자 간의 약정이 없는 경우 장려금의 총액은 특허권 또는 식물신품종권의 경우에는 전체발명자의 장려금 총액이 해당 단위 직원의 월평균 임금의 2배보다 적어서는 안 된다. 그 밖의 지식재산권의 경우에는 전체발명자의 장려금 총액이 해당 단위 직원의 월평균 임금보다 적어서는 안 된다. 자기실시의 경우에는 발명자에게 조례에서 규정하는 방식 중 하나의 보수를 지불해야 한다.[44] 권리의 이전 또는 실시허락을 통한 경제적 이익에 대해서는 양도 또는 실시허락으로 취득한 수입 중 적어도 20%를 발명자에게 보수로 주어야 한다. 단위는 지식재산권을 획득한 날부터 3개월 이내에 장려금을 지급해야 한다. 직무발명에 대한 지식재산권을 양도하거나 타인에게 실시허락한 경우에는 허가비, 양도비가 입금된 후 3개월 내에 보수를 지급해야 하고, 단위 자신이 직무발명을 실시하여 매년 현금형식으로 보수를 지급하는 경우에는 매 회계연도 결산 후 3개월 내에 보수를 지급해야 한다.[45]

당사자 간의 계약이 우선하므로 단위는 법에 의해 제정한 규장제도[46]의 규정 중에 또는 발명자와의 약정으로 장려, 보수의 절차, 방식 및 액수를 규정할 수 있다. 다만 이 규장제도 또는 약정은 발명자가 가지는 권리, 구제요구절차가 명확해야 하고, 직무발명자의 의견을 듣고 직무발명의 경제적 이익과 직무발명에 대한 발명자의 공헌도 등 요소를 고려하여 작성된 것이어야 한다.

제 5 장 직무발명의 활용촉진

국유기업 등에 있어서 직무발명의 불실시에 대한 취급, 세제상 우대조치, 직무발명 심사 또는 평가표준정책 제정시 직무발명제도의 실시정황을 평가요소로 할 것과 국가기금을 활용한 직무발명의 실시촉진에 대해 규정하고 있다.

---

44) (1) 지식재산권 존속기간 중 매년 특허발명 또는 식물신품종을 실시한 영업이윤 중 5% 이상; 기타 지식재산권의 경우 적어도 그 판매수입 중 3%; (2) 지식재산권 존속기간 중 매년 특허발명 또는 식물신품종을 실시한 판매수입 중 0.5% 이상; 기타 지식재산권의 경우 적어도 그 판매수입 중 0.3%; (3) 지식재산권 존속기간 중 전 두 개 항을 참고하여 계산한 액수, 발명자 개인의 연평균 수입의 합리적 배수에 따라 매년 추출한 보수액; (4) 제1, 2항을 참고하여 계산한 액수의 합리적 배수를 참조하여 발명자에게 지급하는 1차 보수액을 확정한다. 상술한 보수누계는 해당 지식재산권을 실시한 누계영업이익의 50%를 넘지 않는다.

45) 현행 전리법 실시세칙에서는 '등록특허 장려금 3000위안'과 같이 정액제로 권리등록에 따른 장려금을 규정하고 있는 것과 달리 직무발명조례(안)에서는 지방별, 기업별 경제상황 차이가 심하다는 점을 고려하여 소속 단위의 평균급여를 기준으로 장려를 지급할 것을 규정하고 있다. 실시에 따른 보수의 경우에는 현행 전리법 실시세칙 규정(발명 또는 실용신안을 실시하여 얻은 영업이익에서 최소한 2% 또는 그 등록디자인을 실시하여 얻은 영업이익에서 최소한 0.2%, 타인에게 실시를 허가한 경우에는 실시허가에 의해 얻은 실시료에서 최소한 10%) 보다 전체적으로 상향조정되었다.

46) 규장제도(规章制度)란 사용자가 제정하는 직무발명규정을 말한다.

제 6 장 감독책임

감독관리부서의 기업체 직무발명 이행상황 감독실시, 발명자의 성명표시권, 성명표시권 위반에 대한 구제절차, 권리귀속에 관한 분쟁의 취급 등에 대해 규정하고 있다.

제 7 장 부칙

단위와 발명자는 발명의 권리귀속과 장려보수에 대한 규장제도 또는 관련 계약을 소재지 지식재산권 행정부서에 등록신청할 수 있다는 점과 조례의 시행일을 규정한다.

5. 결 론

중국은 1984년 처음으로 전리법을 제정하였는바,[47] 중국의 지식재산권 보호의 역사는 다른 나라들과 비교하여 매우 짧다. 그러나 중국은 과교흥국(科教興國)을[48] 표방하면서 2005년 국가지재전략제정위원회를 설립하였고, 2008년 국가지식재산권 전략요강을 정한 이래 매년 국가지식재산권 전략 추진 계획을 발표하여 실시하고 있다. 특히 2012년 시진핑 정부가 들어선 이후 중국 경제발전을 위한 과학기술발전의 중요성이 강조되고 있다. 위와 같은 배경하에 중국은 2011년 처음으로 특허출원 1위국으로 올라선 이후 계속해서 출원 1위국의 자리를 지키고 있다.[49]

중국의 직무발명 역사 또한 지식재산권 보호의 역사와 마찬가지로 기간은 짧지만 법적인 측면에서나 제도적인 측면에서나 빠르게 정비되어 가고 있다. 중국 직무발명제도의 가장 큰 특징은 (i) 사용자의 업무와 연관된 발명에 대해 널리 직무발명성을 인정하고, (ii) 직무발명에 해당하는 경우 특허를 받을 수 있는 권리는 사용자에게 귀속되며, (iii) 사용자와 종업원 간에 직무발명의 보상에

47) 1985년 4월 1일 시행.

48) 과학기술과 교육을 통해 국가를 부흥시키겠다는 전략이다.

49) 중국 지식산권국(SIPO)에 따르면, 2013년 중국의 특허출원은 825,136건으로 처음으로 80만건을 넘어섰다고 한다. 이는 특허출원 세계 4위인 우리나라 특허의 약 4배에 해당한다. 양적인 성장에 비해 질적인 성장에 대해서는 의문이 있다. 필자가 만나본 중국의 지식재산전문가들은 모두 중국을 지식재산대국(知识产权大国)이지만 지식재산강국(知识产权强国)은 아니라고 이야기한다. 대부분의 출원들이 핵심기술보다는 실용신안과 같은 작은 기술들에 불과하다는 것이다. 현재로서는 맞는 말이다. 그러나 최근 중국 정부는 특허권의 질적 수준을 향상 시키는 것을 정책목표로 삼고 있는바, 중국의 지식재산역량을 가볍게 볼 일은 아니다.

대한 약정이나 규정이 존재하지 않는 경우에는 법에서 정한 보상액을 지급해야 한다는 점이다. 앞서 살핀 바와 같이 법정 보상액이 지나치게 높게 책정되어 있어서 사용자에게 부담으로 작용할 수 있다. 사용자와 종업원 간에 합리적으로 약정된 보상규정이 존재하는 경우에는 해당 약정이 우선하여 적용되므로, 법정 보상액 규정은 직무발명 보상규정을 마련하게 하기 위한 제도적 장치 내지는 해당 규정을 마련하지 않은 것에 대한 일종의 제재규정으로 볼 수도 있다. 법정 보상액 규정이 국영기업 이외의 기업에까지 확대 적용되기 시작한 것은 2008년 개정법 이후여서 아직까지는 법정 보상액 규정으로 인해 어려움에 처한 외자투자기업을 찾아보기는 어렵다. 그러나 중국에서 직무발명과 관련된 분쟁을 미연에 방지하고, 직무발명제도가 종업원이 좋은 기술을 개발하는 원동력이 될 수 있도록 하기 위해서는, 종업원들에게 직무발명에 대한 교육을 실시하고, 중국의 법 규정에 맞게 사내 직무발명 관련 규정을 정비하고, 적절한 보상을 실시함으로써 직무발명이 장려되는 환경을 마련해야 할 것이다. 그렇게 하는 것이 동제도가 우리 기업이 중국에서 기업 활동을 함에 있어서 걸림돌이 아니라 새로운 기술 창조의 원동력이 될 수 있는 밑거름이 될 것이다.

제 3 절 직무발명제도에 대한 경제학적 접근

법무법인 다래 변호사 최승재

I. 직무발명의 유인설계

1. 근로계약과 직무발명

가. 근로결과물의 귀속체계

근로의 결과물의 귀속에 대한 사항은 근로(고용)계약에 의해서 정해진다.[1] 통상 근로계약 관계에서 근로자가 제작한 근로의 결과물은 사용자에게 귀속된다. 예를 들어 근로자가 의자를 만들었다고 하면, 그 의자의 소유권은 사용자에게 있다. 그리고 사용자는 그 의자를 자신이 계획한 바에 따라 판매한다. 그 이유는 통상적으로 근로계약의 내용은 근로자가 사용자에게 근로를 제공하고 (노무급부의무), 근로자는 그 대가로 급여를 받는 것을 내용으로 하기 때문이다 (임금지급의무). 이 경우 근로자는 근로계약상 특정한 노무를 제공하여야 하는 의무를 부담하게 되는바, 그 노무제공의 결과로 나타는 성과물들은 사용자가 이를 사용·수익하게 되는 것이 일반적이다.[2] 독일 민법 제950조는 사용자가

---

1) 미국의 경우에는 퇴직한 직원의 경우에도 퇴직 후 일정기간 이내에 이루어진 발명은 전 사용자가 승계한다는 조항(trailing clause)이 삽입되기도 한다. 이런 경우 퇴직한 직원은 실제 특허발명의 출원이 이루어진 시기에는 근로자가 아니다. 그러므로 이런 조항이 직무발명으로 의미를 가지려면 최소한 특허발명의 착상이 근로 당시에 이루어진 경우여야 할 것이다. 이런 점의 증명은 실무에서는 연구노트 등에 의해서 이루어지는 것으로 보인다.

2) 고용된 요리사에 의해 만들어진 음식이나 고용된 목수에 의해 제작된 건축물의 소유권이 일단 요리사나 목수에게 귀속되었다가 사용자에게 승계되는 것이 아니라 바로 사용자에게

원시적으로 고용계약에 의해서 구현된 물건의 소유권을 취득한다고 규정하고 있다.[3)] 그렇다면 이런 논리를 일관하면 근로자가 임금의 대가로 근로를 제공하면서 발생하는 지식재산권의 귀속도 사용자에게 귀속되어야 하는 것이 아닌가 하는 논의가 있을 수 있다. 직무발명이란 '종업원 등이 직무에 관하여 발명한 것이 성질상 사용자 등의 업무범위에 속하고 발명을 하게 된 행위가 종업원 등의 현재 또는 과거의 직무에 속하는 발명'이다(발명진흥법 제2조).[4)] 이 직무발

귀속된다. 그 이유는 피용자에게 약정에 따라 지급하는 급여가 이들이 만든 음식이나 건축물에 대한 보상이기 때문이다. 만일 이들이 자신이 제공하는 근로제공의 대가가 적당하게 평가되고 있지 못하다고 생각한다면 (노동시장이 유연하고 평판중립적이라는 등의 가정이 가능하다면) 더 높은 급여를 주는 사람을 위해서 일을 하기 위해서 직장을 옮길 것이기 때문에 급여에 의한 보상은 작동한다. 만일 그 의자를 자신의 소유로 하고 싶으면 고용되는 대신 스스로를 고용하면 된다. 즉 사용자가 되면 되는 것이다. 이러한 논리를 관철하면 종업원을 고용할 당시에 더 좋은 발명을 할 수 있는 자를 고용하기 위해서는 더 많은 급여나 보수를 지급할 것이라면 별도의 추가보상을 정당화하기 위해서는 그 논거가 필요하다는 것이다. 결국 보상은 자원의 희소성에 의해서 노동시장에서의 수요와 공급의 법칙에 따라 해결될 것이기 때문이다. 이는 레오나르도 다빈치에게 프레스코 벽화를 그리도록 하는 것과 미술에 아무런 조예가 없는 필자에게 벽화를 그리도록 할 때 그 보수가 다를 것이라는 점을 생각하여 보면 쉽게 이해될 것이라고 본다.

3) § 950 Verarbeitung (1) Wer durch Verarbeitung oder Umbildung eines oder mehrerer Stoffe eine neue bewegliche Sache herstellt, erwirbt das Eigentum an der neuen Sache, sofern nicht der Wert der Verarbeitung oder der Umbildung erheblich geringer ist als der Wert des Stoffes. Als Verarbeitung gilt auch das Schreiben, Zeichnen, Malen, Drucken, Gravieren oder eine ähnliche Bearbeitung der Oberfläche.
(2) Mit dem Erwerb des Eigentums an der neuen Sache erlöschen die an dem Stoffe bestehenden Rechte.
이와 비교하여 우리 민법 제655조는 "고용은 당사자 일방이 상대방에 대하여 노무를 제공할 것을 약정하고 상대방이 이에 대하여 보수를 지급할 것을 약정함으로써 그 효력이 생긴다." 라고 하여 노무제공의무만을 규정하고 있다.

4) 일정한 직무관련성만 인정되면 직무내용을 묻지 않고 종업원의 발명은 모두 직무발명으로 인정되는 방식이 아니라, 그 직무의 구체적인 내용을 살펴 종업원이 행한 발명의 귀속과 보상을, 발명이 종업원의 고유한 업무에 속하는지, 아니면 부수적 업무에 속하는지에 따라 달리 취급하는 직무분류에 따른 체계를 정립하는 것도 생각할 수 있다. 그러나 경제적인 효율성이라는 관점에서 귀속의 논의를 검토할 실익은 이런 재분류에도 불구하고 존재한다. 고용목적에 따른 발명이 아니라 연구와 발명을 위해 고용되지 않은 사람, 예를 들어 일반적인 식당에서 음식의 조리를 위해 고용된 요리사나 설계된 대로 목조 건축물을 건축하기 위해 고용된 목수의 경우에, 요리사가 요리를 하면서 통상의 요리사들이 행하지 않는 특별한 창의력을 발휘하여 새로운 종류의 음식을 만들어 내거나, 이전보다 개선된 편리한 요리기구를 발명하거나 목수가 설계된 대로 건축을 하다가 불편한 점을 개선한 새로운 건축방법이나 보다 효과적인 목공기구를 발명하였다면, 이러한 발명행위는 피용자인 요리사 또는 목수의 고유한 업무가 아니라 부수적인 업무에 불과하고, 피용자에 대한 급여가 이러한 발명에 대한 보상이라고 볼 수는 없을 것이다. 따라서 업무 외의 특별한 노력의 산물인 직무발명은 발명자에게 귀속되어야 하고, 이를 사용자가 취득하는 경우 급여와는 별도의 합당한 보상이 없으면 이들은 자신의 업무 외의 추가적인 특별한 노력(창작행위)을 행하지 않을 것이기 생각이다. 그런데 이런 경우에도 사용자가 이런 노력이 중요하다고 생각하면 급여 외에 추가적인 상여

명의 귀속을 근로자가 제작한 의자의 소유권 귀속과 달리 보아야 하는 이유가 무엇인가 하는 점에 대한 질문이 이루어져야 한다. 이 지점이 유인설계에서 첫 번째 문제인 귀속(歸屬)의 문제이다.

나. 근로결과물의 보상체계

발명진흥법 제15조는 "종업원등은 직무발명에 대하여 특허등을 받을 수 있는 권리나 특허권등을 계약이나 근무규정에 따라 사용자등에게 승계하게 하거나 전용실시권을 설정한 경우에는 정당한 보상을 받을 권리를 가진다."고 규정하고 있다.[5] 그리고 공무원의 직무발명에 대하여 제10조 제2항에 따라 국가나 지방자치단체가 그 권리를 승계한 경우에는 정당한 보상을 하여야 한다. 이 경우 보상금의 지급에 필요한 사항은 대통령령이나 조례로 정하도록 하고 있다(발명진흥법 제15조 제7항). 결국 공무원의 직무발명의 경우나 그렇지 않은 종업원의 경우나 정당한 보상은 합의에 의해서 정해지게 되는 것으로 그 합의는 개별적인 합의인 경우도 있을 수 있을 것이나 많은 경우 단체협상이나 취업규칙, 복무규정 등에 의해서 사전적으로 규정될 것이다. 다만 발명진흥법의 법문 하에서는 이런 합의가 정당한 보상인지 여부의 문제에 대해서는 지속적으로 논란이 될 수밖에 없고 분쟁이 생기면 최종적으로 법원이 정당한 보상을 결정

금을 지급하지 않을까 하고 생각해 볼 수 있다. 끊임없이 자신의 사업의 수익성을 높이기 위해서 필요한 자원을 찾으려고 하는 사용자라면 이런 경우에도 (계약에 기초한) 내부적인 보상체계를 구축하여 이러한 행위를 장려하려고 할 것이다. 그러므로 이 문제는 직무발명을 법으로 규정하면서 어떻게 직무발명을 정의할 것인가의 문제로 접근할 수도 있지만, 여전히 경제적인 효율성이라는 면에서 법의 개입의 정도와 법적 설계의 방식에 대한 문제이기도 하다.

5) **발명진흥법 제15조**

② 사용자등은 제1항에 따른 보상에 대하여 보상형태와 보상액을 결정하기 위한 기준, 지급방법 등이 명시된 보상규정을 작성하고 종업원등에게 문서로 알려야 한다. <개정 2013. 7. 30>

③ 사용자등은 제2항에 따른 보상규정의 작성 또는 변경에 관하여 종업원등과 협의하여야 한다. 다만, 보상규정을 종업원등에게 불리하게 변경하는 경우에는 해당 계약 또는 규정의 적용을 받는 종업원등의 과반수의 동의를 받아야 한다. <개정 2013. 7. 30>

④ 사용자등은 제1항에 따른 보상을 받을 종업원등에게 제2항에 따른 보상규정에 따라 결정된 보상액 등 보상의 구체적 사항을 문서로 알려야 한다. <신설 2013. 7. 30>

⑤ 사용자등이 제3항에 따라 협의하여야 하거나 동의를 받아야 하는 종업원등의 범위, 절차 등 필요한 사항은 대통령령으로 정한다. <신설 2013. 7. 30>

⑥ 사용자등이 제2항부터 제4항까지의 규정에 따라 종업원등에게 보상한 경우에는 정당한 보상을 한 것으로 본다. 다만, 그 보상액이 직무발명에 의하여 사용자등이 얻을 이익과 그 발명의 완성에 사용자등과 종업원등이 공헌한 정도를 고려하지 아니한 경우에는 그러하지 아니하다. <신설 2013. 7. 30>

하는 구조가 된다.[6] 직무발명과 관련된 정당한 보상을 하도록 하는 발명진흥법 규정에 위반하여 직무발명보상금청구권의 발생, 행사 및 보상금의 정당한 액수에 어떠한 제한을 가하는 계약 또는 근무규정은 무효라고 본다.[7]

독일 종업원발명법 제20조 제1항[8]은 명시적으로 합리적인 보상을 요구할

6) 대법원은 "발명진흥법 제2조는 '직무발명'이란 종업원, 법인의 임원 또는 공무원(이하 '종업원 등'이라 한다)이 직무에 관하여 발명한 것이 성질상 사용자·법인 또는 국가나 지방자치단체(이하 '사용자 등'이라 한다)의 업무 범위에 속하고 발명을 하게 된 행위가 종업원 등의 현재 또는 과거의 직무에 속하는 발명을 말한다고 규정하면서, 제10조 제3항에서 "직무발명 외의 종업원 등의 발명에 대하여 미리 사용자 등에게 특허 등을 받을 수 있는 권리나 특허권 등을 승계시키거나 사용자 등을 위하여 전용실시권을 설정하도록 하는 계약이나 근무규정의 조항은 무효로 한다."고 규정하고 있고, 위 조항은 직무발명을 제외하고 그 외의 종업원 등의 발명에 대하여는 발명 전에 미리 특허를 받을 수 있는 권리나 장차 취득할 특허권 등을 사용자 등에게 승계(양도)시키는 계약 또는 근무규정을 체결하여 두더라도 위 계약이나 근무규정은 무효라고 함으로써 사용자 등에 대하여 약한 입장에 있는 종업원 등의 이익을 보호하는 동시에 발명을 장려하고자 하는 점에 입법 취지가 있다. 위와 같은 입법 취지에 비추어 보면, 계약이나 근무규정이 종업원 등의 직무발명 이외의 발명에 대해서까지 사용자 등에게 양도하거나 전용실시권의 설정을 한다는 취지의 조항을 포함하고 있는 경우에 그 계약이나 근무규정 전체가 무효가 되는 것은 아니고, 직무발명에 관한 부분은 유효하다고 해석하여야 한다. 또한 발명진흥법 제15조 제1항은 "종업원 등은 직무발명에 대하여 특허 등을 받을 수 있는 권리나 특허권 등을 계약이나 근무규정에 따라 사용자 등에게 승계하게 하거나 전용실시권을 설정한 경우에는 정당한 보상을 받을 권리를 가진다."고 규정하고 있으므로, 계약이나 근무규정 속에 대가에 관한 조항이 없는 경우에도 그 계약이나 근무규정 자체는 유효하되 종업원 등은 사용자 등에 대하여 정당한 보상을 받을 권리를 가진다고 해석해야 할 것이나, 직무발명에 대한 특허 등을 받을 수 있는 권리나 특허권 등의 승계 또는 전용실시권 설정과 위 정당한 보상금의 지급이 동시이행의 관계에 있는 것은 아니다(대법원 2012. 11. 15. 선고 2012도6676 판결)."라고 하여 계약이나 근무규정 속에 대가에 관한 조항이 없더라도 정당한 보상이 이루어져야 한다고 보고 있다.

7) 서울중앙지방법원 2009. 1. 23. 선고 2007가합101887판결. 이 사건의 항소심인 서울고등법원도 "특허법에 의해 인정되는 직무발명보상금 청구권은 통상적으로 사업자에 비해 열악한 지위에 있는 종업원의 권익을 보호하고 발명을 진흥하기 위해 인정되는 것으로서 직무발명보상금에 관한 구 특허법의 규정은 강행규정이므로, 직무발명보상금 청구권의 발생, 행사 및 보상금의 정당한 액수에 어떠한 제한을 가하는 계약 또는 근무규정은 무효이고, 나아가 직무발명보상금은 특허를 받을 권리를 양도한 대가로서 인정되는 법정채권으로서 노동의 대가인 임금과는 그 성격상 명확히 구분되므로, 당사자 사이에 명시적인 약정이 없는 한 일반적인 임금, 성과급 등의 지급으로써 특정한 직무발명에 대한 보상금의 지급에 갈음하였다고 보아서는 안 된다(서울고등법원 2009. 10. 7. 선고 2009나26840판결)."라고 하여 원심의 태도를 유지하였고, 대법원도 상고를 모두 기각하여 이 사건 판결은 확정되었다(대법원 2011. 9. 8. 선고 2009다91507 판결).

8) Arbeitnehmererfindergesetz § 20 (1) Für technische Verbesserungsvorschläge, die dem Arbeitgeber eine ähnliche Vorzugsstellung gewähren wie ein gewerbliches Schutzrecht, hat der Arbeitnehmer gegen den Arbeitgeber einen Anspruch auf angemessene Vergütung, sobald dieser sie verwertet. Die Bestimmungen der §§ 9 und 12 sind sinngemäß anzuwenden.

(2) Im übrigen bleibt die Behandlung technischer Verbesserungsvorschläge der Regelung durch Tarifvertrag oder Betriebsvereinbarung überlassen.

수 있는 권리(einen Anspruch auf angemessene Vergütung)[9]를 규정하고 있다. 근로관계에서 만들어진 발명이 있으면 근로자는 이를 사용자에게 알려야 하고, 만일 사용자가 근로자의 직무발명을 사용하는 경우 그 대가를 반드시 지급하도록 하는 것이 법적으로 명문화 되어 있다.[10] 독일의 경우 근로자가 사용자에게 직무발명의 사실을 알리면 사용자는 이 직무발명을 출원하여야 하는 의무를 부담하고, 직무발명에 대한 대가를 지급하도록 규정한다. 이 때 지급하여야 하는 보상금의 금액은 임금협정과 같은 기업 내의 합의로 한다는 점에서 개별적으로 이루어지는 임금계약과는 구별된다. 이처럼 독일에서의 직무발명에 대한 보상의 문제는 기본적으로 합의의 문제이다. 합의의 방식은 다양할 수 있다. 예를 들어 고정액으로 정하여 지급하도록 하거나, 일정한 금액을 고정(固定)액으로 하고, 성과에 연동하도록 하는 부분을 일부 두도록 하는 방안,[11] 성과연동형 보상만을 하도록 하는 방안 등 여러 가지 방식으로 합의가 이루어질 수 있다.

그런데 미국의 직무발명제도는 3가지로 나뉜다.[12] ① 사기업의 경우에는 직무발명을 규율하는 법이 따로 없다.[13] 그래서 독일과 달리 법률의 규정에 의해서 보상금지급청구권을 규정하는 대신 근로자와 사용자간의 계약에 의해서 이들 간의 관계를 규정하도록 하는 방식을 취한다.[14] 종업원이 직무수행 중 행한 발명에 대한 명시적 또는 묵시적 양도계약에 의해서 직무발명의 귀속에 대한 사항이 정해진다.[15] 만일 종업원의 발명의 귀속에 대한 사항이 계약에

---

9) WIPO의 영문번역에서는 *"entitled to reasonable compensation"*이라고 번역하고 있다.

10) 2002년 종업원발명법 개정의 기초가 되었던 독일 2001년 종업원발명법 개정안은 http://www.bmj.bund.de/images/10333.pdf 참조.

11) 연동되는 성과도 계약으로 매출에 연동할 수도 있고, 이익에 연동할 수도 있을 것이고 다양한 매개변수에 연동하여 그 성과의 일부를 직무발명보상으로 할 수 있을 것이다.

12) 신혜은, "각국 직무발명제도의 비교법적 연구를 통한 직무발명제도 개선방안", 고려대학교 법학석사학위논문, 59-60면.

13) 연방법으로 미국 특허법에는 직무발명에 대한 규정이 없지만 주법 차원에서는 성문법이 있는 주들이 있다. 예를 들어 캘리포니아, 델라웨어, 미네소타, 노스캘롤라이나, 워싱턴, 캔사스, 유타주가 직무발명에 대한 성문법을 주법으로 두고 있는 주들이다(신혜은, 위의 논문, 61면).

14) 대학들은 학교마다 다르지만 대개 30% 정도의 수익을 지급하기로 합의하는 대신 직무발명의 소유권을 취득한다고 한다. Birgit Will & Roland Kirstein, *Efficient Compensation for Employee's Inventions. An Economic Analysis of a Legal Reform in Germany*, Center For the Study of Law and Economics (2002-08) p 1.

15) 어떤 경우가 묵시적으로 양도된 것으로 볼 것인지가 문제가 될 것인데, 묵시적 양도를 증명한 유력한 증거로 ①해당 종업원에게 사용자를 위하여 그 발명능력을 구사할 것이 직무로서

규정되어 있지 않을 경우에도 특정발명 또는 특정과제의 해결을 목적으로 하는 고용계약이 존재하는 경우 사용자는 종업원에게 당해 발명의 양도를 요구할 수 있다.[16] 만일 사용자가 당해 발명에 대한 권리를 양수받지 못한 경우라고 하더라도 종업원이 당해 발명을 하기 위해 고용된 가운에 발명을 착상하고 사적인 시간에 그 착상을 발전시켜 발명을 완성한 경우 또는 종업원이 발명을 목적으로 하지 않고 고용되었으나 회사의 근무시간 내에 회사의 자원을 이용하여 당해 특허발명을 행한 경우에는 그 발명은 종업원에게 귀속되어 사용자는 형평법상 그 발명을 무상으로 사용할 수 있는 권리를 가진다.[17] 다음으로 ② 미국의 연방정부공무원의 직무발명의 경우에는 종업원인 공무원이 한 발명 중 근무시간 중에 한 발명, 국가의 시설, 설비, 자재, 자금 또는 정보를 제공받거나, 또는 공무중인 다른 공무원의 시간이나 노무를 제공받아 이룬 발명 또는 해당 발명이 공무와 직접적인 관계를 갖거나 또는 공무의 결과 이룩한 발명에 대한 권리, 권한 및 이익 전부는 연방정부가 가진다.[18] 마지막으로 ③ 대학교수의 발명의 경우에는 대학교수와 대학 간의 계약에 의해서 대학에 권리를 양도하는 것이 보편적이다. 1980년 미국에서는 특허법 개정(소위 Bayh－Dole Act)[19]에 의해서 교수가 연방정부 또는 연방정부 산하기관으로부터 연구비를 지원 받아 발명을 완성한 경우 대학이 권리를 보유하는 것으로 하고 연방정부는 무상의 통상실시권을 가지는 것(법 제200조)으로 특허발명의 귀속에 대한 입법적인 전환을 하였다. 1980년 법 개정에 따라서 연방정부의 지원을 받아 대학에서 이루어진 발명에 대해서 원칙적으로 당해 연구개발을 수행한 대학이 특허권을 가지게 됨에 따라서 그 대학이 상업화를 할 수 있게 되었고, 연방정부는 제203조의 개입권(march in right)을 통해서 일정한 요건이 구비되면 기업들이 대학으로부터 강제실시권을 받아서 발명이 실시될 수 있도록 하여 발명이 사장되지 않도록 하였다.

부여되어 있는지 여부, ②그 기업에 있어서 해당 종업원과 동일한 입장에 있는 종업원이 발명을 사용자에게 양도하는 관행이 있고, 해당 종업원도 그러한 사실을 알고 있다고 추측되는지 여부, ③해당 종업원이 이전에도 자기의 발명을 사용자에게 양도한 적이 있는지 여부 등이 있다고 한다(신혜은, 위의 논문, 59－60면).

16) 신혜은, 위의 논문, 61면.

17) 이러한 무상실시권을 shop right라고 한다.

18) 신혜은, 위의 논문, 63면.

19) 미국 특허법 35 U.S.C. §200－212.

2. 효율적 유인설계

경제학적인 관점에서 직무발명을 어떻게 입법할 것인가의 문제는 기본적으로 앞에서 언급한 2가지 문제와 연결된다고 본다. 즉 직무발명의 귀속의 문제와 직무발명에 대한 보상의 문제가 그것이다. 직무발명의 보상의 문제는 과잉배상과 과소배상이 주는 유인체계에 대한 영향과 보상체계가 사전적으로 정해져 있는 경우와 사전적으로는 보상에 대한 규율이 정해지지 않고 사후적으로 보상을 얼마나 할 것인가를 정하는 경우와의 비교에서 입법방향을 찾을 수 있을 것이다. 직무발명의 귀속과 보상의 문제가 경제적 효율성을 달성할 수 있을 것인가 하는 점에서 아래에서 살펴보기로 한다.

Ⅱ. 직무발명 귀속 제도별 분석

1. 법학적인 관점에서 귀속문제에 대한 집착

법학적인 관점에서의 논의는 특허권자가 발명을 소유하여야 인센티브가 생기는 것처럼 설명하는 경우가 많다.[20] 특허법은 발명자주의를 취하므로 특허를 받을 수 있는 권리(특허법 제33조)는 원시적으로 발명자에게 귀속한다. 그러나 발명진흥법은 직무발명에 관하여 사용자 등에 법정의 통상실시권을 인정함과 아울러 특허를 받을 수 있는 권리를 사용자 등이 승계받기로 하는 사전약정을 유효한 것으로 본다(발명진흥법 제10조, 제13조).[21] 한편 국가공무원법에 의한 국가공무원 및 지방공무원법에 의한 지방자치단체 소속 공무원을 포함한 공무원의 경우에는 발명진흥법 제10조 제2항에서 국유로 한다. 다만 국·공립학교 교직원의 직무발명에 대한 특허권 등은 그 전담조직의 소유로 한다.[22]

---

20) 필자가 2002년 법률신문에 "직무발명과 자유발명－삼성전자 '천지인 자판사건'을 보면서－"라는 글을 기고하면서 발명자주의에서 사용자주의로 귀속의 원칙을 바꾸는 것을 고려할 필요가 있다는 주장을 하자 등장한 반론을 보면 귀속의 문제에 대한 이런 시각을 볼 수 있다. 관련 논의는 최승재, IT기술과 법, 홍익대학교 출판부(2006), 178－193면.

21) 조영선 집필부분, 『특허법주해』, 박영사 (2010), 454면.

22) **발명진흥법 제10조**

② 제1항에도 불구하고 공무원의 직무발명에 대한 권리는 국가나 지방자치단체가 승계하며, 국가나 지방자치단체가 승계한 공무원의 직무발명에 대한 특허권등은 국유나 공유로 한다.

일본법도 우리와 같은 태도를 취한다. 일본 특허법 제35조는 발명이 사용자의 업무범위에 속하고 종업원 등이 그 직무에 관하여 발명한 것이며, 발명을 하게 된 행위가 종업원 등의 현재 또는 과거의 직무에 속하는 경우에는 종업원에게 직무발명이 귀속되는 것으로 정하고 있다. 발명자주의를 취하고 있는 것이다. 이 경우 사용자 등에게 통상실시권을 인정하고 있으며, 특허권 승계를 위한 사전약정을 하는 것을 유효하게 본다.[23)]

독일은 전통적으로 대학의 자치를 강조하는 국가여서 대학교수의 발명에 대하여는 자유발명으로 보다가 2002년 2월 종업원발명법 개정으로 대학교수의 발명에 대해서도 폭 넓게 직무발명으로 보게 되었다. 이런 영향을 받은 일본도 대학교수의 발명을 자유발명으로 보는 태도를 취하다가 2004년 4월부터 국립대학 법인화에 따라서 대학교원의 직무발명이 기관에 귀속되는 것을 원칙으로 하게 되었다.[24)]

이러한 귀속문제에 대한 집착은 직무발명의 귀속문제 뿐만 아니라 각종 공동연구개발에서의 지식재산권의 소유권의 귀속 문제[25)] 등 지식재산권법제에서의 분배의 문제에 관련되어 우리 법제에서 가장 논란이 되는 부분이라고 생각된다.[26)]

다만, 「고등교육법」 제3조에 따른 국·공립학교(이하 "국·공립학교"라 한다) 교직원의 직무발명에 대한 권리는 「기술의 이전 및 사업화 촉진에 관한 법률」 제11조제1항 후단에 따른 전담조직(이하 "전담조직"이라 한다)이 승계하며, 전담조직이 승계한 국·공립학교 교직원의 직무발명에 대한 특허권등은 그 전담조직의 소유로 한다.

23) 우리나라는 종업원에게 비밀유지의무, 발명완성통지의무를 부과하고 있고, 사용자에게는 승계여부통지의무를 부과하고 있으나 일본은 이러한 규정이 없다. 양국의 차이에 대한 사항은 임윤혜, "해외주요국의 지식재산법 제도 및 정책동향 조사·분석－특허 부문 조사·분석", 한국지식재산연구원(2012), 352면.

24) 조영선 집필부분, 「특허법주해」, 박영사 (2010) 459－460면.

25) '국가연구개발사업의 관리 등에 관한 규정'(대통령령) 개정과 관련된 정책브리핑 자료 및 기사를 보면, 어김없이 "연구개발 결과물은 주관연구기관 단독소유 원칙에서 '개발기관 소유 원칙'으로 전환해 산학연 공동연구 및 성과활용이 보다 활성화 되도록 했다"고 하여 활성화라는 문제가 등장하면 누가 소유할 것인가의 문제로 귀결하고 있음을 알 수 있다. 귀속의 문제만 해결하면 정말 활성화하려고 하는 정책목표가 달성될까. 살펴볼 일이다. 파이낸셜뉴스, "정부 연구개발 과제 연구자 자율성 확대된다. 미래부, 국가연구개발사업의 관리등에 관한 규정 개정안 8일부터 시행", 2014. 8. 7.자.

26) 저작권법에서 법인 등의 명의로 공표되는 업무상 저작물은 특별한 약정이나 규정이 없는 한 그 법인 등을 저작자로 본다(저작권법 제9조).

2. 검토[27)]

가. 사용자와 종업원의 직무발명에 대한 기여를 종합적으로 고려할 필요

직무발명은 종업원과 사용자 간에 있어서 상호작용 하는 관계에 있다. 회사는 종업원을 고용하고 대가를 지급한다. 종업원을 고용하는 이유 중의 하나가 종업원의 직무발명을 활용하고자 하는 것이다. 종업원은 자신이 어느 정도의 노력을 발명을 위하여 사용할지의 문제를 정할 수 있다. 종업원이 직무발명을 위해서 노력을 기울이게 되면 그에 따라서 비용이 증가한다.[28)] 이때 연구프로젝트의 성공 여부에 따라서 만일 실패하면 비용만 소비하고 프로젝트는 종료하고, 성공하면 출원을 할 것인지 여부를 결정하여야 한다. 만일 출원을 하지 않기로 하면 역시 프로젝트는 종료한다.[29)] 회사가 만일 출원하기로 결정하게 되면 이제 회사는 가치를 증대시키기 위해서 일련의 제품화 및 마케팅을 위한 활동을 하게 된다.[30)] 종업원이 하는 일은 연구프로젝트의 성공을 위해서 하는 일이고 사용자는 추가적인 가치를 발생시키기 위해서 노력한다.

사회적으로 보면 사용자와 종업원이 협력을 하는 상태가 되면 가장 바람직스러운 결과가 발생한다.[31)] 이러한 결과에서 누가 소유권을 가지고 있는가는 아무런 변수가 아니다. 직무발명에 대한 규율의 효율성은 직무발명에 대한 소유권 귀속과 관련하여 사용자주의를 할 것인가, 발명자주의를 할 것인가의 문제는 경제적인 효율성과는 관련성이 없다.[32)] 사용자와 종업원 간의 분배 즉, 종업원에 대한 보상체계를 어떻게 설계하는가에 연관된다.

나. 직무발명귀속의 효율성에 대한 중립성

직무발명법제가 최초 직무발명의 귀속에 대해서 사용자주의를 취할 것인가, 아니면 발명자주의를 취할 것인가의 문제는 소유권을 초기 단계에서 누구에게

---

27) Birgit Will & Roland Kirstein, *op cit*, pp. 4－6.

28) c(e)에서 c(0)＝0, dc/de＞0, de(0)/de＝0, d2c/de2≥0.

29) 이때 성공확률은 p(e)로 나타내고, dp/de＞0, d2p/de2≥0이고, 실패할 확률은 1－p(e)이다.

30) 이때 회사의 활동을 함수로 나타내면 f∈[0,1]이고 성공적인 프로젝트가 내게 되는 가치는 Y(f)이다. 이때 Y(0)＞0이고 dY/df＞0＞d2Y/dY2이다. 이 때 종업원의 가치증가에 대한 기여는 별도로 없고, 기업의 이런 활동은 비용을 추가적으로 발생시키게 된다.

31) e*, f* ＞0. 최적의 노력을 들여서 최적의 가치증대를 위한 활동을 하게 된다. 이 상태에는 사회적으로 보면 Σ(e*, f)가 극대화될 수 있다. 이러한 결과는 기업(사용자)이 사회적인 최적을 추구하지 않고 자신의 이익을 최대화하려고 하더라도 같다.

32) 최승재, "직무발명의 보상과 직무발명보상보험의 가능성", 법률신문 3398호(2005.09).

귀속시킬 것인가의 문제는 자원의 초기 귀속의 문제(issue of initial endowment) 일 뿐이다. 그런데 초기의 소유권을 누구에게 귀속시키더라도 거래비용 없이[33] 협상을 할 수 있다면 각자가 원하는 최종적인 결과물을 가지게 된다.[34] 종업원이 원하는 것은 발명자란에 자신의 이름이 들어가는 명예권 정도의 문제를 제외하고는 대부분의 경우 특허권 자체를 소유하는 것을 원하는 것이 아니다. 그리고 사용자와 근로관계를 맺을 당시 종업원이 의도하는 바도 바로 자신이 발명한 것은 사용자에게 귀속시키겠다는 것이다. 사용자는 당해 직무발명을 이용하여 사업을 하려는 자이므로 당해 직무발명이 필요하다. 이런 필요성이 있는지 없는지를 확인하는 메카니즘이 필요할 수 있는데 이것이 직무발명통지의무(duty to report)이다. 통지가 된 후 사용자가 그 발명을 취하지 않기로 결정하면 종업원이 가지면 된다. 이러한 통지의무는 누구에게 귀속할 것인가에 따라서 달라지는 것이 아니다. 왜냐하면 일종의 확인절차에 불과한 것이기 때문이다. 가장 필요한 자가 가장 필요한 것을 가지도록 하는 것, 즉 사용자는 특허발명을 가지도록 하고, 종업원은 합리적인 보상을 받도록 하는 것이 경제적인 효율성을 달성하는 방법이다.

최근 일본에서는 입법적으로 직무발명의 귀속을 현행 종업원귀속시스템(발명자주의)에서 회사귀속시스템(사용자주의)으로 전환하기로 정부차원에서 입법적인 방향성을 잡았다고 한다. 보상에 대해서도 현행법은 발명의 보수에 대해서 종업원이 기업으로부터 상당한 대가의 지불을 받을 권리가 있는 것으로 규정하고 있는데, 이를 개정하여 원칙적으로 기업이 결정권자가 되는 방향으로 개정하면서 회사가 사내 규정을 통해 적정한 금전적 보상이나 승진 등 특전을 제공해야 하는 것을 조건으로 할지는 논의 중이라고 한다. 일본 특허청 특허제도 소위원회는[35] 이 같은 방침을 결정, 임시국회에 특허법 개정안을 제출

---

33) 양자가 갈등 없이 대등하게 정보비용이나 협상비용이 없이 할 수 있다면 최종적으로는 가장 적합한 자원의 귀속이 이루어지게 된다. 실제로는 거래비용이 존재하고, 거래비용의 문제에서 가장 중요한 영향을 미치는 것이 바로 법제도이다. 법제도의 설계는 이런 점에서 중요성을 가진다.

34) 코즈의 정리(Coase Theorem)에 의하면, 당사자들이 스스로 합의하지 못하고 법을 따르기만 한다면 누구에게 이런 권리를 주는가에 따라 결과적인 효율성이 달라지지만 당사자들이 성공적으로 협상하여 합의할 수 있다면 권리를 누구에게 주는가는 효율성에 영향을 미치지 않는다. 흔히 코즈정리에서 자주 언급되는 예에서 보는 것처럼 협상만 성공적으로 이루어지면, 누가 울타리를 칠 것인지, 소를 몇 마리를 키울 것이며, 옥수수의 재배면적으로 어느 정도로 할지 등의 자원배분은 초기귀속과 무관하게 효율적으로 이루어질 수 있다(Robert Cooter, Thomas Ulen, 한순구 역, 법경제학(2012), 105면).

35) 정식명칭은 平成25年度産業財産権制度問題調査研究「企業等における特許法第35条の制度運用

키로 했다고 한다. 입법취지는 사용자주의로의 전환을 통해서 기업이 직원의 성과에 대한 보상을 분명히 해 발명의욕을 높이면서도, 발명의 대가를 둘러싼 기업과 직원 간 소송을 줄이려고 하는 것이라고 한다. 일본의 경우도 특허출원의 대부분을 차지하고 있는 직무발명에 있어서 현재와 같이 종업원이 자신의 특허 받을 권리(特許を受ける権利)를 근무규칙 등에 의해서 기업에 양도하는 것으로 하는 방식 대신 사용자주의로 전환하려는 것이다. 직무발명논의에서 결국 중요한 것은 발명자에 대한 보수라는 점에서 발명자가 자신의 획기적인 발명이 기업에 이익을 주는 경우에는 그 이익의 일부분을 받으려고 하면서도 기업의 직무발명에 기여한 부분(연구 및 개발기반의 제공 및 급여의 보증 등)의 고려가 제대로 되지 않고, 직무발명의 상업적인 실패가 있을 경우 그 리스크는 공유하지 않는 현재의 시스템은 기업들에게 과도한 소송부담을 안기고 있다는 지적에 기인한 것이라고 한다.[36)]

이에 대해서 일본변호사연합회에서도 의견서를 냈다.[37)] 여기서 일본변호사연합회는 3가지가 직무발명의 귀속에 대하여 사용자주의로의 전환과 관련하여 고려되어야 한다는 의견을 제시하였다. 첫째 직무발명에 대해서 특허 받을 권리의 귀속을 발명자주의와 사용자주의의 양설 중 사용자주의를 채용하는 경우에서도 직무발명을 한 종업원 등이 사용자 등에 대해서 보상청구를 받을 수 있는 조치를 확보하는 제도설계를 하여야 한다는 점, 둘째 금후 직무발명 제도의 존재방식에서는 사용자 등에 의한 대가(보상)결정기준 책정절차의 합리성 판단의 예측가능성을 높이기 위해서 적절하다고 생각되는 조항을 두는 것이 요망된다는 점, 셋째 권리귀속과 대가지불의 문제 이외에도 외국에서 특허 받을 권리를 취급함에 있어서도 대가지불청구권의 소멸시효에 대한 충분한 논의 뒤에 입법적 방안이 강구되어야 한다는 점이 일본변호사연합회가 지적한 특허법 제35조 개정과 관련된 고려사항의 요지이다.[38)]

に係る課題及びその解決方法に関する調査研究」委員会이다.

36) 発明は企業のもの？―職務発明制度改正が日本の産業に与える影響は, The PAGE 2014. 7. 30. 자.

37) 職務発明制度の在り方に関する意見書, 2014年(平成26年)5月5日 日本弁護士連合会.

38) 1. 職務発明についての特許を受ける権利の帰属については, 発明者主義と使用者主義(法人帰属)の両説があるが, 使用者主義(法人帰属)を採用する場合であっても, 職務発明をなした従業者等が使用者等に対して報償請求できる措置を確保するよう制度設計を行うべきである。
2. 今後における職務発明制度の在り方としては, 使用者等にとっての対価（報償）決定基準策定手続の合理性判断の予測可能性を高めるために, 適切と考えられる条項を設けるなどの手当てをすることが望ましい。

다. 홀드업 문제

나아가 발명자주의와 같이 일종의 이념적인 문제에 경도되면, 종업원에 의한 홀드업(hold-up) 문제에[39] 직면할 수 있다. 우리가 특허제도를 운영하는 이유는 사회적인 혁신을 지속화하여 소비자후생을 증진시키기 위함이다. 직무발명제도를 어떻게 운용할 것인가의 문제도 이런 특허법의 큰 틀에서 벗어나서는 안 된다.

그러므로 이 보상체계를 어떻게 설계하는가에 따라서 종업원이 자신의 프로젝트 성공을 위한 노력을 얼마나 투여할지를 정하게 되고, 사용자로서도 직무발명의 가치를 높이기 위해서 얼마나 더 자원을 사용할지를 정하게 된다. 그리고 사회적인 최적의 자원배분이 이루어져서 사회적 효율성이 달성된다. 이하에서는 보상체계의 설계에 대해서 살펴보도록 한다.

Ⅲ. 직무발명 보상 제도별 분석

1. 문제의 소재

직무발명의 보상의 문제에 대해서 접근할 때 가장 보편적으로 발견하게 되는 현상은 "직무발명보상금 청구권은 통상적으로 사업자에 비해 열악한 지위에 있는 종업원의 권익을 보호하고 발명을 진흥하기 위해 인정되는 것"이라는[40] 인식에서 출발하여 법으로 일정한 보상을 강제하지 않으면 보상이 이루어지지 않을 것이라고 생각하는 것이다. 그런데 이 경우 법으로 만일 일정한 보상액을 정하면, 과잉배상이나 과소배상의 문제가 발생할 수 있어, 사회적인 효율성의 관점에서 보면 가장 효율적인 분배가 아닌 유인체계에 대한 왜곡을 야기할 수 있다.

---

3. 権利帰属及び対価支払の問題Ⅴ以外にも, 外国において特許を受ける権利の取扱いや, 対価支払請求権の消滅時効について, 十分な議論の上で然るべき立法的手当を講じるべきである。

39) 예를 들어 1,000개의 특허가 필요한 제품을 생산하려고 한다고 하자. 만일 사회적으로 1개의 직무발명을 종업원에게 귀속시키고 이 귀속된 1개의 특허를 통해서 종업원이 협상력을 가지게 되면 홀드업(hold up)문제가 발생하게 되어 사회적인 비효율을 야기하게 된다. 이 문제는 표준특허보유자의 경우에 발생할 수 있으며 상당한 논의가 이루어졌다. 이 문제에 대한 분석으로 최승재, 특허권남용의 경쟁법적 규율, 법문사(2011), 참조.

40) 서울고등법원 2009. 10. 7. 선고 2009나26840 판결.

2. 사고의 체계

가. 법으로 보상을 규정하지 않는 경우

직무발명보상금을 법으로 정하지 않는다고 하자. 그러면 기업은 직무발명보상금을 전혀 지급하지 않을까. 그렇게 될 가능성도 있다. 특허발명을 하는 사람은 독자적으로 사업을 할 수 없고, 기존에 있는 사용자에게 급여를 받는 형태로만 생계를 유지할 수 있다면 종업원으로서는 특정 사용자에 대한 종속관계가 매우 높기 때문에 직무발명보상금을 전혀 지급하지 않아도 일정 수준의 직무발명을 하는 경우를 상정할 수 있다. 그러나 직무발명을 하는 것을 강제할 수 있다고 하더라도[41] 그 강제된 직무발명의 질(質)이 담보되지 않을 수 있다.[42] 직무발명의 당해 사용자(기업)의 수익성을 어느 정도 높일 것인가에 대한 함수는 직무발명 이후 단계에서 사용자에게 의존한다고 하더라도 직무발명 자체에 대해서 노력을 투여하는 것은 종업원이고 직무발명을 할 것인가, 한다면 어떤 직무발명을 할 것인가는 종업원에게 의존하는 함수이다. 이런 점을 생각한다면 심지어 가장 강한 전제 하에서도 사용자는 직무발명보상금을 완전히 없애기 어렵다. 명칭은 직무발명보상금이라고 해서 지급하지 않더라도 승진이나 포상 등 어떤 성과보상체계에 의하더라도 직무발명이 필요한 경우 보상을 하게 된다.

정리하면 법으로 직무발명에 대한 보상을 하도록 강제하지 않더라도 직무발명에 대한 보상은 이루어질 수 있다. 물론 안 할 수도 있다. 보상을 안 하면 직무발명을 할 수 있는 능력이 있는 직원들이 할 수 있는 방안은 크게 2가지가 있을 것이다. 직무발명을 안 하고 시키는 일만 하면서 자리를 유지하는 수준으로 자신이 받는 급부와 부합한다고 생각하는 수준으로만 일을 하거나(대응1) 회사를 떠나는 것(대응2)이다. 이런 회사는 궁극적으로 회사의 사업역동성을 잃고 시장에서 경쟁의 힘으로 도태될 것이다.[43]

---

41) 예를 들어 연간 1건 이상의 직무발명을 하지 않으면 해고시킬 수 있는 권한을 사용자에게 부여한다고 하자. 그러면 종업원은 고용관계를 유지하기 위해서 직무발명을 하게 될 것이다. 이런 현상은 관찰하여 보면 사회적으로 여기저기서 발견된다.

42) 질을 담보하기 위한 위원회조직이나 전문가를 담당자로 지정하여 관리하는 방법이 있을 수 있다. 그리고 실제로 직무발명과 관련하여 기업들은 이런 유형의 조직을 둔다. 질문은 이런 조직을 두면 거위의 배속에 있는 황금알을 담보할 수 있는가 하는 점이다.

43) 실제 시장에는 이런 직무발명에 정당한 보상을 하는 기업('스마트기업'이라고 하자)과 그렇지 않은 기업('바보기업'이라고 하자)이 있을 수 있다. 그런데 스마트기업은 그냥 두어도 잘하지만, 바보기업이 사회의 대부분을 차지하면 사적자치로만 맡겨두는 것은 사회적으로 문제가 될 것이다.

문제는 사회적으로 보면 (최소한 단기적으로) 바람직한 수준보다 직무발명이 덜 이루어질 수 있다는 우려가 있을 수 있다. 왜냐하면 종업원은 앞서 언급한 것과는 달리 자신이 창업을 할 수도 있고, 다른 회사로 이직할 수도 있지만 고용관계의 유동성이 낮은 국가일수록 종속의 정도가 클 수밖에 없다. 그러면 현실적으로 사회적인 역동성이 없어지게 된다. 왜냐하면 총합으로서 대응1이 주를 이루게 될 것이기 때문이다.

미국과 같이 이직이 용이하고 능력만 있으면 자유롭게 창업을 하거나 기업에 취직하는 것이 상대적으로 용이한 국가의 경우에는 이런 점들이 협상력으로 작용하여 오히려 법이 아무런 규율을 하지 않는 것이 사회적으로 바람직할 수 있다. 사회적으로는 사적재산권만 확립되면 재산권이 누구에게 주어지는지의 문제와 관계없이 자원이 항상 동일하게 분배되고, 합리적인 개인은 재산권의 귀속과 상관없이 파레토 효율적인 합의를 통해서 사회적 효율성을 달성한다.[44] 이런 사회에서는 법이 아니라 계약이 사회적인 효율성을 달성한다.[45] 법이 해야 할 일은 특허법을 통해서 그것이 직무발명이라고 이름을 붙이든 아니든 그 발명에 권리를 부여하고 그 권리자를 보호해서 사회적인 관점에서의 바람직한 수준의 직무발명이 이루어지도록 해서 혁신생태계를 조성하는 것이다. 이런 점에서 보면 직무발명에 대한 규율은 특허법이 해야 할 일이다.

나. 직무발명보상금을 규정하는 법의 필요성

종업원의 고용의 유연성이 떨어지고, 창업마저도 용이하지 않고 그래서 결국 종업원으로 직무발명을 하는 것이 발명의 대부분인 국가의 경우에는 법으로 직무발명보상금을 규정하지 않으면 사회적으로 바람직한 만큼의 인센티브가 종업원에게 주어지지 않게 될 가능성이 있고, 그 결과 사회적인 혁신이 최적의 수준보다 적게 일어날 수 있다.

직무발명을 법으로 규정하여야 하는 입법의 근거는 바로 이 지점에서 발견된다. 최선은 계약을 통해서 합리적인 개인이 확립된 특허권에 기해서 최적의 보상을 받도록 하는 것이지만, 이것이 안 된다면 법으로 직무발명보상금을

44) Robert Cooter, Thomas Ulen, 앞의 책, 108면.

45) 정보비대칭을 해소하기 위하여 변호사를 비롯한 전문가들이 발명가들에게 그 발명의 가치, 시장 및 산업상황 등에 대해서 정보를 제공하여 합의와 관련된 대등성을 담보할 수 있도록 하는 것도 필요하다. 이런 점에서 미국에는 이런 전문가들이 다수 있다는 점도 계약에 의한 사회적 효율성 달성이 용이한 측면이다.

규정하는 방식을 취할 수밖에 없다. 우리나라에서 이런 역할을 하는 법이 발명진흥법이라고 할 수 있다.

다. 법으로 직무발명보상금을 규정하는 방식

(1) 사전적으로 일정한 액 또는 비율을 정하는 방식

법으로 직무발명보상금을 규정하는 방식을 취한다고 할 때 일정한 금액을 정하거나, 일정한 율을 정하는 방식을 생각할 수도 있다. 예를 들어 법에 일률적으로 모든 직무발명에 대해서 1억원을 주라고 하거나, 당해 직무발명이 사용된 제품의 영업이익의 10%를 지급하라고 하거나, 수익에 비례하여 1억원 이상 영업이익을 내면 1000만원을 지급하고, 10억원 이상 영업이익을 내면 1억원을 지급하라는 식으로 규정하면 어떨까. 이렇게 되면 사회적으로 비효율이 생길 수 있다. 우선 과소지급이나 과다지급의 문제가 발생할 수 있는데, 과소지급이 되면 종업원이 자신의 노력(e)을 줄이려고 할 것이고, 과다지급을 하게 되면 사용자(기업)는 자신의 제품화나 마케팅 등에 대한 가치증대를 위한 노력(Y(f))을 줄일 수 있다. 경직적으로 규정하는 것은 사전적으로 예견가능성을 높이는 장점이 있지만 이 경우 종업원 중에서 실제 가치가 정해진 금액보다 낮은 자들만이 직무발명을 하려고 할 가능성이 있다. 소위 역선택(Reverse Selection)의 문제가 발생하게 되는 것이다. 우리나라를 포함하여 미국, 일본, 독일, 영국의 직무발명을 규율하는 법 중에서 이 방식을 취하는 입법례는 존재하지 않는 것으로 보인다. 이런 입법례를 취하지 않는 것은 경제학적으로 볼 때 합당하다.

(2) 일정한 원칙만을 정하는 입법방식

(1)에서 보는 것과 같이 정당한 보상을 사전적으로 일정한 액 또는 비율을 정하는 방식 대신 정당한 보상을 하라거나 합리적인 범위에서 협의하여 정하도록 하는 것과 같은 정당성, 합리성과 같은 기준을 제시하고 구체적인 내용은 당사자들이 합의할 수 있도록 맡기는 입법례를 생각할 수 있다. 이런 입법방식이 우리나라와 일본, 독일의 입법방식이다.

이 방식은 전자의 방식보다는 사회적 비효율성을 야기할 위험이 적다. 그러나 문제는 일정한 원칙만을 제시하였기 때문에 구체적인 금액을 사전적으로 예견하기 어렵다는 문제점이 있다. 사전적으로 보상수준에 대한 정당한 보상의 금액을 예상할 수 있도록 하는 것은 효율성 면에서 분명히 바람직하다. 그런데 문제는 정당한 보상으로 원칙규정을 한 이유는 개별적인 사안에서 정당한 보상이 서로 상이할 수 있기 때문에 발생한 일이기 때문에 사전적인 예견가능성의 담보와 사회적 효율성을 저해하는 과소보상이나 과대보상의 제거는 서로 상충될 가능성이 높다.

보상체계가 사전적으로 정해져 있는 경우와 사전적으로는 보상에 대한 규율이 정해지지 않고 사후적으로 보상을 얼마나 할 것인가를 정하는 경우와의 비교에서 사전적으로 정해질 수 있으면 좋지만 원칙만을 정하는 것이 가지는 유연성과 사회적 효율성을 해치지 않기 위한 당사자 자율성의 보장을 위해서는 우리는 사전적인 예견가능성을 어느 정도 희생할 수밖에 없다. 결국 이 문제는 구체적인 사안에서의 결정례가 축적이 되어 예견가능성을 높이도록 할 수밖에 없다. 이렇게 되면 상당기간 동안 분쟁을 통해서만 정당한 보상의 금액이 결정되는 문제가 있을 수 있다. 이런 분쟁은 통상 상업적인 성공이 커질수록 많아질 가능성이 높다.

3. 정당한 보상

가. 도 입

정당한 보상 수준을 어떻게 정할 것인가가 정당한 보상을 하라고 입법을 한 국가에서의 가장 중요한 쟁점이 된다. 앞서 본 것처럼 직무발명의 귀속을 어떻게 할 것인가가 중요한 것이 아니라 보상을 어떻게 정당하게 할 것인가가 최고의, 그리고 최종의 쟁점(ultimate question)이다.

전제적으로 보아야 할 것은 보상(분배)의 대상과 보상의 방법이다. 우선 보상의 대상이 되는 "사용자가 얻을 이익액"이라는 것은 결국 당해 특허를 사용하여 판매한 상품(사업)을 통하여 발생한 이익이 될 것이다. 그런데 이 보상의 대상(Y)은 앞서 본 것과 같이 종업원의 특허가 기여(공헌)하는 부분이 있고, 사용자의 제품화 및 마케팅 노력이 기여(공헌)하는 부분이 있다. 만일 제품화를 하지 않고 NPE(Non−Practicing Entity)로 라이선스만 한다면 그 실시료 상당이 분배의 대상이 될 것이다.[46] 보상의 방법은 기여도를 정해서 율을 곱해서 결정

46) "구 특허법(2006. 3. 3. 법률 제7869호로 개정되기 전의 것) 제40조 제2항은 사용자가 종업원으로부터 직무발명을 승계하는 경우 종업원이 받을 정당한 보상액을 결정함에 있어서는 그 발명에 의하여 사용자가 얻을 이익액과 그 발명의 완성에 사용자 및 종업원이 공헌한 정도를

하는 방법을 생각할 수 있을 것이다. 이런 방식이 기본적인 산식이 될 수 있을 것이다.[47]

그런데 기여도를 산정하는 것은 당해 특허의 기여도와 특허발명에 대한 종업원의 기여도로 나뉠 것인데, 2가지 모두 그 자체가 매우 어렵다. 경제학적인 계산의 문제가 있는 이와 같은 경우에 경제학은 숨어있는 당사자들의 지불의사를 파악하기 위하여 일정한 정도 당사자의 자율에 맡김으로써 효율성을 달성하는 방법을 취한다. 즉, 정당한 보상의 방법이 단일하게 존재하는 것은 아니고 합리적인 범위 내에 있는 것이라면 정당한 보상으로 인정하는 것이 원칙으로 법을 규정한 취지를 살리는 방법이다.

나. 정당한 보상의 결정방법

어떤 방법으로 정당한 보상을 계산하는 것이 최선의 보상설계가 될까. 앞서 언급한 것과 같이 직무발명이 사회적으로 가장 많은 가치를 가지도록 하려면, 다시 말해 사회적으로 최적의 종업원의 노력과 사용자(기업)의 노력을 끌어내려면 어떻게 제도설계를 하여야 하는가가 이 점에 대한 질문이다. 직무발명의 사회적 가치는 종업원이 발명의 성공을 위하여 노력하는 정도와 사용자가 발명의 성공을 위하여 노력하는 정도의 총합이 되는 것이며, 그 소유권의 귀속은 직무발명의 사회적 가치에 영향을 주지 않으므로 사회적으로 기대되는 효용은 양 당사자의 기대보수의 총합으로 정의될 수 있다.[48]

1) 계약이 있을 경우 존중

미국과 같이 계약에 의하여 결정하도록 하는 사기업의 경우 직무발명의 정당한 보상은 금전적인 보상뿐만 아니라 승진이나 연구실 및 인원 등의 보장과 같은 다양한 방법으로 보상이 이루어지게 된다.[49] 우리나라의 경우에는 일

고려하도록 하고 있는데, 같은 법 제39조 제1항에 의하면 사용자는 직무발명을 승계하지 않더라도 그 특허권에 대하여 무상의 통상실시권을 가지므로, 위의 '사용자가 얻을 이익'이라 함은 통상실시권을 넘어 직무발명을 배타적·독점적으로 실시할 수 있는 지위를 취득함으로써 얻을 이익을 의미한다(대법원 2011. 7. 28. 선고 2009다75178 판결 참조)"(대법원 2011. 9. 8. 선고 2009다91507 판결[직무발명보상금]).

47) 구체적인 방법은 뒤에서 보기로 한다.

48) $(e^*, f^*) = \arg\max\ p(e)[Y(f) - k(f)] - c(e)$ Birgit Will & Roland Kirstein, *op cit*, p 6.

49) 합의를 하도록 하면 합의과정에서 비금전적인 보상이 포함될 수 있다는 생각이 있을 수 있다. 그런데 합의가 직무발명의 수액에 대한 합의라면 이런 사항은 합의의 대상에 원천적으로 포함되지 않을 것이지만 사용자의 입장에서 이런 비금전적인 보상을 포함하는 패키지

정한 금액을 사전적으로 직무발명보상금으로 정하여 그 금원을 지급하는 직무발명보상규정과 같은 내부규정이 있는 경우가 많다. 그리고 승진이나 장기연구과제의 부여와 같은 방식의 보상이 있을 수 있다. 이런 점은 직무발명보상의 하나로 고려되어야 한다.[50] 그런데 이런 계약에 의한 방식의 전제는 양당사자가 자신의 필요를 합리적인 방식으로 결정할 수 있다는 점에 있다.[51]

2) 정률제나 정액제와 같은 법에 의한 강제

다른 하나의 방법은 미국의 연방공무원에 대한 보상과 마찬가지로 발명의 귀속에서는 정부가 발명을 가지면서도 1986년 미국 연방기술이전법(Technology Transfer Act)처럼 연방정부공무원인 해당 발명자에게 해당 발명의 실시료나 수입액의 최소 15%의 보상금을 지급하도록 하는 방법과 같이 정률로 보상을 하도록 하는 방법도 있을 수 있다.[52]

를 포함하여 제시하여 협상을 타결하려고 할 것이므로 실제로는 직무발명에 대한 합의(개인적인 합의일 수도 있고 단체적인 합의일 수도 있을 것)가 있다면 직무발명보상설계에 반영된 것으로 이해할 수 있을 것으로 본다.

50) 구 특허법(2006. 3. 3. 법률 제7869호로 개정되기 전의 것) 제40조 제2항은 사용자가 종업원으로부터 직무발명을 승계하는 경우 종업원이 받을 정당한 보상액을 결정함에 있어서는 그 발명에 의하여 사용자가 얻을 이익액과 그 발명의 완성에 사용자 및 종업원이 공헌한 정도를 고려하도록 하고 있는데, 같은 법 제39조 제1항에 의하면 사용자는 직무발명을 승계하지 않더라도 그 특허권에 대하여 무상의 통상실시권을 가지므로, 위의 '사용자가 얻을 이익'이라 함은 통상실시권을 넘어 직무발명을 배타적·독점적으로 실시할 수 있는 지위를 취득함으로써 얻을 이익을 의미한다 (대법원 2011. 7. 28. 선고 2009다75178 판결 참조). 대법원은 원심이 "나이디핀 발명과 관련하여 ① 피고에 의한 실시에 대해서는 보험청구금액 합계에 원심판시 나이디핀 발명의 독점적 효력에 기인한 부분을 1/2, 제약업계의 실시료율 5%를 실시료율로 적용하고, ② 타사에 의한 실시에 대하여는 보험청구금액 합계에 실시료율 5%를 적용하여 피고가 2008. 3. 31.까지 나이디핀 발명으로 인하여 얻은 이익액을 계산한 후, 나이디핀 발명은 원고와 소외인이 공동으로 발명한 것으로서 그 직무내용, 발명이 이루어진 경위 및 발명의 권리화 경위 등의 제반 사정을 참작하여 발명자들에 대한 보상률을 15%로 보고, 원고와 소외인의 직책, 연구기간, 노력 정도 등을 고려하여 원고의 기여율을 50%로 정하여, 피고가 나이디핀 발명과 관련하여 원고에게 지급해야 할 직무발명보상금 액수를 산정"한 사안에서 그 원심의 판단을 승인하였다(대법원 2011. 9. 8. 선고 2009다91507 판결).

51) 직무발명 이외의 발명까지 사용자 등에게 양도하거나 전용실시권을 설정한다는 취지의 조항을 포함하고 있는 계약이나 근무규정의 효력 및 이때 계약이나 근무규정 속에 대가에 관한 조항이 없더라도 종업원 등에게 직무발명에 대한 정당한 보상을 받을 권리가 있다는 것이 대법원 판례(대법원 2012. 11. 15. 선고 2012도6676 판결)이며 계약이 있다고 하더라도 정당한 보상이 아니라고 판단되면 정당한 보상을 받을 권리가 박탈되지는 않는다.

52) 2014. 10. 한국특허법학회 정기원외세미나에서 강경태 변호사가 토론자로서 제안한 "발명이 피용자의 고유한 업무인 경우 모든 직무발명에 대하여 일률적으로 (추가적) 보상을 지급하는 것은 자원배분의 왜곡을 초래한다는 점에서, 초과이윤에 대한 일정한 비율, 예를 들어 직무발명이 적용된 제품을 생산하기 위한 초기투자금을 상회하는 순수익의 1%와 같인 일정비율로 정하거나, 순수익이 1억원 ~ 10억원인 경우 3%, 10억원 ~ 50억원인 경우 2%, 50억원

양당사자간의 합의가 존재한다면 이러한 합의는 정당한 보상으로 추단될 수 있다. 만일 이와 달리 보면 사후적으로 상업적인 성공에 따라서 보상액을 달리하게 된다는 것인데, 이는 종업원과 사용자의 발명에 대한 사전적인 자원배분에 대한 유인을 불확정적으로 만들게 되므로 타당하지 않다. 오히려 이런 식의 사후적 판단을 하는 것보다는 위의 1986년 미국 연방기술이전법과 같이 일정한 정율제 보상을 하도록 하는 것이 사회적으로 더 효율적인 배분방법이 될 수 있다.

3) 산식을 법적으로 정해서 강제하는 방식

그 외 일정한 산식을 정하는 방법도 있다. 이 때 산식은 입법적으로 정할 수도 있고, 판례의 정립을 통해서 이루어질 수 있다. 예를 들어 일본의 경우 올림푸스 광학사건[53] 이후 직무발명의 상당한 대가에 대한 일정한 산식이 정립되고 있는 것으로 보인다.[54]

직무발명보상 = A[55] × 실시료율 × 본건 특허의 기여율 × 발명자의 공헌도

이 방식을 취할 경우 산식의 적정성에 대한 논의가 필요하며, 부적당한 사안에서는 다른 산식의 적용가능성을 완전히 배제할 수 없다. 그러나 산식을 일관되게 사용함으로써 직무발명보상에 대한 事前的인 豫見可能性을 높여서 사회적으로 바람직한 수준으로 사용자와 종업원이 직무발명을 위한 노력을 할 수 있도록 한다는 점에서는 긍정적이다.

~ 100억원인 경우 1%, 100억원 이상인 경우 0.5% 등과 같이 단계적으로 정할 수 있고, 피용자의 고유한 업무가 아닌 경우에는, 일단 발명에 대한 권리가 피용자에게 속하므로, 사용자에게 직무발명이 승계되는 것을 전제로, 초기투자금을 고려하지 않은 순수익에서 위와 같은 비율을 3~5배 정도 높이는 것도 좋을 것이고, 발명을 실시하지 않는 경우에 독점적 이익의 발생과 그 수액에 관한 다툼을 줄이기 위해 실시로 인한 수익과 관계없이 발명에 관한 권리를 이전하면 무조건 일정금액을 우선 지급하는 방식"도 이런 방식의 하나로 이해된다.

53) 동경지방재판소 1999. 4. 16. 판결 및 동경고등재판소 2001. 5. 23. 판결.

54) 특허의 경우에는 무효가 될 가능성이 있으므로 이러한 무효가 될 가능성을 어떻게 반영할 것인지 여부도 고려요소가 될 수 있다고 본다.

55) 예를 들어 이익액. 일본사례로서 올림푸스 사건과 니치아 청색LED 사건에 대한 소개에 대해서는 신혜은, 앞의 논문, 69－89면 참조.

제 2 장

직무발명의 요건

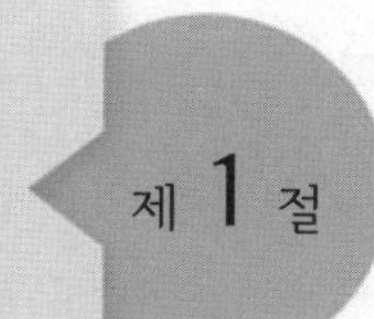

제 1 절 직무발명의 요건

서울중앙지방법원 부장판사 김기영

발명진흥법 제2조 제2호는 "'직무발명'이란 종업원, 법인의 임원 또는 공무원(이하 "종업원등"이라 한다)이 그 직무에 관하여 발명한 것이 성질상 사용자 · 법인 또는 국가나 지방자치단체(이하 "사용자등"이라 한다)의 업무 범위에 속하고 그 발명을 하게 된 행위가 종업원등의 현재 또는 과거의 직무에 속하는 발명을 말한다."라고 규정하고 있다. 따라서 직무발명이 되기 위해서는, (i) 종업원등이 그 직무에 관하여 발명할 것, (ii) 성질상 사용자등의 업무범위에 속할 것, (iii) 그 발명을 하게 된 행위가 종업원등의 현재 또는 과거의 직무에 속할 것이라는 3가지 요건이 충족되어야 한다. 여기서 '발명'은 특허법상의 발명만을 말하는 것이 아니라 특허법, 실용신안법 또는 디자인보호법에 따라 보호대상이 되는 발명, 고안 및 창작이 포함된다(발명진흥법 제2조 제1호).

이하 직무발명이 되기 위한 위 세 가지 요건에 관하여 차례로 살펴본다.

Ⅰ. 성질상 사용자등의 업무범위에 속할 것

1. 사용자등

발명진흥법 제2조 제2호에서 말하는 "사용자등" 중 '사용자'란 민법 제756조에서의 사용자와 같은 의미로, 타인을 선임하여 어느 사무에 종사하게 하고 그 지휘·감독을 하는 자로서 직무발명과 관련한 권리승계 또는 보상에 있어서 승계의 주체 내지 보상의무의 주체가 되는 자를 말하는 것이므로, 근로기준법 제2조에서의 사용자와는[1] 다른 의미이다.[2] 따라서 고용계약에 기한 것이거나 위임 혹은 조합에 기한 것이든 상관없고, 그 관계가 법률적으로 유효할 필요도 없다.[3] 또한 사용자는 사적, 공적 또는 영리적, 비영리적이건 불문한다.[4]

직무발명이 이루어지는 데 가장 중심적인 지원을 한 자가 당해 종업원의 사용자가 된다.[5] 급여의 실질적 지급자가 가장 중요한 판단요소가 되지만, 이외에도 연구시설제공, 연구보조원의 제공, 지휘명령관계등을 종합적으로 고려하여 사용자를 결정하여야 할 것이다.[6] 파견 근로자(종업원)의 경우 파견사업주와 사용사업주 사이에 누가 사용자인지가 문제될 수 있는데, 사업주간 근로자파견계약에 정함이 있으면 그에 따르되, 그렇지 않다면 해당 발명에 있어서의 직무관련성, 업무관련성, 시설·설비 등의 이용관계, 지시·지휘·명령·감독 관계, 지원 여부 등을 주된 요소로 하여 사용자 여부를 판단하여야 할 것이다.[7]

발명진흥법 제2조 제2호에서 규정하고 있는 것처럼, "사용자등"에는 자연인뿐만 아니라 법인 또는 국가 지방자치단체도 포함된다.

한편, 직무발명에 관한 통상실시권을 취득하게 되는 사용자는 그 종업원이 직무발명을 완성할 당시의 사용자를 말하고, 그에 따른 특허권의 등록이 그 이후에 이루어졌다고 하여 등록 당시의 사용자가 그 통상실시권을 취득하는 것은 아니다.[8]

---

1) 근로기준법 제2조 제1항 제2호는 사용자를, "사업주 또는 사업 경영 담당자, 그 밖에 근로자에 관한 사항에 대하여 사업주를 위하여 행위하는 자를 말한다."라고 규정하고 있다.
2) 이제정, "직무발명에 대한 승계의 합의", 청연논총 제11집(최병덕 사법연수원장 퇴임기념), 사법연수원, 2014, 62면; 이회기, "직무발명에 관한 소고", 특허소송연구 3집, 특허법원, 2005, 124면; 김병일, "직무발명제도와 종업원과 사용자간의 법률문제", 지적소유권법 연구 4집, 한국지적소유권학회, 2000, 377면; 김창종, "직무발명", 재판자료 56집 :「지적소유권에 관한 제 문제(상)」, 대법원 법원행정처, 1992, 124면; 박영식, "미국법에 있어서의 Shop Right의 원칙과 우리 특허법에 있어서의 직무발명제도의 비교법적 연구", 사법논집 2집, 대법원 법원행정처, 1972, 477면; 특허청, 「개정 직무발명보상제도 해설 및 편람」, 2013, 62면.
3) 이제정, 앞의 논문, 62면; 김창종, 앞의 논문, 124면.
4) 김병일, 앞의 논문, 377면.
5) 김병일, 위의 논문, 377면.
6) 김병일, 위의 논문, 377면.
7) 특허청, 앞의 책, 62면.
8) 대법원 1997. 6. 27. 선고 97도516 판결.

2. 업무범위에 속할 것

사용자의 업무범위는 사용자등이 수행하는 사업의 범위로서 사용자가 자연인인지, 법인 또는 국가인지에 따라 각 달리 해석된다.[9)]

법인의 경우, 정관에 기재된 회사의 목적범위를 말한다고 하는 견해도 있으나(이 견해에서도 '그에 부수하는 사업' 등의 기재에 관하여는 넓게 해석한다),[10)] 정관에 기재된 목적범위가 그 판단을 위한 유력한 자료가 될 수는 있으나 그 자체만이 업무범위가 된다거나 이에 구속될 것은 아니고, 사용자가 현실적으로 수행하고 있거나 장래에 행할 것이 구체적으로 예정되어 있는 업무 등도 고려하여, 사안에 따라서 구체적으로 판단하여야 할 것이다(통설).[11)] 이는 정관 기재의 목적은 거래상대방과의 관계에 있어서 회사의 권리능력의 범위를 정한 것이어서 회사와 종업원 사이의 권리관계를 조정하는 것이 아니고, 정관이 없는 개인기업이나 국가 등의 종업원에게는 정관에 의한 제한을 생각할 수 없다는 점 등을 근거로 한다.[12)]

위 어느 견해에 의하더라도 사용자등의 업무범위는 비교적 넓게 해석하기 때문에 결론에 있어서는 큰 차이가 없다.[13)] 다만, 직무발명의 성립을 어느 범위에서 인정할 것인가는 종업원의 권리에 커다란 영향을 미치므로, 통설에서 말하는 "예정되어 있는 업무"는 적어도 사용자와 해당 연구에 종사하는 종업원 간에 고용계약이나 근무규정에 미리 명확하게 해 둘 필요가 있다.[14)] 나아가 업무범위를 넓게 해석한다 하더라도 곧바로 직무발명의 성립의 범위가 넓게 되는 것은 아니고, 주로 '종업원등의 직무에 속하는가 아닌가'라고 하는 다음에서 설명하는 요건에 의하여 직무발명의 성립의 범위가 정해진다.[15)]

9) 특허청, 앞의 책, 63면.

10) 中山信弘·小泉直樹 편, 「新·注解 特許法 (上卷)」, 青林書院, 2011, 508면(飯塚卓也·田中浩之 집필부분) 참조.

11) 이제정, 앞의 논문, 62면; 김병일, 앞의 논문, 377면; 김창종, 앞의 논문, 124면; 송영식 외 6인 공저, 「송영식 지적소유권법」 제2판(상), 육법사, 2013, 423-424면; 김관식 외 4인 역, 竹田和彦, 「特許의 知識 제8판」, 도서출판 에이제이디자인기획, 2011, 392-393면; 中山信弘·小泉直樹 편, 앞의 책, 508면(飯塚卓也·田中浩之 집필부분) 참조.

12) 中山信弘·小泉直樹 편, 앞의 책, 508면(飯塚卓也·田中浩之 집필부분) 참조.

13) 中山信弘·小泉直樹 편, 앞의 책, 508면(飯塚卓也·田中浩之 집필부분).

14) 김병일, 앞의 논문, 377면; 박영식, 앞의 논문, 483면.

15) 中山信弘·小泉直樹 편, 앞의 책, 508-509면(飯塚卓也·田中浩之 집필부분).

통설에 의하면 사용자의 업무범위는 결국 민법 제756조의 '사무집행에 관하여' 또는 민법 제35조의 '직무에 관하여'와 같은 의미를 가지는 것으로 해석하여야 할 것이다.[16] 예컨대, ① 비누의 제조만을 하는 공장에서 비누제조법의 개량이나 새로운 비누 등에 관하여 한 발명은 그 업무범위에 속한다 할 것이나, 비누의 양부감별법의 발명, 물비누의 용기의 발명 등은 그 업무범위에 속하지 않는다 할 것이고, ② 섬유의 제조를 업무로 하는 기업에서 실을 짜는 방법에 관한 발명은 그 업무범위에 속하나, 새로운 직기의 발명을 하였더라도 그 기업이 직기의 제조·판매를 하지 않는 한, 그 업무범위에 속한다고 할 수 없으며, ③ 현미경을 사용하여 약품을 검사하고 혹은 미생물을 연구하는 약품회사의 종업원이 현미경자체를 개량하는 발명을 하였더라도 이는 사용자의 업무범위에 속하지 않는다 할 것이고,[17] ④ 고속도로 휴게소를 관리하는 A회사의 B휴게소 호두과자 판매원이 호두과자 만드는 기계를 개량하여 자동으로 호두과자 만드는 기계를 발명한 경우, A회사의 주업무(정관에 기재된 업무)는 고속도로의 시설을 관리하는 회사이므로, B휴게소에 설치된 호두과자 만드는 기계는 기계제작회사와 계약에 의하여 공급받아 설치·운영하고 있기 때문에 부대업무에 호두과자 만드는 기계의 설계·제작을 포함시키는 것은 무리라는 점에서 사용자의 업무범위에 속하지 않는다 할 것이다.[18]

국가 또는 지방자치단체의 업무범위는 당해 공무원이 속하는 기관의 직제와 사무분장규칙에 따라 정해진 사항의 범위로 한정하여 해석하여야 할 것이다.[19] 이와 관련하여, 공무원 직무발명의 처분·관리 및 보상에 관한 규정 시행규칙 제2조 제2항은 직무발명신고를 위하여 제출하여야 하는 직무발명신고서에 직무발명의 성질에 대한 설명서를 첨부하여야 하고, 그 설명서에는 소속 기관의

16) 김창종, 앞의 논문, 124－125면. 민법 제756조의 '사무집행에 관하여'에 대하여 대법원은, "민법 제756조에 규정된 사용자책임의 요건인 '사무집행에 관하여'라는 뜻은 피용자의 불법행위가 외형상 객관적으로 사용자의 사업활동 내지 사무집행행위 또는 그와 관련된 것이라고 보여질 때에는 행위자의 주관적 사정을 고려함이 없이 이를 사무집행에 관하여 한 행위로 본다는 것이고, 외형상 객관적으로 사용자의 사무집행에 관련된 것인지의 여부는 피용자의 본래 직무와 불법행위의 관련 정도 및 사용자에게 손해 발생에 대한 위험창출과 방지조치 결여의 책임이 어느 정도 있는지를 고려하여 판단하여야 한다."고 판시하고 있다. 대법원 2014. 4. 10. 선고 2012다61377 판결 등.

17) 김창종, 앞의 논문, 125면.

18) 특허청, 앞의 책, 64면.

19) 김창종, 앞의 논문, 125면; 박영식, 앞의 논문, 480면; 특허청, 앞의 책, 63면; 中山信弘·小泉直樹 편, 앞의 책, 509면(飯塚卓也·田中浩之 집필부분).

업무, 발명자의 직무, 직무발명의 성질 등을 적어야 하고, 이중 소속 기관의 업무에 관하여, "직무발명과 관련된 업무를 수행할 당시 발명자가 소속한 기관의 업무 범위를 적되, 특히 해당 직무발명과 관련되는 조사·연구·시험 등에 관한 기능의 유무에 대하여 적을 것"이라고 규정하고 있다.[20]

20) 이 규정은 위와 같은 해석과 방향을 같이 하는 것이다. 특허청, 앞의 책, 63-64면.

제 2 절 종업원

서울중앙지방법원 부장판사 이규홍

Ⅰ. 종업원의 의미

직무발명은 '종업원 등'에 의하여 이루어진 발명을 의미하는데 여기서 종업원이란 사용자와 고용계약 기타의 관계에서 타인의 사무에 종사하는 자를 말하며, 민법상 고용계약, 근로기준법상 근로계약 여부를 묻지 아니하고 발명의 완성 당시를 기준으로[1)] 발명을 한 종업원의 지위가 사용자에게 노무를 제공한다는 사실관계가 인정되면 사용자와 종업원 관계가 성립되는 것으로 본다. 다만 제2조 제2호는 '종업원 등'에 법인의 임원 또는 공무원이 포함된다고 명시하면서도 '종업원'을 포함한 각각의 개념에 관하여는 별도의 규정을 두고 있지 아니하므로 그 구체적 의미는 관련법 등에 기초하고 특허법의 취지를 고려한 법원의 해석에 의하여 정립되어야 할 것이다.[2)]

1) 서울고등법원 2007. 8. 21. 선고 2006나89086 판결(확정)에서는 "직무발명의 요건인 '고용관계의 존재'는 발명의 완성 당시를 기준으로 하므로 어떤 종업원이 과거의 재직회사에서 발명의 기본적인 골격을 구성하였다가 새롭게 이직한 회사에서 발명의 구체적인 내용을 완성한 경우에는 그 발명은 나중 회사의 직무발명이 된다... 나아가 특허발명의 완성 당시 원고와 피고회사 사이에 고용관계가 존재하였는지 여부에 관하여 보건대, 원고 등이 피고회사에 입사하기 전에 이 사건 특허발명에 관한 연구개발을 시작하였으나, 피고회사에 입사한 후인 2001. 11. 23.경에야 비로소 이 사건 특허발명을 완성한 사실은 앞서 인정한 바와 같으므로, 결국 원고는 이 사건 특허의 직무발명자로서 피고회사에 대하여 정당한 보상금을 청구할 권리를 갖는다."라고 설시하고 있다. 이렇듯 종업원의 지위는 발명을 착상하고 그 완성을 하기까지 사이에 있으면 족하므로, 위 사안과는 반대의 경우 즉 재직 중 완성을 하였으나 퇴직 후에 특허출원을 하여 특허를 취득한 경우도 직무발명으로 된다.

2) 예컨대 종업원의 개념을 '근로자'로 보더라도 노동법 중 근로기준법과 노동조합 및 노동관계

이렇듯 종업원이라는 사실관계만 인정되면 계속적·계획적으로 고용되지 않고 일시적·임시적으로 고용된 유급의 촉탁이나 고문, 임시공 및 계절적인 노동자나 일정한 기술 내지 기능을 습득 중인 양성공·수습공도 포함된다. 그리고 종업원이 다른 회사에 파견근무 중에 직무발명을 한 경우에는 법률관계가 파견사업주와 사용사업주로 이원화되므로 문제의 소지가 있는데, 원칙적으로 사업주간 근로자파견계약에 정함이 있다면 그에 따르되, 그러한 정함이 없다면 해당 발명의 직무관련성, 업무관련성, 시설·설비 등의 이용관계, 지시·지휘·명령·감독 관계, 지원 여부 등을 주된 요소로 하여 판단하여야 할 것이다.[3)]

한편 어느 회사의 종업원이 대학교수 또는 다른 기관의 구성원과 공동으로 발명을 한 경우, 혹은 행정기관, 민간회사 등의 위원으로 구성된 공동연구위원회에서 공동연구를 한 결과 발명이 완성된 경우에는, 회사의 종업원 등은 그 공동발명에 대한 지분을 가지므로 사용자인 회사는 그 지분에 대한 특허실시권을 취득하는 것으로 되고, 만일 예약승계의 특약 또는 근무규정이 있는 경우에는 그 공유지분만이 사용자에게 승계된다(발명진흥법 제14조).[4)]

조정법 간에도 개념상 차이가 있으므로 발명진흥법에서의 '종업원'은 특허법의 목적범위 내에서 독자적 개념으로 이해되어야 한다[특허청, 「개정 직무발명보상제도 해설 및 편람」, 2013. 12., 52면]. 대학교수도 종업원에 포함되는가의 문제 등 관련 주제에 관하여는 해당 항목에서 설명한다.

3) 특허청, 앞의 책, 53면; 이에 대하여 윤선희, 「특허법」, 제5판, 법문사, 2012, 280면 각주 49는 어느 회사에서 급여를 받는가가 일단 기준이고, 다만 연구개발의 지휘 내지 명령이 급여 지급측에 없는 특수한 경우는 지휘 내지 명령하는 측의 종업원이라고 해석하여야 한다고 한다. 竹田和彦, 「特許의 知識」, 제8판, 도서출판 에이제이디자인기획, 김관식 외 4인 번역, 2011, 392면도 같다; 서울중앙지방법원 2009. 11. 11. 선고 2009가합72372 판결은 "...A사의 종업원이 타 회사(B)에 출장 가서 직무발명을 한 경우 그 발명이 어느 회사의 직무발명이 되는지 문제되는바, 이때 출장기간 중 B사의 사원이 되어 B사에서 급여를 받고 B사의 지휘 내지 명령까지 받았다면 B사의, 그 반대라면 A사의 직무발명이 된다고 할 것이고, 이와 같은 법리는 종업원이 사내창업을 위한 휴직을 하여 창업된 회사에서 근무하는 경우에도 마찬가지라고 할 것이다. 이 사건에 대하여 보면, 앞서 본 바와 같이 피고 임○○은 2005. 11. 30.부터 2008. 12. 26.까지 사내창업 휴직을 하면서 그 기간 동안 원고로부터 급여를 받지 않았고, 위 휴직기간은 재직년수에도 산입되지 아니하며, 원고는 위 기간 동안 피고 임○○에게 실질적인 지휘 내지 명령권도 없었던 반면, 위 기간 동안 피고 임○○은 피고 회사의 임원으로서 피고 회사로부터 급여를 받고 피고 회사의 실질적 지배하에 있었던 점을 감안할 때, 이 사건 특허가 피고의 사내창업 휴직기간 중인 2006. 3. 22.에 출원된 이상 이 사건 발명은 원고의 직무발명으로 보기 어렵다."라고 설시하고 있다. 위 부분은 항소심에서는 '이 사건 협약에 따른 변압기 냉각장치의 제작업무는 피고 임○○의 원고와 관련된 과거의 직무에 속한다고 할 수 없고, 직무발명에 해당함을 전제로 승계를 주장한 증거를 전혀 찾아볼 수 없다'는 이유로 역시 배척되었다.

4) 사법연수원, 「특허법연구」, 2014, 125면(다만, 특허법 제99조 제4항에 의하면 사용자가 그 공유지분을 승계받기 위해서는 다른 공유자의 동의를 얻어야 한다).

Ⅱ. 법인의 임원

법인의 임원 역시 직무발명상의 종업원이 될 수 있는데, 여기서의 법인은 공법인, 사법인, 영리법인, 비영리법인 등을 불문하는 넓은 개념으로 보아야 할 것이고, 임원은 일반적으로 '이사' 직급 이상에 있는 사람, 즉 대표이사, 이사, 임시이사, 감사 등을 의미한다.[5] 다만 노동법상으로 임원은 종업원으로 보기는 어려우나 발명진흥법상 종업원의 범주에 든다는 점을 유의할 필요가 있다.[6]

Ⅲ. 공무원

공무원은 국가 및 지방자체단체의 공무에 종사하는 자로서 입법부, 행정부 및 사법부 등에서 일하는 일반직, 기능직, 특정직, 계약직을 모두 포괄하는 넓은 의미의 공무원을 말하는 것으로 해석하는 것이 일반적이다.[7] 다만, 여기서 공무원의 업무범위를 기업 등 법인의 경우와 같이 해석하면 국가 또는 지방자치단체의 업무가 모두 포함되는 불합리가 발생할 우려가 있으므로 발명을 한 공무원이 소속된 기관의 직제와 사무분장규칙에 정하여진 업무범위로 한정된다고 보아야 할 것이다.[8] 기타 공무원 직무발명의 쟁점은 후술한다.

---

5) 상법에서는 임원을 '이사와 감사'로 보고 있다[제312조(임원의 선임) 창립총회에서는 이사와 감사를 선임하여야 한다]; 대표이사가 종업원에 해당하는지 여부, 이사의 경업금지의무 및 이사회의 승인 없이 직무발명에 대한 권리귀속을 약정하는 것의 문제점 등에 관한 논의는 윤선희, 앞의 책, 281-282면 참조; 개인회사의 대표자로 전 주식을 보유하고 있는 사람이 발명을 한 경우도 그 회사가 사용자이고, 당해 대표자는 발명자라고 한다. 中山信弘 · 小泉直樹 편, 「新 · 注解 特許法」, 上巻, 青林書院, 2011, 507면(飯塚卓也 · 田中浩之 집필부분) 참조.

6) 예컨대 근로기준법 제2조 2항 1호는 "사용자"란 '사업주 또는 사업 경영 담당자, 그 밖에 근로자에 관한 사항에 대하여 사업주를 위하여 행위하는 자'를 의미한다고 하여 근로자와 대비시키고 있다. 다만, 발명진흥법 제17조 제2항은 직무발명심의위원회의 구성에 있어 법인의 임원은 종업원을 대표하는 위원에서 제외하고 있다

7) 그러나 후술하듯이 공무원 직무발명에 대한 권리와 관련하여 사실상 사용자주의를 규정한 점이 타당한지의 논의와 관련하여 향후 공무원 범위의 광협을 해석상 조정할 필요가 있다고 생각한다. 이런 필요성은 정무직 공무원, 별정직 공무원 및 단순한 노무에 종사하는 고용직 공무원에 대하여 직무발명을 인정할 여지가 있는지 의심스럽다는 견해(윤선희, 앞의 책, 283면)와도 상통하는 것이라고 생각한다.

8) 특허청, 앞의 책, 174면[나아가 '공무원 직무발명의 처분 · 관리 및 보상 등에 관한 규정 시행규칙(지식경제부령 제205호, 2011. 10. 7. 시행) 제2조 제2항 제1호는 직무발명의 성질에 대한 설명서에 '직무발명과 관련된 업무를 수행할 당시 발명자가 소속한 기관의 업무 범위'에 관하여 기재하도록 규정되어 있으므로 그러한 해석방향과 같다고 한다].

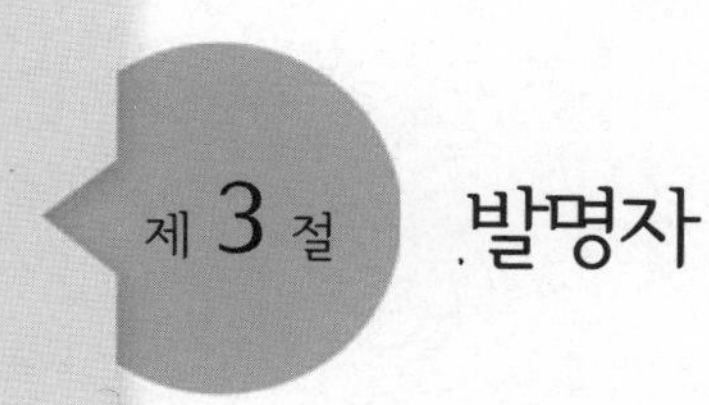

제 3 절 발명자

서울고등법원 판사 권동주

I. 서 론

특허법 제33조 제1항은 본문에서 발명자 또는 그 승계인만이 특허를 받을 수 있는 권리를 가진다고 규정하고 있고, 특허법 제33조 제2항은 2인 이상이 공동으로 발명한 때에는 특허를 받을 수 있는 권리는 공유로 한다고 규정하고 있으며, 발명자 또는 그 승계인이 아닌 자가 한 특허출원(이른바 '모인출원')에 대해서는 거절이유(특허법 제62조 제2호) 및 무효사유(특허법 제133조 제1항 제2호)로 규정하고 있다.

발명자의 개념에 대해서는 법에 따로 규정하고 있지 않고, 발명에 대해 "자연법칙을 이용한 기술적 사상의 창작으로서 고도한 것"이라는 정의규정을 특허법 제2조에 두고 있다.

발명자의 결정이 문제가 되는 국면은, ① 직무발명과 관련한 보상금청구소송에서 종업원이 발명자에 해당하는지를 다투는 경우와 ② 모인출원(冒認出願)임을 들어 특허의 무효를 다투는 경우 등이다. 아래에서 발명자와 공동발명자의 판단 기준에 관하여 살펴본다.

Ⅱ. 발명자 판단 기준

우리나라 및 외국의 발명자 결정에 관한 판단 기준을 살펴본다.

1. 우리나라

특허청 심사지침서에는 “발명자란 자연법칙을 이용하여 기술적 사상을 창작한 자”라는 일반적인 원칙만이 언급되어 있고 발명자 판단의 구체적인 지침은 제시되어 있지 않다. 하급심 판례는 심리를 통해 발명의 완성에 실질적으로 기여한 자가 누구인지를 파악하거나, 청구범위에 기재된 발명 중 핵심적인 부분을 중심으로 발명자를 판단하고 있다.1)

대법원 2011. 9. 29. 선고 2009후2463 판결은, 모인출원 관련 등록무효 사건에서, 특허법 제33조 제1항에서 정하고 있는 “발명을 한 자”는 자연법칙을 이용하여 기술적 사상을 고도로 창작한 사람을 가리키고, 따라서 발명자가 아닌 사람으로서 특허를 받을 수 있는 권리의 승계인이 아닌 사람(이하 ‘무권리자’라 한다)이 발명자가 한 발명의 구성을 일부 변경함으로써 그 기술적 구성이 발명자가 한 발명과 상이하게 되었다 하더라도, 그 변경이 그 기술분야에서 통상의 지식을 가진 사람이 보통으로 채용하는 정도의 기술적 구성의 부가·삭제·변경에 지나지 아니하고 그로 인하여 발명의 작용효과에 특별한 차이를 일으키지 아니하는 등 기술적 사상의 창작에 실질적으로 기여하지 않은 경우에는 그 특허발명은 무권리자의 특허출원에 해당하여 그 등록이 무효라고 판시하였다.2)

1) 특허법원 2004. 8. 27. 선고 2003허1956 판결, 서울고등법원 2007. 4. 25. 선고 2006나65233 판결 등.

2) 위 대법원 판결은 발명자에 해당하기 위하여는 기술적 사상의 창작에 실질적으로 기여할 것이 요구되나, 그 발명이 신규성 · 진보성 등의 특허요건까지 구비하여야 하는 것은 아니라고 판시하고 있다.

2. 일 본

일본 특허법에 발명자는 특허를 받을 수 있는 권리를 가진다고 규정되어 있지만(제29조 제1항 본문) '발명자'란 어떤 자인지에 대하여는 명문의 규정이 없다.

학설에 의하면 발명자란 당해 발명의 창작행위에 현실적으로 가담한 자만을 가리키고, 단순 보조자, 조언자, 자금제공자, 혹은 단지 명령을 한 자는 발명자라 할 수 없다고 한다.[3)]

일본의 경우 청구항 별로 발명의 기술적 특징을 파악하고 이러한 기술적 특징에 실질적으로 기여한 자를 발명자로 인정하고 있는데, 발명의 기술적 특징은 명세서에 기재된 종래기술 등 발명자가 발명과정에서 알고 있었던 종래기술을 토대로 출원/특허 발명에서 기술적 사상으로서 창작된 부분만을 발명의 기술적 특징으로 인정하고 있다.[4)5)]

3. 미 국

미국의 경우도 명세서에 기재된 종래기술 등 발명자가 발명과정에서 알고 있었던 종래기술을 토대로 발명의 기술적 특징인 착상(conception)을 파악한 후 발명의 착상에 기여한 자만을 발명자로 인정하고 있다.[6)]

4. 영 국

영국은 ① 발명개념을 확정하고(identifying the inventive concept), ② 누가 발명개념을 창안했는지를 결정(determining who devised the inventive concept)하는 2단계 접근법을 취하고, 명세서에 기재된 종래기술 등 발명자가 발명과정에서 알고 있었던 종래기술을 토대로 발명개념(inventive concept)을 확정하고 있다.[7)]

---

3) 中山信弘, 「特許法」, 弘文堂, 2010, 43頁.
4) 中山信弘, 「特許法 注解(上)」, 青林書院, 363-364면.
5) 東京地裁 2005年 3月 10日 平成16年 (ワ) 第11289号, 東京地裁 2002年 8月 27日 平成13年 (ワ) 第7196号 등.
6) 미국 특허심사기준(MPEP) 2137.01, SEWALL v. WALTERS, 21 F.3d 411 (Fed. Cir. 1994).
7) Henry Brothers (Magherafelt) Ltd v The Ministry of Defence and the Northern Ireland Office, [1997] R.P.C. 693.

5. 소　　결

우리나라의 경우 판례에서 발명의 기술적 특징(창작된 부분)을 파악하고 이에 실질적으로 기여한 자를 발명자로 보고 있으며, 일본, 미국, 영국도 비슷한 접근방법을 취하고 있다. 즉, 각국별로 구체적인 표현은 다소 상이하지만 공통점은 ① 창작된 기술적 사상의 확정(일본의 기술적 특징, 미국의 발명착상, 영국의 발명개념에 대응됨), ② 기술적 사상의 창작에 실질적으로 기여한 자의 판단이라는 2단계 접근방법을 거치고 있다.

Ⅲ. 공동발명자 판단 기준

1. 서　　론

특허법 제33조 제2항은 “2인 이상이 공동으로 발명한 때에는 특허를 받을 수 있는 권리는 공유로 한다.”라고 규정하고 있을 뿐 구체적으로 어떠한 경우에 ‘공동으로 발명한 때’에 해당하는지 따로 규정하고 있지 않다. 그런데 최근 우리나라 특허출원 중 84% 정도가 직무발명이고, 직무발명의 많은 부분은 공동발명이므로,[8] 공동발명자 여부의 판단 기준을 명확히 정립하는 것은 특허제도에서 매우 중요하다. 아래에서 우리나라, 미국, 일본에서의 논의를 살펴본다.

2. 공동 발명자 판단 기준에 관한 논의

가. 우리나라

1) 대법원 2011. 7. 28. 선고 2009다75178 판결

대법원은 “공동발명자가 되기 위해서는 발명의 완성을 위하여 실질적으로 상호 협력하는 관계가 있어야 하므로, 단순히 발명에 대한 기본적인 과제와 아이디어만을 제공하였거나, 연구자를 일반적으로 관리하였거나, 연구자의 지시로 데이터의 정리와 실험만을 하였거나, 자금·설비 등을 제공하여 발명의

8) 정차호 등, “공동발명자 결정방법 및 공동발명자 간 공헌도 산정방법”, 중앙법학 제9집 제3호(2007. 10.), 665−666면.

완성을 후원·위탁하였을 뿐인 정도 등에 그치지 않고, 발명의 기술적 과제를 해결하기 위한 구체적인 착상을 새롭게 제시·부가·보완하거나, 실험 등을 통하여 새로운 착상을 구체화하거나, 발명의 목적 및 효과를 달성하기 위한 구체적인 수단과 방법의 제공 또는 구체적인 조언·지도를 통하여 발명을 가능하게 한 경우 등과 같이 기술적 사상의 창작행위에 실질적으로 기여하기에 이르러야 공동발명자에 해당한다. 한편 이른바 실험의 과학이라고 하는 화학발명의 경우에는 당해 발명 내용과 기술수준에 따라 차이가 있을 수는 있지만 예측가능성 내지 실현가능성이 현저히 부족하여 실험데이터가 제시된 실험예가 없으면 완성된 발명으로 보기 어려운 경우가 많이 있는데, 그와 같은 경우에는 실제 실험을 통하여 발명을 구체화하고 완성하는 데 실질적으로 기여하였는지의 관점에서 공동발명자인지를 결정해야 한다."라고 판시하였다.[9][10][11]

---

9) 유영선, "공동발명자 판단 기준 및 직무발명보상금", 대법원판례해설 90호(2011 하반기), 법원도서관, 543-544면.

10) ① 대법원 2001. 6. 29. 선고 98후2405 판결 : 원고가 피고에게 '송편 성형기'에 관한 기본적인 과제와 아이디어만을 제공한 것으로 이것을 반복 실시할 수 있을 정도로 구체화한 것은 아니고, 그 이상의 기술을 제공하였다거나 개발에 기여하였다고 볼 증거가 없다는 이유로 원고가 공동고안자의 지위를 갖는다고 볼 수 없다.
② 대법원 2001. 11. 27. 선고 99후468 판결 : 공동고안자가 되기 위해서는 고안의 완성을 위하여 실질적으로 상호 협력하는 관계가 있어야 할 것이라고 하면서, 그러한 협력이 없어 공동고안이라고 할 수 없다.
③ 대법원 2005. 2. 18. 선고 2003후2218 판결 : 발명의 기술적 특징인 접속관 외함의 내부리브를 형성하는 기술에 관하여 원고가 피고에 협력하여 내부리브를 형성하는 것이 사출 후 변형의 방지에 유리하다거나 내부리브를 설치할 것을 피고에게 권유하였음을 인정할 아무런 증거가 없고, 오히려 위 리브의 설치를 적극 반대해 온 사실이 인정될 뿐이므로, 공동발명에 해당하지 않는다.
④ 대법원 2005. 3. 25. 선고 2003후373 판결 : 이 사건 특허발명은 기존의 댐퍼 패널이 갖는 문제점을 해결할 수 있는 아이디어를 구체화하고 이를 도면으로 작성하여 실제 생산이 가능할 수 있도록 한 A와, A가 제작한 도면을 토대로 실물을 제작한 후 실험을 통하여 세부적인 문제점들을 개선하여 특허발명의 기술구성을 최종적으로 완성한 B가 공동으로 창작한 것이다.
⑤ 대법원 2005. 6. 10. 선고 2003다31596 판결 : 이 사건 발명은 A의 기본적인 기술적 구상과 물적 투자에다가 B, C, D 등의 기술 및 물적 지원을 통하여 그 기술적 구상을 산업상 이용 가능하도록 연구, 개발하여 완성한 것이므로, 이들의 인적, 물적 투자의 결합에 의하여 이루어진 공동발명이다.
⑥ 대법원 2001. 11. 30. 선고 2001후65 판결 : 일반적으로 기계장치 등에 관한 발명에 있어서는 특허출원의 명세서에 실시 예가 기재되지 않더라도 당업자가 발명의 구성으로부터 그 작용과 효과를 명확하게 이해하고 용이하게 재현할 수 있는 경우가 많으나, 이와는 달리 이른바 실험의 과학이라고 하는 화학발명의 경우에는 당해 발명의 내용과 기술수준에 따라 차이가 있을 수는 있지만 예측가능성 내지 실현가능성이 현저히 부족하여 실험데이터가 제시된 실험 예가 기재되지 않으면 당업자가 그 발명의 효과를 명확하게 이해하고 용이하게 재현할 수 있다고 보기 어려워 완성된 발명으로 보기 어려운 경우가 많다.

11) 정차호 등, 앞의 논문, 673-680면에서는 판례에 나타난 공동발명자 판단 기준을 아래와 같이

2) 특허청 기준

발명자에 해당하는 자는 i) 어떤 문제를 해결하기 위한 기술적 수단을 착상한 자, ii) 타인의 착상에 의거 연구를 하여 발명을 완성하게 한 자, iii) 타인의 착상에 대하여 구체화하는 기술적 수단을 부가하여 발명을 완성한 자, iv) 구체화하기 위해서는 약간 불완전한 착상을 하고 타인에게 일반적인 지식의 조언 또는 지도를 얻어 발명을 완성한 자, v) 타인의 발명에 힌트를 얻고 다시 그 발명의 범위를 확대하는 발명을 한 자 등이다.

발명자에 해당하지 않는 자는 i) 발명자에게 자금을 제공하여 설비이용의 편의를 주는 등 발명의 완성을 원조하거나 위탁한 자(단순 후원자, 위탁자), ii) 희망조건만 제시하고 그것을 해결할 착상을 제공하지 않은 자, iii) 타인이 제시한 착상 속에서 실용성이 있을 것 같은 것을 선택한 것에 지나지 않는 자, iv) 당해 발명에 관하여 착상만 하고 구체화하는 과정에 실질적으로 관여하지 않은 자[12], v) 발명의 과정에서 연구자의 지시로 단순히 데이터를 정리하거나 제시된 제도, 실험 등을 한 것에 지나지 않는 자(단순 보조자), vi) 단지 일반 지식의 조언 또는 제시를 주기만 한 자 등이다.

관리자의 경우에는, i) 구체적인 착상을 하고 부하에게 그 발전 및 실현을 하게 한 자, ii) 부하가 제출한 착상에 보충적 착상을 가한 자, iii) 부하가 행한 실험 또는 실험의 중간결과를 종합적으로 판단하여 새로운 착상을 가하여 발명을 완성한 자, iv) 소속 부서 내의 연구가 혼미하고 있을 때 구체적인 지도를 하여 발명을 완성시킨 자 등은 발명자에 해당하나, i) 부하인 연구자에 대한

정리하고 있다.

① 공동발명자가 되기 위해서는 발명의 완성을 위하여 적극적으로 관여하거나 상호 협력하는 관계에 있어야 한다.

② 단순한 보조자, 조언자, 자금의 제공자, 사용자로서 피용자에게 단순히 창작을 할 것을 지시한 자, 지시에 따른 업무수행자, 통상 업무범위의 업무수행자 및 요청한 바에 따라 장치를 제작한 장치제작자 등은 공동발명자에 해당되지 않는다.

③ 지시 또는 계약에 따라 계약당사자로서 세부적인 설계도면의 작성 및 기계제작 등의 용역을 제공한 자는 공동발명자에 해당하지 않는다.

④ 발명의 성립과정에서 착상의 제공자와 착상을 구체화한 자로 나누는 경우

– 공동발명자가 되기 위해서는 단순한 아이디어나 착상의 제공에 머무르지 않고 구체적인 문제 해결수단을 제시하여야 한다.

– 착상을 구체화한 자라 할지라도 발명자로 인정되기 위해서는 그 구체화 수단이 신규성과 진보성이 있는 것이어야 한다.

12) 발명자에 해당하는 i)의 예와 혼란이 있을 수 있는데, 위 i)의 예에서 착상은 '구체적인 착상'을 의미하고, 여기서는 '추상적인 착상(단순한 아이디어의 제공)'을 의미한다.

일반적인 관리 및 연구에 대한 일상적 관리를 한 자, ii) 구체적인 착상을 나타내지 않고 단지 어떤 연구과제를 주어 발명자인 부하에 대하여 일반적인 관리를 한 자, iii) 부하의 착상에 대하여 단지 양부의 판단을 한 자 등은 발명자에 해당하지 않는다.

나. 미 국

공동발명이란 2인 이상의 사람들이 서로 협동해서 하나의 문제에 대한 해결방법을 착상(conception)함으로써 발명하는 데 기여하는 것을 말한다. 발명자 판단의 핵심인 '착상'의 의미에 대한 미국 판례들은 다음과 같다.

① Sewall v. Walters, 21 F.3d 411, 415 (Fed. Cir. 1994)
발명자 여부를 결정하는 것은 누가 해당 발명을 착상하였는가(conceive)를 판단하는 것과 다름 아니고, 통상의 기술자가 지나친 연구 또는 실험 없이 해당 장치를 구성할 수 있는 단계가 착상이 완성된 때이다

② Coleman v. Dines, 754 F.2d 353, 359 (Fed. Cir. 1985)
발명자의 마음에 완전하고 작동 가능한 발명에 대한 구체적이고 영속적인 아이디어가 형성된 단계가 착상이 완성된 때이다.

③ Singh v. Brake, 317 F.3d 1334, 1341 (Fed. Cir. 2003)
착상이 있다고 하기 위해서는 해결해야 할 과제를 인식하였다는 것만으로는 부족하고 그 해결방법을 제시해야 한다.

따라서 발명의 착상에 기여하지 않고 이미 완성된 발명을 실시 또는 구체화(Reduction to Practice)하는 데[13] 참여한 경우, 아무런 방법을 제시함이 없이 그저 결과만 제시하거나 발명자의 지시에 단순히 따른 경우, 이미 잘 알려진 선행기술을 발명자에게 설명해 준 데 불과한 경우에는 공동발명을 하였다고 볼 수 없다고 한다.[14]

---

13) 'Reduction to Practice'를 발명의 실시화로 번역하는 입장과 발명의 구체화로 번역하는 입장이 있다. 아래에서는 대법원 2011. 7. 28. 선고 2009다75178 판결의 설시례에 따라 발명의 구체화로 기재하기로 한다. 'Reduction to practice'는 '발명자의 정신 내에 착상된 발명이 물리적으로 완성된 것을 말하고, 'Constructive reduction to practice'(법정실시화)는 특허출원하는 것을 말한다.

14) 임호, 「특허법」, 법문사, 2003, 129－130면.

그리고 공동발명은 각 발명자들 사이에 i) 상당한 양적 협동(collaboration)이나 ii) 공동의 지침 아래 작업을 공동으로 할 것을 필요로 하는데, 이것은 한 발명자가 적절한 보고서를 만든 다음 다른 발명자가 이것을 보고 발명을 만들거나 또는 회의에서 발명자의 제안을 들은 다음 다른 발명자가 그것을 만드는 정도여야 한다고 한다. 한편, 공동발명자가 되기 위해서는 동일한 생각이 그들 모두에게 동시에 일어날 필요는 없고 반드시 작업을 함께 하여 발명을 구체화할 필요도 없으며, 발명을 착상하면 족하고 발명이 과연 의도한 대로 작동하는지를 실험하는 데 반드시 참여할 필요는 없다고 한다.[15)]

한편, 미국 법원은 특히 화학(chemistry) 또는 생물학(biology) 분야와 같이 발명의 예측가능성이 없는 기술분야에서 착상의 완성과 관련하여 "착상 및 구체화의 동시 수행 원칙(The doctrine of simultaneous conception and reduction to practice)"을 선언한 바 있다. 즉, Smith v. Bousquet 판결은 "발명자는 어떠한 행동이나 물질이 주어진 목적을 위해 기여한다고 추측하여 노력한 결과 그것이 목적을 이루어 냄을 발견하는 것이고, 성공적인 실험이 있기 전까지는 발명의 착상(a conception of the invention)이 발명자의 마음에 존재한다고 할 수 없다"고 판시하였다.[16)] 그리고 이를 계승하여 Mycogen Plant Science v. Monsanto Co. 판결[17)]은 위 원칙은 특히 화학, 생물학과 같은 예견할 수 없는 기술분야에서(in the unpredictable arts such as chemistry and biology) 적용된다면서, "몇몇 경우에는 발명자가 성공적인 실험을 통하여 실제로 발명을 실시하기까지는 착상을 완성하였다고 할 수 없고, 이런 경우에는 착상과 발명의 구체화가 동시에 있어야 한다(In some instances, an inventor is unable to establish a conception until he or she has reduced to practice the invention through a successful experiment. This situation results in a simultaneous conception and reduction to practice.)"는 법리를 인정하였다.

15) 임호, 위의 책, 131－132면, 137면.
16) 111 F.2d 157, 159 (C.C.P.A. 1940).
17) 243 F.3d 1316 (Fed. Cir. 2001).

다. 일 본

1) 학설[18)]

발명은 기술적 사상의 창작이므로, 공동발명자에 해당하기 위한 실질적 협력 유무는 오로지 이 관점에서 판단해야 한다. 따라서 기술적 사상의 창작 자체에 관계하지 않은 자, 예컨대 단순한 관리자·보조자 또는 후원자 등은 공동발명자가 아니다. 즉, i) 부하인 연구자에 대해 일반적인 관리를 한 자, 예컨대 구체적인 착상을 제시하지 않고 단지 통상의 테마를 주거나, 발명의 과정에서 단순히 일반적인 조언·지도를 한 자(단순 관리자), ii) 연구자의 지시로 단순히 데이터를 정리하거나 또는 실험한 자(단순 보조자), iii) 발명자에게 자금을 제공하여 설비이용의 편의를 주는 등 발명의 완성을 원조하거나 위탁한 자(단순 후원자·위탁자)는 공동발명자가 아니다.

발명의 성립 과정을 착상의 제공(과제의 제공이나 과제해결의 방향부여)[19)]과 착상의 구체화[20)]의 2단계로 나누고, 각 단계에 대해 실질적인 협력 유무를 다음과 같이 판단한다.

가) 제공한 착상이 새로운 경우 착상(제공)자는 공동발명자이다. 다만, 착상자가 착상을 구체화하지 못하고 그대로 공표하였을 때에는 그 후에 다른 사람이 이것을 구체화시켜 발명을 완성하였다고 하여도 착상자는 공동발명자가 될 수 없다. 두 사람 사이에는 일체적·연속적인 협력관계가 없기 때문이다. 이 경우에는 공지의 착상을 구체화하여 발명을 완성한 사람만이 발명자이다.

---

18) 吉藤幸朔,「특허법개설」, 대광서림, 2005, 224면. 한편 일본 신주해특허법(상권, 2010), 366면에서는 "이와 같이 발명의 과정을 ① 착상의 제공과 ② 착상의 구체화의 2단계로 나누는 2단계론은 풍부한 시사점을 주는 것이지만 ②에서 '구체화'될 필요가 있는 ①의 '착상'이 ②의 구체화 이전에 이미 어느 정도 '구체적'이어야 하는지라는 점에서 난해한 요소를 포함하고 있다고 생각된다. 또한, 일본법에 있어서는 전기와 같이 발명이 완성에 이르는 단계는 ① 일정한 기술적 과제(목적)의 설정, ② 그 과제를 해결하기 위한 기술적 수단의 채용 및 ③ 그 기술적 수단에 의해 소기의 목적을 달성할 수 있다고 하는 효과의 확인의 3단계로 되어 있는 것이므로(최고재 판결 소화 61.10.3), 발명의 성립과정을 ① 착상의 제공과 ② 착상의 구체화의 2단계로 나누어 고찰하는 것은 이 최고재 판결과의 정합성이 약간 문제로 될 것이다."라고 기재하고 있다.

19) 실험 등에 의한 검증이 없는 단계인데, 기계/장치 발명과 같이 실험 등에 의한 검증 없이도 그 착상에 의한 구체적 결과를 예측할 수 있는 경우에는 이것만으로도 '구체적인 착상'에 해당할 수 있다. 그러나 발명의 예측가능성이 없어 실험을 요하는 화학/생물학 발명에서는 이것만으로 '구체적인 착상'이 있다고 해서는 안 될 것이다.

20) 실험, 제작 등으로 착상을 구체화하는 단계이므로, 실험 등에 의한 검증의 과정에서 발생한 착상이다. 이는 기계/장치 발명뿐만 아니라 화학/생물학 발명에서도 '구체적인 착상'에 해당한다고 할 수 있을 것이다.

나) 새로운 착상을 구체화한 자는 그 구체화가 통상의 기술자에게 자명한 정도의 것에 속하지 않는 한 공동발명자이다.

2) 판 례

① 동경지재 평성20(2008). 12. 16. 선고 평19(ワ)29768호 판결

발명이란 자연법칙을 이용한 기술적 사상의 창작 중 고도한 것을 말하고, 특허발명의 기술적 범위는 특허청구범위의 기재에 기초해 정해야 하기 때문에, 발명자는, 해당 특허청구범위의 기재에 기초해 정해진 기술적 사상의 창작행위에 현실적으로 관여한 자, 즉 새로운 착상을 한 자 또는 새로운 착상을 구체화한 자의 어느 하나에 해당해야 하고, 기술적 사상의 창작행위 자체에 관여하지 않은 자, 예를 들면 부하 연구자에 대하여 구체적인 착상을 나타내지 않고 단순히 연구테마를 부여하거나, 일반적인 조언이나 지도를 한 것에 지나지 않는 자, 연구자의 지시에 따라 단지 데이터를 모으거나 실험을 했음에 지나지 않는 자, 발명자에게 자금이나 설비를 제공하는 등 발명의 완성을 원조 또는 위탁한 것에 지나지 않는 자는 발명자로 되지 않는다.

② 지재고재 평성18(2006). 3. 29. 선고 평17(ネ)10117호 판결

위 ① 판결과 같은 취지의 공동발명자 판단기준을 인정하고, '필름코팅을 실시한 분할정제에 관한 발명'에 대하여 "본 발명의 경우, 정제(정제, 알약)의 형상에 관한 착상을 얻었다는 것만으로는 기대하는 작용효과를 나타낼지 여부가 명백하지 않고, 실제로 실험 등을 반복하여 비로소 발명이 구체화하고 완성되는 것이므로, 본건 발명에서 발명자를 인정함에 있어서는, 실제로 필름코팅 실험 등을 실시하고 창작적으로 그 구성을 발견했는지 여부의 관점에 의거함이 상당하다"라고 판시하였다.

③ 지재고재 평성18(2006). 7. 19. 선고 평18(ネ)10020호 판결

발명이란 자연법칙을 이용한 기술적 사상의 창작 중 고도한 것을 말하기 때문에, 발명자(공동발명자를 포함한다)에 해당한다고 하기 위해서는 해당 발명에서의 기술적 사상의 창작행위에 현실적으로 가담할 것이 필요하고, 단순한 아이디어나 연구테마를 제시하였음에 지나지 않는 자 등은 기술적 사상의 창작행위에 현실적으로 가담했다고는 말할 수 없으므로 발명자라고 할 수 없다. 또한, 화학의 기술분야에 속하는 발명에 관해서는, 일반적으로 어떤 물품을 구성하는 유효성분의 물질명이나 그 화학구조만으로 해당 물품의 유용성을 예측하는

것이 곤란하므로, 그것을 구성하는 물질에 관한 착상만으로는 바로 당업자에 있어서 실시 가능한 발명이 완성하는 것은 아니고, 유용성을 확인하기 위한 실험을 반복해 유용성이 인정되는 범위의 것을 명확히 한 경우에 비로소 기술적 사상의 창작을 했다고 할 수 있는 것도 많이 존재한다. 그리고 그와 같은 경우에는, 상기 착상을 나타낸 것만으로는 기술적 사상의 창작행위에 현실적으로 가담했다고는 할 수 없으므로, 해당 착상을 제시하였을 뿐인 자를 발명자라고 할 수 없다.

④ 동경지재 평성14(2002). 8. 27. 선고 평13(ワ)7196호 판결

발명의 성립 과정을 착상의 제공(과제의 제공이나 과제해결의 방향부여)과 착상의 구체화의 2단계로 나누어, ① 제공한 착상이 새로운 경우에는 착상(제공)자가 발명자이고, ② 새로운 착상을 구체화한 자는 그 구체화가 당업자에게 자명한 정도가 아니면 공동발명자라고 하는 견해가 존재한다. 이 견해에 대해서는, 발명이 기계적 구성에 속하는 경우에는 일반적으로 착상 단계에서 이것을 구체화한 결과를 예측하는 것이 가능하고, 위 ①에 의해 발명자를 확정할 수 있는 경우도 적지 않다고 생각되지만, 발명이 화학 관련 분야 등에 속하는 경우에는 일반적으로 착상을 구체화한 결과를 사전에 예상하는 것은 곤란하고, 착상을 그대로 발명 성립에 결부시키는 것은 곤란하므로, 위 ①을 적용하여 발명자를 확정할 수 있는 경우는 오히려 적다고 해석된다.[21)]

⑤ 지재고재 평성19(2007). 3. 15. 선고 평18(ネ)10020호 판결

발명이란 자연법칙을 이용한 기술적 사상의 창작 중 고도한 것을 말하고, 특허발명의 기술적 범위는 특허청구범위의 기재에 기초해 정해야 하므로, 발명자로 인정되기 위해서는 해당 특허청구범위의 기재에 기초해 정할 수 있던 기술적 사상의 창작 행위에 현실적으로 가담할 것이 필요하고, 설사 해당 창작 행위에 관여하고, 발명자를 위해서 실험하고, 데이터의 수집·분석을 했다고 하더라도, 그 역할이나 행위가 발명자를 보조한 것에 지나지 않는 경우에는 창작행위에 현실적으로 가담했다고 할 수 없다. 원고는 발명의 계기가 된 항혈소판작용의 발견, 발명에 이르는 경위에서 중요 화합물의 합성, 화합물 창제의 목표 설정 어느 것에서도 생물활성의 측정 및 그 분석 등에 종사한

---

21) 위 ②, ③, ④ 판결은 앞서 미국 판례가 선언한 "착상 및 구체화의 동시 수행 원칙(The doctrine of simultaneous conception and reduction to practice)"과 같은 취지를 설시한 것으로 이해할 수 있다.

것에 지나지 않고, 본건 연구의 단서를 제공하고, 화합물의 구조 선택·결정의 방향성을 시사하고, 새로운 연구목표를 설정하는 등의 공헌을 했다고 할 수 없으므로, 발명자라고 할 수 없다.

3. 특허출원서의 기재와 공동발명자 해당 여부

공동발명자에 해당하는지 여부는 특허출원서의 발명자란에 기재 여부와 관계없이 실질적으로 정해져야 한다.[22] 즉, 발명자란에 발명자로 기재되어 있다고 하더라도 발명자에 해당하지 않는다고 판단될 수 있고,[23] 그 반대로 발명자란에 발명자로 기재되어 있지 않더라도 진정한 발명자로 판단될 수 있다.

일본 판례에 의하면 발명자로 기재된 자가 이미 사용자로부터 출원보상 및 등록보상을 받았다고 하여도 결론에는 변함이 없다고 한다.[24]

22) 윤선희, "직무발명에 있어서의 보상제도", 법조 54권 11호, 2005. 11., 51면.

23) 서울중앙지법 2010. 4. 21. 선고 2009가합86135 판결 등 우리나라 하급심판례와 지재고재 평성 20(2008). 12. 16. 선고 평19(ワ)29768호 판결, 동경고재 평15(2003). 8. 26. 선고 평14(ネ)5077호 판결 등 일본 하급심판례의 입장이다.

24) 윤선희, 앞의 논문(주 22), 51면.

제 4 절 직무 해당성

법무법인 원 변호사 성창익

I. 서 론

1. 기본적 사고방식

직무발명에 해당하기 위해서는 "발명을 하게 된 행위가 종업원 등의 현재 또는 과거의 직무에 속하는" 것이어야 한다(발명진흥법 제2조 제2호). 발명진흥법에 근거한 대통령령인 '공무원 직무발명의 처분·관리 및 보상 등에 관한 규정'도 공무원 직무발명에 관하여 "발명을 하게 된 행위가 공무원의 현재 또는 과거의 직무에 속하는" 것이어야 한다고 동일하게 규정하고 있다(위 규정 제2조 제1호).

직무발명에 관한 위와 같은 요건을 '직무 해당성'이라고 부를 수 있는데, 직무 해당성을 얼마나 넓게 인정하느냐에 따라서 종업원 등(이 절에서는 '종업원'이라고만 한다)의 발명이 사용자 등(이 절에서는 '사용자'라고만 한다)에게 무상실시권이 부여되거나 특허를 받을 수 있는 권리 등이 승계되는 직무발명이 될 수도 있고 아무런 권리 제한이 없는 자유발명이 될 수도 있다. 그러므로 직무 해당성 요건은 종업원과 사용자의 이해관계가 첨예하게 대립하는 부분으로서 그 판단은 종업원과 사용자 사이의 이익조정이라는 관점에서 형평에 맞게 이뤄져야 한다.[1)]

1) 윤선희, 특허법, 제5판, 법문사, 2012, 294면; 中山信弘 編, 「注解 特許法(上卷)」, 第二版 增補, 青林書院, 1994, 294면(中山).

원래 종업원 개인에게 귀속될 발명에 관하여 직무발명으로서 사용자의 권리를 인정하는 것이 사회적으로 정당화되기 위해서는 사용자가 종업원의 발명행위에 대하여 임금의 지급, 설비·인력·조언의 제공 등과 같이 어떠한 형태로든 지원 또는 협력하였다는 것이 전제되어야 할 것인바, 이러한 사고방식이 직무발명과 자유발명의 경계를 가르는 직무 해당성 판단에서도 기본적인 지침이 될 수밖에 없다.[2)]

나아가, 직무발명만 넓게 인정하고 그에 대한 종업원의 대가청구권은 충분히 부여하지 않는다면 역시 직무발명제도는 정당화될 수 없으므로, 직무 해당성에 관한 이하의 논의는 직무발명에 대한 종업원의 대가청구권이 충분히 기능하고 있음을 전제로 한다.[3)]

2. '업무발명'에 관한 논란

발명진흥법은 직무발명에 해당하지 않는 종업원의 발명에 대하여는 사용자에게 특허 등을 받을 수 있는 권리나 특허권 등을 승계시키거나 사용자를 위하여 전용실시권을 설정하도록 하는 계약이나 근무규정의 조항은 무효로 하고 있다(제10조 제3항). 이와 같이 발명진흥법은 직무발명인가 아닌가에 따라서만 법적 효과를 달리 규정하고 있는바, 직무발명에 해당하지 않는 발명을 일반적으로 '자유발명'이라고 부르고 있다.[4)]

그런데 학설상으로는 직무발명에 해당하지 않는 발명을 다시 세분하여, 종업원의 직무에 속하지 않고 사용자의 업무범위에도 들어가지 않는 발명만을 자유발명이라고 부르고, 종업원의 직무에는 속하지 않으나 사용자의 업무범위에는 들어가는 발명은 '업무발명'이라고 부르면서, 업무발명의 경우에는 각국의 취급이 다양하고 업무발명에 관한 아무런 규정이 없는 법제의 경우에도 사후계약에 의하여 사용자에게 권리를 양도하거나 실시권을 허여할 때 보상이나 실시료에 상당한 차이를 가져온다고 설명하는 견해가 있다.[5)] 이에 대하여 법

2) 帖佐隆, 「職務発明制度の法律研究」, 成文堂, 2007, 92면.

3) 帖佐隆, 앞의 책, 84면.

4) 2006. 3. 3. 개정되기 전의 발명진흥법 제2조 제3호에서는 자유발명은 직무발명 외의 발명을 말한다고 명시적으로 규정하고 있었다.

5) 윤선희, "종업원발명", 법조 52권 1호(통권 556호), 법조협회, 2003년 1월, 28－29면; 竹田和彦, 「특허의 지식－이론과 실무」, 제8판, 도서출판 에이제이디자인기획, 김관식 외 4인 역, 2011), 390면; 吉藤幸朔, 特許法概說(第8版) 增補, 有斐閣, 1989, 167면.

에서 직무발명의 개념만 정의하고 노사 간에 특허권 등을 둘러싼 조정에 관하여는 직무발명인가 아닌가에 의해서 취급을 달리하고 있는 것이 분명한데도, 자유발명과 별개의 업무발명이라는 새로운 개념을 출현시켜 비직무발명의 수탈을 정당화하는 것은 타당하지 않다고 하는 견해도 있다.[6] 앞서 본 바와 같이 우리 법은 직무발명인지 아닌지에 따라서만 법적 취급을 달리하고, 직무발명이 아닌 종업원의 발명은 자유발명으로서 모두 종업원의 자유로운 처분에 맡기고 있으므로 업무발명이라는 개념을 별도로 인정하여 달리 취급할 이유가 없다고 생각된다.

이하에서는 발명진흥법 제2조 제2호의 "발명을 하게 된 행위가 종업원 등의 현재 또는 과거의 직무에 속하는" 것이라는 요건을 나누어 설명한다.

Ⅱ. 발명을 하게 된 행위

1. 개 념

'발명을 하게 된 행위'라 함은 발명을 착상하고 구체화하여 완성에 이르기까지의 행위 일체로서, 발명을 위한 정신적 활동(이론추구 · 사색 · 문헌조사 등)뿐만 아니라 그에 부수되는 육체적 활동(실험 · 기계제작 등)까지 포함한다.[7]

법문에서 '발명을 한 행위'라고 하지 않고 '발명을 하게 된 행위'라고 규정하고 있는 것은 발명을 의도하였는지 아닌지에 관계없이 직무수행의 결과 생기는 모든 발명행위를 포함하기 위해서이다.[8] 발명이 의도적이든 그렇지 않든 간에 사용자의 지원 또는 협력 하에 발명에 이르게 된 경우에는 그 발명에

6) 帖佐隆, 앞의 책, 63면.

7) 송영식 외 6인, 「송영식 지적소유권법(상)」, 제2판, 육법사, 2013, 425면; 정상조 · 박성수 편, 「특허법 주해 I」, 박영사, 2010, 462면(조영선 집필 부분); 오창국, "직무발명에 대한 고찰", 법조 51권 8호(통권 551호), 법조협회, 2002년 8월, 154면.

8) 송영식 외, 위의 책, 425면; 윤선희, 앞의 책, 293면; 김철환, "직무발명에 있어서의 직무해당성 [대법원 1991. 12. 27. 선고 91후1113 판결]", 특허판례연구, 개정판, 박영사, 2012, 941면; 이회기, "특허발명에 대한 소고", 특허소송연구 제3집, 특허법원, 2005, 114면; 吉藤幸朔, 앞의 책, 169면; 일본의 석회질소 제조로 사건의 제1심 판결[東京地裁 昭和 38年 7月 30日 判決, 昭33(ワ) 9523号]도 직무발명 요건 중의 "발명을 하기에 이른 행위"에는 "발명의 완성을 직접 목적으로 하는 것에 한하지 않고, 결과로 보아 발명의 과정으로 되어 이를 완성하기에 이른 사색적 활동"도 포함된다는 취지로 판시하였다.

대하여 사용자에게 일정한 권리를 인정하는 것이 형평에 맞다는 점에서 이와 같이 규정한 것으로 볼 수 있다.

2. 발명의 완성

'발명을 하게 된 행위'가 종업원의 직무에 속하는지를 논하는 것은 '발명의 완성'을 전제로 하는 것이다. 발명진흥법 제2조 제1호에서는 '발명'을 특허법 등에 따라 보호대상이 되는 발명 등을 말한다고 규정하고 있고(미완성발명은 특허법에 의한 보호대상이 되지 않는다) 위 법 제12조에서는 종업원이 직무발명을 완성한 경우에 비로소 사용자에게 그 완성사실을 통지하도록 의무를 부과하고 있는 데서 알 수 있듯이, 직무발명이 성립하기 위해서는 발명의 완성이 전제되어야 한다. 발명의 완성에 이르지 못한 경우에는 그 때까지의 종업원의 행위가 직무에 속하는 것이라 하더라도 사용자의 영업비밀 성립 여부를 논할 수는 있을지언정 직무발명의 성립을 논할 여지는 없다.

발명의 완성에 관하여 대법원은 "완성된 발명이란 그 발명이 속하는 분야에서 통상의 지식을 가진 자가 반복 실시하여 목적하는 기술적 효과를 얻을 수 있을 정도까지 구체적, 객관적으로 구성되어 있는 발명"이어야 한다고 판시하고 있다(대법원 1993. 9. 10. 선고 92후1806 판결, 대법원 1994. 12. 27. 선고 93후1810 판결 등).[9] 따라서 이와 같은 대법원 판례에 의하면 종업원이 직무수행으로서 발명을 위한 연구·개발활동 등을 하였다 하더라도 그 성과물이 아직 통상의 기술자가 반복 실시하여 목적하는 기술적 효과를 얻을 수 있을 정도로 구체화·객관화되지 못한 경우에는 직무발명도 당연히 성립하지 않는다.

뒤에서 보는 바와 같이, 발명행위가 종업원의 재직 전후에 걸쳐 행하여진 경우에는 발명의 완성 시기가 재직 중인가 아닌가의 문제가 생기고 그 판단에 따라서 종업원의 발명에 대한 사용자의 권리 인정 여부가 달라질 수 있다.

---

9) 일본 最高裁 昭和 44年 1月 28日 判決, 昭39(行ツ) 24号도 "발명은…특허제도의 취지에 비추어 보면, 그 창작된 기술내용은 그 기술 분야에서 통상의 지식·경험을 가진 자라면 누구라도 그것을 반복 실시하여 그 목적으로 하는 기술적 효과를 올릴 수 있는 정도까지 구체화되고 객관화된 것이어야 한다. 따라서 그 기술내용이 이 정도로 구성되지 않은 것은 발명으로서 미완성된 것이어서 처음부터 구 특허법 제1조에서 말하는 공업적 발명에 해당하지 않는 것이라고 해야 한다."라고 판시하였다.

Ⅲ. 종업원의 직무에 속할 것

1. 직무의 판단기준

직무발명에 해당하기 위해서는 발명을 하게 된 행위가 종업원의 '직무'에 속하여야 한다. 직무라는 것은 일반적으로 종업원이 사용자 측의 요구에 응하여 수행하는 노동행위라고 할 수 있으나,[10] 이 정도의 정의만으로는 직무발명에서의 직무 해당성을 판단하기에 충분하지 않다.

직무발명은 특허법, 노동법, 계약법 등이 교차하는 영역이기 때문에 직무발명에서의 직무를 반드시 노동법과 마찬가지로 생각할 필요는 없고, 직무발명제도 자체의 입법 취지를 고려할 필요가 있다. 즉, 직무발명제도는 인적·물적·경제적 자원을 제공하는 사용자와 그러한 자원을 이용하여 발명에 이른 종업원 사이의 관계에서 발명에 관한 양자의 이익을 조정하기 위한 제도이므로, 이와 같은 관계가 인정되면 '직무'성을 인정할 수 있고 지휘명령의 유무는 결정적인 것이 아니다.[11]

이러한 관점에서, '직무'인지 아닌지는 종업원과 사용자 사이에 체결된 근로계약 또는 근무규칙뿐만 아니라 당해 종업원의 지위, 급여, 직종, 직책을 고려하고, 사용자가 제공한 시설과 자금을 이용한 것인지 여부, 근무시간 중에 이루어진 발명인지 여부, 기타 당해 발명의 완성과정에서의 사용자의 기여 정도 등을 종합적으로 감안하여 개별적이고 구체적으로 결정하여야 한다.[12]

이에 따라 종업원이 발명을 하도록 구체적으로 명령, 지시를 받은 경우뿐만 아니라, 종업원의 지위, 급여, 직종 등 제반 사정에 비추어 발명이 종업원의 행위로서 당연히 예정되거나 기대되는 경우에도 그 발명행위는 직무에 속한다고 보는 것이 통설이다.[13] 이에 의하면 자발적으로 연구 테마를 찾아내어 발명한 경우라도 앞서와 같은 제반 사정에 비추어 그 발명행위가 사용자와의 관계에서

---

10) 윤선희, 앞의 책, 294면; 帖佐隆, 앞의 책, 91면; 吉藤幸朔, 앞의 책, 168면.

11) 田村善之·山本敬三, 「職務発明」, 有斐閣, 2005, 157면.

12) 송영식 외, 앞의 책, 423, 425면; 윤선희, 앞의 책, 294면; 김병일, "직무발명제도와 종업원과 사용자간의 법률문제", 지적소유권법 연구 4집, 한국지적소유권학회, 2000년, 379면; 이회기, 앞의 논문, 116면; 中山信弘, 「특허법」, 법문사, 한일지재권연구회 역, 2001, 80면.

13) 송영식 외, 앞의 책, 425면; 윤선희, 앞의 책, 294면; 정상조·박성수 편, 앞의 책, 462면(조영선 집필 부분); 김병일, 앞의 논문, 380면; 田村善之·山本敬三, 앞의 책, 157면; 中山信弘 編, 앞의 책, 294면; 中山信弘, 앞의 책, 80면; 吉藤幸朔, 앞의 책, 169면; 帖佐隆, 앞의 책, 92면.

일반적으로 예정·기대된 것으로 평가될 수 있으면 직무에 속하는 것으로 보게 된다.[14] 반면에 어떤 기술적 과제를 해결할 직무상 의무를 부담한다고 전혀 기대되지 않는 경우, 예컨대 자동차의 운전수가 자동차부품에 관한 발명을 하거나, 경보기제조회사의 경비원이 도난예방경보기를 발명한 경우에는 그 직무에 속한다고 볼 수 없고, 이 경우에는 자유발명일 뿐이라고 해야 한다.[15]

대법원도 1991. 12. 27. 선고 91후1113 판결에서, 발명을 하게 된 행위가 종업원의 직무에 속한다는 것은 "담당하는 직무내용과 책임범위로 보아 발명을 꾀하고 이를 수행하는 것이 당연히 예정되거나 또는 기대되는 경우"를 뜻한다고 판시하면서, 악기 회사의 공작과 기능직 숙련공으로서 금형제작 등의 업무에 종사한 사람이 피아노 부품의 하나인 플랜지의 구멍에 붓싱을 효과적으로 감입하는 장치를 고안한 경우 그 행위는 근무기간 중에 일반적으로 기대되는 것이라는 이유로 그 고안을 직무발명으로 인정하였다.

일본에서도 석회질소 제조로(製造爐) 사건에서 제1심 판결[東京地裁 昭和 38年 7月 30日 判決, 昭33(ワ) 9523号]이 "발명을 하기에 이른 행위가 발명자의 임무에[16] 속하는 경우"를 "발명의 완성을 직접 목적으로 하는 것에 한하지 않고, 결과로 보아 발명의 과정으로 되어 이를 완성하기에 이른 사색적 활동이 사용자와의 관계에서 피용자들의 의무로 여겨지는 행위 중에 예정되고 기대되어 있는 경우도 말하는 것으로 해석함이 상당하다. 따라서 사용자가 피용자에게 이러한 발명을 명한 경우뿐만 아니라 그 업무의 범위에 속하는 기술문제에 대하여 진보개량을 위해 연구할 것을 명하거나 혹은 이를 기대하여 발명자에게 상당한 편익을 제공하고, 그 결과 이러한 발명을 완성하는 기회를 부여한 것과 같은 경우에는, 이러한 발명에 대해 사용자의 간접적 기여를 보상하기 위해 이에 실시권을 인정한다는 해석이 허용된다고 생각된다."라고 판시하고 그 판결의 결론이 최고재판소에서도 유지되고[最高裁 昭和 43年(1968년) 12月 13日 第2小法廷 判決, 昭42(オ) 881号] 학설도 이를 '예정·기대설'이라고 하여 지지

---

14) 大阪地裁 平成 6年 4月 28日 判決, 判時 1542号(보온병 사건)는, 자발적으로 연구테마를 찾아내서 발명을 완성시킨 경우에도 그 종업원의 본래의 직무내용으로부터 객관적으로 보아 그러한 발명을 시험해 보고 완성시키는 것이 사용자와의 관계에서 일반적으로 예정되어 사용자가 편의를 공여하고 원조하는 경우에는 직무발명이 된다고 판시하였다.

15) 김창종, "직무발명", 재판자료 제56집, 법원도서관, 1992년, 128면; 이회기, 앞의 논문, 116면

16) 일본의 구 특허법에서는 현행 특허법과 달리 '직무'라는 용어 대신 '임무'라는 용어를 쓰고 있었다.

함에 따라 그 이후에 재판 실무가 이에 따르고 있다.[17] 위 석회질소 제조로 사건의 최고재 판결은 '예정 · 기대'라는 표현을 직접 쓰지는 않았지만, 당해 발명자는 12기의 석회질소 제조로를 사용하여 석회질소를 제조하고 있는 회사의 상무이사 또는 전무이사로서 기술부문의 최고책임자의 지위에 있었고 그 지위에 의해 석회질소 생산의 향상을 도모하기 위하여 그 전제조건인 석회질소 제조로의 개량고안을 시험해 보고 그 효율을 높이도록 노력하여야 할 구체적인 임무를 가지고 있었다는 이유에서, 그 발명자가 석회질소 제조로의 신규한 구조를 고안한 행위는 회사의 임원으로서의 임무에 속한다고 판시하여 하급심과 결론을 같이하였다.[18]

이와 같은 '예정 · 기대설'에 대하여는, 해석론으로 뿌리가 깊어진 것이기는 하지만, 이와 같이 해석하는 것은 사용자 측으로부터 보면 타당한 것이나 종업원 측으로부터 보면 너무나 넓은 것이 된다고 지적하면서, 그 보상의 관점에서 법은 사용자에 권리를 승계한 경우의 대가를 준비하고 타당성을 꾀한 것이라고 설명하고, 나아가 구체적 대가의 액수 산정에서도 발명에 대한 사용자 공헌의 대소, 즉 '공헌도'를 반영할 필요가 있다는 견해가 있다.[19] 직무발명제도의 실제 운용에 참고할 만하다.

한편, 어떤 발명이 종업원의 직무에 속하는지 여부에 관하여 분쟁이 생긴 경우에 사용자가 이를 결정할 권한을 갖는다는 내용을 고용계약이나 근무규정에 미리 정하는 것도 가능하고 이러한 조항을 무효로 볼 이유가 없다고 해석하는 견해가 있다.[20] 그러나 경제적 약자인 종업원에 일방적으로 불리할 뿐만 아니라, 발명진흥법 제10조 제3항에서 직무발명 외의 종업원의 발명에 대하여 미리 사용자에게 특허를 받을 수 있는 권리나 특허권 등을 승계시키거나 사용자를 위하여 전용실시권을 설정하도록 하는 계약이나 근무규정 조항을 무효로 한다고

17) 神戸地裁 平成 元年 12月 12日 決定, 昭62(ヨ) 527号[유압식도복(倒伏)게이트 사건 제1심], 大阪高裁 平成 2年 9月 13日 決定, 平1(ラ) 590号[제2심], 東京地裁 平成 3年 11月 25日 判決, 判時 1434号 98頁[배연탈류장치(排煙脫硫裝置) 사건], 大阪地裁 平成 6年 4月 28日 判決, 判時 1542号 115頁(보온병 사건), 東京地裁 平成 14年 9月 10日 判決, 平13(ワ) 10442号(ニッカ電測사건) 등.

18) 위 최고재 판결에 대한 평석으로는 帖佐隆, "직무발명의 성립요건으로서의 직무해당성－석회질소의 제조로 사건", 특허판례백선(제4판, 中山信弘 외 3인 편, 박영사, 사단법인 한국특허법학회 역, 2014) 참조.

19) 帖佐隆, 앞의 판례 평석, 192－193면.

20) 박영식, "미국법에 있어서의 SHOP RIGHT의 원칙과 우리 특허법에 있어서의 직무발명제도의 비교법적 연구", 사법논집 제2집(법원도서관), 1972년, 483면.

규정하여 자유발명을 보호하고 있는 취지에 비추어볼 때 위와 같은 조항은 무효로 봄이 타당하다.

2. 구체적 판단요소별 검토

가. 직종(職種)

발명이 속하는 분야가 종업원의 직종과 다르면 직무발명이 아니라고 생각하는 것이 기본 사고방식이고 일본에서는 통설이라고 한다.[21] 기술담당이라면 그 담당 기술부문에서 행한 발명은 대개 직무발명으로 인정될 것이나, 영업직, 사무직, 공장 등의 작업노동 등에 종사하는 종업원의 경우에는 일반적으로 발명행위가 예정되거나 기대되지 않으므로 우연히 아이디어가 떠올라 발명을 하더라도 원칙적으로 직무에 속하지 않는다고 보아야 한다.[22] 또한, 예를 들어 모든 종업원을 대상으로 발명 또는 신제품 개발의 중요성을 강조하는 사장의 훈시에 응하여 일반 사무직원이 자발적으로 발명을 하더라도 직무에 속하는 것으로 보기 어렵다.[23] 연구·개발직에 종사하는 종업원의 경우에도 그 자신이 맡은 연구·개발 분야와 전혀 다른 기술 분야의 발명을 개인적인 흥미로 한 경우에는 직무에 속한다고 보기 어려울 것이다.

우리나라의 하급심 판결 중에는, '영구배수공법'을 전문으로 하는 회사의 신축공사현장에서 감리 업무를 담당하던 종업원이 지하수가 배수로를 통해 집수정으로 배출되도록 하는 시공방법을 발명한 행위는 직무에 속한다고 판단한 사례(서울고등법원 2008. 7. 23. 선고 2007나79062 판결, 미상고로 확정)가 있고, 전력회사에서 송변 전 설비계획 수립 및 관련 시설 발주를 주된 업무를 하던 종업원이 변압기 냉각장치에 관한 발명을 한 행위는 그 직무에 속하지 않는다고 판단한 사례(서울고등법원 2010. 9. 29. 선고 2009나121677 판결, 상고 기각)가 있다.

일본의 하급심 판결 중에는, 욕조 등을 주로 판매하는 회사에서 제품 판매에 종사하다가 개발부장이 된 후에는 시장개발, 판매기획, 관계회사에 대한 경영 조언 등을 직무로 하고 있었던 종업원이 종전부터 흥미를 가지고 있던 욕조에

---

21) 帖佐隆, 앞의 책, 98면.
22) 윤선희, 앞의 책, 294–295면; 帖佐隆, 앞의 책, 98면.
23) 윤선희, 앞의 책, 294면; 吉藤幸朔, 앞의 책, 170면.

관한 고안을 한 경우에는 직무발명에 해당하지 않는다고 한 사례[東京高裁 昭和 44年 5月 6日 判決, 判タ237号 305頁(욕조 항소사건)]가 있다.[24]

나. 지위 및 직책(職責)

기업의 중역이라고 해서 기업의 모든 업무가 당해 중역의 직무가 되는 것은 아니지만, 이사와 일반 종업원과 같이 각각의 지위에 따라서 책임의 범위가 달라지고, 급여 등의 차이에 따라 사용자 측에서 기대하는 노동행위의 범위에도 차이가 생긴다. 또한, 같은 연구·개발직이라 하더라도 하급 연구원의 경우에는 구체적인 명령을 기다려 연구하는 경우가 많은 반면에, 상급자의 경우에는 구체적인 지시를 기다리지 않고 기업의 방침에 따라서 자발적으로 연구하는 경우가 많을 것이다. 이에 따라 일반적으로 상급직으로 갈수록 발명행위의 직무 해당성을 넓게 인정할 여지가 있다.[25]

생산 및 그 관련 부문의 관리직에 있는 종업원이 그 담당 직무에 관하여 발명을 한 경우에는 구체적 사안마다 결론을 달리하겠지만, 사용자로서는 시험 연구원 이외의 자에 대해서도 그 담당하는 직무사항에 관한 개량행위를 직무 행위의 일부로 기대하는 일이 적지 않기 때문에 관리적 직무에 있는 사람이 그 담당하는 직무에 관한 사색행위의 결과로서 완성한 발명은 직무에 속하는 발명이라고 해석해도 좋다는 견해가 있다.[26] 그러나 관리적 직무가 기술과 전혀 관련이 없는 경우에는 직무발명으로 볼 수 없는 경우도 상당히 있을 것이다.

대법원 2012. 11. 15. 선고 2012도6676 판결은 직무발명의 완성사실을 사용자에게 알리지 않고 제3자에게 양도한 행위에 대하여 업무상 배임죄의 성립을 인정한 사례인데, 대법원은 피고인이 정보통신기기용 부품의 제조 및 판매 등을 영위하는 피해자 회사의 이사이자 종전부터 기존 상용합금보다 가벼우면서도 강도가 높은 합금의 개발을 담당하고 있던 자로서, 휴대 전자제품의 부품 제조에 적합한 경량 고강도 다이캐스팅용 합금의 개발을 시도하여 완성하려고 노력하는 것이 일반적으로 기대되는 자에 해당한다고 판시하였다.

일본의 재판례를 보면, 앞서 본 석회질소 제조로 사건의 제1심 판결[東京

24) 東京地裁 昭和 52年 2月 9日 判決, 昭42(ワ) 13472号 判決(琺瑯引鉄板製浴槽 사건)도 비슷한 취지이다.

25) 송영식 외, 앞의 책, 425면; 中山信弘, 앞의 책, 80면; 帖佐隆, 앞의 책, 103면.

26) 윤선희, 앞의 책, 295면.

地裁 昭和 38年 7月 30日 判決, 昭33(ワ) 9523号]은 직무 해당성의 한 근거로서 "당시 회사의 기술담당 중역으로서 관리직의 입장에서 일반적으로 기술면의 관리감독에 임명되는 동시에 회사의 업무범위에 속하는 기술문제에 대해서는 그 연구 내지 진보 개량을 지도하는 일반적 직책을 가지고" 있었다는 점을 들었다. 그 밖에 유압식 倒伏게이트 사건[神戸地裁 平成 元年 12月 12日 決定, 昭62(ヨ) 527号], 내압호스 사건[大阪地裁 昭和 47年 3月 31日 判決, 昭42(ワ) 6537号], 競走馬用 発馬機 사건[東京地裁 昭和 60年 2月 22日 判決, 昭55(ワ) 9922号] 등에서도, 발명자가 대표이사 또는 기술부문 담당 최고책임자인 경우에는 회사의 생산기술 등의 개량을 시도하고 효율을 높이도록 노력할 임무가 있다는 이유로 그에 의한 생산기술 등 관련 발명행위의 직무 해당성을 인정하고, 사용자로부터의 구체적 편익 제공의 유무·정도 또는 업무명령의 유무는 그다지 중시하지 않는 경향을 보였다.[27]

다. 근무시간

발명행위, 특히 그 중 사색적 활동은 근무시간 중에 행하여졌는지 근무시간 외에 행하여졌는지 외부에서 알기 어렵고, 그러한 사색적 활동은 근무시간과 그 전후로 계속 이어지는 것이 보통이다. 그러므로 발명을 하게 된 행위가 반드시 근무시간 중에 전부 이루어져야만 직무 해당성이 있는 것으로 해석하게 되면 거의 모든 종업원 발명이 직무발명이 아니라는 결론에 이르게 되어 직무발명제도가 유명무실해진다. 따라서 발명에 관한 사고활동의 일부가 근무시간 외에 이루어졌다 하더라도 '직무'인 이상 발명에 이르기까지의 사고활동을 행하는 기회는 근무시간 중에 충분히 주어지고, 자본이나 조언 등의 제공도 근무시간 중에 이루어지기 때문에, 발명을 하게 된 행위는 주로 근무시간 중에 행해지면 족하다고 해석하는 것이 타당하다.[28]

이에 더 나아가, 발명을 하게 된 행위가 반드시 근무시간 중에 이루어질 필요가 없으며, 발명한 장소도 근무지이든 가정이든 전혀 문제가 되지 않는다는 견해가 있다.[29] 그 근거로는, 비록 퇴근 후 가정에서 직무와 관련된 발명을 하였더라도 직무에서 터득한 지식과 경험 및 발명 완성 시까지의 사용자의

---

27) 김철환, 앞의 평석, 944면.
28) 吉藤幸朔, 앞의 책, 169면; 帖佐隆, 앞의 책, 99－100면.
29) 윤선희, 앞의 책, 297면; 박영식, 앞의 논문, 481면; 帖佐隆, 앞의 판례평석, 190－191면.

지원(설비, 자원, 급여 등)을 부정할 수 없다거나, '예정 · 기대설'의 입장에서, 근무시간 외에 발명을 했다고 해도 그것은 근무시간 내에 행하는 것도 가능한 것이었음을 감안하여 재량노동과 같은 것으로 보아 임금을 간접적 공헌이라고 생각할 수 있고, 발명의 힌트가 되는 것이 사용자의 사업장에 존재하는 경우가 많고 그 중에 종업원이 위치하고 있기 때문에 이를 사용자의 간접적 공헌으로 볼 수 있다는 점을 든다. 그러나 근무시간 외에 행해진 발명행위 중에는 종업원이 직무와 전혀 관계없이 순수하게 개인적 호기심으로 행한 것도 있을 수 있으므로, 종업원이 근무기간 동안 행하던 직무내용과의 관련성, 사용자 측 자원의 이용 여부 등을 따져서 직무 해당성을 판단하여야 할 것이다.

일본의 재판례를 보면, 大阪地裁 昭和 54年 5月 18日 判決, 昭50(ワ) 1948号(連続混陳機 사건)는 "일반적으로 발명의 직무발명성을 긍정하기 위해서는 사색 등의 행위가 전부 근무시간 중에 행해져야 하는 것은 아니다."고 하면서 "피고의 본건 발명에 관한 사색, 이론적 추구, 문헌조사 등의 정신활동 중 상당 정도의 부분은 원고회사의 편의제공 등을 배경으로 하는 것과 다름없어서 원고회사의 근무시간 중에 행하여졌다고 추인하여야 한다."라고 하여 직무발명성을 인정하였다. 그리고 東京地裁 平成 14年 9月 10日 判決, 平13(ワ) 10442号(캔 체커 사건)는 발명이 발명자인 원고가 담당하던 업무내용과 관련되고 사용자인 피고의 허가를 얻어 근무시간 중에 실험을 행한 사실 등을 들어 "원고는 본건 발명의 당초, 피고로부터 본건 발명에 관하여 구체적 명령 또는 지시를 받았던 것은 아니고, 또한 본건 발명의 원리를 자택에서 떠올리고, 자기 소유의 장치를 이용하여 실험하는 등의 사실이 있다고 해도" 그 발명은 원고의 직무에 속한다고 판시하였다.

라. 업무명령에 반한 경우

사용자의 업무명령에 반하여 발명을 한 경우에는 그 자체로 직무 해당성을 부정하여야 하는 것이 아닌가 하는 의문이 든다. 이에 관하여 일본의 청색 LED 사건[30] 제1심의 중간판결[東京地裁 平成 14年(2002년) 9月 19日 中間判決 平成

30) 이 사건은 제1심에서 수백억 엔에 이르는 거액의 직무발명 보상금이 인정되어 전 세계적으로 직무발명제도에 관한 관심을 불러일으켰던 사건이다. 항소심에서는 결국 8억 엔의 보상금을 지급하는 것으로 화해가 성립되었다. 이 사건의 원고인 나카무라 슈지는 당시 노벨상감이라고 불리던 청색LED에 관한 발명을 하고 회사에 엄청난 매출을 안겨주었음에도 회사로부터 겨우 2만 엔의 보상금밖에 받지 못하자 회사를 퇴사하고 위 소송을 하였다. 그는 일본의

13年(ワ) 第17772号]은, 원고가 피고회사 사장의 개발중지명령에 반하여 수행한 연구로부터 만들어낸 발명이기 때문에 직무발명이 아니라고 주장한 데 대하여, 원고가 피고회사에서 근무시간 중에 피고회사의 시설 내에서 피고회사의 설비를 이용하고 피고회사의 종업원인 보조자의 노동력 등을 이용하여 그 발명을 한 것이므로 원고 주장과 같은 사정이 존재한다고 하더라도 직무발명에 해당한다고 판시하면서, 원고 주장의 사정은 승계 대가 산정 시 피고회사의 공헌도의 인정에서 고려할 사정에 지나지 않는다고 덧붙였다.

일본의 학설도 종업원의 지위, 급여, 직종 등 제반 사정에 비추어 발명이 종업원의 행위로서 예정되고 기대되는 경우는 직무발명으로 보아야 한다는 사고방식에서 보면, 종업원이 사용자의 지휘명령에 반하여 행한 발명이라고 하더라도 사용자 측의 자원을 이용하여 발명에 이른 이상 종업원의 행위로서 예정·기대되는 것으로 평가할 수 있으므로 원칙적으로 직무발명으로 보아야 한다고 해석하여 위 판결을 지지하였다.[31] 사용자의 개발중지명령에 반하여 계속 개발한 경우에는 '과거의 직무'에 속하는 것으로 볼 수 있다고 하는 견해도 있다.[32] 구체적인 지휘·명령 없이 자발적으로 연구테마를 정하여 발명한 경우에도 제반 사정을 고려하여 직무 해당성을 인정할 수 있음에 비추어볼 때, 정도의 차이는 있지만 사용자의 업무명령에 반하여 발명을 한 경우에도 종업원이 담당하던 직무내용, 사용자 측 자원의 이용 여부 등 제반 사정을 고려하여 직무 해당성을 인정할 여지가 있다고 봄이 타당하다.

Ⅳ. 현재 또는 과거의 직무에 속할 것

1. 현재 또는 과거의 직무

직무에 속하기 위해서는 종업원의 발명이 동일 사용자와의 고용관계에 있는 동안 '현재 또는 과거'에 담당하던 업무에 관하여 한 발명이어야 한다. 현재 담당하고 있는 업무에 관한 발명뿐만 아니라, 동일 기업에서 과거에는

열악한 연구자 대우에 환멸을 느끼고 미국으로 이민 가서 교수로서 연구활동을 하던 중 2014년 위 발명으로 인한 공로를 인정받아 노벨물리학상을 공동수상하였다.

31) 田村善之·山本敬三, 앞의 책, 158면; 앞의 특허판례백선 중 腹部誠, "31. 직무 해당성과 특허를 받을 권리의 승계－청색발광다이오드 사건 중간판결"(강춘원 역), 198면.

32) 帖佐隆, 앞의 책, 104－105면.

담당하였으나 현재는 담당하지 않는 업무에 관한 발명이라 하더라도 동일 기업에서 계속 근무하면서 한 발명인 이상 종업원의 직무에 속하는 것으로 인정된다.[33] 따라서 현재는 경리부장이지만 같은 기업에서 과거에는 공장장으로 근무했던 사람이 경리부장으로 일하는 동안 공장장의 직무에 속했던 발명을 완성한 경우에는 그 발명행위가 경리부장으로서의 직무에는 속하지 않는다 하더라도 직무 해당성이 인정된다.

동일 기업 내에서 부서를 바꾼 후에 전 부서에서의 직무에 관련된 발명을 한 경우에는 그 발명의 완성에 관하여는 전 부서에서의 경험 등이 크게 기여하였기 때문에, 사용자 입장에서는 공헌도라는 측면에서 권리 주장을 못하는 것은 가혹하므로 '과거의 직무'에 속하는 발명도 직무발명에 포함시킨 것이다.[34][35] 이에 대하여는 기술이 진부화하는데도 과거 상당 기간 이전의 직무에 관련된 발명이라고 해서 제한 없이 직무발명으로 하는 것은 입법론적으로 지나치다는 견해도 있다.[36]

2. 퇴직 후의 발명

가. 직무발명 성립 여부

직무발명 요건으로서의 '과거의 직무'는 동일 기업 내의 '과거의 직무'를 말하고, 퇴직 후에 종전 기업에서 담당하던 직무에 관하여 한 발명은 발명진흥법 제2조 제2호에서 말하는 과거의 직무에 속하는 발명에 해당하지 않는다고 해석하는 것이 통설이다.[37] 이를 종전 기업에서의 직무발명으로 인정하면 퇴직 전 기업과 전직 후 기업 쌍방에서 직무발명으로 주장하는 사태가 생겨 처리가 번잡해지고, 종업원의 직업선택의 자유를 제약하는 결과가 되기 때문이다.[38]

---

33) 정상조 · 박성수 편, 앞의 책, 462면(조영선 집필 부분); 이회기, 앞의 논문, 115면.

34) 吉藤幸朔, 앞의 책, 171면.

35) 일본에서는 직무발명에 관하여 원래 大正 10년(1921년) 특허법에서는 '임무에 관한 발명'이라고만 규정되어 과거의 임무에 속하는 발명에 관하여는 구체적인 언급이 없다가 昭和 34년(1959년) 법 개정에 의하여 '현재 또는 과거의 직무에 속하는 발명'으로 규정하게 되었다.

36) 帖佐隆, 88면.

37) 송영식 외, 앞의 책, 426면; 윤선희, 앞의 책, 296면; 정상조 · 박성수 편, 앞의 책, 462면(조영선 집필 부분); 김창종, 앞의 논문, 126면; 田村善之 · 山本敬三, 앞의 책, 158면; 中山信弘 編, 앞의 책, 295면; 中山信弘, 앞의 책, 81면; 吉藤幸朔, 앞의 책, 172면.

38) 田村善之 · 山本敬三, 앞의 책, 157면; 中山信弘, 앞의 책, 81면.

한편, 퇴직 후의 발명인지 여부는 발명의 완성 시점에 달려 있다. 발명진흥법 제12조에서 종업원이 직무발명을 완성한 경우에 비로소 그 사실을 사용자에게 통지하도록 규정하고 있는 데서 시사되듯이, 직무발명은 발명의 완성 당시에 사용자와의 고용관계가 유지되고 있음을 전제로 하는 것이다. 퇴직 후에 완성한 발명은 원칙적으로 퇴직 전 기업의 직무발명이 되지 못한다. 종업원이 퇴직 전에 직무수행 과정에서 발명을 완성하였으나 그것을 숨기고 퇴직 후에 그 개인 명의로 특허출원을 하였더라도 그것은 퇴직 전 기업에 대하여 직무발명이 되는 반면에, 비록 재직 중에 발명의 골격이 어느 정도 이루어지기는 하였지만 퇴직 후 다른 기업에 입사하고 그곳의 직무수행 과정에서 완성된 것이라면 전직한 기업에서의 직무발명이 된다.[39] 대법원 1997. 6. 27. 선고 97도516 판결도 직무발명에 관한 통상실시권을 취득하게 되는 사용자는 종업원이 직무발명을 완성할 당시의 사용자이고, 그에 따른 특허권의 등록이 그 이후에 이루어졌다고 하여 등록 당시의 사용자가 그 통상실시권을 취득하는 것은 아니라고 판시하여 같은 입장을 취하고 있다. 만약 종업원이 퇴직 후에 다른 기업에 입사하지 않은 상태에서 발명을 완성한 경우에는 그 발명이 퇴직 전 기업의 직무에 속하더라도 자유발명으로 볼 수밖에 없다.[40]

발명의 완성 직전에 퇴직한 경우 또는 재직기간이 비교적 길고 그 사이에 체득한 지식·경험이 발명의 완성에 큰 역할을 한 경우 등 특단의 사정이 있는 경우에는 퇴직 후라도 과거의 직무에 속하는 발명으로 볼 여지가 있다거나,[41] 그러한 경우에까지 종전 사용자에게 아무런 권리를 인정하지 않는 것은 형평에 맞지 않으므로 합리적인 계약을 체결하는 것이 필요하다는 견해가 있다.[42] 이에 대하여는 발명은 완성되기 전에 가장 큰 장애물이 있고 구체화되어 완성되지 않는 한 특허법의 보호대상이 되지 않으며, 재직 중 체득한 지식이나 경험은 퇴직 후에 그 당사자가 자유로이 사용할 수 있는 이상 당해 발명은 종전 사용자와 관계가 없고, 완전히 자유로운 창작활동이라고 평가할 수 있기 때문에,

39) 오창국, 앞의 논문, 156면; 田村善之·山本敬三, 앞의 책, 157면; 名古屋地裁 平成 4年 12月 21日 判決, 昭57(ワ) 1474号(입체주차장층계구조 사건)도 같은 취지이다.

40) 김병일, 앞의 논문, 381면; 이회기, 앞의 논문, 115면; 김창종, 앞의 논문, 126면.

41) 정상조·박성수 편, 앞의 책, 462면(조영선).

42) 윤선희, 앞의 책, 296면; 구대환, "직무발명의 귀속과 보상-한국과 미국을 중심으로", 법학 46권 3호(136호), 서울대학교 법학연구소, 2005년 9월, 172면; 김창종, 앞의 논문, 126면; 吉藤幸朔, 앞의 책, 172면.

종전 사용자가 권리를 주장할 수 없다는 견해가 있다.[43] 직무발명은 모든 연구·개발상의 난관을 뚫고 발명이 완성된 시점에 비로소 성립하는 것인바, 발명의 실질적인 완성 시점이 퇴직 전인가 후인가를 따져 종전 사용자에게 권리를 인정할 여지는 있겠지만, "발명의 완성 직전"이라든지 "발명의 완성에 큰, 또는 결정적인 역할을 한 경우" 등과 같이 불분명한 기준을 제시하여 권리 귀속관계를 혼란스럽게 하는 것은 타당하지 않다고 생각한다. 또한, 종업원의 직업선택의 자유를 보장하기 위해서는 종전 기업에 대한 영업비밀 침해가 되지 않는 한 종전 기업에서 익힌 지식·경험을 종전 기업의 간섭 없이 자유로이 활용할 수 있도록 해줄 필요가 있다. 따라서 종전 사용자에 대한 직무발명 성립 여부는 발명의 실질적인 완성이 언제인가를 따져 판단하면 충분하고, 퇴직 후에 완성된 발명은 종업원의 자유발명에 해당하거나 전직한 기업에서의 직무발명 성립 여부를 따질 수 있을 뿐이라고 생각한다. 다만 아래 다.항에서 보는 바와 같이 발명진흥법 제10조 제3항의 취지에 반하지 않는 범위 내에서 사전 계약 등에 의하여 퇴직 후 발명에 대하여 종전 사용자에게 일정한 권리를 부여하는 것은 별개의 문제이다.

한편, 퇴직 시에 발명이 미완성 상태였던 경우에도 발명의 전 과정으로 보아 계속 재직 중인 다른 종업원이 그 발명의 완성에 기여하였다고 볼 수 있는 경우에는 퇴직 종업원과 재직 종업원 사이의 공동발명이 성립할 여지가 있고 이 경우 종전 사용자가 재직 종업원의 지분에 관하여 직무발명으로서의 권리를 행사할 수 있는 가능성은 있을 것이다.

나. 발명의 완성 시점에 대한 증명

종업원과 사용자 사이에 발명의 완성이 퇴직 전인지 후인지에 관하여 다툼이 있을 때에는 직무발명이라고 주장하는 사용자가 퇴직 전의 완성을 주장·증명하지 않으면 안 된다.[44]

발명은 주로 사색적 행위 또는 정신적 활동이어서 객관적으로 포착하기 어려운 면이 있으므로, 사용자로서는 종업원과의 분쟁에 대비하여 연구일지 작성의무를 부과하는 등 적절한 연구관리가 필요하다. 그러한 연구일지 등이

---

43) 帖佐隆, 앞의 책, 91면.

44) 吉藤幸朔, 앞의 책, 172면; 帖佐隆, 앞의 책, 101면.

없거나 그것만으로 발명의 착수·완성 시기를 증명하기에 부족한 경우에는 간접적인 제반 사정에 의할 수밖에 없다.

일본의 大阪地裁 昭和 54年 5月 18日 判決, 昭50(ワ) 1948号(連続混陳機 사건)이나 名古屋地裁 平成 5年 5月 28日 判決, 平2(ワ) 304号(아스팔트合材의 再生処理装置 사건)는 퇴직 후 특허 출원 시까지 11일 또는 24일로서 극히 단기간이어서 그 사이에 종업원이 발명을 완성하고 출원 준비를 끝냈다고 보기 어렵다는 점에 근거하여 퇴직 시에 이미 발명이 완성되어 있었다고 판단하였다.

다. 추적조항(trailing clause)

발명의 완성 시점에 관한 다툼에 대비하여 아예 퇴직 후에 일정기간 안에 이루어진 발명은 전 사용자에게 승계한다는 조항, 즉 추적조항(trailing clause)을 고용계약에 미리 두는 경우가 있는데, 그 유효성에 관하여는 학설이 갈린다.[45)]

다수설은 그 기간에 합리적인 제약이 있는 등 공서양속에 반하지 않는 한 유효하다고 해석한다.[46)] 좀 더 구체적으로, 1년 정도의 기간이 적절하다는 견해가 있고,[47)] 공서양속에 반하는지 여부를 판단할 때는 종업원의 퇴직 후 생계에 위협이 되는지를 고려하여야 한다는 견해가 있다.[48)] 또한, 추적조항은 자유발명에 관한 권리승계예약과는 상이한 것이기 때문에 당연무효는 아니고, 퇴직 당시의 발명의 완성도 및 퇴직 후 경과 기간 등을 종합적으로 고려하여 공서양속에 반하는지 여부를 판단하여야 한다는 견해도 있다.[49)]

이에 대하여는 그러한 추적조항은 직무발명 이외의 예약승계를 금하는 직무발명 규정 취지에 비추어볼 때 유효하다고 해석하는 것은 타당하지 않다고 하는 견해가 있다.[50)] 또한, 퇴직 후 일정기간 내에 특허출원이 이루어진 발명을

---

45) 직무발명에 대한 규율을 주로 계약에 맡기고 있는 미국에서도 추적조항에 관해서는 유효설과 무효설이 대립되고 있다고 한다. 김선정, "미국에 있어서 종업원발명의 법적 취급", 경영법률 14집 1호, 한국경영법률학회, 2003년 9월, 17면 참조.

46) 송영식 외, 앞의 책, 426면; 이회기, 앞의 논문, 115면; 김창종, 앞의 논문, 137면; 中山信弘 編, 앞의 책, 295－296면(中山信弘 교수는 재판실무상 경업금지약정이 일정한 조건하에서 유효로 인정되고 있다는 점을 한 근거로 든다).

47) 구대환, 앞의 논문, 172면.

48) 中山信弘 編, 앞의 책, 295－296면.

49) 정상조, "대학교수의 특허권－자유발명인가 직무발명인가", 법조 49권 5호(524호), 법조협회, 2000년, 106－107면.

50) 吉藤幸朔, 앞의 책, 172면.

모두 사용자에게 확정적으로 귀속시키는 것은 공서양속에 반하여 무효이나, 그러한 발명을 고용기간 중의 발명으로 추정하는 규정까지 무효라고 할 수 없다는 절충적 견해도 있다.[51)]

퇴직 후 일정기간 안에 이루어지거나 특허출원된 종업원의 발명을 일률적으로 전 사용자에게 승계시키도록 하는 추적조항은 종업원의 자유발명에 대한 권리승계예약을 무효로 하는 발명진흥법 제10조 제3항에 위반될 소지가 많고, 종업원의 직업선택의 자유를 제약할 뿐만 아니라 퇴직 전 기업과 전직 후 기업과의 사이에서 직무발명의 권리관계에 다툼을 초래할 수 있기 때문에 기간에 관계없이 무효로 봄이 타당하다. 앞서 본 바와 같이 발명을 완성하고 출원 준비를 하기에 너무 단기간이라는 등의 간접적인 제반 사정에 비추어 퇴직 전 기업에서의 직무발명인지 여부를 가리면 된다고 생각한다. 또한, 퇴직 후 일정기간 안에 특허출원된 종업원의 발명에 대하여 고용기간 중의 발명으로 추정하는 식의 고용계약조항도 경제적 약자인 종업원에게 불리한 계약조건을 실질적으로 강요하는 것으로서 발명진흥법 제10조 제3항 등에서 자유발명을 보호하려고 한 입법취지를 실질적으로 잠탈할 수 있다는 점에서 역시 무효로 볼 여지가 있다.

다만, 발명진흥법 제10조 제3항은 직무발명 외의 종업원의 발명에 대하여 통상실시권을 설정하는 계약 등의 조항까지 무효로 하는 것은 아니므로 사전계약으로 합리적 기간 내의 퇴직 후 발명에 대하여 통상실시권은 설정할 수 있을 것으로 생각한다. 이 경우에도 무상이라면 역시 유효성에 의문이 있으나, 유상이라면 그 대가가 비합리적이지 않은 한 유효하다고 볼 수 있을 것이다.

3. 입사 전에 착수한 발명

종업원이 입사 전에 발명의 착상을 하였으나 입사 후에 발명을 완성한 경우에는 그 발명이 입사 후의 종업원의 직무에 속하면 직무발명이 될 것이다. 이 경우에도 발명의 완성에 관하여 사용자의 지원·협력이 있었다고 보아야 하기 때문이다.

발명의 완성 시기가 입사 전인지, 입사 후인지에 관하여 종업원과 사용자 사이에 다툼이 있는 경우에 종업원이 입사 전에 발명을 완성하였다는 점을 증명할 책임을 진다고 하는 견해가 있으나,[52)] 이 경우에도 직무발명이라고

51) 오창국, 앞의 논문, 158면.
52) 이회기, 앞의 논문, 114면.

주장하는 사용자에게 입사 후 완성된 발명이라는 점을 증명할 책임이 있다고 해석하는 것이 타당하다.

기업에 따라서는 종업원의 입사 시에 본인이 한 발명을 모두 신고하도록 하는 경우가 있는데, 그 때 신고되지 않은 종업원의 발명은 일응 입사 후에 이루어진 발명으로 추정될 것이다.[53] 그러나 이러한 경우에도 사용자라는 이유만으로 종업원으로 하여금 입사 전에 그가 한 발명, 특히 공개되지 않은 발명의 내용을 자세하게 밝히도록 하는 것은 부당하므로, 종업원으로서는 발명의 요지만 간단히 밝히면 족하고, 나중에 사용자와 사이에 다툼이 생기더라도 당해 발명이 입사 시 신고된 발명의 범주에 속하는 발명으로 객관적으로 인정되면 위와 같은 미신고로 인한 사실상 추정의 불이익은 적용되지 않는다고 할 것이다.

한편, 입사 시에 신고되지 않은 모든 발명은 사용자에게 귀속된다는 고용계약 또는 근무규칙 조항은 공서양속에 반하는 것으로 무효라고 봄이 타당하다.[54] 입사 시에 신고되지 않은 발명이 입사 후에 제품 등에 응용될 경우에는 종업원이 그 권리를 행사하지 못한다는 고용계약조항은 신의성실의 원칙 또는 금반언의 원칙 등에 비추어 유효하다고 해석하는 견해가 있으나,[55] 이 역시 과도한 권리 제한으로서 공서양속에 반하여 무효라고 봄이 타당하다. 신고되지 않은 종업원의 발명이 입사 후에 제품 등에 응용될 경우에는 종업원이 묵시적으로 실시 허락한 것으로 볼 수 있는지에 따라 처리하면 될 것이다.

53) 이회기, 앞의 논문, 114면.
54) 이회기, 앞의 논문, 114－115면.
55) 오창국, 앞의 논문, 157면.

제 3 장

직무발명의 승계

제 1 절 직무발명의 예약승계

법무법인 율촌 변호사 한동수

1. 의　　의

발명진흥법 제10조 제1항에는 사용자가 종업원과의 협의를 거쳐 미리, 종업원의 직무발명에 대하여 사용자에게 특허를 받을 수 있는 권리나 특허권을 승계[1]시키거나(제1호) 전용실시권을 설정하도록 하는(제2호) 계약 또는 근무규정을 체결하거나 작성할 수 있도록 규정되어 있다. 이와 같이 발명의 완성 전에 이루어진 계약 또는 근무규정에 따라 종업원의 직무발명에 관한 권리를 사용자가 승계하는 것을 사전예약승계 또는 예약승계라고 한다.

직무발명이 완성될 당시의 사용자는 특별한 사정이 없는 한[2] 별도의 승계에 관한 약정 등을 체결하지 않더라도 직무발명에 관한 통상실시권을 취득한다. 그런데 통상실시권은 특허권이나 전용실시권과 달리 금지청구권이나 손해배상청구권이 인정되지 아니하여 법적 보호가 충분치 않을 뿐만 아니라, 특허권을 보유하고 있는 종업원이 특허권을 경쟁기업에 양도하거나[3] 다수의

1) 승계취득은 이전적 승계와 설정적 승계로 구분되는 바, 제2호에서 설정적 승계에 해당하는 "전용실시권의 설정"으로 표현한 것에 대응하여 제1항도 이전적 승계에 해당하는 "양도"로 표현하는 것이 좀 더 정확할 것으로 보인다. 또 '승계시킨다'는 피동형 문장은 한글맞춤법에 맞지 않는다, 따라서 제1호는 "직무발명에 대하여 특허 등을 받을 수 있는 권리나 특허권 등을 양도하는 계약 또는 근무규정"으로 개정하는 것이 바람직하다.

2) 2013. 7. 30. 법 개정으로 중소기업기본법 제2조에 따른 중소기업이 아닌 기업은 예약승계에 관한 계약이나 근무규정이 없을 경우에 통상실시권을 갖지 못하도록 되었다(발명진흥법 제10조 단서 신설).

통상실시권을 설정함으로써 사용자의 이익을 침해할 위험성도 존재한다. 또한 연구개발을 위한 인력과 자본을 투입한 기업의 입장에서 그 결과물인 발명에 대한 권리를 확보하고자 하는 것은 지극히 합리적인 행동일 것이다. 물론 직무발명이 완성된 후 사용자가 개별 약정에 의하여 종업원으로부터 그 발명에 관한 권리를 취득하는 것도 가능하나, 이는 대가 산정과 종업원의 퇴직 여부 등 여러 변수가 많아 반드시 그 권리승계에 관한 개별 약정이 원만히 체결된다는 보장이 없다.

따라서 통상의 사용자라면 당연히 법정 통상실시권을 넘어서서 사전에 직무발명에 대한 독점적, 배타적 권리를 일괄하여 안정적으로 취득할 수 있는 조치를 취할 것이고, 실제 일정 규모 이상의 기업, 연구소, 대학 등에서는 내부의 고용계약이나 근무규정(취업규칙, 인사관리규정 등)에 예약승계에 관한 규정 등을 마련해 두고 있는 것이 일반적인 모습이다.

2. 방 법

발명진흥법 제10조 제1항은 예약승계를 정하는 방법으로 "계약"과 "근무규정[4]"을 들고 있다. 근무규정은 취업규칙, 직무발명제안지침, 복무규정 등 그 명칭에 구애되지 않고 발명이 완성되면 그 발명에 관한 권리가 사용자에게 귀속하는 내용이 담겨 있으면 충분하다. 근무규정은 노동법에서 통상 사용되는 것과 구별되는 특허법상의 개념으로서 그 유효성은 발명진흥법상 여러 해당 조항들의 입법취지를 고려하여 판단하여야 할 것이다. 따라서 발명진흥법이 사용자와 종업원의 이해관계를 조정하는 여러 규정(제10조 제1항, 제3항, 제13조 제1항 본문, 제2항) 외에도 종업원의 보호를 꾀하는 다른 규정(제13조 제1항 단서, 제15조 제1항)을 두고 있는 취지에 비추어 보면, 종업원의 의사가 명시적으로 표시되거나 혹은 묵시적 의사를 추인할 수 있는 명백한 사정이 인정되는 경우 이외에는 직무발명에 대하여 그 특허 등을 받을 수 있는 권리나 특허권 등을 사용자에게 승계시키는 합의가 성립되었다고 쉽게 인정할 수 없다(대법원 2011. 7. 28. 선고 2010도12834 판결).[5]

3) 中山信弘 편, 「注解 特許法(上巻)」, 青林書院, 2000, 345면(中山信弘 집필부분) 참조.

4) 일본 특허법 제35조에는 "계약, 근무규칙 기타 규정의 조항"으로 규정되어 있다.

5) "묵시적 동의가 있었는지 여부는 예약승계 규정이 있는지 여부, 사용자가 예약승계 규정에

3. 대상이 되는 발명

우리나라는 발명자주의를 취하기 때문에 발명에 대한 권리는 발명자에게 원시적으로 귀속한다.[6] 따라서 발명자는 발명의 종류를 묻지 않고 모든 발명에 대하여 그 발명에 대한 권리를 처분할 수 있는 것이 원칙이다. 다만 예약승계의 경우에는 법률에 의한 일정한 제한이 따른다. 즉 발명진흥법 제10조 제3항은 "직무발명 외의 종업원의 발명에 대하여 미리 사용자에게 특허를 받을 수 있는 권리나 특허권을 승계하거나 사용자를 위하여 전용실시권을 설정하도록 하는 계약이나 근무규정의 효력은 무효로 한다."라고 규정하고 있다.

위 조항은 직무발명을 제외하고 그 외의 종업원 등의 발명(자유발명)에 대하여는 그 발명 전에 미리 특허를 받을 수 있는 권리나 장차 취득할 특허권 등을 사용자 등에게 승계(양도)시키는 계약 또는 근무규정을 체결하여 두더라도 위 계약이나 근무규정은 무효라고 함으로써 사용자 등에 대하여 약한 입장에 있는 종업원 등의 이익을 보호하는 동시에 발명을 장려하고자 하는 점에 그 입법 취지가 있다. 위와 같은 입법 취지에 비추어 보면 계약이나 근무규정이 종업원 등의 직무발명 이외의 발명에 대해서까지 사용자 등에게 양도하거나 전용실시권의 설정을 한다는 취지의 조항을 포함하고 있는 경우에 그 계약이나 근무규정 전체가 무효가 되는 것은 아니고, 직무발명에 관한 부분은 유효하다고 해석하여야 한다.[7]

한편 앞서 본 발명진흥법 제10조 제3항의 문언내용 및 입법취지에 비추어 볼 때 통상실시권 설정에 관해서는 얼마든지 유효한 예약승계 규정을 둘 수 있고, 또 발명이 완성된 후에는 계약 체결 여부 및 대가 등에서 민법 제103조, 제104조 위반 등으로 볼 요소가 없다면 종업원과 사용자 간의 계약에 따라 자유롭게 양도 가능하다.[8]

따라 직무발명을 승계한 사실이 있었는지 여부 및 그와 같은 승계의 횟수와 기간, 종업이 예약승계 규정 및 그에 따른 승계가 있었던 사정을 인식하였는지 여부, 종업원의 이의가 있었는지 여부 등을 종합하여 판단하여야 할 것이다"는 서울중앙지방법원 2009. 8. 14. 선고 2008가합115791 판결 참조.

6) 대법원 1991. 12. 27. 선고 91후1113 판결 참조.

7) 대법원 2012. 11. 15. 선고 2012도6676 판결. 위 대법원 판례의 참고법령은 아니나, 일부무효에 관한 민법 제137조 단서의 "그러나 그 무효부분이 없더라도 법률행위를 하였을 것이라고 인정될 때에는 나머지 부분은 무효가 되지 아니한다." 규정은 하나의 참고가 될 수 있다.

8) 앞의 中山信弘 편, 「注解 特許法(上卷)」, 345면도 같은 취지이다.

기업에 따라서는 자유발명을 포함하여 기업의 업무범위에 들어가는 모든 발명에 관하여 신고의무를 부과하거나 당해 종업원이 발명에 관해 제3자와 거래에 들어가기 전에 사용자와 우선적으로 협의할 의무를 부과하는 경우가 많다. 이러한 조항의 유효성을 인정하는 것이 산업계의 실무로 보인다.

4. 절 차

가. 직무발명 완성사실의 통지(발명진흥법 제12조)

종업원이 직무발명을 완성한 경우에는 지체 없이 그 사실을 사용자에게 문서로 알려야 한다(제1항). 2명 이상의 종업원이 공동으로 직무발명을 한 경우에는 공동으로 알려야 한다(제2항). 사용자의 이익 보호 관점에서 직무발명 완성 후 직무발명이 외부로 유출되는 위험을 방지하기 위한 취지로 보인다. 본래적 의미의 예약은 예약당사자 일방이 본계약의 체결을 위하여 청약을 하면 상대방은 승낙을 해야 할 의무를 부담하도록 하는데,[9] 발명진흥법의 규정은 직무발명을 완성한 종업원에게 직무발명 승계에 관하여 청약의 의무를 부담하도록 하고 있어, 통상적인 예약과는 모습이 조금 다르다고 보는 견해가 있다.[10] 그와 달리 완성된 직무발명의 외부 유출을 막기 위하여 사실의 통지의무를 부과한 것으로 보는 견해도 있을 수 있다.

나. 승계 여부의 통지(발명진흥법 제13조)

직무발명 완성 사실을 통지 받은 사용자(국가나 지방자치단체는 제외한다)는 대통령령으로 정하는 기간 즉, 4개월 이내[11]에 그 발명에 대한 권리의 승계 여부를 종업원에게 문서로 알려야 한다(제1항 본문). 다만, 사전예약승계 규정 등이 없는 경우에는 사용자는 종업원의 의사와 다르게 그 발명에 대한 권리의 승계를 주장할 수 없으며(제1항 단서), 종업원이 그 발명을 직접 출원하여 특허를 받는 경우에 통상실시권만을 가질 수 있게 된다. 게다가 사용자가 중소기업법 제2조에 따른 중소기업이 아닌 경우에는 그 발명을 한 종업원의 동의를 받지

9) 윤달원, 주석민법, 채권각칙(2), 1999. 9.(제3판), 393면.

10) 조경임, "직무발명의 사전예약승계", 충남대학교 법학연구 제22권 제2호, 137면.

11) 발명진흥법 시행령 제7조 "법 제13조 제1항 본문에서 '대통령령으로 정하는 기간'이란 법 제12조에 따른 통지를 받은 날부터 4개월 이내를 말한다."

아니하고는 통상실시권도 가질 수 없게 된다(제10조 제1항 단서 참조). 물론 사전 예약승계 규정 등이 없는 경우에도 종업원과 사용자 사이의 개별적인 계약에 따른 양도는 당연히 허용된다.

위 통지기간 내에 사용자가 그 발명에 대한 권리의 승계 의사를 알린 때에는 그때부터 그 발명에 대한 권리는 사용자에게 승계된 것으로 본다(제2항). 즉 사용자는 특허출원하여 특허권을 취득, 사업화하거나 출원하지 아니하고 영업비밀로 보호 받는 방법을 선택할 수 있다. 사용자가 승계하지 않겠다는 의사를 통지한 경우에는 그때부터 직무발명에 대한 권리는 발명자인 종업원에 귀속되므로 자신의 명의로 특허출원하거나 제3자에게 양도 등 처분할 수 있고, 사용자는 법정 통상실시권을 취득하게 된다.[12] 사용자가 위 통지기간 내에 승계 여부를 알리지 아니한 경우에는 사용자는 그 발명에 대한 권리의 승계를 포기한 것으로 본다. 이 경우 사용자는 발명진흥법 제10조 제1항에도 불구하고 그 발명을 한 종업원의 동의를 받지 아니하고는 통상실시권조차 가질 수 없게 된다(제3항). 이러한 규정에 대하여 사용자는 승낙의 의사표시에 관한 의무는 부과하되 승낙 여부를 결정할 수 있도록 하는 것으로 해석한 다음, 당사자 일방인 사용자만이 본계약을 체결할 권리를 가진다는 점에서 일방예약의 성격을 갖는다고 보는 견해가 있다.[13]

다. 절차에 관한 규정을 위반한 경우

발명진흥법 제12조(종업원의 직무발명 완성사실의 통지)와 제13조(사용자의 승계 여부의 통지)의 규정을 위반하여 예약승계를 정한 계약과 근무규정을 어떻게 취급할 것인가가 문제된다. 이견이 있을 수 있으나, 위 각 규정은 입법취지에 비추어 볼 때 강행규정으로 볼 수 없으므로, 위 각 규정을 준수하지 아니한 예약승계 계약 등의 효력 자체가 부인된다고 할 것은 아니다. 발명진흥법상으로는 벌칙이나 과태료의 제재는 부과되지 아니하고, 종업원이 발명진흥법 제18조에 정해진 심의위원회에 심의를 요구할 수 있도록 규정되어 있다.

---

12) 특허청, 개정 직무발명보상제도 해설 및 편람, 2013, 97면.
13) 조경임, 앞 논문, 137면.

5. 공동발명에 대한 권리의 승계

발명진흥법 제14조는 "종업원의 직무발명이 제삼자와 공동으로 행하여진 경우 계약이나 근무규정에 따라 사용자가 그 발명에 대한 권리를 승계하면 사용자는 그 발명에 대하여 종업원이 가지는 권리의 지분을 갖는다."라고 규정함으로써, 특허법상 다른 공유자의 동의를 얻도록 하는 규정[14](제33조, 제37조, 제99조, 제100조)의 제한을 받지 아니하고 다른 공동발명자의 동의와 무관하게 공동발명에 대한 권리의 지분을 승계할 수 있도록 하고 있다. 공동발명에 대한 권리의 승계는, 종업원이 복수이더라도 사용자가 공통될 경우에는 실제 문제되지 않고, 사용자가 다르거나 일부 공동발명자에게 사용자가 없어 개인발명이 되는 경우에 문제로 된다.

다만, 공동발명에 대한 권리의 승계가 이루어진 후에는, 복수의 사용자 또는 사용자와 개인은 특허권의 공유자로서 특허법 제99조에 정해진 바에 따라 다른 공유자의 동의를 받아야만 지분 양도 등을 행사할 수 있다. 사전에 이러한 문제에 대하여 공동연구 협정 등에서 동의간주 규정을 두는 등의 방법으로 명확히 규정하는 것이 합리적이다.[15]

한편 복수의 사용자 사이에서 이러한 공유관계의 존재를 처음부터 원하지 않을 경우에, 사용자 중 1인이 다른 사용자와 포괄적인 양도계약을 사전에 체결하여 공유지분권이 성립됨과 동시에 특별한 절차를 거치지 않고 곧바로 해당 권리를 양수하는 것은 계약자유의 원칙상 허용된다고 본다.

6. 승계의 효력발생 시기

예약승계가 계약에 의한 경우 정지조건부 양도계약이 있을 수 있고, 예약의 경우가 있을 수 있다. 전자의 경우에는 발명의 완성과 동시에 특허를 받을 권리가 사용자에게 이전된다. 후자의 경우는 사용자가 예약완결권을 행사함과 동시에 특허를 받을 권리가 사용자에게 이전된다. 특허출원 후 등록 전에는 명의변경 신고를 하여야 효력이 있다. 예약승계가 사용자의 일방적 의사표시에 의한 경우 그 권리이전시기도 사용자가 일방적으로 정할 수 있다. 특허등록 후에는

---

14) 특허법 제33조, 제37조, 제99조, 제100조 참조.

15) 개정 직무발명보상제도 해설 및 편람, 99면.

등록이 효력발생요건(특허법 제87조)이고, 따라서 사용자가 일방적으로 권리승계를 할 수 없고 종업원의 협력(쌍방신청)이 필요하다. 종업원이 이를 거부하면 사용자는 판결을 받아 단독으로 이전등록을 할 수 있다.16)

7. 승계계약 등을 위반한 경우

가. 특허를 받을 수 있는 권리의 이중 양도

종업원이 승계계약 또는 근무규정을 위반하여 직무발명 완성 후 특허를 받을 수 있는 권리를 타인에게 양도한 경우에 그 양수인과 사용자 사이에는 특허법 제38조 제1항, 제4항에 따른 대항요건(특허출원, 특허출원인 변경신고)을 먼저 갖춘 자가 그 직무발명에 관하여 특허를 받을 수 있게 된다.

이 경우 사용자는 여전히 통상실시권은 보유하게 되지만, 사용자는 특허권을 취득하지 못하게 됨에 따라 재산상 손해를 입게 된다. 이러한 종업원의 배신행위에 대하여 대법원 2012. 11. 15. 선고 2012도6676 판결은 "종업원이 그 발명의 내용에 관한 비밀을 유지한 채 사용자의 특허권 등 권리의 취득에 협력하여야 할 의무는 자기 사무의 처리라는 측면과 아울러 상대방의 재산보전에 협력하는 타인 사무의 처리라는 성격을 동시에 가지게 되므로, 이러한 경우 그 종업원은 배임죄의 주체인 '타인의 사무를 처리하는 자'의 지위에 있다고 할 것이다. 따라서 위와 같은 지위에 있는 종업원이 그 임무를 위반하여 직무발명을 완성하고도 그 사실을 사용자에게 알리지 않은 채 그 발명에 대한 특허를 받을 수 있는 권리를 제3자에게 이중으로 양도하여 제3자가 특허권 등록까지 마치도록 하는 등으로 그 발명의 내용이 공개되도록 하였다면, 이는 사용자에게 손해를 가하는 행위로서 배임죄를 구성한다"고 판시한 다음, "다만 발명자주의에 따라 직무발명을 한 종업원에게 원시적으로 그 발명에 대한 권리가 귀속되는 이상 위 권리가 아직 사용자에게 승계되기 전 상태에서는 유기적으로 결합된 전체로서의 발명의 내용 그 자체가 사용자의 영업비밀로 된다고 볼 수는 없으므로, 직무발명에 대한 권리를 사용자에게 승계한다는 취지를 정한 약정 또는 근무규정의 적용을 받는 종업원이 앞서 본 비밀유지 및 이전절차협력의 의무를 이행하지 아니한 채 그 직무발명의 내용이 공개되도록 하는 행위를 발명진흥법

16) 송영식 외 6인, 지적소유권법 상, 육법사(2008), 404, 405면.

第58조 제1항, 제19조[17]에 위배되는 행위로 의율하거나, 또는 직무발명의 내용 공개에 의하여 그에 내재되어 있었던 사용자의 개개의 기술상의 정보 등이 공개되었음을 문제삼아 누설된 사용자의 기술상의 정보 등을 개별적으로 특정하여 부정경쟁방지법 소정의 영업비밀 누설행위로 의율할 수 있음은 별론으로 하고, 특별한 사정이 없는 한 그와 같은 직무발명의 내용 공개가 곧바로 부정경쟁방지법 제18조 제2항에서 정한 영업비밀 누설에도 해당한다고 볼 수는 없다."라고 판시하였다.

나. 예약승계 후 종업원 명의로 특허출원을 한 경우

종업원이 예약승계 계약 등에 따라 사용자에게 특허를 받을 수 있는 권리를 양도한 후 자신의 명의로 특허출원을 한 경우에는, 앞서 본 이중양도의 경우와 달리 무권리자에 의한 특허출원으로 취급하는 것이 타당하다.[18]

17) 제19조 제1항 "종업원 등은 사용자등이 직무발명을 출원할 때까지 그 발명의 내용에 관한 비밀을 유지하여야 한다. 다만, 사용자등이 승계하지 아니하기로 확정된 경우에는 그러하지 아니하다."
제58조 제1항 "제19조를 위반하여 부정한 이익을 얻거나 사용자등에 손해를 가할 목적으로 직무발명의 내용을 공개한 자에 대하여는 3년 이하의 징역 또는 3천만 원 이하의 벌금에 처한다."

18) 천효남, 특허법 제13판, 법경사 21c, 309면.

제 2 절 모인출원

한남대학교 법과대학 교수 김관식

I. 개 요

발명에 대하여 특허를 획득할 수 있는 권리는 원시적으로 발명자에게 발생한다. 이를 발명자주의라고 한다.1) 또한 우리나라와 일본을 비롯하여 대부분의 국가에서는 발명을 한 자 뿐만 아니라, 발명자로부터 특허 받을 수 있는 권리를 승계한 사람도 특허출원할 수 있다. 또한 발명이 복수의 발명자에 의하여 이루어진 경우에는 특허 받을 수 있는 권리는 공유로 되며, 이 경우에는 모든 발명자에 의하여 특허출원이 이루어져야 하고, 이를 위반한 경우에는 특허출원에 대하여 특허거절이 되고 일단 특허가 된 이후에는 특허무효사유로 된다.

한편 전술한 정당한 권리자가 아닌 자에 의한 출원의 경우를 강학상 모인출원(冒認出願)2)이라고 한다. 모인출원과 관련하여 주요한 쟁점으로는 모인출원

1) 中山信弘 著 韓日知財權硏究會 譯, 工業所有權法 (上) 特許法, 法文社, 2001, 65면; 中山信弘, 特許法 第二版, 弘文堂, 2012, 42頁.

2) 모인출원은 발명자도 아니고 승계인도 아닌 자가 행한 출원을 일컫는 용어로 '모인(冒認)'은 '횡령'을 의미하고 일본 明治13년(1880년) 형법에서 유래된 용어인데(竹田和彦저, 김관식·김동엽·오세준·이두희·임동우 역, 특허의 지식 제8판, 2011, 252면), 일본 특허법 중에는 大正10년(1921년) 특허법 제10조, 제11조에서 "特許ヲ受クルノ權利ヲ冒認シタル者(특허 받을 권리를 모인한 자)"라는 표현으로 사용하고 있다(일본 大正10年 特許法 참조). 한편 모인출원에 대체하여 '비발명자의 출원' 혹은 '무단출원' 등의 사용을 고려할 수도 있을 것이나, '모인'이라는 용어 자체가 "남의 것을 제 것처럼 꾸며 속임"의 의미로 국립국어원의 '표준국어대사전'에 표제어로 현재 등재되어 있으므로 '모인출원'의 용어를 그대로 사용하는 것도 무방할 것으로 생각된다.

으로 주장되는 출원발명(모인출원발명)이 모인출원인지의 여부 판단 시 모인출원발명이 모인의 대상으로 삼고 있는 발명 즉 모인대상발명과 모인출원발명의 동일성 여부 판단 기준과 모인출원이 있는 경우 정당한 권리자의 보호를 어떻게 할 것인지의 문제 등을 들 수 있고, 이와 같은 점은 직무발명의 경우에도 동일하게 문제가 된다.

Ⅱ. 모인출원 판단 시 발명의 동일성 여부 판단[3)]

1. 개 요

모인출원은 발명의 동일성의 관점에서 다음과 같이 몇 가지 유형으로 구분할 수 있다. 우선 출원발명에 대하여 제3자가 그 발명에 대한 진정한 발명자로 주장하는 경우와 제3자가 그 발명에 대한 공동발명자로 주장하는 경우가 있을 것인데, 이 경우는 하나의 출원발명에 대한 것으로 그 발명에 대한 진정한 발명자에 대하여 다투고 있는 것이므로, 서로 상이한 복수의 발명에 대한 발명의 동일성의 판단은 특별히 문제가 되지 않을 것으로 생각된다. 발명의 동일성이 문제로 되는 경우는 제3자가 출원발명(모인대상발명)과 별도의 발명(모인출원발명)을 한 것을 전제로, 모인출원자가 자신의 발명을 모인하여 출원한 것이라고 주장하는 경우이고, 이때는 모인출원발명과 모인대상발명의 동일성 여부가 문제로 된다.

모인출원인이 모인의 대상이 된 발명을 그대로 완전히 동일하게 복제하여 출원하는 경우라면 모인출원의 판단이 용이하게 될 것이나, 현실에서는 모인출원인이 모인의 대상이 되는 발명을 완전히 동일하게 출원하는 경우는 많지 않고 이를 어느 정도 개량하거나 변형하여 출원하는 경우가 많다. 이 경우 모인출원으로 판단된다면 특허출원은 거절되거나, 무효사유를 안게 되고 무효의 심결이 확정되면 모인의 대상이 되는 발명자에게 권리가 이전되는 결과도 초래된다. 반면에 모인출원으로 인정이 되지 아니한다면 출원자는 자신의 특허출원에

3) 본 절은, 김관식, “발명의 동일성에 관한 연구”, 서울대학교대학원 법학박사학위청구논문, 2013. 8., 154－169면의 부분을 주로 참고하여 일부 수정한 것이다.

대하여 특허권의 취득이 가능하게 되고 결국 모인의 대상이 되는 것으로 인정될 수도 있는 발명을 한 자에 대해서도 특허권을 행사할 여지가 발생하는 등 모인출원 발명과 모인의 대상이 되는 발명의 동일성 여부 판단이 중요한 문제로 된다.

출원된 발명이 모인발명인지의 여부의 판단 시 발명의 동일성 여부의 판단이 중요한 쟁점이 된 대표적인 판례로는 아래의 사례를 들 수 있다.

2. 판　　례

가. '실질적 동일성'의 기준: 대법원 2005. 2. 18. 선고 2003후2218 판결

이 사건에서 피고(피심판청구인)는 특허권자로 1995. 1. 10. 출원하여 1998. 5. 21. 등록한 '통신케이블 접속용 접속관 외함'이라는 명칭의 발명(청구범위가 7개 항으로 구성되어 있다, 이하 '이 사건 특허발명')에 대한 특허권자이다. 원고(심판청구인)는, 이 사건 특허발명이 그 출원 전에 원고가 기술이전계약을 체결할 업체들을 대상으로 작성·배포한 '선로접속자재 개량기술개발'이라는 명칭의 자료(이하 '이 사건 개발자료'라 한다) 등에 게재된 선행발명들에 비하여 진보성이 없을 뿐만 아니라, 이 사건 개발자료에 게재된 발명(이하 '원고의 발명'이라 한다)과 동일한 발명을 원고의 허락 없이 출원한 것이거나 설계단계에서 원고와 공동으로 개발한 것이어서 모인출원 또는 공동발명이라는 이유로 특허무효심판을 청구하였다.[4)]

특허심판원에서는, ① 이 사건 개발 자료는 비밀준수 의무가 부여된 특정인에게만 배포된 책자로서 공지성이 없어서 원고의 발명을 진보성 판단을 위한 선행발명으로 사용할 수 없고, ② 그 밖의 선행발명들에 비하여는 이 사건 특허발명의 진보성이 인정되며, ③ 이 사건 특허발명과 원고의 발명은 목적 및 작용효과가 달라서 동일하지 않으므로 '모인출원' 또는 공동발명이라 할 수 없다는 등의 이유로 원고의 위 심판청구를 기각하는 심결을 하였다.

이에 원고는 특허법원에 심결취소소송을 제기하였는데, 특허법원에서는, 피고가 제일엔지니어링으로부터 원고가 작성한 위 개발 자료를 넘겨받은 사실은

---

4) 성창익, "모인대상발명을 변형 또는 개량하여 특허등록된 경우 모인출원이 성립하는 지 여부 등", 「특허판례연구 개정판」, 박영사, 2012, 325면.

인정되지만, 아래에서 보는 바와 같이 이 사건 특허발명의 특허청구범위 제2항, 제4항, 제6항, 제7항은 위 개발 자료에 게재된 발명(이하 '원고의 발명'이라고 한다)과 동일하지 아니하므로, 위 청구항들은 피고가 원고의 발명을 자신이 발명한 것으로 하여 출원한 경우에 해당하지 아니하고, 그에 따라 특허법 제133조 제1항 제2호, 제33조 제1항 본문에 의하여 무효로 될 수 없다는 취지로 판단하였고,5) 이에 원고는 상고하였다.

대법원에서는 "이 사건 특허발명의 특허청구범위 제1항(이하 '이 사건 제1항 발명'이라고 한다)은 원고의 발명과 동일한 것이지만, 이 사건 특허발명의 특허청구범위 제2항(이하 '이 사건 제2항 발명'이라고 한다)은, 이 사건 제1항 발명에서 내부리브(rib, 12a)를 5개씩 7개 단위조합으로 하여 몸체의 길이방향을 따라 동일한 간격으로 배치하는 것으로 한정한 것인데, 이는 원고의 발명의 3×4(12개)와는 다른 구성이고, 이 사건 특허발명의 실시례인 도면 3과 관련된 기재 및 CAE 분석으로부터 그 구성차이에 따른 형태변화의 차이라는 효과도 있어 보이므로, 이 사건 제2항 발명은 원고의 발명과 동일하다고 할 수 없다"6)고 하여 결국 모인대상발명과 모인출원발명의 동일성을 부정하였다.

결국 이 사건에서는 청구범위 제1항은 원고의 발명과 동일한 것이어서 모인출원으로 인정하지만, 이를 구체적으로 한정한 청구항 제2항 등은 일부 구성 즉 내부리브의 구체적인 개수에 차이가 있어 발명의 구체적인 구성에 차이가 있고, 나아가 이러한 구성의 차이로 인한 형태변화라는 효과의 차이도 있을 수 있다는 점을 들어 결국 모인대상발명과 모인출원발명의 동일성을 부정한 것이다. 이 사례에서는 효과의 차이가 '현저'한지의 여부는 묻지 않고, 단지 구성의 차이를 중심으로 발명의 동일성 여부를 판단하고 있고, 구성의 차이에 따른 효과의 차이도 발생할 가능성을 부정할 수 없다는 점을 들어, 비교대상 발명의 동일성을 부정한 점이 주목된다.

나. '특별한 효과 차이'의 유무: 대법원 2011. 9. 29. 선고 2009후2463 판결

이 사건에서는 식품회사의 직원이 출원한 특허출원발명이 식품회사의 발명(영업비밀)을 모인한 발명인지의 여부가 쟁점이 되었다. 모 식품회사의 연구

5) 특허법원 2003. 8. 22. 선고 2002허4002 판결.

6) 대법원 2005. 2. 18. 선고 2003후2218 판결(등록무효(특)).

개발부장이었던 갑이 자신이 근무하던 X회사로부터 Y회사로 전직한 후인 2004. 9. 8. 떡생지[7] 제조공정에 관한 X 회사의 영업비밀을 Y 회사의 직원에게 누설하였고, Y회사는 X의 영업비밀(이하 '모인대상발명')을 변형하여 2005. 10. X의 '초코찰떡파이'에 대한 경쟁 상품인 '찰떡 쿠키'를 출시하고, 2006. 8. 4. 명칭을 '떡을 내장하는 과자 및 그 제조방법'으로 하는 이 사건 특허발명(특허등록번호 제626971호)을 Y회사의 직원인 Z를 발명자로 하고 Y회사를 출원인으로 해서 출원하여 2006. 9. 14. 특허등록을 받았다.[8] 이 사건 특허발명의 특징적인 부분은 떡이 가진 장기간 보관할 수 없는 문제점을 해결하기 위한 떡생지 제조공정에 관한 구성 2인데 모인대상이 되는 X의 영업비밀과 이 사건 특허발명의 구성 2 사이에는 약간의 차이점이 있으나, 그 차이점은 말티톨[9]을 같은 당류인 솔비톨[10]로 대체하는 것과 원료 투입 방법에 일정한 차이가 있었다.

X는 특허심판원에 이 사건 특허발명은 ① 명세서 기재만으로 반복재현이 불가능한 미완성 발명이고, ② 특허청구범위가 명세서의 상세한 설명에 의하여 뒷받침되지 않는 기재불비가 있어서 무효라고 주장하면서 특허무효심판을 제기하였으나, 특허심판원은 X의 심판청구를 기각하는 심결을 하였다. X는 위 심결에 대하여 특허법원에 심결취소소송을 제기하면서, 이 사건 특허발명은

7) '생지'는 의복의 옷감이나 빵이나 떡을 만들기 위한 반죽 등과 같이 '재료'를 의미하는 일본어 '生地(きじ)'의 한자음을 그대로 차용한 것이다. 문맥에 따라 '옷감', '반죽' 등으로 고쳐 사용하는 것이 옳을 것이다.

8) 박창수, "강학상의 모인출원－기술적 사상의 창작에 실질적으로 기여하지 않은 경우－", 한국특허법학회 제42회 정기세미나 발표문, 2012. 10. 20., 1면.

9) Maltitol. 소르비톨과 포도당이 합친 형태이다. 설탕의 약 75－90%의 당도를 나타내며 열에 비교적 안정적(150℃까지)이고 칼로리가 설탕의 4kcal/g에 비하여 약 반인 2.1kcal/g이다.

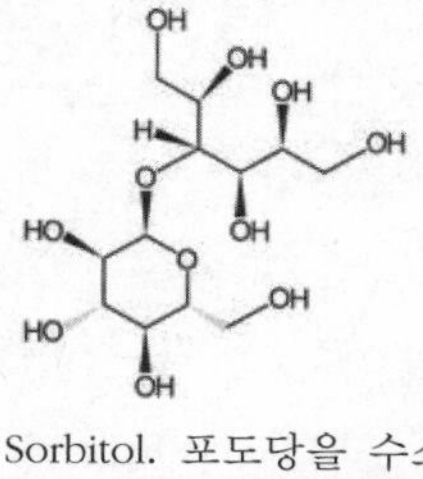

10) Sorbitol. 포도당을 수소로 환원시켜 제조한다. $C_6H_{14}O_6$. 당도와 칼로리(2.6kcal/g)가 설탕보다 낮고 소화가 천천히 되며 흡습성이 있다. 녹는점이 93－98℃이다.

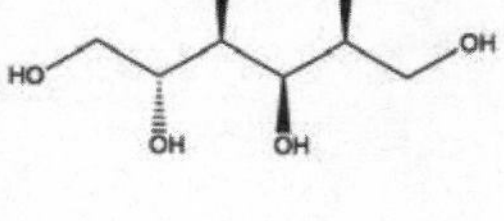

③ 특허법 제33조 제1항 본문의 무권리자출원 규정과 제44조의 공동출원 규정에 각 위반한 것이고, ④ 통상의 기술자가 공지의 선행기술을 결합하여 용이하게 발명할 수 있으므로 진보성이 없다고 주장하였다.

특허법원에서는 이 사건 특허발명은 Y의 직원 Z가 원고의 영업비밀에 주지관용이거나 기술적 특징이 없는 구성을 부가한 것에 불과하여 '이 사건 1항 발명에 실질적으로 기여한 부분이 없으므로' 특허법 제33조 제1항 본문의 "발명을 한 자"에 해당하지 아니하고, 나머지 각 종속항 발명들 역시 마찬가지라는 이유로 그 특허가 무효가 되어야 한다는 이유로 심결을 취소하는 판결을 하였고,[11] Y는 위 특허법원 판결에 불복하여 대법원에 상고하였다.[12]

대법원에서는 "발명자가 아닌 사람으로서 특허를 받을 수 있는 권리의 승계인이 아닌 사람(이하 '무권리자'라 한다)이 발명자가 한 발명의 구성을 일부 변경함으로써 그 기술적 구성이 발명자의 발명과 상이하게 되었더라도, 변경이 그 기술분야에서 통상의 지식을 가진 사람이 보통으로 채용하는 정도의 기술적 구성의 부가·삭제·변경에 지나지 않고 그로 인하여 발명의 작용효과에 특별한 차이를 일으키지 않는 등 기술적 사상의 창작에 실질적으로 기여하지 않은 경우에 그 특허발명은 무권리자의 특허출원에 해당하여 등록이 무효이다"라고 한 후, "X가 경영하는 개인업체 연구개발부장이 Y회사로 전직하여 X의 영업비밀을 Y회사 직원들에게 누설함으로써 Y회사가 X의 모인대상발명을 변형하여 명칭이 "떡을 내장하는 과자 및 그 제조방법"인 이 사건 특허발명을 출원하여 특허등록을 받은 사안에서, 이 사건 특허발명의 특징적인 부분인 '떡이 가진 장기간 보관할 수 없는 문제점을 해결하기 위한 떡생지 제조공정인 구성 2'는 모인대상발명의 구성과 실질적인 차이가 없고, Y회사가 모인대상발명과 실질적으로 차이가 없는 구성 2에 모인대상발명에 없는 구성 1, 3, 4를 새로 부가하는 것은 통상의 기술자가 보통으로 채용하는 정도의 변경에 지나지 않고 그 변경으로 발명의 작용효과에 특별한 차이를 일으키지 않아서, Y회사가 특허발명의 기술적 사상의 창작에 실질적으로 기여한 것이 없다는 이유로, 위 특허발명은 무권리자가 출원하여 특허를 받은 경우에 해당하여 특허법 제133조 제1항 제2호, 제33조 제1항 본문에 따라 그 등록이 무효이다"고 하여, 결국 Y는 자신이 출원한 발명이 모인의 대상이 되는 발명과 실질적으로 차이가 없으

11) 특허법원 2009. 7. 15. 선고 2008허8907 판결.

12) 대법원 2011. 9. 29. 선고 2009후2463 판결.

므로 모인출원에 해당한다고 판단하였다.[13)]

결국 이 사건에서는 모인출원인지의 여부와 관련하여 모인의 대상이 되는 발명과 모인출원 발명을 대비하면서, 구성의 차이점을 인정하면서도 구성의 차이점이 있다고 하여 모인대상 발명과 모인출원 발명의 상호간의 동일성이 곧바로 부정되는 것은 아니라는 점을 전제로 하면서, 그 구성의 차이가 통상의 기술자가 보통으로 채용하는 정도의 변경에 지나지 않고, 이에 따른 작용효과에 특별한 차이가 발생하지 않는 경우에는 모인대상 발명과 모인출원 발명의 동일성이 인정될 수 있다고 하고 있다. 그런데 여기서 사용한 판단기준은 진보성의 판단과 거의 유사한 것으로 구성의 변경이 있더라도 그 차이가 통상의 기술자가 채용할 수 있는 정도에 지나지 아니하는 경우에는 모인출원발명과 모인대상 발명이 동일한 것으로 판단하고 있는 점이 주목된다.

다. 미국과 일본의 사례와 판단기준

미국의 종전 특허법 제102조(f)[14)]에는 "출원된 발명을 자기 자신이 발명하지 아니한 경우에는 특허 받을 수 없다"고 하여 출원발명이 발명자의 창작물(original work)일 것을 요구하고 있고 이를 위반한 출원은 특허 받을 수 없는 것으로 하고 있으므로, 이는 우리나라(일본)의 모인출원에 해당한다고 볼 수 있다.

이때 출원된 발명이 타인으로부터 유래한 발명[Derivation]인지의 여부가 문제로 된다. 이러한 문제는 출원된 발명의 진정한 발명자가 누구인지의 문제로 다루는데, 그 기준으로는 출원발명의 착상 즉 실시화되는 발명에 대한 명확하고 영구적인 생각에 대하여 발명자의 생각이 형성하는 것이 누구에 의하여

---

13) 상동.

14) 35 U.S.C. 102 A person shall be entitled to a patent unless –
(f) he did not himself invent the subject matter sought to be patented.
한편 선출원주의를 표방한 최근의 Leahy-Smith 법에 의하여 2013. 3. 16. 이후의 출원에 대해서는 제102조(f) 조항은 더 이상 적용되지 않으나, 별도의 조문으로 모인출원에 대하여 이를 심판하는 절차가 심판부(the Patent Trial and Appeal Board)에 Derivation Proceedings (모인 절차)로 신설되었는데, 여기에서 모인출원(Derivation)이라고 인정되는 경우에는 출원이 거절되므로, 여전히 모인출원에서 동일성 판단의 문제는 존재한다. 35 U.S.C. 135 Derivation proceedings. (d) EFFECT OF FINAL DECISION.–The final decision of the Patent Trial and Appeal Board, if adverse to claims in an application for patent, shall constitute the final refusal by the Office on those claims. The final decision of the Patent Trial and Appeal Board, if adverse to claims in a patent, shall, if no appeal or other review of the decision has been or can be taken or had, constitute cancellation of those claims, and notice of such cancellation shall be endorsed on copies of the patent distributed after such cancellation.

형성되었지의 문제로 된다. 발명자로 되기 위해서는 발명의 착상에 일반적으로 기여하여야 하고, 착상에 기여하지 않고 발명을 모인한(derive) 자는 발명자가 될 수 없다.[15)]

미국의 경우 모인출원이 적용된 사례는 신규성과 같은 특허요건이 적용된 사례에 비하여 흔하지 않은데,[16)] 그 이유로는 미국의 경우 모인출원을 입증하기 위해서는 발명의 착상이 타인에 의하여 이루어지고 그 착상이 타인에게 전송(communication)될 것을 요구하고 있는데[17)] 발명이 타인에 의하여 착상이 된 경우라면 이러한 발명에 대하여 미국 특허법 제102조(a)항 소정의 공지에 의한 신규성 요건 미비에 해당하는 경우가 많을 것이고, 이 경우에는 전송 혹은 복제행위(copying)와 같은 상대적으로 곤란한 입증이 필요 없다는 점에서 신규성 요건 미비를 주장 입증하는 것이 용이할 것이므로, 제102조(f)항의 모인출원을 적용할 필요는 없을 것이라는 점을 들 수 있다.[18)] 다만 미국 특허법상 신규성 조항은 국내에서 타인에 의하여 공지될 것을 요구하고 있으나,[19)] 모인출원은

---

15) 다만 1952년의 미국 특허법 제256조의 제정에 의하여 이름이 누락된 발명자(nonjoinder) 및 잘못 포함된 발명자(misjoinder)의 발명자 명칭을 수정하는 것이 용이하게 되었다. Janice M. Mueller, *Patent Law* 3rd ed., Aspen, 2009, p. 273.

16) Roger Schechter *et al.*, *Principles of Patent Law* 2nd ed., Thomson West, 2004, p. 140 ("The courts have not employed §102(f) with great frequency.").

17) Gambro Lundia AB v. Baxter Healthcare Corp. 110 F.3d 1573 (Fed. Cir. 1997).

18) Roger Schechter *et al.*, *Id.*

19) 35 U.S.C. 102 (pre-AIA) Conditions for patentability; novelty and loss of right to patent. A person shall be entitled to a patent unless -

(a) <u>the invention was known or used by others in this country</u>, or patented or described in a printed publication in this or a foreign country, before the invention thereof by the applicant for patent.

다만 2013. 3. 16. 이후 출원에 적용되는 Leahy-Smith 법에서는 국내의 지역적 조건과 타인의 조건이 삭제되어 공지의 범위가 우리나라와 마찬가지로 국외로 확장되게 되었다.

35 U.S.C. 102 Conditions for patentability; novelty.

(a) NOVELTY; PRIOR ART.-A person shall be entitled to a patent unless-

(1) the claimed invention was patented, described in a printed publication, or in public use, on sale, or otherwise available to the public before the effective filing date of the claimed invention; or ... .

다만 이와 같은 공지가 발명자 자신에 의한 경우에는 1년간의 유예기간(grace period)이 부여된다.

35 U.S.C. 102(b) EXCEPTIONS.

(1) DISCLOSURES MADE 1 YEAR OR LESS BEFORE THE EFFECTIVE FILING DATE OF THE CLAIMED INVENTION.—A disclosure made 1 year or less before the effective filing date of a claimed invention shall not be prior art to the claimed invention under subsection (a)(1) if-

(A) <u>the disclosure was made by the inventor</u> or joint inventor or by another who obtained the subject matter disclosed directly or indirectly from the inventor or a joint inventor; or ... .

공지될 것을 요구하고 있지 않으므로, 모인대상발명이 공지되지 아니한 상태에 있는 경우에는 모인출원의 적용의 실익이 있게 된다.

미국, 일본 등 국가에서는 출원발명에 대한 진정한 발명자가 누구인지의 관점에서 본 판례는 다수 찾아 볼 수 있으나[20] 모인대상발명과 출원발명의 동일성의 관점에서 본 판례가 흔하지는 않은데 대표적인 미국의 사례로 아래를 들 수 있다.

Gambro Lundia AB v. Baxter Healthcare Corp. 사건에서[21] 특허권자인 원고 Gambro Lundia AB사는 신장의 투석 중에 환자의 혈액으로부터 제거되는 불순물을 정밀하게 측정하기 위하여 센서의 0점을 재조정(recalibrate)하는 것을 특징으로 하는 혈액투석 장치에 관한 특허권자이다. 여기에서는 특허가 모인(derivation)에 의하여 무효가 되는지의 여부가 쟁점의 하나로 되었다.[22] 피고인 Baxter사는 원고가 합병한 Repgreeen's Dialysis Technology 회사의 서류에 있던 Wittingham의 제안서의 내용으로부터 발명을 모인하였다고 주장하였다.[23] 제안서에는 자동 0점화 및 재시동 기능에 관하여 간단히 기술이 되어 있었고 Baxter사는 이 문서에서 재설정 혹은 0점화의 기능이 개시되어 있다고 주장하였다. 법원에서는 이러한 0점화 기능이 언제 발생하는지 모호성이 있는

---

20) 일본의 경우 모인출원에 관한 대표적인 사례로 生ゴミ処理装置事件(음식물쓰레기처리장치 사건) 最高裁 平成13年6月12日第三小法廷判決 平成 9 年(オ)第1918号(民集55巻4号793頁, 判時1753号119頁, 判タ1066号217頁); 中山信弘·大渕哲也·小泉直樹·田村善之 編, 特許判例百選 第4版, 有斐閣, 2012, 48－49頁(비록 원저자는 상이하나 동일한 판례에 대한 평석의 번역문은, 中山信弘·相澤英孝·大渕哲也 編 比較特許判例研究會 譯, 特許判例百選 [제3판], 博英社, 2005, 139－144면 참조)과 ブラジャー事件(브래지어 사건) 東京地裁 平成14年7月17日判決 平成13年(ワ)第13678号(判時1799号155頁, 判タ1107号283頁); 上掲書, 50－51頁(中山信弘·相澤英孝·大渕哲也 編 比較特許判例研究會 譯 위의 책, 145－151면)을 들 수 있다. 한편 最高裁 平成5年2月16日第三小法廷判決 平成3年(オ)第1007号(判時1456号150頁, 判タ816号199頁)에서는 모인에 의한 의장출원에 의하여 의장의 창작자가 의장등록을 받을 권리를 상실한 것을 이유로 불법행위에 기한 손해배상을 청구한 사건인데, 의장출원등록 받을 수 있는 기회의 상실로 인한 손해의 발생 자체는 인정하였으나, 청구권의 시효 소멸을 이유로 결국 청구기각되었다. 上掲書, 52－53頁(中山信弘·相澤英孝·大渕哲也 編 比較特許判例研究會 譯 위의 책, 152－157면).

기타 모인출원에 관한 일본의 사례로는 예를 들어, 竹田和彦 저 김관식외 4인 역, 앞의 책, 254－258면(竹田和彦 著, 前掲書, 200－204頁) 참조. 미국의 경우 모인출원(Derivation)을 정당한 발명자의 결정 및 공동발명자인지 여부의 관점에서 본 사례로는 예를 들어, Janice M. Mueller, *op cit.*, pp. 273－274 참조.

21) 110 F.3d 1573(Fed. Cir. 1997).

22) *Id.*

23) *Id.* at 1576.

데, 전체적으로 보아 최초로 시동하는 기간 중에 발생하는 것이고, 따라서 투석 중에 이러한 0점화 과정이 발생하는 특허발명을 Wittingham이 착상한 것으로 볼 수 없다고 하였다.[24] 또한 법원에서는 1심법원에서 채택한 기준 즉 출원발명이 모인대상발명에 대하여 통상의 기술자에게 '자명한지(obvious)의 여부'는 잘못된 것이고 원심에서 인용하는 판례[25]에서도 이러한 기준을 채택하지 않았다고 비판하였다.[26]

이 사건에서는 모인발명인지의 여부를 판단하는 기준으로 모인대상발명과 출원발명 사이의 차이점에 대하여 통상의 기술자를 기준으로 하는 미국 특허법상의 자명성 판단 기준을 채택하는 것은 옳지 않다는 점을 밝힌 다음, 모인발명이 아닌 이유로서 출원발명의 구성인 신장 투석 중간에 측정장치의 0점값을 재설정하는 구성이 모인대상발명에서는 찾아 볼 수 없다는 점을 그 주된 근거로 들고 있다. 그런데 이러한 차이가 통상의 기술자에게 자명한지의 여부는 판단하고 있지 않고, 원심에서 통상의 기술자를 기준으로 자명성의 여부를 판단하는 기준을 채택한 점을 잘못된 것으로 비판한 것으로 보아, 결국 모인대상발명과 출원발명의 비교는 통상의 기술자를 기준으로 하는 진보성에 상당하는 기준이 아니라는 점을 명확하게 밝히고 구성요소의 차이점 여부를 중심으로 판단하여야 한다는 점을 명시한 것으로 해석된다. 다만 이러한 동일성의 기준이 진보성의 기준과 상이한 점은 명확하게 밝혔지만, 구체적으로 어떠한 의미인지는 아래의 사례에서 좀 더 명확하게 된다.

미국의 Hoop v. Hoop 사건[27]은 모터사이클의 페어링(fairing)을 보호할 수

24) *Id.* at 1577 ("Accordingly, this court determines that the Wittingham proposal does not corroborate conception.").

25) New England Braiding, 970 F.2d at 883.

26) *Id.* at 1578 ("This court recognizes that the district court's incorrect derivation standard springs from dictum in this court's New England Braiding decision. In that case, this court noted : "To invalidate a patent for derivation of invention, a party must demonstrate that the named inventor in the patent acquired knowledge of the claimed invention from another, or at least so much of the claimed invention as would have made it obvious to one of ordinary skill in the art." New England Braiding, 970 F.2d at 883. This dictum did not in fact incorporate a determination of obviousness into a Section 102(f) analysis. Indeed, this court in New England Braiding did not apply such a test."). 실제로 New England Braiding v Chesterton, 970 F.2d 878 (Fed. Cir. 1992)에서도 통상의 기술자를 기준으로 하는 자명성 판단은 하고 있지 않다. New England Braiding v Chesterton, 970 F.2d 878 (Fed. Cir. 1992) 참조.

27) 279 F.3d 1004 (Fed. Cir. 2002).

있는 독수리 형상의 가드 형상에 관한 디자인 특허에 관한 것으로, J. Hoop, S. Hoop 형제의 선 발명 특허[28]에 대하여 M. Hoop와 L. Hoop 전(前) 부부의 후 발명 특허[29]가 별도의 발명인지의 여부가 쟁점 중의 하나로 되었다. 법원에서는 선 발명과 후 발명의 동일성의 판단 기준은 신규성의 판단기준과 동일한 '실질적 동일성(substantial similarity)의 기준'이 채택된다고 하면서,[30] 후 발명은 법원에서는 Hoop 형제의 선 발명에 비하여, Hoop 부부의 후 발명은 단순히 Hoop 형제의 발명에 관한 착상을 단순히 세부화(refine)하여 완성한 것에 지나지 않고, 후 발명은 독수리의 꼬리 부분에 관한 부분을 제거한 점에서 선 발명과 차이가 있으나, 양자의 디자인은 동일한 비율과 몸체의 크기, 방향, 깃털의 개수, 머리와 부리의 형상 및 안구의 위치가 동일하다는 점에서 Hoop 부부의 디자인은 별도의 발명으로 인정되지 않고 선 발명과 '실질적으로 동일한 발명'으로 인정된다고 하였다.[31] 결국 양 발명의 차이점에도 불구하고 이를 '동일한 발명'으로 인정하여 결국 모인대상 발명과 출원발명 사이에 발명의 '실질적 동일성'을 인정한 것이다.[32]

3. 소　　결

모인출원의 여부 판단 시 우리나라의 종전의 판례에서는 구성의 차이를 중심으로 효과 차이의 여부에 기준을 두어 실질적 동일성의 기준을 채택하고 있어, 구성의 차이가 있고 효과의 차이가 있다면 모인출원으로 인정될 수 없어 결국 특허될 수 있었다. 그런데 최근의 판례에서는 구성의 차이가 있더라도 효과의 특별한 차이가 없다면 모인출원으로 인정하여 결국 모인출원으로 인정되는 발명의 범위가 확대된 것으로 이해된다.

---

28) U.S. Design Patent No. 428,831.

29) U.S. Design Patent No. 431,211.

30) 279 F.3d 1004, 1007 (Fed. Cir. 2002) ("The ultimate test for design–patent inventorship, like the test for anticipation and infringement, is whether the second asserted invention is 'substantially similar' to the first.").

31) *Id.* at 1007.

32) 법원에서는 모인출원의 판단기준이 신규성 판단기준과 상이하지 않다는 점을 명시적으로 밝히고 있는데, 이는 모인출원의 규정이 신규성을 규정한 제102조의 하나의 항으로 규정되어 있는 점과 무관하지는 않을 것으로 생각된다.

이와 같은 판단 방법에서는 모인출원인지의 여부를 모인대상발명과 모인출원 발명의 동일성 혹은 실질적 동일성의 판단에 명시적 근거를 두지 않고, 모인출원 발명에 대하여 "특허발명의 기술적 사상의 창작에 실질적으로 기여한 것이 없다"라는 점을 들고 있어, 그 근거를 발명의 정의 규정에 두고 있는 것으로 해석하는 견해도 있다.[33] 이러한 주장의 근거가 명확하지 않으나, 이 사건 출원발명의 경우에는 종전에 모인출원의 판단기준인 발명의 실질적 동일성 기준을 적용한다면 양 발명이 실질적으로 동일하지 않아 결국 모인출원으로 되지 않고, 따라서 모인출원자에게 특허권이 허여되어야 하는데 이는 영업비밀을 부당하게 취득하여 이를 약간 변형한 것에 지나지 않는 발명에 대하여 특허권을 부여하는 것은 결과적으로 부당하다는 점을 염두에 두고 있는 것으로 보인다. 그런데 이 사건에서 모인출원 발명은 모인대상발명과 동일한 발명이 아니라 일정한 점에서 차이가 있고, 예를 들어 기존의 발명을 결합하여 새로운 기술적 사상을 창작하는 결합발명의 경우 발명자가 결합발명의 모든 구성요소 자체를 발명하여야 하는 점은 아닐 것이며,[34] 상기 사건의 모인출원자도 모인대상 발명을 구성의 차이가 전혀 없이 출원한 것이 아니라 모인대상 발명에 더하여 일정한 구성의 차이를 더하였다는 점에서 기술적 사상의 창작을 전혀 하지 않았다고 볼 수는 없고, 이러한 기술적 사상의 창작 및 그 고도성 여부를 객관적으로 판단하는 것이 결국 특허법 제29조 소정의 이른바 발명의 성립성, 산업상 이용가능성, 신규성, 진보성 등의 특허요건의 충족 여부를 심사하는 것일 것이므로, 이와 같이 발명의 정의 규정에 의존하는 것은 특허요건의 존재이유를 침식할 우려가 있으므로 바람직하지 않다는 점에서 이론(異論)의 여지가 있다고 생각된다.

한편 모인출원으로 인정된 발명에 대한 정당한 권리자의 출원은 모인출원의 출원시로 소급되는 이익을 누릴 수 있는데,[35] 정당한 권리자가 출원일 소급의 이익을 누릴 수 있는 발명의 범위는 우리나라 특허법 조문상으로는 명확하지

33) 박창수, 앞의 논문.

34) 발명의 구성요소로 공지의 요소를 활용하지 않고 타인의 발명을 부당하게 활용하였다면, 이 점에 대해서는 영업비밀의 침해 혹은 민법상의 불법행위에 따른 책임을 물을 수 있을 것이다.

35) 특허법 제34조, 제35조. 일본의 경우에는 大正10년(1921년) 특허법 제10조, 제11조에 동일한 취지의 조문이 있었으나, 모인출원 후에 출원한 제3자의 이익보호를 중시하여 昭和34년(1959년) 법에서 폐지되었다. 日本国際知的財産保護協会, 特許を受ける権利を有する者の適切な権利の保護の在り方に関する調査研究報告書, 2010, 27頁.

않으나[36] 일반적으로는 '모인출원으로 인정된 발명'의 범위로 보고 있다.[37] 그런데 모인출원의 인정 기준으로서 종전의 기준에 의하는 경우에는 모인출원으로 인정되는 발명에 대하여 출원일 소급의 이익을 부여하더라도 정당한 권리자의 발명과 실질적으로 동일한 발명에 대해서만 권리가 부여되는 결과로 될 것이므로 특별히 부당한 결과가 발생할 것으로는 예상되지 않으나, 모인출원의 인정 기준으로 후자의 견해를 취하는 경우에는 정당한 권리자가 스스로 발명하지 아니한 부분에도 출원일 소급의 효과가 미치게 되므로 모인출원 이후에 출원하는 제3자의 이익을 해하는 결과가 발생할 가능성이 있게 된다.[38]

모인대상 발명과 모인출원 발명의 동일성 여부 판단시 실질적 동일성의 기준에 대신하여 발명에의 실질적 기여를 요구하면서 진보성 판단과 유사한 기준을 적용하는 경우에는 모인출원 판단시의 동일성의 범위가 지나치게 넓어져서, 정당한 개량발명자의 권리와 제3자의 이익을 침해하면서 모인대상발명자의 권리를 과도하게 보호하여 우리나라 특허법의 기본 정신인 선출원주의의 취지도

---

36) 이와 같은 점은 모인출원에 대한 정당한 권리자의 출원일 소급을 규정한 일본 大正10년(1921년) 법에서도 마찬가지로 확인된다.

37) 우리나라 특허법 제34조, 제35조에 대응하는 독일 특허법 제7조 제2항 및 제8조, 영국 특허법 제8조 제3항 (c) 및 제37조 제4항 등에서 정당한 권리자가 출원일 소급의 이익을 누릴 수 있는 발명(독일의 경우에는 우선권주장의 근거가 될 수 있는 발명)의 기준이 되는 발명은 '모인대상발명'이 아닌 '모인출원발명(die Erfindung selbst, des Patents, the earlier application, the specification of that patent)'으로 해석된다. 우리나라 심사지침서에도 동일한 취지로 되어 있다. 특허청, 특허·실용신안 심사지침서, 2011, 2106면 및 5309면; 특허청, 특허·실용신안 심사기준, 2015, 2109면 및 5311면. 일본의 경우에도 출원일 소급제도에 대하여 마찬가지로 이해하고 있는 것으로 보인다. 上揭書 28頁.

38) 한편 후자의 경우에도 모인대상발명이 모인출원발명과 동일성이 인정되는 경우에만 모인대상발명에 대하여 출원일이 소급될 뿐이고 동일성이 인정되지 아니한다면 별도의 출원이 가능할 것에 지나지 않으므로 부당한 결과는 발생하지 않는다는 견해도 있다. 강경태, "모인출원 토론문", 한국특허법학회 정기세미나, 2014. 10., 2면. 이러한 해석에 따르면 모인출원으로 인정되는 발명의 범위는 확대되더라도 출원일 소급의 이익을 누릴 수 있는 발명은 모인대상발명의 범위로 한정이 된다는 점에서는 바람직하다고 볼 수 있으나, 모인출원으로 인정되면서도 출원일 소급이 되지 않는 발명에 대해서는 모인출원인과 모인대상발명자의 어느 누구도 그 발명자로 볼 수 없게 된다는 점에서 의문의 여지가 있다. 한편 모인출원발명으로 인정된 발명 중에서 정당한 권리자의 발명에 해당하는 부분 즉 모인출원발명과 모인대상발명의 공통부분으로 출원일 소급의 이익을 누릴 수 있는 발명의 범위를 일정하게 제한하는 것도 예상되는 불합리를 해소할 수 있는 하나의 방안이 될 수 있을 것으로 생각된다. 그런데 이 경우에는 모인출원으로 인정되는 발명과 정당한 권리자가 소급의 효과를 누릴 수 있는 발명이 서로 상이하게 되고, 특히 예를 들어 발명의 구성의 일부를 다른 구성으로 대체하는 경우에는 모인출원으로 인정되더라도 출원일의 소급의 이익을 누릴 수 있는 발명은 존재하지 않게 되는 결과가 되는데, 이러한 해석의 타당성에 대해서는 좀 더 검토가 필요할 것으로 생각된다.

훼손될 우려도 있으므로,[39] 출원발명이 모인출원발명인지의 여부 판단 기준으로 종전의 기준인 모인대상발명과 모인출원발명의 '실질적 동일성'[40]의 개념으로 복귀하는 것이 바람직할 것으로 생각된다.[41]

Ⅲ. 모인출원시 정당한 권리자의 보호

1. 개 요

모인출원이 있는 경우에는 정당한 권리자가 일정한 기간 내에 출원이 있는 경우에, 모인출원이 있었던 날로 출원일을 소급하여 정당한 권리자의 권리를 일정한 수준 보호해 주고 있다. 이와 같이 정당한 권리자가 보호받기 위해서는 스스로 특허를 출원하여 출원일의 소급 적용의 혜택을 받는 것이 원칙적이다.

그런데 모인출원이 있다는 사실에 대하여 정당한 발명자가 특허출원 중에 발견한다면 특허청에 대한 정보제공을 통하여 출원발명에 대하여 거절결정이 이루어지도록 할 수 있고, 또한 모인출원사실이 있었다는 점이 특허공고가 있는 날로부터 2년 이내에 발견이 된다면 정당한 권리자는 특허무효심판 청구 및 이에 따른 정당한 권리자의 출원을 통하여 자신의 권리를 회복할 여지가

39) 후자의 경우, 모인대상발명에 대하여 진보성이 부정되는 발명까지 결과적으로 특허를 받지 못하는 점은, '선발명주의' 하의 종전 미국 특허법 제102조(f) 상의 모인대상발명은 제103조 소정의 진보성 판단을 위한 선행기술이 될 수 있으므로(OddzOn Products, Inc. v. Just Toys, Inc., 122 F.3d 1396 (Fed. Cir. 1997) 참조) 모인대상발명에 대하여 진보성이 부정되는 발명이 결국 특허될 수 없다는 점과 그 결과의 면에서 유사하다. 개정 미국 특허법에서는 신규성을 규정한 제102조에 종전의 제102조(f)가 삭제되어 있다.

40) 미국의 경우에도 개정 특허법에서 도입된 'Derivation Proceeding' 절차는 모인출원발명에 대하여 동일(the same)하거나 실질적으로 동일(substantially the same)한 발명을 출원하면서 시작된다. Janice M. Mueller, *Patent Law* 4th ed., Wolters Kluwer, 2013, p. 263. 또한 모인출원을 입증하기 위해서 청구인은 피청구인의 발명이 청구인의 발명과 "동일(the same)"하거나 "실질적으로 동일(substantially the same)"하다는 점을 입증하도록 요구하고 있다. 37 C.F.R. Part 42 Final Rules for Derivation Proceeding, §42.405 Content of petition.

41) 관련하여, 권택수, 「요건사실 특허법」, 진원사, 2010, 468면, 각주 446의 성창익, "특허출원되지 않은 타인의 선행발명을 변형 또는 개량하여 특허등록한 경우의 법률관계－모인출원을 중심으로", 법원 지적재산권 커뮤니티, 2008. 3. 4.에서는, "모인출원이 성립하기 위해서는 특허발명이 선행발명에 비하여 동일성(균등범위를 포함하여)만 있으면 되고 진보성까지 있어야 하는 것은 아니다"고 하여 결국 모인출원의 동일성의 범위가 진보성보다는 좁다는 견해를 취하고 있다.

있다. 그러나 일정한 경우, 예를 들어 직무발명을 한 자가 제3자와 공모하여 제3자 명의로 출원하는 등과 같은 때에는 정당한 권리자가 모인출원이 있다는 사실을 사전에 알 수 있는 현실적인 방법이 존재하지 않으므로, 모인 특허권자의 특허권 행사 등을 통하는 등에 의하여 사후에 이를 비로소 알게 된 때에 정당한 권리자가 특허출원 등을 통하여 권리회복을 시도한다 하더라도, 정당한 권리자의 특허출원은 '특허공고일로부터 2년 이내'에 이루어져야 할 것임을 요하는 기간의 제한 규정[42] 등에 의하여 결국 정당한 권리자의 특허권 획득이 불가능하게 되는 경우도 발생할 수 있을 것으로 예상된다.

한편 미국의 경우에 현행 특허법(2011년 AIA)[43]에서는 모인출원과 관련하여 제135조에 관련 절차가 모인절차(Derivation Proceeding)로 규정되어 있는데,[44] 후원의 발명자가 자신의 발명과 동일한 발명이 모인(derive)되어 선출원되어 있다면 특허출원인은 미국 특허청에 모인절차의 개시를 신청할 수 있다(§135(a)(1)). 만일 선출원이 공개된 경우에는 공개일로부터 1년 이내에 모인절차를 신청하여야 한다(§135(b)). 미국 특허청 내의 심판부(Patent Trial and Appeal Board)에서 모인출원으로 결정되면 그 모인출원은 최종 거절결정(Final rejection)의 효력을 갖게 된다(§135(d)).[45] 또한 선출원에 개시된 발명은 원칙적으로 선행기술이 될 수 있으나(§102(a)(2)), 이것이 진정한 후원의 발명자로부터 입수된 내용이라면 후원의 신규성(및 진보성) 부정을 위한 선행기술(prior art)을 구성하지 않으므로(§102(b)(2))[46] 결국 진정한 발명자는 후출원임에도

42) 특허법 제35조.

43) 신규성, 진보성 등의 요건 판단은 2013. 3. 16. 이후 출원에 대하여 적용된다.

44) 전술한 바와 같이 개정 전의 미국 특허법 제102조(f)항에서 '출원발명을 출원인 자신이 발명하지 아니한 경우'를 특허받지 못하는 사유의 하나로 들고 있어 종전 특허법 하에서 모인출원은 102조(f)를 근거로 거절된다.

45) 결정에 대한 불복은 연방순회구항소법원(Court of Appeals for the Federal Circuit)에 제기할 수 있다.

46) 35 U.S.C. 102 Conditions for patentability; novelty
(b) EXCEPTIONS.－
(2) DISCLOSURES APPEARING IN APPLICATIONSAND PATENTS.—A disclosure shall not be prior art to a claimed invention under subsection (a)(2) if—
(A) the subject matter disclosed was obtained directly or indirectly from the inventor or a joint inventor;
미국에서는 우리나라와 일본과 같은 별도의 선출원주의를 규정한 조문이 존재하지 않고 신규성의 문제로 보고 있으나, 다만 그 효과의 측면에서 모인발명 선출원에는 후원 발명에 대한 선원의 지위가 부여되지 않는 것으로 볼 수 있다.

불구하고 모인된 발명에 대하여 진정한 발명자로서 특허를 부여받을 수 있게 된다.[47)]

2. 모인출원과 정당한 권리자의 출원일 소급

전술한 바와 같이 모인출원, 즉 무권리자에 의한 출원이 있는 경우에 정당한 권리자의 특허출원은 일정한 경우 출원일 소급의 혜택을 누릴 수 있다.

가. 모인출원이 거절된 경우

모인출원이 모인출원이라는 점을 이유로 거절결정이 확정이 되면, 이 날로부터 30일 이내에 정당한 권리자가 특허출원을 하면 이 출원의 출원일을 모인출원의 출원일로 소급하여 적용한다. 이는 모인출원이 있는 경우에 정당한 권리자의 출원이 있는 경우, 비록 모인출원에 대해서는 선출원의 지위가 부여되지 않는다 하더라도, 선출원의 공개 등에 의하여 동일한 발명에 대한 후출원의 신규성 및 진보성이 부정되어 특허받지 못하게 되는 것을 방지하기 위한 것이다.

다만 모인출원이 거절결정이 확정된 날로부터 30일 이내라는 시간적인 제한이 있는데, 일반적인 경우에 모인출원인지의 여부는 심사관에 의하여 확인이 되지 않고, 모인출원임을 발견하게 된 정당한 권리자에 의한 정보의 제공 등에 의한 경우가 많을 것이므로, 거절결정이 확정된 날로부터 30일 이내라는 기간의 제한이 일반적으로는 문제가 되지 않을 것으로 예상된다.

나. 모인출원에 대한 무효심결이 확정된 경우

모인출원임에도 불구하고 이를 간과하여 일단 특허된 경우, 이를 발견한 정당한 권리자 등에 의하여 무효심판청구가 가능할 것이고, 정당한 권리자에

---

47) 한편 모인출원의 경우 등록 이후의 무효심판은 한국과 미국 모두 특허심판원에서 그 판단이 이루어지나, 출원단계에서는 모인출원인지의 여부 판단이 미국에서는 심판부에서 이루어지는데 반하여 한국의 경우에는 출원단계에서의 모인출원 여부가 심사관에 의하여 이루어지는 점이 상이하다. 현재 미국의 모인절차가 심판부에서 이루어지는 것은 종전의 선발명주의 하에서 복수의 출원이 있는 경우에 선발명을 판별하기 위한 저촉심사(Interference)가 미국 특허항고저촉심판부(Board of Patent Appeals and Interferences)에서 이루어진 점에서 유래한 것으로 보인다.

의한 출원이 아니라는 점을 이유로 특허무효의 심결이 있는 경우에는 무효심결의 확정일로부터 30일이 경과하기 이전에 정당한 권리자의 출원이 있으면, 전술한 바와 같이 출원일이 모인출원자의 출원일로 소급된다. 특허무효심판청구는 일반적으로 모인출원임을 발견한 정당한 권리자 등에 의하여 심판청구가 이루어질 가능성이 높으므로 무효심결의 확정일로부터 30일이 경과하기 전에 정당한 권리자의 출원이 이루어져야 한다는 점은 통상적으로 문제가 되지 않을 것으로 예상된다.

다만 정당한 권리자의 출원은 특허등록 공고일로부터 2년이 경과하기 이전에 출원이 이루어져야 하는 제한이 있는데, 모인출원이 특허등록이 되었는지의 여부를 정당한 권리자가 계속적으로 확인하는 것은 현실적으로 쉽지 않다는 점에서 특허등록 공고일로부터 2년이 경과한 시점 이후에 정당한 권리자의 출원이 이루어지는 경우도 없지 않을 것으로 예상되고, 특히 후술하는 바와 같이 모인출원이 종업원 자신이 아니라 종업원으로부터 특허 받을 권리를 승계한 제3자 등에 의하여 이루어지는 경우에는 정당한 권리자는 모인출원이 특허등록 되었다는 점을 현실적으로 확인할 수 있는 방법이 없다는 점에서 정당한 권리자의 권리의 회복에 상기 기간의 제한에 의하여 정당한 권리자의 권리가 실효될 가능성이 있다.

3. 권리이전 허용의 가부

가. 개　요

한편 모인출원임에도 불구하고 일단 특허가 등록되었다면 등록된 특허권 자체를 정당한 권리자에게 이전하는 것이 직접적이고도 간편한 해결방안의 하나가 될 수 있을 것이다. 그런데 현행 특허법상에는 등록 후 특허권 이전에 대한 명시적인 규정이 없고, 일부 판례와 학설에서는 모인출원이 특허된 경우 원칙적으로는 이전청구를 불허하고 일정한 경우에는 이를 허용할 수 있다고 하고 있을 뿐이어서 모인출원되어 등록된 특허권에 대하여 등록특허권의 이전청구가 허용되는지의 여부는 불명확한 상태이다.

나. 종업원에 의한 모인출원의 사례

국내의 대표적인 사례에서는 일본인 T가 국내 대기업에서 연구원으로 재직시 직무발명을 하고 그 발명자의 명의를 제3자로 한 후 일본의 기업체 O사를 출원인으로 하여 한국, 미국, 일본 등에서 특허출원하여 특허권을 획득하여, 국내 대기업 L사를 상대로 특허권침해의 소를 제기한 바 있다. 이에 대해서 국내 대기업 L사에서는 일본의 T와 O사를 상대로 출원상태의 특허출원에 대해서는 특허출원인 명의변경신고절차를 이행할 것을, 등록된 특허권에 대해서는 특허권이전등록절차를 각각 이행하라는 판결을 구하는 소를 제기하였다. 법원에서는 국내법원을 관할법원으로 정하는 관할합의의 효력이 주요 쟁점으로 되었다.

제1심[48]에서는 일본, 미국 등 외국에서 출원절차가 진행 중인 특허출원과 등록된 특허권에 대한 이전청구와 관련하여, 특허권의 출원 및 등록 등은 각 국가의 전속관할에 속하는 것이므로 이에 대하여 비록 관할의 합의가 있더라도 그 효력을 인정할 수 없다는 점을 이유로 관할합의의 효력을 인정하지 아니하여, 결국 관할이 존재하지 않는다는 점을 이유로 소각하 판결을 하였다. 한편 국내에 등록된 특허에 관해서는, 해당 발명이 직무발명이 아니라는 점에서는 다툼이 없다는 점을 전제로, 결국 양도계약이 중요부분의 착오를 이유로 취소되었다고 인정하여 결국 국내 특허권에 관한 이전등록 청구를 기각하였다.

반면에 항소심[49]에서는 특허권의 부여 여부는 출원된 일본, 미국, 한국 등의 국내법에 따른 독자적인 문제이어서 특허의 허여 여부에 관한 문제는 각국 법원의 전속관할이 인정되어야 할 것이나, 본 사안에서의 문제는 '특허권 권리자체의 성립'에 관한 것이거나 유·무효, 취소를 구하는 소송이 아니라 이 사건 '양도계약의 이행'을 구하는 소송이라고 할 것이어서 그 주된 분쟁 및 심리의 대상은 이 사건 양도계약의 해석 및 효력 유무일뿐 특허권의 유·무효 또는 등록 여부와는 무관함이 분명하다는 점을 주된 근거로 각국 법원의 전속관할을 부정하고 결국 양 당사자 사이의 관할합의를 인정하였다. 나아가 사전승계약정 이후에 이루어진 발명의 양도계약의 효력을 인정하여 결국 국내·외의 특허출원에 대하여 출원인명의변경신청 절차의 이행을, 등록특허권에

48) 서울중앙지법 2007. 8. 23. 선고 2006가합89560 판결.

49) 서울고등법원 2009. 1. 21. 선고 2007나96470 판결. 한편 본 사건은 상고되었으나, 대법원 2011. 4. 28. 선고 2009다19093 판결로 상고 기각되었다.

대해서는 이전등록절차의 이행을 명하였다.[50)]

다. 학설과 판례

정당한 권리자가 아닌 종업원 등에 의하여 모인출원이 이루어진 경우에 원칙적으로 정당한 권리자는 모인출원과는 별도로 일정한 기간 내에 출원을 하여야 권리의 구제를 받는 것이 원칙이고, 다만 특허출원인 혹은 특허권자로서의 모인출원인의 지위를 정당한 권리자가 승계할 수 있는지의 여부에 대해서는 학설과 판례가 아직 정립되어 있지 않고 논란의 여지가 있다.

1) 출원단계

일부의 논의에서는 특허출원 단계와 특허등록 단계로 구분한 후, 특허출원 단계에서는 이미 출원인명의변경 신청 절차가 구비되어 있으므로 이를 활용하여 정당한 출원자는 모인출원인을 상대로 '출원인명의변경 절차의 이행을 구하는 소' 혹은 '정당한 권리자에 관한 확인의 소'를 제기한 후 이를 근거로 단독으로 '출원인명의변경 신청'을 하는 방법에 의하여 정당한 권리자의 권리 확보가 가능할 것이라고 주장하는 견해가 있는데,[51)] 여기에서는 정당한 권리자의 발명과 모인출원자의 발명이 일반적으로 동일하지 아니할 가능성이 있으므로 발명의 동일성 여부를 엄격하게 판단하여야 할 것이라는 견해를 표명하고 있다.[52)]

2) 특허등록 후

일본의 경우 이른바 '음식물쓰레기처리방법 사건(生ゴミ処理装置事件)'[53)]에서는 정당한 권리자의 출원 후에 정당한 권리자의 허락 없이 양도증서가 작성되어 출원인 명의변경이 이루어진 후 등록된 특허권에 대하여 정당한 권리자에 대한 특허권이전청구가 허용되는지의 여부가 쟁점이 되었다. 1심에서는 원고의 청구를 인용하였는데, 항소심에서는 특허청과 법원의 권한분배의 원칙에 입각하여 피고의 청구를 인용하여 원고가 상고하였다. 대법원에서

50) 다만 본 판결에서도 스스로 밝히고 있듯이 국내가 아닌 외국에서의 출원 및 등록특허권에 대한 명의변경신청 절차 및 등록특허권 이전등록절차의 이행은 국내가 아닌 외국을 대상으로 한 것이어서 판결의 실효성 측면에서 의문이 발생할 여지가 있다.

51) 조영선, 특허법 제4판, 박영사, 2013, 237-238면.

52) 위의 책, 238면.

53) 最高裁 平成13年 6月 12日 第三小法廷 判決 平成9年(オ) 第1918号.

는 특허 받을 수 있는 권리와 특허된 권리의 동일성, 정당한 권리자의 지분 상실에 따라 법률상 원인 없이 특허권 지분을 획득한 점을 주요 이유로 들어, 특허권 지분의 이전 청구 신청을 받아 들였다.[54)]

또한 일본의 이른 바 '브래지어 사건(ブラジャー事件)'[55)]은 전술한 음식물쓰레기 처리장치 사건(2001년) 이후의 동경지방재판소 사건(2002년)으로, 무권리자에 의하여 특허출원이 되어 등록된 특허권에 대한 이전청구의 허용 여부가 쟁점이 되었다.[56)] 법원에서는 원고가 스스로 특허출원절차를 행하고 있지 않다는 점, 스스로 특허출원하였다면 특허발명을 획득할 기회가 있었다는 점을 들어 전술한 최고재판소 사건과는 사안을 달리한다고 하면서 이전등록 청구를 기각하였다.

3) 입법에 의한 특허권 이전 청구의 명시적 허용 사례

한편 일본 특허법 제74조[57)]에서는 모인출원자에 의하여 등록된 등록특허의 이전청구를 명시적으로 허용하고 있다. 종전의 대법원 판례와 학설의 견해에 의하면, 정당하게 출원된 특허출원에 대한 출원인 명의의 무단변경에 대해서만 특허권의 이전청구가 허용될 뿐으로, 타인의 발명을 모인자가 출원하는 순수한 모인출원에 대해서는 이전청구가 허용되지 않는다고 해석될 여지가 있었으나, 본 조에서는 모인출원의 등록 유무를 묻지 않고 이전청구를 허용하고 있어 순수한 모인출원과 정당한 출원 이후에 명의의 무단변경에 따른 무권리자의 특허등록에 대하여 모두 특허권 이전 청구가 가능하게 되었는데, 그 이유로는 정당한 권리자가 직접 출원을 하지 않았더라도, 발명 자체의 공개에 의하여 산업발전에 기여하였다는 점을 들고 있다.[58)]

모인출원으로 등록된 특허권에 대하여 이전청구가 가능하므로, 비록 모인출원에 의하여 등록된 특허라 하더라도 특허권이 정당한 권리자에게 이전하여 '등록 되어 있는 경우'에는 특허무효심판을 청구할 수 있는 특허무효사유에서

54) 中山信弘외 3인 편저, 사단법인 한국특허법학회 역, 특허판례백선 제4판, 박영사, 2013, 141면 이하.

55) 東京地裁 平成 14年 7月17日 判決 2001年(ワ)第13678号.

56) 中山信弘외 3인 편저, 앞의 책, 147면 이하.

57) 등록 특허권의 이전청구를 허용한 본 조는 전술한 일본의 이른바 '음식물쓰레기 처리장치 사건(生ゴミ處理裝置事件)'에서 영향을 받은 것으로 보고 있다. 中山信弘외 3인 편저, 앞의 책, 144면.

58) 中山信弘, 小泉直樹 編, 新·注解 特許法[別册] 平成23年 改正特許法解説, 青林書院, 2012, 49頁.

제외하여(일본 특허법 제123조 제2호, 제6호),[59] 정당한 권리자에게 부여된 특허권이 애초에 모인출원에 의한 것이라는 점을 이유로 무효로 되는 것을 방지하고 있다.

한편 정당한 권리자는 선출원이 공개되어 있더라도 신규성 상실 적용의 예외 규정[60]의 활용이 가능하므로 이를 활용한 특허출원이 가능하게 된다. 이 경우 모인출원에 대하여 선원의 지위를 부여하지 않으면 정당한 권리자가 다시 특허출원을 하면[61] 동일한 발명에 대하여 이중의 특허가 부여될 우려가 있으므로,[62] 이를 방지하기 위하여 모인출원에 대하여 선출원주의 적용을 배제하는 취지의 조문(종전 특허법 제39조 제6항)[63]을 삭제하여 모인출원에 대하여

59) 일본 特許法 第百二十三条 特許が次の各号のいずれかに該当するときは、その特許を無効にすることについて特許無効審判を請求することができる。この場合において、二以上の請求項に係るものについては、請求項ごとに請求することができる。
一 その特許が第十七条の二第三項に規定する要件を満たしていない補正をした特許出願(外国語書面出願を除く。)に対してされたとき。
二 その特許が第二十五条、第二十九条、第二十九条の二、第三十二条、第三十八条又は第三十九条第一項から第四項までの規定に違反してされたとき(その特許が第三十八条の規定に違反してされた場合にあつては、第七十四条第一項の規定による請求に基づき、その特許に係る特許権の移転の登録があつたときを除く。)。
三 その特許が条約に違反してされたとき。
四 その特許が第三十六条第四項第一号又は第六項(第四号を除く。)に規定する要件を満たしていない特許出願に対してされたとき。
五 外国語書面出願に係る特許の願書に添付した明細書、特許請求の範囲又は図面に記載した事項が外国語書面に記載した事項の範囲内にないとき。
六 その特許がその発明について特許を受ける権利を有しない者の特許出願に対してされたとき(第七十四条第一項の規定による請求に基づき、その特許に係る特許権の移転の登録があつたときを除く。)。
七 特許がされた後において、その特許権者が第二十五条の規定により特許権を享有することができない者になつたとき、又はその特許が条約に違反することとなつたとき。
八 その特許の願書に添付した明細書、特許請求の範囲又は図面の訂正が第百二十六条第一項ただし書若しくは第五項から第七項まで(第百三十四条の二第九項において準用する場合を含む。)又は第百三十四条の二第一項ただし書の規定に違反してされたとき。

60) 일본에서 정당한 권리자의 출원에 대하여 일정한 경우 소급효를 부여하는 점에서 우리와 마찬가지이나, 신규성 상실의 예외 규정의 적용 시 신규성이 상실된 날로부터 6개월 이내에 출원하여야 하는 점에서 1년 이내에 출원하면 신규성 상실의 예외 규정이 적용되는 우리와 차이가 있다.
일본 特許法 第三十条(発明の新規性の喪失の例外)참조.

61) 이때 선출원이 공개된 경우라면, 신규성 상실 적용의 예외 규정을 활용할 수 있다.

62) 이른바 확대된 선출원의 규정은 발명자가 동일한 경우에는 적용되지 않는다. 특허법 제29조 제3항 및 일본 특허법 제29조의2 참조.

63) 종전 일본 특허법 제39조 제6항 발명자 또는 고안자가 아닌 자로서 특허 받을 권리 또는 실용신안등록 받을 권리를 승계하지 않은 자가 한 특허출원 또는 실용신안등록출원은, 제1항부터 제4항까지의 규정의 적용에 대해서는, 특허출원 또는 실용신안등록출원이 아닌 것으로 본다. 참고로 현재는 삭제된 제6항의 위치에 경합발명의 경우 출원인에게 상당한 기간을 정하여 협의의 결과를 제출하도록 명하여야 한다는 취지의 내용이 삽입되어 있다.

선원의 지위를 회복하였다. 이로서 정당한 권리자라 하더라도 자신의 발명에 대하여 다시 출원하는 경우에는, 모인출원에 대하여 후출원이 되므로 특허 받을 수 없게 된다.

한편 독일의 경우에도 출원된 특허에 대해서는 '특허 받을 권리'를, 등록된 특허에 대해서는 '등록특허권'을 정당한 권리자에게 양도할 것을 요구할 수 있고(독일 특허법 제8조 제1항 내지 제2항), 다만 이러한 권리는 특허권 등록 공고일로부터 '2년 이내'에 소송에 의하여 제기하여야 하나(동조 제3항) 이러한 제한은 특허소유자가 특허권의 취득시 선의가 아닌 경우에는 적용되지 않는다(동조 제5항).[64] 또한 등록된 특허가 모인에 의한 것이라는 점을 이유로 이의신청[65]이 된 때에는 최종 결정일로부터 1년 이내에 소를 제기할 수 있다(동조 제3항)고 하여, 모인출원에 대하여 이전청구를 원칙적으로 허용하고 있다.

4) 검 토

상기 일본의 사례에서는 결국 모인출원이 정당한 권리자에 의하여 출원된 이후에 부당한 방법으로 특허권의 이전이 된 경우와 정당한 권리자의 출원 없이 모인출원자에 의하여 출원이 되어 등록된 경우를 구분하여 전자의 경우에는 이전청구를 허용하고 후자의 경우에는 이전청구를 부정하여 서로 달리 판단하고 있다.

동일한 취지로, 국내에서도 특허등록 후에는 특허법상 모인출원을 이유로 하는 특허무효심판 제도가 구비되어 있다는 점, 자신이 출원하지 아니한 발명에 대하여 특허권을 부여한다는 점이 특허 받을 수 있는 기대권과 대세적 권리인 특허권 사이의 대상성(代償性)에 의문이 있을 여지가 있다는 점을 들어, 등록명의의 이전청구는 허용되지 않는 것이 원칙으로 하고,[66] 다만 예외적으로

---

64) Patentgesetz §8. Der Berechtigte, dessen Erfindung von einem Nichtberechtigten angemeldet ist, oder der durch widerrechtliche Entnahme Verletzte kann vom Patentsucher verlangen, daß ihm der Anspruch auf Erteilung des Patents abgetreten wird. Hat die Anmeldung bereits zum Patent geführt, so kann er vom Patentinhaber die Übertragung des Patents verlangen. Der Anspruch kann vorbehaltlich der Sätze 4 und 5 nur innerhalb einer Frist von zwei Jahren nach der Veröffentlichung der Erteilung des Patents (§ 58 Abs. 1) durch Klage geltend gemacht werden. Hat der Verletzte Einspruch wegen widerrechtlicher Entnahme (§ 21 Abs. 1 Nr. 3) erhoben, so kann er die Klage noch innerhalb eines Jahres nach rechtskräftigem Abschluß des Einspruchsverfahrens erheben. Die Sätze 3 und 4 sind nicht anzuwenden, wenn der Patentinhaber beim Erwerb des Patents nicht in gutem Glauben war.

65) 특허등록 공고일로부터 '3개월 이내' 이의신청이 가능하다. 독일 특허법 제59조(1).

66) 정당한 권리자는 특허법에서 정당한 권리자로서 일정한 기간 내에 출원하여 출원일 소급의

정당한 권리자의 출원 이후에 특허 받을 수 있는 권리의 양도에 하자가 있는 경우에는, 등록특허의 이전이 간명한 해결책일 것이므로 '등록이전'이 허용되어야 한다고 주장하는 판례와 견해가 있다.[67] 또한 국내에서는 공동발명자 중에서 일부가 누락된 경우에는 정당한 권리자의 지분에 상당하는 권리의 이전청구를 허용하여야 한다는 판례와 견해도 찾아볼 수 있다.[68]

4. 소 결

현재의 체제 하에서는 무권리자에 의한 출원이 있는 경우에, 일정한 기간 내에 정당한 권리자가 출원한다면 출원일의 소급이 이루어지므로 정당한 권리자의 권리가 훼손되지 아니할 것이나, 정당한 권리자의 출원 시기에 제한이 있으므로 이러한 기간의 제한이 이루어지기 곤란한 경우 즉, 모인출원자에 의하여 출원이 이루어지고 특허된 경우에는 현실적으로 다수의 특허가 출원되어 등록되는 현실을 감안하면, 모든 출원에 대하여 모인출원에 의한 것인지의 여부를 확인하기 곤란하다는 현실적인 한계가 있고, 특히 전술한 사례와 같이 회사의 종업원이 아닌 제3자에 의하여 특허가 출원되는 경우에는 모인출원이 있다는 점을 현실적으로 확인할 수 있는 방법이 존재하지 않으므로 특허등록이 이루어진 2년 이내의 기간의 제한은 더욱 지켜지기 곤란하게 될 것으로 예상된다.

한편 모인출원인에 의하여 특허출원 및 등록이 이루어진 경우에, 모인출원된 발명과 정당한 권리자의 발명 사이에 동일성이 인정된다면 모인출원된 특허출원의 출원인 명의변경 및 등록된 특허의 등록명의의 이전을 허용하는 것이 소송경제적으로 보아도 간편하고 신속하게 이루어질 가능성이 있는데, 특허권의 이전청구의 허용 여부에 관한 판례[69]와 학설이 아직 정립되지 아니한 상태로 볼 수 있으므로 제외국의 사례를 참고하여 입법 등에 의하여 이를 명확하게 할 필요가 있다고 생각된다.

이익을 얻을 수 있을 뿐으로, 직접적으로 등록 무권리자에 대하여 직접 특허권 이전청구를 구할 수 없다는 비교적 최근 사례로, 대법원 2014. 5. 16. 선고 2012다11310 판결.

67) 대법원 2004. 1. 16. 선고 2003다47218 판결; 대법원 2014. 11. 13. 선고 2011다77313 판결; 조영선, 앞의 책, 240면.

68) 서울중앙지법 2010. 8. 11. 선고 2009가합136153 판결; 서울고법 2010. 12. 16. 선고 2010나87230 판결(확정). 조영선, 앞의 책.

69) 대법원 판결에 대한 추가 논의는, 김관식, "모인특허출원에 대한 정당한 권리자의 구제", 과학기술법연구 제21집 제1호, 2015.2., 3-36면 참조.

제 3 절 묵시적 승계

서울북부지방법원 부장판사 윤태식

I. 서 론

특허법은 특허권을 받을 수 있는 주체를 원칙적으로 그 발명을 한 자 및 그 승계인으로 한정하고 있다(특허법 제33조 제1항). 이러한 특허법상의 발명자주의 원칙은 발명진흥법상의 직무발명의 경우에도 그대로 적용되어 직무발명의 경우에 특허를 받을 수 있는 권리 등은 발명을 한 종업원에게 원시적으로 귀속된다.[1)] 아울러 사용자의 발명에 대한 연구 및 투자를 촉진시키기 위해 종업원이 속해 있는 사용자에게 직무발명에 이바지한 대가로서 통상실시권을 인정하고(발명진흥법 제10조 제1항 본문) 일정한 조건 하에 특허를 받을 수 있는 권리나 특허권을 승계시키는 계약이나 근무규정을 체결하거나 작성할 수 있도록 하여 특허를 받을 수 있는 권리 등의 승계를 인정하며(발명진흥법 제10조 제1항 단서) 이러한 승계가 있는 경우에 사용자로 하여금 종업원에게 대가를 지급하도록 함(발명진흥법 제15조 제1항)으로써 발명을 한 종업원과 그 사용자 사이의 대립된 이해관계를 조정하고 있다.

종업원과 사용자 간에 특허를 받을 수 있는 권리나 특허권 등에 대해 이를 승계하는 계약이 체결되거나 그러한 내용의 근무규정이 작성되어 있는 경우에 사용자가 소정의 기간 내에 종업원에게 발명에 대한 권리의 승계의사를 알린 때부터 그 발명에 대한 권리를 승계하는 것으로 본다(발명진흥법 제13조 제2항).

1) 대법원 2012. 11. 15. 선고 2012도6676 판결 [공2012하, 2080] 참조.

그러나 직무발명에 대해 미리 종업원과 사용자 간에 앞서 본 것과 같은 내용의 특허를 받을 수 있는 권리 등을 승계하는 계약을 체결하거나 그러한 내용의 근무규정을 작성하여 두고 있지 아니한 경우에는 사용자가 종업원의 의사와 다르게 그 직무발명에 관한 권리가 승계되었다고 주장할 수 없어(발명진흥법 제13조 제1항 단서) 사용자가 종업원에 의해 이루어진 발명에 대해 사용자 명의로 특허를 받을 수 없고 종업원 의사에 반하여 이를 사용할 수 없다. 이러한 경우 사용자가 종업원에 의하여 이루어진 발명을 사용자 명의로 출원하여 등록받거나 이를 사용하기 위하여는 종업원과 사이에 양도계약을 체결하여 종업원으로부터 특허를 받을 수 있는 권리 등을 양수할 필요가 있다.

특허권 등을 승계한다는 약정이 종업원과 사용자 사이에 체결된 근무규정이나 양도계약에 명시적으로 기재되어 있는 경우도 있겠지만 그러한 승계에 관한 합의가 명시적으로 기재되어 있지 않은 경우도 있는데 이러한 경우에 두 당사자 사이에 승계에 관한 묵시적인 합의를 인정할 것인지 등의 문제가 발생한다.

본 절에서는 먼저 발명에 관한 승계의 유형에 대하여 개괄적으로 알아보고 그러한 유형의 승계에서 특허를 받을 수 있는 권리 등에 대한 묵시적 승계가 인정되는지, 묵시적 승계가 인정된다면 어느 범위까지 인정될 수 있을 것인지 및 관련 대법원판결 등을 살펴본다.

Ⅱ. 승계의 유형

직무발명에 관한 승계의 주요 유형에는 승계약정의 시기를 기준으로 사전승계와 사후승계로, 승계약정의 명시 여부를 기준으로 명시적 승계와 묵시적 승계가 있다.

1. 사전 승계와 사후 승계

사전 승계는 종업원과 사용자 사이에 종업원에 의하여 이루어진 직무발명에 대하여 사용자에게 특허 등을 받을 수 있는 권리나 특허권 등을 승계시키는 계약이나 근무규정이 미리 체결 또는 작성되어 있어 이를 통해 특허권 등이 승계되는 경우이고, 사후 승계는 종업원에 의해 직무발명이 성립한 후에 종업원과 사용자 사이에 비로소 별도의 양도계약 등이 체결됨으로써 특허권 등이 사용자에게 승계되는 경우이다.

2. 명시적 승계와 묵시적 승계

명시적 승계는 종업원이 사용자에게 직무발명 내지 그와 관련하여 특허 등을 받을 수 있는 권리나 특허권 등을 승계시킨다는 내용이 계약이나 근무규정에 명시적으로 기재되어 있는 경우를 말하고, 묵시적 승계는 종업원에 의해 이루어진 직무발명 내지 그와 관련하여 특허 등을 받을 수 있는 권리나 특허권 등을 사용자에게 승계시킨다는 문구가 종업원과 사용자 사이의 계약이나 근무규정에 명시적으로 기재되어 있지는 않지만 관련 규정, 전례 등을 전체적으로 살펴볼 때 직무발명 등에 대한 승계가 인정되는 경우이다.

Ⅲ. 묵시적 승계의 인정 여부 및 그 한계

이하 앞에서 본 승계의 유형 중 사전 승계 및 사후 승계에서의 묵시적 승계의 인정 여부 및 그 허용 한계(범위)에 대하여 본다.

1. 묵시적 승계의 인정 여부

묵시적 승계의 문제는 두 당사자 간에 특허를 받을 수 있는 권리 등을 이전하기로 교섭하여 이러한 권리 등이 사용자에게 승계되는 것으로 합의하는 양도계약에서와 같은 사후 승계의 경우에 통상 일어난다.

이러한 양도계약의 경우에는 민법상 계약에 관한 일반적인 법리가 그대로 적용되므로 통상의 계약 법리와 같이, 특허를 받을 수 있는 권리 등에 관한 승계에 관한 명시적인 합의가 있는 이상 반드시 그 합의가 서면에 기재되어야 할 필요는 없고, 명시적인 합의 외에 묵시적인 합의에 따른 승계도 인정될 수 있다.[2)]

---

2) 대법원 2010. 11. 11. 선고 2010다26769 판결 [공2010하, 2241]은 원심(서울고등법원 2010.

한편 사후 승계의 경우보다는 빈도가 낮지만 묵시적인 승계 문제는 사전 승계의 경우에도 일어날 수 있다.

예를 들어 취업계약서나 근무규정에 종업원에 의한 직무발명에 관한 특허를 받을 수 있는 권리 등을 승계한다고 명시적으로 기재되어 있지 않더라도, 그 다른 조항에 발명자인 종업원이 사용자의 지시를 받는 특허담당직원에 발명에 관한 자료를 제출하고 특허담당직원이 변리사에게 그 발명에 대한 출원절차를 의뢰하는 내용, 이러한 경우에 사용자는 발명자에게 포상금을 지급한다는 내용 등이 기재되어 있는 등 규정의 내용을 전체적으로 살펴 볼 때 종업원에 의해 이루어진 직무발명에 관련된 특허를 받을 수 있는 권리 등이 사용자에게 양도된다는 합의가 있음을 전제로 나머지 규정들이 기재되어 있는 경우에는 직무발명의 승계에 관한 묵시적 승계가 인정될 수 있다.

대법원은 사전 승계, 사후 승계를 구분하지 아니하고 묵시적 승계를 인정하고 있고,[3] 미국, 일본의 실무도 사전 승계에 대해 묵시적 승계를 인정하고 있다.[4)5)]

---

2. 11. 선고 2008나106190 판결)의 다음과 같은 판단, 즉 원고가 신화건설 회사 상무이사로 근무하던 중 폴리테트라메틸렌 에테르글리콜(Polytetramethylene Etherglycol)의 중간물질인 폴리테트라메틸렌 에테르글리콜 디에스테르(Polytetramethylene Etherglycol Diester)를 제조하는 방법에 관한 발명을 완성한 후 회사와 특허출원을 협의하면서 원고를 발명자로, 신화피티지를 출원인으로 하여 그 출원을 변리사에게 위임하였는데, 원고가 그 명세서 초안을 작성하고 특허청의 의견제출통지에 대응한 의견서를 작성하여 변리사에게 제출하는 등 그 출원절차에 협력하였고 위 회사들이 출원에 필요한 비용을 부담한 사정 등을 이유로 위 특허를 받을 수 있는 권리가 묵시적으로 양도되었다고 한 판단을 그대로 인정하고 있다.

3) 사전 승계 부분에 관하여는 아래 대법원 2011. 7. 28. 선고 2010도12834 판결 [공2011하, 1877]의 판결이유 중 "…피고인들과 사이에 미리 위 발명에 대하여 특허를 받을 수 있는 권리를 승계하기로 하는 묵시적 합의가 있었다고 단정하기 어렵다."고 판시한 부분, 사후 승계 부분에 관하여는 아래 대법원 2012. 12. 27. 선고 2011다67705, 67712 판결 [공2013상, 229]의 판결 이유 중 "특허를 받을 수 있는 권리는 발명의 완성과 동시에 발명자에게 원시적으로 귀속되지만, 이는 재산권으로 양도성을 가지므로 계약 또는 상속 등을 통하여 그 전부 또는 일부 지분을 이전할 수 있고(특허법 제37조 제1항), 그 권리를 이전하기로 하는 계약은 명시적으로는 물론 묵시적으로도 이루어질 수 있고…"라고 판시한 부분 참조.

4) *Standard Parts Co. v. Peck*, 264 U.S. 52 (1924), 고용계약서에 종업원이 한 발명에 관하여 명시적인 양도규정은 없지만 당해 종업원이 프로세스와 기계를 개발하도록 고용되었고 회사로부터 정기적인 급여 외에 발명에 대한 보상으로 급여의 두 배 가량의 상여금을 추가 지급받은 경우에 고용기간 중 개발한 프로세스와 기계는 회사에 묵시적으로 양도되어 그 발명이 사용자에게 귀속된다고 판단하였다.

Teets v. Chromalloy Gas Turbine Corp., 83 F.3d 403, 38 USPQ2d 1695 (Fed. Cir. 1996), cert denied, 117 S.Ct. 513 (1996)은, 고용계약서에 종업원이 한 발명에 관한 명시적인 양도규정은 없지만 종업원이 특정의 프로젝트를 수행하기 위하여 고용되었고 종업원이 노동시간의 70%를 그 프로젝트에 사용하고 발명의 실시화를 위해 사용자의 자산을 이용하였으며 사용자가 특허출원비용 및 심사비용을 지급하였고 종업원이 발명의 개발에 있어 사용자의 역할을 반복적으로 인정하고 있고 다른 종업원을 공동발명자로 열거하고 있는 점을 들어

결국 직무발명에 대한 묵시적 승계는 사전 승계 및 사후승계의 경우에 모두 발생할 수 있다.

2. 묵시적 승계의 인정 범위

종업원에 의해 완성된 직무발명이 사용자에게 묵시적으로 승계된다고 인정하는 경우에도 어느 정도의 사정이 있어야 인정될 수 있는가의 문제가 있다.

이에 대해 특허법의 발명과 같이 직무발명의 경우에도 발명자주의가 적용되므로 직무발명도 발명을 한 종업원에게 원시적으로 귀속되는 점, 직무발명의 경우에 연구시설 및 자금 등을 제공하는 사업자의 기술투자에 대한 의욕을 꺾지 않으면서도 조직 내에서 상대적으로 지위가 낮은 종업원을 보호하는 등 양자의 이해관계를 합리적으로 고려할 필요가 있는 점, 발명진흥법 제10조의 직무발명 및 같은 법 제15조의 직무발명에 대한 보상 등의 규정은 사용자에게 미리 승계나 보상에 관한 내용을 제정하도록 촉구하는 역할을 하기 위해 마련된 점 등을 고려하면 원칙적으로 직무발명에서 사전승계이든 사후승계이든 특허권 등을 승계한다는 내용이 명시적으로 기재되어 있을 것이 요구되고 묵시적인 승계는 예컨대 발명자인 종업원이 스스로 명세서를 작성하여 회사 명의로

사용자인 회사와 종업원 간에 프로젝트 수행기간 중 발명된 특허에 대하여 묵시적인 양도계약이 있었다고 판단하였다.

National Development Co. v. Gray, 55 N.E.2d 783, 62 USPQ 205 (1944)는, 종업원이 사용자에 의해 처음부터 특정한 과제를 해결하거나 발명의 가치가 있는 기술을 완성하기 위해 고용되어 급료를 받고 그 목적을 위해 일하도록 지시받은 경우에 종업원은 그가 한 발명을 사용자에게 양도할 묵시적인 의무가 있다고 하였다. 미국 실무는 이를 '발명을 위한 고용이론'이라 하여 직무발명에 대한 예외로 인정한다. 한편 '발명을 위한 고용이론'과 관련하여 *United States v. Dubilier Condenser Corp.*, 289. U.S. 178 (1933)은 발명이 아니라 과학적인 조사를 위해서 고용된 종업원은 고용된 직무와 관련된 대상에 대한 특허를 받았다고 하더라도 특허받을 수 있는 권리를 사용자에게 양도할 의무가 없다고 하였다.

5) 본문의 예와 유사한 사안에서 東京地裁 平成14. 9. 19. 판결(判例時報1802号 30頁)은 묵시적인 승계를 인정하였다. 다만 위 판결에 대하여 일본 실무 및 학계는 일본 특허법 제35조는 사용자에게 발명에 관한 규정을 설정할 것을 촉구한다는 것이 전제로 되고 있는 점, 위 사안에서 당해 발명에 관한 양도증서에 발명자의 서명이 되어 있는 사실에 기하여 양도계약도 함께 인정되고 있는 점, 묵시적인 승계가 쉽게 인정될 경우 종업원 등이 충분히 보호받을 수 없게 된다는 점 등을 이유로 직무발명의 사전 승계에 관하여 통상의 계약 법리와 같이 묵시적인 승계가 직무발명 분야에서도 '일반적'으로 인정될 수 있는지 여부에 대하여는 매우 조심스러운 태도를 보이고 있다, 職務發明, 田村善之·山本敬三 編著, 有斐閣(2005), [吉田広志 집필부분] 56쪽, 特許判例 ガイド[제3판], 増井和夫·田村善之, 有斐閣(2005), [田村善之 집필부분] 433~434쪽 참조.

출원절차를 한 다음에 회사로부터 포상금을 받은 경우[6)7)]와 같이 승계에 관한 묵시의 의사가 추인될 수 있는 명백한 사정이 있는 경우에 인정된다고 봄이 타당하다.

대법원도 직무발명에 대한 묵시적 승계의 인정 범위에 대하여 종업원 등의 의사가 명시적으로 표시되거나 혹은 묵시적 의사를 추인할 수 있는 명백한 사정이 인정되는 경우 이외에는 직무발명에 대하여 그 특허 등을 받을 수 있는 권리나 특허권 등을 사용자 등에게 승계시키는 합의가 성립되었다고 보기 어렵다고 본다.[8)]

Ⅳ. 묵시적 승계에 관한 대법원 판결

이하 직무발명에서 묵시적 승계에 관하여 선고된 주요 대법원 판결을 더욱 상세히 설명한다.

대법원은 직무발명에서 묵시적 승계가 인정되는지 여부에 관하여 사전 승계 및 사후 승계 여부를 묻지 아니하고 묵시적 승계를 인정하고 있다고 이해되고, 나아가 그 인정 범위에 대하여 살펴보면 발명자인 종업원을 보호하기 위해 다소 엄격한 요건을 설정하여 종업원의 의사가 명시적으로 표시되거나 혹은 묵시적 의사를 추인할 수 있는 명백한 사정이 인정되는 경우 이외에는 직무발명에 대하여 그 특허 등을 받을 수 있는 권리나 특허권 등을 사용자에게 승계시키는 합의가 성립되었다고 쉽게 인정할 수 없다는 입장을 취하고 있다.

---

6) 東京高裁 平成13(2001). 3. 15. 判例工業所有權法[2期版], 第1法規出版 1271の35.

7) 그 밖에 참고가 되는 것으로 東京高裁 平成12(2000). 3. 24. 선고 平成10(行ケ)227 판결은 사용자가 발명자인 종업원에 대해 발명에 관한 출원인을 사용자로 하라는 지시를 받고 이에 따라 발명자가 직접 사용자를 출원인으로 한 출원절차를 진행한 경우에 양도가 있었다고 인정하였고, 東京高裁 平成14(2002). 3. 12. 선고 平成12(行ケ)336 판결은 비록 종업원과 사용자 사이에 양도증서가 수수되어 있지 않았더라도 발명자인 종업원이 공동출원인인 다른 회사에 출원인을 자신의 사용자로 하는 문서를 기안하여 교부하였다면 종업원으로부터 사용자에게 발명에 대한 양도가 있었다고 인정하였으며, 大阪地裁 平成15(2003). 9. 11. 선고 平成14(ワ)3694 판결은 종업원이 그가 한 발명이 사용자 명의로 출원되어 있는 것을 알고도 이의하지 않았다거나 종업원이 사용자에게 사용자가 출원하지 않으면 개인적으로 출원하겠다고 진술한 한 사실 등을 이유로 특허를 받을 수 있는 권리 등이 사용자에게 양도되었다고 인정하였다.

8) 대법원 2011. 7. 28. 선고 2010도12834 판결 [업무상 배임] [공2011하, 1877].

한편 아래의 대법원 판결들을 검토하면 어느 발명에 대하여 묵시적 승계가 인정되는지 여부와 관련하여, 종업원으로부터 사용자로의 묵시적 승계의 인정 범위보다 사용자로부터 종업원으로의 묵시적 승계의 인정 범위가 더 넓다고 볼 여지가 있다. 선고된 관련 대법원 판결의 수가 적어 이 부분에 관한 대법원의 입장을 단정할 수 없으나 상대적으로 사회적 약자인 종업원의 지위를 보호하기 위한 의도가 담긴 것은 아닐까 생각한다.

1. 대법원 2011. 7. 28. 선고 2010도12834 판결 [업무상 배임][9)]

종업원 등이 한 직무발명이 사용자 등에게 묵시적으로 승계될 수 있는 요건 등을 명확히 밝힌 판결이다.

대법원은 위 판결에서 "발명진흥법은 직무발명에 대하여 특허 등을 받을 수 있는 권리는 발명자인 종업원 등에게 귀속하는 것으로 하여 종업원 등의 권리를 확보하는 한편 사용자 등의 직무발명 완성에 관한 기여를 고려하여 직무발명에 대하여 종업원 등이 특허 등을 받았거나 특허 등을 받을 수 있는 권리를 승계한 자가 특허 등을 받으면 사용자 등은 그 특허권 등에 대하여 통상실시권을 가지고(제10조 제1항), 또한 직무발명 외의 종업원 등의 발명과는 달리 직무발명에 대하여는 종업원 등이 특허 등을 받을 수 있는 권리나 특허권 등을 미리 계약이나 근무규정에 의하여 사용자 등에게 승계시키거나 사용자 등을 위하여 전용실시권을 설정할 수 있으며(제10조 제3항), 이와 같은 경우 종업원 등으로부터 직무발명 완성사실의 통지를 받은 사용자 등(국가나 지방자치단체는 제외한다)이 대통령령으로 정하는 기간에 그 발명에 대한 권리의 승계 의사를 알린 때에는 그때부터 그 발명에 대한 권리는 사용자 등에게 승계된 것으로 본다고 정하여(제13조 제1항 본문, 제2항) 양자의 이해관계를 조정하고 있다. 그러면서도 위 법은 미리 사용자 등에게 특허 등을 받을 수 있는 권리나 특허권 등을 승계시키거나 사용자 등을 위하여 전용실시권을 설정하도록 하는 계약이나 근무규정이 없는 경우에는 사용자 등이 종업원 등의 의사와 다르게 그 발명에 대한 권리의 승계를 주장할 수 없고(제13조 제1항 단서), 그 밖에도 종업원 등은 직무발명에 대하여 특허 등을 받을 수 있는 권리나 특허권 등을 계약이나

9) [공2011하, 1877].

근무규정에 따라 사용자 등에게 승계하게 하거나 전용실시권을 설정한 경우에는 정당한 보상을 받을 권리를 가진다고 정함으로써(제15조 제1항) 종업원 등의 보호를 꾀하고 있는바, 이와 같은 위 법조의 취지에 비추어 보면, 종업원 등의 의사가 명시적으로 표시되거나 혹은 묵시적 의사를 추인할 수 있는 명백한 사정이 인정되는 경우 이외에는 직무발명에 대하여 그 특허 등을 받을 수 있는 권리나 특허권 등을 사용자 등에게 승계시키는 합의가 성립되었다고 쉽게 인정할 수 없다"라고 하였다.

이어 피고인들이 이 사건 3D 입체게임 전용 컨트롤러에 관한 발명을 완성할 당시 피해자 회사에는 직무발명에 관한 명문의 계약이나 근무규정이 없었고, 이 사건 3D 입체게임 전용 컨트롤러에 관한 발명의 완성 후 그 특허를 받을 수 있는 권리에 관한 피고인들의 양도의사가 명시적으로 표시되었음을 인정할 만한 증거도 없는 상황에서, 공소외 2가 당초 이 사건 3D 입체게임 전용 컨트롤러를 개발 중이던 피고인들의 제의로 피고인 1로부터 피해자 회사의 지분 51%를 양수하여 대표이사로 취임하고 피해자 회사의 목적사업에 '3D 입체기기 연구 및 제조·판매업'을 추가하였더라도 미리 위 발명에 대하여 특허를 받을 수 있는 권리를 승계하기로 하는 묵시적 합의가 있었다고 단정하기 어렵고, 이 사건 3D 입체게임 전용 컨트롤러에 대한 특허출원 비용을 피해자 회사가 부담하였다 하더라도 이는 피해자 회사 스스로의 이익을 위한 행위에 불과하여 그 특허를 받을 수 있는 권리에 관한 양도합의의 성립을 추인할 만한 합리적인 사정이라고 할 수 없으며, 피고인들이 피해자 회사 임직원의 지위에 기하여 이 사건 특허 등의 등록출원에 관련된 업무절차에 대하여 별다른 이의 없이 결재하였다는 등의 사정만으로 보상에 대한 아무런 언급이 없음은 물론 자금사정의 악화로 피해자 회사로부터 정당한 보상을 받을 것을 기대하기조차 어려운 상황에서 피고인들에게 이 사건 3D 입체게임 전용 컨트롤러에 대하여 특허를 받을 수 있는 권리를 피해자 회사에 양도하기로 하는 묵시적 의사가 있었다고 쉽게 추인할 수 없다고 하였다.

2. 대법원 2012. 12. 27. 선고 2011다67705, 67712 판결 [특허권공유확인등 · 특허등록명의이전][10]

본 판결은 직무발명에 관한 사안은 아니지만 특허를 받을 수 있는 권리의 지분이 회사로부터 해당 발명에 관여한 종업원에게 묵시적으로 양도되었다고 인정할 여지가 있다고 판시한 사안이다.

대법원은 위 판결에서, 특허를 받을 수 있는 권리는 발명의 완성과 동시에 발명자에게 원시적으로 귀속되지만, 이는 재산권으로 양도성을 가지므로 계약 또는 상속 등을 통하여 그 전부 또는 일부 지분을 이전할 수 있고(특허법 제37조 제1항), 그 권리를 이전하기로 하는 계약은 명시적으로는 물론 묵시적으로도 이루어질 수 있으며, 그러한 계약에 따라 특허등록을 공동출원한 경우에는 그 출원인이 발명자가 아니라도 등록된 특허권의 공유지분을 가진다고 판시하였다.

이어 비록 종업원이었던 원고가 이 사건 특허발명의 기술적 사상의 창작행위에 실질적으로 기여하였다고 볼 수 없어 이를 단독 또는 공동으로 발명한 자에는 해당하지 않더라도, 원고는 당초 소외인에게 이 사건 특허발명에 대한 기본적인 과제와 아이디어를 제공한 바 있고, 그 후 레파톡스사와 피고 회사 사이의 이 사건 개발약정 체결을 주선함으로써 이 사건 특허권 등 이 사건 개발약정에 따른 연구개발 과정에서 발생하는 모든 연구 성과 및 특허 가능한 발명 일체를 피고 회사의 자산으로 귀속시키는 데 상당한 기여를 한 점 외에 이 사건 개발약정이 체결된 후에는 연구감시자 및 피고 회사의 책임자로서 소외인의 연구개발 과정을 전반적으로 관리하면서 그 실험연구를 보조한 점, 이 사건 특허 출원에 이르기까지의 원고의 역할과 기여도 및 원고와 피고들 사이의 관계, 이 사건 특허 출원의 경위 등을 종합하여 이 사건 특허발명의 발명자인 소외인으로부터 특허를 받을 수 있는 권리를 승계한 피고 회사가 그 출원인에 원고를 포함시킴으로써 원고에게 특허를 받을 수 있는 권리의 일부 지분을 양도하여 장차 취득할 특허권을 공유하기로 하는 묵시적 합의가 출원 당시 이미 있었다고 볼 여지가 있다고 판단하였다.

10) [공2013상, 229].

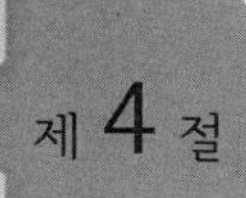

제 4 절 직무발명에 관한 종업원과 사용자의 권리 및 의무

국민대학교 교수 홍정표

I. 서 론

직무발명의 권리귀속에 관한 입법례를 살펴보면 크게 발명자주의와 사용자주의로 구별할 수 있다. 발명자주의는 종업원의 직무발명에 대하여 특허를 받을 수 있는 권리 내지 그 특허권은 원칙적으로 발명자인 종업원에게 귀속된다는 것이고, 사용자주의는 직무발명에 대하여 특허를 받을 수 있는 권리 내지 그 특허권은 연구시설과 자금을 지원한 사용자에게 귀속된다는 입장이다.[1)]

사용자주의의 기본적 이념은 민법상 고용계약의 원칙에 근거한 것으로서, 종업원이 행한 발명을 고용계약의 목적, 즉 노무의 제공 그 자체로 보아 종업원이 직무상 행한 발명은 모두가 당연히 사용자에게 귀속된다고 한다. 사용자주의에 의하면 사용자는 기업 내에서 생산된 발명에 대한 취급규정에 대하여 일방적으로 제도화 하거나 개정할 수 있는 권한을 가지며,[2)] 직무발명자인 종업원에게는 해당 발명에 대하여 어떠한 권리도 없고 당사자 간 별도의 계약이나 근무규정 기타 약정 등이 불필요함은 물론 보상 또한 요구되지 아니한다.[3)] 발명자주의는 자기 노동의 과실인 발명은 원시적으로 본인에게 귀속하므로, 종업원이 행한 발명은 발명자의 특별한 능력과 노력에 의해 비로소 이루어진 것으로서 고용계약상의 의무를 넘긴 것이므로 발명에 관한 권리는 사용자가

1) 특허청, 개정 직무발명보상제도 해설 및 편람, 2013. 12., 76면.
2) 윤선희, 특허법(제5판), 법문사(2013), 274－275면.
3) 특허청, 앞의 책, 77면.

아닌 발명자에게 속해야 한다고 한다.[4] 따라서 사용자가 그 발명에 대한 권리를 승계하려면 당사자 간 계약, 근무규정 및 기타 약정이 필요하며 그에 따른 보상 조치가 요구된다.

우리나라는 특허법 제33조 제1항에서 "발명을 한 자 또는 그 승계인은 이 법에서 정하는 바에 따라 특허를 받을 수 있는 권리를 가진다"고 규정하고 있고, 발명진흥법 제10조 제1항에서 "직무발명에 대하여 종업원등이 특허, 실용신안등록, 디자인등록을 받았거나 특허등을 받을 수 있는 권리를 승계한 자가 특허등을 받으면 사용자등은 그 특허권, 실용신안권, 디자인권에 대하여 통상실시권을 가진다"고 규정하고 있어서, 발명자주의를 취하고 있음을 알 수 있다.[5] 따라서 종업원 등은 직무상 발명에 대하여 자기 명의로 특허출원을 하거나 특허를 받을 수 있는 권리를 타인에게 양도할 수 있으며, 다만 사용자는 법정의 통상실시권을 가진다(발명진흥법 제10조 제1항). 그러나 사용자는 미리 직무발명에 의한 권리를 승계할 수 있도록 하는 예약승계 등을 통해 위 권리를 유효하게 승계할 수 있으며(발명진흥법 제10조 제3항), 이 경우 사용자는 종업원에게 정당한 보상을 하여야 하는 의무가 있고, 종업원은 직무발명을 완성한 경우 그 사실을 사용자에게 문서로 통지할 의무를 가지고(발명진흥법 제12조), 이러한 통지를 받은 사용자는 대통령령이 정하는 기간 내에 그 승계 여부를 문서로써 통지하여야 하는 의무를 가진다.

발명을 함에 있어서는 발명자의 창의적 노력이 필수적이지만, 직무발명의 경우 자유발명과 달리 종업원의 노력에 의해서만 이루어지는 것이 아니라 보수 또는 연구비 지급, 연구설비·자재 제공 등 사용자의 지원 내지 기여를 통하여 비로소 가능하게 되는 것이므로, 직무발명의 효과를 거두려면 그 발명에 대한 두 공헌자인 종업원과 사용자 간 조화롭고 합리적인 이익조정이 필수적이다. 이러한 조화롭고 합리적인 이익조정을 위하여 발명진흥법은 직무발명에 관한 종업원과 사용자의 권리와 의무를 규정하고 있으며, 이러한 규정을 통하여 직무발명의 권리귀속관계를 보다 체계적·통일적으로 규율하고 있다.[6]

4) 윤선희, 앞의 책, 275－276면.

5) 우리나라 외에 미국, 일본, 독일이 발명자주의를 취하고 있으며, 영국, 프랑스, 네덜란드 등이 사용자주의를 채택하고 있다. 문선영, "근로자의 직무발명과 정당한 보상에 관한 연구", 경희법학 제43권 제3호, 2008. 11., 446면.

6) 특허청, 앞의 책, 75면.

위에서 살펴 본 바와 같이 우리의 특허법은 직무발명에 대하여 발명자주의를 취하고 있다. 즉 직무발명에 대하여 특허를 받을 권리는 발명자에게 속하며, 사용자는 그에 대하여 무상의 통상실시권을 갖는다. 이하에서는 구체적으로 직무발명과 관련하여 사용자·종업원 각 당사자들의 권리·의무 관계를 살핀다.

Ⅱ. 사용자의 권리와 의무

1. 사용자의 권리

종업원 등이 이루어낸 직무발명은 사용자로부터 급여, 연구비와 사용자의 기자재 등의 설비 지원이 있었기 때문에 완성될 수 있었던 것이므로, 법에서는 형평성을 고려하여 사용자에게 일정 권리를 인정하고 있다.

가. 무상의 법정 통상실시권

사용자 등은 직무발명에 대하여 종업원 등이 특허를 받았거나 특허를 받을 수 있는 권리를 승계한 자가 특허를 받았을 때에는 그 특허권에 대하여 통상실시권을 갖는다(발명진흥법 제10조 제1항). 이 통상실시권은 사용자 등이 종업원에게 대가를 지불할 필요가 없고(무상), 법정요건을 구비하면 당연히 발생하는 법정 통상실시권에 속한다.[7] 이 통상실시권은 등록하지 않아도 그 특허권 또는 전용실시권을 취득한 자에 대하여 효력이 발생한다(특허법 제118조 제2항).[8] 직무발명에 대한 통상실시권을 취득하게 되는 사용자는 종업원이 해당 직무발명을 완성할 당시의 사용자이고, 특허권의 등록이 그 이후에 이루어졌다고 해서 등록시의 사용자가 통상실시권을 취득하는 것은 아니다.[9]

사용자의 통상실시권도 일반적인 통상실시권의 경우처럼 제3자에게 양도

7) 이 실시권은 무상의 법정실시권이라는 점에서는 선사용권과 동일하나, 실시권의 범위에 내용적·시기적·지역적 제한이 없다는 점에서 실시사업 등의 범위로 한정되는 선사용권과는 차이가 있다. 박희섭·김원오, 특허법원론(제4판), 세창출판사(2009), 240면.

8) 다만 사용자가 가지는 통상실시권의 제3자에 대한 효력에서는 한계가 있다. 우리 특허법은 사용자가 가지는 통상실시권을 허락에 의한 통상실시권과 동일하게 취급하고 있어서, 제3자가 종업원이 발명한 권리를 침해하는 경우에 특허법 제126조, 제128조에 따른 침해금지청구권이나 손해배상청구권을 행사할 수 없고, 오로지 특허권자나 전용실시권자만이 권리를 행사할 수 있도록 되어 있어 그 한계가 있다, 윤선희, 앞의 책, 299면.

9) 대법원 1997. 6. 27. 선고 97도516 판결.

할 수 있는가. 이를 달리 취급할 명문상의 근거가 없는 이상 실시사업과 같이 이전하는 경우 또는 상속 기타 일반승계의 경우에는 동의 없이, 그 외에는 특허권자의 동의를 얻어 이를 제3자에게 이전할 수 있고(특허법 제102조 제5항), 사용자의 통상실시권의 이전, 변경, 소멸, 질권설정 등은 등록하지 않으면 제3자에게 대항할 수 없다(특허법 제118조 제3항).[10)]

나. 예약승계에 의한 특허권 및 전용실시권 설정

직무발명의 권리귀속에 대하여 사용자주의를 취할 경우 사용자에 대한 승계의 문제가 발생하지 않지만, 발명자주의를 취할 경우에는 사용자가 직무발명에 대하여 승계를 주장할 수 있는지가 문제된다. 우리 법은 직무발명에 대한 권리를 종업원 등에게 속하는 것으로 하면서도, 사용자와의 합리적인 이익조정을 위하여 미리 계약이나 근무규정 상의 사전예약승계규정 등을 통하여 종업원 등의 특허를 받을 수 있는 권리 내지 특허권을 사용자등에게 승계시키거나 전용실시권을 설정하도록 허용하고 있다(발명진흥법 제10조 제1항의 반대해석).[11)] 실제로 대부분의 직무발명에 대하여 위와 같은 사전승계 약정이 활용되고 있는 것이 현실이다.[12)] 그러나, 사용자 등이 중소기업[13)]이 아닌 기업인 경우 미리 사용자 등에게 특허 등을 받을 수 있는 권리나 특허권 등을 승계시키거나 사용자 등을 위하여 전용실시권을 설정하도록 하는 계약이나 근무규정이 없는 경우에는 사용자 등이 종업원 등의 의사와 다르게 그 발명에 대한 권리의 승계를 주장할 수 없다(발명진흥법 제13조 제1항).[14)] 또한, 발명진흥법 제13조 제3항의 규정에 따라 사용자 등이 종업원 등의 직무발명에 대한 권리승계 여부의

10) 中山信弘, 工業所有權法(上, 特許法), 弘文堂(2000), 342면. 조영선, 개정판 특허법, 박영사(2009), 221면에서 재인용.

11) 문선영, "직무발명에 대한 발명자의 특허출원과 업무상 배임죄의 성립여부－대법원 2012. 12. 27. 선고 2011도15093 판결을 대상으로", 경북대학교 법학연구원 '법학논고' 제41집, 2013. 2., 203－204면.

12) 직무발명 외의 종업원등의 발명에 대하여 미리 사용자등에게 특허등을 받을 수 있는 권리나 특허권등을 승계시키거나 사용자등을 위하여 전용실시권을 설정하도록 하는 계약이나 근무규정의 조항은 무효이다. 발명진흥법 제10조 제3항.

13) 여기서는 '중소기업기본법' 제2조에 따른 중소기업을 말한다. 발명진흥법 제10조 제1항.

14) 발명진흥법이 이와 같이 규정한 이유는 직무발명보상제도의 도입율을 제고하는 차원에서 중소기업이 아닌 기업들에게 소위 사전예약승계규정을 작성토록 유도하기 위한 것이다. 보다 상세한 내용은 한남대학교 산학협력단, 발명진흥법 시행령 일부개정을 위한 연구, 2013. 10., 4면.

통지의무를 이행하지 아니하는 경우에는 사용자 등은 그 발명에 대한 권리의 승계를 포기한 것으로 간주되며, 이 경우 그 발명을 한 종업원 등의 동의를 얻지 아니하고는 통상실시권을 가질 수 없다.[15)]

특허를 받을 수 있는 권리를 승계 취득할 경우, 특히 출원 전일 때에는 사용자 명의로 특허출원을 하지 아니하면 제3자에게 대항할 수 없으며, 출원 후에는 출원인 명의변경신고를 하지 아니하면 그 효력이 발생하지 아니한다(특허법 제38조 제4항). 이 경우 사후 문제발생을 예방하기 위하여 종업원 등으로부터 양도증서를 받아놓는 것이 바람직하다.[16)]

직무발명을 제외한 자유발명에 대하여 미리 사용자 등에게 특허 등을 받을 수 있는 권리나 특허권 등을 승계시키거나 전용실시권을 설정하도록 하는 계약이나 근무규정은 무효이지만(발명진흥법 제10조 제3항), 종업원 등이 발명을 완성한 이후의 양도행위 또는 설정행위까지 금지하는 것은 아니므로 그 사후 양도 또는 설정은 계약자유의 원칙상 유효하다.[17)] 사용자 등이 계약이나 근무규정에 따라 승계한 종업원 등의 직무발명이 제3자와의 공동발명인 경우, 사용자 등은 그 발명에 대하여 종업원 등이 가지는 권리의 지분을 가진다(발명진흥법 제14조).

다. 기 타

(1) 동의권

직무발명의 특허권자인 종업원 등이 특허권을 포기하고자 할 때 또는 그 특허발명의 명세서나 도면에 대한 정정청구, 정정심판 등을 청구하고자 할 때에는 통상실시권자인 사용자 등의 동의를 구하여야 한다(특허법 제119조 제1항, 제136조 제7항).

(2) 자문위원 파견요청권

종업원 등이 발명진흥법 제18조 제1항에 따른 심의요구권을 행사[18)]하

15) 일반적으로 통상실시권은 제3자에 대한 대항요건으로 등록을 해야 하지만, 직무발명에 의한 통상실시권은 등록하지 않아도 특허권 또는 전용실시권을 취득한 자에 대하여 주장할 수 있다. 특허법 제118조 제2항.

16) 특허청, 앞의 책, 89면.

17) 대법원 1977. 2. 8. 선고 76다2822 판결.

18) 종업원 등은 사용자 등과 발명진흥법 제18조 제1항에 열거된 사항에 해당되는 이견이 있는 경우, 사유가 발생한 날부터 30일 이내에 사용자 등에게 심의위원회를 구성하여 심의하도록 요구할 수 있다.(제18조 제1항 및 제2항).

는 경우, 사용자 등은 60일 이내에 직무발명심의위원회를 구성하여 심의하도록 하여야 하고, 이 심의위원회에는 직무발명 관련 분야의 전문가인 자문위원이 반드시 1명 이상 포함되어야 하는데, 사용자는 특허청장에게 그 취지와 원인을 적은 요청서를 제출함으로써 자문위원의 파견을 요청할 수 있다(발명진흥법 제18조 제5항 및 동법 시행령 제7조의5 제1항).[19] 특허청장은 자문위원 파견을 요청한 사용자 등이 '중소기업기본법 제2호에 따른 중소기업이 아닌 경우에는 자문위원을 파견하지 아니할 수 있다(발명진흥법 시행령 제7조의5 제2항). 특허청장은 변리사, 변호사, 교수, 관련 분야의 박사 및 동등 학력 이상의 소지자, 관련 분야의 업무에 10년 이상 종사한 경험이 있는 자 등으로 전문가 집단을 구성하여 자문위원으로 파견할 수 있다(직무발명심의위원회 자문위원 파견에 관한 운영요령 제10조).[20]

(3) 조정신청권

직무발명심의위원회의 심의 결과에 불복하거나 직무발명과 관련하여 분쟁이 발생하는 경우 사용자 등은 발명진흥법 제41조에 따른 산업재산권분쟁조정위원회에 조정을 신청할 수 있다(발명진흥법 제18조 제6항).[21]

2. 사용자의 의무

가. 정당한 보상을 할 의무

종업원 등의 직무발명에 대하여 특허 등을 받을 수 있는 권리나 특허권 등을 계약이나 근무규정에 따라 사용자등이 승계하거나 전용실시권을 설정한 경우 사용자 등은 종업원 등에게 정당한 보상을 하여야 할 의무를 부담한다(발명진흥법 제15조 제1항). 사용자 등은 보상의 형태와 보상액의 기준, 지급방법 등 보상규정을 작성하고 종업원 등에게 문서로 알려야 하며(동조 제2항), 보상규정의 작성·변경에 관하여 종업원 등과 협의하여야 하고(동조 제3항),[22] 보상을 받을

19) 직무발명심의위원회는 사용자 등과 종업원 등(법인의 임원은 제외)을 각각 대표하는 같은 수의 위원으로 구성하되, 필요한 경우에는 관련 분야의 전문가를 자문위원으로 위촉할 수 있다(발명진흥법 제17조 제2항).

20) 특허청고시 제2014－5호(2014년 2월 14일 시행).

21) 종업원 등도 마찬가지로 산업재산권분쟁조정위원회에 조정을 신청할 수 있다. 발명진흥법 제18조 제6항).

22) 이때 보상규정을 종업원 등에게 불리하게 변경하는 경우에는 해당 계약 또는 규정의 적용을

종업원에게는 결정된 보상액등 구체적 내용을 문서로 알려야 한다(동조 제4항).

사용자 등이 발명진흥법 제15조 제2항부터 제4항까지의 규정에 따라 종업원 등에게 보상한 경우에는 정당한 보상을 한 것으로 간주된다. 다만, 그 보상액이 직무발명에 의하여 사용자 등이 얻을 이익과 그 발명의 완성에 사용자 등과 종업원 등이 공헌한 정도를 고려하지 아니한 경우에는 정당성이 부정된다(발명진흥법 제15조 제6항). 공무원의 직무발명에 대하여 국가가 그 권리를 승계한 경우에는 "공무원 직무발명의 처분·관리 및 보상 등에 관한 규정"에 따라 보상하고, 지방자치단체가 그 권리를 승계한 경우에는 해당 지방자치단체의 조례에 따라 보상한다.

직무발명자인 종업원 등이 가지는 정당한 보상을 받을 권리는 사용자 등에게 근로를 제공하고, 그에 대한 대가를 지급받을 권리인 임금채권과는 전혀 별개의 권리이므로, 직무발명보상금청구권이 강행규정에 의한 법정채권인 이상 사용자 등은 임금이나 성과급 등을 지급함으로써 보상금 지급에 갈음할 수 없으며,[23] 종업원 등이 퇴직한 경우는 물론 사망한 경우 등에도 사용자 등은 그 종업원 등 또는 상속인 등에게 정당한 보상을 하여야 할 의무가 있다.[24]

나. 직무발명에 대한 권리의 승계 여부를 통지하여야 할 의무

종업원 등이 직무발명의 완성사실을 통지하면, 그 통지를 받은 사용자 등(국가와 지방자치단체는 제외)은 통지를 받을 날부터 4개월 이내에 그 발명에 대한 권리의 승계 여부를 종업원 등에게 문서로 알려야 한다(발명진흥법 제13조 제1항). 상기 규정에 의한 기간 내에 사용자 등이 그 발명에 대한 권리의 승계의사를 통지한 때에는 그때부터 그 발명에 대한 권리는 사용자 등에게 승계된 것으로 본다(발명진흥법 제13조 제2항).[25] 한편 이 기간 내에 사용자가 승계의사 여부를 통지하지 아니하는 경우에는 사용자 등은 당해 발명에 대한 권리의 승계를 포기한 것으로 본다(발명진흥법 제13조 제3항).[26]

받는 종업원 등의 과반수의 동의를 얻어야 한다. 발명진흥법 제15조 제3항 단서.

23) 서울고등법원 2009. 10. 7. 선고 2009나26840 판결 참조.

24) 윤선희, 앞의 책, 300면.

25) 이는 과거 논란의 여지가 있었던 승계시점을 분명히 하고 권리귀속관계를 분명히 함으로써 분쟁의 소지를 줄이고자 한 것이다. 박희섭·김원호, 앞의 책, 242면.

26) 이는 사용자가 권리승계 후 4월 내에 출원하지 않을 경우 이를 자유발명으로 간주하던 구법 규정을 삭제하되, 사용자가 승계여부 통지의무를 해태하는 경우 종래와 같은 자유발명 간주

승계여부의 통지의무는 종업원 등에게 부여된 직무발명 완성사실의 통지의무에 대응하는 것으로서, 종업원 등의 직무발명을 승계할 것인지 여부를 일정 기간 내에 통지하도록 하여 발명자인 종업원이 입을 수 있는 권리관계 확정 지연에 따르는 불측의 손해를 방지하고 사용자와 종업원 간 직무발명에 대한 안정적인 권리관계가 형성되도록 유도하는 취지에서 부여된 것이라 하겠다. 계약이나 근무규정상 사전예약승계규정 등이 없는 경우 사용자 등은 종업원 등으로부터 통지받은 직무발명의 승계 여부에 대한 결정권한이 없으므로, 사용자등이 종업원등의 의사와 다르게 그 발명에 대한 권리의 승계를 주장할 수 없으며, 종업원등이 그 발명을 직접 출원하여 특허를 받는 경우 등은 통상실시권만을 가질 수 있다. 단 개별적인 계약에 따라 권리승계가 가능하다.27)

다. 기타 의무

앞의 가.에서 언급한 바와 같이, 사용자 등은 직무발명보상과 관련되어 형태와 보상액을 결정하기 위한 기준, 지급방법 등이 명시된 보상규정을 작성하고 종업원 등에게 문서로 알려야 하며, 보상규정의 작성 또는 변경에 관하여 종업원 등과 협의하여야 하고, 보상규정을 종업원 등에게 불리하게 변경하는 경우에는 해당 계약 또는 규정의 적용을 받은 종업원 등의 과반수의 동의를 받아야 하는 등의 통지·협의 또는 동의를 얻어야 하는 의무가 있다(발명진흥법 제15조).

또한 발명진흥법 제17조에 따라 직무발명심의위원회를 재량에 따라 설치·운영할 수 있으나, 종업원 등이 발명진흥법 제18조 제1항에 따라 심의요구권을 행사하는 경우 60일 이내에 직무발명심의위원회를 구성하여 심의하도록 하여야 하고, 이 경우 심의위원회에는 직무발명 관련 분야의 전문가인 자문위원이 1명 이상 포함되도록 하여야 한다(발명진흥법 제18조 제3항).

규정에 준하는 효과를 부여하고자 한 것이다. 박희섭·김원호, 앞의 책, 242면.

27) 특허청, 앞의 책, 92면.

Ⅲ. 종업원의 권리와 의무

1. 종업원의 권리

가. 특허를 받을 수 있는 권리

종업원 등은 발명을 한 자이므로 그 직무발명에 대하여 특허를 받을 권리를 갖는다(특허법 제33조 제1항 및 발명진흥법 제10조). 종업원 등은 특허를 받을 수 있는 권리 내지 특허권을 이전할 수 있으며, 특허권을 취득한 후에는 권리행사도 자유롭게 할 수 있다. 특허를 받을 수 있는 권리 내지 특허권이 공유인 경우에는 다른 공유자의 동의를 얻지 아니하면 그 지분을 양도할 수 없다.[28) 사전예약승계제도를 갖고 있다고 하더라도 사용자 등이 직무발명 신고를 받은 후 승계의사가 없음을 통지한 경우에는 직무발명에 대하여 특허를 받을 수 있는 권리는 종업원 등에게 돌아온다(발명진흥법 제13조 제3항).

다만 공무원의 직무발명에 대한 권리는 국가나 지방자치단체가 승계하며, 국가나 지방자치단체가 승계한 공무원의 직무발명에 대한 특허권 등은 국유나 공유이고, 고등교육법 제3조에 따른 국공립학교 교직원의 직무발명에 대한 권리는 '기술의 이전 및 사업화 촉진에 따른 법률' 제11조 제1항 후단에 따른 전담조직이 승계하며, 전담조직이 승계한 국공립학교 교직원의 직무발명에 대한 특허권 등은 그 전담조직의 소유이다(발명진흥법 제10조 제2항).

나. 정당한 보상을 받을 권리

종업원 등은 직무발명에 대하여 특허 등을 받을 수 있는 권리나 특허권 등을 계약이나 근무규정에 따라 사용자등에게 승계하게 하거나 전용실시권을 설정한 경우에는 정당한 보상을 받을 권리를 가진다(발명진흥법 제15조 제1항). 이 권리는 경제적 약자인 종업원을 보호하기 위한 규정으로 강행규정이다. 그러므로 고용계약이나 근무규정에 보상금지급에 관한 규정이 없는 경우에도 발명진흥법 제15조 및 제16조의 규정에 의하여 보상금청구권을 당연히 취득하며, 종업원 등이 사용자와 보상금 청구권을 부인하는 계약을 체결하더라도 이는 무효이다. 따라서 종업원이 갖는 정당한 보상을 받을 권리는 무체재산권인 특허권 등의 승계에 대한 대가이고, 특허법에 의하여 당연히 발생하는 채권

28) 특허법 제37조 제3항 및 제99조 제2항 참조.

적 권리이기 때문에 노동의 대가인 임금과 구분되며 사망 시 상속의 대상이 될 수 있다.[29)]

사용자 등이 직무발명에 대한 권리를 승계한 후 출원하지 아니하거나 출원을 포기 또는 취하하는 경우에도, 발명자인 종업원 등은 정당한 보상을 받을 권리를 가지며, 이러한 출원 유보 시의 보상에 있어서 그 액을 결정할 때에는 그 발명이 산업재산권으로 보호되었더라면 종업원 등이 받을 수 있었던 경제적 이익을 고려하여야 한다(발명진흥법 제16조).

발명진흥법 제15조(직무발명에 대한 보상)에 따르면, 사용자 등은 보상형태와 보상액을 결정하기 위한 기준, 지급방법 등이 명시된 보상규정을 작성하고 종업원 등에게 문서로 알려야 하고(제2항), 위 보상규정의 작성 및 변경에 관하여 종업원 등과 협의하여야 하며(제3항),[30)] 보상을 받을 종업원 등에게는 보상규정에 따라 결정된 보상액 등 구체적 사항을 문서로 알려야 한다(제4항). 사용자등이 위 제15조 제2항부터 제4항까지의 규정에 따라 종업원 등에게 보상한 경우에는 정당한 보상을 한 것으로 간주된다. 다만, 그 보상액이 직무발명에 의하여 사용자 등이 얻을 이익과 그 발명의 완성에 사용자 등과 종업원 등이 공헌한 정도를 고려하지 아니한 경우에는 정당성이 부정된다(제6항).[31)]

정당한 보상액 결정과 관련한 구체적인 고려요소에 대하여 대법원[32)]은 직무발명제도와 그 보상에 관한 법령의 취지를 참작하고, 증거조사의 경과와 변론 전체의 취지에 의하여 밝혀진 당사자들 사이의 관계, 특허를 받을 수 있는 권리를 침해하게 된 경위, 당해 발명의 객관적인 기술적 가치, 유사한 대체기술의 존재 여부, 위 발명에 의하여 회사가 얻을 이익과 그 발명의 완성에 종업원과 회사가 공헌한 정도, 회사의 과거 직무발명에 대한 보상금 지급례, 당해 특허의 이용 형태 등 관련된 모든 간접사실들을 종합하여 정함이 상당하고, 등록된

---

29) 윤선의, 앞의 책, 301면.

30) 보상규정을 종업원 등에게 불리하게 변경하는 경우에는 해당 계약 또는 규정의 적용을 받는 종업원 등의 과반수의 동의를 받아야 한다. 발명진흥법 제15조 제3항 단서.

31) 2013. 7. 30. 법률 제11960호로 개정되기 전의 발명진흥법 제15조 제2항은 "계약 또는 근무규정에서 정하고 있는 보상조건이, 1) 보상형태와 보상액을 결정하기 위한 기준을 정할 때 사용자등과 종업원등 사이에 행하여진 협의의 상황, 2) 책정된 보상기준의 공표·게시 등 종업원등에 대한 보상기준의 제시 상황, 3) 보상형태와 보상액을 결정할 때 종업원등으로부터의 의견 청취 상황 등에 비추어 합리적인 것으로 인정되면 이를 정당한 보상이라고 본다"고 규정하고 있었다.

32) 대법원 2008. 12. 24. 선고 2007다37370 판결.

특허권 또는 전용실시권의 침해행위로 인한 손해배상액의 산정에 관한 특허법 제128조 제2항을 유추적용할 것은 아니라고 판단한 사례가 있다.

대다수 기업이 근무규정에서 직무발명에 대한 예약승계와 그에 관한 대가보상 약정을 두고 있으며, 직무발명에 대한 대가보상은 아이디어의 내부적 제안에 대하여 지급하는 제안보상, 특허출원 시 지급하는 출원보상과 등록 시 지급하는 등록보상, 발명의 실시실적에 따라 지급하는 실시보상, 그리고 특허권의 처분 시 보상금을 지급하는 처분보상 등이 있다. 그런데, 직무발명에 대해 보상하는 규정이 정착되어 있어 소송까지 가는 경우가 적은 미국과는 달리, 최근 일본과 우리나라는 직무발명 보상체계가 정착되지 아니하여 정당한 보상을 요구하는 소송이 많이 발생하고 있다. 직무발명에 대한 보상을 둘러싸고 갈등과 소송이 발생할 경우, 종업원 등의 사기저하 및 기업의 이미지 약화 등 부작용이 초래되므로, 기업에서 발명진흥법 제15조의 직무발명에 대한 보상규정을 충실히 지킴과 동시에 종업원 등을 만족시킬 수 있는 합리적인 보상체계의 도입이 요구된다고 하겠다.[33]

직무발명자인 종업원의 정당한 보상을 받을 권리는 일반채권과 마찬가지로 10년간 행사하지 아니하면 시효로 소멸한다. 판례[34]에 따르면 보상청구권 소멸시효의 기산점은 일반적으로 특허등록 또는 특허권 승계 시로 볼 수 있지만, 보상규정이나 근무규정 등에서 보상의 시기가 정해진 경우 그 시기가 도래할 때까지는 정당한 보상을 받을 권리의 행사에 장애가 있는 것으로 보아야 하므로, 그 정해진 보상시기가 정당한 보상을 받을 권리의 소멸시효의 기산점이 된다.

한편 공무원의 직무발명에 대하여 국가가 그 권리를 승계한 경우에는 "공무원 직무발명의 처분·관리 및 보상 등에 관한 규정"에 따라 보상하고, 지방자치단체가 그 권리를 승계한 경우에는 해당 지방자치단체의 조례에 따라 보상한다(발명진흥법 제15조 제7항).

다. 발명자로서의 인격권(명예권)

발명은 발명자의 지적 노력의 산물이므로 발명에는 발명자의 인격권이 포함된다. 이러한 인격권은 일신전속적인 것으로 양도의 대상이 될 수 없으며,

33) 박희섭·김원오, 앞의 책, 238면.
34) 서울고등법원 2009. 8. 20. 선고 2008나119134 판결.

재산적 가치를 가지는 것이 아니라 명예에 관한 것이므로 명예권이라 부르기도 한다. 발명자의 인격권은 특허출원서나 특허증 등에 발명자로 자신의 성명이 기재되는 것에 의하여 구현된다. 직무발명자인 종업원이 그 발명에 대하여 특허를 받을 수 있는 권리를 사용자에게 승계시킨 경우, 출원인은 해당 사용자가 되고 등록 후 특허권자가 되지만, 발명자인 종업원에게는 특허출원서에 그 성명을 기재할 권리가 부여된다.[35]

특허출원서에 발명자의 이름이 잘못 기재된 경우 현행 우리나라 특허법은 거절이유 또는 무효사유를 제한적으로 열거하고 있으므로, 거절이유나 무효사유에는 해당하지 않는 것으로 해석된다. 그러나 이 경우 발명자의 인격권(명예권)이 침해당한 것은 분명하므로, 진정한 발명자인 종업원은 허위의 발명자의 성명을 변경시킬 청구권을 행사할 수 있다.[36]

라. 직무발명보상규정 관련 협의권 · 동의권 등

종업원 등은 직무발명보상에 대하여 보상형태와 보상액을 결정하기 위한 기준, 지급방법 등이 명시된 직무발명보상규정의 작성·변경에 관하여 사용자 등과 협의할 권리를 가지며, 보상규정을 종업원 등에게 불리하게 변경하는 경우에는 동의권을 행사할 수 있다(발명진흥법 제15조 제3항). 사용자 등이 직무발명보상규정의 작성 또는 변경에 관하여 종업원 등과 협의하지 아니하거나 또는 동의를 얻지 못하면 해당 직무발명보상규정은 사법상 무효가 되며, 따라서 그러한 직무발명보상규정에 따라 보상하는 경우 정당한 보상으로 인정될 수 없다.[37]

사용자 등은 직무발명보상규정의 작성 또는 변경에 관한 협의의 경우에는 새로 작성하거나 변경하려는 보상규정의 적용을 받게 되는 종업원 등(변경 전부터 적용 받고 있는 종업원 등을 포함한다)의 과반수, 동의의 경우에는 불리하게 변경하려는 보상규정의 적용을 받고 있는 종업원 등의 과반수를 범위로 하여 협의하거나 또는 동의를 얻어야 하며, 종업원 등에게 협의 또는 동의를 요청하는 경우 성실한 자세로 임하여야 한다(발명진흥법시행령 제7조의2).

종업원 등은 직무발명에 대한 권리 및 보상 등에 관하여 사용자 등과 이견

35) 박희섭 · 김원오, 앞의 책, 214면.
36) 위의 책, 같은 면.
37) 특허청, 앞의 책, 81－82면.

이 있는 경우 사용자 등에게 직무발명심의위원회를 구성하여 심의하도록 요구할 수 있으며(발명진흥법 제18조 제1항), 직무발명심의위원회의 심의결과에 불복하거나 직무발명과 관련하여 분쟁이 발생하는 경우 발명진흥법 제41조에 따라 산업재산권분쟁조정위원회에 조정을 신청할 수 있다.

2. 종업원의 의무

가. 협력 의무

종업원 등은 계약 또는 근무규정에 의하여 특허를 받을 수 있는 권리 내지 특허권을 사용자에게 승계시키기로 하였다면, 이를 준수·협력하여야 하고, 특허출원 및 등록 시 또는 특허권의 실시나 처분 시 직무발명에 관한 기술사항을 협력할 의무를 가진다. 특히 사전예약승계규정에 반하여 직무발명자인 종업원이 본인의 명의로 출원하는 경우 등은 업무상배임죄에 해당될 수 있다.[38)]

나. 비밀유지 의무

사용자 등이 직무발명에 대하여 특허를 받을 수 있는 권리를 승계한 경우, 종업원 등은 사용자 등이 직무발명을 출원할 때까지 그 발명의 내용에 관한 비밀을 유지하여야 한다(발명진흥법 제19조). 다만, 사용자 등이 직무발명에 대하여 특허를 받을 수 있는 권리를 승계하지 않기로 확정된 경우, 해당 직무발명에 대한 출원주체는 종업원 등이 되므로, 이러한 경우에는 종업원 등에게 비밀유지의무가 없다. 비밀유지의무에 위반하여 부정한 이익을 얻거나 사용자 등에 손해를 가할 목적으로 직무발명의 내용을 공개한 자에 대하여는 3년 이하의 징역 또는 3천만 원 이하의 벌금에 처한다. 비밀유지의무 위반죄는 사용자 등의 고소가 있어야 공소를 제기할 수 있는 친고죄이다(발명진흥법 제58조).

다. 직무발명 완성사실의 통지 의무

종업원 등이 직무발명을 완성한 경우에는 지체 없이 그 사실을 사용자 등에게 문서로 알려야 할 의무가 있으며, 2명 이상의 종업원 등이 공동으로 직무발명을 완성한 경우에는 공동으로 알려야 한다(발명진흥법 제12조). 이는 계약 또는

---

38) 대전지방법원 2010. 1. 26. 선고 2009노1274 판결 참조.

근무규정에 직무발명 완성사실의 통지의무를 두고 있는지 여부와 관계없다. 사용자 등은 사전예약승계규정 등의 유무와 관계없이 직무발명에 대하여 종업원 등이 특허를 받으면 통상실시권을 가지는 것이 원칙이므로,[39] 이러한 사용자의 권리행사를 용이하게 하고 기술유출의 위험성 등을 미연에 차단하려는 취지라고 볼 수 있다.[40]

종업원 등이 직무발명 완성사실의 통지의무를 이행하지 아니하면, 사전예약승계규정 등이 존재하는 경우 그에 따른 손해배상청구 내지 징계 등 인사상의 불이익이 있을 수 있고, 통지하지 아니하고 종업원 등이 직접 출원하거나 또는 제3자에게 특허를 받을 수 있는 권리를 양도하여 제3자가 출원한 경우 등은 무효심판의 대상이 되거나 권리이전청구소송의 대상이 된다.[41]

39) 예외적으로 발명진흥법 제10조 제1항 단서와 제13조 제3항에 따라, 그 발명을 한 종업원 등의 동의를 받지 아니하고는, 사용자 등이 통상실시권을 가질 수 없는 경우가 있다.

40) 특허청, 앞의 책, 85면.

41) 위의 책, 86면.

제 4 장

직무발명에 대한 보상

제 1 절 직무발명에 대한 보상 : 보상방법의 협의 및 마련

충남대학교 법학전문대학원 교수 김동준

I. 서 론

종업원 등이 직무발명에 대하여 특허 등을 받을 수 있는 권리나 특허권 등을 계약이나 근무규정에 따라 사용자 등에게 승계하게 하거나 전용실시권을 설정한 경우에는 정당한 보상을 받을 권리를 가지는데(발명진흥법 제15조 제1항), 이 경우 당사자에 의해 구체적인 보상기준이 마련되어 있지 않으면 시간과 비용이 많이 소요되는 법원의 판결을 통해 보상액을 결정하는 수밖에 없게 된다.[1] 따라서 발명진흥법은 당사자에 의해 마련된 직무발명보상규정에 따라 보상이 이루어지는 경우 해당 보상이 법이 정하는 일정한 요건을 충족하면 이를 정당한 보상으로 보는 규정을 둠으로써 종업원의 실질적인 참여가 보장되면서 보상에 대한 사용자의 예측가능성도 확보되는 정당한 직무발명보상제도가 정착되도록 하고 있다. 이하에서는 해당 내용이 규정된 발명진흥법 제15조 제2항 내지 제6항에 대해 간단히 살펴본다.

---

1) 특허청, 직무발명 보상제도 운영실태 조사, 2006, 14 및 19－21면에 따르면, 2006년 조사 당시 전체 2213개 조사대상 기관 중 34.7%(530개)에서 직무발명 보상제도를 실시하고 있는 것으로 조사되었는데, 기관별로 보면 기업의 경우 32.3%(422개), 공공연구소의 경우 48.8%(40개), 대학의 경우 48.2%(68개)이며, 기업 형태별로 보면 대기업의 경우 직무발명 보상제도를 실시하는 기업의 비율이 65.32%인데 반해 중소기업은 20.7%, 벤처기업은 27.80%로 나타났다. 한편, 민간기업을 대상으로 한 조사에서 직무발명보상을 실시하는 기업의 비율은 2005년 조사에서는 20.1%, 2004년 조사에서는 19.2%에 불과한 것으로 나타났다. 특허청, 문답식으로 알아보는 개정 직무발명제도, 2006, 57면.

Ⅱ. 연 혁

1. 구 특허법상 '직무발명에 대한 보상' 규정

구 특허법(2006. 3. 3. 법률 제7871호로 개정되기 전의 것)은 제39조와 제40조에서 직무발명에 대해 규정하고 있었는데, 그 중 제40조가 '직무발명에 대한 보상'을 규정하고 있었다.[2] 구체적으로 구 특허법 제40조 제2항은 "보상의 액을 결정함에 있어서는 그 발명에 의하여 사용자등이 얻을 이익의 액과 그 발명의 완성에 사용자등 및 종업원등이 공헌한 정도를 고려하여야 한다"고 하여 대가액 결정시 반드시 고려되어야 하는 두 가지 요소(① 사용자등이 얻을 이익의 액과 ② 사용자등 및 종업원등이 공헌한 정도)를 제시함에 그치고 있었다.

2. 2006년 개정 발명진흥법상 '직무발명에 대한 보상' 규정

2006년 개정 발명진흥법(2006. 3. 3. 법률 제7869호로 개정된 것)은 특허법과 발명진흥법에 각각 규정되어 있던 직무발명 관련 규정을 통합하는 한편,[3] 직무발명에 대한 보상액 결정에 있어서 종업원의 실질적인 참여가 제도화되고 보상에 대한 사용자의 예측가능성이 확보되도록 하기 위해 계약 또는 근무규정에서 직무발명에 대한 보상을 정하고 있는 경우 그 정한 바에 따라 사용자와 종업원이

2) '직무발명에 대한 보상'을 정한 특허법 조문의 연혁을 간략히 살펴보면, 1961년 제정 특허법(1961. 12. 31. 법률 제950호)에서는 제15조(피용자의 발명)와 제16조(피용자에 대한 보상)에서 직무발명에 대해 규정하고 있었으며, 그 중 제16조 제2항에서 "대가결정 시 그 발명에 의하여 사용자가 얻을 이익을 고려하여야 하며, 피용자가 정당한 결정방법을 제시하였을 때에는 이를 참작하여야 한다"고 하고 있었다. 이후 1973년 전부개정 특허법(1973. 2. 8. 법률 제2505호)에서 직무발명 관련 조문을 제17조(직무발명)와 제18조(직무발명에 대한 보상)로 위치이동하고 제목을 변경하였으며 제18조 제2항도 "보상의 액을 결정하는 데 있어서는 그 발명에 의하여 사용자등이 얻을 이익의 액과 그 발명을 완성하게 한 데 대하여 사용자등이 공헌한 정도를 고려하여야 하며, 피용자등이 정당한 결정방법을 제시하였을 때에는 이를 참작하여야 한다"고 하여 보상액 결정시 '사용자 등의 공헌도'를 추가로 고려하도록 하였다. 한편, 1991년 개정 특허법(전부개정 1990. 1. 13. 법률 제4207호)에서는 직무발명 관련 조문을 다시 제39조(직무발명)와 제40조(직무발명에 대한 보상)로 위치이동하고 '피용자'라는 용어를 '종업원'으로 변경하였다. 이후 2001년 개정 특허법(일부개정 2001. 2. 3. 법률 제6411호)에서 "보상의 액을 결정함에 있어서는 그 발명에 의하여 사용자등이 얻을 이익의 액과 그 발명의 완성에 사용자등 및 종업원등이 공헌한 정도를 고려하여야 한다"고 하여 구 특허법(2006. 3. 3. 법률 제7871호로 개정되기 전의 것)과 같은 내용으로 개정되었다. 즉, "종업원등이 정당한 결정방법을 제시한 때에는 이를 참작하여야 한다"는 종전의 내용을 삭제하는 대신, 보상액 결정 시 고려요소에 '사용자 등의 공헌도'에 더하여 '종업원 등의 공헌도'를 추가한 것이다.

3) 구 특허법 제39조와 제40조는 2006년 개정 발명진흥법 제8조와 제13조로 각각 위치이동하였다.

협의하여 결정한 보상이 합리적인 절차에 의한 것으로 인정되면 이를 정당한 보상으로 보도록 하였다(제13조 제2항).[4] 즉, 2006년 개정법에서 변경된 것은 직무발명에 대한 「정당한 보상」의 결정이 사용자 등과 종업원 등 간의 「자율적인 결정」에 맡겨진다는 것(발명진흥법 제15조제2항)이다.[5] 다만, 계약이나 근무규정에서 보상에 대하여 정하고 있지 아니하거나, 정하고 있더라도 제13조 제2항에 따른 정당한 보상으로 볼 수 없는 경우에는 구 특허법과 마찬가지로 ① 그 발명에 의하여 사용자 등이 얻을 이익과 ② 그 발명의 완성에 사용자 등과 종업원 등이 공헌한 정도를 고려하여 그 보상액을 결정하도록 하였다.

한편, 2007년 개정 발명진흥법(전부개정 2007. 4. 11. 법률 제8357호)에서는 종전 제8조(직무발명)와 제13조(직무발명에 대한 보상)가 각각 제10조와 제15조로 위치이동 하였지만 실질적인 내용의 변경은 없는 채 2013년 개정 전까지 유지되었다.[6] 구 발명진흥법 제15조 제2항·제3항의 규정은, 발명진흥법 시행(2006년 9월 4일) 후에 승계한 권리에 관한 보상액에 적용되며, 그 이전의 보상액에 대해서는 종전의 특허법 규정이 적용되고, 법률상의 소급적용은 없다(부칙 제3조).

3. 2013년 개정 발명진흥법상 '직무발명에 대한 보상' 규정

2013년 개정 발명진흥법(2013. 7. 30. 법률 제11960호로 개정된 것)은 정당한 직무발명보상 문화 확산을 위해 ① 사용자 등은 직무발명에 대한 보상형태와 보상액을 결정하기 위한 기준, 지급방법 등이 명시된 보상규정을 작성하여 종업원 등에게 문서로 알리도록 하고(제15조 제2항 신설), ② 보상규정의 작성 및 변경에 관하여 사용자 등은 종업원 등과 협의하거나 과반수 동의(종업원 등에게 불리하게 변경하는 경우)를 받도록 하며(제15조 제3항 신설), ③ 사용자 등은 직무발명 보상규정에 따라 결정된 보상액 등 보상의 구체적 사항을 문서로 알

4) 發明振興法 일부개정법률안(대안) (의안번호 : 3589, 제안연월일 : 2005. 12. 8., 제안자 : 산업자원위원장) 중 '3. 대안의 주요내용, 라. 직무발명에 대한 합리적인 보상기준의 마련(안 제13조)' 부분 참조. 한편, 지난 2001년 종업원등에 대한 보상을 강화하는 취지에서 직무발명에 대한 최저보상제도(직무발명의 실시 또는 처분 순수입금액의 15%를 지급하는 내용) 도입을 골자로 하는 특허법 시행령 개정을 추진한 바 있으나, 관계부처간 이견 대립 등의 이유로 개정이 보류된 바 있다. 특허청, 문답식으로 알아보는 개정 직무발명제도, 2006, 59면.

5) 특허청, 직무발명보상절차가이드라인, 14면.

6) 이 글에서는 2007년 개정 후 2013년 개정 전까지 제10조(직무발명)와 제15조(직무발명에 대한 보상)에 규정되어 있던 직무발명 관련 조문을 구 발명진흥법(2013. 7. 30 법률 제11960호로 개정되기 전의 것)의 직무발명 관련 조문이라 한다.

리도록 하되(제15조 제4항 신설), 위 ① 내지 ③에 따라 종업원 등에게 보상한 경우에는, 그 보상액이 직무발명에 의하여 사용자 등이 얻을 이익과 그 발명의 완성에 사용자 등과 종업원 등이 공헌한 정도를 고려하지 아니한 경우를 제외하고는, 정당한 보상을 한 것으로 보는 규정을 마련하였다.[7)]

Ⅲ. 구 발명진흥법 제15조 제2항 및 제3항의 해석

1. 입법취지

구 특허법은 "사용자 등이 얻을 이익액", "발명의 완성에 사용자 및 종업원이 공헌한 정도" 등 보상 시 고려해야 할 추상적 요소만을 규정하고 있어 보상 관련 분쟁발생 시 정당한 보상 여부가 법원의 판결에 의해서만 종국적으로 확정될 수밖에 없는 구조로 사용자와 종업원 간 신뢰를 바탕으로 한 자발적 보상보다는 대립과 반목을 통한 극한적 해결을 조장하는 결과를 야기하는 문제점이 있었는데, 이를 해결하고자 사용자에게는 보상의 확정성, 예측가능성을 부여하여 합리적 보상시스템 구축을 위한 유인을 제공하고,[8)] 종업원에게는 보상과정에 대한 실질적 참여를 보장하여 정당한 보상을 받을 수 있는 기회를 확대함으로써[9)] 민간분야의 직무발명보상이 활성화되도록 하는 것을 입법취지로 하고 있다.[10)]

7) 發明振興法 일부개정법률안(대안) (의안번호 : 5568, 제안연월일 : 2013. 6. 24., 제안자 : 산업자원위원장) 중 '3. 대안의 주요내용, 가. 정당한 직무발명보상 문화 확산(안 제10조제1항 단서, 안 제15조제2항 내지 제4항 신설, 안 제17조, 안 제18조)' 부분 참조.

8) 사용자의 입장에서 본 종전 직무발명보상 관련 법규정의 대표적인 문제점은, 각각의 발명마다 사업성·기술성·시장성 등에 차이가 존재하여 권리승계 시점에서는 향후의 이익을 정확히 가늠하기 어려움에도 불구하고, 정확한 산정이 현실적으로 곤란한 "사용자등이 얻을 이익액", "사용자등 및 종업원등이 공헌한 정도"등을 보상액 산정의 고려요인으로 제시하고 있어, 사용자등이 보상제도를 실시하는 데 있어 커다란 장애물로 작용하고 있으며, 결국 보상제도 시행 자체를 외면하는 결과를 초래한다는 점이었다는 지적이 있다. 특허청, 문답식으로 알아보는 개정 직무발명제도, 2006, 60면.

9) 종업원의 입장에서 본 종전 직무발명보상 관련 법규정의 대표적인 문제점은, 직무발명 보상제도를 실시하는 대다수 기업이 종업원등과의 협의 등 의견수렴절차 없이 일방적으로 규정을 정하고, 보상액을 결정, 지급하고 있는 실정이어서 종업원등의 입장에서는 직무발명보상규정의 제·개정이나 보상액의 결정 등 사용자등의 보상제도 운용과정에서 의견 개진 등 실질적인 참여가 현실적으로 거의 불가능하다는 점이었다는 지적이 있다. 특허청, 문답식으로 알아보는 개정 직무발명제도, 2006, 60면.

10) 發明振興法 일부개정법률안(대안) (의안번호 : 3589, 제안연월일 : 2005. 12. 8., 제안자 : 산업자원위원장) 중 '3. 대안의 주요내용, 라. 직무발명에 대한 합리적인 보상기준의 마련(안 제13조)' 부분; 특허청, 직무발명제도 이렇게 바뀌었습니다, 2006. 6., 28－29면.

즉, 사용자 등과 종업원 등 모두에게 이득이 될 수 있는 방향으로 직무발명 보상제도를 운용함으로써 직무발명을 활성화하여 궁극적으로 기술혁신 및 국가 경쟁력 강화를 도모하는 것이 구 발명진흥법의 목표이다.[11)]

한편, 구 발명진흥법 제15조 제2항 및 제3항에 따르면 보상체계가 다음과 같이 이원화된다.[12)] 즉, ① 계약 또는 근무규정에서 보상에 대하여 정한 경우에는 그 정한 바에 따른 보상이 합리적 절차에 의한 것으로 인정되면 그 보상은 법률이 인정하는 정당한 보상으로 보게 되므로 법원은 보상규정 및 절차의 합리성 여부만을 판단하게 되지만, ② 계약 또는 근무규정에서 보상에 대하여 정한 바가 없거나, 정하더라도 위의 정당한 보상으로 볼 수 없는 경우에는 사용자가 얻을 이익 및 발명에 대한 양 당사자의 공헌도 등을 고려하여 정한 보상이 정당한 보상에 해당하게 되며 결국 법원이 보상액의 적정 여부를 판단하게 된다.[13)]

2. 구 발명진흥법 제15조 제2항: 보상규정 및 절차의 합리성 판단

구 발명진흥법 제15조 제2항에 따르면 계약이나 근무규정에서 보상에 대하여 정하고 있는 경우 그에 따른 보상이 ① 보상형태와 보상액을 결정하기 위한 기준을 정할 때 사용자등과 종업원등 사이에 행하여진 협의의 상황(이하 '협의의 상황'이라 한다), ② 책정된 보상기준의 공표·게시 등 종업원 등에 대한 보상기준의 제시 상황(이하 '보상기준의 제시 상황'이라 한다), ③ 보상형태와 보상액을 결정할 때 종업원 등으로부터의 의견 청취 상황(이하 '의견 청취 상황'이라 한다) 등을 고려하여 합리적인 것으로 인정되면 정당한 보상으로 보게 된다. 즉, 사용자 등이 계약이나 근무규정에서 보상에 대하여 정하고 있는 경우(직무발명보상규정을 두고 있는 경우), 그 정한 바에 따라 사용자 등과 종업원 등이 협의하여 결정한 보상이 합리적인 것으로 인정되면 이를 정당한 보상으로 간주하며,

11) 특허청, 문답식으로 알아보는 개정 직무발명제도, 2006, 58-59면.

12) 적정한 형태로 보상제도를 운용하는 사용자 등에 대해서는 "정당한 보상"에 대한 예측가능성을 부여, 안정적인 R&D투자가 가능하도록 하는 한편, 이러한 인센티브 제공에도 불구, 협조하지 않는 사용자 등에 대해서는 종전과 같은 불이익을 그대로 유지하는 이원적 구조를 채택한 것이며, 이에 따라, 종업원 등이 납득 가능한 수준으로 보상규정을 마련하고, 보상액의 결정 등에 있어 종업원 등의 입장을 실질적으로 반영하는 사용자 등에 대해서는 법적 인센티브를 제공하는 반면, 그렇지 않은 사용자 등에 대해서는 적어도 기존보다 불이익을 강화하지는 않더라도 종전과 같이 "정당한 보상액"에 대한 예측가능성을 확보할 수 없는 불이익을 감수하도록 한 것이다. 특허청, 문답식으로 알아보는 개정 직무발명제도, 2006, 61면.

13) 특허청, 직무발명제도 이렇게 바뀌었습니다, 2006. 6., 28면.

보상규정 및 절차의 합리성 여부를 판단하기 위한 핵심 요소로 위 ① 내지 ③과 같은 3가지 상황을 예시로 제시하고 있다.[14)]

한편, 구 발명진흥법 제15조 제2항 각 호의 내용은 보상의 합리성 여부를 판단하는 데 있어 불가결하다고 생각되는 절차상의 상황을 예시적으로 제시한 것이므로 이들 세 가지 상황이 가장 중요하게 고려되는 요소임은 틀림없지만[15)] 반드시 이 3가지 상황만으로 합리성 여부가 결정되는 것은 아니며,[16)] 또한 위와 같은 절차적 요소 외에 보상규정의 내용이나, 지급된 보상액의 적정성 등 실체적 요소도 합리성 판단의 대상이 될 수 있다.[17)]

가. 보상기준의 책정방식

보상기준이 어떤 방식으로 책정되어야 하는지에 대한 제약은 없으며, 발명진흥법 제15조에 규정되어 있는 「계약 또는 근무규칙」에는 노동협약이나 취업규칙도 포함되지만, 주의할 점은 해당 「기준」의 합리성 여부 판단은 「기준」의 유효성과는 별도로 구 발명진흥법 제15조 제2항에 따라 판단되므로 「기준」을 노동협약이나 취업규칙으로 정하였다 하더라도 항상 정당한 보상이 되는 것은 아니다.[18)]

1) 노동협약

위에서 언급한 것처럼 보상기준을 노동협약으로 정하는 것도 가능하지만 기준의 합리성은 구 발명진흥법 제15조 제2항에 따라 판단되므로, 노동조합 및 노동관계조정법 제31조가 규정하는 노동협약의 효력 발생요건(서면으로 작성하

---

14) 특허청, 문답식으로 알아보는 개정 직무발명제도, 2006, 62면.

15) 특허청, 직무발명보상절차가이드라인, 15면(“「…협의 상황」, 「…제시 상황」 및 「…의견청취 상황」은, 사용자측과 종업원측 간의 자율적인 결정을 통해, 특정 직무발명에 대한 보상액이 산정되어 지급될 때까지의 전 과정 중에서 특히 중요하게 고려되는 절차적 요건입니다.”).

16) 특허청, 직무발명보상절차가이드라인, 15면(“제15조 제2항의 합리성 여부의 판단은 모든 요건 중에서 하나라도 불합리하다고 생각되는 요건이 있는 경우에 불합리하다고 판단하는 것은 아니며, 3가지 요건을 모두 중시하여 종합적으로 판단합니다.”).

17) 특허청, 문답식으로 알아보는 개정 직무발명제도, 2006, 64면(보상절차의 각 단계에서 사용자 등이 행한 활동을 종합적으로 검토했을 때, 합리적이라고 볼 수 있다면, 보상내용의 적정성 측면도 상당 부분 담보할 수 있다는 사상을 기본 전제로 하고 있다고 한다).

18) 특허청, 직무발명보상절차가이드라인, 44면(“노동협약이나 취업규칙이 유효하게 성립되어 있으면, 「기준」에 정해진 내용에 따라 노동법상의 효력이 발생하는 것은 사실이나, 그것을 가지고 곧바로 발명진흥법상의 정당한 보상 여부를 판단하는 합리성 판단에 있어서, 정당한 보상이라고 판단될 이유는 없습니다.”).

고 양 당사자가 서명날인 하는 것)이 충족되어 있다고 반드시 정당한 보상으로 볼 수는 없다.[19]

2) 취업규칙

보상기준을 취업규칙으로 정하는 것도 가능하며, 보상기준을 포함하는 취업규칙이 작성되어 있는 경우, 근로기준법 제94조에[20] 비추어 볼 때, 일반적으로 노동조합 또는 근로자 과반수의 의견을 청취하여 「기준」이 책정되어 있는 것으로 해석될 것이지만, 근로기준법 제94조에서 정하는 「의견을 듣는다」라는 것과 구 발명진흥법 제15조 제2항에서 정하는 「협의」를 한다는 것은 다른 것이므로, 근로기준법 제94조에 준하여 의견을 청취하였다는 것을 가지고, 구 발명진흥법 제15조 제2항 제1호의 「협의의 상황」이 정당하다고 판단되는 것은 아니다.[21]

나. 협의의 상황

'협의의 상황'이란, 보상형태[22] 및 보상액을 결정하기 위한 기준, 즉 '보상기준(직무발명보상규정)'을 책정하는 과정에서 사용자 등이 종업원 등의 의견을 반영하기 위하여 행한 협의의 상황을 의미하며, '상황'이라는 문구는 단지, 사용자 등이 종업원 등과 협의를 했는지의 여부만을 보는 것이 아니라, 협의절차

---

19) 특허청, 직무발명보상절차가이드라인, 45면(노동협약은 노사가 대등한 입장에서 체결되는 것을 전제로 하고 있지만, 실제 협약체결에 이르기까지의 과정이 사용자등과 종업원등의 입장차이로 인한 대립으로, 실제 대화가 이루어지지 않는 일이 많으며, 이와 같은 경우에, 상기 "협의의 상황"은 정당성 여부를 판단함에 있어 정당하지 않은 것으로 볼 여지가 많다고 한다).

20) 근로기준법 제94조("사용자는 취업규칙의 작성 또는 변경에 관하여 해당 사업 또는 사업장에 근로자의 과반수로 조직된 노동조합이 있는 경우에는 그 노동조합, 근로자의 과반수로 조직된 노동조합이 없는 경우에는 근로자의 과반수의 의견을 들어야 한다. 다만, 취업규칙을 근로자에게 불이익하게 변경하는 경우에는 그 동의를 받아야 한다.").

21) 특허청, 직무발명보상절차가이드라인, 46면.

22) 종전 직무발명에 대한 보상 논의는 '금전적 보상'을 중심으로만 논의되어 왔고 구 특허법 제40조 제2항에서는 "보상의 액"이라는 문구를 사용하고 있었는데, 연구자들이 선호하는 보상의 형태가 비단 경제적 보상에 국한된 것은 아니라는 설문조사 결과(예를 들면, Fellow 시스템, 개인별 경력관리 및 개발, 개인자율과제 수행기회 부여, visiting scholar제도, 안식년제도, 학위과정 지원, Post Doc. 지원, 희망직무선택권 등 비금전적 인센티브를 선호하는 경향이 존재함)를 반영하여, 각 기업이 내부 실정과 종업원 등의 보상 선호도 등을 종합적으로 고려함으로써, 금전적 또는 비금전적 보상 등의 보상형태를 자율적으로 결정하여 실시할 수 있도록 '보상형태'라는 문구를 추가한 것이다. 특허청, 문답식으로 알아보는 개정 직무발명제도, 2006, 68-69면.

나 내용, 방식 등 전반적인 정황을 두루 살피겠다는 취지이므로[23] 예컨대, 종업원 등과 협의를 했다면 과연 대표성을 지니는 종업원 등과 협의를 한 것인지, 협의절차는 형식적이지 않고, 종업원 등의 의견을 담아내기 위한 실질적인 절차였는지, 보상규정의 최종내용이 종업원 등의 의견을 제대로 반영한 것인지 등이 검토대상이 될 수 있다.[24]

한편, 특허청 직무발명보상절차 가이드라인에서는 협의의 상황과 관련하여 다음과 같은 가이드라인을 제시하고 있다.

1) 협의의 대상

협의의 대상은 보상기준이 적용되는 모든 종업원 등으로 반드시 종업원 등 전원일 필요는 없으며 예를 들면, 발명이 창출될 가능성이 거의 없는 조직의 종업원 등은 협의 대상에서 제외할 수도 있지만, 협의에서 제외된 종업원 등이 직무발명을 한 경우[25]에는 승계 시에 개별적으로 협의하던가, 협의 상황을 설명하여 납득하게 할 필요가 있다.[26] 또한, 협의를 통해 결정되는 보상기준에 대해서는 노동협약, 취업규칙, 사내 규정 등으로 설정할 수 있는데, 노동협약의 경우는 노동조합의 조합원만이 대상이 되며, 취업규칙, 사내규칙의 경우는 전체 종업원이 대상이 되므로, 노동협약으로 설정하는 경우, 비조합원에게는 노동협약이 적용되지 않으므로, 별도로 취업규칙 등에서도 설정할 필요가 있다.[27]

2) 협의할 사항

'보상형태와 보상액을 결정하기 위한 기준'을 정할 때 사용자 등과 종업원 등 사이에 행하여진 '협의의 상황'이 법문상 고려요소이므로 협의할 사항은 '보상형태와 보상액을 결정하기 위한 기준'이라고 할 것이다. 다만, 특허청 가이드

23) 특허청, 직무발명보상절차가이드라인, 15면("협의, 제시 및 의견청취의 「상황」이란, 예를 들어 협의 등의 유무, 즉 협의 등이 이루어졌는가 아닌가라는 양자택일적인 판단뿐만 아니라, 협의 등이 이루어진 경우에 있어서 그 협의 등의 상황 전반적인 것까지 고려해야 하는 요건입니다.").

24) 특허청, 문답식으로 알아보는 개정 직무발명제도, 2006, 65면.

25) 협의의 대상으로 되어 있지 않았던 종업원 등에게 결정된 기준을 적용하는 경우에는, 해당 종업원 등과의 관계에서 협의가 되어 있지 않은 것으로 판단된다. 특허청, 직무발명보상절차 가이드라인, 47면.

26) 특허청, 직무발명보상절차가이드라인, 29면.

27) 특허청, 직무발명보상절차가이드라인, 30면.

라인에서는 기준 그 자체뿐만 아니라, 종업원 등이 그 기준을 통해 보상액 산정의 구조를 이해할 수 있을 정도의 설명 자료를 준비하는 것이 바람직하다고 하고 있다.[28)]

3) 협의의 방법

협의의 방법으로 ① 종업원 등 전원과의 협의와 ② 대표자와의 협의가 있는데, ① 전원과 협의하는 경우에는 충분한 기간을 정하여 인트라넷을 통해 의견이나 질문을 수렴하고, 그것에 대응함으로써 협의를 하는 것이 가능하며, ② 대표자와 협의하는 경우 협의의 대상이 되는 대표로는, 노동조합, 관리자조합의 대표, 연구자를 대표하는 사람 등을 생각할 수 있는바, 보상기준은 발명을 한 종업원 전체에게 적용되기 때문에 노동조합과 협의를 하는 경우에도 노동조합과의 협의 외에 관리자나 비조합원과의 협의도 필요하며, 어떠한 경우에도 해당 대표자는 종업원 등을 정당하게 대표(종업원 등이 명시 또는 묵시적으로 대표자에게 협의 권한을 위임하고 있음)하고 있어야 한다.[29)]

4) 협의의 종료

협의에 있어서, 실질적으로 협의가 모두 이루어졌다고 생각되는 상황이 되면, 최종합의가 되지 않아도 협의를 종료할 수 있다.[30)]

다. 보상기준의 제시 상황

'보상기준의 제시 상황'이란 종업원 등과의 실질적인 협의를 거쳐 보상기준(규정)이 작성된 후 그 내용을 종업원 등이 충분히 숙지하고, 이해하여 향후 어떠한 절차와 기준을 통해 보상이 결정되는지 예측이 가능할 정도로 종업원 등에게 합리적으로 제시가 되어있는지의 상황을 의미하며, 종업원 등이 원한다면 언제라도 그 규정을 열람하거나 볼 수 있는 상태로 제시가 되어있다면 나름대로 그 상황은 합리적이라고 볼 가능성이 높다고 할 것인바, 예컨대, 내부 인트라넷 또는 사내 게시판 등 종업원 등이 언제라도 볼 수 있는 매체에 규정

28) 특허청, 직무발명보상절차가이드라인, 30면.
29) 특허청, 직무발명보상절차가이드라인, 31면.
30) 특허청, 직무발명보상절차가이드라인, 31면("협의가 모두 이루어졌다고 생각되는 상황이란, 의견·질문이 거의 모두 수렴되고 그것들에 대해서 답변을 하는 등 충분한 시간을 들여 협의를 하였으나 의견일치를 보지는 못한 경우 등을 말합니다.").

내용을 게재한다든가, 책자나 팸플릿 형태로 발간, 배포한다든지 하는 방법 등을 생각해볼 수 있을 것이다.[31)]

한편, 신입사원, 경력채용사원 등에 있어서는 반드시 입사 전에 제시할 필요는 없지만 가급적 채용 시에 기준을 제시하고(수습(시보)기간이 있는 경우, 가능한 한 수습(시보) 기간 내에 설명하는 것이 바람직함), 기준에 동의한 경우 입사토록 하는 것이 바람직하며, 입사 전에 제시하지 않은 경우에는 입사 후 발명의 승계 시까지 기준을 제시하고 설명을 할 필요가 있으며, 신입사원이나 경력채용사원에게, 각종 사내규칙에 따를 것을 동의 받는 경우, 다른 사내규칙과 함께 직무발명 보상기준을 제시하여 동의를 받는 것도 가능하다.[32)]

나아가 우수한 사원 확보 등을 위하여 기준을 사외에 제시하는 것은 회사의 자율적인 판단에 의할 것이지만, 발명진흥법 제15조와의 관계에서는 반드시 사외에 제시할 필요는 없다.[33)]

라. 의견 청취 상황

'의견 청취 상황'이란 종업원 등과의 협의를 거쳐 마련한 보상규정에 따라 개별 발명에 대하여 사용자 등이 보상을 실시하는 경우, 보상액 등 결정시 종업원 등으로부터의 의견수렴이나 종업원 등의 이의제기에 대한 사용자 등의 대응상황 등 전반적인 상황을 의미하는 것으로, 직무발명보상규정의 적용을 받는 전체 종업원 등과 관련된 경우라고 볼 수 있는 앞의 두 가지 상황과 달리 사례별로 판단할 수밖에 없는 특수한 상황이며, 이 경우 역시 보상액 또는 보상형태의 결정시 종업원 등의 의견을 미리 듣거나, 결정된 보상을 종업원 등에게 통지하고, 종업원 등으로부터 이의제기가 있을 경우, 결정이유나 구체적인 산정근거 등에 대해 충분히 설명하고, 납득시키는 절차를 거쳤다면 합리적인 것으로 볼 여지가 높다고 할 것이다.[34)] 즉, 의견 청취는 보상액 산정 전에 하는 것도 가능하지만, 보상액 산정 후에 이의신청의 형태를 취하는 것도 가능하며, 보상액에 관한 이의신청이 있는 경우, 매출액, 순이익, 발명의 평가, 공헌도 등 보상

31) 특허청, 문답식으로 알아보는 개정 직무발명제도, 2006, 65-66면. 한편, 특허청, 직무발명보상절차가이드라인, 32면은, 제시방법의 예시로 ① 종업원 등이 접근 가능한 인트라넷의 홈페이지에 게재, ② 소책자에 기재하여 전원에게 배포, ③ 누구라도 열람할 수 있는 형태로 근무 장소에 상시 비치 등을 들고 있다.

32) 특허청, 직무발명보상절차가이드라인, 32면.

33) 특허청, 직무발명보상절차가이드라인, 32면.

34) 특허청, 문답식으로 알아보는 개정 직무발명제도, 2006, 66-67면.

액 산정의 기초가 되는 데이터 및 보상액이 결정되는 절차에 대해 설명을 하고, 종업원측과 협의를 하게 되지만, 반드시 합의하여야 하는 것은 아니다.[35]

마. 각호 외의 고려요소 : '등'

구 발명진흥법 제15조 제2항은 다음 각 호의 상황 '등'을 고려한다고 하여 각 호에 열거된 세 가지 외에도 고려하여 보상의 합리성 여부를 판단한다고 하고 있는데, 기준의 내용, 최종적으로 지급되는 보상액이라는 실체적 요소가 기타 고려사항에 포함된다고 볼 수 있다.[36]

3. 구 발명진흥법 제15조 제3항: 정당한 보상액 산정의 고려요소

구 발명진흥법 제15조 제3항은 계약이나 근무규정에서 직무발명에 관한 보상에 대하여 정하고 있지 않은 경우, 또는 정하고는 있으나 구 발명진흥법 제15조 제2항에서 규정하는 요건을 충족하고 있지 않은 경우에[37] 적용되므로, 구 발명진흥법 제15조 제2항이 정하는 요건을 충족하는 경우에는, 구 발명진흥법 제15조 제3항은 적용될 수 없는 관계에 있다.[38] 계약이나 근무규정에서 보상에 대하여 정하고 있지 않은 경우이든, 정하고 있더라도 구 발명진흥법 제15조 제2항에 따른 정당한 보상으로 볼 수 없는 경우이든 결과적으로 구 발명진흥법 제15조 제3항이 적용되는 경우에는 구 특허법과 마찬가지로 ① 그 발명에 의하여 사용자 등이 얻을 이익과 ② 그 발명의 완성에 사용자 등과 종업원 등이 공헌한 정도를 고려하여 그 보상액을 결정하게 된다. 고려요소 ①과 ②는 이 책의 다른 부분에서 상술하므로 여기에서는 상세를 생략한다.

35) 특허청, 직무발명보상절차가이드라인, 33면(의견을 청취(이의신청 수리·검토)하는 조직(ex. 직무발명심의위원회)이 보상액을 산정한 조직과 다른 사내 조직이나 사외의 제3자 기관이 아니어도 되고, 보상액을 산정한 조직이 재심사를 하는 것도 허용되며, 의견 청취 기간은 1~6개월 정도를 고려할 수 있다고 한다).

36) 특허청, 직무발명보상절차가이드라인, 41면.

37) '제2항에 따른 정당한 보상으로 볼 수 없는 경우'의 판단은 계약이나 근무규정에 의해 보상액이 결정되어 지급될 때까지의 전 과정을 종합적으로 판단하여 결정하는 것으로, 종합적인 판단에 있어서 전 과정 중 절차적인 측면의 요소가 중요시되고, 실체적인 측면의 요소가 보완적으로 고려되는데, 일반적으로 절차가 정당하다고 인정되는 경우에는, 보상이 적은 금액이라도 정당하다고 평가될 가능성이 있지만, 최종적으로 산정된 보상액이 과도하게 적을 경우에는 종합적인 판단에서 정당하지 않다고 평가될 가능성이 있다. 특허청, 직무발명보상절차가이드라인, 42면.

38) 특허청, 직무발명보상절차가이드라인, 38면.

Ⅳ. 개정 발명진흥법 제15조 제2항 내지 제6항의 해석

1. 입법취지

2013년 개정 발명진흥법은 '정당한 직무발명보상 문화 확산'을 목표로 ① 사용자 등이 대기업인 경우 사전에 승계 등을 목적으로 하는 계약이나 근무규정을 체결 또는 작성하지 아니하고는 통상실시권을 행사할 수 없게 하고(제10조 제1항 단서 신설), ② 사용자 등은 직무발명에 대한 보상형태와 보상액을 결정하기 위한 기준, 지급방법 등이 명시된 보상규정을 작성하여 종업원 등에게 문서로 알리도록 하며(제15조 제2항 신설), ③ 사용자 등은 보상규정의 작성 및 변경에 관하여 종업원 등과 협의하여야 하며, 종업원 등에게 불리하게 변경하는 경우에는 종업원 등의 과반수 동의를 받도록 하고(제15조 제3항 신설), ④ 사용자 등은 직무발명 보상규정에 따라 결정된 보상액 등 보상의 구체적 사항을 문서로 알리도록 하며(제15조 제4항 신설), ⑤ 사용자 등은 직무발명 심의위원회를 설치·운영하도록 하고, 종업원 등이 직무발명에 관하여 사용자 등과 이견이 있는 경우 심의위원회를 구성하여 심의할 것을 요구할 수 있도록 하는(제17조 및 제18조) 내용으로 개정하였는데, 종업원 등의 협상력 및 절차적 권리를 강화하여 실질적으로 보상과정에 참여하도록 하고, 대기업의 직무발명보상제도 도입을 적극적으로 유도함으로써 기업 전반에 정당한 보상문화를 정착시켜 지식산업시대의 기업경쟁력과 국가경쟁력을 강화하는 것이 그 입법취지이다.[39)]

한편, 개정 발명진흥법 제15조 제6항 본문은 동조 제2항부터 제4항까지의 규정(위 ② 내지 ④)에 따라 종업원 등에게 보상한 경우에는 정당한 보상을 한 것으로 본다고 하고 있지만, 동조 단서는 "그 보상액이 직무발명에 의하여 사용자 등이 얻을 이익과 그 발명의 완성에 사용자등과 종업원등이 공헌한 정도를 고려하지 아니한 경우에는 그러하지 아니하다"고 하고 있으므로, 결국 사용자 등이 법 제15조 제2항부터 제4항까지의 규정에 따라 종업원 등에게 보상한 경우라 하더라도 그 보상액이 직무발명에 의하여 사용자 등이 얻을 이익과 그 발명의 완성에 사용자 등과 종업원 등이 공헌한 정도를 고려하지 아니한 경우에는 정당성이 상실되기 때문에(법 제15조 제6항 단서), 직무발명 보상에 있어서의 실체적인 정당성이 확보되어야 비로소 '정당한 보상'을 한 것으로 인정된다.[40)]

---

39) 發明振興法 일부개정법률안(대안) (의안번호 : 5568, 제안연월일 : 2013. 6. 24., 제안자 : 산업자원위원장) 중 '2. 대안의 제안이유' 부분 참조.

40) 특허청, 개정 직무발명보상제도 해설편람, 2013. 12., 108면.

2. 개정 발명진흥법 제15조 제2항: 보상규정의 작성 및 서면통지

직무발명보상규정이란 종업원 등과 사용자 등 간 계약이나 취업규칙 등의 근무규정, 기타 약정을 통하여 그 명칭 여하에 상관없이, 종업원의 직무발명에 대하여 사전에 그 권리승계나 절차, 보상 등에 관하여 합의하고 이를 서면화한 것을 말하는데, 일반적으로 직무발명보상규정에는 사전예약승계규정이[41] 포함된 것으로 이해될 수 있다.[42]

구 발명진흥법에서는 보상기준을 정할 때의 '협의상황'과 책정된 보상기준의 '제시상황'이 보상의 합리성 판단에 고려되도록 함으로써 간접적으로 사용자의 보상규정 작성을 장려하고 있었으나, 개정 발명진흥법에서는 직무발명보상규정을 작성하고 종업원 등에게 문서로 통지한 후 그에 따라 보상하여야만 정당한 보상을 한 것으로 인정될 수 있게 하였다(법 제15조 제2항 내지 제6항 참조).[43]

일반적으로 직무발명보상규정에서는 다음과 같은 내용이 규율된다.[44]

① 목적

② 적용범위 및 용어의 정의: 적용범위 및 종업원, 사용자, 직무발명, 개인발명, 노하우(Know-How) 등에 대한 정의

③ 직무발명의 신고 및 승계절차: 직무발명의 신고, 발명의 평가, 직무발명의 승계 여부, 승계 여부 통지, 발명의 평가에 대한 재심청구 등

④ 보상에 관한 규정: 보상의 결정기준, 보상의 종류 및 보상액, 퇴직 또는 사망 시의 보상금 처리 등

⑤ 직무발명심의위원회에 관한 규정: 구성 및 운영, 이의제기, 심의 또는 의결사항 등

⑥ 종업원의 의무: 비밀유지의무, 협력의무 등

---

41) 사용자 등과 종업원 등 간 사전에 '종업원 등의 직무발명에 대하여 사용자 등에게 특허 등을 받을 수 있는 권리나 특허권 등을 승계시키는 계약 또는 근무규정'을 체결 또는 작성하는 경우 그러한 계약 또는 근무규정상의 해당 내용을 실무상 '사전예약승계규정'이라 부른다.

42) 특허청, 개정 직무발명보상제도 해설편람, 2013. 12., 135면. 사전예약승계규정은 직무발명보상규정에 포함되어 있는 것이 일반적이며 별도의 계약 또는 근무규정으로 존재하는 경우도 있다.

43) 특허청 해설편람은, 이러한 개정으로 인해 사용자 등의 상당한 주의와 관심이 요망된다고 설명하고 있다. 특허청, 개정 직무발명보상제도 해설편람, 2013. 12., 135면.

44) 특허청, 개정 직무발명보상제도 해설편람, 2013. 12., 138-139면.

⑦ 보상규정의 작성 · 변경 : 작성 · 변경 절차, 협의 또는 동의 방법, 종업원 대표 선정에 관한 사항 등

⑧ 기타 : 종업원이 타사 종업원과 공동으로 직무발명을 완성한 경우의 취급 규정, 촉탁이나 용역에 의하여 발명을 했을 경우의 취급 규정, 보상규정의 유효기간, 부제소의 합의(부제소특약), 조정 · 중재에 관한 사항 등

⑨ 보칙 : 시행일, 경과규정 등

3. 개정 발명진흥법 제15조 제3항 · 제5항 : 협의 · 동의

구 발명진흥법에서는 보상기준을 정할 때 사용자 등과 종업원 등 사이에 행하여진 '협의의 상황'이 보상의 합리성 판단에 고려되도록 함으로써 간접적으로 사용자와 종업원의 협의를 장려하고 있었으나, 개정 발명진흥법에서는 보상규정의 작성 · 변경 시 '협의'를 의무화하고 나아가 종전보다 불리한 변경의 경우에는 '동의'까지 받도록 하고 있다. 따라서 사용자 등이 직무발명보상규정의 작성 · 변경에 관하여 종업원 등과 협의하지 아니하거나, 불리한 변경에 대해 동의를 얻지 못하면 그러한 직무발명보상규정에 따라 보상하는 경우 정당한 보상으로 인정될 수 없다.[45]

한편, 사용자 등은 보상규정의 작성 · 변경 시 종업원 등에게 협의 또는 동의를 요청하는 경우 성실한 자세로 임하여야 하며(발명진흥법 시행령 제7조의2 제3항), 종업원 등이 ① 사용자 등이 제시한 보상규정에 이견이 있는 경우 혹은 ② 사용자 등과의 협의 또는 동의 절차에 이견이 있는 경우, 사용자 등에게 심의위원회를 구성하여 심의하도록 요구할 수 있고(동법 제18조 제1항 제5호 및 제6호), 사용자 등은 위와 같은 요구를 받은 경우에 60일 이내에 심의위원회를 구성하여 심의하도록 하되 이 경우 심의위원회에는 직무발명 관련 분야의 전문가인 자

---

45) 특허청, 개정 직무발명보상제도 해설편람, 2013. 12., 95면. 한편, 특허청 해설편람에서는 해당 직무발명보상규정은 '무효'가 된다고 설명하고 있으나, 사용자가 취업규칙을 작성 · 변경하면서 근로자 집단의 의견을 듣지 않으면 500만원 이하의 벌금에 처하게 되지만(근로기준법 제114조 제1호), 의견청취를 거치지 않고 취업규칙을 작성하거나 변경하였더라도 원칙적으로 근로조건을 불리하게 변경하는 것이 아닌 한 그 취업규칙이 무효로 되는 것은 아니라는 점(노동법실무연구회 편, 근로기준법주해 Ⅲ, 박영사, 2010, 461면)을 고려하면, '동의'의무 위반의 경우 외에 '협의' 의무 위반의 경우까지 보상규정이 무효가 되는지는 의문이다. 물론 그러한 규정에 의한 보상은 발명진흥법상 정당한 보상으로 인정되지 않으므로 사실상 무의미한 규정이 된다는 점은 분명하다.

문위원이 1명 이상 포함되도록 하여야 하며(동법 제18조 제3항), 심의위원회를 구성하지 아니하거나 심의하도록 하지 아니한 사용자 등에게는 1천만원 이하의 과태료가 부과될 수 있다(동법 제60조 제1항 제1호). 직무발명보상규정의 작성·변경 과정에서 형식에 그칠 가능성이 높은 협의 또는 동의 절차를 법정화하고 그러한 절차에 이견이 있는 경우 이의제기권을 행사할 수 있도록 함과 동시에 심의위원회를 사용자 등과 종업원 등이 동수로 구성되도록 하고 양측의 합의로 위촉되는 전문가 자문위원을 반드시 포함하도록 하는 것은 사용자 등의 일방적 심의를 방지하고 종업원 등의 의견의 수용가능성을 높이기 위한 조치라고 할 수 있다.[46]

가. 보상기준의 작성·변경에 대한 협의

발명진흥법 제15조 제3항의 「협의」는 사용자 등과 협의대상 종업원 등 간에 행해지는 대화를 의미하나,[47] 그 대화 결과 사용자 등과 협의대상 종업원 등 간에 보상기준에 대한 최종 합의를 하여야만 「협의」가 되는 것은 아니며, 가령 합의까지 이르지 못했다고 해도 사용자 등과 협의대상 종업원 등 간에 실질적으로 협의가 이루어졌다고 평가될 수 있으면 충분하다.[48] 주의할 점은, 근로기준법 제94조에서 정하는 「의견을 듣는다」라는 것과 발명진흥법 제15조 제3항에서 정하는 「협의」를 한다는 것은 다른 것이므로, 근로기준법 제94조에 준하여 의견을 청취하였다는 것을 가지고, 발명진흥법 제15조 제3항의 「협의」가 있었다고 판단되는 것은 아니다.[49] 협의의 방법으로는 '집단적 대화'[50]와 '대표자와의 대화'[51] 모두 가능할 것이다.

---

46) 특허청, 개정 직무발명보상제도 해설편람, 2013. 12. 141－142면.

47) 특허청 가이드라인은 구 발명진흥법 제15조 제2항에 규정된 '협의의 상황'에 대한 가이드라인이지만 '협의'의 의미 자체가 개정 발명진흥법에서 변경되었다고 보기는 어려우므로 해당 가이드라인은 개정 발명진흥법에 대한 가이드라인으로도 기능할 수 있을 것이다. 한편, 특허청 가이드라인에서는 사용자와 협의대상 종업원 등과의 대화과정에서 해당 종업원 등에게 실질적으로 '발언 또는 의견진술 기회'가 부여되었는지를 협의 여부 판단에 있어 중요한 고려요소로 제시하고 있다. 특허청, 직무발명보상절차가이드라인, 48－49면.

48) 특허청, 직무발명보상절차가이드라인, 55면.

49) 특허청, 직무발명보상절차가이드라인, 46면; 김형배, 노동법(제23판, 전면개정판), 박영사, 2014, 302면("의견을 듣는다는 것은 취업규칙의 작성·변경에 관하여 솔직한 의견과 자문을 듣는 것을 말하고 동의를 얻거나 협의를 구하는 것은 아니다.").

50) 특허청, 직무발명보상절차가이드라인, 48면("「협의」는 반드시 한 사람 한 사람 개별로 할 필요는 없습니다. 따라서, 집단적으로 대화를 하는 것도「협의」에 해당합니다.").

51) 특허청, 직무발명보상절차가이드라인, 50면("대표자를 통하여 대화를 하는 것도 「협의」에 포함

한편, 협의의 상황이 보상의 합리성 판단을 위한 하나의 고려요소에 불과하였던 구 발명진흥법에서는 보상기준이 적용되는 모든 종업원 등을 협의의 대상으로 보았으나,[52] 개정 발명진흥법상 협의대상 종업원 등의 범위는 "새로 작성하거나 변경하려는 보상규정의 적용을 받게 되는 종업원 등(변경 전부터 적용 받고 있는 종업원등을 포함한다)의 과반수"이다(개정 발명진흥법 제15조 제5항 및 동법 시행령 제7조의2 제1항 제1호). 이러한 규정은 취업규칙의 작성 또는 변경에 관하여 근로자 과반수의 의견을 듣도록 한 근로기준법 제94조를 참고한 것으로 보인다.[53]

나. 보상기준의 불이익한 변경에 대한 동의

사용자 등이 기존의 보상규정을 종업원 등에게 불리하게 변경하는 경우에는 협의절차로 충분하지 아니하고 종업원 등의 동의를 얻어야 하는데, 이 경우 동의대상 종업원 등의 범위는 "불리하게 변경하려는 보상규정의 적용을 받고 있는 종업원등의 과반수"이다(개정 발명진흥법 제15조 제5항 및 동법 시행령 제7조의2 제1항 제2호). 이러한 규정은 취업규칙의 불이익한 변경에 관하여 근로자 과반수의 동의를 받도록 한 근로기준법 제94조 단서를 참고한 것으로 보인다.[54] 한편, 취업규칙 불이익변경 효력발생요건으로서의 '근로자 과반수 동의'의 경우 판례에 따르면 '회의 방식'에 의한 근로자 과반수의 동의가 요구되는 바, 회의 방식에 의한 동의가 있다고 하기 위해서는 (i) 전체 또는 일부 근로자 집단이 한

됩니다. 다만, 해당 대표자가 「협의」의 대상으로 되어 있는 종업원 등을 정당하게 대표하고 있는 것이 필요합니다.").

52) 특허청, 직무발명보상절차가이드라인, 47면("발명진흥법 제15조 제2항이 규정하고 있는 「보상형태 및 보상액을 결정하기 위한 기준을 정함에 있어서 사용자등과 종업원등 사이에 행하여진 협의」의 「종업원등」이라는 것은, 해당 기준이 적용되는 모든 종업원등입니다. …… 따라서 어떤 기준이 전체 종업원등에 적용되는 경우에는, 전체 종업원등이 「협의」의 상대방이 됩니다.").

53) 협의대상 종업원 등의 범위를 정하는 발명진흥법 시행령 개정을 위한 특허청 연구보고서에서도 과반수로 정하는 것이 합리적이라는 설명만 있다. 특허청, 발명진흥법 시행령 일부개정을 위한 연구, 2013. 10., 10면("협의하여야 하는 종업원등의 범위와 동의를 받아야 하는 종업원등의 범위는, 각각 보상규정의 적용을 받게 되는 종업원등의 과반수와 보상규정의 적용을 받고 있는 종업원등의 과반수를 뜻하는 것으로 개정의 방향을 설정함이 합리적이라 할 수 있음.").

54) 김형배, 앞의 책, 306면("동의를 얻어야 할 「근로자의 과반수」는 그 사업 또는 사업장의 전체 근로자의 과반수가 아니라 기존의 근로조건 또는 취업규칙의 적용을 받는 근로자집단의 과반수를 뜻하는 것으로 보아야 한다.").

자리에 모여 근로자 상호 간에 의견을 교환하여 찬반 의견을 집약한 후 이를 전체적으로 취합하는 과정이 필요하고, (ii) 그 과정에 사용자 측의 개입이나 간섭이 배제되어야 한다고 하는데,[55] 직무발명보상규정 불이익 변경에서의 동의의 방법에 참고가 될 것이다.[56]

불이익한 변경이란 그 변경 전과 비교하여 보상형태나 보상금 결정기준, 보상절차, 보상액 등이 종업원 등에게 불리하게 변경되는 경우를 말하는데, 개정 발명진흥법의 태도는 변경 자체를 어렵게 하고자 하는 것이 아니라 불이익 변경의 절차적 정당성을 확보함으로써 불필요하고 소모적인 분쟁의 가능성을 낮추고자 하는 것으로 이해될 수 있다.[57]

한편, (i) 보상규정이 사규나 근무규정 등 취업규칙에 해당하는 경우에는 불이익 여부가 개별 규정에 따라 독자적으로 판단되어서는 아니 되고 종합적·전체적인 관점에서 판단되어야 하며, 어떤 변경의 경우 특정 종업원 등에게는 불리한 대신 다른 특정 종업원 등에게는 유리할 수 있으므로 결국 종업원 등의 집단적인 의사표시 예컨대 종업원 등 과반수의 동의를 얻어야 하는 경우도 있게 되며, (ii) 보상규정이 개별 계약에 의한 경우에는 해당 종업원의 동의는 그 변경에 필요적인 것이므로 당연히 불이익 변경 시에도 요구될 수밖에 없을 것이다.[58]

4. 개정 발명진흥법 제15조 제4항: 보상액 등의 서면통지

구 발명진흥법에서는 보상형태와 보상액을 결정할 때 종업원 등으로부터의 '의견 청취 상황'이 보상의 합리성 판단에 고려되도록 함으로써 간접적으로 사용자의 '의견청취'를 장려하고 있었으나, 개정 발명진흥법에서는 보상규정에

55) 노동법실무연구회 편, 근로기준법주해 Ⅲ, 박영사, 2010, 495－496면.

56) 협의 또는 동의 절차를 간소화할 필요성 또한 간과되어서는 아니 될 것이므로 종업원대표에게 협의 또는 동의의 권한을 부여할 필요성이 있다는 견해도 있다. 특허청, 발명진흥법 시행령 일부개정을 위한 연구, 2013. 10., 10－11면. 한편, 집단적 동의를 받아 유효하게 불이익 변경된 취업규칙은 구속력 있는 법규범으로서 그 변경 시점에 이미 취업하고 있는 기존 근로자는 물론 그 이후에 취업하는 신규 근로자에 대하여도 효력이 미치지만, 변경된 취업규칙의 시행 이전에 퇴직한 근로자에게는 그 효력이 미치지 않는다고 한다. 노동법실무연구회 편, 근로기준법주해 Ⅲ, 박영사, 2010, 506면.

57) 특허청, 개정 직무발명보상제도 해설편람, 2013. 12., 140면.

58) 특허청, 개정 직무발명보상제도 해설편람, 2013. 12., 140면.

따라 결정된 보상액 등 보상의 구체적 사항을 사용자 등이 해당 종업원 등에게 문서로 알려야만 해당 보상이 정당한 보상으로 인정될 수 있게 하는 한편, 사용자 등으로부터 통지받은 보상액 등 보상의 구체적 사항에 이견이 있는 경우 종업원 등이 사용자 등에게 심의위원회를 구성하여 심의하도록 요구할 수 있고(동법 제18조 제1항 제5호 및 제6호), 사용자 등은 위와 같은 요구를 받은 경우에 60일 이내에 심의위원회를 구성하여 심의하도록 하되 이 경우 심의위원회에는 직무발명 관련 분야의 전문가인 자문위원이 1명 이상 포함되도록 하여야 하며(동법 제18조 제3항), 심의위원회를 구성하지 아니하거나 심의하도록 하지 아니한 사용자 등에게는 1천만 원 이하의 과태료가 부과될 수 있도록 하였다(동법 제60조 제1항 제1호).

5. 개정 발명진흥법 제15조 제6항: 정당한 보상액 산정의 고려요소

구 발명진흥법에서는 정당한 보상 여부 판단이 이원화되어, ① 계약 또는 근무규정에서 보상에 대하여 정한 경우에는 그 정한 바에 따른 보상이 (i) 협의 상황, (ii) 보상기준의 제시 상황, (iii) 의견 청취 상황 등을 고려할 때 합리적인 것으로 인정되면 그 보상은 법률이 인정하는 정당한 보상으로 보게 되므로 법원은 보상규정 및 절차의 합리성 여부만을 판단하게 되지만, ② 계약 또는 근무규정에서 보상에 대하여 정한 바가 없거나, 정하더라도 위의 정당한 보상으로 볼 수 없는 경우에는 사용자가 얻을 이익 및 발명에 대한 양 당사자의 공헌도 등을 고려하여 정한 보상이 정당한 보상에 해당하게 되며 결국 법원이 보상액의 적정 여부를 판단하게 되는 구조였다. 이러한 구 발명진흥법 하에서는 (i) 협의 상황, (ii) 보상기준의 제시 상황, (iii) 의견 청취 상황 등이 보상의 합리성 판단을 위한 고려요소의 하나에 불과하여 종업원 등의 협상력 강화나 절차적 권리 보장 측면에서 다소 미흡한 점이 있었는바, 개정 발명진흥법은 보다 구체적인 규정(제15조 제2항 내지 제4항)을 마련함과 동시에 그 실효성을 높이기 위하여 종업원 등의 심의요구권(제18조 제1항)도 보장함으로써 보상에 있어서의 절차적 정당성을 실질적으로 확보하는 방향으로 개정되었다.[59)]

구체적으로 보면, 개정 발명진흥법에서 사용자 등은 ① 보상규정을 작성하

59) 특허청, 정당한 직무발명 보상을 위한 산업군별 실시보상액 산정방안 연구, 2013. 12., 13면.

여 종업원 등에게 문서로 통지하여야 하고, ② 보상규정의 작성·변경 시 종업원 등과 협의하여야 하며(불이익한 변경의 경우는 동의를 받아야 함), ③ 보상규정에 따라 결정된 보상액 등 보상의 구체적 사항을 문서로 알려야 하는데, 이와 같은 ① 내지 ③의 절차에 따라 보상한 경우에 비로소 정당한 보상으로 인정될 여지가 있게 된다. 다만, 위 ① 내지 ③을 통한 절차적 정당성의 확보만으로 실체적 정당성이 반드시 확보되는 것은 아니므로 그 보상액이 (i) 직무발명에 의하여 사용자 등이 얻을 이익과 (ii) 그 발명의 완성에 사용자 등과 종업원 등이 공헌한 정도를 고려하지 아니한 경우에는 정당성이 상실되는 것으로 함으로써, 직무발명 보상에 있어서의 실체적인 정당성이 확보되도록 하고 있다(발명진흥법 제15조 제6항 단서).

구 발명진흥법 제15조 제3항과 개정 발명진흥법 제15조 제6항을 문언상 비교해 보면, ① 구 발명진흥법의 경우 제15조 제2항에 규정하는 요건을 충족하는 경우에는, 제15조 제3항은 적용될 수 없는 관계에 있었던 반면, ② 개정 발명진흥법은 제15조 제6항 본문의 요건을 충족하는 경우에도 제15조 제6항 단서가 적용될 수 있는 관계에 있게 된다. 즉, 보상의 실체적 정당성을 담보하는 요소인 (i) '그 발명에 의하여 사용자등이 얻을 이익'과 (ii) '그 발명의 완성에 사용자 등과 종업원 등이 공헌한 정도'가 고려되지 않은 보상은 어떤 경우에도 정당한 보상으로 인정될 수 없게 되는 것이어서 형식적으로는 두 규정에 차이가 있는 듯하다. 하지만, 구 발명진흥법 제15조 제2항도 보상의 합리성 판단에 있어서 위 (i), (ii)의 요소가 사실상 고려되지 않을 수 없다는 점을 감안하면 개정 전·후 보상의 정당성 판단의 틀에 근본적 변화는 없다고 이해해야 할 것이다. 고려요소 (i)과 (ii)는 이 책의 다른 부분에서 상술하므로 여기에서는 상세를 생략한다.

V. 결 론

직무발명에 대한 보상의 실체적 정당성을 담보하기 위해 구 특허법, 구 발명진흥법 및 개정 발명진흥법은 (i) '그 발명에 의하여 사용자 등이 얻을 이익'과 (ii) '그 발명의 완성에 사용자 등과 종업원 등이 공헌한 정도'를 일관되게 그 고려요소로 규정하고 있다. 그럼에도 불구하고 2006년과 2013년에 관련 규정이 개정된 이유는 그러한 추상적 요소만 규정된 상태에서는 보상 관련 분쟁 발생 시 정당한 보상 여부가 법원의 판결에 의해서만 종국적으로 확정될 수밖에 없는 구조로 사용자와 종업원 간 신뢰를 바탕으로 한 자발적 보상보다는 대립과 반목을 통한 극한적 해결을 조장하는 결과를 야기한다는 문제점에 대한 인식 때문이다. 이러한 인식을 토대로 2006년 개정 발명진흥법은 당사자에 의해 마련된 직무발명보상규정에 따라 보상이 이루어지는 경우 해당 보상이 법이 정하는 일정한 요건을 충족하면 이를 정당한 보상으로 보는 규정을 둠으로써 종업원의 실질적인 참여가 보장되면서 보상에 대한 사용자의 예측가능성도 확보되는 정당한 직무발명보상제도가 정착되도록 하였고, 2013년 개정 발명진흥법은 보다 구체적인 규정(제15조 제2항 내지 제4항)을 마련함과 동시에 그 실효성을 높이기 위하여 종업원등의 심의요구권(제18조 제1항)도 보장함으로써 보상에 있어서의 절차적 정당성을 실질적으로 확보하는 방향으로 개정되었다.

개정 발명진흥법 제15조 제2항 내지 제4항이 절차적인 정당성에 관하여 구체적으로 규정하고 있어 구 발명진흥법에 비해 적용면에서 용이한 장점이 있지만 실체적 정당성에 관한 제15조 제6항의 적용은 여전히 실무에 커다란 숙제를 남기고 있다. 왜냐하면 사용자 등의 직무발명보상규정과 보상절차가 법령이 정하는 절차적 정당성을 충족하였다 하더라도 직무발명의 가치가 천차만별일 수밖에 없는 현실을 감안하면 구체적 적용에 있어 모든 직무발명에 대하여 실체적 정당성도 충족된다는 것은 불가능에 가깝기 때문이다.[60] 이러한 점을 감안하더라도 절차적 정당성을 충족한 직무발명보상규정 마련을 통해 종업원의 실질적인 참여가 보장되면서 보상에 대한 사용자의 예측가능성도 확보되는 정당한 직무발명보상제도가 정착되도록 하는 데 개정 발명진흥법이 어느 정도 기여하기를 기대해 본다.

---

60) 특허청, 개정 직무발명보상제도 해설편람, 2013. 12., 146면.

제 2 절 사용자의 이익

특허법원 판사 장현진

I. 법률의 규정

발명진흥법은 종업원이 직무발명에 대하여 특허 등을 받을 수 있는 권리나 특허권 등을 사용자에게 승계하게 한 경우 '정당한 보상을 받을 권리'를 가지고(제15조 제1항), 사용자가 보상액을 결정하기 위한 기준 등이 명시된 보상규정을 종업원과 협의하여 서면으로 작성하고 그에 따라 결정된 보상액 등 보상의 구체적인 사항을 종업원에게 알리는 등 동법 제15조 제2 내지 4항에서 정한 절차에 따라 보상하는 경우 종업원에게 정당한 보상을 한 것으로 보며(제15조 제6항 전문), 다만 그 보상액이 직무발명에 의하여 '사용자가 얻을 이익'과 그 발명의 완성에 사용자와 종업원이 공헌한 정도를 고려하지 아니하는 경우에는 그러하지 아니하다(제15조 제6항 후문)라고 규정하고 있다.[1)]

구 특허법(2006. 3. 3. 법률 제7869호로 개정되기 전의 것)에서도 종업원이 직무발명에 대하여 특허를 받을 수 있는 권리 또는 특허권을 사용자에게 승계하게 하는 경우 정당한 보상을 받을 권리를 가지며(제40조 제1항), 그 보상액을 정함에 있어서는 직무발명에 의하여 '사용자가 얻을 이익의 액'과 발명의 완성에

1) 위 규정에 대하여, 직무발명과 관련한 특허 받을 권리의 양도를 일반적인 매매와 같이 보아, 발명이 갖는 객관적인 가치와 이러한 가치 발생에 있어서 사용자 및 종업원의 기여도를 통해 적절한 보상이 이루어졌는지 여부를 판단하고자 한 것이라는 견해로는, 윤선희, "발명진흥법 제15조 제3항에 있어서의 직무발명 보상금 산정 요소에 대한 연구", 저스티스(제129호), 2012년 4월, 125면.

사용자 및 종업원이 공헌한 정도를 고려하여야 한다(제40조 제2항)고 정하였다.[2)]

위 발명진흥법 규정은 동법에서 정한 절차에 따라 보상이 이루어지는 경우에는 이와 별도로 종업원이 사용자에게 직무발명보상금을 청구할 수 없다고 해석될 여지가 있고,[3)] 그렇다면 발명진흥법이 적용되는 사안에서는 더 이상 사용자가 얻을 이익의 범위 등이 문제되지 않는 것이 아닌가 하는 의문이 있을 수 있다. 사견으로는 발명진흥법 제15조 제6항 후문의 규정에 비추어 볼 때, 직무발명 보상절차에서 사용자가 얻을 이익이 고려되지 않거나 고려되더라도 그 액수가 상당하지 않은 경우 여전히 종업원으로서는 사용자에게 직무발명 보상금의 지급을 청구할 수 있고, 그 소송에서 여전히 직무발명 보상절차에서 고려한 사용자가 얻을 이익액이 정당한 것인가에 대하여 구 특허법이 적용되는 사안에서와 마찬가지의 방법으로 판단이 이루어질 수밖에 없지 않을까 생각한다.[4)]

---

2) 특허법의 직무발명 규정은 2006. 3. 3. 개정 시 삭제되고, 같은 날 개정된 발명진흥법으로 그 내용이 통합되었다. 개정된 발명진흥법이 시행(2006. 9. 4.)되기 전에 이루어진 특허 등을 받을 수 있는 권리 또는 특허권 등의 승계나 전용실시권의 설정에 따른 보상은 구 특허법의 규정에 의한다.

3) 우리나라와 유사한 이력과 내용으로 직무발명 규정이 개정된 바 있는 일본에서는, "개정법에 의하면 직무발명 보상금의 결정은 당사자 사이의 합의에 따르는 것이 원칙이므로 적절한 절차를 거쳐 합의에 이른 이상 그 금액이 현저히 낮아서 도저히 사용자가 성의를 가지고 협의에 응한 것이라 볼 수 없는 예외적인 경우에 한하여 법원이 개입하여야 한다"는 설이 유력하며{정상조, 박성수 공편, 특허법주해 I(2010), 467면}, 특허청이 2006. 6. 발행한 '직무발명제도 이렇게 바뀌었습니다'라는 안내서에는, 계약 또는 근무규정에서 직무발명보상에 대해 정하고 있는 경우 그 정한 바에 따른 보상이 발명진흥법이 정한 합리적 절차에 의한 것으로 인정되는 경우 이는 법률이 인정하는 정당한 보상으로서 법원은 보상규정 및 절차의 합리성 여부만을 판단하고, 계약 또는 근무규정에 보상에 대하여 정한 바가 없거나 정하더라도 발명진흥법이 정한 합리적 절차에 의한 것으로 인정되지 않는 경우에만 보상액을 정함에 있어서 종전과 같은 기준을 적용하여 직무발명에 의하여 사용자 등이 얻을 이익의 액과 사용자 및 종업원의 공헌도를 고려한다고 기술하고 있다.

4) 한편, 서울중앙지방법원 2012. 9. 28. 선고 2011가합37396 판결(항소심에서 강제조정)에서는, 발명진흥법에서 정한 절차를 통해 정한 직무발명보상규정에 따라 보상금을 지급하였으므로 추가로 보상금 지급의무가 없다는 피고(사용자)의 주장에 대해, 직무발명을 이용하여 진행한 공사규모를 볼 때 원고가 지급받은 직무발명보상금이 지나치게 적은 금액인 점 등에 비추어, 피고의 직무발명보상규정에 따른 보상금이 발명진흥법에서 정한 정당한 보상금이라고 보기 어렵다는 이유로 피고의 주장을 배척하였다.
또한, 구 특허법이 적용된 사안에서, 법원은 "사용자의 근무규칙 등에 사용자가 지급하여야 할 대가에 관한 조항이 있는 경우에도 그 대가액이 구 특허법의 규정에 따라 정해진 정당한 보상액수에 미치지 못하는 때에는 그 부족액에 상당하는 대가의 지급을 구할 수 있다"(서울고등법원 2009. 8. 20. 선고 2008나119134 판결)거나, "피고의 직무발명보상지침에서 정하고 있는 직무발명 보상금 지급기준은 원고의 이 사건 직무발명 보상금을 산정하기 위한 하나의 기준으로 참작할 수 있을 뿐, 원고와 피고가 위 규정에 기속되는 것은 아니다"(서울중앙지방법원 2012. 11. 23. 선고 2010가합41527 판결)라고 판시한 바 있다.

Ⅱ. 사용자가 얻을 '이익': 이익의 내용

1. 초과이익: 독점적·배타적 이익

사용자가 직무발명을 실시하여 받은 이익 전체가 사용자가 얻을 이익이 되는 것은 아니다. 사용자는 종업원으로부터 특허를 승계하지 않더라도 직무발명에 대하여 무상의 통상실시권을 가지므로(발명진흥법 제10조 제1항), '사용자가 얻을 이익'은 통상실시권을 넘어 직무발명을 배타적, 독점적으로 실시할 수 있는 지위를 취득함으로써 얻을 이익을 의미한다.[5] 즉 사용자가 직무발명을 제품화한 경우 그로 인하여 사용자가 얻게 된 이익 전체가 아니라, 통상실시권에 의한 매출분을 초과하는 매출을 기초로 하여 산정되는 이익이 사용자가 직무발명으로 인하여 얻을 이익이 된다.[6] 사용자가 스스로 직무발명을 실시하는 경우에는 특허에 기하여 제3자의 실시를 금지시킴으로써 시장에서 독점적 지위 내지 경쟁사업자의 배제로부터 얻는 초과이윤이 이에 해당하며, 제3자에게 실시 허락하거나 양도하는 경우에는 그 실시료나 양도대금이 이에 해당한다.[7]

또한 이는 직무발명 자체에 의하여 사용자가 얻을 이익을 의미하는 것이지 수익·비용의 정산 이후에 남는 영업이익 등 회계상 이익을 의미하는 것은 아니므로 수익·비용의 정산 결과와 관계없이 직무발명 자체에 의한 이익이 있다면 사용자가 얻을 이익이 있는 것이며,[8][9] 설령 발명 과정에서 상당한 연구비가 지출되어 최종적으로 수익·비용을 정산하면 남는 것이 없더라도 그러한 사정만으로 직무발명 자체에 의해 사용자가 얻을 이익이 없다고 볼 수 없고, 다만 사용자가 연구비에 상당한 비용을 지출했다는 사정은 보상금의 액수를 정하는

5) 대법원 2011. 7. 28. 선고 2009다75178 판결 등.

6) 윤선희, 앞의 논문, 130면.

7) 김범희, "직무발명에 대한 권리를 승계한 회사가 자기실시하는 경우의 직무발명보상금 산정방법", 서울지방변호사회 판례연구 22집(2), 2008년 12월, 217면(직무발명보상금을 실시보상과 처분보상으로 구분하였을 때, 전자는 실시보상에서 고려하여야 할 사용자의 이익에 해당하고, 후자는 처분보상에서 고려하여야 할 사용자의 이익으로 볼 수 있다).

8) 대법원 2011. 7. 28. 선고 2009다75178 판결 등.

9) 사용자가 얻을 이익의 의미에 대해 일본에서는, 발명의 실시에 의한 매상액에서 재료비 등 제반경비를 뺀 영업이익이라는 설(영업이익설)과, 발명의 실시를 배타적으로 독점함으로써 받게 되는 이익이라는 설(실시료설)이 있다고 하나{윤선희, "직무발명에 있어서의 보상제도", 법조 54권 11호(통권 590호), 2005년 11월, 39면}, 우리나라에서는 전자의 견해는 찾을 수 없으며, 판례도 후자의 입장에 서있다.

단계에서 참작될 수 있을 뿐이다.[10] 따라서 보상금 산정을 위해 사용자의 이익을 계산함에 있어서도 사용자의 수익·비용을 정산하여 산정할 것이 아니라, 직무발명으로 인하여 예상되는 상당한 값을 산정하여야 한다.

사용자가 직무발명에 대하여 특허를 받을 수 있는 권리 또는 특허권을 승계함으로써 초과이익을 얻었거나 얻을 것이라는 점 및 그 액수에 대한 증명책임은 기본적으로 종업원에게 있다.[11]

2. 직무발명과 상당인과관계 있는 이익

보상금 산정의 기초가 되는 사용자가 얻을 이익은 직무발명과 상당인과관계 있는 이익에 한정된다.[12] 따라서 사용자가 얻은 제품 매출액 중에는 직무발명과 무관하게 사용자의 인지도, 시장에서의 지위, 명성, 직무발명 외의 품질이나 기능 등에 의해 발생한 부분을 제외하고 오로지 직무발명의 기여로 인한 사용자의 이익을 산정하여야 한다.[13] 또한 직무발명이 완성품의 일부와 관련되는 경우(예컨대 매출액은 완성품에 관한 것이나 직무발명은 부품에만 관련되는 경우) 또는 직무발명이 적용된 제품에 직무발명 외에도 수 개의 다른 특허 등이 적용된

10) 서울고등법원 2009. 8. 20. 선고 2008나119134 판결(확정) 등.
일본 판결례 중 東京高裁 平成16(2004). 4. 27. 平15(ネ)第4867号 判決에서도, 특허발명으로 인한 전체 매출액에서 특허출원·유지비용, 라이선스계약체결비용, 연구활동비, 사업화비용 등 모든 비용을 공제한 잔액을 기초로 사용자가 얻을 이익을 산정하여야 한다는 피고의 주장에 대하여, 사용자가 지출한 비용은 사용자 등의 공헌도에서 고려하면 족하고(다만 라이센스 계약 체결비용은 실시료 수입에서 공제할 수 있다) 실시료 수입으로부터 공제할 것은 아니라고 판시하면서 주장을 배척하였다(유영선, “공동발명자 판단 기준 및 직무발명보상금”, 대법원판례해설 90호, 2011년, 549면에서 재인용).

11) 서울고등법원 2007. 8. 21. 선고 2006나89086 판결(확정)(피고회사가 이 사건 특허발명에 기초하여 납품계약을 체결한 사실은 앞서 인정한 바와 같으나, 위와 같은 납품계약의 총액이 이 사건 특허권의 독점적·배타적 효력에 기인한 것인지, 아니면 통상실시권의 효력에 기인한 것인지, 또한 양자가 병존해 있다면 그 각 가치가 얼마인지 여부에 관하여 원고의 추가적인 입증이 없는 이 사건에 있어서 위 인정사실만으로 사용자가 얻을 이익액을 산정하기는 어렵다).

12) 서울중앙지방법원 2006. 6. 8. 선고 2005가합117345 판결(피고들이 사용한 커터가 이 사건 의장권의 권리범위에 포섭되지 않고, 피고들이 위 커터의 사용으로 인하여 얻은 이익은 회전톱니바퀴의 채용이라는 기술적 부분에 연유한 것일 뿐 이 사건 의장의 사용으로 인한 것이라고 보기 어려우며, 달리 피고들에게 이 사건 의장의 독점배타적 사용으로 인한 이득이 있음을 인정할 증거가 없다고 하여 원고의 청구를 배척한 사례).

13) 매출액에 있어서 직무발명 이외의 요소가 기여한 부분과 관련하여, 실무례는 이를 주로 초과매출액의 비중에 대한 판단 즉 독점권 기여율에서 고려하고 있으며(서울고등법원 2014. 3. 20. 선고 2013나34640 판결, 서울중앙지방법원 2014. 10. 2. 선고 2013가합517131 판결), 직무발명의 기여도에서 고려한 사례도 있다(서울고등법원 2014. 7. 17. 선고 2013나2016228 판결).

경우에는 전체 매출액에서 직무발명이 기여한 정도를 참작하여야 하고,[14] 포괄 실시허락계약과 같이 복수의 특허발명이 실시허락의 대상이 된 경우에는 그 실시료 수입에서 직무발명이 기여한 정도를 산정하여야 한다.[15]

3. 특허 등록 여부와 배타적 이익

직무발명으로 사용자가 얻을 이익은 그 발명이 특허 등록됨으로써 특허권에 기하여 법률상 발명의 실시를 배타적으로 독점함으로 인해 얻는 이익에만 한정되지 않는다. 그에 더하여 특허 받을 수 있는 권리의 승계와 상당인과관계가 있는 이익 즉, 특허출원 여부를 선택할 수 있는 기회를 부여받은데 따른 이익, 특허출원할 경우 얻게 되는 선출원의 지위로서의 이익, 당해 발명을 실시한 경우 시장선행의 이익, 당해 발명을 영업비밀로 이용한 경우 경업자에 대한 우위 등 모든 이익이 포함된다.[16] 따라서 특허출원 단계에서의 실시행위에 대해 상대방으로부터 보상금을 지급받는 경우 그 보상금도 직무발명으로 인한 이익에 해당하며, 특허를 출원하지 않고 영업비밀로 이용하여 제품을 제조·판매한 경우 그로 인한 초과매출액 또한 직무발명 보상금 산정 대상인 사용자의 이익이 된다.

사용자가 특허권을 포기하거나 특허료를 납부하지 아니하여 특허권이 소멸한 경우, 출원공개 이후 특허출원을 취하하는 등의 사유로 특허 등록이 불가능해진 경우에도 여전히 사용자에게 직무발명 특허권 또는 특허 받을 권리를 승계함으로 얻을 이익이 있는지 여부가 문제될 수 있다.

하급심 판결 중에는, 직무발명에 관하여 사용자에게 종업원에 대한 보상금 채무가 발생하였다고 하기 위해서는 실제로 사용자의 이름으로 실용신안 등록을 함으로써 그 기술적 고안을 독점할 수 있는 지위에 서야 하는 것이지, 단순히 실용신안 등록의 기회를 가졌었다거나 사용자가 스스로 그 기회를 포기하였다는 등의 사유만으로는 보상금채무가 발생하는 것이 아니라고 한 사례[17]도 있으나,

---

14) 서울고등법원 2013. 1. 10. 선고 2011나100994 판결(확정), 서울고등법원 2014. 4. 24. 선고 2012나53644 판결(확정), 서울서부지방법원 2007. 8. 22. 선고 2005가합12452 판결(항소심에서 화해권고결정) 등.

15) 서울고등법원 2004. 11. 16. 선고 2003나52410 판결(확정).

16) 윤선희, 앞의 "발명진흥법 제15조 제3항에 있어서의 직무발명 보상금 산정 요소에 대한 연구", 130면.

17) 서울고등법원 2007. 4. 17. 선고 2006나57782 판결(확정).

다수의 판결례는,[18] 직무발명에 대해 특허가 실제로 출원·등록되었는지 여부, 또는 그 특허의 등록이 무효 또는 소멸되었는지 여부 등의 후발적 사정은 직무발명 보상금 청구권의 발생에 장애가 되지 아니하고, 다만 보상금의 액수 산정에 위와 같은 사정이 고려될 수 있다고 판시하고 있다.[19]

그러나 사용자는 직무발명에 대하여 무상의 통상실시권을 가지므로, 사용자가 제3자에게 직무발명을 실시 허락하여 실시료 상당의 수익을 얻고 있거나, 특허권 등에 기하여 제3자의 실시를 금지하고 있는 경우 등이 아니라면, 사용자가 그 직무발명이 적용된 제품을 제조·판매하고 있다는 사정만으로 그로 인한 이익이 직무발명을 배타적, 독점적으로 실시함으로써 얻을 이익에 해당된다고 단정할 수 없다.[20] 사용자가 직무발명에 관하여 특허를 출원하지 않은 경우에는 사용자가 직무발명을 영업비밀 등으로 이용하고 있다거나, 직무발명에 대한 권리를 보유함으로써 시장에서 독점적·배타적 지위를 얻었거나 얻을 개연성이 있다는 점이 인정되어야 할 것이고, 사용자가 특허권을 포기 또는 상실한 경우에는 그럼에도 불구하고 사용자가 종전에 획득한 독점적·배타적 지위에 기하여 여전히 사실상의 이익을 얻고 있거나 일정 기간 동안 얻을 것이 예상된다는 점이 인정되어야 할 것이다.[21]

---

18) 서울고등법원 2013. 1. 10. 선고 2011나100994 판결(확정), 서울중앙지방법원 2009. 1. 23. 선고 2007가합101887 판결 등.

19) 일본 판결례도 사용자가 직무발명에 기한 권리를 승계한 후 특허권을 포기하거나 특허권이 소멸된 사정이 있어도 그에 따라 사용자가 얻을 이익액이 좌우되지는 않으며, 특허권을 포기한 이후의 이익도 보상금청구권의 대상이 된다고 보고 있다. 구체적으로, 知財高裁 平成 18(2006). 11. 21. 平17(ネ)第10125号 判決에서는 특허권 포기 전의 이익의 70%를 특허권 포기 이후 특허 존속기간 만료시까지 얻을 수 있다고 보았고, 東京地裁 平成 20(2008). 3. 31. 平18(ワ)第11664号 判決에서는 사용자가 특허권을 포기하더라도 경쟁자가 당해 발명을 실시하기까지 소요되는 기간 동안 여전히 독점의 이익을 얻는 점을 들어, 제반 사정(발명의 가치, 실시 용이성, 시장의 동향 등)을 고려하여 특허권 포기 후 6개월에 한하여 얻을 이익을 기준으로 보상금을 산정하였다(윤선희, "직무발명 보상금 산정기준에 대한 연구", 산업재산권 제36호, 2011년, 102~103면에서 재인용).

20) 한편, 서울고등법원 2013. 1. 10. 선고 2011나100994 판결(확정)은, 등록료 미납으로 실용신안권이 소멸한 고안이 적용된 제품의 매출액은 보상금 산정에서 제외하여야 한다는 피고(사용자)의 주장에 대하여 등록료를 미납하여 실용신안권이 소멸하였다고 하더라도, 그 후에도 여전히 해당 고안을 적용한 제품을 판매하여 이익을 얻고 있다면 이는 직무발명 보상금 산정의 기초가 되는 '사용자가 얻을 이익'에 포함된다고 하며 이를 배척하였는데, 실용신안권 소멸 이후의 매출액도 여전히 초과이익에 해당하는 근거에 대한 구체적인 사실인정이 아쉽다.

21) 같은 취지로 서울중앙지방법원 2010. 6. 17. 선고 2009가합48041 판결(확정)에서는, 사용자가 승계한 직무발명이 출원 단계에 머물러 있고 아직 등록되지 않았다고 하여 사용자가 얻을 이익의 액이 전혀 존재하지 않는다고 단정할 수는 없으나, 위와 같은 단계에서 종업원의 보상금청구권이 인정되기 위해서는 사용자가 직무발명에 관하여 독점적 지위를 얻을 개연성,

Ⅲ. 사용자가 '얻을' 이익: 이익의 판단, 범위

1. 이익의 판단 시점: 권리 승계시 또는 보상금 청구시

발명진흥법은 직무발명 보상금액을 산정함에 있어 '사용자가 얻을 이익'을 고려하도록 하고 있는바(제15조 제6항), 위 법문 자체로는 직무발명에 대한 특허받을 권리 등을 승계한 시점에 예상되는, 그로 인해 장차 사용자가 얻게 되는 이익 상당액을 고려하도록 한 것으로 보인다. 그러나 직무발명을 승계하는 시점에 예상한 그로 인하여 '사용자가 얻을 이익'과 그 후 실제로 직무발명에 기하여 '사용자가 얻은 이익'에는 차이가 있을 수 있고, 직무발명을 승계하는 시점에는 향후 직무발명에 관하여 특허를 취득할 수 있을지, 제품화 단계에까지 이르게 될지, 그 후 시장에서의 성공 여부 등이 불분명한 경우가 대부분이어서 직무발명의 승계로 인하여 사용자가 얻을 이익을 객관적으로 예상하는 것은 매우 어렵다는 문제가 있다.

사용자가 얻을 이익을 권리 승계시를 기준으로 하여 판단하는 것으로 보게 되면 보상금청구소송 과정에서 과연 사업자가 권리 승계시에 발명진흥법에서 정한 종업원과의 협의 절차와 감정[22] 등 위 권리의 객관적 가치를 파악할 수 있는 절차를 거쳐 보상금을 산정하였는지, 위 절차에 따라 산정된 보상금이 승계 당시 합리적으로 예상할 수 있었던 범위 내인지 여부 등이 쟁점이 될 것이고, 보상금청구소송의 변론종결시를 기준으로 판단하는 것으로 보게 되면 권리 승계 이후 변론종결시까지(또는 그 후 사업자가 이익을 얻을 것으로 예상되는 상당한 기간까지) 사업자가 권리 승계로 인하여 실제로 얻은 이익이 얼마인지가 쟁점이 될 것이다.

법원은, 직무발명보상금을 산정하기 위해 사용자가 얻을 이익을 계산할 때는 종업원이 특허를 받을 수 있는 권리 등을 사용자에게 승계한 시점을 기준

사용자가 위 독점적 지위 또는 독점적 지위를 얻을 개연성으로 인하여 얻을 수 있다고 합리적으로 예상되는 이익의 액 등을 인정할 수 있을 정도로 구체적인 주장, 입증이 있어야 한다고 판시하면서, 원고가 이에 대해 입증하지 못하였다고 보아 사용자의 이익을 부정하였다(해외에서의 특허출원신청이 거절된 사례).

22) 특허기술을 담보제공하거나 양도함에 있어서 그 가치를 평가하기 위해 제시되는 소득(이익) 접근법, 비용 접근법, 시장사례 접근법, 실물옵션 접근법 등이 직무발명의 가치를 계량적으로 평가하거나 적정 실시료를 산정함에 있어 적용될 수 있을 것이다{조영선, 특허법(제4판, 2013년), 258면}.

으로 하여 장래 사용자가 직무발명에 의해 얻을 것으로 합리적으로 예견되는 이익을 보상금 산정의 기초로 삼아야 하지만, 권리 승계시 장래의 이익을 예상하여 보상금을 미리 산정하는 것에 어려움이 있으므로, 사용자의 직접 실시 여부, 변론종결일까지의 사용자의 실시 실적 등 권리 승계 후 보상금 청구시까지 발생한 구체적인 사정을 참작하여야 하고, 나아가 사용자가 직무발명의 실시로 인하여 실제로 이익을 얻은 경우, 특별한 사정이 없는 한 최소한 그 실현된 이익만큼은 '승계 당시 장래 얻을 수 있었던 이익'으로 봄이 상당하며, 실제 실현된 이익 외에 더 많은 이익을 얻을 수 있었다는 점은 보상금을 청구하는 측에서 추가로 주장·입증해야 한다고 판시하고 있다.[23]

이에 대해서는 ① 발명진흥법이 '얻은 이익'이 아닌 '얻을 이익'으로 보상금의 정당성을 판단하도록 하는 것은, 종업원이 완성한 발명의 가치를 승계 시점에 사용자와 종업원이 함께 평가하여 보상금을 지급하도록 하고, 현저한 불균형이 있는 경우에만 사후적으로 종업원에 대해 추가적인 보상금을 인정하도록 한 취지인 점, ② 일반적인 특허권 양도 계약에 있어서도 계약 당사자는 양도 대상 특허권에 대하여 나름의 가치평가를 하고, 그 판단 아래 계약을 체결하며, 이러한 판단에 오류가 있어 결과적으로 불리한 계약을 체결하였다고 하더라도 불리한 계약을 체결한 당사자가 계약을 번복하거나 사후적으로 불균형을 전보하는 것은 허용되지 않는 점, ③ 일반적으로 직무발명과 관련한 분쟁은 사업적으로 성공한 발명을 대상으로 하는데, 사업적으로 실패한 발명이라고 하여 사용자가 종업원에게 기지급한 보상금의 반환을 요구할 수는 없다는 점에서 이는 발명 가치의 미확정성 리스크에 따른 부담을 사용자에게만 부담시키는 것이 되는 점, ④ 평균적 기술자를 기준으로 업계의 관행과 수준에 따라 사내 직무발명보상 제도를 정비한 기업에게 법적 안정을 보장하겠다는 법의 취지를 몰각시킬 우려가 있는 점 등을 지적하면서, 보상금의 정당성은 보상금과 관련한 분쟁이 발생한 시점이 아니라 승계 시점을 기준으로 판단하여야 하며, 사용자가 얻은 이익을 당연히 사용자가 얻을 이익으로 보는 법원의 태도를 비판하는 견해가 있다.[24]

발명진흥법 법문이 사용자가 '얻을' 이익을 고려하도록 하고 있으므로, 승계 시점 당시를 기준으로 하여 사용자가 직무발명의 승계로 인하여 얻을 것이

23) 서울고등법원 2009. 8. 20. 선고 2008나119134 판결(확정), 서울중앙지방법원 2009. 1. 23. 선고 2007가합101887 판결 등.

24) 윤선희, 앞의 "발명진흥법 제15조 제3항에 있어서의 직무발명 보상금 산정 요소에 대한 연구", 127~128면.

합리적으로 예견되는 이익을 산정하여야 할 것이나, 앞서 본 바와 같은 이유로 이를 정하는 것이 매우 어려우므로 일응 사용자가 실제로 얻은 이익을 합리적으로 예상 가능한 이익이었다고 보고, 사용자가 얻을 것으로 예상할 수 있는 이익이 위 금액보다 적다거나 또는 많다는 점은 각 사용자 또는 종업원이 이를 주장·입증하도록 할 수 밖에 없지 않을까 한다.

2. 장래 발생할 이익의 고려

사용자가 얻을 이익은 직무발명의 승계 시점 당시를 기준으로 하여 사용자가 직무발명의 승계로 인하여 얻을 것이 합리적으로 예견되는 이익을 의미하며, 보상금 청구 시점에 사용자에게 현실로 발생한 이익에 한정되지 아니하므로, 사용자가 얻을 이익을 산정함에 있어서는 직무발명 승계 시점부터 보상금 청구 이후 특허권의 존속기간 만료시까지 얻을 것으로 예상되는 이익 전부를 포함하여야 한다.[25][26]

그러나 보상금청구소송의 변론종결 이후의 장래 실현 가능한 이익에 대해서는 아직 현실화 되지 않았고, 시장 상황의 변동 등을 정확히 예측하기 어렵다는 점에서 이를 어떻게 고려할 것인지가 문제된다.

하급심 판결 중에는, 특허권 존속기간 동안 매년 변론종결시에 가까운 사용자의 연매출액 상당의 매출을 올릴 것이라고 가정하여 이를 변론종결시의 현가로 평가하여 합산한 사례,[27] 과거 생산량/매출액 증가율 평균값을 적용하여 특허권 존속기간 만료일까지의 연도별 추정 매출액을 계산한 뒤 이를 합산한 사례,[28] 제품의 특성, 시장의 상황 등을 고려하여 향후 매출이 발생할 예상기간을 특정하고, 기발생 매출액 기준으로 위 기간 동안 발생할 매출액을 추정

25) 조영선, 앞의 책, 262면.

26) 한편, 일본 판결례는, 어느 기간의 실시료 상당액 등을 산정의 기초로 하는가에 대해, 시기를 출원공개일로부터로 하는 경우가 많고, 종기를 특허권존속기간만료까지로 하는 경우와 그 기간 중 일부로 하는 경우가 있다고 한다(서태환, "직무발명의 대가보상에 관하여", 인권과 정의 353호, 2006년 1월, 130면).

27) 서울고등법원 2014. 4. 24. 선고 2012나53644 판결(확정); 서울중앙지방법원 2012. 9. 28. 선고 2011가합37396 판결(항소심에서 강제조정); 수원지방법원 2010. 11. 4. 선고 2009가합2746 판결(확정, 제품 매출액이 신제품 개발 등으로 감소될 수도 있으나, 시장규모 확대 등으로 증가할 가능성도 배제할 수 없는 점을 이유로 들었다). 위 각 사안에서, 실시료율과 독점권기여율은 매년 동일한 것으로 보았다.

28) 서울고등법원 2014. 7. 17. 선고 2013나2016228 판결(상고 중); 서울중앙지방법원 2013. 5. 2. 선고 2011가합58614 판결(확정)

하여 합산한 사례,[29] 매출 감소 추세 등에 비추어 실시료 수입이 매년 5%씩 감소할 것이라고 보아 특허권 존속기간 동안 매년 감소율을 적용하여 산정한 실시료 수입을 합산한 사례,[30] 시장의 향후 발전 상황, 빠른 기술변화가 불가피한 점 등의 사정을 실시료율 산정에서 고려한 사례[31] 등이 있다.

일본의 하급심 판결들은 대체로 직무발명에 적용된 기술이 장래에는 진부화(陳腐化)하거나 경쟁기술이 등장하리라는 점 또는 단지 장래 발생할 이익이 변론종결 당시 미확정 상태라는 점 등을 이유로 기발생한 이익 규모에 비하여 일정 비율로 감액하는 경향이 있다.[32]

이는 결국 사용자가 얻을 이익에 대한 입증의 문제로 귀결될 수 있는데, 시장 상황의 변화, 기술의 발전, 신제품의 개발 등 여러 변수가 있을 수 있어 장래 실제로 발생할 이익을 예상하기 어려운 점, 보상금 산정에 있어서 사용자가 얻을 이익은 직무발명의 승계로 인하여 합리적으로 예상되는 이익을 파악하는 것이지 실제로 얻는 영업상의 이익을 기준으로 하는 것은 아닌 점 등에 비추어 보면, 일응 기발생한 이익으로부터 장래 발생할 이익을 추단하되, 한편, 특허발명은 기술의 진전에 따라 진부화하여 시장에서 경쟁력을 잃어갈 가능성이 많고, 시장 상황에 따라 특허권 존속기간 만료 전에 해당 발명을 실시하지 않을 가능성도 많으므로, 향후 매출이 발생하지 않거나 감소하리라는 점을 사용자가 주장·입증하면 장래 발생할 이익을 부정 또는 감액하고, 반면에 향후 시장 규모 확대 등으로 매출이 증가할 가능성을 종업원이 주장·입증하면 이를 반영하여 장래 발생할 이익액을 증액하는 것이 바람직하다고 생각된다.[33]

---

29) 서울고등법원 2013. 1. 10. 선고 2011나100994 판결(확정, 감광드럼에 관한 직무발명에 대해 위 감광드럼이 적용된 프린터의 수명이 5년인 점을 고려하여, 위 프린터 제품의 단종 이후 5년간의 매출액을 기준으로 한 사례); 서울서부지방법원 2007. 8. 22. 선고 2005가합12452 판결(항소심에서 화해권고결정, 기술집약적 제품으로 재질, 기술 등이 지속적으로 개선, 변경되는 제품이어서 직무발명이 피고 제품 생산에 이용 또는 응용되는 기간을 향후 10년이라고 봄).

30) 서울남부지방법원 2006. 10. 20. 선고 2004가합3995 판결(항소심에서 조정성립).

31) 서울고등법원 2011. 8. 31. 선고 2010나72955 판결(확정); 서울서부지방법원 2007. 8. 22. 선고 2005가합12452 판결.

32) 조영선, 앞의 책, 262-263면.
한편, 최근 일본판결례 중에는 과거와 동등한 매출액이 발생할 것으로 예상하거나, 현시점보다 매출이 신장될 사정이 있다고 보아 장래의 이익을 더 높게 평가한 사례, 장래에 실시될 것이 예상되지 않는다고 하여 장래의 이익을 부정한 사례, 과거분과 장래분에 대해 초과매출액의 비중을 달리 산정한 사례, 시기에 따라 가상실시료를 달리한 사례 등도 있다(윤선희, 앞의 "직무발명 보상금 산정기준에 대한 연구", 99-100면에서 재인용).

33) 서울중앙지방법원 2012. 9. 28. 선고 2011가합37396 판결(항소심에서 강제조정)은, 직무발명이 설계에 반영되었으나 발주처로부터 공사가 발주되기 이전인 '미발주' 상태의 공사와 직무

Ⅳ. 무효사유가 있는 직무발명과 사용자의 이익

최근 들어 다수의 직무발명보상금청구소송에서 피고(사용자)가 직무발명이 신규성, 진보성이 없는 무효사유가 있는 발명이어서 그에 대해 보상금을 지급할 수 없다는 취지의 주장을 하고 있다. 이와 같이 직무발명에 신규성, 진보성 흠결 등의 무효사유가 있는 경우에도 그 발명에 기한 특허 받을 권리나 특허권을 승계한 사용자에게 승계로 인한 독점적·배타적 이익이 있다고 볼 수 있는지 여부가 문제된다.

대법원은 특허발명에 무효사유가 있어 사용자가 실시한 발명이 직무발명 출원 당시 이미 공지된 것이어서 이를 자유롭게 실시할 수 있었고 경쟁관계에 있는 제3자도 그와 같은 사정을 용이하게 알 수 있었던 경우에는, 사용자가 직무발명 실시로 인하여 무상의 통상실시권을 넘는 독점적·배타적 이익을 얻고 있다고 단정할 수 없다고 판시한 바 있고,[34] 하급심 판결 중에는, "직무발명의 진보성이 부정되어 무효로 될 가능성이 있더라도, 위 발명이 경쟁관계에 있는 제3자에게까지 알려진 공지기술이라는 점까지는 인정할 수 없는 이상, 무효 사유의 존재만으로는 직무발명에 전혀 보호가치가 없다거나 그에 따른 사용자의 독점적 이익이 전혀 없어 사용자가 보상금의 지급의무를 완전히 면하게 된다고 볼 수 없다"고 하여 진보성 흠결의 무효사유가 있는 직무발명에 대해서는 독점적·배타적 이익을 인정한 사례가 있다.[35]

발명이 반영되었다가 설계공법이 변경된 공사는 직무발명으로 인한 피고의 이익이 이 사건 변론종결일 당시에 구체적으로 실현되었다고 보기에 부족하므로 피고의 이익액 산정의 기초로 삼지 않는 것이 합리적이고, 위와 같은 사정은 피고의 이익액에 대한 위 발명들의 독점적 기여도 등을 정할 때 고려하면 족하다고 보았다. 이는 결국 위 공사로 인한 이익이 장래에 현실화되리라는 점에 대한 원고(종업원)의 입증이 부족하다고 본 것이라고 생각된다.

34) 대법원 2011. 9. 8. 선고 2009다91507 판결.

35) 서울고등법원 2014. 7. 17. 선고 2013나2016228 판결(상고 중. 다만, 직무발명에 무효사유가 있다는 사정을 보상금의 액수를 산정하면서 독점권 기여율을 정하는 데 참작하였다), 서울고등법원 2014. 4. 24. 선고 2012나53644 판결(확정. 해당 직무발명이 2개 이상의 비교대상발명의 결합에 의하여 진보성이 부정된다고 하더라도, 하나의 발명과 실질상 동일하여 신규성이 부정되는 경우와 비교할 때 상대적으로 경쟁회사들이 특허에 무효사유가 있는지를 쉽게 알 수 없는 점, 피고 외에 위 발명을 제품에 실제 적용한 경쟁업체도 없는 점 등의 사정 등에 비추어 보면, 위 직무발명이 비교대상발명들에 의하여 출원 당시 이미 공지된 것이어서 이를 자유롭게 실시할 수 있었다거나 공지된 발명과 차이가 없어서 그 기술 분야에서 통상의 지식을 가진 사람이 용이하게 실시할 수 있는 기술에 해당한다는 사정을 동종 업계의 경쟁회사들이 용이하게 알 수 있었다고 보기 어려우므로, 피고가 직무발명을 적용하여 생산한 제품을 판매함으로써 독점적·배타적 이익을 사실상 얻고 있다고 보아야 한다).

직무발명에 무효사유가 있다는 사정만으로는 일률적으로 사용자의 독점적·배타적 이익이 부정되는 것은 아니며, 무효사유가 있더라도 사용자가 직무발명을 실시함으로써 사실상 독점적·배타적 이익을 얻고 있는 경우에는 직무발명 보상의 대상이 된다고 할 것이다. 그러나 사용자는 기본적으로 직무발명에 대하여 무상의 통상실시권을 가지므로 직무발명보상금 산정의 기초가 되는 사용자의 이익은 직무발명을 제3자가 실시하는 것을 특허권에 기하여 법적으로, 또는 영업비밀로 공개하지 아니하는 등의 방법으로 사실상 금지시킴으로써 시장에서 독점적 지위를 가지고 경쟁자를 배제하여 얻는 초과이익이라 할 것인데, 직무발명에 무효사유가 있다면 전자와 같이 특허권에 기하여 법적으로 제3자의 실시를 금지할 수는 없으므로 이러한 경우에는 후자와 같은 사실상의 이익을 사업자가 얻고 있거나 얻을 것이 예상되어야 한다.

앞서 본 하급심 판결에서 진보성 흠결의 무효사유가 있는 경우를 신규성 흠결의 경우와 달리 본 것은 진보성의 유무는 신규성과 달리 쉽게 판단하기 어렵고, 직무발명에 관한 권리 또는 특허권을 보유함으로써 사실상 이익을 얻고 있지 않겠느냐는 점을 고려한 것으로 보인다. 그러나 법적으로 독점적·배타적 이익이 보장되지 않는다는 점에서 직무발명에 신규성이 없는 경우와 진보성이 없는 경우를 달리 보아야 하는지는 의문이다. 사용자가 사실상의 독점적·배타적 이익을 얻고 있는지에 대한 입증의 난이도에 차이가 있을 뿐이 아닌가 한다.

특허권 또는 특허 받을 권리를 보유함으로 인해 얻는 무형의 이익은 존재한다고 가정될 뿐 사용자가 실제로 얻고 있는지 여부를 알 수 없고, 그 액수를 정하기도 매우 어려운 문제가 있는바, 사용자가 제3자에게 직무발명을 실시허락하여 실시료 수입 등을 얻고 있는 경우 또는 직무발명에 기하여 제3자가 동종·유사 제품을 제조·판매하는 것을 금지시키는 등 실제로 시장에서 독점적 지위를 누리고 있는 경우와 같이 사용자가 직무발명에 기해 사실상의 이익을 얻고 있는 것이 입증되는 경우에 한하여 이를 사용자의 독점적·배타적 이익으로 인정하고, 이러한 사정이 장래에도 계속될 것이라는 점이 인정되는 특별한 사정이

이와 달리 서울고등법원 2011. 4. 27. 선고 2010나68963 판결(상고기각으로 확정. 국내에서 특허등록은 물론 특허결정도 받지 못하였고, 유럽과 미국에서도 신규성이나 진보성이 부정된다는 이유로 특허가 거절된 사안)은, "직무발명이 신규성 및 진보성이 없어 피고가 이 사건 발명에 대한 승계의 대가, 즉 이 사건 발명의 실시를 배타적·독점적으로 누릴 수 있는 지위를 취득하였다거나 장차 취득할 것으로 기대하기 어렵고, 피고가 위와 같은 배타적·독점적 지위를 취득하여 얻을 것으로 예상되는 이익이 존재한다고 할 수 없다"고 판시하였다.

있는 경우에만 변론종결일 이후의 이익을 보상금 산정에서 고려하여야 할 것으로 생각된다.[36]

V. 직무발명의 실시 여부와 사용자의 이익

사용자가 발명자로부터 직무발명에 관하여 특허 받을 수 있는 권리를 승계한 후 위 발명을 스스로 실시하지도 않고 제3자에게 실시허락도 하지 않아 직무발명이 실시되지 않은 경우에도 사용자에게 승계로 인한 독점적·배타적 이익이 있는지 여부가 문제된다.

직무발명보상금은 직무발명에 기한 권리를 승계하는 대가로 사용자가 종업원에게 지급하는 것이므로, 직무발명에 대해 특허가 실제로 출원·등록되었는지 여부, 사용자가 직무발명을 스스로 실시하거나 제3자에게 실시허락하였는지 여부는 종업원의 정당한 보상금청구권의 발생에 영향을 미치지 않는다. 다만 정당한 보상이 반드시 매출액 또는 실시료를 기초로 한 실시보상일 필요는 없으므로,[37] 종업원이 사용자 또는 제3자의 실시를 가정하여 보상금을 청구하는 경우에는 사용자가 직무발명을 실시하지 않음에도 불구하고 그러한 이익을 얻고 있다는 점이 인정되어야 할 것이다.

대법원은 당해 직무발명을 사용자가 실시하지 않고 제3자에게 실시허락도 하지 아니한 경우에도 사용자는 직무발명에 대한 특허권에 기해 경쟁 회사로 하여금 직무발명을 실시할 수 없게 함으로써 독점적 이익을 얻을 수 있으므로, 그로 인해 매출이 증가하였다면 그 이익을 직무발명에 의한 사용자의 이익으로 평가할 수 있다고 판시한 바 있다.[38] 하급심 판결 중에는 "피고의 제품이 직무

---

36) 각주 35번의 하급심 판결 중 서울고등법원 2014. 7. 17. 선고 2013나2016228 판결(상고 중)은 사용자가 직무발명이 채용될 수 있는 대체제품을 제조·판매한 사안이고, 서울고등법원 2014. 4. 24. 선고 2012나53644 판결(확정)은 사용자가 직무발명을 적용한 제품을 제조·판매한 사안이다.

37) 직무발명에 대한 대가보상은, ① 아이디어의 내부적 제안에 대하여 지급하는 제안보상, ② 출원 시에 지급하는 출원보상, ③ 특허등록 시에 지급하는 등록보상, ④ 제3자에게 실시권을 부여하거나 사용자가 스스로 당해 직무발명을 실시하여 얻는 판매실적 등에 따라 지급하는 실시보상의 단계로 이루어지는데(정상조, 박성수 공편, 앞의 책, 466면), 일본 판결례 중에는 직무발명을 불실시한 경우 출원보상이나 등록보상으로서 상당한 대가라고 한 사례가 있다(大阪地裁 平成5(1993). 3. 4. 平3(ワ)第292号 判決; 大阪地裁 平成6(1994). 4. 28. 平3(ワ)第5984号 判決, 이상 서태환, 앞의 책, 130면에서 재인용).

38) 대법원 2011. 7. 28. 선고 2009다75178 판결(위 판결의 하급심인 서울고등법원 2009. 8. 20.

발명에서 전화번호의 검색 순서 또는 방법을 달리 적용한 것으로서 직무발명 실시제품의 수요 대체품으로 볼 수 있고, 그 결과 직무발명으로 인하여 피고 제품의 매출 증가에 어느 정도의 영향이 있다고 추인할 수 있다"고 하여 보상금 지급의무를 인정한 사례,[39] 피고가 직무발명을 직접 실시하고 있지는 않으나 직무발명을 기초로 기술을 발전시켜 피고 제품을 실시한 점 등을 고려하여 보상금 지급의무를 인정한 사례,[40] "피고가 이 사건 고안을 어떠한 형태로든 실시할 수 있다거나 그 실시 여부와 무관하게 그 보유에 따른 이익을 얻을 수 있다는 사정을 인정할만한 자료도 없다"고 하면서 사용자가 얻을 이익을 부정한 사례[41] 등이 있다.[42]

사용자가 직무발명을 실시하더라도 통상실시권에 기한 이익을 넘는 초과이익이 있는 경우에만 이를 보상금 산정의 기초로 삼을 수 있는 점[43] 등에 비추어 사용자가 직무발명 또는 특허를 보유한다는 사정만으로 당연히 직무발

선고 2008나119134 판결에서, 피고 회사는 실제로 제조·판매하고 있는 제품의 계명활성제의 함량이 45%로서 계면활성제의 함량을 5~40%의 범위로 한정되어 있는 특허발명의 청구범위에 속하지 아니한다고 주장하였으나, 법원은, 대상제품은 반드시 당해 특허된 직무발명의 기술적 범위에 포함되는 것은 아니어도 되는 것으로 즉, 경쟁타사의 실시를 금지하는 것에서 그 대체제품의 매출에 공헌이 있다면 이는 당해 직무발명으로 사용자가 얻은 이익으로 평가할 수 있다고 하여 피고 회사의 주장을 받아들이지 아니하였다).

39) 서울고등법원 2014. 7. 17. 선고 2013나2016228 판결(상고 중)(직무발명을 실시하지 아니한 사정은 독점권 기여율의 산정에 고려할 수 있을 뿐이라고 함).

40) 수원지방법원 2014. 8. 26. 선고 2013가합9003 판결(항소심에서 조정성립).

41) 서울고등법원 2013. 1. 10. 선고 2011나100994 판결(확정).

42) 한편, 일본 판결례 중에는, 직무발명의 승계 이후 사용자가 그 발명을 포기(放棄)한 사실이 종업원에게 지급할 정당한 보상액의 산정에 영향을 미치지 않는다고 한 사례{知財高裁 平成18(2006). 11. 21. 平17(ネ)第10125号 判決; 知財高裁 平成21(2009). 6. 25. 平19(ネ)第10056号 判決}, 사용자가 직무발명에 관하여 특허등록을 할 수 있을지 여부 및 그 시장가치 등이 불확정적이므로, 직무발명을 승계하였더라도 그로 인해 얻은 현실적 이익이 없는 경우(사용자가 직무발명을 실시하지 않고 있고, 달리 직무발명으로 이익을 얻고 있다고 볼 증거가 없는 경우)까지 보상을 명하는 것은 부당하다고 본 사례{大阪地裁 平成19(2007). 7. 26. 平18(ワ)第7073号 判決; 知財高裁 平成20(2008). 5. 30. 平19(ネ)第10077号 判決} 등이 있다.(조영선, 앞의 책, 265면에서 재인용).

43) 윤선희, 앞의 "발명진흥법 제15조 제3항에 있어서의 직무발명 보상금 산정 요소에 대한 연구", 131면(직무발명이 실시되고 있더라도 그로 인해 사용자에게 독점적 이익이 없다면 종업원도 실적보상에 상당하는 만큼의 보상을 받을 수 없다).
같은 취지로, 서울중앙지방법원 2010. 10. 28. 선고 2010가합9097 판결(확정)(피고의 매출수량 중 이 사건 특허발명이 적용된 제품이 차지하는 비율이 피고가 이전부터 채택하고 있는 클램프 연결방식이 적용된 제품의 비율보다 훨씬 낮은 점, 이 사건 특허발명이 위 클램프 연결방식에 비하여 노출횟수 이외의 면에서도 현저한 효과가 있는 것으로 보이지도 않는 점 등을 종합하여 볼 때, 피고가 이 사건 특허발명을 실시하여 상당한 이익을 얻었거나 얻을 것이라고 볼 수 없으므로, 피고가 원고 주장과 같은 직무발명보상금을 지급할 의무가 있다고 할 수 없다).

명으로 인하여 독점적·배타적 이익을 얻는다고 추정할 수는 없다.[44] 사용자가 직무발명 자체를 실시하지 않더라도 이를 근거로 경쟁타사의 실시를 금지함으로써 사용자가 제조·판매하는 대체제품[45]의 매출에 상당인과관계가 인정되는 증가분이 있거나 있을 것으로 예상되는 등 직무발명으로 인한 독점적·배타적 이익이 있는 경우에 한하여 그 대체제품의 매출증가분 또는 경쟁타사에게 실시허락할 경우의 예상실시료 상당액을 보상금 산정의 기초로 삼을 수 있을 것이다.[46]

VI. 구체적인 산정 방법

사용자는 직무발명에 대하여 무상의 통상실시권을 가지므로, 원칙적으로는 특허권의 승계취득에 따른 전체 가치로부터 통상실시권의 가치를 차감한 금액만큼의 이익액이 사용자가 얻을 이익액이라 할 것인데, 위와 같은 의미의 사용

44) 사용자가 직무발명 승계 이후 시장상황의 변화로 실시로 인한 이익이 그에 수반되는 비용을 넘지 못하는 등의 특수한 사정이 있음을 주장·입증하면 그 한도에서 보상금 지급을 면하게 하여야 한다는 견해(조영선, 앞의 책, 265면)가 있으나, 사용자가 직무발명을 실시하지 않는 경우(실시하는 경우에도) 직무발명 보상금 산정의 기초가 되는 배타적·독점적 이익이 존재한다는 점에 대한 입증책임은 기본적으로 종업원에게 있다고 보인다.

45) 하급심 판결 중에는 별다른 설시 없이 직무발명이 채용될 수 있는 피고 제품의 매출액을 기준으로 사용자가 얻을 이익을 산정하되, 직무발명을 실시하지 아니한 사정을 독점권 기여율에서 고려하는 사례들이 보이는바, 사용자로서는 제품을 출시하기까지 여러 시안을 고려할 수 있고, 그 과정에서 실제로 제품에 적용되지 않는 직무발명도 있을 수 있는 것인데, 직무발명의 수요 대체제품을 단순히 그 직무발명이 채용될 가능성이 있었던 제품에까지 확대하는 경우에는 사용자에게 예상치 못한 상당한 부담을 지울 우려가 있어 보인다. 직무발명의 대체제품 또는 대체기술에 해당하는지 여부, 위 직무발명특허로 인해 경쟁 타사의 실시를 금지함으로써 사실상의 이익을 얻고 있는지 여부 등에 대한 구체적인 사실 인정이 뒷받침 되어야 할 것으로 생각된다.

46) 같은 취지로 서울고등법원 2012. 3. 29. 선고 2011나21855 판결(확정)은 "피고가 이 사건 제1 특허를 실시하였다거나 그로 인하여 이익이 발생하였다고 볼 수 없고, 반도체 제조시의 박막 증착 공정에 관한 이 사건 제2 특허가 피고가 판매하는 유레카 장비(반도체제조장비)에 적용될 수 있다 하더라도 피고가 유레카 장비를 사용하여 반도체를 제조하는 업체로부터 이 사건 제2특허에 관한 실시료를 수령하였다는 점을 인정할 아무런 증거가 없는 이 사건에 있어서, 피고가 이 사건 제2특허를 보유함으로써 유레카 장비의 판매에 독점적 이익을 얻었다고 인정하기 위해서는 이 사건 제2특허가 피고의 유레카 장비에 적용될 수 있다는 점에서 나아가 유레카 장비를 이용하여 이 사건 제2특허를 실시하는 경우 피고가 그 실시료를 청구하지 않을 사정이 있다거나 다른 박막증착장치에 비하여 이 사건 제2특허를 실시하는 데 유리하다는 등의 사정이 인정되어야 할 것인데, 이러한 사정을 인정할 아무런 증거가 없으므로 피고는 이 사건 제2특허를 실시한다거나 이를 보유함으로써 유레카 장비의 판매에 있어 독점적 이익을 얻고 있다고 인정할 수 없다"고 판시하였다.

자의 이익액은 그 산정이 극히 곤란하므로, 결국 사용자의 매출액, 영업이익, 특허권 실시료, 특허권 양도대금 등의 제반 사실관계를 고려하여 상당한 방법으로 사용자가 당해 특허권을 독점적·배타적으로 보유함으로써 얻을 이익액을 산정할 수밖에 없다.[47)]

법원은 과거 직무발명보상금의 구체적인 산정방법을 적시하지 않고, 일련의 제반 사정을 설시한 뒤 직무발명보상금 액수는 얼마로 봄이 상당하다는 내용의 판결을[48)] 하기도 하였으나, 최근에는 아래에서 보는 것과 같이 사용자의 매출액, 직무발명의 독점적 기여율 등을 구체적으로 심리한 뒤 그에 따라 보상금 액수를 계산하는 방식을 취하고 있다.

사용자가 얻을 이익의 구체적인 산정은, i) 사용자가 승계한 직무발명을 스스로 실시하고, 제3자에게 실시 허락하지 않은 경우, ii) 사용자가 직무발명을 직접 실시하지 않고, 제3자에게 실시 허락한 경우, iii) 사용자 스스로 직무발명을 실시하면서 제3자에게 실시 허락도 한 경우, iv) 사용자 스스로 발명을 실시하지 않고, 제3자에게 실시 허락도 하지 않은 경우에 따라 달라질 수 있으므로, 아래에서는 각 유형에 대하여 산정방법을 검토하기로 한다.

1. 사용자만 직무발명을 실시하는 경우

직무발명을 사용자만 실시하고 제3자에게 실시를 허락하지 않는 경우 사용자가 얻을 이익액을 산정하는 방식으로는, ① 사용자가 제3자에게 직무발명에 대한 사용을 허락하였다고 가정할 때 얻을 수 있는 실시료 상당액을 기준으로 산정하는 방식(가상 실시료 산정 방식)과, ② 사용자가 통상실시권에 기해 얻을 수 있는 매출액을 초과하여 얻고 있는 매출액, 즉 제3자에 실시허락을 하였을 때 예상되는 감소된 매출액과 비교하여 그것을 상회하는 매출액(초과 매출액[49)])을 기준으로 산정하는 방식(초과매출액 산정 방식) 등이 있을 수 있다. 전자의 경우에는 사용자가 제3자에게 직무발명에 대한 실시 허락을 하는 경우 예상

47) 서울고등법원 2007. 8. 21. 선고 2006나89086 판결(확정).

48) 서울중앙지방법원 2006. 8. 25. 선고 2005가합68566 판결; 서울북부지방법원 2003. 7. 3. 선고 2002가합3727 판결.

49) 판례 중에는 사업자의 매출액 전체를 기준으로 하여 사업자의 이익을 산정한 사례도 있으나, 이와 같이 계산할 경우 사용자의 통상실시권에 기한 매출액을 포함시키게 되어 종업원에 대한 보상금이 과다하게 산정되는 문제가 있으며, 사업자의 매출액 중 직무발명에 기한 권리를 승계함으로써 추가로 얻게 되는 매출액(초과매출액)을 기준으로 하여야 한다는 것이 통설, 판례이다.

되는 제3자의 매출액에[50] 통상실시료율(또는 가상실시료율)을 곱하는 방법으로 실시료 상당액을 계산할 수 있고, 후자의 경우에는 사용자의 매출액 중 직무발명으로 인한 독점적 매출액을 산정한 뒤 이에 사용자의 이익률을 곱하는 방법으로 사용자의 이익액을 계산할 수 있다.

법원은 주로 원고(종업원)의 주장에 따라 '사용자의 초과 매출액{사용자의 총 매출액 × (직무발명이 제품의 일부에만 기여하는 경우에는 직무발명의 기여도[51]) × 독점권 기여율[52][53]} × 실시료율'의 방식으로 사용자가 얻을 이익을 산정하고 있다.[54] 이는 초과매출액 산정 방식(위 ②)의 방식을 따르되, 종업원으로서는 사용자의 이익률에 대한 입증이 어려우므로, 사용자의 이익률을 하회할 것으로 생각되는 통상실시료율의 범위 내에서 청구하는 것을 법원이 주장·입증책임에 따라 인정한 것으로 보인다.[55]

---

50) 사용자는 통상실시권에 기해 제품을 판매할 수 있으므로 이와 경쟁하여야 하는 제3자의 매출액은 특별한 사정이 없는 한 사용자의 현재 매출액을 하회하리라 예상할 수 있다. 서울중앙지방법원 2010. 6. 17. 선고 2009가합87404 판결은 "피고 회사가 매출을 올린 기간, 매출액, 피고 회사가 주된 수요처인 소외 회사들 모두에 제품을 공급하는 유일한 업체라는 점 등을 고려할 때 피고 회사가 특허발명에 관하여 제3자에게 실시권을 설정하여 줄 경우 제3자가 올릴 수 있는 매출액은 원고가 올린 위 매출액의 1/3을 초과할 수는 없을 것"으로 보았다. 한편, 일본 판결례 중에는 "사용자의 자기 실시에 의한 매출액의 1/2에 해당하는 제품을 경쟁회사가 판매하였던 것으로 인정되므로, 특허발명의 실시를 금지할 수 있었던 것으로부터 기인하는 매출액은 적어도 자기실시의 1/2을 하회하지 않는다"고 본 사례가 있다{東京地裁 平成16(2004). 1. 30. 平13(ワ)第17772号 判決, 윤선희, 앞의 "발명진흥법 제15조 제3항에 있어서의 직무발명 보상금 산정 요소에 대한 연구", 131~132면에서 재인용}.

51) 다만, 직무발명의 기여도를 고려하는 방법에 있어서는, 반드시 직무발명과 관련된 해당 부품의 개수나 비중 등을 수치화하여 매출액에 대한 직무발명의 기여율을 먼저 산정하는 방법에 따라야 하는 것은 아니고, 그와 같은 사정을 실시료율이나 독점권기여도를 산정함에 있어 종합적으로 참작하는 방법으로도 이를 반영할 수 있다고 한다{서울고등법원 2014. 3. 20. 선고 2013나34640 판결(확정)}.

52) 직무발명으로 인해 얻는 독점적 이익이 전체 매출액에서 차지하는 비율을 의미하는 것으로 판결에 따라 '독점권 기여율' 또는 '초과매상의 비율'(서울고등법원 2014. 4. 24. 선고 2012나53644 판결) 등의 용어를 사용하고, 일부 판결에서는 제품에 대한 직무발명의 기여도까지 포함하는 의미로 사용하기도 한다(서울고등법원 2014. 3. 20. 선고 2013나34640 판결).

53) 판례는 대체로 시장의 규모와 동향, 사용자의 실시 여부, 매출을 올린 기간 및 매출액, 경쟁제품 및 대체기술의 존부, 직무발명의 기술적 가치, 특허무효사유의 존부, 매출액에 기여하는 광고, 판매전략 등 외적 요인의 영향 등의 다양한 간접사실을 종합하여 독점권 기여율을 판단하고 있다(서울고등법원 2014. 3. 20. 선고 2013나34640 판결; 서울고등법원 2014. 7. 17. 선고 2013나2016228 판결; 서울중앙지방법원 2015. 2. 6. 선고 2013가합92632 판결 등). 한편, 최근 일본판결례 중에는 시장 점유율에 근거하여 독점매출액을 산정한 사례들이 있다{東京地裁 平成25(2013). 12. 13. 平24(ワ)第2689号 判決 등}.

54) 서울고등법원 2009. 8. 20. 선고 2008나119134 판결(확정); 서울고등법원 2014. 4. 24. 선고 2012나53644 판결(확정) 등.

55) 한편, 가상 실시료 산정 방식(위 ①)의 방식을 따르더라도, 특별한 사정이 없는 한 사용자의

한편, 일본에서는 통상실시료율(또는 가상실시료율) 대신 사용자의 이익률을 기초로 보상금액을 산정하여야 한다는 주장이 유력하게 대두되고 있다.56) 초과매출액 산정방식(위 ②)에 의할 경우, 사용자의 이익률에 대한 입증이 가능하다면 이에 기초하여 하여 사용자가 얻을 이익액을 산정하여야 하며, 이에 대한 입증이 부족한 경우에만 통상실시료율(또는 가상실시료율)을 적용하여야 함은 당연하다.57)

2. 사용자는 직무발명을 실시하지 않고, 제3자에게 실시허락만 한 경우

직무발명을 승계한 사용자가 스스로 실시하지 않고 제3자에게 실시 허락한 경우 그로 인해 발생한 실시료 등 수입은58) 모두 직무발명에 기하여 사용자가 얻은 초과수입에 해당한다. 실시허락 자체가 직무발명에 대한 배타적 권리를 가지고 있기에 가능한 행위이기 때문이다.59)

법원은 주로 실시허락으로 사용자가 받게 될 실시료 등의 대가를 직무발명으로 인하여 사용자가 얻을 이익액으로 산정하고, 여기에 위 수입액 중 직무발명의 기여도를 고려하여 직무발명과 상당인과관계 있는 이익액을 산정하고 있다{즉, 실시료 등 수입 × 직무발명의 기여도(독점권 기여율)}.

실시허락으로 사용자가 받게 될 실시료 등의 대가에는 기지급받은 대가 외에도 향후 실시계약의 기간만료일까지 추정되는 대가가 포함되며, 계약기간이 만료된 이후에도 실시료 수입이 있을 것으로 예상되는 경우에는 그 예상 수입 또한 사용자가 얻을 이익액에 포함된다.60) 실시료 수입에서 계약체결 교섭을

매출액 중 직무발명으로 인한 초과매출액 상당을 사용자가 제3자에게 실시 허락하는 경우 제3자가 얻을 수 있는 매출액으로 볼 수 있으므로, 결국 같은 결과에 이를 수 있다.

56) 조영선, 앞의 책, 261면.

57) 서울고등법원 2013. 1. 10. 선고 2011나100994 판결(확정)은 제반 사정(직무발명의 가치, 통상실시료율 등)을 고려하여 상당한 사용자의 이익률을 정하고, 그에 기하여 사용자가 얻을 이익을 산정하였다.

58) 사용자가 직무발명에 대한 전용실시를 내용으로 하는 라이센스 계약을 체결하고 그 대가로서 금원을 지급받았다면 계약금이나 라이센싱비 또는 정기적인 실시료 등으로 그 형식을 달리하였다고 하더라도 그 모두가 전용실시료에 해당하는 것이고, 그와 달리 전용실시료와 시장포기의 대가를 구분하여 시장 포기의 대가 부분은 이 사건 발명과 무관한 이익에 해당한다고 할 수는 없다(서울북부지방법원 2003. 7. 3. 선고 2002가합3727 판결).

59) 윤선희, 앞의 "발명진흥법 제15조 제3항에 있어서의 직무발명 보상금 산정 요소에 대한 연구", 137면.

60) 최근 1년간 발생한 실시료 수입액을 기초로 하여, 향후 로열티 징수 대상인 DVD 관련 제품(플레이어 및 디스크)의 전 세계 매출은 완만하게 감소할 것으로 보이고, 이에 따라 매 1년

위하여 사용된 비용 등을 공제할 것인지 여부에 관하여 이를 긍정한 하급심 판결이 있다.[61]

한편, 실시료 등 수입 중 직무발명과 상당인과관계있는 수입만이 보상금 산정 대상 이익액이 되므로, 실시허락계약이 직무발명 외 다른 발명도 대상으로 하는 경우에는 실시료 등 수입 중 직무발명에 대한 부분 즉, 직무발명의 기여에 따른 수입을 산정하여야 한다.[62] 실무상으로는, 상호실시허락(cross-license), 포괄적 실시허락(package license), 특허풀(patent pool)에[63] 포함된 특허의 경우가 문제된다.

직무발명을 포함하여 상호실시허락계약이 체결된 경우에는 현실의 금전 수수가 없더라도 위 계약에 직무발명이 포함됨으로 인해 사용자가 얻는 이익이 직무발명으로 인한 이익액에 해당된다고 할 것이다. 이에 대하여 일본에서는 상호실시허락으로 인해 서로 지급하여야 하는 실시료가 상쇄되므로, 상대방이 지급하였어야 하는 실시료를 사용자가 얻을 이익으로 보아야 한다는 견해(상쇄설)와 상호실시허락으로 상대방의 특허발명을 실시할 수 있게 된다는 점에서 위 계약으로 사용자가 실시하게 된 제품을 기준으로 얻을 이익을 산정하여야 한다는 견해(면제설)가 있다.[64]

직무발명을 포함하여 포괄적 실시허락계약이 체결된 경우에는 실시료 수

분의 로열티 수입도 감소할 것으로 보이며, 그 감소율은 연 5% 정도로 예상되는 점 등을 고려하여, 특허권의 존속기간 만료일까지의 로열티 수입을 산정한 사례로는, 서울남부지방법원 2006. 10. 20. 선고 2004가합3995 판결(항소심에서 조정성립).

61) 서울중앙지방법원 2012. 11. 23. 선고 2010가합41527 판결(항소심에서 강제조정, 특허풀에 포함된 사안임).
한편, 일본 하급심 판결{大阪地裁 平成17(2005). 9. 26. 平16(ワ)第10584号 判決}은 실시계약을 체결·변경·경개·관리하기 위하여 요구되는 비용, 계약 대상 기술을 개발하기 위한 연구·개발비 등은 기업의 공헌도를 판단하는 요소로만 고려한 바 있고, 독일의 '민간기업에서의 종업원 발명 보상에 관한 가이드라인'에서는 실시계약 체결·유지 등을 위한 비용을 공제한 실시료 수입을 기준으로 보상금을 산정하도록 하고 있다(윤선희, 앞의 "발명진흥법 제15조 제3항에 있어서의 직무발명 보상금 산정 요소에 대한 연구", 137면).

62) 계약 체결 당시 및 현재 각 특허의 등록 여부, 실시 여부 등의 사정을 고려하여, 사용자가 체결한 전용실시권 설정계약 및 특허권 양도계약에 따른 수입액에서 대상이 된 2개의 특허 중 직무발명 관련 특허가 차지하는 비중을 70%로 산정한 사례로는, 서울남부지방법원 2012. 12. 21. 선고 2010가합16664 판결(확정).

63) 특허풀은 다수의 특허권자들이 자신들의 특허들을 서로에게 혹은 제3자에게 사용허락하기 위하여 한데 모은 특허들, 또는 이 특허들을 사용허락하는 협정을 의미한다(구대환, "특허풀의 결성과 운영", 저스티스 제109호, 2009년, 192면).

64) 윤선희, 앞의 "발명진흥법 제15조 제3항에 있어서의 직무발명 보상금 산정 요소에 대한 연구", 138-139면.

입에서 직무발명 특허가 기여한 부분을 산정해야 하는데, 직무발명 특허가 ① 실시권 교섭과정에서 일방이 가치가 높다고 평가하여 제시한 특허(제시특허), ② 상대방 제품과의 저촉성 또는 기술적 가치 등으로 인해 협상과정에서 그 가치가 인정된 특허(대표특허), ③ 상대방이 실시하고 있는 특허의 경우에는 상당한 기여도를 인정할 수 있겠으나, 이에 해당되지 않는 경우에는 그 기여도를 산정하기는 쉽지 않다.[65)]

특허풀의 경우에는 다양한 형태가 있을 수 있으므로 개개 사안에서 실시료 수입, 직무발명의 기여도 등에 비추어 사용자가 얻을 이익을 판단하여야 할 것이며, 국제표준화를 위해 만들어진 통상의 특허풀의 경우에는 일응 직무발명 특허가 특허풀에 등록된 기간 동안 얻었거나 얻을 것이라고 예상되는 실시료 수입을 기초로 하여 산정할 수 있을 것이다.[66)]

3. 사용자가 제3자에게 직무발명에 관한 권리를 양도한 경우

사용자가 제3자에게 직무발명에 관한 권리를 양도한 경우 그 양도대금이 직무발명으로 인하여 사용자가 얻을 이익액이 된다.[67)]

사용자가 직무발명을 제3자에게 양도한 경우 제3자가 얻은 이익을 기준으로 보상금액을 산정할 수 있는지 여부가 문제된 사안에서, 대법원 2010. 11. 11. 선고 2010다26769 판결은[68)], 사용자가 직무발명을 제3자에게 양도한 이후에는

65) 윤선희, 앞의 "발명진흥법 제15조 제3항에 있어서의 직무발명 보상금 산정 요소에 대한 연구", 139면(일본 판결례 중에는 대표특허가 아닌 경우 실질적으로 라이선스 계약 체결에 기여하였다고 할 수 없으므로 사용자가 얻을 이익이 없다고 본 사례, 라이선스계약 체결 당시 상대방이 실시하고 있던 것이 알려져 있는 발명에 대해서는 대표특허로 거론되지 않은 것이라도 대표특허에 준해서 기여도를 판단할 수 있다고 본 사례, 대표특허나 제시특허가 아닌 특허군에 대해 기여도를 5%로 인정한 뒤 전체 포괄 크로스 라이선스에 제공된 특허 2만건 중 계쟁특허 28건이 차지하는 비중을 산정하여 전체 실시료 중 0.007%만을 독점이익으로 본 사례 등이 있다).

66) 서울남부지방법원 2006. 10. 20. 선고 2004가합3995 판결(특허풀과 라이선스 계약을 체결하지 않은 자들로부터 받을 실시료 수입을 고려하여야 한다는 원고의 주장에 대해, 라이선스 계약을 체결하지 않은 생산자들로부터 직접 실시료 수입을 얻을 것이라는 점이 인정되지 않는다고 보아 위 주장을 배척하였다).

67) 제3자에게 특허권을 양도하는 경우 양도대금에서 법정실시권의 대가에 상응하는 금액을 뺀 잔액을 기준으로 하여야 한다는 견해(조영선, 앞의 책, 257면)도 있으나, 제3자에게 실시허락하는 경우의 실시료 수입과 달리 보아야 하는지 의문이다.

68) 원고가 직무발명을 사용자의 관계회사(사용자가 별도로 설립한 회사)에 양도할 당시 양수인인 위 회사와 사이에 최소한 직무발명 보상금 상당액을 권리 양도에 따른 양도대금으로 지

더 이상 그 발명으로 인하여 얻을 이익이 없을 뿐만 아니라, 직무발명의 양수인이 직무발명을 실시함으로써 얻은 이익은 양수인이 처한 우연한 상황에 따라 좌우되는 것이어서 이러한 양수인의 이익액까지 사용자가 지급해야 할 직무발명 보상금의 산정에 참작하는 것은 불합리하므로, 사용자가 직무발명을 양도한 경우에는 특별한 사정이 없는 한 그 양도대금을 포함하여 양도시까지 사용자가 얻은 이익액만을 참작하여 양도인인 사용자가 종업원에게 지급해야 할 직무발명 보상금을 산정해야 한다고 판시하였다.[69]

이에 대해서는, 대상 판결이 '양도시까지 사용자가 얻은 이익액만을' 참작하여 직무발명 보상금을 산정하여야 한다고 판시하여 마치 직무발명이 양도된 경우 사용자가 실제로 얻은 이익액만을 기준으로 하여야 하는 것처럼 이해될 수 있어, 사용자가 직무발명을 지나치게 낮은 금액으로 양도하는 등의 경우 종업원의 이익을 충분히 보호할 수 없는 문제가 있다는 비판이 있다.[70]

사용자가 직무발명을 양도한 이후 양수인이 직무발명을 실시함으로써 얻은 이익을 기초로 직무발명 보상금을 산정하게 되면, 사용자로서는 양수인의 실시로 인한 이익을 전혀 얻지 못하였음에도 불구하고 그에 대한 대가를 지급하는 것이 되어 부당하다. 따라서 일응 양도대금 외에 양도 이후 발생한 양수인의 매출액은 사용자가 얻을 이익에 포섭되지 않는다고 할 것이나, 한편 종업원으로서도 직무발명의 객관적 가치에 비추어 양도대금이 지나치게 적은 액수인 점, 사용자가 직무발명을 실시하였다면 양수인이 얻은 이익 상당액을 얻을 수 있었으리라는 점 등을 구체적으로 입증하여 직무발명을 승계시킬 당시 합리적으로 예상되는 사용자가 얻을 이익이 양도대금을 상회한다고 주장할 수 있을 것이다.

급받기로 하는 묵시적 약정이 있었다고 본 사례.

69) 한편, 서울고등법원 2008.04.10 선고 2007나15716 판결(확정)에서는, 사용자가 직무발명과 관련된 영업자산을 공동피고에게 포괄적으로 양도한 사안에서, 사용자의 직무발명규정, 포괄양수도계약의 내용 등에 비추어, 공동피고가 사용자의 직무발명보상금 채무를 면책적으로 인수하였다고 보았으며, 원고의 청구에 따라 양도대금이 아닌 공동피고가 얻은 실시료 수입을 기초로 하여 보상금을 산정하였다.

70) 송재섭, "직무발명의 양도에 따른 직무발명 보상금 채무의 부담", 법률신문 2011. 11. 24.자 판례평석.

4. 사용자가 직무발명을 실시하고, 제3자에게 실시허락도 한 경우

사용자가 스스로 직무발명을 실시하고, 나아가 제3자에게 실시허락까지 하고 있는 경우 실시료 수입 외에 추가로 자기실시로 인한 초과이익을 보상금 산정 대상 이익에 포함시킬 수 있을 것인지 여부가 문제되는데, 이는 제3자에게 실시허락하는 경우 그로 인해 사용자가 독점적 지위를 어느 정도 상실하는지에 대한 판단과 연결된다.[71]

개방적 라이선스 정책을[72] 통해 다수의 제3자가 해당 특허를 실시하고 있다면 사용자 스스로 실시하더라도 독점적 지위에서 실시하는 것으로 볼 수는 없으므로, 이러한 자기 실시 수입은 사용자가 얻을 배타적 이익액에 포함되지 않는다고 할 것이고, 이와 달리 지역, 대상, 수량 등에 제약을 가하는 제한적 라이선스 정책을[73] 취하고 있다면 일응 사용자에게 독점적·배타적 지위가 남아있을 가능성이 크다.[74]

하급심 판결 중에는 정당한 보상금의 액수를 직무발명으로 인하여 피고(사용자)가 얻을 이익(직무발명을 실시한 피고 제품의 매출액 × 실시료율 × 직무발명의 기여율)에다가, 발명자 보상률(내지 피고의 공헌도) 및 이에 대한 종업원의 기여율(다수의 발명자가 관련된 경우 해당 종업원의 기여도)을 곱하여 산정하면서, 피고가 제3자와 크로스라이센스 계약을 체결하고 얻은 수입을 포함시켜야 한다는 원고의 주장에 대해 피고가 통상실시권자를 넘어서서 직무발명의 권리자로서 얻는 이익을 위와 같은 추정을 통해 산정하는 이상, 피고가 현실적으로 제3자로부터 받은 금전을 더할 것은 아니라는 이유로 원고의 주장을 배척한 사례가 있다.[75]

---

71) 서울고등법원 2007. 8. 21. 선고 2006나89086 판결(확정)에서는, 피고회사가 직무발명 특허권을 보유한 기간 동안 이에 기초하여 납품계약을 체결하였고, 그 후 위 특허권을 포함한 자산을 제3자에게 양도한 사안에서, 양도대금을 기준으로 보상금 청구는 일부 인정하였으나, 위와 같은 납품계약의 총액이 이 사건 특허권의 독점적·배타적 효력에 기인한 것인지, 아니면 통상실시권의 효력에 기인한 것인지, 또한 양자가 병존해 있다면 그 각 가치가 얼마인지 여부에 관하여 원고의 입증이 없다고 하여 이를 기초로 한 보상금 청구는 받아들이지 아니하였다.

72) 당해 특허에 관하여 실시허락을 구하는 자 누구에게나 합리적 실시료율을 적용하여 실시허락을 하는 정책.

73) 특정 당사자에게만 또는 지역, 대상, 수량 등의 조건부로 특허의 실시허락을 하는 정책.

74) 정상조, 박성수 공편, 앞의 책, 473면; 조영선, 앞의 책, 266면.

75) 수원지방법원 2010. 11. 4. 선고 2009가합2746 판결(확정).

한편, 일본 하급심 판결은,[76] 사용자가 직무발명을 실시하면서 타사에 실시 허락도 하고 있는 경우에 자기 실시에 관하여 초과 이익이 발생하였는지 여부는, ① 사용자가 해당 특허에 대해 개방적 라이선스 정책을 채택하고 있는지, 제한된 라이선스 정책을 채택하고 있는지 여부, ② 당해 특허의 실시 허락을 받지 않은 경업 회사가 사용하는 대체 기술과 당해 특허발명과의 사이에 작용효과 등의 면에서 기술적·경제적으로 현저한 차이가 있는지 여부, ③ 포괄 라이선스 계약 또는 포괄적 크로스 라이선스 계약 등을 체결하고 있는 상대방이 당해 특허발명을 실시하고 있거나 이를 실시하지 않고 대체 기술을 실시하고 있는지 여부, ④ 사용자가 당해 특허발명을 실시하고 있을 뿐만 아니라 동시에 또는 다른 시기에 다른 대체 기술도 실시하고 있는지 여부 등의 제반 사정을 종합적으로 고려하여 판단하여야 한다고 판시하고 있다.

5. 사용자가 직무발명을 실시하지 않고, 제3자에게 실시허락도 하지 아니한 경우(특허를 방기한 경우)

당해 직무발명을 사용자가 실시하지 않고 제3자에게 실시허락도 하지 아니한 경우에도 사용자는 직무발명에 대한 특허권에 기해 경쟁 회사로 하여금 직무발명을 실시할 수 없게 함으로써 독점적 이익을 얻을 수 있으므로, 그로 인해 대체제품의 매출이 증가하였다면 그 이익을 직무발명에 의한 사용자의 이익으로 평가할 수 있다.[77] 사용자가 대체기술을 실시하고 있거나 경쟁 회사로 하여금 직무발명을 실시할 수 없게 함으로써 독점적 이익을 얻고 있다고 인정되는 경우에는 사용자가 스스로 실시하는 경우와 같은 방식으로 사용자가 얻을 이익액을 산정할 수 있을 것이다.[78]

---

76) 知財高裁 平成22(2010). 8. 19. 平20(ネ)第10082号 判決(개방적 라이선스정책을 채택하고 있다는 사용자의 주장을 배척하면서, 가사 그렇더라도 단순히 개방적 라이선스정책을 채택하였거나 특허발명과 유사한 대체기술이 존재하는 것만으로는 사용자의 자기 실시로 인한 초과이익을 부정할 수 없다고 한 사례); 東京地裁 平成19(2007). 1. 30. 平15(ワ)第23981号 判決(개방적 라이선스 정책을 채택하고, 사용자가 대체기술도 사용하고 있는 점 등을 들어 사용자의 자기 실시로 인한 초과이익을 부정한 사례).

77) 대법원 2011. 7. 28. 선고 2009다75178 판결.

78) 서울고등법원 2014. 7. 17. 선고 2013나2016228 판결(상고 중); 서울중앙지방법원 2015. 2. 6. 선고 2013가합92632 판결(항소 중)등.

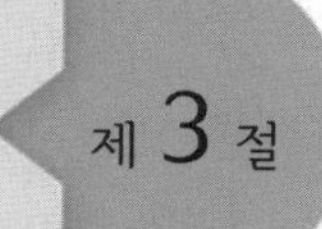

제 3 절 발명의 완성에 사용자와 종업원이 공헌한 정도

대법원 재판연구관(부장판사) 박태일

I. 의 의

직무발명보상금 산정요소로서 1961. 12. 31. 법률 제950호로 제정되고 1973. 2. 8. 법률 제2505호로 전부 개정되기 전까지의 구 특허법 제16조 제2항은 "그 발명에 의하여 사용자가 얻을 이익"을 고려하도록 규정하고 있었고, 1973. 2. 8. 법률 제2505호로 전부 개정된 후 1990. 1. 13. 법률 제4207호로 전부 개정되기 전까지의 구 특허법 제18조 제2항은 "그 발명에 의하여 사용자등이 얻을 이익의 액과 그 발명을 완성하게 한 데 대하여 사용자등이 공헌한 정도"를 고려하도록 규정하고 있었으며, 1990. 1. 13. 법률 제4207호로 전부 개정된 후 2001. 2. 3. 법률 제6411호로 개정되기 전까지의 구 특허법 제40조 제2항도 같았다. 이후 2001. 2. 3. 법률 제6411호로 개정되고 2006. 3. 3. 법률 제7869호로 개정되기 전까지의 구 특허법 제40조 제2항은 "그 발명에 의하여 사용자등이 얻을 이익의 액과 그 발명의 완성에 사용자등 및 종업원등이 공헌한 정도"를 고려하도록 규정하여 명시적으로 '사용자가 얻을 이익'과 '그 발명의 완성에 사용자와 종업원이 공헌한 정도'를 직무발명보상금 산정요소로 정하였다. 이후 직무발명에 관한 규정이 발명진흥법에 통일적으로 규정되고, 직무발명 보상에 대한 절차적 정당성을 보다 강조하는 형태로 관련 규정 체계가 변화되었으나, 정당한 보상금으로 평가하기 위하여는 위 두 가지 산정요소를 고려하여야 한다는 취지는 계속 유지되어왔다(2006. 3. 3. 법률 제7869호로 개정된 발명진흥법 제13조

제3항, 2007. 4. 11. 법률 제8357호로 전부 개정된 발명진흥법 제15조 제3항, 2013. 7. 30. 법률 제11960호로 개정된 발명진흥법 제15조 제6항).[1]

이와 같이 우리 법상 직무발명보상금 산정요소로서 '사용자가 얻을 이익'과 '그 발명의 완성에 사용자와 종업원이 공헌한 정도'를 고려하여야 하는데, 실무상 사용자가 얻을 이익을 정한 후 이를 공헌도에 따라 사용자와 종업원에게 분배하는 판단과정을 거치게 된다. 대부분의 재판례에서는 사용자의 공헌을 판단하든지 또는 종업원의 공헌을 판단함으로써 각 당사자의 공헌도를 배분하는 형식을 취하고 있다.[2] 이러한 과정을 통해 '1－사용자 공헌도'의 방식으로 종업원 공헌도를 산정하고, 이를 보통 발명자보상율이라고 부른다.[3] 또한 여기에 공동발명인 경우는 공동발명자 중 1인인 원고의 기여도까지 반영하여, 「보상금 = 직무발명으로 인하여 사용자가 얻을 이익 × 발명자보상율(= 1－사용자 공헌도) × 발명자 개인(원고)의 기여도(공동발명의 경우)」와 같은 방식으로 직무발명보상금을 산정하는 것이 실무상 일반기준으로 확립되어가고 있다.[4] 결국 발명진흥법상의 '발명의 완성에 사용자와 종업원이 공헌한 정도'를 단독발명인 경우에는 '발명자보상율'로, 공동발명인 경우에는 '발명자보상율'과 '원고의 기여율'로 구체화한 것이라고 평가할 수 있다.[5]

---

1) 한편 제정법 이래로 규정되어왔던 직무발명의 보상에 대하여 "종업원등이 정당한 결정방법을 제시한 때에는 이를 참작하여야 한다"는 규정은 2001. 2. 3. 개정법에서 삭제되었다. 대신 발명과 기술혁신에 대한 정당한 보상체계의 확립을 유도하여 신기술 개발 촉진 및 국가산업 경쟁력을 제고하고 종업원, 연구원의 연구개발의욕을 증대한다는 취지에서 "보상금의 지급기준에 관하여 필요한 사항은 대통령령 또는 조례로 정한다"는 규정을 두어 직무발명 보상체계 구축을 위해 특허법 시행령에 보상금의 지급기준을 규정할 수 있는 근거 규정을 마련하였다. 다만 이러한 입법에도 불구하고 보상금 지급기준에 관한 대통령령 또는 조례의 제정은 이루어지지 않았는데, 이는 사적자치 영역에 대한 정부의 과도한 개입에 대한 우려감의 반영이라고 할 수 있다. 이에 2006. 3. 3. 발명진흥법 개정 당시 종전의 상황을 직무발명 보상에 대한 합리적인 기준 부재의 상태로 이해하고, 정부의 직접적 개입을 피하면서 보상액과 보상형태의 결정을 합리적 절차에 의한 민간의 자율적 결정에 위임하도록 한 것이다[이상의 내용은 윤선희, "판례에서 본 직무발명제도", 직무발명과 특허권 학술 SEMINAR, 주최 한국지적재산권학회(2005. 12. 15.), 8－9면 참조].

2) 윤선희, "직무발명 보상금 산정기준에 대한 연구", 산업재산권(제36호), 한국산업재산권법학회(2011), 114면.

3) 강영수, "직무발명보상금", 정보법판례백선(Ⅰ), 박영사(2006), 153면.

4) 이두형, "직무발명 보상에 관한 우리나라의 판례 분석", 직무발명보상제도 활성화를 위한 2012 직무발명 국제심포지움, 주최 특허청, 주관 한국발명진흥회·지식재산포럼(2012. 11. 26), 48면.

5) 김범희, "직무발명에 대한 권리를 승계한 회사가 자기실시하는 경우의 직무발명보상금 산정방법", 판례연구[제22집(2)], 서울지방변호사회(2008), 218면 각주 36.

Ⅱ. 산정에 고려되는 요소

1. 사용자 공헌도의 요소

가. 발명 완성과정에서의 공헌

법문에 따라 직무발명 완성에 사용자가 공헌한 정도를 해석해보면, 사용자가 제공한 연구개발비, 연구설비비, 자료, 급여 등이 발명 완성에 공헌한 정도라는 의미로 이해할 수 있을 것이다.[6] 이를 사용자가 제공하는 인적·물적 기반이라고 표현할 수 있다. 직무발명은 그 본질적인 성격상 종업원이 사용자가 제공하는 인적·물적 기반에 의존하여 이루어지는 경우가 대부분이고, 그와 같은 의존도는 고도의 기업형 기술일수록 더욱 크기 때문에 직무발명에 있어 사용자 공헌도를 참작해야 할 필요성 또한 더욱 커진다.[7]

특정 분야에 대한 기술적 문제를 해결하기 위한 사용자의 노력이 지대하여, 오랜 시간에 걸쳐 많은 비용과 인원을 투입하여 연구 성과를 거두었고, 이를 배경으로 축적된 기술력이나 영업비밀을 종업원이 활용한 경우와 같이 상대적으로 발명이 이루어지는 과정에서 많은 비용과 인원을 투입하였다면 사용자 공헌도가 높게 평가될 수 있다.[8] 그러나 발명이 거의 완성에 이른 단계에서 약간의 보조 인원을 투입한 것에 불과한 경우에는 사용자 공헌도가 낮게 평가될 것이다.[9] 우리 재판례 가운데 발명자보상률을 3%로 상대적으로 낮게 인정한 서울남부지방법원 2006. 10. 20. 선고 2004가합3995, 2005가합702(병합), 2005가합16882(병합) 판결과 서울중앙지방법원 2005. 11. 17. 선고 35286, 2004가합79453(참가) 판결의 사안을 살펴보면, 원고 및 참가인을 달리할 뿐 모두 같은 피고를 상대로 하여 유사한 기술분야의 직무발명에 관한 보상을 청구한 사안으로, 위 두 법원 모두 '이 사건 특허발명에 관하여 피고가 연구개발비를 투입하여 수년간 프로젝트를 기획, 운영한 점'을 고려하면 이 사건 특허발명에 대한 피고의 공헌도는 90%를 초과한다고 판단하고

6) 吉藤幸朔 著, 熊谷健一 補訂, YOU ME 특허법률사무소 譯, 特許法概說(第13版), 대광서림(2000), 277면.

7) 정상조·박성수 공편(조영선 집필부분), 특허법 주해 Ⅰ, 박영사(2010), 474면.

8) 윤선희, 앞의 논문, 116-117면.

9) 윤선희, 위의 논문, 117면.

있다.[10)11)12)]

또한 직무발명의 성격에 따라서 어떤 발명은 사용자에 의한 설비자금제공 등이 더 중요한 것이 있고, 어떤 것은 발명자에 의한 창작적 공헌도가 더 중요한 것이 있으므로, 직무발명 기술의 성격도 공헌도에 영향을 미치는 요소가 될 수 있다.[13)] 가령, 프로그램이나 BM(영업방법)특허처럼 특별한 기자재가 필요없는 소프트웨어기술인 발명이라면 사용자 공헌도가 낮아질 것이나, 조성물이나 조성물제조 방법처럼 연구비나 연구기자재의 도움이 없이는 개발이 불가능한 발명이라면 사용자 공헌도가 높아질 것이다.[14)]

다만 발명자에게 지급된 급여에 관하여는, 발명자도 근로자인 이상 그 급여는 근로의 대가이기 때문에 일반적인 임금과는 다른 요소인 직무발명보상금을 산정함에 있어 이를 고려하여도 좋은지 앞으로 상세히 검토할 필요가 있는 문제라는 지적이 있고,[15)] 급여는 근로의 대가일 뿐 직무발명의 보상에 있어서 이를 적극적으로 고려할만한 요소라고 보기는 어려우며 우리 재판례에서 실질적으로 급여를 고려하고 있지는 않은 것으로 보인다는 분석도 있다.[16)] 발명 완성 전 일반적인 급여로서 지급된 것을 특별한 사용자 공헌의 요소로 보기는 어려울 것이나, 직무발명을 장려하기 위하여 연구원 등의 직위에 있는 종업원에게 원래부터 높은 급여를 책정하여 왔다면 이러한 사정은 사용자 공헌도에 반영할 수 있지 않을까 생각된다. 이 문제에 관하여는 노동법분야와

---

10) 여기에 더하여 '발명 완성 후의 사정'에 해당하는 '피고가 D−VCR에 관한 이 사건 특허발명이 DVD 표준특허로 편입될 수 있도록 수정·보완하여 이 사건 재발행특허를 출원·등록하고 4C 풀과의 협상을 거쳐 이를 DVD 표준특허로 등록한 점, 발명자들은 위 재발행출원 절차 및 표준특허 등록 절차에 관여하지 아니한 점, 피고의 로열티 수입은 D−VCR이 아니라 DVD의 생산 및 판매로 인한 것인 점' 등을 참작하여, 피고의 공헌도를 97%로 산정한 결과 발명자들에 대한 보상률을 3%로 판단하였다.

11) 위 서울남부지방법원의 판결에 대하여는 서울고등법원 2006나115664호로 항소되었으나, 항소심에서 조정이 성립되었다. 또 위 서울중앙지방법원의 판결에 대하여는 서울고등법원 2006나1376호로 항소되었다가 항소가 취하되었다.

12) 이상의 재판례의 내용은 이두형, 앞의 글, 55−56면을 참조하여 정리하였다.

13) 최동배, "직무발명보상금과 종업원의 공헌도와의 관계 − 최근 하급심판결을 중심으로 −", 인권과 정의(제414호), 대한변호사협회(2011), 64면.

14) 최동배, 앞의 논문, 64−65면.

15) 이승길, "기업의 직무발명과 그 보상에 대한 연구", 노동법연구(2002 하반기 제13호), 서울대학교 노동법연구회(2002), 280면 각주 135.

16) 박정삼, "직무발명보상금 청구 사건에 관한 검토 − 대상판결: 서울중앙지법 2005. 11. 17. 선고 2004가합35286 판결 −", LAW & TECHNOLOGY(제2권 제1호), 서울대학교 기술과법센터(2006), 143면.

의 조화라는 관점에서 향후 깊은 논의가 필요하다고 본다. 한편 발명 완성 후 다른 근로자와 비교하여 우대한 부분은 아래에서 살펴보는 '직무발명의 완성 이후 종업원에 대한 처우'로서 사용자 공헌도에 참작될 수 있다.

나. 제품개발 리스크

기업은 계속적인 연구개발 활동을 행하며 축적된 기술정보를 활용하고, 방향성을 정하여 과제해결을 시도하며, 많은 연구개발자와 비용을 투자하게 마련이지만 그 결실이 그대로 나타나지 않는 경우도 허다하고, 무엇보다 그로 인한 위험을 고스란히 기업이 부담하는 반면, 종업원은 그 위험을 부담하지 않는다는 점도 고려되어야 한다.[17] 만일 제품개발 리스크를 전혀 고려하지 않을 경우에는, 개발 실패 리스크를 직접적으로 부담하지 않는 종업원이 발명을 완성하였다는 이유만으로 대상 제품이 적자인 경우에도 발명의 기술적 가치에 근거하여 사용자가 종업원에게 보상금을 지급하여야 한다는 불합리한 결론에 이를 수도 있어, 사용자로서는 비용과 편익 사이의 형평을 꾀할 수 없고, 사용자의 인센티브가 감퇴할 것이므로, 성공확률이 낮은 기술적 난제에 대한 사용자의 개발전략은 사용자의 사업재량에 포함시켜 사용자의 공헌도를 판단하는 하나의 요소로 봄이 타당하다.[18] 이를 사용자의 공헌도가 아니라 '사용자가 얻을 이익' 산정에 반영하는 방법도 생각할 수 있으나, 개발 리스크에도 불구하고 발명의 기술적 가치를 중시하여 사용자가 개발전략을 전개하는 것은 사용자가 한 선택의 문제이므로 이를 사용자의 사업재량에 포함시켜 사용자의 공헌도 판단에 반영할 수는 있되, 이에 따른 이익을 일반적인 경우와 달리 취급하여 성공확률에 의한 감액을 인정할 근거가 된다고 보기는 어렵다.[19]

참고로 우리와 법제가 유사한 일본에서는, 성공확률에 의한 감액을 '사용자가 얻을 이익'을 산정하면서 고려한 재판례도[20] 있으나, 사용자측의 인센티

17) 정상조·박성수 공편(조영선 집필부분), 앞의 책, 474면.

18) 윤선희, "발명진흥법 제15조 제3항에 있어서의 직무발명 보상금 산정 요소에 대한 연구", 저스티스(제129호), 한국법학원(2012), 154－155면.

19) 윤선희, 위의 논문, 154면 각주 106.

20) 三菱化學 제1심 사건[東京地判 平18. 12. 27. 平成 17(ワ)12576]에서는 제약업계의 특수구조, 즉 신제품 개발에 대하여 다른 업계보다 긴 기간과 막대한 비용을 필요로 하고, 또한 실패 리스크를 분산시키기 위하여 많은 제품을 병행 개발하고, 성공한 1, 2개의 제품으로 다른 실패한 많은 제품의 개발 비용을 회수한다고 하는 구조를 얻을 이익의 산정에 고려하여, 초과이익을 90% 감액하였다. 그러나 항소심(知財高判 平20. 5. 14. 판결)에서는 위 성공확률은

브를 배려하여야 한다는 취지를 보인 日亞化學工業(청색 LED) 항소심 사건의[21] 영향으로 사용자 공헌도에 사용자의 제품개발 리스크를 산입하는 경향이 나타났고, 최근으로 올수록 사용자 공헌도의 평가에 있어서 사용자의 제품개발 리스크를 강조하는 재판례(藤井合金製作所 사건,[22] 三省製藥 사건,[23] NEC マシナリー 사건,[24] 三菱電機 사건,[25] キャノン 1審 사건[26] 등)가 두드러지고 있으며, 판결문에서 개발 리스크를 명시하고 있지 않은 재판례의 경우에도 이 요소를 무시하고 사용자 공헌도를 판단한 것은 아니라고 평가되고 있다.[27][28]

다. 발명 완성 후의 사정

1) 반영 여부

한편 발명진흥법 제15조 제6항은 "발명의 완성"에 사용자와 종업원이 공헌한 정도를 고려하여야 한다고 정하고 있어 조문의 문언으로 볼 때는 발명 완성 후의 권리화 과정과 발명의 사업화 과정에서의 공헌도 등이 사용자 공헌도에 포함되어야 하는가라는 해석상의 논란이 있을 수 있으나,[29] 실제 재판

독립한 감액요소가 아니라, 사용자 공헌도를 고려할 때의 일 요소라고 평가하면서, 사용자 공헌도를 90%로 산정하였다. 한편 위와 같은 항소심판결에 대하여는 사용자 공헌도가 90%라는 수치는 평균적인 수치이고, 성공확률의 논의가 없어도 채용되기 쉬운 수치라는 점에서, 항소심판결이 실제로 성공률에 의한 감액을 하고 있는지는 의문이라는 지적이 있다(윤선희, 앞의 "직무발명 보상금 산정기준에 대한 연구", 109면 각주 62).

21) 東京高判 平17. 1. 11. 화해권고(判例時報 제1879호 141면), 사용자 공헌도를 95%로 보았다.

22) 大阪地判 平17. 7. 21. 판결(判例タイムズ 제1206호 257면), 사용자 공헌도를 95%로 보았다.

23) 大阪地判 平17. 9. 26. 판결(判例タイムズ 제1205호 232면), 사용자 공헌도를 98%로 보았다.

24) 大阪地判 平18. 3. 23. 판결(判例時報 제1945호 112면), 사용자 공헌도를 95%로 보았다.

25) 東京地判 平18. 6. 8. 판결(判例時報 제1966호 102면), 사용자 공헌도를 95%로 보았다.

26) 東京地判 平19. 1. 30. 판결(判例時報 제1971호 3면), 사용자 공헌도를 97%로 보았다.

27) 윤선희, 앞의 "직무발명 보상금 산정기준에 대한 연구", 122-123면. 위 논문은 예를 들면, 三菱化學 제1심 사건[東京地判 平18. 12. 27. 平成 17(ワ)12576]은 사용자 공헌도를 75%만 인정하였으나, 이 사건에서는 성공확률에 의한 감액을 하고 있어서, 이를 사용자 공헌도에 포함하면 실제로는 사용자 공헌도를 97.5%로 산정한 것과 마찬가지로 된다고 설명하고 있다.

28) 한편 이와 같이 제품개발 리스크를 사용자 공헌도에 산입하여 고려하는 경향에 대하여는 일본 내에서 비판적인 견해도 있다[帖佐隆, "判例評釈 / 三省製薬事件(職務発明の対価請求事件) - 大阪地裁 平成17.9.26判決、平成16年(ワ)第10584号", 比較文化年報(17輯), 2008, 26-27면].

29) 이와 관련하여 일찍이 윤선희 "직무발명에 있어서의 보상제도", 법조(제54권 제11호), 법조협회(2005), 44면은 특허를 받을 권리를 승계한 후에 사용자가 현실적으로 얻은 실시료로서 "그 발명에 의해 사용자 등이 받을 이익액"으로서 "상당의 대가"를 산정하는 경우에는, 고려되어야 할 "사용자 등이 공헌한 정도"에는 "그 발명이 이루어진 것에 대하여" 공헌한 정도 외에 사용자 등이 그 발명에 의해 이익을 받은 것에 대하여 공헌한 정도도 포함되는 것으로 해석하는 것이 상당하다는 견해를 밝히고 있다.

례에서는 대체로 발명 후의 사정을 사용자 공헌도에서 배제하지 않고 있다.[30)] 이는 직무발명에 의한 사용자의 이익은 사업화 후의 단계에서 산출하는 반면, 사용자 공헌도는 사업화 전 발명 완성의 단계에서 평가하는 것은 분명히 균형에 맞지 않고, 사용자가 그 발명에 의하여 이익을 받은 것에 대하여 공헌한 사정, 즉 발명을 권리화하여 독점적으로 실시하거나 라이선스 계약을 체결하는 것에 대하여 사용자가 공헌한 정도 등 제반 사정을 반영하는 것이 공평하다는 관념에서 비롯되었다고 할 수 있다.[31)]

이와 관련하여 일본은 2004년 개정 전 구 특허법 제35조 제4항에서 '그 발명이 이루어진 것에 사용자 등이 공헌한 정도'를 고려하도록 규정하였다가 위 개정 특허법 제35조 제5항에서 '그 발명에 관련하여 사용자 등이 행하는 부담, 공헌, 종업원 등의 처우 등'을 고려하도록 개정하였다. 이로써 발명의 완성 후의 사정도 고려할 수 있음을 보다 명확하게 한 것이다.[32)] 이처럼 사업화의 과정을 포함하여 발명자의 처우 등을 명문으로 규정한 것은 일본 재판례의 경향을 받아들인 결과로 평가되고 있다.[33)] 이러한 입법적 보완은 우리에게도 필요하다고 생각된다.

---

30) 윤선희, 앞의 "발명진흥법 제15조 제3항에 있어서의 직무발명 보상금 산정 요소에 대한 연구", 142면.

31) 竹田和彦 著, 김관식·김동엽·오세준·이두희·임동우 譯, 特許의 知識(第8版), 에이제이디자인기획(2011), 400−401면은 이러한 사고에 기초한 일본 판결로 광 디스크 사건의 東京地判 平14. 11. 29. 판결(判例タイムズ 제1111호 1면), 질소자석(히타치금속) 제1심 사건의 東京地判 平15. 8. 29. 판결 등을 들고 있다.
또한 질소자석 항소심 사건의 東京高判 平16. 4. 27. 판결(判例時報 제1872호 95면)은 東京地判에서 더 나아가 '직무발명에 의하여 종업원 발명자가 받은 승진, 승급 등의 인사상의 특별한 처우, 기타 당해 직무발명에 관련되는 일체의 사정'도 고려하여야 한다고 판시하였다. 그런데 청색 LED 제1심 사건의 東京地判 平16. 1. 30. 판결(判例タイムズ 제1150호 130면)은 '발명에 대한 사용자 회사의 공헌도라는 것은, 당해 발명이 이루어진 때에 인적·물적 측면에서 객관적으로 기여한 내용에 의하여 판단되는 것이고, 당해 기여가 사용자 회사의 규모에 비추어서 어느 정도의 부담인가라고 하는, 소위 사용자의 주관적 측면이 고려되는 것은 아니라'라고 하면서, 더욱이 '발명이 이루어진 후의 피고 회사의 특허부의 노력 및 사업화를 위한 노력은 사용자 회사의 공헌도로써 고려되어야 하는 사정에 해당되지 않는다'고 판단하였다(이상의 내용은 竹田和彦 著, 김관식·김동엽·오세준·이두희·임동우 譯, 앞의 책, 401−402면 참조).

32) 김훈건, "종업원의 특허를 받을 수 있는 권리의 묵시적 이전에 관한 소고 − 대법원 2010. 11. 11. 선고 2010다26769 판결 및 대법원 2013. 5. 24. 선고 2011다57548 판결을 중심으로 −", 창작과 권리(제75호), 세창출판사(2014), 39면.

33) 竹田和彦 著, 김관식·김동엽·오세준·이두희·임동우 譯, 앞의 책, 409−410면.

2) 구체적 요소

가) 직무발명이 권리화되기에 이른 경위　출원에 있어서 종업원 이외의 사람이나 특허부서와 함께 명세서를 작성하거나, 외국에서의 거절이유 통지나 이의신청에 대하여 대응하기 위하여, 사용자의 특허 부서나 연구 부서 기타 관련자들이 의견서나 보정서를 제출·작성하는 등 직무발명자의 특허권 취득에 사용자가 많은 노력, 시간 및 비용을 들였다면 상대적으로 사용자 공헌도가 높게 평가될 수 있다.[34] 특히 이러한 권리화를 통하여 사용자가 실시료를 취득하고, 독점적으로 실시할 수 있었다는 점에서 권리화에의 기여도를 높게 평가할 수도 있다.[35]

나) 직무발명이 사업화된 과정　실제 직무발명이 어떤 수익을 창출하는 것은 그것을 직접 실시하거나 타인으로 하여금 실시할 수 있도록 하는 것에서 이루어지는데, 이러한 과정에서는 대부분의 경우 사용자의 실시능력이나 라이선스 교섭능력을 통하여 그 수익의 규모가 달라진다는 점에서 원칙적으로 사용자 공헌도라고도 평가할 수 있겠다.[36] 특히 의약발명의 경우에는 사용자가 실제로 이익을 얻기 위해서는 단순히 특허출원으로 끝나는 것이 아니라 이를 토대로 제품의 상용화를 위한 추가적인 연구개발이 필요하고, 임상시험 등 추가적인 연구개발과정이 더욱 중요시 되므로, 이로 인해 직무발명이 완성되었다 하더라도 제품의 실제 판매에 이르기까지 상당한 추가기간이 소요되고 이에 대한 상당한 비용이 소요되었다면 이는 사용자 공헌도를 높이는 요인으로 작용할 것이다.[37]

다) 직무발명의 완성 이후 종업원에 대한 처우　발명을 한 것으로 승진·승급한 경우 평균적인 사원에 비하여 증가된 수입을 대가의 기지급분으로 평가하는 방법도 생각할 수 있지만, 일본 재판례는[38] 발명과 승진·승급이 견련관계에 있다는 것이 명확하지 않다는 점에서 승진이 있던 경우와 그렇지 않은 경우의 차액을 보상액에서 직접 차감하는 것을 부정하고, 대신 이를 사용자 공헌도에서 판단하고 있다.[39]

34) 윤선희, 앞의 "직무발명 보상금 산정기준에 대한 연구", 119면.
35) 윤선희, 위의 논문, 119면.
36) 윤선희, 위의 논문, 119면.
37) 최동배, 앞의 글, 65-66면.
38) 질소자석 항소심 사건의 東京高判 平16. 4. 27. 판결(判例時報 제1872호 95면)
39) 윤선희, 앞의 "직무발명 보상금 산정기준에 대한 연구", 120면.

생산이나 판매와 같은 다른 부서에 비하여 기업 내에서 연구부서가 누리는 처우는 특별한 법적 보호 장치를 필요로 할 만큼 약한 입장에 처해 있다고 할 수는 없고, 오히려 발명을 완성한 종업원만을 대상으로 한 처우는 그 자체를 목적으로 이루어진 때에는 종업원간의 공평을 잃는 일이라 할 것이므로, 일반 부서에 비한 처우의 차이도 사용자 공헌도로 이해함이 타당하다.[40)]

2. 종업원 공헌도의 요소

가. 발명 완성과정에서의 공헌

1) 종업원의 직무내용

직무발명의 완성에 종업원이 공헌한 정도란 종업원이 발명의 완성에 기여한 창조적 노력을 의미한다고 할 수 있다.[41)] 이를 판단함에 있어 먼저 종업원의 직무내용, 즉 종업원이 그 직무발명을 완성하도록 기대되는 지위에 있는지를 고려할 필요가 있다. 만약 종업원이 입사하고 나서야 비로소 발명과 관련한 업무에 종사하기 시작하였으며, 회사로부터 당해 업무와 관련한 교육 등을 받았다면, 종업원 공헌도는 사용자의 그것에 비하여 낮다고 할 것이다.[42)] 반면 종업원의 업무로서 당해 발명에 대한 기대도가 낮은 상태라든지, 종업원의 독자적인 연구 능력이 인정된다면 상대적으로 종업원 공헌도는 높게 평가될 것이다.[43)]

우리 재판례상 발명자보상율을 매우 높은 수치인 50%(원고가 주장한 수치였다)로 인정한 수원지방법원 2010. 6. 25. 선고 2009가단56852 판결의 사안은 '연구소에 소속된 종업원이 아닌 시설물유지보수와 주차장운영업무를 담당하던 종업원이 주도적으로 주차정산 프로그램을 기획·개발한 경우'였는데, 위 판결은 "피고가 이 사건 발명을 위하여 원고에게 연구비를 지급하거나 일반 직원들에게는 제공되지 않는 기자재를 제공하는 등으로 특별한 지원을 하였다는 사정이 나타나지 않는 점과 이 사건 발명의 과정을 종합하여 볼 때, 피고의 공헌도는 원고가 인정하는 50%를 초과하지 못한다."라고 판단하였다.[44)]

40) 윤선희, 앞의 "직무발명 보상금 산정기준에 대한 연구", 120면.

41) 이승길, 앞의 글, 278면.

42) 윤선희, 앞의 "직무발명 보상금 산정기준에 대한 연구", 115면.

43) 윤선희, 위의 논문, 115면.

44) 위 판결에 대하여 수원지방법원 2010나19560호로 항소되었으나, 항소심에서 화해권고결정이 확정되었다.

2) 발명의 계기

종업원 공헌도 산정에 있어 발명의 계기도 중요한 요소가 된다. 즉 직무발명의 계기가 된 연구과제의 선정이 종업원에 의하여 독창적으로 이루어졌다면 종업원 공헌도가 높아질 것이고, 사용자가 연구를 기획·주관하여 연구가 이루어진 것이거나 사용자의 요청에 따라 연구계기가 이루어진 것이라면 종업원 공헌도가 낮아질 것이다.[45] 또한 사용자가 연구과제를 선정하였다 하더라도 이미 축적된 종업원의 경험과 기술능력을 이용하기 위한 것이라면 종업원에 의하여 연구과제가 선정된 것으로 보아야 할 것이다.[46]

3) 발명이 이루어진 과정

'발명이 이루어진 과정' 또한 기본적으로 고려되는 요소이다. 위에서 본 발명 완성과정에서의 사용자 공헌도 평가요소에 따라 상대적으로 사용자 공헌이 높다고 판단되면 종업원 공헌도는 낮게 평가될 것이고, 그 역의 경우에는 반대의 결과로 된다.

먼저 직무발명의 완성과정이 사용자의 연구비 및 연구기자재의 지원에 따른 부수적 산물이 아니라 발명자의 개인적인 능력과 독창적인 발상에 기한 발명이라면 종업원 공헌도가 높아질 것이다.[47] 예를 들어 당해 발명의 필요성이 종래 산업계에서 요구되고, 또한 실험적 수준에서의 성과는 있었지만 사업화는 곤란하다고 여겨져 온 상황에서, 종업원의 착안에 근거하여 문제가 해결된 경우라면 종업원 공헌도가 높게 평가될 수 있다.[48]

반면 많은 연구기자재의 지원에 따라 부수적으로 얻어진 발명, 사용자에 누적되어 있는 발명이나 고안, 경험, 노하우를 이용한 발명, 사용자의 다른 종업원과 협력을 통하여 이룩한 발명이라면 종업원 공헌도가 낮게 인정될 것이다.[49]

나. 발명 완성 후의 사정

사용자 공헌도의 요소로서 발명 완성과정에서의 공헌 외에 발명 완성 후의

45) 최동배, 앞의 논문, 65면.
46) 최동배, 위의 논문, 64면. 위 논문은 “원래는 다이아몬드 및 귀금속을 수입하던 무역회사에서 종업원의 축적된 경험과 노하우를 이용하기 위하여 해당 업종에 새롭게 진출하였다면 이는 종업원 공헌도를 높이는 요소로 작용할 것”이라고 예를 들고 있다.
47) 최동배, 위의 논문, 65면.
48) 윤선희, 앞의 “직무발명 보상금 산정기준에 대한 연구”, 117면.
49) 최동배, 앞의 논문, 65면.

사정도 반영함이 타당하다고 보는 이상 종업원 공헌도의 경우에도 마찬가지로 발명 완성 후의 사정을 고려하여야 한다.

1) 직무발명이 권리화되기에 이른 경위

직무발명보상금청구권 발생 이후 그 직무발명에 대해 특허가 실제로 출원·등록되었는지 여부, 사용자가 그 직무발명 내지 이에 기초한 특허를 실제로 실시하였는지 여부, 또는 그 특허의 등록이 무효가 되었는지 여부 등의 후발적 사정은 직무발명보상금청구권의 발생에 장애가 되지 아니하고, 다만 보상금의 액수 산정에 위와 같은 사정이 고려될 수 있다.[50] 따라서 직무발명에 기한 특허를 등록받는 것 또는 그 특허가 무효로 되지 않도록 하는 것에 종업원이 어떤 기여를 하였는지는 공헌도 결정에 고려됨으로써 보상금 산정에 영향을 끼치게 된다. 위에서 본 직무발명이 권리화되기에 이른 경위에서의 사용자 공헌도 평가요소에 따라 상대적으로 사용자 공헌이 높다고 판단되면 종업원 공헌도는 낮게 평가될 것이고, 그 역의 경우에는 반대의 결과로 된다.

2) 직무발명이 사업화된 과정

위에서 본 바와 같이 직무발명이 사업화된 과정은 사용자의 공헌으로 인정될 경우가 많다. 직무발명의 기술적 기여도가 교섭능력에 기여할 수 있다는 점에서 종업원의 공헌으로 평가할 수도 있겠지만, 이는 이미 "받을 이익"액의 산정 과정에서 평가되는 요소라는 점에서, 종업원의 공헌으로는 판단될 수 없다고 할 것이다.[51] 물론 사업화 과정에서 당해 종업원이 기여한 부분이 있다면 이를 반영하여야 한다. 예를 들어 라이선스 교섭과정에서 주요한 역할을 하였거나, 자기 실시 과정에서의 문제점을 해결하는 등의 기여를 하였다면 이는 종업원 공헌도로 산정할 수 있을 것이다.[52] 또한 종업원이 직무발명의 제품상용화를 위하여 제제개발, 독성시험, 등록시험, 대관청인허가업무, 해외개발주도 등에 공헌하였다면 이 역시 종업원 공헌도를 높이는 요소가 될 것이다.[53]

---

50) 서울중앙지방법원 2009. 1. 23. 선고 2007가합101887 판결이 설시한 법리이다. 위 판결의 항소심(서울고등법원 2009. 10. 7. 선고 2009나26840 판결), 상고심(대법원 2011. 9. 8. 선고 2009다91507 판결) 모두 위와 같은 제1심판결의 법리를 부정하지 않고 있다.

51) 윤선희, 앞의 "직무발명 보상금 산정기준에 대한 연구", 119면.

52) 윤선희, 위의 논문, 119－120면.

53) 최동배, 앞의 논문, 65면.

3. 공동발명의 경우 발명자 개인의 기여도의 요소

직무발명이 공동발명인 경우는 공동발명자 중 1인인 원고의 기여도(기여율)를 산정하여야 하는데, 이는 발명연구자집단 중 발명자가 기여한 정도를 나타내는 비율로서 연구팀의 구성, 직책, 연구기간, 노력 정도 등을 고려하여 적절하게 정하게 된다.[54] 특별하게 정립되어 있는 법리 또는 기준은 없으나, 대체로 직무발명에 관여한 사람들의 수와 이들의 양적 및 질적 관여 정도에 의하여 결정하는 것으로 보인다.[55] 발명자들의 관여 정도가 동등하다면 발명자들의 수(n)로 나눈 수치(1/n)가 당해 발명자의 기여도가 될 것이고, 관여 정도가 평균 이상이거나 이하이면 가중치(α)를 계산하여 가감($1/n \pm \alpha$)하면 될 것이다.[56]

실제 소송에서 사용자인 회사는 주로 전체 보상금액에 대하여만 관심을 가지고 방어를 하게 되므로, 공동발명자들 중 일부만이 소를 제기하는 경우에는 기여도의 판단에 필요한 자료가 확보되지 못할 염려가 있고, 따라서 소송고지 등의 방법으로 다른 공동발명자들의 참여를 유도하여 기여도에 관한 실질적인 심리를 도모하는 것이 분쟁의 1회적 해결에 도움이 될 것이라는 지적이 있다.[57]

우리 재판례 가운데 서울고등법원 2009. 8. 20. 선고 2008나119134 판결은, "제1특허발명은 원고 포함 5명이 공동발명자로 되어 있는 점, 원고는 소위 PL(Project Leader)로 근무하면서 전체적인 발명과정을 주도한 점, 공동발명자로 등재된 소외 4는 사실상 일반관리자로 보이는 점 등의 사정을 종합해 보면, 제1특허발명의 공동발명자 5인 중 1인으로서 원고의 기여율은 30%로 봄이 상당하다."고 하면서, 한편 "제2특허발명은 원고 포함 9명이 공동발명자로 되어 있는 점, 원고는 소외 3과 함께 전체 발명과정을 주도한 점, 공동발명자로 등재된 소외 4는 사실상 일반관리자로 보이는 점 등의 사정을 종합해 보면, 제2특허발명의 공동발명자 9인 중 1인으로서 원고의 기여율은 20%로 봄이 상당하다."고 하였다.[58] 한편, 수원지방법원 2010. 11. 4. 선고 2009가합2746 판결은,

---

54) 강영수, 앞의 논문, 153면.
55) 이두형, 앞의 논문, 59면.
56) 이두형, 위의 논문, 59면.
57) 박정삼, 앞의 논문, 144면.
58) 대법원 2011. 7. 28. 선고 2009다75178 판결로 상고기각되었다.

“원고는 이 사건 특허발명 1의 발명자 2인 중 1인, 특허발명 2의 발명자 3인 중 1인, 이 사건 등록고안의 고안자 2인 중 1인으로 각 등재되어 있는 사실, 특허발명 1의 공동발명자인 A는, 원고는 단순 보조자라고 주장하고 있으나 이 사건 발명 이외에도 2차 전지와 관련하여 원고와 별도로 6건의 발명을 하여 그 특허를 출원한 사실을 인정할 수 있고, 이에 더하여 이 사건 특허발명 및 등록고안에 참여한 연구원들의 구성, 연구기간, 담당업무, 직책 및 노력 정도, 이 사건 발명 및 고안의 내용 등 제반사정을 종합하여 보면, 이 사건 발명자들 중 원고의 기여율을 30% 정도로 보는 것이 타당하다.”고 하였다.[59] 그리고 서울남부지방법원 2009. 9. 11. 선고 2008가합4316(본소), 2008가합17152(반소) 판결은, “① 이 사건 특허발명의 개발과정에서 피고 B는 검사 알고리즘의 개발과 프로그램, 광학계의 구성 및 시스템 구성 등을 담당하고, 피고 C는 장비 운영프로그램, 제어부와의 인터페이스 등을 담당한 점, ② 피고 B가 이 사건 특허발명의 주된 연구방향을 정하였고, 원고 또한 이 사건 특허발명에 관한 특허등록을 함에 있어 피고 B를 원고 대표이사인 C와 함께 공동발명자로 등재하는 등 피고 B가 이 사건 특허발명에 있어 주도적인 역할을 한 것으로 보이는 점 등을 고려하면, 피고 B, C 사이의 기여비율은 7 : 3으로 인정함이 상당하다.”고 하였다.[60][61]

Ⅲ. 공헌도 비율 산정의 실무 경향

최근 우리 재판례에서 인정되는 발명자보상율은 3%에서 50%까지로 편차가 크게 나타나고 있는데, 3%,[62] 50%로[63] 아주 낮거나 높게 인정된 사례 이외에 5%로 인정한 사례와[64] 40%로 인정한 사례도[65] 있지만, 대부분 10%에서 30%의

59) 항소 없이 확정되었다.

60) 서울고등법원 2009나110790호로 항소되었다가 조정이 성립되었다.

61) 이상의 재판례의 내용은 이두형, 앞의 논문, 58－59면을 참조하여 정리하였다.

62) 서울남부지방법원 2006. 10. 20. 선고 2004가합3995, 2005가합702(병합), 2005가합16882(병합) 판결, 서울중앙지방법원 2005. 11. 17. 선고 35286, 2004가합79453(참가) 판결.

63) 수원지방법원 2010. 6. 25. 선고 2009가단56852 판결.

64) 서울북부지방법원 2004. 4. 22. 선고 2003가합4567 판결, 서울북부지방법원 2007. 6. 24. 선고 2002가합3727 판결.

65) 서울중앙지방법원 2011. 10. 27. 선고 2010가합105100 판결.

범위에 분포되어 있고[66] 평균적으로는 17% 정도이다.[67][68]

참고로 일본의 경우 가네신 사건의 東京地判 平4. 9. 30. 판결(判例タイムズ 제795호 278면)에서 65%, 주오건철 사건의 東京地判 平15. 11. 26. 판결(判例タイムズ 제1152호 269면) 및 청색 LED 사건의 東京地判 平16. 1. 30.(判例タイムズ 제1150호 130면)에서 각 50%의 발명자보상율을 인정한 바도 있지만, 위 사례들은 예외적인 경우에 속하고 최근 일본의 재판례에서는 대체로 5% 또는 10% 정도로 집약되어가고 있다.[69][70]

한편 일본에서는 사용자와 종업원의 합계 인센티브 량을 최대화한다는 취지에서, 얻을 이익액 자체가 큰 경우에는 사용자 공헌도를 높게 하고, 반대로 얻을 이익액 자체가 낮은 경우에는 종업원 공헌도를 높게 판단하는 경향이

66) ① 서울중앙지법 2010. 6. 17. 선고 2009가합87404 판결, 서울남부지방법원 2009. 9. 11. 선고 2008가합4316(본소), 17152(반소) 판결, 서울고등법원 2008. 4. 10. 선고 2007나15176 판결은 30%, ② 서울고등법원 2010. 2. 11. 선고 2008나106190 판결은 25%, ③ 서울고등법원 2014. 7. 17. 선고 2013나2016228 판결, 서울중앙지방법원 2011. 1. 28. 선고 2009가합111307 판결, 서울고등법원 2009. 8. 20. 선고 2008나119134 판결, 서울중앙지방법원 2009. 1. 23. 선고 2007가합101887 판결, 서울서부지방법원 2007. 8. 22. 선고 2005가합12452 판결은 20%, ④ 서울고등법원 2009. 10. 7. 선고 2009나26840 판결은 15%, ⑤ 서울중앙지방법원 2012. 6. 5. 선고 2011가합18821 판결, 서울중앙지방법원 2011. 1. 28. 선고 2009가합111307 판결, 서울고등법원 2009. 8. 20. 선고 2008나119134 판결, 서울고등법원 2004. 11. 16 선고 2003나52410 판결은 10%로 각각 인정하였다.

67) 이두형, 앞의 논문, 55－56면.

68) 직무보상금 산정에 관한 우리나라 주요 재판례의 내용은 본서 제4장 제8절에 별도로 정리되어 있다.

이 외에 사용자와 종업원의 공헌도에 관한 우리 재판례의 소개는 오택원, "직무발명보상금 사건의 소송상 쟁점 발표", 2010년 서울중앙지방법원 지적재산권법연구회 하반기세미나 (2010. 12. 13.), 7면; 이두형, 위의 논문, 55－57면; 정연덕, "직무발명보상기준에 관한 연구", 창작과 권리(제67호), 세창출판사(2012), 20－24면; 최동배, 앞의 글, 55－65면 등을 참조할 수 있다.

또한 이두형, 앞의 논문, 68－71면에는 직무발명보상금 산정에 관한 우리나라 최근 주요 판결들의 항목별 분석결과가 정리된 '직무발명보상금청구소송 사건의 정리·분석표'가 작성되어 있고, 72면에는 2006년 일본 지적재산협회가 발간한「職務發明訴訟への對應」에서 종업원과 사용자의 공헌도 판단 요소를 분석하여 정리한 표가 번역·소개되어 있다.

69) 竹田和彦 著, 김관식·김동엽·오세준·이두희·임동우 譯, 앞의 책, 402－403면. 위 책에 따르면, 가네신 사건은 영업담당의 전무가 오로지 1인의 연구성과로써 의장 및 실용신안등록을 얻은 것을 고려하였고, 주오건철 사건은 컴퓨터소프트웨어를 주요한 요소로 하는 고안에 관한 것이어서 고안자 개인의 노력이 높게 평가된 사례로서 특수한 예라고 분석한다. 또한 청색 LED 사건 제1심판결은 위에서 본 바와 같이 사용자 공헌도를 '발명 당시'에서만 판단하여야 한다고 본 결과 발명 완성 후의 사정을 전혀 고려하지 않아 역시 예외적 사례라고 보고 있다.

70) 윤선희, 앞의 "직무발명 보상금 산정기준에 대한 연구", 122면의 [표 4]에는 일본의 최근 대표적인 재판례에서 인정된 사용자 공헌도가 정리되어 있는데, 위 표에 따르면, 사용자 공헌도가 90% 및 95%로 집약되어 있음을 확인할 수 있다.

나타나고 있다.71) 이러한 일본 재판례의 태도는 직무발명 보상제도가 단순히 권리 승계에 따른 대가 산정의 정당성을 판단하여 종업원을 보호하는 것이 아니라, 산업발전과 이를 위한 종업원과 사용자의 이익 조화에 있음을 확인시켜 주는 것이라고 설명된다.72) 이와 관련하여 우리나라에서도 "피고의 이익액에 공헌도를 곱하는 방식으로 보상금을 산정하는 방식에 있어서 피고의 이익액이 지나치게 적거나 많은 경우에는 보상금액이 적정하지 않게 될 여지가 있으므로, 법원은 직무발명의 내용(종래의 기술과 비교할 때 얼마나 획기적이고 경제적 가치가 있는 발명인지의 문제)과 직무발명을 완성하기 위한 발명자의 노력, 발명자의 경력 등을 감안하여 구체적으로 타당하다고 판단되는 보상금액의 범위를 결정한 후 이에 맞게 공헌도를 다소 증감하게 될 수 있다."라는 취지를 소개한 글이 있다.73)

실무상 보상금 산정의 기초가 되는 사용자와 종업원 사이의 공헌도 산정, 다수의 발명자 사이에서 원고의 기여율을 산정하는 것 모두가 매우 어려운 작업이고, 구체적인 산정방법이나 산정자료는 개개의 사건에서 증거로 현출된 자료에 의하여 판단할 수밖에 없으므로, 통일적인 기준을 도출하기 어려운 측면이 있다. 이에 발명자보상율 및 기여율 인정은 법원의 재량적 성격이 강하고 사실인정의 문제이므로, 특별히 그것이 논리와 경험칙을 벗어날 정도에 이르지 않는 한 사실심의 판단을 존중해야 한다는 지적도 있다.74) 일본에서도 직무발명에 대한 정당한 보상은 아무리 정치한 논리를 구성하더라도 구체적 금액 산정 시 법원의 재량이 개입될 여지가 워낙 많아, 통일성이나 예측가능성을

71) 윤선희, 앞의 "발명진흥법 제15조 제3항에 있어서의 직무발명 보상금 산정 요소에 대한 연구", 151－152면.
이러한 경향은 일본 지적재산협회가 2005년부터 2008년 7월까지 이루어진 39건의 재판례를 분석한 결과 확인되었다고 한다. 또한 위 분석에 따르면, 2005년도 이전의 판결에서는 발명자의 공헌도를 '20－65%'로 높게 인정하였으나, 2005년 이후에는 사용자 공헌도를 높게 인정해왔고, 또한 사용자 공헌도를 높게 평가하면서 보상금액이 1만엔에서 4,500만엔까지 폭넓지만 종전보다는 저액화되었다고 한다(이상의 내용은 윤선희, 위의 논문, 152면 참조).

72) 윤선희, 위의 논문, 153면.

73) 박정삼, 앞의 논문, 144면.

74) 김종석, "직무발명이 그 출원 당시 이미 공지된 것이고 제3자도 그와 같은 사정을 용이하게 알 수 있었던 것으로 보이는 경우 실시보상금의 지급 의무 여부(대법원 2011. 9. 8. 선고 2009다91507 판결)", 대법원판례해설(제90호), 법원도서관(2012), 604－605면.
위 논문은 그 대상판결인 대법원 2011. 9. 8. 선고 2009다91507 판결 외에도 대법원 2008. 12. 24. 선고 2007다37370 판결, 대법원 2011. 7. 28. 선고 2009다75178 판결도 이러한 취지를 보이고 있다고 설명한다.

확보하기 어렵다는 설명이 있다.[75] 이 문제는 결국 사례의 집적을 통해 다양한 사례가 유형화됨으로써 해결될 수 있는 성질의 것이라고 본다. 나아가 변론주의와 처분권주의가 적용되는 민사소송실무상 당사자와 대리인의 보다 적극적인 주장·입증이 실체적 정의에 부합하는 결론을 도출하는 데 가장 크게 기여할 수 있다고 생각된다.

75) 中山信弘, 特許法, 弘文堂(2010), 75면.

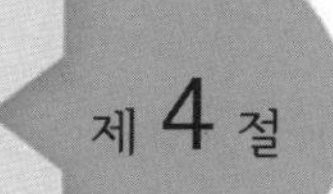

공무원의 직무발명

서울중앙지방법원 부장판사 이규홍

I. 공무원 직무발명의 의미

1. 개　　관

발명진흥법은 직무발명의 주체가 공무원인 경우에는 그 직무발명은 국가 또는 지방자치단체가 승계하며,[1] 국가 또는 지방자치단체가 승계한 공무원의 직무발명에 대한 특허권은 국유나 공유(公有)로 한다고 규정하여(제10조 제2항 본문), 공무원 직무발명을 일반적인 직무발명과는 다르게 취급하고 있다. 발명진흥법상 직무발명의 성립요건은 공무원의 경우도 다를 바 없을 것이나, 다음의 두 가지 점, 즉 그 승계를 법정하고 있고, 보상에 관하여도 정당한 보상을 하여야 하되 보상금의 지급에 필요한 사항은 대통령령이나 조례로 정한다(제15조 제7항)고 하여 국가가 그 권리를 승계한 경우는 공무원 직무발명 보상규정에 따라, 지방자치단체가 그 권리를 승계한 경우는 위 공무원 직무발명 보상규정에 준하는 해당 지방자치단체의 조례에 따라 보상을 하게 하고 있는 점이 상이하다.

다만, 공무원 중 고등교육법 제3조에 따른 국·공립학교 교직원의 경우에 그 직무발명에 대한 권리는 「기술의 이전 및 사업화 촉진에 관한 법률」 제11조

1) 다만, 분쟁 중이거나 국가승계가 적당하지 아니하다고 인정되는 경우에는 승계하지 아니한다. '공무원 직무발명의 처분·관리 및 보상 등에 관한 규정' (대통령령 제24439호, 시행 2013. 3. 23., 이하 '공무원 직무발명 보상규정'이라고 한다) 제4조 제1항 단서.

제1항 후단에 따른 전담조직이 승계하며, 전담조직이 승계한 국·공립학교 교직원의 직무발명에 대한 특허권 등은 그 전담조직의[2] 소유로 하여(제10조 제2항 단서) 다시 공무원 직무발명 보상규정의 적용제외를 규정하고 있다.

2. 정부의 과학기술분야 연구개발 상황

국가 R&D사업을 추진하는 31개 부처 중 18개 부처의 주요사업 현황과 2014년 정부연구개발 총예산에 대한 정부연구개발예산의 추진계획을 살펴보면 총예산은 17조 7,358억 원으로 2013년 대비 5.1% 증가하였다. 미래창조과학부가 약 6조 원(34.3%), 산업통상자원부가 약 3조 2천억 원(18.3.%)으로 과반을 차지하고 있는데,[3] 이 예산은 각종 연구기관 등에 제공되어 직무발명과도 밀접한 관련을 갖는 것이다.[4] 현재 대부분의 공무원 직무발명은 농촌진흥청, 기술표준원, 국립수의과학검역원 등 시험연구기능을 보유한 기관에서 연구직 공무원들에 의하여 수행되고 있으나 저조한 실시율이 문제로 지적되고 있는데[5] 2013년 기업의 총 특허 보유건수 대비 총 활용건수 및 총 사업화건수의 비율은 각각 76.3%, 57.5%로, 대학·공공연구소의 총 특허 보유건수 대비 총 활용건수의 비율인 29.4%와 대비된다.[6]

---

2) 「기술의 이전 및 사업화 촉진에 관한 법률」 시행령 제18조는 전담조직의 설치기준 및 운영 등을 규정하면서 전담조직은 1. 직무발명의 승계가 있는 경우 이와 관련된 업무 2. 특허 등의 출원·등록·관리·이전 및 활용과 관련된 업무 3. 기술이전·사업화에 따른 기술료 등 수익의 배분 4. 기술이전·사업화의 촉진 5. 산업계의 연구성과에 관한 기술정보의 제공 등의 업무를 수행하는 것으로 하고 있다. 현재 국·공립대학교에는 기술이전·사업화 전담조직으로 다양한 형태의 산학협력단이 구성되어 있다. 이 부분은 사립학교 교직원의 직무발명과 비교되어야 할 것으로 관련 부분은 대학교수의 발명에서 논의한다.

3) 「2014년도 정부연구개발사업 종합안내서」, 미래창조과학부·한국과학기술기획평가원, 2014.

4) 이훈호, "공무원 직무발명제도의 법적 문제점과 개선방안", 충북대학교 법무대학원 석사학위논문(2011), 36면에서는, 중앙정부부처의 특허활동을 보면 2000년~2008년 동안 1,025건을 출원하였고, 그 중 농촌진흥청이 837건으로 71%의 점유율을 차지하며 주도하였다고 하고, 그 뒤로 식품의약품안전청이 58건, 산림청 20건 등으로 이어지고 있는데 너무 작은 숫자에 불과하여 진정으로 직무발명 실적이 없는 것인지 신고의 누락에 기한 것인지는 원인분석이 필요하다고 한다. 만일 전자라면 직무발명이 저조한 원인분석도 필요할 것이다.

5) 2014년 국유특허실시율은 17.2%로, 2008년 14.2% 이후 높아지고 있는 추세이나 민간기업의 사업화율 43.7%(2007)보다 현저히 낮다. 고재범, "공무원의 직무발명 활성화방안 연구", 한남대학교 행정복지대학원 석사학위논문(2009), 2면, 75면(미래에 대한 투자마인드가 낮고, 연구개발에 대한 유인책이 약하며 업무상 연구개발 기능을 수행하는 기관이 한정되어 있어 우수한 자원이 확보된 공무원의 직무발명은 상대적으로 적은 편이라고 분석한다).

6) 「2013년도 지식재산활동 실태조사」, 특허청·무역위원회, 1~15면.

3. 외국의 입법례

가. 미 국

연방공무원이 한 직무발명의 귀속에 관하여는 1950년에 제정된 대통령령(제100096호) 제1조에 따라 연방정부가 취득하게 되나[7] 정부의 공헌이 적은 때에는 당해 발명에 대한 비배타적이며 취소불가능한 무상의 실시권을 유보하여 당해 발명에 대한 권리를 공무원에게 귀속시키도록 하고 있으며, 특허법이나, 1986년 '기술이전 및 진흥에 관한 법'(National Technology Transfer and Advancement Act)의 제정으로 연방공무원인 발명자에게는 당해 발명의 실시료나 수입액의 최소 15%를 보상금으로 지급하도록 하고 있다.[8]

나. 독 일

'종업원발명법'은 사적 분야 및 공적 서비스에 종사하는 종업원, 공무원 및 군인에 의한 발명과 기술적 개선 제안에 대하여 적용되는 것으로, 공무원 직무발명에 관하여 차등을 두고 있지 아니하고, 특히 보상기준에 관하여도 연방노동부장관이 공표한 보상기준은 공무원이나 군인의 발명에도 똑같이 적용된다는 점에서 동일하게 취급하고 있음이 분명해 보인다.[9]

다. 일 본

발명자주의를 택하고 있는 일본은 공무원의 경우도 같은 원칙을 유지하고 있고, 우리 발명진흥법이 가진 국가 등에 의한 승계 조항을 두고 있지 않다. 그러므로 보상문제만 논의되는 실정이었는데 이 또한 과거 '국가공무원의 직무발명 등에 대한 보상금 지급요령'에 따라 보상금을 지급하여 왔으나 2002. 3. 위 요령이 폐지됨에 따라 2002. 7. 마련된 지적재산전략대강에 의하여 현재 각 부처별로 보상금기준을 포함하여 독자적으로 결정하게 되었다고 한다.[10]

---

7) 출원인인 발명자가 특허출원서에 발명자 권리의 이전에 관한 내용을 포함하여 특허를 출원하여야 하며 특허등록 전에 국가를 양수인(assignee)로 지정하여 국가가 그 권리를 승계하게 된다.

8) 고재범, 앞의 논문, 41면.

9) 고재범, 앞의 논문, 32면.

10) 「개정 직무발명보상제도 해설 및 편람」, 41면.

4. 직무발명의 관리 및 처분

가. 관 리

공무원 직무발명의 관리는 국유특허권의 등록을 전후로 하여 구분되는데 직무발명의 장려, 등록 후 보상, 관리·처분(특허권 등의 포기를 포함)에 관한 업무는 국유재산법 제8조에도 불구하고 즉 일반국유재산과 달리 특허청장이 관장하며, 직무발명의 국가승계, 국가승계된 발명의 국내·외 특허출원, 특허출원 중인 직무발명의 처분·관리에 대한 업무는 '발명기관의 장'(직무발명을 한 당시 그 공무원이 소속한 기관의 장)이 관장한다.[11)]

구체적으로 보면, 공무원이 자기가 맡은 직무와 관계되는 발명을 한 경우에는 지체 없이 그 내용을 발명기관의 장에게 신고하여야 하고, 이때 발명기관의 장은 해당 직무발명의 현재 또는 장래의 실용적 가치, 산업상 이용가능성 등을 고려하여 직무발명에 대하여 특허를 받을 수 있는 권리 및 특허권에 대한 국가승계 여부 결정을 하여야 한다. 국가승계가 결정되면 신고를 받은 발명기관의 장은 직무발명자인 공무원에게 서면으로 통지하여야 하고, 발명자는 지체 없이 그 직무발명에 대하여 특허를 받을 수 있는 권리 또는 특허권을 국가에 양도하여야 하며, 양도받은 발명기관의 장은 지체 없이 특허청장에게 국유특허권의 등록을 요청하여야 한다.[12)]

나. 처 분

처분이란 국유특허권 또는 특허출원 중인 직무발명에 대하여 특허를 받을 수 있는 권리의 매각, 전용실시권의 설정, 통상실시권의 허락, 특허출원 중인 직무발명에 대한 전용실시 또는 통상실시를 내용으로 하는 계약 등을 말한다.[13)]

국유특허권의 처분은 통상실시권의 허락을 원칙으로 하되, 통상실시권을 받으려는 자가 없거나 특허청장이 특히 필요하다고 인정하는 경우에는 국유

---

11) 「개정 직무발명보상제도 해설 및 편람」, 175면. 이하 II.를 포함한 설명은 공무원 직무발명 보상규정의 조항과 '공무원 직무발명의 처분·관리 및 보상 등에 관한 규정 시행규칙'을 요약한 것으로 편의상 각 조항의 표시는 생략한다.

12) 각 기관에서 외부기관에 용역 등을 수행하게 하여 그 결과 창출된 발명의 경우, 특허의 발명자란에 실질적으로 발명에 관여하지 않은 공무원이 기재되어서는 아니 된다. 「개정 직무발명보상제도 해설 및 편람」, 176면.

13) 공무원 직무발명 보상규정 제2조 제4호.

특허권을 매각하거나 전용실시권을 설정할 수 있다. 국유특허권의 처분은 유상으로 하되, 농어민의 소득 증대, 수출 증진, 그 밖의 국가시책 추진을 위하여 특허청장이 특히 필요하다고 인정하는 경우와 국가기관의 장이 공공의 목적을 위하여 특허청장의 승인을 받아 국유특허권을 직접 실시하려는 경우의 어느 하나에 해당하는 경우에는 무상으로 할 수 있다. 또한 국유특허권에 대한 통상실시권의 허락은 수의계약의 방법으로 하지만, 국유특허권의 매각 및 그 전용실시권의 설정은 경쟁입찰의 방법으로 한다.

특허청장이 국유특허권에 대하여 전용실시권을 설정하거나 통상실시권을 허락하는 처분을 하는 경우 그 계약기간은 계약일로부터 3년 이내로 하되, 해당 국유특허권을 실시하는 데에 필요한 준비기간이 1년 이상 걸리는 경우에는 그 준비기간과 해당 국유특허권의 존속기간이 계약일로부터 4년 이내에 만료되는 경우에는 그 존속기간 만료 시까지의 남은 기간만큼 연장하여 계약할 수 있다.

그리고 국유특허권에 대하여 유상으로 전용실시권을 설정하거나 통상실시권을 허락하는 경우 그 실시료의 예정가격은 “실시료 예정가격 = 국유특허권을 이용한 제품의 총판매예정수량 × 제품의 판매단가 × 점유율 × 기본율”의 산식에 의하게 되는데, 여기서 ‘총판매예정수량’은 ‘실시기간 중 매 연도별 판매예정수량을 합한 것’을, ‘제품의 판매단가’는 ‘실시기간 중 매 연도별 공장도 가격의 평균가격’을, ‘점유율’은 ‘단위 제품을 생산하는 데에 해당 국유특허권이 이용되는 비율’을 의미하고, ‘기본율’은 3%로 하되 다만, 해당 국유특허권의 실용적 가치 및 산업상 이용가능성 등을 고려하여 2% 이상 4% 이하로 할 수 있다.

Ⅱ. 공무원 직무발명의 보상

1. 개 관

앞서 보았듯이 공무원의 직무발명에 대하여 국가나 지방자치단체가 그 권리를 승계한 경우에는 정당한 보상을 하여야 하고, 이 경우 보상금의 지급에 필요한 사항은 대통령령이나 조례로 정한다. 국가공무원의 직무발명의 경우

발명자인 공무원에게 국가가 특허권을 승계하여 국유특허로 등록된 경우에는 등록보상금, 등록된 권리나 출원 중인 권리에 통상실시권 등을 설정한 경우에는 처분보상금이 지급되며, 처분수익금을 기준으로 발명기관에게는 기관포상금이 지급된다. 일반적인 직무발명과는 달리 보상에 관한 보상규정 관련 협의나 직무관련 분쟁의 조정 등에 관하여는 조항이 없다.[14]

2. 보상금의 종류 및 지급방법

첫째, 특허청장은 국유특허권에 대하여 각 권리마다 50만 원을 등록보상금으로 발명자에게 지급하여야 하되 동일한 직무발명에 대하여 한 번만 지급한다. 실용신안권은 각 권리마다 30만 원, 디자인권은 각 권리마다 20만 원을 지급받는다.

둘째, 특허청장은 국유특허권 또는 특허출원 중인 직무발명에 대하여 특허를 받을 수 있는 권리를 유상으로 처분한 경우에는 그 처분수입금의 100분의 50(2005년 개정 전에는 10~30%이었다)에 해당하는 처분보상금을 발명자에게 지급한다.

셋째, 특허청장은 국유특허권 또는 특허출원 중인 직무발명에 대하여 특허를 받을 수 있는 권리를 유상으로 처분한 경우에는 그 처분수입금을 기준으로 하여 기관포상금(예컨대 처분수입금이 1천만 원 초과 5천만 원 이하인 경우는 100만 원)을 발명기관의 장에게 지급하여야 한다.

위와 같은 보상금 중 등록보상금은 국유특허권으로 등록한 연도 또는 그 다음 연도에, 처분보상금 및 기관포상금은 처분수입금이 납부된 연도 또는 그 다음 연도에 각 지급하며 등록보상금 또는 처분보상금을 받을 수 있는 발명자가 2명 이상인 경우에는 그 지분에 따라 각각 분할하여 지급하여야 한다. 또한 등록보상금 및 처분보상금은 발명자가 전직하거나 퇴직한 경우에도 지급하여야 하며, 발명자가 사망한 경우에는 그 상속인에게 지급하여야 한다.

한편 발명자 또는 그 상속인이 받은 등록보상금 및 처분보상금과 발명기관의 장 또는 수탁기관의 장이 받은 기관포상금 등은 특허가 취소되거나 무효로

---

14) 결국 공무원 직무발명 보상규정에 따른 보상에 불복이 있는(직무발명을 한) 공무원은 별도의 소송을 통하여 '정당한 보상'이 이루어졌는지를 다툴 수밖에 없을 것이다. 이때 위 보상규정이 법규명령에 해당하는지 여부도 주요쟁점으로 될 것으로 보인다.

된 경우에도 반환하지 아니한다. 다만, 발명을 한 자가 아니거나 또는 그 승계인이 아닌 경우, 특허청직원 및 특허심판원의 직원이 재직 중 특허를 받은 사유로 해당 특허가 무효로 된 경우에는 반환하여야 한다.

Ⅲ. 공무원직무발명규정의 문제점

1. 승계조항의 문제점

공무원의[15] 기본권은 일반국민과 마찬가지로 보장되어야 하고, 기본권 제한 법률은 공무원관계의 성질상 불가피한 것이어야 하는데, 헌법 자체가 예정한 노동3권 제한(헌법 제33조), 정당가입이나 정치활동 제한(헌법 제7조) 등이 대표적인 제한이고 그 이외에는 헌법 제37조 제2항에 근거하여 법률로써 기본권 제한이 가능하다. 그러나 이 역시 헌법이 예정하여 놓은 특수한 신분관계 중 하나인 공무원관계의 유지를 위하여 필수 불가결한 범위 내에서, 즉 기본권 제한입법의 한계 내에서 이루어져야 할 것으로[16] 이러한 관점에서 볼 때 승계조항에 관하여는 재산권 보장의 문제와 나아가 평등권 침해의 문제가 논의되어야 할 것으로 보인다.[17] 그런 면에서 볼 때 앞서 본 공무원 직무발명 관련 규정은 발명자주의 원칙과 상충되고 직무발명제도가 추구하는 발명자와 사용자의 이익을 등가적으로 유지하는 목적에 반하여 국가의 이익을 우선시하는 사실상 '사용자주의'를 취하는 것과 다름없다.[18] 또한 이러한 입법방식을 취하면서도 일정기간 내에 국가에 의한 권리승계의 통보가 없을 경우 이를 누가 어떻게 처리할 수 있는지에 관하여 일반적 직무발명시 존재하는 승계포기 간주

---

15) 여기서의 공무원의 범위에 관하여는 앞서 종업원 부분에서와 같은 논의가 있다.

16) 허영, 「헌법이론과 헌법」(제6판, 박영사, 2014), 966면(특별권력관계론을 근거로 공무원의 기본권 주체로서의 지위를 부인하던 시대는 이미 지나갔다).

17) 일방적으로 공무원에게 불리한 조항이라는 비판을 받는다고 한다. 임호, 「특허실무론」(문우사, 2014), 39면.

18) 조광훈, "공무원의 직무발명에 따른 특허권의 국·공유화에 대한 비판적 연구", 지적재산권 제22호(2007. 11), 8면; 이런 점에서 차등을 두지 않는 외국의 입법례를 참조할 필요가 있다; 정차호, "2006년 개정 직무발명제도의 제 문제점 및 재개정방안", 「창작과 권리」 48호(2007년 가을호), 6면 각주14)에서는 사용자주의를 취한 것으로 보는 것은 오해한 것이라고 하지만, 그 효과는 사용자주의와 사실상 동일하므로 위와 같이 설명한다.

규정 같은 규정이 없는 등 규정의 공백이 있어 공무원 직무발명자는 매우 불리한 상황에 처한 것이 분명하므로 보완이 필요한 것으로 보인다.[19]

2. 보상조항의 문제점

위와 같은 사실상 사용자주의 하에서는 보상이 더욱 중요한 의미를 갖게 될 것인데 일반적인 직무발명에서 주어지는 절차적인 보장과 그에 따른 실질적인 보상액 확보책이 주어졌는지는 특히 같은 발명의 승계에 관하여 공무원 직무발명의 경우 유의미한 액수의 차이(감소)가 나는 보상액이 산정될 경우 의문이 아닐 수 없다. 특히 가장 중요한 처분보상금으로 처분수입금의 50%를 지급한다고 하지만 저조한 실시율 문제와 연계되어 실질적인 보상은 상대적으로 더 적어진다고 하고 있고[20] 이러한 부분은 공무원이 신분을 유지하면서 별도의 소송절차로 '정당한 보상'을 요구하는 것이 사실상 어려운 점을 감안하면 더욱 그러하다.

이러한 문제점의 해결을 위하여 전체적인 공무원 직무발명의 귀속이나 보상규정을 바꾸지 못한다 하더라도 최소한 절차적 보장책의 확보는 시급하다고 생각되고[21] 이러한 개선은 연구직 공무원들의 직무발명 활성화를 통한 국가경쟁력 확보를 유도할 수 있는 현실적인 방안 중 하나로 보인다.[22]

---

19) 현재와 같은 사용자주의적 입법태도가 유지된다면 불합리한 부분에 대한 보완책으로 앞서 본 바와 같이 공무원의 개념을 축소하여 예컨대 '법률이 정하는 주요방위산업체에 종사하는' 공무원의 직무발명에 관하여만 적용되게 하는 등의 제한적인 방식으로 해석하거나 나아가 아예 명시적인 범위축소를 위한 개정이 필요하다고 할 것이다.

20) 이훈호, 앞의 논문, 3면, 78면(지방공무원의 경우 지방자치단체에서도 기관마다 다른 조례를 가지고 있어 운영상 차이가 있다고 한다).

21) 제15조 제1항 내지 제6항의 정당한 보상을 보장하기 위한 일반규정이 같은 조 제7항의 공무원 직무발명에도 적용되는 방안이 검토되어야 할 것이다.

22) 고재범, 앞의 논문, 2면(현재 100만 명에 이르는 공무원자원의 활용이 장차 국가경쟁력 확보에 필요할 것이라고 한다).

제 5 절 보상액 산정 판례 정리

뉴탑법률사무소 변호사 노갑식

Ⅰ. 정리방향

직무발명보상금의 구체적인 액수는 원칙적으로 ① 그 직무발명에 의해 사용자가 얻을 이익의 액(사용자의 이익액), ② 발명에 대한 사용자 및 종업원의 공헌도(발명자 보상률), ③ 공동발명자가 있을 경우 그 중 발명자 개인의 기여도(발명자 기여율) 등의 요소를 종합적으로 고려하여 산정함이 상당하므로(서울고등법원 2009. 8. 20. 선고 2008나119134 판결 등) 직무발명의 보상액 산정에 관하여 지금까지 선고된 대법원 판결과 하급심 판결들[1)]중에서 참고할만한 판결들을 쟁점별, 유형별로 나누고, 가능한 한 판결 원문에 충실하되 읽기 편하도록 일부를 변형하여 정리한다.

Ⅱ. 보상금 산정의 기본원리

구 특허법[2)] 제39조 제1항의 직무발명에 해당하는 회사 임원의 발명에

1) 법원 내부 판결문검색시스템에서 사건명을 "보상금", 주제어를 "직무발명"으로 해서 검색하니 2014. 10. 8. 현재 108건이 검색되는데, 대법원 판결 및 최근의 고등법원판결을 중심으로 검토하였다.

2) 특허법에 규정되어 있던 직무발명과 그 보상에 관한 제39조와 제40조가 2006. 3. 3. 개정법에서 삭제되고 그에 관한 것은 발명진흥법에서 규정하고 있고, 직무발명보상금청구권이 발생한 당시의 구법을 적용하도록 하고 있는데, 이하 편의상 판결 원문에 있는 그 시행 당시의 특허법을 특정하지 아니하고 단순히 구 특허법이라고만 한다.

관하여 회사와 그 대표이사가 임원의 특허를 받을 수 있는 권리를 적법하게 승계하지 않고 같은 법 제40조에 의한 보상도 하지 않은 상태에서 위 임원을 배제한 채 대표이사를 발명자로 하여 회사 명의의 특허등록을 마침으로써 임원의 특허를 받을 수 있는 권리를 침해한 경우, 그 임원이 입은 재산상 손해액은 임원이 구 특허법 제40조에 의하여 받을 수 있었던 정당한 보상금 상당액이다. 그 수액은 직무발명제도와 그 보상에 관한 법령의 취지를 참작하고 증거조사의 결과와 변론 전체의 취지에 의하여 밝혀진 당사자들 사이의 관계, 특허를 받을 수 있는 권리를 침해하게 된 경위, 그 발명의 객관적인 기술적 가치, 유사한 대체기술의 존재 여부, 그 발명에 의하여 회사가 얻을 이익과 그 발명의 완성에 그 임원과 회사가 공헌한 정도, 회사의 과거 직무발명에 대한 보상금 지급례, 그 특허의 이용 형태 등 관련된 모든 간접사실들을 종합하여 정함이 상당하다(대법원 2008. 12. 24. 선고 2007다37370 판결).

근무규칙 등에 의하여 직무발명에 대하여 특허를 받을 권리 등을 사용자에게 승계한 종업원은, 당해 근무규칙 등에 사용자가 종업원에 대하여 지급하여야 할 대가에 관한 조항이 있는 경우에도 그 대가액이 구 특허법의 규정에 따라 정해진 대가의 액에 이르지 않은 때에는 그 부족액에 상당하는 대가의 지급을 구할 수 있다(서울고등법원 2009. 8. 20. 선고 2008나119134 판결).

사용자의 직무발명규정 중 “사용자 명의로 ‘등록된 특허권’을 양도 또는 기타의 방법으로 처분하였을 때 ‘직무발명심의위원회의 심의를 거쳐’ 보상금을 지급하도록” 한 규정은, 이를 특허권 설정등록이 마쳐지기 전에는 보상의무가 없다는 취지로 해석할 경우 발명자인 종업원을 보호하기 위한 강행규정으로서 직무발명에 대하여 특허 받을 권리를 사용자로 하여금 승계하게 한 때에 곧바로 종업원의 보상금청구권이 발생함을 규정하고 있는 구 특허법 제40조 제1항에 위반되어 무효이고, 그 직무발명규정이 요구하는 ‘직무발명심의위원회의 심의’ 역시 사용자가 자발적으로 직무발명보상을 행하는 경우 그 보상절차를 규정한 것일 뿐이므로, 이로써 이미 직무발명으로 인한 보상금청구권을 취득한 종업원의 보상금청구를 거부할 수는 없다(서울고등법원 2004. 11. 16. 선고 2003나52410 판결).

Ⅲ. 사용자가 얻을 이익

1. 일반론

구 특허법 제40조 제2항은 사용자가 종업원에게서 직무발명을 승계하는 경우 종업원이 받을 정당한 보상액을 결정하면서 발명에 의하여 사용자가 얻을 이익액과 발명의 완성에 사용자가 공헌한 정도를 고려하도록 하고 있는데, 구 특허법 제39조 제1항에 의하면 사용자는 직무발명을 승계하지 않더라도 특허권에 대하여 무상의 통상실시권을 가지므로, '사용자가 얻을 이익'은 통상실시권을 넘어 직무발명을 배타적·독점적으로 실시할 수 있는 지위를 취득함으로써 얻을 이익을 의미한다. 한편 여기서 사용자가 얻을 이익은 직무발명 자체에 의하여 얻을 이익을 의미하는 것이지 수익·비용의 정산 이후에 남는 영업이익 등 회계상 이익을 의미하는 것은 아니므로 수익·비용의 정산 결과와 관계없이 직무발명 자체에 의한 이익이 있다면 사용자가 얻을 이익이 있는 것이고, 또한 사용자가 제조·판매하고 있는 제품이 직무발명의 권리범위에 포함되지 않더라도 그것이 직무발명 실시제품의 수요를 대체할 수 있는 제품으로서 사용자가 직무발명에 대한 특허권에 기해 경쟁회사로 하여금 직무발명을 실시할 수 없게 함으로써 매출이 증가하였다면, 그로 인한 이익을 직무발명에 의한 사용자의 이익으로 평가할 수 있다(대법원 2011. 7. 28. 선고 2009다75178 판결).

종업원의 직무발명에 대한 권리를 승계한 사용자가 실시한 발명이 직무발명 출원 당시 이미 공지된 것이어서 이를 자유롭게 실시할 수 있었고 경쟁관계에 있는 제3자도 그와 같은 사정을 용이하게 알 수 있었다면, 사용자가 직무발명 실시로 인하여 무상의 통상실시권을 넘는 독점적·배타적 이익을 얻고 있다고 단정할 수 없으므로, 사용자가 그 종업원에게 직무발명과 관련하여 실시보상금을 지급할 의무가 없다(대법원 2011. 9. 8. 선고 2009다91507 판결).

사용자가 직무발명을 제3자에게 양도한 이후에는 더 이상 그 발명으로 인하여 얻을 이익이 없을 뿐만 아니라, 직무발명의 양수인이 직무발명을 실시함으로써 얻은 이익은 양수인이 처한 우연한 상황에 따라 좌우되는 것이어서 이러한 양수인의 이익액까지 사용자가 지급해야 할 직무발명 보상금의 산정에 참작하는 것은 불합리하므로, 사용자가 직무발명을 양도한 경우에는 특별한 사정이 없는 한 그 양도대금을 포함하여 양도시까지 사용자가 얻은 이익액만을 참작하여 양도인인 사용자가 종업원에게 지급해야 할 직무발명 보상금을 산정해야 한다(대법원 2010. 11. 11. 선고 2010다26769 판결).

2. 산정시점

이익액의 산정 시점은 원칙적으로는 특허를 받을 수 있는 권리 내지 특허권을 승계한 시점이므로, 승계 시점을 기준으로 하여 장래 사용자가 직무발명에 의해 얻을 것으로 합리적으로 예견되는 이익을 보상금 산정의 기초로 삼아야 하지만, 권리 승계 시 장래의 이익을 예상하여 실시보상금을 미리 산정함에는 많은 어려움이 있으므로, 실제 실시계약의 체결 실적, 자사 제품에의 실시 여부 및 매출액 등 권리 승계 후 보상금 청구시까지 발생한 구체적인 사정을 '승계 당시 장래 얻을 수 있었던 이익'의 산정에 참작할 수 있고, 나아가 사용자가 직무발명의 실시로 인하여 실제로 이익을 얻은 경우, 특별한 사정이 없는 한 최소한 그 실현된 이익만큼은 '승계 당시 장래 얻을 수 있었던 이익'으로 봄이 상당하다(서울고등법원 2009. 8. 20. 선고 2008나119134 판결).

3. 구체적 산정사례

가. 사용자가 직접 발명을 실시하는 경우

1) 한국타이어 사건(서울고등법원 2014. 4. 24. 선고 2012나53644 판결)

가) 산정방식　사용자의 매출액에 실시료율을 곱한 값에서 무상의 통상실시권으로 발생한 부분을 제외하는 방식으로 보상금을 산정한 사안으로 그 산식은 다음과 같다.

직무발명보상금의 액수 = 사용자의 매출액 × 초과매상의 비율(해당 특허의 독점이익의 비율) × 가상 실시료율 × 발명자의 공헌도

나) 초과매상의 비율(독점이익의 비율)　타이어 제품의 성능은 스틸코드뿐만 아니라 다른 여러 구성 부분의 특성이 복합적으로 작용하여 결정되고, 타이어 제품의 매출은 물리적인 성능뿐만 아니라 타이어의 디자인, 기업 이미지, 광고

및 판매 전략 등에 의해서도 상당한 영향을 받으며, 실제로 피고의 제품을 구매한 소비자들 가운데 상당수는 제품의 성능이 아닌 피고의 기업 이미지를 주된 구매이유로 들고 있고, 특허발명에는 그 출원 전에 공지된 다른 발명과 같은 구성도 일부 포함되어 있으며, 타이어 업계에서 특허발명과 같은 3층 구조는 2층 구조보다 경쟁력이 떨어지는 측면이 있는 것으로 평가받고 있어 그 초과매상의 비율도 미약할 것으로 보이는 사정 등에 비추어 볼 때 초과매상의 비율(독점권 기여율)은 3% 정도로 봄이 타당하다.

다) 가상 실시료율[3] 타이어 제품은 직접 노면과 접촉하는 트레드(Tread), 주행 시 외부 충격을 완화하는 벨트(Belt), 타이어의 골격을 이루는 카카스(Carcass), 유연한 굴신운동으로 승차감을 향상시키는 기능을 하는 사이드월(Sidewall), 튜브 대신 타이어의 공기누출을 방지하는 이너라이너(Innerliner), 타이어를 림에 장착시키는 기능을 하는 비드 코어(Bead Core), 트레드와 사이드월을 연결하면서 주행 중 내부 열을 발산하는 역할을 하는 숄더(Shoulder) 등으로 구성되는 다양한 고무조성물(Compound)의 유기적 결합체이고, 특허발명은 타이어의 구성 부분 가운데 벨트 또는 카카스의 일부를 이루는 보강재인 스틸코드에 관한 발명이며, 스틸코드의 구조가 타이어의 내구성과 자동차의 조종 안정성, 승차감 등에 상당한 정도로 영향을 미치기는 하지만, 타이어의 특성은 스틸코드 외에도 위와 같은 다양한 고무조성물의 구조와 성분에 의하여 좌우되고, 나아가 스틸코드가 포함될 수 있는 구성 부분인 벨트 자체의 성능도 특허발명이 관련된 스틸코드의 구조뿐만 아니라 단위 인치당 스틸코드의 수, 벨트 사이의 각, 벨트 사이의 각과 폭의 차이, 벨트 에지 테이프의 적용 여부, 벨트 에지 테이프의 게이지, 벨트 토핑 게이지 등 여러 요소에 의하여 결정되며, 피고가 특허발명을 착안할 당시에도 이미 타이어 제품의 원가절감 및 경량화를 위하여 스틸코드에서 필라멘트의 수를 줄여야 한다는 것에 관하여는 타이어 제조업계 내에서 어느 정도 공감대가 형성되어 있었으며, 특허발명의 적용 당시 피고의 경쟁사들도 고유의 스틸코드 구조를 가진 타이어 제품을 생산하여 판매하였고, 스틸코드의 구조를 새롭게 변경하는 경우 그 변경된 사양에 맞도록

3) 사용자의 이익액을 산정함에 있어 실시료율이 아니라 사용자의 이익률로 산정하여야 한다는 주장이 있고, 서울고등법원 2013. 1. 10. 선고 2011나100994 판결에서 이익률을 2%로 하여 이익액을 산정하였는데, 그 이익률 역시 엄격한 계산을 거친 것이 아니라 특허발명의 감광드럼에서 차지하는 비중과 동종 업계의 실시료 등을 감안하여 법원이 상당한 비율을 정한 것이다.

설비를 교체하거나 개선해야 하는 제조공정상의 문제가 발생할 수도 있으며, 특허발명 외에 피고가 타이어 제품과 관련하여 출원 또는 등록한 특허의 개수만 하더라도 약 2,000여 개에 이르고, 특허발명의 기술혁신의 정도와 개선된 작용 효과, 실시의 용이성과 수익성이 크다고 보기 어려운 사정 등에 비추어 볼 때 가상 실시료율은 1% 정도로 봄이 타당하다.

2) 온열마사지기 사건(서울중앙지방법원 2014. 10. 2. 선고 2013가합517131 판결)

가) 산정방식　　보상금 = 사용자의 매출액 × 실시료율 × 독점권 기여율 × (발명완성에 대한) 발명자 공헌도 × 발명자 기여율(공동발명의 경우)

나) 독점권 기여율　　온열마사지기 제품의 성능은 특허발명들의 기능뿐만 아니라 다른 여러 구성 부분의 특성이 복합적으로 작용하여 결정되는 점, 온열마사지기 제품의 매출은 제품의 기능 및 사용 편의성뿐만 아니라 기업 이미지, 광고 및 판매 전략 등에 의해서도 상당한 영향을 받게 되는 점, 피고의 제품이 출시되기 이전에 이미 온열치료기 사용자의 신장을 측정하여 치료 부위를 제어하고, 도자의 상하 운동을 통해 강도를 조절할 수 있도록 하는 기술이 개발되어 있었던 점 등을 종합하여 볼 때, 특허발명들의 각 발명별 독점권 기여율은 4~10%로 정함이 상당하다.[4)]

다) 실시료율　　① 하나의 온열마사지기 제품에는 특허발명들의 4가지 기능 외에도 메인 매트와 서브 매트의 구성, 도자의 작동 등과 관련된 다양한 기능 또는 기술들이 복합적으로 구현되어 있는 점, ② 특허발명들 중 3가지 기능은 사용자의 척추 길이 및 굴곡도를 측정·분석하고, 사용자가 도자의 강도를 조절하며, 패턴화된 마사지 형태를 제공함으로써 사용자별 맞춤형 마사지가 가능하도록 하기 위한 기능이고, 그 나머지 기능은 슬라이딩 디자인을 적용하여 마사지기 보관 시 소요되는 공간을 절약할 수 있도록 하기 위한 기능인바, 위 각 기능들은 모두 온열마사지 제품에 필수불가결한 요소라기보다는 사용자 편의성을 높이기 위한 기능으로 봄이 상당한 점, ③ 피고의 V3 제품이 출시되기 이전에 이미 온열치료기 사용자의 신장을 측정하여 치료 부위를 제어하고, 도자의 상하 운동을 통해 강도를 조절할 수 있도록

4) 이 사건의 경우 특허발명이 10여개에 이르는데 그 특허발명이 온열마사지기에서 작용하는 기능에 따라 독점권기여율을 다르게 산정한 사례로서, 아래 실시료기여율도 그 기능에 따라 다르게 산정하였다.

하는 기술이 개발된 것으로 보이는 점, ④ 특허발명들 중 하나는 부품 일체화에 관한 발명이고, 또 하나는 도자 이송부재 단축에 관한 발명으로, 마사지기 도자의 강도를 조절하기 위한 기능과의 직접적인 관련성은 없다고 보이는 점, 그 밖에 특허발명들이 가지는 기술혁신의 정도 및 개선된 작용·효과, 실시의 용이성과 수익성 등을 종합하여 볼 때, 각 발명별 실시료율은 0.4~1%로 정함이 상당하다.

나. 사용자가 제3자에게 실시허락을 한 경우[동아제약-한국얀센 사건(서울고등법원 2004. 11. 16. 선고 2003나52410 판결)]

1) 산정방식

발명으로 인하여 사용자인 피고(동아제약)가 얻을 이익에다가, 발명자 보상률 및 종업원인 원고의 기여율(다수의 발명자가 관련된 경우 원고의 기여도)을 감안하여 산정

2) 사용자가 얻거나 얻을 이익인 실시료의 산정

피고는 한국얀센과의 실시계약 체결로써 새로 개발한 이타졸 제품의 생산 및 판매를 포기하여 한국얀센으로 하여금 국내 시장에서의 독점적 지위를 유지할 수 있도록 함과 아울러, 한국얀센에 원고 참여 발명을 포함한 의약발명 전체의 특허에 관한 전용실시권을 부여하고, 관련 정보 및 자료 등 노하우 일체를 넘겨주는 대신, 한국얀센으로부터 그 대가로 초회 계약금 및 실시권 허여 대가 합계 6,805,800,000원을 지급받는 한편, 2000년 9월부터 2003년 12월까지 40개월 동안 실시료 합계 2,308,859,592원을 수령하고, 다시 2004년 1월부터 2004년 6월까지의 기간에 대하여 실시료율 1%를 적용한 실시료 108,346,859원을 지급받았는바, 이후 피고가 한국얀센으로부터 실시계약에 따라 지급받게 될 이후 6개월분 실시료도 같은 액수일 것으로 추인된다.

한국얀센과 피고와의 실시계약은 계약기간 조항에 따라 실시제품의 특허기간, 즉 출원일로부터 20년의 특허권 존속기간이 만료되는 2020. 4. 20.까지 그대로 존속하게 될 것이라고 봄이 옳다.

그 실시계약은 원고의 발명 외에 원고가 직접 참여하지 않아서 따로 그에 대한 권리를 주장할 수 없는 다른 특허발명들을 포함한 의약발명 전체를 전용

실시권 부여의 대상으로 하는 것이고, 이에 더하여 의약발명의 특허출원 명세서에 기재되지 아니한 비공개의 유용한 정보 및 자료 등 피고의 제품생산 관련 노하우 일체와 국내 항진균제 시장진출의 포기까지를 위와 같은 금원 지급의 반대급부로 하였으므로 그 실시계약에 따른 피고의 수입액 전부를 원고가 발명자로 참여한 발명으로 인한 수익이라고 할 수는 없고, 상당인과관계 있는 범위 내로 이를 제한하여야 할 것인바, 그 실시계약의 체결경위와 당사자의 의도, 실시계약의 대상이 된 의약발명 전체의 내용과 각각의 특허출원 및 등록 결과, 실시계약의 약정내용과 실시료 수입액, 계약 당시 이트라코나졸 제품의 국내 시장 상황, 전체 의약발명 중 원고 참여 발명이 차지하는 비중 및 그 우수성, 의약품 생산에서 노하우가 차지하는 중요도, 피고의 제품생산 및 영업능력과 그에 기초한 대외 협상력 등 제반 사정에 비추어 그 비율은 전체 수입액의 50%로 정함이 상당하다.

3) 산 식

가) 초회 계약금 및 실시권 허여 대가 : 6,805,800,000원

나) 2000. 9.부터 2004. 6.까지의 실시료 수령액 : 2,417,206,451원(= 2,308,859,592 + 108,346,859)

다) 2004. 7.부터 이 사건 변론종결일에 가까운 2004. 9.까지의 실시료 예상액 : 54,173,429원(= 108,346,859/6 × 3, 원 미만 버림)

라) 2004. 10.부터 계약기간 만료일에 가까운 2020. 3.경까지의 추정 실시료 : 2,463,279,803원(위 기간에 대한 추정 실시료 수입액을 호프만식 계산법에 의하여 이 사건 변론종결일이 속한 2004. 9. 당시의 현가로 환산)

마) 소 계 : 11,740,459,683원[= (가) + (나) + (다) + (라)]

바) 수익액의 결정 : 5,870,229,841원[= (마) × 50%]

Ⅳ. 발명자보상률

판결에 따라 사용자가 투입한 자금, 설비 등의 규모, 발명자에 의한 창작적 공헌도 등을 참작하여 발명자보상률(발명자의 기여도 또는 공헌도)을 2%에서 50%까지 다양한 비율로 정하고 있는데 참고할만한 몇 가지 사례를 소개한다.

1. 엘지생명과학 피리벤족심 사건(서울고등법원 2009. 8. 20. 선고 2008나119134 판결)

피고(엘지생명과학)는 특허발명이 등록될 무렵까지 매년 연간 매출의 25%~30%를 연구개발비로 투자하였는데 그중 피리벤족심에 대한 연구개발비는 2007년까지 128억여 원에 이르는 점, 피리벤족심에 관하여는 이와 같은 투자결과 원고가 입사하기 전에 이미 물질특허 2건, 제법특허 6건이 존재하고 있었고, 기초적인 수준이기는 하였으나 이미 다른 사람에 의한 관련 연구가 진행되고 있었던 점 등을 고려하면, 특허발명에 대해 사용자인 피고의 공헌도는 90%로 정하고, 공동발명자들에 대한 보상률은 10%로 봄이 상당하다.

2. 동아제약-한국얀센 사건(서울고등법원 2004. 11. 16. 선고 2003나52410 판결)

피고(동아제약)는 국내 굴지의 제약회사로서 그 동안 축적된 연구경험과 노하우를 바탕으로 1997년경 소속 연구원들로 하여금 의약발명을 위한 연구작업을 재개하여 이후 2년 남짓 동안 우수한 연구인력과 막대한 연구비를 동원하는 등 지속적인 인적·물적 투자를 해 온 결과, 특허발명을 완성하였고, 피고의 직무발명규정에는 처분보상의 발명자 보상률을 5~10%로 정하고 있는 점, 나아가 피고는 한국얀센과의 실시계약 체결과정에서 그 협상을 주도하여 추가 설비투자의 위험부담 없이 안정적인 실시료 수입을 확보함으로써 11,740,459,683원 상당의 큰 수익을 거둘 수 있었던 점 등 변론에 드러난 제반 사정을 종합하면, 특허발명에 대한 사용자인 피고의 공헌도는 90% 정도에 이른다고 봄이 상당하므로, 발명자들에 대한 보상률은 10%가 된다.

3. 신화피티지 사건(서울고등법원 2010. 2. 11. 선고 2008나106190 판결)

특허발명이 피고(신화피티지) 등이 구축한 인적·물적인 시설과 기반을 토대로 이루어진 점, 발명 완성 후 사업화에 이르기까지 위 각 회사와 피고가 투입한 시간과 비용, 특허발명은 화학물질의 제조방법에 관한 발명으로서 대규모 플랜트 설비를 갖춘 업체를 통하여서만 사업화될 수 있는 점을 피고의 공헌도를 높게 볼 사정에 해당한다.

한편, PTMEA 제조용 중합촉매의 개발은 신화피티지 등이 외국기술의 도입으로도 해결하지 못한 난제였고, 원고는 그 직무범위에 해당하지 않음에도 불구하고 자발적으로 위 난제를 해결하기 위한 기술적 수단을 착상하고 이를 반복하여 실현하는 방법을 만드는 과정을 주도한 점, 원고는 특허발명 이후 플랜트건설, 양산체제 구축과 라이센스계약 등에도 관여하였던 점은 통상적인 직무발명에 비하여 원고의 공헌도를 높게 보아야 할 사정에 해당한다.

위와 같은 사정을 모두 종합하면, 피고 등 사용자 측의 공헌도를 75%, 원고의 공헌도를 25%로 봄이 상당하다.

4. 삼성전자휴대폰 사건(서울고등법원 2014. 7. 17. 선고 2013나2016228 판결)

① 휴대전화기 제품의 경우 하드웨어와 소프트웨어 등에 수많은 첨단 기술이 고도로 집약된 점, ② 휴대전화기 제품의 소프트웨어 분야에서도 통신, 데이터 처리, 미디어 제어 등 다양한 분야의 기술이 접목된 점, ③ 특히 각 특허발명은 전화번호를 검색하는 방법에 관한 발명으로서 휴대전화기 구동을 위한 소프트웨어 분야에서도 극히 일부의 기술에 해당하는 점, ④ 휴대전화기 제품에서 전화번호를 검색하는 기술은 여러 대체 기술이 풍부하게 존재하므로 피고가 이 사건 각 특허발명을 직접 실시할 필요성이 크지 않다고 보이는 점, ⑤ 휴대전화기 매출에는 상표 등의 고객흡인력, 디자인의 우수성, 홍보 및 마케팅 활동 등 비기술적 요소 역시 기여하는 점 등에 비추어 보면, 휴대전화기 완성품에 대한 각 특허발명의 기여도는 2%로 정함이 상당하다.

Ⅴ. 공동발명자 중 개인의 기여율

1. 동아제약-한국얀센 사건(서울고등법원 2004. 11. 16. 선고 2003나52410 판결)

보상금을 지급받을 수 있는 권리를 가진 발명자가 수인인 경우에는 발명자 개개인의 기여율에 따라 보상금을 안분 지급하여야 할 것인바, 특허발명에 참여한 발명자들 중 원고의 기여율에 관하여 보건대, 원고는 특허발명의 각 특허출원 당시 특허발명 4의 발명자 3인 중 1인, 특허발명 5, 6의 각 발명자 5인 중 1인으로 등재되어 있고, 이트라코나졸 제제연구가 상당 부분 진행된 뒤인 1999년 3월경 연구팀의 일원으로 참여하였음에도 그 직후 종전의 연구성과를 뛰어넘는 결정적인 아이디어를 제공하여 답보상태에 빠져있던 연구에 돌파구를 마련해 줌으로써, 피고로 하여금 불과 몇 개월 만에 생물학적 동등성 시험을 통과하고 식품의약품안전청으로부터 의약품 제조·판매허가를 받게 하는 데 크게 기여하였으며, 이타졸 생산에 직접 사용된 제제기술은 특허발명 중 원고의 제안을 토대로 한 특허발명 4, 6이었음을 알 수 있는데, 여기에다가 원고의 경력 및 연구참여 기간, 특허발명의 다른 발명자나 전체 의약발명의 연구개발에 참여한 제품개발연구팀 연구원들의 구성, 연구기간, 담당업무, 직책 및 노력 정도, 특허발명의 내용, 원고가 내놓았던 제안의 우연성과 중요성 등 제반 사정을 더하여 보면, 특허발명의 발명자 총 5인 중 원고의 기여율은 30% 정도라고 봄이 상당하다.

2. 엘지생명과학 PL 발명자 사건(서울고등법원 2009. 8. 20. 선고 2008나119134 판결)

보상금을 지급받을 수 있는 권리를 가진 발명자가 수인인 경우에는 발명자 개개인의 기여율에 따라 보상금을 안분 지급하여야 할 것인데, 원고 포함 5명이 공동발명자로 되어 있는 점, 원고는 소위 PL로 근무하면서 전체적인 발명과정을 주도한 점, 공동발명자로 등재된 사람들 중 1인은 사실상 일반관리자로 보이는 점 등의 사정을 종합해 보면, 특허발명의 공동발명자 5인 중 1인으로서 원고의 기여율은 30%로 봄이 상당하다.

제 5 장

기타 직무발명제도 관련 쟁점

제 1 절 직무발명 보상금청구권의 소멸시효
제 2 절 대학교수발명
제 3 절 무효사유가 있는 특허권에 대한 보상
제 4 절 직무발명에 관한 섭외적 법률관계의 준거법
제 5 절 직무발명에 관한 최근 판결동향

제 1 절 직무발명 보상금청구권의 소멸시효

의정부지방법원 부장판사 박원규

I. 소멸시효제도 일반

1. 소멸시효의 의의

시효는 어떤 사실상태가 일정 기간 계속된 경우에 그 상태가 진실한 권리관계에 합치하는지 여부와 관계없이 그 사실상태를 존중하여 권리의 취득 또는 소멸이 일어나게 하는 법률요건이다. 이러한 시효 중 권리자가 권리를 행사할 수 있음에도 불구하고 권리를 행사하지 않는 상태가 일정기간 계속된 경우에 그 권리의 소멸을 일어나게 하는 것을 소멸시효(消滅時效)라고 한다.

소멸시효의 제도적 의의는 오랫동안 자기의 권리를 행사하지 아니한 채 방치하는 자는 이른바 '권리 위에 잠자는 자'로서 보호받을 가치가 없고, 일정한 사실상태가 오랫동안 계속되면 진정한 권리관계에 대한 입증이 곤란하므로 그러한 사실상태가 오래 계속되었다는 것 자체를 상당한 권리관계에 의하여 유지된 것으로 보아 입증곤란에 빠진 당사자를 구제할 필요가 있다는 데 있다(통설).[1]

2. 구별개념

소멸시효와 구별해야 하는 개념으로는 제척기간(除斥期間)과 실효(失效)가 있다.

1) 郭潤直 代表編輯(尹眞秀 執筆部分), 「民法注解 〔Ⅲ〕」, 博英社(1996), 388면.

가. 제척기간

제척기간은 법률이 예정하고 있는 권리의 존속기간 또는 권리자가 권리를 행사할 수 있는 기간을 가리킨다.[2] 권리자가 제척기간 내에 권리를 행사하지 않으면 해당 권리는 절대적으로 소멸한다. 법률이 소멸시효와 별도로 제척기간을 두고 있는 이유는 법률관계를 조속히 확정하려는 데 있다. 그러므로 제척기간은 소멸시효와 달리 중단이나 정지 제도가 인정되지 아니한다. 또한 제척기간은 소멸시효와 달리 권리가 소멸하여도 소급효가 없고, 시효이익의 포기도 인정되지 아니한다. 제척기간이 제소기간인 경우에는 소송요건에 관한 직권조사사항에 해당하므로, 법원은 당사자의 주장이 없더라도 직권으로 제척기간 준수 여부를 조사하여 제척기간이 경과되었음이 인정되면 소송요건의 흠결을 이유로 소를 각하해야 한다.[3]

나. 실 효

실효는 상당한 기간 권리를 행사하지 아니한 권리자의 권리행사를 신의칙에 의하여 불허하는 것을 말한다. 일반적으로 권리의 행사는 신의에 좇아 성실히 하여야 하고 권리는 남용하지 못하는 것이므로, 권리자가 실제로 권리를 행사할 수 있는 기회가 있었음에도 상당한 기간이 경과하도록 권리를 행사하지 아니하여 의무자인 상대방으로서도 이제는 권리자가 권리를 행사하지 아니할 것으로 신뢰할 만한 정당한 기대를 가지게 된 다음에 새삼스럽게 그 권리를 행사하는 것은 법질서 전체를 지배하는 신의성실의 원칙을 위반하는 결과가 된다.[4] 이러한 경우 그 권리의 행사는 실효의 원칙에 따라 허용되지 아니한다. 소멸시효는 법률에 의하여 인정되고 그 기간이 법률에 정해져 있는 반면, 실효는 신의칙에 의하여 인정되는 것이고 그 기간이 구체적인 사정에 따라 개별적으로 결정된다는 점에서, 양자는 차이가 있다.

---

2) 제척기간의 예로는, 민법 제146조의 취소권행사기간, 상표법 제76조 제1항의 무효심판청구기간, 같은 조 제2항의 취소심판청구기간 등이 있다.

3) 郭潤直 代表編輯(尹眞秀 執筆部分), 앞의 책, 405면.

4) 대법원 1992. 1. 21. 선고 91다30118 판결, 대법원 2002. 1. 8. 선고 2001다60019 판결 등.

3. 소멸시효의 요건

소멸시효가 인정되기 위해서는, ① 그 권리가 소멸시효의 대상이 되는 권리여야 하고, ② 권리자가 특정 시점에서 권리를 행사할 수 있어야 하며, ③ 권리자가 그로부터 법률이 정한 기간 동안 권리를 행사하지 아니하여야 한다. 이러한 3가지 요건 중 ①은 소멸시효의 대상이 되는 권리의 문제로, ②는 소멸시효의 기산점의 문제로, ③은 소멸시효기간의 문제로 논의되고 있다.

가. 소멸시효의 대상이 되는 권리

소멸시효의 대상이 되는 권리는 원칙적으로 채권과 그 밖의 재산권이다(민법 제162조). 친족상의 권리와 같은 재산권 이외의 권리는 소멸시효의 대상이 될 수 없고, 재산권이라도 절대성과 항구성을 특징으로 하는 소유권이나 사실상태에 의하여 인정되는 권리인 점유권과 유치권은 소멸시효의 대상이 되지 아니한다.

나. 소멸시효의 기산점

소멸시효는 권리를 행사할 수 있는 때로부터 진행한다(민법 제166조 제1항). 기한의 정함이 있는 권리는 이행기가 도래한 때로부터 소멸시효가 진행한다. 확정기한부 권리는 그 확정기한이 도래한 때부터, 불확정기한부 권리는 권리자가 불확정 기한의 도래 여부를 알았는지 여부와 관계없이 그 기한이 객관적으로 도래한 때부터 소멸시효가 진행한다. 기한의 정함이 없는 권리는 권리자가 권리가 성립한 후 언제든지 이를 행사할 수 있으므로 원칙적으로 권리가 성립했을 때부터 소멸시효가 진행한다. 한편, 부작위를 목적으로 하는 채권의 소멸시효는 위반행위를 한 때로부터 진행한다(민법 제166조 제2항).

다. 소멸시효기간

소멸시효기간은 법률의 정함에 따른다. 채권의 소멸시효기간은 원칙적으로 10년이고, 그 밖의 재산권의 소멸시효기간은 원칙적으로 20년이다. 다른 법령이 그보다 단기의 소멸시효를 규정하고 있으면 그에 따른다.

민법 제163조는 단기소멸시효가 3년인 채권에 대하여, 민법 제164조는 단기소멸시효가 1년인 채권에 대하여 각각 규정하고 있다. 상행위로 인한 채권은 상법에 다른 규정이 없는 때에는 5년간 행사하지 아니하면 소멸시효가 완성된다(상법 제64조). 판결에 의하여 확정된 채권, 파산절차에 의하여 확정된 채권, 재판상의 화해, 조정 기타 판결과 동일한 효력이 있는 것에 의하여 확정된 채권은 본래 단기소멸시효에 해당하는 것이라도 10년의 소멸시효기간이 적용된다(민법 165조 제1항, 제2항).

4. 소멸시효의 중단과 정지

소멸시효의 진행을 방해하는 것으로는 소멸시효의 중단(中斷)과 정지(停止)가 있다.

가. 소멸시효의 중단

소멸시효의 중단이란 소멸시효가 진행하는 중 권리불행사의 사실상태를 깨뜨리는 사정이 발생하였음을 이유로 이미 진행한 시효기간의 효력을 상실케 하는 제도이다. 대법원 판례는 시효중단의 제도적 의의에 관하여 “원래 시효는 법률이 권리 위에 잠자는 자의 보호를 거부하고 사회생활상 영속되는 사실상태를 존중하여 여기에 일정한 법적 효과를 부여하는 제도이므로 어떤 사실상의 상태가 계속 중 그 사실상의 상태와 상용할 수 없는 사정이 발생할 때는 그 사실상의 상태를 존중할 이유를 잃게 된다고 할 것이므로 이미 진행한 시효기간의 효력을 상실케 하는 것”이라고 보고 있다.[5)]

민법은 시효중단 사유로 ① 청구, ② 압류 또는 가압류, 가처분, ③ 승인의 3가지를 규정하고 있다(민법 제168조).

소멸시효가 중단되면 그때까지 경과한 시효기간은 효력을 잃고, 그 권리에 대한 소멸시효는 중단사유가 종료한 때로부터 새로이 진행한다(민법 제178조). 시효중단은 원칙적으로 당사자 및 그 승계인 사이에서만 효력이 있다(민법 제169조).

나. 소멸시효의 정지

소멸시효의 정지는 소멸시효가 완성될 무렵에 권리자가 시효를 중단시키는 행위를 할 수 없거나 그와 같은 행위를 하는 것이 극히 곤란한 사정이 발생한 경우, 그 사정이 소멸한 후 일정기간이 경과할 때까지 소멸시효의 완성을 유예

5) 대법원 1979. 7. 10. 선고 79다569 판결.

하는 제도이다.[6] 소멸시효가 정지되더라도 그때까지 경과한 시효기간의 효력에는 아무런 영향이 없다는 점에서 소멸시효의 정지는 소멸시효의 중단과 다르다. 민법은 소멸시효의 정지사유로 제한능력자를 위한 정지(제180조 제1항), 혼인관계의 종료에 의한 정지(제180조 제2항), 상속재산에 관한 정지(제181조), 천재기타 사변에 의한 정지(제182조) 등에 관하여 규정하고 있다.

5. 소멸시효 완성의 효과

소멸시효 완성의 효과에 관하여 학설은 소멸시효의 완성으로 권리가 당연히 소멸된다는 견해(절대적 소멸설)와 소멸시효의 완성으로 권리가 당연히 소멸되는 것은 아니고 시효의 이익을 받을 자에게 소멸시효의 완성을 원용할 수 있는 권리가 생길 뿐이라는 견해(상대적 소멸설)가 대립하고 있다.[7]

대법원 판례는, 소멸시효가 완성되면 "당사자의 원용이 없어도 시효완성의 사실로서 채무는 당연히 소멸되는 것"이라고 판시함으로써 절대적 소멸설을 취하고 있다.[8] 다만, 소송에서는 변론주의 원칙상 소멸시효의 이익을 받는 자가 소멸시효 이익을 받겠다는 뜻을 원용하지 않는 이상 그 의사에 반하여 재판할 수는 없으므로, 소멸시효의 이익을 받으려는 자는 소멸시효의 완성을 원용해야 한다.[9]

소멸시효의 완성을 원용할 수 있는 자는 원칙적으로 권리의 소멸에 의하여 직접적인 이익을 받는 자에 한정된다.[10]

Ⅱ. 직무발명 보상금청구권의 소멸시효

1. 소멸시효의 대상인 권리 여부

종업원등이 직무발명에 대하여 특허등을 받을 수 있는 권리나 특허권등을

6) 池元林, 「民法講義[第11版]」, 弘文社(2013), 425면.
7) 郭潤直 代表編輯(尹眞秀 執筆部分), 앞의 책, 476－480면.
8) 대법원 1979. 2. 13. 선고 78다2157 판결, 2012. 7. 12. 선고 2010다51192 판결 등.
9) 대법원 1979. 2. 13. 선고 78다2157 판결.
10) 대법원 1997. 12. 26. 선고 97다22676 판결.

사용자등에게 승계하거나 전용실시권을 설정함으로써 취득하는 직무발명 보상금청구권(이하 '보상금청구권'이라고만 한다)은 채권으로서 소멸시효의 대상이 된다. 보상금청구권의 법적 성질에 관해서는 이를 법정채권으로 보는 견해와 상사채권으로 보는 견해가 있다.

2. 소멸시효기간

가. 우리나라의 학설과 판례

우리나라 학설은 대체로 보상금청구권의 소멸시효기간을 10년으로 본다.[11] 대법원 판례 역시 보상금청구권의 소멸시효기간을 일반채권과 같이 10년으로 보고 있다.[12]

나. 일본의 학설과 판례

일본의 통설적 견해는 보상금청구권이 일본 특허법 제35조 제3항에[13] 의하여 인정되는 법정채권임을 근거로 보상금청구권의 소멸시효기간을 10년으로 본다.[14]

소수설로는, 사용자등이 상인인 경우에는 사용자등이 종업원등으로부터 특허등을 받을 수 있는 권리나 특허권등을 승계받는 행위는 보조적 상행위에 해당하고 그로 인하여 발생하는 보상금청구권은 상사채권에 해당한다는 이유로 보상금청구권의 소멸시효기간을 5년으로 보는 견해,[15] 일본 특허법 제35조 제3항에 의하여 인정되는 보상금청구권은 법정채권으로 보더라도, 계약이나 근무규정에 규정된 보상금청구권은 상사채권으로서 소멸시효기간을 5년으로

11) 조영선, 「특허법[제4판]」, 박영사(2013), 267면; 尹宣熙, 「特許法[第5版]」, 法文社(2012), 311면; 이규홍, 「특허판례연구[개정판]」, "직무발명보상금 관련 공동발명자의 판단기준 등", 박영사(2012), 957면.

12) 대법원 2011. 7. 28. 선고 200975178 판결.

13) 우리나라 발명진흥법 제15조 제1항에 해당한다.

14) 高林龍, "職務發明をした従業員の對價請求權と消滅時効", 「平成 7年度 重要判例解說」, 有斐閣(1996), 233頁; 美勢克彦, "職務發明の要件と効果について", 知的財産法の理論と實務 1－特許法[1], 新日本法規(2007), 329頁; 竹田和彦(김관식 등 역), 「特許의 知識[제8판]」. 에이제이디자인기획(2011), 405면; 中山信弘 外 3人 編(田中成志 執筆部分)(사단법인 한국 특허법학회 역), 「特許判例百選[第 4版]」, 박영사(2014), 205면.

15) 渋谷達紀, ジュリスト(1019号), 219頁[中山信弘, 小泉直樹 編(飯塚＝田中 執筆部分), 新·注解特許法(上), 青林書院(2011), 568頁.에서 재인용].

보아야 한다는 견해 등이 있다.[16)]

일본 최고재판소는 보상금청구권의 소멸시효에 대해 명시적으로 판시한 바 없으나, 대부분의 하급심 판례는 보상금청구권의 소멸시효기간을 10년으로 보고 있다.[17)] 일본 지적재산고등재판소는 보상금청구권의 소멸시효기간을 5년이 아니라 10년으로 보는 이유에 관하여 "보상금청구권은 사용자등과 종업원등 사이의 형평을 도모하기 위해 법률이 정한 채권으로서 영리성을 고려할 수 있는 채권이라 할 수 없으므로 상행위에 의한 채권 또는 그에 준하는 채권으로 볼 수 없다"고 판시하고 있다.[18)]

다. 검 토

보상금청구권의 소멸시효기간은 보상금청구권의 법적 성질과 관련하여 결정된다. 보상금청구권의 법적 성질을 법정채권으로 이해하면 소멸시효기간을 10년으로 보아야 하고, 상사채권으로 이해하면 소멸시효기간을 5년으로 보아야 할 것이다.

발명의 장려 등을 통해 산업의 기술 경쟁력을 높이고 국민경제의 발전에 이바지함을 목적으로 제정된 발명진흥법은 제2장 제2절에서 "직무발명의 활성화"라는 표제 아래 직무발명에 관한 여러 규정을 두고 있다(동법 제10조 내지 제19조). 동법 제15조 제1항은 종업원등은 직무발명에 대하여 특허등을 받을 수 있는 권리나 특허권등을 계약이나 근무규정에 따라 사용자등에게 승계하게 하거나 전용실시권을 설정한 경우에는 정당한 보상을 받을 권리를 가진다고 규정하고 있고, 같은 조 제2 내지 4항은 사용자등이 정당한 보상을 지급하는 데 준수해야 할 사항을 규정하고 있으며, 같은 조 제6항 단서는 같은 조 제2 내지 4항에 의한 보상액이 직무발명에 의하여 사용자등이 얻을 이익과 그 발명의 완성에 사용자등과 종업원등이 공헌한 정도를 고려하지 아니한 경우에는 정당한 보상을 한 것으로 볼 수 없도록 규정하고 있다.

위와 같은 발명진흥법의 규정에 의하면, 보상금청구권의 법적 성질은 동법이 직무발명에 대한 정당한 보상을 보장함으로써 직무발명을 장려하기 위하여

16) 中山信弘, 小泉直樹 編(飯塚＝田中 執筆部分), 앞의 책, 568－569頁.
17) 中山信弘, 小泉直樹 編(飯塚＝田中 執筆部分), 앞의 책, 567頁.
18) 知財高裁 平成21. 6. 25(평19(ネ)10056号)(中山信弘, 小泉直樹 編(飯塚＝田中 執筆部分), 앞의 책, 568頁.에서 재인용).

정책적으로 인정한 법정채권으로 보아야 할 것이다.[19)]

보상금청구권에 관한 발명진흥법의 규정은 강행규정이므로, 이에 위반되는 약정은 무효이다.[20)] 종업원등은 보상금청구권에 관한 계약이나 근무규정이 없는 경우에도 사용자등에게 발명진흥법 제15조 제6항 소정의 정당한 보상금을 청구할 수 있고, 사용자등으로부터 받은 보상금액이 이에 미치지 못하는 경우에는 그 차액을 청구할 수 있다.

한편, 종업원등이 사용자등과 체결한 계약이나 근무규정에 보상금 지급 의무와 보상금액의 산정방법이 규정되어 있더라도, 이는 발명진흥법 제15조에 따른 것이거나 동조의 규정을 보충하기 위한 것이므로, 종업원등이 사용자등과 체결한 계약이나 근무규정에 따라 산정된 보상금액이 발명진흥법 제15조 제6항에 의하여 산정된 정당한 보상금액을 초과하더라도 그 초과 부분에 해당하는 보상금 청구권의 법적 성질을 달리 볼 것은 아니다.

따라서 보상금청구권은 발명진흥법이 정책적으로 인정한 법정채권으로서, 그 소멸시효기간은 일반채권과 같이 10년으로 봄이 타당하다.

일본의 학설 중에는 보상금청구권의 소멸시효기간을 결정함에 있어서 근로관계채권과의 관계를 고려할 필요가 있다고 하면서, 일본 「노동기준법」 제115조에 기초한 임금채권의 소멸시효기간이 2년이고, 퇴직수당의 소멸시효 기간이 5년인 것과의 균형을 생각하면 보상금청구권의 소멸시효기간을 10년으로 보는 것은 부당하다고 보는 견해도 있다.[21)] 그러나 보상금청구권은 발명진흥법이 정책적으로 인정한 권리로서 노동의 대가인 임금과는 그 성질을 달리하므로,[22)] 이러한 견해는 받아들이기 어렵다.

19) 同旨 尹宣熙, 앞의 책, 310면.

20) 尹宣熙, 앞의 책, 310면.

21) 中山信弘, 小泉直樹 編(飯塚=田中 執筆部分), 앞의 책, 569頁; 中山信弘 外 3人 編(田中成志 執筆部分)(사단법인 한국 특허법학회 역), 앞의 책, 206頁.

22) 보상금청구권은 법정채권으로서 노동의 대가인 임금과는 그 성격상 명확히 구분되므로, 일반적인 임금이나 성과급 등의 지급으로써 직무발명에 대한 보상금의 지급을 갈음할 수 없다고 할 것이다(서울고등법원 2009. 10. 7. 선고 2009나26840 판결 참조; 성과급 중 일부가 직무발명 보상금에 해당한다고 본 하급심 판결로는 서울중앙지방법원 2010. 6. 17. 선고 2009가합87404 판결 참조).

3. 소멸시효의 기산점

소멸시효는 그 권리를 행사할 수 있는 때로부터 진행한다. 여기서 "권리를 행사할 수 있는 때"라 함은 그 권리행사에 법률상의 장애사유가 없는 경우를 말하므로 사실상 그 권리의 존재나 권리행사 가능성을 알지 못하였거나, 알지 못함에 있어서의 과실이 있었는지 여부 등은 시효진행에 영향을 미치지 못한다.[23]

직무발명에 대한 보상금청구권은 특허등을 받을 수 있는 권리나 특허권등을 사용자등에게 승계한 때 발생하므로(발명진흥법 제15조 제1항), 보상금청구권의 소멸시효는 원칙적으로 종업원등이 직무발명에 대하여 특허등을 받을 수 있는 권리나 특허권등을 사용자등에게 승계한 때부터 진행한다.[24]

특허권등의 승계 시에는 정당한 보상금액을 산정할 수 있는 객관적 사정(예컨대, 사용자가 직무발명으로 얻은 이익)이 존재하지 않는 경우가 많지만, 보상금액을 산정하기가 어렵다는 사정만으로 권리를 행사할 수 없다고 볼 수 없으므로, 이러한 사정은 소멸시효의 진행에 영향을 미치지 못한다.[25]

그러나 계약이나 근무규정 등에 직무발명에 대한 보상금의 지급시기를 따로 정하고 있는 경우에는 그 시기가 도래할 때까지 보상금청구권 행사에 법률상 장애가 있는 경우에 해당하므로, 근무규칙 등에 정하여진 지급시기가 소멸시효의 기산점이 된다.[26]

계약이나 근무규정 등에 직무발명의 보상금을 일시금 형태가 아닌 분할지급 형태로 지급하도록 규정한 경우에는 그 각각의 지급시기가 각각의 분할된 보상금청구권에 대한 소멸시효의 기산점이 된다고 할 것이다.[27] 또한 계약이나 근무규정 등에 출원시보상, 등록시보상, 실적보상, 처분보상 등에 관하여 각각의 지급시기가 정해져 있는 경우에도, 그 각각의 지급시기가 각각의 보상금청구권에 대한 소멸시효의 기산점이 되는 것으로 보아야 할 것이다.[28]

23) 대법원 1984. 12. 26. 선고 84누572 전원합의체 판결.

24) 대법원 2011. 7. 28. 선고 2009다75178 판결; 尹宣熙, 앞의 책, 311면; 조영선, 「특허법[제4판]」, 박영사(2013), 267면.

25) 中山信弘, 小泉直樹 編(飯塚=田中 執筆部分), 앞의 책, 569頁.

26) 대법원 2011. 7. 28. 선고 2009다75178 판결.

27) 이규홍, 앞의 책, 958면.

28) 中山信弘, 小泉直樹 編(飯塚=田中 執筆部分), 앞의 책, 570頁; 中山信弘 外 3人 編(田中成志 執筆部分)(사단법인 한국 특허법학회 역), 앞의 책, 205頁.

사용자등이 종업원등의 직무발명을 특허 등으로 출원하는 대신 영업비밀로 실시하기로 하고, 종업원등과 당해 발명을 독점적으로 실시하기로 합의한 경우에는, 그에 대한 보상금청구권은 합의시에 발생하는 것으로 보아야 하므로, 그 소멸시효의 기산점은 합의시가 된다고 할 것이다.[29]

4. 관련 문제

가. 사용자등의 일부변제와 시효중단 및 시효이익의 포기

사용자등이 계약이나 근무규정 등에 의하여 산정한 금액을 정당한 보상금액이라고 믿고 종업원등에게 보상금을 지급하였는데, 그 보상금액이 발명진흥법 제15조 제6항 단서 소정의 정당한 보상금액에 미치지 못하는 것으로 밝혀지는 경우가 있는바, 이 경우 사용자등의 보상금 지급은 일부변제에 해당한다.

위와 같은 사용자등의 보상금지급이 보상금청구권의 소멸시효 완성 전에 이루어진 경우에는 민법 제168조 제3호의 승인에 의한 시효중단 여부가, 소멸시효 완성 후에 이루어진 경우에는 민법 제184조의 시효이익의 포기 여부가 각각 문제될 수 있다.

민법 제168조 제3호의 승인은 시효의 이익을 받을 자가 그 권리의 존재를 인식하고 있다는 것을 표시하는 행위로서 관념의 통지에 해당하므로, 시효의 이익을 받을 자는 '해당 권리의 존재'를 인식하고 있어야 한다. 그러므로 채무의 수액에 대하여 다툼이 있는 경우 채무자가 다툼이 없는 부분에 대한 채무를 변제하더라도 나머지 채무에 대해서까지 시효중단의 효력이 있다고는 볼 수 없다고 할 것이다.[30] 또한, 민법 제184조의 시효이익 포기는 단독행위로서 관념의 통지인 승인과는 구별되지만 구체적인 양태에 있어서는 시효중단 사유인 승인과 유사하므로, 시효이익 포기의 경우에도 시효이익에 대한 처분권한을 가진 자가 '해당 권리의 존재'를 인식하고 있어야 할 것이다.

따라서 사용자등이 계약이나 근무규정 등에 의하여 산정한 금액이 정당한 보상금액이라고 믿고 종업원등에게 보상금을 지급하였다면, 사용자등이 실제

29) 尹宣熙, 앞의 책, 312면.

30) 郭潤直 代表編輯(尹眞秀 執筆部分), 앞의 책, 536면.

지급액과 정당한 보상금액 사이의 차액 부분에 대한 권리의[31] 존재를 인식하고 있었다고 할 수 없으므로, 사용자등의 보상금 지급 행위가 민법 제168조 제3호의 승인이나 민법 제184조의 시효이익의 포기에 해당한다고 보기 어렵다고 할 것이다.[32]

나. 소멸시효 항변의 제한

보상금청구권은 일반적인 매매대금 채권과 달리 정당한 보상금액이 사후에 재판을 통해 비로소 가려지는 경우가 많고, 직무발명 특성상 근로관계가 계속되고 있는 동안에는 종업원이 사용자를 상대로 보상금을 청구하기가 어려워 퇴직 후에 보상금을 청구하게 되는데, 그때는 이미 보상금청구권에 대한 소멸시효가 완성된 경우가 많다.[33] 그러므로 구체적인 사정에 따라 사용자의 소멸시효 항변을 인정하는 것이 현저히 부당하거나 불공평한 결과를 초래하여 신의칙에 반하는 경우가 발생할 수 있다. 이러한 경우에는 일정한 요건 아래서 사용자의 소멸시효 항변을 제한할 필요가 있다.

사용자의 소멸시효 항변권 행사도 민법의 대원칙인 신의성실의 원칙의 지배를 받는 것이므로, 사용자가 시효완성 전에 종업원의 권리행사나 시효중단을 현저히 곤란하게 하였거나, 종업원으로 하여금 그러한 조치가 불필요하다고 믿게 하는 행동을 하였거나, 종업원 보호의 필요성이 크고, 같은 조건의 다른 종업원이 보상금을 지급받는 등의 사정이 있어, 사용자의 보상금 지급의무 소멸을 인정하는 것이 현저히 부당하거나 불공평하게 되는 등의 특별한 사정이 있는 경우에는, 사용자의 소멸시효 항변은 신의칙에 반하여 허용될 수 없는 것으로 보아야 할 것이다.[34]

---

31) 자신이 지급한 보상금액과 「발명진흥법」 제15조 제6항 단서 소정의 정당한 보상금액의 차액에 해당하는 채권을 가리킨다.

32) 中山信弘, 小泉直樹 編(飯塚＝田中 執筆部分), 앞의 책, 570－572頁.

33) 美勢克彦, 앞의 논문, 329－330頁.

34) 신의칙을 이유로 채권자의 소멸시효 항변을 제한한 것으로는 대법원 2002. 10. 25. 선고 2002다32332 판결, 대법원 2008. 5. 29. 선고 2004다33469 판결, 대법원 2013. 3. 28. 선고 2010다108494 판결 등 참조.

제 2 절 대학교수발명

광주지방법원 부장판사 염호준

I. 서 론

대학교수발명이란 대학교수가 연구활동을 통하여 이루어낸 발명을 말한다. 대학에서 직무발명과 관련한 종업원의 개념에는 기업이나 연구기관, 공공기관 등의 경우와는 달리 교수 및 행정·기술직원 등의 교직원, 초빙교수, 연구원, 대학원생, 학부생 등이 다양하게 포함될 수 있는데, 대학과 정식으로 임용계약을 체결하고 급여를 받는 교직원에 대하여 「발명진흥법」 상의 종업원으로 인정하는 것에는 이론이 없을 것이나, 조교나 박사과정생 등의 학생과 같이 학생 신분에 있으면서 학교로부터 계약 및 고용에 의해 급여를 받은 경우도 종업원으로 인정할 수 있을지 여부에 관하여는 개별 대학의 직무발명 규정에서 종업원을 어떻게 정의하느냐에 따라 달라질 수 있다.[1)]

또한 대학교수발명의 경우 연구과제의 설정주체, 연구비·연구시설의 지원주체, 대학교수와의 계약에 따른 지위관계 등에 따라 다양한 형태의 조합이 가능하므로, 대학교수발명의 귀속주체를 일률적으로 규정하기는 쉽지 않다.

이하에서는 대학교수발명을 중심으로 직무발명에 해당하는지 여부에 대하여 유형별로 고찰하여 보고, 발명의 귀속 및 이에 대한 보상이 어떻게 이루어지는지에 관하여 주로 논의해 보고자 한다.

1) 정성찬, "대학교수 직무발명제도의 비판적 검토", 산업재산권 22호, 한국산업재산권법학회 (2007), 38면.

Ⅱ. 각국의 입법례

1. 미 국

미국은 일찍부터 대학에서의 연구개발에 대한 연방정부의 지원의 중요성을 인식하고 연방정부가 대학에 지급하는 연구비를 계속적으로 증액하여 왔는데, 이에 대하여 정부지원에 의한 연구개발의 결과를 정부가 소유하거나 일반공중이 널리 사용할 수 있도록 공개하는 것이 바람직하다는 의견이 지배적이었으나, 정부소유의 경우에는 특허권 등의 관리가 비효율적으로 이루어지게 되고, 일반공중의 공유로 하는 경우에는 특허발명이 곧바로 상품화되는 것이 아니라 상품화에 필요한 안정성 시험과 설비투자 및 시장개척 등의 투자가 필요한데, 특허권의 보호 없이 그러한 투자를 하고자 하는 민간기업이 없는 경우가 많다는 점이 지적되어 왔다.[2)]

이러한 대학에서의 연구개발성과를 보다 효율적으로 활용하기 위해서 1980년 "바이-돌법(Bayh-Dole Act of 1980)"에 의하여 특허법을[3)] 개정함으로써, 연방정부의 지원에 의하여 대학에서 이루어진 발명에 대해서 원칙적으로 당해 연구개발을 수행한 대학이 특허권을 취득하도록 하여 특허발명의 상업화를 유도하는 한편, 연방정부와 기타의 기업들은 대학으로부터 강제실시권(compulsory licence)을 취득하여 발명을 실시할 수 있도록 함으로써 특허발명이 사장되는 것을 방지하고자 하였다.

이에 따라 미국은 교수가 발명자이되 대학교수와 대학 간의 계약에 의해 대학에 그 권리를 양도하고 대학은 무상의 통상실시권을 보유하는데, 특히 국유특허가 될 수 있는 발명을 각 대학에 주고 각 대학이 이로부터 수익을 얻을 수 있도록 함으로써 각 대학은 스스로 관리체계를 갖추어 연구비 유치, 지적재산권 보호, 지적재산의 마케팅, 라이센스의 교섭과 계약, 로열티의 분배와 차기연구기금 확보, 지적재산권 침해행위에 대한 대응, 창업회사의 설립과 지분 보유 등에 나서게 되었고 이는 대학의 발명을 자극하는 계기가 되었을 뿐만 아니라 국가의 산업발전과 경제발전에도 많은 영향을 주게 되었다.[4)]

---

2) 정상조, "대학교수의 특허권 -자유발명인가 직무발명인가-", 법조 49권 5호, 법조협회(2000), 88-89면.

3) 제200조 내지 제212조.

4) 정승일·윤종민, "직무발명 범위에 관한 법적 연구 - 대학교수 발명을 중심으로", 과학기술과 법 3권 2호, 충북대학교 법학연구소(2012), 131-132면.

2. 영 국

영국의 1977년 특허법에는 종업원이 통상적인 업무의 수행과정에서 행한 발명에 대한 특허권은 그 법인 등의 사용자에게 귀속된다고 규정되어 있고, 영업비밀에 대해서도 마찬가지로 해석되고 있는데, 이러한 법규정은 종전까지 존재해 온 판례를 그대로 받아들여 성문법화한 것으로 이해되고 있지만, 대학 교수들의 연구결과에 관한 지적재산권의 귀속에 관해서는 종전의 판례와 1977년 특허법과의 사이에는 상당한 차이가 있다. 즉 종전의 판례에서는 대학 교수들의 연구결과에 대한 지적재산권이 교수들 자신에게 귀속되는 것으로 보고 있었음에 비하여, 1977년 특허법에서는 교수들이 강의뿐만 아니라 연구를 수행해야 할 계약상 의무를 가지고 있고 그러한 계약상 업무로서 연구를 수행한 결과 나오게 된 발명은 특허법 규정에 따라서 대학에 귀속되는 것이라고 규정하였다.[5)]

이에 대하여는 대학을 통하여 또는 대학에 의하여 자금이 제공되고 특정 연구과제가 교수에게 부과된 경우 당해 연구의 결과로 만들어진 발명에 대해서 대학이 특허권을 가지게 된다는 것은 1977년 특허법의 해석상 이론의 여지가 없으나, ① 대학과 교수간의 계약은 강의 이외에 불특정의 연구를 하기로 하는 것인데, 그러한 계약 하에서 교수가 만들게 된 발명에 대한 특허권이 항상 대학에 귀속된다고 해석해야 할 것인지는 의문시되고, ② 영국 특허법은 직무발명의 요건으로서 발명을 하게 된 연구개발이 종업원의 직무범위 내에 속하고 당해 종업원으로부터 발명이 예상·기대되는 경우이어야 할 것이 요구되고 있는데, 대학 교수의 발명이 그러한 두 가지 요건을 모두 충족시키고 있다고 보기 어려운 경우가 많기 때문에, 그러한 특정 연구과제의 부과나 자금제공이 없는 가운데 교수의 일상적인 학술적 연구의 결과로 만들어진 발명에 대해서까지 대학이 특허권을 가지게 된다고 해석될 수 없다는 견해도 유력하다.[6)]

3. 독 일

독일은 대학교수의 발명에 대하여 국가나 대학이 간섭하는 것은 학문의 자유를 침해하는 것으로서 독일기본법에 반한다고 보아 왔다.[7)] 이에 따라

5) 정상조, 앞의 논문(주 2), 91면.
6) 정상조, 앞의 논문(주 2), 92면.
7) 정승일·윤종민, 앞의 논문(주 4), 131면.

종업원발명법 제42조에서도 대학교수 등이 자신의 지위에 의하여 완성한 발명을 자유발명으로 보아 종업원의 통지의무, 발명의 제공의무 등의 규정이 적용되지 않는 것으로 보아 왔다.[8] 그러나 이에 대하여는 대학교수에 대해서만 부적절하게 경제적 특혜를 주고 대학발명이 상업적으로 충분히 활용되지 못한다는 등의 비판이 제기되어 왔다.[9]

이에 따라 2002년 개정된 종업원발명법 제42조에서는 대학발명이 자유발명이라는 관념을 포기하고 대학교수 등의 발명도 직무발명에 포함되는 것으로 파악하여 발명의 통지의무, 우선제공의무 등이 적용되는 것으로 하고 보상금액은 그 사용을 통하여 획득한 소득의 30%로 규정하였다.[10] 아울러 독일 대학은 공동 또는 단독으로 기술이전기구[Technology Licensing Organization(TLO)]를 설립하여 대학기술의 상업화를 주선하고 있고, 교수는 수익금의 30%를 보상금으로 받을 수 있다.[11]

4. 일 본

일본에서는 종래 대학교수발명을 원칙적으로 직무발명에 해당하지 않는 것으로 보아 왔다.[12] 그러나 문부성에서는 1977년 자문기관인 학술심의회로부터 대학교원의 발명에 관한 권리는 특별한 경우를 제외하고는 사용자(대학, 국가 등)에 귀속하지 않는다는 답신을 받고, 1978년 대학교원의 연구활동에 의한 발명은 원칙적으로 발명자에게 귀속되나, 응용개발을 목적으로 하는 특정연구과제 아래 ① 국가로부터 특별한 연구경비를 받고 연구한 결과 발생한 발명, ② 국가의 특별한 연구목적을 위하여 설치된 특수한 연구설비를 사용한 연구로부터 발생한 발명의 경우에는 국가에 권리가 귀속된다는 내용의 문부성 통지를 발표하였다.[13]

이후 1998년 미국 바이－돌법(Bayh－Dole Act of 1980)의 영향을 받아 「대학

8) 李在成, "職務發明에 관한 硏究 －獨逸의 従業員發明法을 中心으로－", 韓南大學校 大學院(2002), 56면.

9) 정성찬, 앞의 논문(주 1), 48면.

10) 李在成, 앞의 논문(주 8), 57면.

11) 김수동, "국·공립대학교수의 직무발명과 활성화에 관한 법리 및 제도적 고찰", 지식재산21 94호, 특허청(2006), 151면.

12) 澁谷達記, 知的財産權法講義 I, 有斐閣(2004), 104면; 竹田和彦, 特許의 知識(第8版), 도서출판 에이제이디자인기획(김관식 외 4인 번역)(2011), 413면.

13) 竹田和彦, 앞의 特許의 知識(주 12), 413면.

등에 있어서 기술에 관한 연구성과의 민간사업자로의 이전 촉진에 관한 법률」을 제정하여 대학 내에 연구성과의 이전을 담당할 기술이전기관(TLO)을 설립할 근거를 마련하고, 대학 또는 개인이 보유하고 있는 특허를 TLO를 통해 관리하게 함으로써 사립대학마다 발명의 관리체계가 정비되어 가고 있고, 기술이전도 점차 활성화되는 추세이다.[14)]

또한 2004년부터 국립대학 등의 독립법인화에 따라 공적 연구기관의 성과를 대학에 귀속시키는 것이 검토되었는데, 문부과학성은 연구성과를 일원화하여 연구기관(법인)에 귀속시킨다는 방침을 발표하였다.[15)]

Ⅲ. 우리나라의 관련 법령

1. 발명진흥법

종래 구 「특허법」(2006. 3. 3. 법률 제7869호로 개정되기 전의 것) 제39조 직무발명 규정 제2항 단서에[16)] 국·공립학교 교직원의 직무발명에 대하여도 일부 기술되어 있었는데, 2006. 3. 3. 법률 제7869호로 「특허법」을 개정할 때 제39조를 삭제하고, 2007. 4. 11. 법률 제8357호로 「발명진흥법」을 개정하면서 위 조항과 같은 내용을 「발명진흥법」 제10조 제2항 단서에[17)] 옮겨 규정하게 되었다.

2. 공무원 직무발명의 처분·관리 및 보상 등에 관한 규정

공무원의 직무발명에 대한 보상에 관하여는 「공무원 직무발명의 처분·관리 및 보상 등에 관한 규정」이 있으나, 위 규정 제2조의2에[18)] 의하면 국·공립학교 교직원의 직무발명에 대하여는 적용되지 않는다.

---

14) 홍봉규, "대학교원의 직무발명", 공법연구 34집 2호, 한국공법학회(2005), 432－433면.

15) 竹田和彦, 앞의 特許의 知識(주 12), 414－415면.

16) 다만, 고등교육법에 의한 국·공립학교(이하 "국·공립학교"라 한다) 교직원의 직무발명은 기술이전촉진법 제9조 제1항 후단의 규정에 의한 전담조직(이하 "전담조직"이라 한다)이 승계하며, 전담조직이 승계한 국·공립학교 교직원의 직무발명에 대한 특허권은 전담조직 소유로 한다.

17) 다만, 「고등교육법」 제3조에 따른 국·공립학교(이하 "국·공립학교"라 한다) 교직원의 직무발명에 대한 권리는 「기술의 이전 및 사업화 촉진에 관한 법률」 제11조 제1항 후단에 따른 전담조직(이하 "전담조직"이라 한다)이 승계하며, 전담조직이 승계한 국·공립학교 교직원의 직무발명에 대한 특허권등은 그 전담조직의 소유로 한다.

18) 이 영은 「기술의 이전 및 사업화 촉진에 관한 법률」 제11조 제1항 후단에 따른 전담조직이 설치된 국공립학교 교직원의 직무발명에 대해서는 적용하지 아니한다.

3. 기술의 이전 및 사업화 촉진에 관한 법률

「기술의 이전 및 사업화 촉진에 관한 법률」에 의하면 공공연구기관에는 기술이전·사업화에 관한 업무를 전담하는 조직을 설치하여야 하는데, 국·공립학교에 설치하는 전담조직은 법인으로 하여야 하고(제11조 제1항), 국·공립학교의 전담조직은 그 전담조직에 귀속된 공공기술의 이용으로 발생한 기술료를 연구자에 대한 보상금, 연구개발, 기술이전·사업화 등의 용도에 사용할 수 있다(제24조 제6항). 또한 공공연구기관의 장은 해당 기관의 연구자가 개발한 기술의 이전으로 발생하는 기술료의 일정 부분을 연구자와 공공연구기관 소속 임직원 중에서 기술이전에 기여한 사람에게 적정하게 배분하여야 하고(제19조 제2항), 기술료의 적정 배분에 관한 기준·방법과 그 밖에 필요한 사항은 시행령으로[19] 정하도록 하고 있으나(제19조 제4항), 이는 제24조 제6항에서 말하는 연구자에 대한 보상금과는 성질을 달리 한다고 보인다.

4. 산업교육진흥 및 산학연협력촉진에 관한 법률

「산업교육진흥 및 산학연협력촉진에 관한 법률」 제27조에서는[20] 산학협력

19) 第24조(공공기술 이전에 대한 성과 배분)
① 법 제19조 제2항에서 "대통령령으로 정하는 사람"이란 해당 기술이전에 관한 계약 체결과 그 과정에 기여한 사람(연구자는 제외한다)으로서 공공연구기관의 장이 정하는 사람을 말한다.
② 법 제19조 제2항에 따라 연구자 및 기술의 이전에 기여한 사람에게 배분하는 보상금은 다음 각 호의 구분에 따른 금액 또는 그에 상응하는 자산으로 한다. 다만, 연구자가 공무원(법 제11조 제1항 후단에 따른 전담조직이 설치된 국공립학교의 교직원은 제외한다)으로서 국가공무원인 경우에는 「공무원 직무발명의 처분·관리 및 보상 등에 관한 규정」에서 정하는 바에 따르고, 지방공무원인 경우에는 해당 지방자치단체의 조례로 정하는 바에 따른다.
1. 연구자: 연구자가 개발한 기술을 이전하거나 사업화하여 얻은 기술료의 100분의 50 이상
2. 기술의 이전에 기여한 사람: 연구자가 개발한 기술을 이전하거나 사업화하여 얻은 기술료의 100분의 10 이상

20) 第27조(산학협력단의 업무)
① 산학협력단은 다음 각 호의 업무를 수행한다.
1. 산학연협력계약의 체결 및 이행
2. 산학연협력사업과 관련한 회계의 관리
3. 지식재산권의 취득 및 관리에 관한 업무
4. 대학의 시설 및 운영의 지원
5. 기술의 이전과 사업화 촉진에 관한 업무
6. 직무발명과 관련된 기술을 제공하는 자 및 이와 관련된 연구를 수행하는 자에 대한 보상
7. 산업교육기관의 교원과 학생의 창업지원 및 기업가정신 함양 촉진 등에 관한 업무
8. 그 밖에 산학연협력과 관련한 사항으로서 대통령령으로 정하는 사항

단의 업무로 지식재산권의 취득 및 관리에 관한 업무, 직무발명과 관련한 기술을 제공하는 자 및 이와 관련된 연구를 수행하는 자에 대한 보상 등을 들고 있고, 국·공립대학은 기술의 이전과 사업화 촉진에 관한 업무를 전담하는 조직을 산학협력단의 하부조직으로 둘 수 있다는 내용을 규정하고 있다. 또한, 제35조에서[21) 산학협력단이 제정하는 지식재산권의 취득·관리 및 기술의 이전·사업화 등에 관한 규정에는 연구자(발명자) 또는 기술이전에 기여한 사람의 보상에 관한 사항 등이 포함되어야 한다고 규정하고 있다. 위 법률 시행령에서 교직원 등에 대한 보상은 순수익 재원의 성격, 순수익 금액의 규모, 관련 직원과 학생이 학교기업에 기여한 정도 등을 고려하여 지급액을 정하되, 구체적인 지급기준은 학칙으로 정하도록 하고 있다(시행령 제40조 제2항).

Ⅳ. 대학교수발명이 직무발명에 해당하는지 여부

1. 학 설

가. 원칙적으로 자유발명으로 보는 견해

상사기업의 종업원은 자신이 고용되어 있는 기업을 위하여 연구개발하고

② 국·공립대학은 제1항 제5호의 업무를 전담하는 조직을 「기술의 이전 및 사업화 촉진에 관한 법률」 제11조 제1항 및 제2항에도 불구하고 제29조에 따라 산학협력단의 하부조직으로 둘 수 있다. 이 경우 「발명진흥법」 제10조 제2항 단서를 적용할 때에는 그 산학협력단을 「기술의 이전 및 사업화 촉진에 관한 법률」 제11조에 따른 전담조직으로 본다.
③ 대학은 제1항 제7호의 업무를 전담하는 조직을 제29조에 따라 산학협력단의 하부조직으로 둘 수 있다.

21) 제35조(지식재산권의 취득·관리)
① 산학협력단은 산학연협력계약에 따라 지식재산권을 취득·사용 및 관리할 수 있다.
② 국가와 지방자치단체는 제1항에 따라 지식재산권을 취득·관리하는 데 소요되는 비용의 일부를 지원할 수 있다.
③ 산학협력단은 산학연협력계약을 체결할 때 기술의 사업화 및 산학연협력 촉진을 위하여 산학연협력계약의 이행에 따른 성과물에 대한 지식재산권 취득·관리에 필요한 비용을 확보하도록 노력하여야 한다.
④ 산학협력단은 지식재산권의 취득·관리 및 기술의 이전·사업화 등에 관한 규정을 제정하고 시행하여야 한다.
⑤ 제4항에 따른 지식재산권의 취득·관리 및 기술의 이전·사업화 등에 관한 규정에는 다음 각 호의 사항이 포함되어야 한다.
1. 지식재산권의 출원, 등록, 보호, 이전 및 활용에 관한 사항
2. 기술사업화에 따른 지식재산권의 활용 범위, 기본 요건 등에 관한 사항
3. 기술의 이전·사업화 정보의 등록 및 관리에 관한 사항
4. 연구자(발명자) 또는 기술이전에 기여한 사람의 보상에 관한 사항
5. 그 밖에 산학협력단장이 기술의 이전·사업화 촉진을 위하여 필요하다고 인정하는 사항

발명이라고 하는 재산적 가치 있는 결과를 생산해 내야 할 의무를 가지고 있음에 비하여, 대학교수는 대학을 위하여 연구하는 것이 아니라 일반적으로 인류의 지식축적에 기여하기 위하여 연구하고 그 연구결과를 널리 출판 등의 방법으로 공개하고 강의에 활용할 의무를 가지는 것이고, 본래 직무발명이라고 하는 개념은 연구개발의 비용과 시설 등을 제공한 사용자와 창조적인 노력을 제공한 종업원과의 사이에 합리적인 이익배분을 함으로써, 사용자로 하여금 보다 적극적인 투자를 하도록 유도하고 종업원으로 하여금 보다 창조적인 발명을 할 인센티브를 제공하기 위하여, 특허권의 귀속과 실시허락에 관한 특별규정이 마련된 가운데 생겨난 기능적 개념인데, 기업에서와 같은 특별한 투자가 존재하지 아니하는 대학과 교수와의 사이에는 적용될 수 없는 개념이라는 이유로 대학의 교수가 연구개발한 결과로 만들어진 발명은 원칙적으로 자유발명에 해당된다거나,[22] 학문의 자유를 중시하는 대학이라고 하는 학술연구기관의 성격상 민간기업 등에서의 직무발명과 동일하게 취급하는 것은 타당하지 않다는 견해이다.[23] 종래의 통설[24]이라고 할 수 있다.

나. 원칙적으로 직무발명으로 보는 견해

고등교육법에 의하여 대학의 업무범위와 교수의 임무가 학생교육과 연구의무로 확정되어 있고, 또한 일반적으로 임용계약상에 발명의 신고, 정보공개, 양도 등의 내용이 포함되어 있기 때문에 관련 법령과 이들 당사자 간의 계약에 의거하여 대학교수의 일상적·통상적인 연구 활동에 의한 발명도 마땅히 직무발명으로 취급하여야 한다는 견해이다.[25] 대학의 교수나 연구팀이 기업의 지원을 받아 연구를 수행하는 일이 크게 증가하고 있고, 국·공립대학의 경우에는 전담기구, 사립대학의 경우에는 산학협력단 등이 주체가 되어 대학 구성원이 한 발명에 관한 권리를 양도받아 통합관리하면서 적정한 대가와 방식으로 산업계에 이전하는 한편 그 이익의 일부를 대학에 환원시키는 일이 보편적으로 된 현실에

---

22) 정상조, 앞의 논문(주 2), 96-97면.

23) 강헌, "대학의 직무발명규정의 운영에 관한 비판적 고찰 -대학교수발명의 직무발명 해당성 여부를 중심으로-", 경영법률 21집 2호, 경영법률학회(2011), 761면.

24) 김선정, "교수의 발명을 활성화하기 위한 대학의 역할과 법적 과제", 지적소유권법연구 4집, 한국지적소유권법학회(2000), 258, 275; 김병일, "직무발명제도와 종업원과 사용자간의 법률문제", 지적소유권법연구 4집, 한국지적소유권법학회(2000), 379 등.

25) 정성찬, 앞의 논문(주 1), 54; 홍봉규, 앞의 논문(주 14), 429면.

비추어 더 이상 대학교수의 발명을 일률적으로 자유발명이라고 평가할 수 없다는 견해나[26] 대학 특허권 등의 사업화 및 대학의 경쟁력 확보라는 현실적 필요에 따라 대학교수의 발명은 직무발명이라고 보는 견해[27] 및 대학교수발명이 자유발명이라는 주장은 입법론에 불과하다는 견해도[28] 유사한 취지로 이해된다.

다. 검 토

대학교수의 연구의무는 일반기업에 근무하는 종업원의 연구개발의무와 본질적으로 구별되는 면이 있고, 직무발명제도의 기능적 측면에서 보더라도 대학교수발명이 모두 직무발명에 해당된다고 보기는 어렵다.

그러나 한편 교육중심대학에서 연구중심대학으로 전환하고 산학연협력계약을 통하여 대학교수발명에 관한 권리를 양도받아 통합관리하면서 적정한 대가와 방식으로 산업계에 이전하는 한편 그 이익의 일부를 대학에 환원시키는 일이 보편적으로 된 현실에 비추어 더 이상 대학교수발명을 일률적으로 자유발명이라고 보기도 어렵다. 또한, 앞서 살펴본 바와 같이 「발명진흥법」 제10조 제2항 단서에 의하면 국·공립대학 교직원의 직무발명에 대한 권리는 「기술의 이전 및 사업화 촉진에 관한 법률」 제11조 제1항 후단에 따른 전담조직이 승계하고, 전담조직이 승계한 국·공립대학 교직원의 직무발명에 대한 특허권등은 그 전담조직의 소유로 하며, 「산업교육진흥 및 산학연협력촉진에 관한 법률」 제27조, 제35조에 의하면 산학협력단에서 직무발명과 관련한 연구자(발명자) 또는 기술이전에 기여한 사람에 대하여 보상하도록 하고 있는데, 이러한 사정을 감안하면 우리나라에서는 입법적으로 대학교수발명이 직무발명이 될 수 있다는 입장을 전제로 하고 있다고 할 수 있다.

다만 원칙적으로 자유발명으로 보는 견해에서도 대학이 특정 교수와의 사이에 특정 연구과제를 정하고 이에 상응하는 연구비를 제공하여 그 결과로 발명이 완성되었다면 당해 발명은 직무에 속하는 발명으로 볼 수 있다고 하고 있고,[29] 원칙적으로 직무발명으로 보는 견해에서도 교수가 대학으로부터 연구비를 지원받지 않고 대학의 연구시설도 이용하지 않은 채 완성한 발명은 자유

26) 정상조·박성수 공편, 특허법주해 I, 박영사(2010), 459(조영선 집필부분).

27) 정승일·윤종민, 앞의 논문(주 4), 131면.

28) 김수동, 앞의 논문(주 11), 152면.

29) 정상조, 앞의 논문(주 2), 97면.

발명에 해당한다는 입장이므로,[30] 구체적인 유형별로 나누어 고찰하여 보면 양 견해의 차이는 실질적으로 크지 않다고 보인다. 따라서 대학교수발명을 일률적으로 직무발명에 해당한다거나 직무발명에 해당하지 않는다고 보기보다는 유형별로 나누어 판단하는 것이 바람직할 것이다.

2. 유형별 검토

가. 통상적인 연구활동의 경우

대학교수가 전공과 무관하게 대학으로부터 연구비를 지원받지 않고 대학의 연구시설도 이용하지 않은 채 완성한 발명의 경우라면 대학의 자원을 전혀 이용하지 않은 경우이므로 대학교수에게 귀속되는 자유발명이라 보는 견해가 지배적이다.[31]

비록 전공분야에 관한 것이라고 하더라도 대학교수가 대학으로부터 연구과제의 특정이나 연구비의 지원을 받지 않고 대학의 연구시설을 이용하지 않은 채 통상적인 연구활동의 결과로 완성한 발명은 원칙적으로 자유발명에 해당된다.[32] 이에 대하여는 「고등교육법」에 의하면 대학의 업무범위와 교수의 임무가 학생교육과 연구의무로 확정되어 있고,[33] 일반적으로 임용계약상에 발명의 신고, 정보공개, 양도 등의 내용이 포함되어 있기 때문에 대학교수의 통상적인 연구활동에 의한 발명은 직무발명에 해당한다거나,[34] 전공과 관련한 발명은 직무발명으로 보아야 한다는 견해도[35] 있다.

그러나 대학의 연구시설을 이용하여 발명이 이루어진 경우라면 연구계약·학칙·직무발명규정 등에 의하여 직무발명에 해당된다고 볼 수 있다.[36]

---

30) 조영선, 앞의 특허법주해 I(주 26), 461면.

31) 정승일·윤종민, 앞의 논문(주 4), 138면; 同旨 조영선, 앞의 특허법주해 I(주 26), 461면.

32) 조영선, 앞의 특허법주해 I(주 26), 460면.

33) 제15조(교직원의 임무).
② 교원은 학생을 교육·지도하고 학문을 연구하되, 필요한 경우 학칙 또는 정관으로 정하는 바에 따라 교육·지도, 학문연구 또는 「산업교육진흥 및 산학협력촉진에 관한 법률」 제2조 제5호에 따른 산학협력만을 전담할 수 있다.
제28조(목적)
대학은 인격을 도야하고, 국가와 인류사회의 발전에 필요한 심오한 학술이론과 그 응용방법을 가르치고 연구하며, 국가와 인류사회에 이바지함을 목적으로 한다.

34) 정성찬, 앞의 논문(주 1), 54면.

35) 김수동, 앞의 논문(주 11), 147면.

36) 조영선, 앞의 특허법주해 I(주 26), 460면; 정승일·윤종민, 앞의 논문(주 4), 137면.

나. 대학으로부터 특정연구위탁을 받은 경우

대학은 연구수행의 주관기관으로서 연구개발의 주체 및 연구를 위한 공간과 시설을 제공하고 있는데, 이러한 여건 하에서 대학교수가 대학으로부터 특정 연구비를 지원받았거나, 특별한 연구목적을 위해서 설치된 연구시설을 활용하여 완성한 발명은 원칙적으로 직무발명에 해당한다는 점에는 특별한 이견이 없다.[37] 이 경우는 용역수행·기술개발이라는 새로운 의무가 발생하기 때문이다.[38]

다. 외부기업체로부터 연구과제와 연구비를 받은 경우

대학교수가 외부기업체로부터 연구과제와 연구비를 위탁받고 발명을 완성한 경우 대학의 연구시설을 이용하지 않고 발명을 완성하였다면 원칙적으로 대학교수의 자유발명에 해당할 것이나, 대학의 연구시설을 이용하여 발명이 이루어진 경우라면 연구계약·학칙·직무발명규정 등에 의하여 직무발명에 해당한다고 볼 여지도 있다.[39] 대학교수는 대학의 장의 승인 없이 타기관의 연구업무를 수행할 수 없기 때문에 일반 기업과의 계약의 부적격한 당사자로 계약의 주체가 될 수 없고, 대학의 업무범위가 연구의무를 포함하고 있으며, 또한 연구의 의무가 대학교수의 직무이기 때문이다.[40]

그러나 대학교수가 외부기업체의 종업원의 지위에 있다고 볼 수는 없으므로, 외부기업체와의 관계에서 직무발명에 해당할 여지는 없다. 다만 대학, 대학교수 및 외부기업체 사이의 권리귀속의 문제는 대학교수와 외부기업체 간에 맺은 계약내용에 의해 결정되는 경우가 많은데, 대체로 연구용역 발주 기업이나 기관은 교수의 특허 받을 권리를 자신에게 양도할 것을 요구하는 약정을 맺는 경우가 일반적이다. 기업의 입장에서 보면 대학교수에게 연구비, 연구설비, 연구재료 등을 제공하여 나온 연구성과인 대학교수발명에 대하여 관련 대학 규정에 따라 대학과 기업이 공유하거나 아예 대학 산학협력단으로부터 그 발명을 승계 받는 것이 바람직한 방향이라고 볼 수 있다.[41]

---

37) 정승일·윤종민, 앞의 논문(주 4), 138면; 조영선, 앞의 특허법주해 I(주 26), 460면; 홍봉규, 앞의 논문(주 14), 434면.

38) 김수동, 앞의 논문(주 11), 148면.

39) 조영선, 앞의 특허법주해 I(주 26), 461면.

40) 정성찬, 앞의 논문(주 1), 54면.

41) 정승일·윤종민, 앞의 논문(주 4), 139면.

이 경우 외부기업체에 특허권이 귀속된다고 하더라도 특허법 제96조 제1항 제1호에 따라 연구 또는 시험을 하기 위하여 특허발명을 실시할 수 있으나, 발명자인 대학교수로서는 계속적인 연구개발을 하고 그 결과 개량된 발명을 실시하기 위하여 특허발명을 무상으로 실시할 수 있다는 내용의 특약을 해두는 것이 바람직할 것이다.[42]

라. 외부기업체의 기술고문으로 재직 중 그 기술분야의 발명을 완성한 경우

이 경우에는 대학교수가 외부기업체와의 계약에 의한 종업원(기술고문)의 지위에서 완성한 발명이므로 해당 외부기업체의 직무발명에 해당한다. 그러나 동시에 대학의 업무범위 및 교수의 직무범위에도 속한다고 볼 수 있을 경우에는 대학의 직무발명에도 해당될 여지가 있다. 특히 국·공립대학교수는 국가공무원법 제64조 제1항에[43] 의하여, 사립대학교수는 사립학교법 제55조 제1항에[44] 의하여 영리업무 및 겸직금지의무를 부담하고 있으므로, 관련 법령에 저촉되지 않는 범위 내에서 당사자 간의 계약을 기본으로 하여 합리적인 해결방안을 모색하여야 할 것이다.[45]

V. 대학교수발명의 효과

대학교수발명이 직무발명에 해당하는 경우 국·공립대학교수의 직무발명에 대한 권리는 「기술의 이전 및 사업화 촉진에 관한 법률」에 의한 전담조직이, 사립대학교수의 직무발명에 대한 권리는 산학협력단이 각각 승계한다. 이 경우 대학교수에게 정당한 보상을 받을 권리가 인정되는 것은 일반적인 직무발명에서의 논의와 동일하나, 그 보상기준은 각 전담조직의 직무발명 관련 규정이나 산학협력단 정관에서 따로 정하고 있는 경우가 일반적이다. 실제로 서울대,

42) 정상조, 앞의 논문(주 2), 99면.
43) 제64조(영리 업무 및 겸직 금지)
① 공무원은 공무 외에 영리를 목적으로 하는 업무에 종사하지 못하며 소속 기관장의 허가 없이 다른 직무를 겸할 수 없다.
44) 제55조(복무)
① 사립학교의 교원의 복무에 관하여는 국·공립학교의 교원에 관한 규정을 준용한다.
45) 정성찬, 앞의 논문(주 1), 55면.

KAIST, 포항공대 등에서는 학교별로 별도의 세부적인 '직무발명규정'을 제정하여 시행하고 있다.[46] 일부 국립대학의 경우 실시료 수입에서 제경비를 제외한 순수입의 50% 이상을 지급하고 있고, 많게는 80% 정도까지 지급하는 경우도 있는데, 재정수입이 열악한 사립대학의 경우 평균적으로 순수입의 50% 정도를 지급하고 있다고 한다.[47]

반면 대학교수발명이 자유발명에 해당하는 경우에는 대학교수가 발명자로서의 권리를 가지므로 특허권을 취득할 수 있고 그 특허를 받을 수 있는 권리나 특허권의 일부 또는 전부를 타인에게 양도하거나 전용실시권을 설정할 수도 있음은 자명하나, 그 등록 및 상업화의 효율적인 추진을 위해서 대학의 전담조직이나 산학협력단에 이전하여 상업화를 한 후 그 이익을 교수에게 분배하는 내용의 약정을 체결하는 것도 가능함은 물론이다.

다만 직무발명은 대학이 연구비, 연구시설 등의 투자에 대하여 회수하여야 할 필요성이 있음에 비하여 자유발명은 대학에서는 행정비용 이외에 특별히 투자한 것이 있다고 보기 어려우므로, 자유발명에 대한 권리를 대학에 이전하는 것을 장려하기 위해서는 자유발명에 대한 보상비율을 직무발명에 대한 보상비율보다 높게 책정하는 것이 바람직하다.[48]

46) 김수동, 앞의 논문(주 11), 154면.
47) 정성찬, 앞의 논문(주 1), 61면.
48) 정상조, 앞의 논문(주 2), 109면.

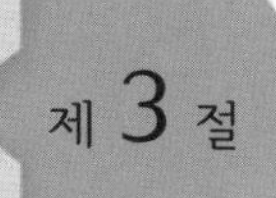

제 3 절 무효사유가 있는 특허권에 대한 보상

김앤장 법률사무소 변호사 강경태

I. 문제점

직무발명에 대하여 사용자는 무상의 통상실시권을 가진다(발명진흥법 제10조 제1항). 따라서 사용자가 단순히 직무발명을 실시만 하는 경우에는 별도의 보상이 필요 없으나 발명에 관한 권리를 승계하거나 전용실시권을 설정 받을 경우에는 통상의 실시권을 초과하는 이익(배타적·독점적 이익)에 대하여 정당한 보상이 필요하다.

그런데 특허가 일단 등록이 되었다 하더라도 사후적으로 무효가 되는 경우가 있고, 특히 우리나라에서는 특허무효심판이 제기되는 특허의 50~80% 상당이 무효로 결정되고 있으므로, 직무발명의 특허에 무효사유가 있는 경우 보상은 어떻게 되는지에 관한 논의가 필요하다. 이러한 문제는, 종업원이 특허 등록된 직무발명에 대한 보상을 청구하는 경우, 사용자가 신규성 또는 진보성 흠결의 무효사유를 주장하며 항변을 할 수 있는 것인지, 무효사유가 인정되는 경우 보상금 지급의무가 면제되는 것인지, 사용자가 이미 얻은 이익이 있는지, 무효사유 여부는 단순히 보상금액의 결정에 참작할 사정에 불과한지, 무효사유의 입증책임은 누구에게 있는지 등의 다양한 쟁점으로 부각될 수 있다.

Ⅱ. 각국의 입장

1. 독 일

독일에서는, 직무발명의 특허에 무효사유가 있다 하더라도 법원 또는 심판원의 판단 없이는 임의로 특허의 무효를 주장하면서 보상금청구를 거부할 수 없다고 한다.1) 또한 종업원발명법(Gesetz über Arbeitnehmererfindungen)은 이미 지급한 보상금의 반환은 청구할 수 없다고 규정하고 있고(§12 Abs. 6 Satz 2 ArbnErfG), 종원업발명 실무 가이드라인 및 모델규정에는 "직무발명이 무효 선언된 경우 소급해서 특허효력이 소멸되지만 보상금 관련해서는 장래효만이 있다. 이미 지급된 보상금은 종업원발명법 제12조 제6항 제2문의 반환청구 금지규정으로 인해 반환청구할 수 없다. 무효확정된 시점까지의 보상금 청구권에 대해 사용자는 여전히 지급의무가 있다."고 기재되어 있다.

2. 일 본

일본에서는, 직무발명 보상금 청구소송에서 사용자가 당해 특허에 무효사유가 있다는 사유로 보상금의 감면을 주장하는 것이 정당한지에 관한 학설과 판례가 비교적 많은 편이다.

가. 학 설

1) 무효항변에 의한 보상금 지급면제를 긍정하는 견해

① 보호해야 할 권리가 없거나 독점배타권이 미치지 않아도 대가를 지불하여야 한다면 종업원이 스스로 새로운 창작을 할 의욕이 감소함과 동시에 발명자 사이의 불공평감은 증대하게 되고, 새로운 창작에 의해 산업을 발전시킨다고 하는 특허법의 취지에도 반한다는 견해(關根康男),2) ② 신규성, 진보성 등 특허성을 갖추지 못하여 보호가치가 없는 발명에 대해서까지 종업원에게 보상이라는 인센티브를 부여할 이유가 없고, 이러한 특허권에 기한 권리행사는 무효항변을 통해 언제든지 좌절될 수 있는데다가, 무효인 특허에 기초하여

1) Professor Dr.iur.Kurt Bartenbach, Dr.iur.Franz－Eugen Volz, Arbeitnehmererfindungen Praxisleitfaden mit Mustertexten, Carl Heymanns Verlag(2006), 114면.

2) 關根康男, "最近の知財高裁判決が発明補償の実務に及ぼす問題点とその考察"(平成21. 6. 25 知財高判), 知財管理 60巻 2號, 2010. 2., 166면.

받은 실시료는 부당이득으로 실시자에게 반환하여야 하므로, 직무발명 특허에 무효사유가 존재하면 법적 의미에서 배타적 이익은 존재하지 않는다는 견해(田村 善之),[3] ③ 직무발명 보상의 근거가 되는 사용자의 이익은 통상의 무상실시 이익을 넘는 배타적·독점적 이익을 의미하고, 종업원에게 약정 보상액이 상당치 않음을 이유로 추가 보상을 소구할 수 있는 길이 열려 있는 이상, 기업으로서도 사후에 당해 발명의 가치가 없음이 밝혀진다면 무효항변을 통해 보상액을 감면받을 수 있도록 함이 형평에 부합한다는 견해(島竝良)[4]가 있다.

2) 무효항변에 의한 보상금 지급면제를 부정하는 견해

① 보상금 청구 시점까지 직무발명의 특허가 무효로 되지 아니하여 사용자가 직무발명으로부터 사실상 이익을 취하면서도 이에 무효사유가 있다는 이유로 보상을 면하는 것은 형평에 반할 뿐만 아니라, 금반언의 원칙 내지 신의칙에 반한다는 견해(帖佐隆),[5] ② 비록 특허무효사유가 있다 하더라도 일단 등록특허가 가지는 독점적 지위로 인해 사용자가 사실상 배타적·독점적 이익을 누리는 것이 보통이므로 여전히 상당한 보상을 하여야 함이 원칙이고, 시장에서 경쟁자가 그러한 무효사유를 알고 발명의 내용을 자유롭게 실시하는 등 예외적인 경우에 한하여 배타적·독점적 이익을 부정할 수 있으며, 직무발명으로 인한 장래의 이익에 대한 보상을 청구하는 경우에는 특허의 무효사유가 객관적으로 명백히 알려진 시점 이후부터 감액의 여지가 생긴다는 견해(吉田廣志)[6]가 있다.

3) 절충설

무효사유가 상당한 보상금 산정에 영향을 미치는지 여부는, 당해 무효사유가 발명 그 자체에 내재하는 것인지, 아니면 출원 내지 심사경과의 하자에 의한 것인지 여부, 이미 무효로 되어 있는지 여부, 혹은 무효사유의 존재가 경쟁업자에게도 용이하게 인식될 가능성이 있는지 여부 등 다양한 사정에 의해 달라질 것이라는 견해[7]가 있다.

---

3) 田村善之, "職務發明にかかる補償金請求訴訟における無效理由斟酌の可否について", 知財管理, vol.60, No.2(2010), 172면.

4) 島竝良, "職務發明の承繼對價と使用者の利益－2009年に下された2つの知財高財判決によせで", ジュリスト, No.1, 394(2010. 2. 15.), 47면, 조영선, 위의 논문 170면에서 재인용.

5) 帖佐隆, "職務發明對価請求訴訟と特許無效理由", パテント, Vol.63, No.7(2010), 73면, 조영선, 위의 논문 171면에서 재인용.

6) 田村善之·山本敬三, 職務發明, 有斐閣, 2005, 85－86면(吉田廣志, 집필 부분), 조영선, 위의 논문 172면에서 재인용.

7) 中山信弘·小泉直樹 編, 新注解 特許法, 青林書院(2011), 561, 562면, 조영선, 위의 논문 172면

나. 판 례

일본의 판례로는, 직무발명의 특허에 무효사유가 존재하면 발명의 가치가 적어 보상금을 감액할 사정은 되고, 사용자가 실시료를 지급받은 점에 비추어 보면 실제 얻은 이익이 존재한다고 하면서 이를 기초로 사용자의 이익액을 산정한 사안(東京高裁 平成13(2001). 5. 22. 平11(ネ)第3208號 判決), 직무발명이 특허출원 전에 공연실시된 사실이 인정되고, 이러한 무효사유를 경쟁업자가 이미 알고 있어 자유롭게 실시할 수 있었음을 이유로 이미 지불한 보상금을 초과하는 이익의 존재를 부인한 사안(大阪地判 平成18(2006). 3. 23. 判時1945號), 직무발명의 특허에 무효사유가 존재하는 것만으로는 독점적 이익이 없다고 할 수 없으나, 통상의 기술자가 무효사유를 쉽게 알 수 있고, 경쟁업자가 특허와는 다른 기술을 사용한 동등제품을 실시하고 있는 경우에는 배타적·독점적 이익을 인정할 수 없다고 한 사안(大阪地判 平成19(2007). 3. 27.平16(ワ)第11060號 判決), 사용자가 종업원으로부터 특허를 받을 권리를 승계하여 특허등록 받은 후 직무발명보상청구소송에서 특허무효를 주장하는 것은 종업원이 특허무효사유 있음을 알면서 양도하였다는 등의 특별한 사정이 없는 한 허용되지 않지만, 보상금을 산정하는 데 참작할 사정으로 삼을 수 있다고 한 사안(知財高裁 平成21(2009). 6. 25. 平成19年(ネ)第10056號 判決), 직무발명의 특허에 무효사유가 있다 하더라도 사용자가 이를 실시하여 왔다면 독점적 이익이 있는 것으로 보아야 하고, 특히 실시료를 받은 경우에는 이를 보상금 산정의 기초로 삼아야 하나, 특허의 무효가 확정된 이후에는 보상액을 감액할 사정으로 반영하여야 한다고 한 사안(東京地裁 平成19(2007). 4. 18. 平17(ワ)第11007號 判決) 등이 있다.

이와 같이 일본 하급심 판례의 주류는, 특허출원 과정에서 당해 발명의 특허성을 주장하였다가 보상금 청구소송에서 태도를 바꾸어 무효를 주장하는 것은 신의칙에 반하고, 무효사유가 있는 직무발명의 특허라 하더라도 특허권자인 사용자는 당해 특허가 유효하게 등록되어 있는 이상 그로부터 사실상의 이익을 향유할 가능성이 높으므로 그 이익을 분배하는 것이 타당하며, 특히 특허권에 기하여 제3자에게 실시권을 설정하고 실시료를 지급받았다면 이를 보상의 기초로 삼아야 하는데, 다만, 사용자가 특허에도 불구하고 이를 배타적·독점적으로 사용할 수 없는 특별한 사정이 있었다거나 당해 특허의 무효성이 판결에 의하여

에서 재인용.

공표된 이후에는 보상금 지급을 면할 수 있으며, 보상금의 지급을 명하는 경우에도 특허무효사유가 존재한다는 점은 보상금 책정에 참작사유로 삼을 수 있다고 본다.[8)]

3. 영 국

영국의 경우, 직무발명에 관한 권리는 원칙적으로 사용자에게 귀속하거나 승계되므로, 직무발명에 대한 보상은 사용자가 직무발명으로 인하여 현저한 이익(outstanding benefit)을 얻고 이에 대하여 특별한 보상을 해주는 것이 형평에 부합한다고 인정될 때에 예외적으로 보상을 한다. 사용자가 직무발명으로 현저한 상업적 이익을 얻었다면 비록 특허가 무효로 되었다 하더라도 종업원에게는 보상을 하여야 한다는 입장이다.[9)]

Ⅲ. 국내의 학설과 판례

1. 학 설

국내에서 이 문제에 관한 논의는 활발하지 않은데 조영선 교수의 논문이 비교적 세심하게 많은 쟁점을 다루고 있다. 위 견해는 아래와 같은 여러 가지 논거를 들어, 직무발명 특허의 무효사유는 보상금 산정 시의 참작사유에 불과한 것이 아니라 보상금 지급의무 전부를 면하게 하거나 이미 지급된 보상금을 부당이득으로 만드는 사유에 해당한다고 본다.

① 직무발명에 관한 권리를 승계하여 특허권을 획득하였다가, 종업원의 보상금청구에 대하여 자신의 특허권을 부정하여 특허무효를 주장하는 것은 금반언의 원칙에 반하지 않는다. 사용자는 직무발명의 출원 당시 특허성을

---

8) 조영선, 직무발명에 대한 정당한 보상과 특허의 무효, 저스티스 제129호(2012. 4.), 174면; 김종석, “직무발명이 그 출원 당시 이미 공지된 것이고 제3자도 그와 같은 사정을 용이하게 알 수 있었던 것으로 보이는 경우 실시보상금의 지급 의무 여부”, 대법원판례해설, 90호(2011 하반기)(2012년), 법원도서관, 593면.

9) 조영선, 직무발명에 대한 정당한 보상과 특허의 무효, 저스티스 제129호(2012. 4.), 166면 이하; 김선정 · 김승군, 선진국 직무발명보상제도 연구, 지식재산연구센터(2002. 12.), 16면 이하.

확신하거나 무효사유를 알지 못하고 출원하였다가 사후에 무효사유를 발견한 것이므로 출원경과금반언의 경우와 같은 '의도된 행위모순'이 존재하지 않고, 사용자로서는 사전에 특허의 무효사유를 정확하게 파악하는 것이 어려우므로, 종업원의 직무발명을 승계하여 특허권을 획득하였다가 사후에 무효로 되는 경우에 보상금을 감면받는 것이 합리적인 행동선택이어서, 이를 금반언의 원칙으로 제한하는 것은 비현실적이다.

② 일반적으로 통상실시권 설정계약을 체결하고 실시료를 지급하는 경우에는, 등록된 특허에도 무효사유가 존재할 위험을 감수하고 자유롭게 계약한 결과이어서, 사후에 특허가 무효로 되더라도 동기의 착오를 주장하여 이미 지급한 실시료의 반환을 청구할 수 없다고 볼 여지가 있으나, 직무발명에 대한 상당한 보상은 당사자 사이의 근로계약에 법이 후견적으로 개입하여 사후에 계약내용을 수정하는 것이고, 객관적인 '형평과 정의'가 본질적 가치 기준이 되므로, 특허무효 등 사정변경이 있는 경우 그 구속력에 유연성을 부여할 필요가 있다. 종업원은, 약정 보상금이 특허의 가치로부터 사용자가 얻은 이익에 비하여 부족한 경우 추가보상을 청구할 수 있으므로, 사용자도 사후에 특허가 무효로 된 경우에는 보상금의 감액 또는 면제를 주장할 수 있어야 형평에 부합할 것이어서 동기의 착오 주장이 허용되어야 한다.

③ 직무발명의 특허에 무효사유가 있다면 경쟁자를 포함한 제3자는 이를 이유로 사용자의 특허권 행사 시 권리남용의 항변을 할 수 있고, 자유기술의 항변을 통하여 같은 목적을 달성할 수 있기 때문에 특허권자인 사용자로서는 무효사유가 있는 직무발명의 특허에 기하여는 배타권에 기한 초과이익을 달성할 수 없음이 분명하므로, 그에 대한 보상 또한 성립할 여지가 없다. 사용자가 통상 특허발명을 이용하여 얻는 이익은 사용자에게 보장된 무상의 통상실시권에서 비롯된 이익일 가능성이 높다.

④ 특허권자인 사용자는 특허권을 제3자에게 행사하였다가 본안에서 패소하면 불법행위의 과실이 추정되어 손해배상의 책임을 지게 될 가능성도 있으므로, 종업원에 대한 보상을 무조건 강제하는 것은 타당하지 않다.

⑤ 직무발명에 특허 무효사유가 있으면 그 발명은 기술적 가치 외에 배타적·독점적 가치가 약화되어 보상에 부정적 영향을 미치고, 특허발명이 자유기술에 해당하여 권리범위가 부인되는 때에는 Backward citation이 극단적으로 많은

경우와 유사하므로 보상액이 0으로 수렴해야 한다.

그 외에, 특허발명에 진보성 결여의 무효사유가 있어 그 특허가 무효로 될 것이 명백한 경우 그 특허권에 기초한 침해금지 또는 손해배상 등의 청구는 특별한 사정이 없는 한 권리남용에 해당하여 허용되지 아니한다는 대법원 2010다95390 전원합의체 판결을 근거로, "사용자는 기본적으로 무상의 통상실시권자이므로 실시보상금에서 고려해야 할 '사용자의 이익'은 특허권자로서 타인이 당해 특허발명을 실시하는 것을 금지시킴으로써 시장에서의 독점적 지위 내지 경쟁자의 배제에서 얻는 초과이윤이라고 할 것이므로, 사용자가 실시한 기술내용을 경쟁관계에 있는 제3자도 알고 있어서 이를 자유롭게 실시할 수 있었던 경우 등에는 사용자는 그 특허발명의 실시로 인한 배타적·독점적 이익을 얻고 있다고 할 수 없다."는 견해[10)]도 있다.

2. 판　　례

대법원 2011. 9. 8. 선고 2009다91507 판결은 "회사가 실시한 발명이 직무발명 출원 당시 이미 공지된 것이어서 이를 자유롭게 실시할 수 있었고 경쟁관계에 있는 제3자도 그와 같은 사정을 용이하게 알 수 있었던 것으로 보이므로, 회사가 직무발명 실시로 인하여 무상의 통상실시권을 넘는 배타적·독점적 이익을 얻고 있다고 단정할 수 없으므로, 회사가 직무발명과 관련하여 실시보상금을 지급할 의무가 없다."고 판시하였다. 위 판결을 두고 기존의 우리나라 하급심 판결은 무효항변 부정설을 취하고 있었으나, 대법원은 긍정설의 법리를 명확히 채용하였다고 평가하는 견해[11)]도 있다. 그러나 위 대법원 판결에 관한 대법원해설서[12)]의 내용을 보면, 대법원이 무효항변의 긍정설이나 부정설의 법리를 명확하게 선언한 것인지 분명하지 않은 것 같다. 대법원은 다만 직무발명 보상액 결정 시 고려하도록 정한 '사용자가 얻을 이익'은 통상실시권을 넘어 직무발명을 배타적·독점적으로 실시할 수 있는 지위를 취득함으로써 얻을

10) 김종석, "직무발명이 그 출원 당시 이미 공지된 것이고 제3자도 그와 같은 사정을 용이하게 알 수 있었던 것으로 보이는 경우 실시보상금의 지급 의무 여부", 대법원판례해설, 90호(2011 하반기)(2012년), 법원도서관, 596면.

11) 조영선, 앞의 논문, 186면.

12) 김종석, 앞의 논문 참조.

이익을 의미하므로, 직무발명이 공지 등의 사유로 이러한 이익이 있다고 할 수 없는 경우에는 직무발명과 관련하여 실시보상금을 지급할 의무가 없다는 기존의 원칙을 확인한 것으로 보인다.

서울고등법원 2014. 7. 17. 선고 2013나2016228 판결에서도 법원은, "종업원의 직무발명에 대한 권리를 승계한 사용자가 실시한 그 발명이 직무발명 출원 당시 이미 공지된 것이어서 이를 자유롭게 실시할 수 있었고 경쟁 관계에 있는 제3자도 그와 같은 사정을 쉽게 알 수 있었던 경우라면 사용자가 직무발명의 실시로 무상의 통상실시권을 넘는 배타적·독점적 이익을 얻고 있다고 볼 수 없으므로 직무발명보상금을 지급할 의무가 없으나(대법원 2011. 9. 8. 선고 2009다91507 판결 참조), 단지 그 발명에 무효사유가 있다는 사정만으로는 위 독점적·배타적 이익을 일률적으로 부정하여 보상금의 지급을 면할 수는 없다." 고 판시하여 이와 같은 입장에 있는 것으로 보인다.

3. 검 토

무효사유가 있는 직무발명에 대하여 보상금을 지급하여야 하는가의 문제는, 직무발명의 성질을 어떻게 보는지, 직무발명의 귀속을 어떻게 보는지에 따라 달라질 수 있다. 우리나라의 직무발명에 대한 보상금은 사용자와 종업원의 이익을 조정하기 위해 인정한 법정채권으로 보는 것이 타당하고,[13] 직무발명에 대하여 사용자에게 무상의 통상실시권을 인정하고 있으므로, 직무발명에 관한 권리를 사용자에게 양도하였다 하더라도 이에 대한 보상은, 통상실시권을 넘어 직무발명을 배타적·독점적으로 실시할 수 있는 지위를 취득함으로써 얻을 이익이 있음을 전제로 한다. 대법원 2009다91507 판결 역시 이러한 원칙을 재확인한 것으로 보인다.

그런데 신규성, 진보성 등의 흠결로 무효사유가 있는 특허발명이 직무발명의 보상근거인 배타적·독점적 이익을 가질 수 있는지는 반드시 법논리적으로 귀결된다고 볼 수는 없다. 즉, 특허발명에 무효사유가 있다고 하여 논리필연적으로 직무발명 보상청구의 근거인 배타적·독점적 이익이 발생할 수 없거나 원칙적으로 발생하지 않는 관계에 있는 것은 아니다. 왜냐하면, 현 특허제도에 있어

13) 김종석, 앞의 논문, 582면.

서는(다른 나라도 마찬가지이다) 출원발명에 대한 심사를 통해 모든 무효사유를 완전하게 걸러내는 것이 불가능하므로, 무효사유를 가지는 발명이 특허등록된 경우라 하더라도 이론적으로 무효로 될 가능성이 있을 뿐, 현실적으로는 대부분의 특허권은 무효심판이 청구되지 않은 채 존속기간까지 유효하게 존속하다가 종료하기 때문이다. 직무발명의 특허에 무효사유가 존재하는 것 자체만으로 배타적·독점적 이익이 발생할 수 없거나 발생할 가능성이 없다고 하기 위해서는, 사용자는 물론이고 경쟁업자들이 특허발명의 무효사유를 정확하게 판단할 수 있어야 하지만 이는 불가능한 일이고, 특히 발명의 진보성이 부정되는지 여부는 특허 전문가조차 정확하게 판단하여 무효심판의 결과를 예측하는 것이 어렵기 때문이다. 우리나라의 특허제도상 직무발명의 특허가 무효로 확정되기 전까지는 유효한 것으로 취급되므로, 직무발명에 대한 보상금을 청구하는 단계에서 특허권자인 사용자가 직무발명의 특허에 무효사유가 있다고 주장하고, 이를 심리한 결과 무효사유가 인정된다 하더라도, 이를 바로 동종업계의 경쟁업자들이 직무발명의 특허를 무시하고 자유롭게 실시할 것이어서 배타적·독점적 이익이 발생하지 않는다고 단정할 수 없는 것이다.

무엇보다도 사용자가 직무발명을 배타적·독점적으로 실시하거나 실시권을 설정하고 실시료를 수령하는 등 직무발명을 통해 이미 배타적·독점적 이익을 얻은 경우 보상금을 지급하지 않을 근거가 없다. 무효항변 긍정설의 주장은, 배타적·독점적 이익이 발생할 수 없거나 발생할 가능성이 없다는 것을 전제로 한 것이나, 위와 같이 배타적·독점적 이익이 이미 발생한 경우에는 이러한 전제를 상실하기 때문이다. 무효항변 긍정설 중에는, 직무발명의 특허가 사후적으로 무효로 될 경우 이미 수령한 이익을 반환하여야 하는 것을 전제로 한 견해도 있으나, 배타적·독점적 이익 중 특허권자들 사이에 교차실시계약(cross license)을 체결함으로써 얻는 이익이나 동종업계의 경쟁자들로 하여금 특허발명의 실시를 억제함으로써 얻는 이익은 물론이고, 아래 IV.항에서 살펴보는 바와 같이 이미 지급받은 실시료 역시, 사후적으로 특허가 무효로 된다고 하여 반환할 수 없기 때문에, 위와 같은 무효항변 긍정설의 근거 역시 약하다고 할 것이다. 무엇보다 사용자가 직무발명으로 이미 얻은 이익에 대하여 직무발명자가 청구하는 보상금을 거부할 근거는 없는 것이다.

다만, 공지된 발명으로서 신규성이 부정될 것이 명백한 경우와 같이, 동종업계의 경쟁업자들이 직무발명의 특허를 당연히 무효라고 생각하고 이를 실시하거나 실시할 것이 명확한 경우에만 배타적·독점적 이익은 부정될 수 있고, 따라서 무효항변도 가능하다고 보아야 한다. 당연한 결과로서 직무발명의 특허가 무효심판을 통해 무효로 확정된 이후에는 동종업계 경쟁자들의 현실적인 인식 여부를 불문하고 배타적·독점적 이익은 부정될 수 있다.

따라서 사용자가 직무발명으로 인해 배타적·독점적 이익을 이미 얻은 경우에는 이를 당연히 보상의 기초로 삼아 종업원에게 보상금을 지급하여야 할 것이다. 그러나 장래에 발생할 보상금을 청구하는 경우에는, 특허등록이 무효로 확정되면 보상금지급의무가 소멸되지만, 무효사유가 존재하는 것만 인정되고 아직 무효로 확정되지 않았다면, 단지 보상금산정의 참작사유로만 삼는 것이 옳을 것이다. 왜냐하면, 직무발명을 실시하는 사용자는, 보상금을 청구하는 종업원에 대하여는 특허의 무효사유를 주장하지만, 경쟁업자들 사이에서는 특허권을 실시하여 배타적·독점적 이익을 얻고 있으므로(이러한 이익이 인정되지 않는다면 무효사유의 존재를 거론할 필요 없이 보상금청구는 기각될 것이다), 스스로 특허무효심판을 청구할 가능성이 크다고 볼 수 없고, 다른 경쟁업자들 역시 반드시 무효사유를 발견하여 특허무효심판을 제기하거나 침해소송에서 무효항변을 할 것이라고 보기도 어렵기 때문이다.

Ⅳ. 기타 문제

1. 입증책임

무효항변 가능성설의 입장에서, 특허의 무효사유가 존재하는 경우 법적·배타적 이익을 상실하는 것이 원칙이므로, 직무발명이 법적으로 유효한 특허로 존속함으로써 사용자가 그로 인해 시장의 선점을 포함하여 독점·배타적 이익을 얻었다면 이는 예외적인 사정으로 보아 종업원이 재항변으로써 주장·입증하여야 하고, 이에 성공한다면 보상을 하여야 한다는 견해가 있다.[14)]

특허권은 그 등록이 무효로 확정되기 전까지는 법적으로 유효하게 존속하는 것이고, 무효사유를 가지고 있다 하더라도 이는 어디까지나 사실상의 상태에

14) 조영선, 앞의 논문, 180면.

불과하여 특허무효심판절차를 통해 특허가 무효로 될 가능성이 존재하는 것일 뿐이며, 실제 등록된 전체 특허 중 무효심판을 통해 무효로 될 가능성이 높다고 볼 수 없으므로, 직무발명의 특허에 무효사유가 존재한다고 하여 바로 직무발명 보상금의 근거가 되는 배타적·독점적 이익을 상실한다고 보기 어려운 측면이 있다. 또한, 특허에 무효사유가 존재하는 경우에도 당해 산업에서 경쟁업자들이 모두 이를 인식하고 자유롭게 특허발명을 실시하는 상황이 아닌 한 배타적·독점적 이익이 없는 경우가 오히려 드물 것이고, 종업원이 사용자에 대하여 직무발명으로 인한 보상금을 청구하기 위해서는, 통상의 실시권으로 얻을 수 있는 이익을 초과하여 배타적·독점적 이익이 존재한다는 점을 먼저 입증하여야 한다는 점까지 고려하면, 직무발명의 특허에 무효사유가 있다고 하더라도 배타적·독점적 이익에 대한 입증책임이 달라지는 것으로 보기는 어렵다.

따라서 보상금을 청구하는 종업원이 우선 배타적·독점적 이익의 존재에 대하여 입증을 하고, 이에 대하여 사용자는 직무발명의 특허가 공지된 것이거나 통상의 기술자가 선행기술로부터 용이하게 발명할 수 있는 것이어서 이미 경쟁자들이 자유롭게 실시하고 있으므로 배타적·독점적 이익이 발생하지 않았다고 부인하거나(이미 발생한 이익에 대한 보상청구), 항변으로써 무효사유의 존재를 주장·입증하여 보상금의 감액을 구하는 것이 무난한 방법으로 보인다(장래의 이익에 대한 보상청구).

2. 기지급 보상금의 반환

사용자가 종업원에게 보상금을 지급하였다가 사후에 직무발명의 특허가 무효로 확정된 경우, 이미 지급한 보상금을 반환하여야 하는지가 문제된다. 특허권자가 실시료를 지급한 후에 특허가 무효로 확정된 경우에도 같은 문제가 발생한다.

앞서 살펴본 바와 같이, 특허권에 무효사유가 있다 하더라도 반드시 무효로 확정되는 것은 아니고, 특허가 사후적으로 무효로 될 수 있다고 하더라도, 특허권이 유효하게 존속하는 한 시장진입의 장벽이나 실시권의 설정 등으로 인한 배타적·독점적 이익이 존재할 수 있다. 특허의 무효, 특히 신규성, 진보성 결여로 인한 무효 여부는 지구상에 존재하는 모든 선행기술과의 관계에서가 아니라, 무효심판 당시에 제출된 선행기술과의 관계에서만 상대적으로 판단되는 것이고, 무효심판을 통해서만 무효로 될 수 있으므로, 법률적 성질은 당연 '무효'가 아니라 '취소'에 불과하다.[15] 이러한 여러 사정을 참작한다면 실시료를 지급한 실시권자는 특허권자를 상대로 기지급한 실시료를 반환청구할 수 없다고 보는 것이 옳고, 따라서 직무발명 보상금 산정의 기초, 즉 배타적·독점적 이익이 실시료인 경우에는 사후적으로 특허가 무효로 되었다 하더라도 그 반환을 구할 근거가 없다. 또한, 배타적·독점적 이익이 시장진입의 장벽 등과 같은 사실상의 이익에 불과한 경우에도, 사후의 특허무효로 인하여 이러한 이익이 상실될 수 없음이 분명하므로, 역시 기지급한 보상금의 반환을 청구할 근거도 없는 것이다.

다만, 장래의 실시료에 대한 보상금을 지급하였다가 어느 시점에 특허가 무효로 된 경우에는, 무효로 된 시점 이후에 해당하는 보상금의 반환청구가 가능하다고 보아야 한다.

3. 사용자의 책임으로 인한 무효사유

종업원이 직무발명을 완성한 후 출원할 권리를 승계한 사용자가 청구범위를 지나치게 넓게 구성하여 선행기술에 저촉되거나 명세서 작성의 잘못으로 기재불비의 사유가 있는 경우, 출원의 지연으로 선출원의 지위가 생기거나 선행기술에 저촉되게 된 경우 등에서는, 비록 직무발명의 특허에 무효사유가 있다 하더라도 사용자의 과실을 참작하여야 한다.[16]

사용자가 공동발명자 중 일부로부터만 권리를 승계하여 출원하였다가 모인출원이 문제된 경우, 사용자로서는 누락된 공동발명자에게도 직무발명 보상을 해 주어야 할 의무가 있으므로, 공동발명자 중 일부가 누락되어 특허가 무효라고 주장하는 것은 신의칙에 반하여 허용되어서는 안 된다는 견해가 있다.[17]

15) '무효'라는 용어를 사용함으로써 오는 혼란이다. 무효사유가 있다고 하여 당연히 무효가 아니라 심판을 통해 비로소 무효로 될 수 있을 뿐이므로, 계약에 무효사유가 있는 경우와 혼동해서는 안 된다. 특허무효심판은 새로운 선행기술이 발견되면 언제든지 다시 제기할 수 있지만, 계약무효확인을 구하는 소송은, 이미 패소한 후에 새로운 증거가 발견되었다고 하여 다시 제기할 수 없는 것이다.

16) 조영선, 앞의 논문, 182면.

17) 조영선, 앞의 논문, 183면.

제 4 절 직무발명에 관한 섭외적 법률관계의 준거법

숙명여자대학교 법과대학 교수 문선영

Ⅰ. 서 론

최근 직무발명의 증가와 세계화의 영향으로 직무발명을 기초로 한 국내 출원뿐 아니라 해외 출원도 급증하고 있고, 이에 따라 직무발명을 둘러싼 섭외적 분쟁 역시 계속하여 증가하고 있다. 그런데, 직무발명에 관한 분쟁이 섭외적으로 발생하였을 경우 어느 나라의 법률에 의하여 해결하느냐에 따라 사용자나 종업원의 권리의무관계가 완전히 달라질 수도 있으므로, 직무발명을 둘러싸고 발생되는 섭외적 법률관계의 준거법을 어떻게 결정할 것인가의 문제는 매우 중요한 문제라고 할 것이다.

직무발명에 관한 섭외적 법률분쟁으로는 직무발명을 기초로 출원되어 등록된 특허권 자체의 성립, 내용, 소멸에 관한 분쟁도 있을 수 있으나, 직무발명을 둘러싸고 발생되는 법률관계로서 직무발명에 대한 권리귀속문제, 직무발명에 대한 사용자의 통상실시권 인정문제, 직무발명을 사용자가 승계한 경우 이에 대한 종업원의 정당한 보상금 청구권 인정문제 등 사용자와 종업원 사이의 일련의 권리의무관계의 문제도 발생될 수 있다. 전자의 경우 직무발명으로 발생된 지적재산권의 문제로서 국제사법 제24조의 적용대상이 되어야 함은

* 본고는 문선영, “직무발명에 관한 섭외적 법률관계의 준거법과 사용자의 통상실시권 효력범위”, 과학기술법연구, 제21집 제1호, 한남대학교 과학기술법 연구원, 2015. 2, 46~67면의 내용을 본고의 주제에 맞추어 수정, 가감하여 정리한 것임.

분명하나,[1] 후자와 같은 직무발명을 둘러싼 섭외적 법률관계에서 준거법은 어느 나라의 법이 되어야 할 것인가에 대하여는 논란의 여지가 있어 이에 대한 법적 검토가 요청되므로 이하에서 자세히 살펴보기로 한다.

Ⅱ. 국내외 주요 이론 및 판례의 검토

1. 준거법의 의의 및 결정과정

준거법이란 문제된 섭외적 법률관계[2]에 적용되는 실체법을 말하는 것으로, 국제적 요소가 있는 분쟁에서 관련이 있는 법 중 어느 실체법을 적용할 것인가의 문제를 준거법의 결정 문제라고 한다. 그런데 어떠한 법률관계에 대하여 준거법을 결정하기 위해서는 해당 법률관계의 성질을 결정하고 연결점을 확정하여 준거법을 확정하는 과정을 거치게 된다.[3] 즉, 어떤 섭외적 사안에 대한 준거법을 결정하기 위해서는 같은 사안이 어떤 성질의 법률관계인가를 결정하여야 하고, 문제된 섭외적 법률관계와 준거법을 연결시켜 주는 요소인 연결점[4]을 확정하여 준거법을 결정하게 된다.

2. 법률관계의 성질결정

법률관계의 성질결정이란, 어떤 섭외사법관계가 어떤 성질의 것인가를 결정하는 것으로, 어떠한 사안을 적절한 저촉규정에 포섭할 목적으로 독립한 저촉규정의 체계개념[5]을 해석하는 것 또는 그의 사항적 적용범위를 확정하는

1) 이 문제는 지적재산권을 둘러싼 준거법 결정문제로서 국제사법 제24조의 적용대상임에는 일반적으로 이론이 없고, 동 조항은 보호국법주의를 채택하고 보는 것이 일반적이다.

2) 섭외적 법률관계란, 외국적 요소가 있는 법률관계로 당사자 중 최소한 1인이 외국인이거나 무국적자인 경우, 계쟁목적물이 외국에 소재하는 경우 및 문제의 법률사실이 외국에서 발생한 경우 등을 말한다(신창선, 국제사법, 제5판, 도서출판 피데스, 2006, 5면).

3) 안강현, 국제거래법, 박영사, 2011, 223면.

4) 연결점이란, 특정한 법률관계 또는 연결대상을 일정한 국가 또는 법질서와 연결시켜 주는 독립적 저촉규정의 일부로, 국적, 주소, 물건의 소재지, 행위지, 지적재산권의 침해지, 사실의 발생지, 법정지 등을 말한다(석광현, 국제사법해설, 박영사, 2013, 32면 참조).

5) 국제사법상 체계개념의 예로는 권리능력(11조), 행위능력(13조), 법률행위(17조), 지식재산권(24조) 등이 있다.

것을 말한다.[6)] 국제사법은 일정한 사항에 적용될 준거법을 지정함에 있어 체계개념을 사용하고 있으나, 준거법을 지정함에 있어서 사용하고 있는 체계개념에 대한 스스로의 정의 규정을 가지고 있지 않으므로, 해당 분쟁사안에 어떠한 준거법을 적용할 것인가를 정하는 국제사법 규정의 적용범위를 정하기 위하여 해당 규정의 체계개념을 명확히 하여야 한다. 이와 같은 독립적 저촉규정에서 준거법을 지정함에 있어서 사용하는 체계개념을 명확히 하는 것이 성질결정이다.[7)] 법률관계의 성질결정이 필요한 이유는 동일한 사안이라도 이를 나라마다 법률관계를 달리 보는 경우가 있을 수 있으므로 준거법을 정하기 위해서는 우선 그 법률관계가 어떤 성질의 것인지를 정할 필요가 있기 때문이다.

3. 직무발명으로 인한 섭외적 법률관계에 대한 준거법 결정의 원칙

가. 국내외 주요 학설 및 판례의 경향

1) 보호국법설

이 설은 직무발명에 대한 법률관계의 준거법을 지적재산권의 문제와 마찬가지로 보호국법으로 보아야 한다는 견해로,[8)] 지적재산권의 준거법에 대하여 속지주의 원칙에 따라 보호국법 주의[9)]를 취하는 것과 연장선상에 있는 것이라 할 수 있다. 이 학설은 하나의 직무발명에 대해 여러 나라에서 출원이 이루어지는 경우 각각의 보호국에 따라 법률관계의 준거법이 달라진다는 문제가 있다.

2) 등록국법설

특허권 등 산업재산권의 경우는 등록국에서만 권리로서 보호될 수 있으므로 직무발명에 대한 법률관계의 준거법을 보호가 요구되는 법인 등록국법

---

6) 석광현, 앞의 책, 24면.

7) 이호정, 섭외사법, 한국방송통신대학 출판부, 1987, 86면; 권대우, 섭외적 지식재산분쟁과 국제사법상의 성질결정, 국제사법연구, 제17호, 한국국제사법학회, 2011. 12, 307면.

8) A. Lucas et H. J. Lucas, Traité de La propriété littéraire et artistique, 2nd ed(Litec, 2001) n. 971, J.Raynard, Droit d'auteur et conflits de lois(Litec, 1990) n. 536(김언숙, 직무발명 및 업무상 저작물에 관한 국제사법상의 문제, 국제사법연구, 제17호, 한국국제사법학회, 2011. 12, 329면에서 재인용).

9) 보호국법주의를 실질법상의 속지주의를 근거로 한 저촉법상 속지주의라고 설명하기도 한다(김언숙, 앞의 글, 336~337면).

에 의하여야 한다고 보는 견해이다.[10] 권리를 부여한 등록국과 그 영토 내에서 보호가 요구되는 보호국의 개념이 다른 것이기는 하나 현실의 분쟁에서는 권리를 부여한 등록국 내에서 보호를 구하는 경우가 대부분이어서 보호국과 등록국이 차이가 없게 되므로, 준거법의 결정은 앞의 보호국설과 같은 결론에 이르게 됨이 보통이다.[11] 이 학설 역시 하나의 직무발명에 대해 여러 나라에서 출원이 이루어지는 경우 각각의 등록국법에 따라 법률관계를 달리 규율하게 된다는 문제가 있다.

3) 고용관계의 준거법설

이는 직무발명을 둘러싼 섭외적 법률관계는 사용자와 종업원 사이의 고용관계를 기초로 발생한 것이므로, 직무발명으로 인하여 성립된 특허권 등의 성립, 효력, 소멸 또는 침해를 다루는 문제와는 달리, 사용자와 종업원 사이의 고용관계의 준거법에 의해 일괄적으로 처리되어야 한다는 견해이다. 다만, 이 학설은 고용관계의 준거법을 구체적으로 어떻게 보고 있느냐에 따라 아래와 같이 나눌 수 있다.

가) 일반 계약의 준거법설　이 견해는 직무발명을 둘러싼 사용자와 종업원 사이의 법률관계는 직무발명으로 발생한 특허권 등의 성립, 효력 등에 관한 문제가 아니라 국제사법상의 일반적 계약의 준거법에 의하여야 한다는 견해이다.[12] 이 설에 의하면 고용계약도 원칙적으로 채권계약이므로 원칙적으로 당사자자치의 원칙에 의하여야 한다고 보는데, 이렇게 해석할 경우 사회적, 경제적 약자인 종업원 등에게 준거법 지정에 관한 불리한 계약이 이루어질 수 있다는 비판을 받고 있다. 그러나, 위 학설을 지지하는 입장에서는 이러한 문제는 국제사법 제10조 공서조항, 제7조의 국제적 강행법규 조항, 또는 민법상의 계약에서 약자의 보호에 관한 규정 등에 의하여 구제가 가능하다고 본다.[13]

일본 최고재판소는 직무발명에 대하여 일본국에서 특허받을 권리와 함께

10) 西谷祐子, "職務發明と外國で特許を受ける權利について", 法學(東北大學), 第69卷 第5號, 2005, 759~760면, 相澤英孝, "職務發明をめぐって", ジュリスト, 第1265號, 2004, 5면.

11) 그러나, 예를 들어 1국에 등록된 권리를 2국에서 침해되었다는 이유로 3국에서 손해배상을 구하는 경우 등록국은 1국이고, 보호국은 2국이라는 점에서 양자는 구별되는 것이다.

12) 山本敬三, "職務發明と契約法－契約法からみた現行特許法の意義と課題－", 民商法雜誌, 第128卷 第4·5號, 2003, 522~523면; 茶園成樹, "判批", 知財管理, 第57卷 第11號, 2003, 1756頁; 이우석, 앞의 글, 885~886면.

13) 이우석, 직무발명보상에 관한 국제사법적인 문제, 동아법학, 제52호, 동아대학교 법학연구소, 2011. 8, 885~886면.

외국의 특허받을 권리를 사용자에게 양도한 종업원이 사용자를 상대로 일본 특허법 제35조 제3항 및 4항에 따른 상당한 대가의 지급을 청구한 사건[14]에서 "국외 특허받을 권리의 양도에 따라 양도인이 양수인에 대해 그 대가를 청구할 수 있는가, 그 대가의 금액은 얼마인가 등의 특허받을 권리 양도 대가에 관한 문제는, 양도당사자가 어떤 채권채무를 가지는가 하는 문제와 다름 아니며, 양도당사자간의 양도 원인 관계인 계약 그 외의 채권적 법률행위 효력 문제로 해석할 수 있으므로, 그 기준법은, 법례 제7조 제1항의 규정[15]에 의해, 제1차적으로는 당사자의 의사에 따라 정해진다고 보는 것이 타당하다"고 판시하여,[16] 직무발명에 기초한 법률관계는 당사자자치에 따른 일반 계약의 준거법에 의하여야 한다고 판시한 바 있다. 위 판결은 사용자와 종업원의 사이에는, 본건 양도계약 성립 및 효력에 대해 그 준거법을 국내의 법률로 한다는 취지의 묵시적 합의가 존재한다는 이유로 일본법을 준거법으로 적용하여 판단하였다.

나) 근로계약의 준거법설 이 학설은 직무발명으로 인한 섭외적 법률관계에 적용되는 준거법을 사용자와 종업원 사이의 근로계약에 적용되는 준거법으로 정하여야 한다는 견해로,[17] 이 학설에 의하면, 직무발명으로 인한 법률관계를 기본적으로 사회, 경제적 약자인 근로자의 보호를 위한 관계로 파악하고 있어 당사자가 준거법을 선택하더라도 준거법 소속국가의 강행규정에 의해 근로자에게 부여되는 보호를 박탈할 수 없게 되므로(국제사법 제28조 제1항) 사용자와 종업원 사이의 합의에 의하여 종업원에게 불리한 법을 지정하는 것을 회피할 수 있게 된다. 우리나라에서도 직무발명으로 인한 권리의 귀속 또는 이전 문제, 보상금 청구의 문제는 고용관계의 문제로서 고용관계와 가장 밀접한 관계를 가지는 고용계약의 준거법에 의하는 것이 타당하다고 하면서

14) 最高裁 2006. 10. 17.선고 H16(受)781호(히타지제작소 사건).

15) 위 조항은 우리나라 국제사법상 당사자 자치에 관한 제25조에 해당한다.

16) 아울러 위 판결에서는 "양도 대상이 되는 특허받을 권리가 외국에서 어떻게 취급되고 어떤 효력을 갖느냐 하는 문제에 대해서는, 양도당사자간에 양도 원인관계 문제와 구별하여 생각해야만 하며, 그 준거법은 특허권의 속지주의 원칙에 비추어, 그 특허 받을 권리에 근거해 특허권이 등록된 나라 법률이라고 보는 것이 타당하다"고 판시하여 직무발명의 권리의무관계와 양도대상인 특허받을 권리 자체의 효력에 관한 문제는 구별되는 것임을 분명히 하고 있다.

17) 田村善之, "職務發明に關する抵觸法上の問題", 知的財産法政策學研究 第5號, 2005, 8頁; 小泉直樹, "特許法三五條の適用範圍", 民商法雜誌, 第128卷 第4·5號, 2003, 574頁; 玉井克裁, "大學職務發明制度", 知財管理, 第53卷 第3號, 2003, 449頁.

결론적으로 한국 국제사법상 근로계약에 관한 준거법에 관한 동법 제28조를 적용하고 있는 견해가 있고,[18] 직무발명에 대한 법률관계에 대하여는 사용자와 종업원 간의 고용관계가 발생하고 유지되는 나라의 법이 일률적으로 적용되어야 한다는 견해가 있는 바,[19] 위 학설에 가까운 입장이라고 할 수 있다.

우리나라 대법원[20]은 사용자가 종업원이 국내에서 완성한 직무발명을 해외출원하여 취득한 특허권에 대하여 무상의 통상실시권을 취득하는지 여부가 문제된 사건에서, "직무발명에 대하여 각국에서 특허받을 권리는 하나의 고용관계에 기초하여 실질적으로 하나의 사회적 사실로 평가되는 동일한 발명으로부터 발생한 것이며, 당사자들의 이익보호 및 법적 안정성을 위하여 직무발명으로부터 비롯되는 법률관계에 대하여 고용관계 준거법 국가의 법률에 의한 통일적인 해석이 필요하다"고 전제한 후, "직무발명에 관한 섭외적 법률관계에 적용될 준거법은 그 발생의 기초가 된 근로계약에 관한 준거법으로서 국제사법 제28조 제1항, 제2항 등에 따라 정하여지는 법률인 대한민국 법률이라고 보아야 할 것이므로, 종업원인 피고가 사용자인 원고와 사이에 체결된 근로계약에 따라 완성된 이 사건 직무발명에 기초하여 외국에서 특허권 및 실용신안권을 등록받는다고 하더라도, 원고는 구 특허법 제39조 1항 및 이를 준용하는 구 실용신안법 제20조 제1항에 의하여 통상실시권을 가진다" 하면서 직무발명에 기초한 법률관계는 근로계약의 준거법에 의하여야 한다고 판시한 바 있다. 위 판결은 원고와 피고는 그 근로계약 체결에 관하여 대한민국 법률을 준거법으로 하려는 취지의 묵시적 합의가 존재한다고 보아야 하고, 설령 그렇지 않더라도 피고가 일상적으로 노무를 제공하는 곳이 대한민국이라는 이유로 우리나라법을 준거법으로 적용하여 판단하였다.

4) 기 타

그 밖의 학설로는 속지주의가 아닌 본원국법 주의의 입장에서 특허받을 권리의 준거법을 발명자 소재지국법에 의하여야 한다고 보면서 발명이 기업 등의 기획에 의해 이루어진 경우 발명자 소재지는 곧 그 기업 등의 소재지가 된다는 견해[21]와 직무발명을 통해 외국에 특허를 출원한 이상 특허받을 권리

18) 김언숙, 앞의 글, 340, 346~347면.

19) 김동원, 외국에서 출원된 직무발명의 권리관계에 대한 준거법, LAW & TECHNOLOGY, 제10권 제1호, 서울대학교 법학연구소, 2014. 1, 28~29면.

20) 대법원 2015. 1. 15.선고 2012다4763 판결.

가 누구에게 귀속되는지의 문제는 결국 출원을 받은 나라가 속지주의에 따라 그 나라 법에 따라 평가, 판단할 문제로 보는 한편, 외국 출원으로 특허등록된 발명에 대하여 종원업에게 직무발명의 대가를 보상하는 문제는 속지주의 적용설, 노무 공급지법설, 직무발명의 대가에 관한 문제는 특허권의 양도라는 법률관계에서 발생하는 것이므로 그 대가를 수수하는 채권관계의 준거법에 따라야 한다는 설이 대립된다고 설명하는 견해가 있다.[22)]

나. 해외 입법 현황 및 주요국제사법원칙의 검토

1) 입법 현황의 검토

직무발명의 권리의무관계에 대한 준거법 규정을 가지고 있는 입법례는 주로 유럽 국가들에서 발견되는데, 먼저 오스트리아 국제사법 제34조 제2항은 종업원의 직무와 관련된 무체재산권과 관련하여 발생되는 사용자와 종업원, 종업원 상호간의 관계는 '고용관계의 준거법'에 의한다고 규정하고 있음을 들 수 있다. 또한 유럽특허조약(European Patent Convention, 이하 EPC) 제60(1)조 후문에 의하면, 직무발명의 경우 유럽 특허를 받을 권리는 종업원이 '주로 고용되어 있는 국가의 법'에 따라 결정되고, 이를 특정할 수 없는 경우에는 종업원이 속한 '사용자의 영업소 소재지 국가의 법'에 의한다고 규정하고 있으며,[23)] 영국 특허법도 이에 따라 제43조 제2항에서 종업원이 '주로 고용되어 있는 국가의 법'을, 이를 특정할 수 없는 경우에는 종업원이 속한 '사용자의 영업소 소재지 국가의 법'에 의한다고 준거법을 지정하고 있다.

이와 같이 직무발명의 법률관계에 대한 준거법에 대하여 구체적으로 입법에 의해 명확히 하고 있는 국가들도 있으나, 우리나라에서 이러한 문제를 구체적으로 입법하고 있는 법률은 없다. 이는 일본의 경우도 마찬가지이며, 미국의 경우 직무발명을 사용자와 종업원 간의 계약상의 문제로 보고 있으므로

---

21) 손경한, 지적재산분쟁의 준거법, 저스티스, 제78호, 한국법학원, 2004. 4, 183~184면.

22) 조영선, 특허법, 제4판, 박영사, 2013, 272면.

23) EPC Article 60 Right to a European Patent
(1) The right to a European patent shall belong to the inventor or his successor in title. If the inventor is an employee, the right to be a European patent shall be determined in accordance with the law of the State in which the employee is mainly employed; if the State in which the employee is mainly employed cannot be determined, the law to be applied shall be that of the State in which the employer has the place of business to which the employee is attached.

각주의 계약법에 의해 규율하고 있다. 이와 같이 직무발명의 권리의무관계에 대한 준거법에 관련된 입법태도는 나라마다 다소간의 차이를 보이고 있다.

2) 지적재산과 국제사법의 문제에 관한 주요원칙

구체적으로 법률로 입법되거나 국가 간의 조약에 이른 것이 아니지만, 주요 법역 국가별로 전문가 집단의 주도에 의하여 지적재산 분야의 국제사법적 문제에 관한 판단기준에 관한 원칙의 정립을 위한 노력이 이어왔고, 이에 대한 논의의 결과 아래와 같은 주요 원칙들이 성안된 바 있다. 이러한 원칙들은 법률이나 조약과 같은 직접적인 구속력이 있는 것은 아니지만, 해당 법역 국가들의 경향을 반영하고 구체적인 사건에서 법원의 해석기준이 되거나 명문 규정이 없는 경우 보충적인 역할을 할 수 있을 것이므로 법률실무에서 중요한 지침이 될 것임은 두말할 여지가 없다. 따라서 이러한 주요원칙들 중 직무발명의 법률관계의 준거법 결정과 관련된 부분을 검토할 필요가 있다.

가) 지적재산권에 관한 국제사법원칙(한·일공동제안) 위 원칙은 2010. 10. 14. 한국과 일본의 국제사법 학자 및 실무가들이 동북아 법제의 입장에서 지적재산분쟁에 대한 국제사법적 문제에 대한 판단기준과 해결방법에 대하여 양측의 협의사항을 도출하여 최종 제안한 것인데, 법제가 유사한 한·일 양국이 미국이나 유럽의 입장을 떠나 양국의 법률과 실무에 맞게 지적재산분쟁의 국제사법상 원칙을 최종 성안하였다는 점에서 큰 의의를 가지는 자료이다.[24)]

위 원칙 제308조는 지적재산권의 최초의 권리귀속에 관한 준거법에 대하여 규율하고 있는데, 동조 제4항은 "지적재산권이 고용계약 그 외의 당사자간에 있어서 이전부터 존재하는 관계에서 발생하고 있는 경우에는 그 계약 또는 관계의 준거법에 따른다"고 규정하고 있다. 이 규정에 관한 해설자료에 의하면, 동조항은 종업원의 발명, 저작 등에 관한 규정으로 고용계약, 그 외에 이전부터 존재하는 관계로부터 발명이나 저작물이 창작되었을 경우에는, 그 지적재산에 관한 최초의 권리의 귀속에 대해서는 그러한 계약 또는 관계의 준거법 소속에 종속적으로 연결되는 것으로 규정한 것이라고 한다.[25)] 이는 아래 ALI 원칙 제313조 제1항 c호와 유사한 규정이라고 할 수 있다.

24) 위 원칙에 대해 자세히 설명하고 있는 자료는 지적재산권에 관한 국제사법원칙(한·일공동제안), 앞의 자료, 533~673면 참조.

25) 위 자료, 576면.

나) 미국법협회의 국가간 지적재산분쟁에서의 재판관할, 준거법 및 재판에 관한 원칙(Principles Governing Jurisdiction, Choice of Law, And Judgements In Transnational Disputes, 이하 ALI 원칙) 위 원칙은 2007. 5. 14. 미국법협회(American Law Institute, ALI)에서 그동안 논의되어 온 국가 간의 지적재산분쟁에 관한 국제사법적 제반 원칙들을 정리하여 완성한 것으로, 국제적 지적재산분쟁의 저촉법상 문제들에 대한 미국측 전문가들의 주장을 최종적으로 제시하고 있는 것이라 할 수 있다. 위 원칙에는 고용관계로 인하여 발생된 지적재산을 둘러싼 법률관계에 관한 준거법을 독립된 조문으로 따로 규정하고 있지는 않고 지식재산에 대한 권리의 최초귀속 관계에 대하여 규정하고 있는 규정에서 함께 규율하고 있다.

즉, 위 ALI 원칙 제311조 제2항은 "등록된 권리가 당사자 간 계약이나 그 밖에 선행하는 관계로 인하여 발생된 경우에는 그러한 권리의 최초 귀속은 그 계약이나 관계를 규율하는 법에 의한다"고 규정하고 있다.[26] 또한 ALI 원칙 제313조 제1항은 해당 지적재산권이 등록으로 인하여 발생하는 권리가 아닌 경우 그러한 권리에 대한 최초 권리귀속관계에 대하여 규정하고 있는데, 같은 조항 c호에 의하면, "해당 권리가 고용관계에 따라 창작된 경우 '그 관계를 규율하는 법'에 의한다"고 명시하고 있다.[27]

즉, 미국에서는 해당 지적재산이 고용관계로 인하여 창작된 경우에, 이에 대한 최초의 권리를 실제 창작자에게 귀속시킬 것인지 아니면 사용자에게 귀속시킬 것인지의 문제는 양자의 관계를 규율하는 계약에 관한 법에 의하여야 한다고 보고 있으며, 이러한 문제는 계약당사자가 지정한 법에 의하거나 만약 당사자 사이의 준거법 지정이 없다면, 계약의 성립된 국가 또는 그 계약과 가장 밀접한 관련이 있는 국가의 법에 의하여야 한다고 보고 있다.[28]

---

26) § 311 Initial Title to Registered Rights
(2) When the subject matter of the registered rights arises out of a contractual or other preexisting relationship between or among the parties, initial title is governed by the law that governs the contract or relationship.

27) § 313 Initial Title to Other Rights That Do not Arise Out of Registration
(1) Initial title to other rights that do not arise out of registration is governed by:
(c) If the subject matter was created pursuant to an employment relationship, the law of the State that governs the relationship(Principles Governing Jurisdiction, Choice of Law And Judgements In Transnational Disputes, American Law Institute Publishers, 2008, 139면)

28) 같은 책, 141면.

다) 독일 막스플랑크 연구소의 지적재산에 관한 국제사법원칙(Principles on Conflict of Laws in Intellectual Property, 이하 CLIP 원칙) 독일의 막스플랑크 연구소(Max Planck Institute, MPI)의 지적재산권 그룹(The European Max Plank Group on Conflict of Laws in Intellectual Property)은 2011. 12. 1. '지적재산에 관한 국제사법원칙'을 완성하였는데,29) 이 원칙은 미국의 ALI 원칙에 대항하여 지적재산분야의 재판관할권, 준거법 및 외국판결의 승인 및 집행에 관한 문제를 다루고 있다. 위 원칙 Article 3 : 503은 고용관계(Employment relationships)에 대하여 규율하면서,30) 종업원의 노력에 의하여 발생된 지적재산권의 양도나 라이센스, 특히 사용자의 지적재산권 주장 및 종업원의 보상청구권 등에 관한 사용자 및 종업원 상호간의 의무는 양 당사자가 지정한 법에 의해 규율됨이 원칙이고(위 조항 (1)항), 당사자가 지정한 법이 없는 경우에는 종업원이 그 계약의 이행을 위해 일상적으로 노무를 제공하는 국가의 법에 의한다고 규정하고 있다(위 조항 (2)항). 또한 위 조항 (3)항은 (2)항의 종업원이 일상적으로 노무를 제공하는 국가의 법보다 '더욱 밀접한 관련이 있는 국가의 법'이 있는 경우에는 그 법이 적용되어야 한다고 규정하고 있다.

---

29) European Max Planck Group on Conflict of Laws in Intellectual Property(CLIP), Principles on Conflict of Laws in Intellectual Property, p.16, available at http://www.clip.eu/en/pub/home.cfm. 위 원칙은 같은 해 8. 31. 최종본이 완성된 것을 편집상의 수정을 거쳐 공표한 것임.

30) Article 3: 503: Employment relationships

(1) The mutual obligations of employer and employee in relation to the transfer or licence of an intellectual property right arising from the employee's efforts, in particular the right of the employer to claim the intellectual property right and the right of the employee to remuneration, shall be governed by the law chosen by the parties in accordance with Article 3:501. Such a choice of law may not, however, have the result of depriving the employee of the protection afforded to her/him by the provisions that cannot be derogated from by agreement under the law that, in the absence of choice, would have been applicable pursuant to paragraphs 2 and 3 of this Article.

(2) To the extent that the law has not been chosen by the parties, the mutual obligations of employer and employee in relation to the transfer or licence of an intellectual property right arising from the employee's efforts, in particular the right of the employer to claim the intellectual property right and the right of the employee to remuneration, shall be governed by the law of the State in which or, failing that, from which the employee habitually carries out his work in performance of the contract. The State where the work is habitually carried out shall not be deemed to have changed if the employee is temporarily employed in another State.

(3) Where it appears from the circumstances as a whole that the contract is more closely connected with a State other than that indicated in paragraph 2, the law of that other State shall apply.

위 조항은 로마 I 규정 Article 8(1), (2) 및 (4)를 모델로 한 것이며,[31) 이에 의하면 직무발명 등에 있어서 최초의 권리를 발명자에게 귀속시키는 경우에 사용자는 해당 권리의 양도나 실시허락을 주장할 수 있는지, 아울러 종업원은 이에 대한 적절한 보상을 구할 수 있는지의 문제를 다루기 위한 것이며, 위 조항은 이를 당사자가 지정한 법에 의하도록 하면서도 종업원의 보호를 위한 주요 조항들을 무시할 수 없도록 당사자가 지정한 법이 없을 경우에는 종업원이 일상적으로 노무를 제공하는 국가의 법에 의할 수 있도록 규정하고 있다.

또한 위 원칙은 등록으로 인하여 발생하는 권리의 최초귀속은 보호국가주의에 의함을 명시하면서도,[32) 고용계약 또는 연구계약으로 인해 발생하는 권리의 최초귀속에 대한 준거법은 Article 3:501 이하를 적용하는 것으로 규정하고 있다.[33) 즉, 위 원칙 Article 3:201(3)항은 고용계약 또는 연구 개발 계약과 같은 계약 관계에 있어 등록된 권리의 귀속관계에 대한 준거법은 Section 5에 따른다고 규정하고 있으므로[34) 이에 따르면 결국 고용계약으로 인하여 등록으로 발생된 권리의 최초 귀속의 문제는 위 Article 3:503에 의하여 규율된다.

위 원칙과 앞서 본 유럽특허조약(EPC)과의 주요한 차이점은 고용계약의 준거법 지정에 있어서 당사자의 선택을 존중하고 있다는 점이나, 위 원칙에서는 이러한 경우에도 당사자의 법선택이 없었더라면 지정되었을 준거법상의 종업원 보호조항의 적용을 배제할 수 없도록 하고 있어서 종업원 보호에 문제가 없도록 하고 있다. 덧붙여 EPC 제60(1)조 후문의 '주로 고용되어 있는 국가의 법'과 위 원칙의 '일상적으로 노무를 제공하는 국가의 법'은 문언상 표현이 다르나, 양자는 구체적인 사건에 있어서 대부분의 경우 일치할 것이므로 큰 차이로 보이지 않는다.

---

31) A Metzger, 'Applicable law under the CLIP Principles' in J Basedow, T Kono and A Metzger(eds), Intellectual Property in the Global Arena(2010), p.157~78 at p.169; European Max Planck Group on Conflict of Laws in Intellectual Property(CLIP), Conflict of Laws in Intellectual Property－The CLIP Principles and Commentary, Oxford Universy Press, 2013, p.282.

32) Article 3 : 201(1).

33) Article 3 : 201(3).

34) Article 3 : 201 : Initial ownership
(3) In the framework of a contractual relationship, in particular an employment contract or a research and development contract, the law applicable to the right to claim a registered right is determined in accoradance with section 5.

Ⅲ. 직무발명을 기초로 한 섭외적 법률관계에 대한 준거법 결정

1. 직무발명으로 인한 섭외적 법률관계의 성질결정과 준거법 지정

직무발명으로 인한 권리의무관계를 요약하면, 발명에 대한 특허받을 권리는 발명자에 있으므로(특허법 제33조) 직무발명에 대한 권리는 종업원 등에게 원시적으로 귀속되고, 종업원 등이 직무발명에 대하여 특허권 등을 받으면 사용자 등은 직무발명에 대한 법정의 무상의 통상실시권을 가지며,[35] 다만 직무발명에 대한 권리를 사용자가 승계받기로 하는 약정이 미리 존재하는 경우 사용자가 직무발명에 대한 권리를 승계할 수 있고, 종업원은 이에 대한 정당한 보상을 받을 권리를 가지는 관계라고 정리할 수 있다(발명진흥법 제10, 13, 15조).

이러한 직무발명으로 인한 법률관계에 대한 준거법을 결정하기 위해서는 먼저 법률관계의 성질결정이 필요하다. 즉, 이를 지적재산권에 관한 법률관계로 볼 것인지, 아니면 직무발명의 원인이 되는 고용관계로 인한 법률관계로 볼 것인지에 따라 준거법이 달리 결정될 수 있다. 직무발명의 권리의무관계를 지적재산권에 관한 법률관계로 보게 되면 이는 원칙적으로 우리나라 국제사법 제24조의 적용대상이 될 것이고, 이를 그 원인관계인 고용계약의 법률관계로 보게 된다면 준거법은 일반적인 계약에 관한 준거법인 국제사법 제25, 26조에 의하거나 근로계약에 관한 준거법을 정하고 있는 국제사법 제28조의 적용대상이 될 것이다. 이는 결국 국제사법 제24조의 적용범위가 어디까지인지의 문제로 귀결된다고도 할 수 있다.

직무발명의 권리의무관계는 고용계약으로 인하여 발생된 발명의 권리 귀속과 보상금 지급 문제를 주된 내용으로 하는 것으로, 발명에 대한 권리 자체가 외국에서 특허출원되고 등록된 경우 어떻게 취급되고 어떠한 효력을 갖는가의 문제와는 다른 것이어서 이는 지적재산권 자체의 성립, 소멸, 효력의 문제나 지적재산권 침해의 문제와는 구분되는 것이다. 즉, 직무발명을 기초로 성립된 특허권 등의 성립, 소멸, 내용, 범위의 문제나 특허권 등의 침해에 관한 문제는 지적재산권에 관한 문제로서 국제사법 제24조의 적용대상이 논의되어야 할 것이나, 직무발명으로 인한 권리의 귀속과 사용자의 통상실시권

35) 사용자가 종업원의 직무발명으로 인한 특허권 등에 대하여 가지는 무상실시권은 발명진흥법 제10조 제1항 단서 및 제13조 제3항 후문에 해당하는 경우에는 인정되지 않음은 물론이다.

인정 여부 및 종업원에 대한 보상금의 지급과 같은 직무발명을 기초로 한 법률문제는 사용자와 종업원 사이의 고용계약에 기초한 채권관계로 보아야 할 것이며 지적재산권의 보호에 관한 국제사법 제24조의 적용대상은 아니라고 할 것이다.

따라서 직무발명으로 인한 섭외적 권리의무관계는 지적재산권에 관한 법률관계로 성질결정하기 보다는 고용계약에 기초한 권리의무관계로 보고 고용계약의 준거법에 의하여야 한다고 생각되고, 이렇게 보는 것이 앞서 본 각국의 입법례, 조약 및 각 법역별 지적재산에 관한 주요 국제사법 원칙들이 고용관계에 관한 준거법을 적용하고 있음에 비추어 국제적인 조류에도 맞는 해석이 되며, 직무발명을 둘러싼 제반 권리의무관계를 통일적으로 처리하여 사용자와 종업원 사이의 법률관계에 대한 예측가능성을 확보할 수 있다는 장점을 갖게 된다고 할 수 있다.

2. 직무발명의 기초가 되는 고용관계에 관한 준거법

직무발명에 관한 권리의 귀속, 무상의 통상실시권 인정 여부 및 보상금 지급 등 직무발명으로 인한 법률관계는 사용자와 종업원 사이의 채권채무관계에 지나지 않는 이상 특허권 등에 대한 준거법을 적용하여서는 안 되고 고용계약의 준거법에 의하여야 할 것이나, 구체적으로 국제사법에 의해 준거법을 구체적으로 결정하는 단계에서는 '고용관계의 준거법'을 어떻게 보느냐에 따라서 일반계약에 의한 준거법 규정인 국제사법 제25조 및 제26조를 적용하여야 할지, 아니면 근로계약에 관한 국제사법 제28조를 적용할 것인지가 달라지게 된다. 두 견해의 차이는 결국 근로계약에 관한 국제사법 제28조를 적용할 경우는 당사자 자치의 원칙을 일정한 범위 내로 제한할 수 있어서 사회, 경제적 약자인 종업원의 보호에 보다 충실할 수 있게 되나, 일반적인 채권관계에서의 당사자 자치의 원칙에 의할 경우 종업원에게 불리할 우려가 있다는 점이다.[36)]

그러나, 근로계약설은 다음과 같은 난점이 있어 현행법상 명문규정이 없는 이상, 채용하기 어렵다고 생각된다.

36) 즉, 근로계약의 경우에도 당사자가 준거법을 자유로이 선택할 수 있으나, 당사자가 준거법을 선택하지 않은 경우에 적용될 준거법 소속국가의 강행법규가 근로자에게 부여하는 보호를 박탈할 수 없다(국제사법 제28조 제1항).

먼저, 제28조가 고용계약이 아닌 '근로계약'이라는 용어를 선택하고 있는데,[37] 그 이유는 국제사법 제28조는 종속적 노동을 하는 근로자를 보호하기 위한 특별규정이기 때문으로, 동조항은 종속적 노동을 하는 근로계약에 적용되는 조항으로 해석됨이 일반적이다.[38] 민법상 고용은 당사자 일방, 즉 노무자가 상대방 즉 사용자에 대하여 노무를 제공할 것을 약정하고, 상대방이 이에 대하여 보수를 지급할 것을 약정함으로써 성립하는 계약(민법 655조)이며, 이중 노동법의 대상이 되는 것을 특히 근로계약이라 한다.[39] 참고로, CLIP 원칙 Article 3 : 503조는 '고용관계'를 "① 특정 시간 동안 일정한 보수를 지급받는 대가로 다른 사람을 위해 또는 다른 사람의 지시에 따라 노무를 제공하고, ② 그 노무가 상당 부분 사용자의 업무 범위 내에 속하여야 하며, ③ 그 노무가 경영상의 위험이나 의사결정 권한과는 관련이 없을 것을 요건으로 한다"고 해석하고 있어 참고할 만하다.[40]

또한 직무발명의 주체인 종업원이란 일반 근로자뿐 아니라 법인의 임원 또는 공무원을 포함하는 개념이며, 법인의 임원에는 법인의 대표이사, 이사, 임시이사 및 감사, 합자회사 및 무한책임사원 등이 포함되는 개념으로, 근로기준법상 근로자의 개념보다 넓은 개념이다.[41] 이는 직무발명제도에 관한

37) 참고로, 근로기준법은 "근로계약"이란 근로자가 사용자에게 근로를 제공하고 사용자는 이에 대하여 임금을 지급하는 것을 목적으로 체결된 계약을 말한다고 규정하고 있다(동법 제2조 제1항 제4호).

38) 석광현, 앞의 책, 357면.

39) 지원림, 민법강의(제12판), 홍문사, 2014, 1534면. 근로기준법은 상시 5명 이상의 근로자를 사용하는 모든 사업 또는 사업장에 적용됨이 원칙이고, 상시 4인 이하 근로자를 사용하는 사업 또는 사업장에 대해서는 제한적으로 사용된다.

40) European Max Planck Group On Conflict Of Laws In Intellectual Property, 앞의 책, 281면.

41) 참고로, 우리나라 판례에 의하면 근로기준법상의 근로자에 해당하는지 여부는 계약의 형식이 고용계약인지 도급계약인지보다 그 실질에 있어 노무제공자가 사업 또는 사업장에 임금을 목적으로 종속적인 관계에서 사용자에게 근로를 제공하였는지 여부에 따라 판단하여야 하고, 여기에서 종속적인 관계가 있는지 여부는 업무내용을 사용자가 정하고 취업규칙 또는 복무규정 등의 적용을 받으며 업무수행과정에서 사용자가 상당한 지휘·감독을 하는지, 사용자가 근무시간과 근무장소를 지정하고 노무제공자가 이에 구속을 받는지, 노무제공자가 스스로 비품·원자재나 작업도구 등을 소유하거나 제3자를 고용하여 업무를 대행하게 하는 등 독립하여 자신의 계산으로 사업을 영위할 수 있는지, 노무제공을 통한 이윤의 창출과 손실의 초래 등 위험을 스스로 안고 있는지, 보수의 성격이 근로 자체의 대상적 성격인지, 기본급이나 고정급이 정하여졌는지 및 근로소득세의 원천징수 여부 등 보수에 관한 사항, 근로제공관계의 계속성과 사용자에 대한 전속성의 유무와 그 정도, 사회보장제도에 관한 법령에서 근로자로서 지위를 인정받는지 등의 경제적·사회적 여러 조건을 종합하여 판단하여야 할 것이라고 판시하고 있다(대법원 2014. 11. 13. 선고 2013다77805 판결; 대법원 2006. 12. 7. 선고 2004다29736판결 등 참조.). 이 기준은 어떠한 고용계약이 경제적으로 우월적 지위를 지니는

국내법률이 사회경제적 약자인 근로자를 보호하기 위해 제정된 근로기준법 등 노동법과는 달리, 발명자인 종업원의 이익과 사용자의 이익의 균형과 조화를 도모함으로써 우수한 발명을 장려하여 궁극적으로 국민경제의 발전에 이바지할 것을 목적으로 제정되었기 때문이다.

따라서 직무발명의 기초가 되는 고용계약이란 근로계약의 일부로서 또는 병행하여 체결될 수는 있으나 본질적으로 근로계약과는 다른 것으로 보아야 하고, 이러한 고용계약으로 인하여 발생되는 권리를 둘러싼 권리의무관계에 대해서는 결국 고용계약으로 인한 법정지의 국제사법에 따라야 할 것인데, 우리나라 국제사법에 직무상 창작물에 대한 권리의무관계를 규율하는 준거법에 관한 명문규정이 따로 없고, 고용계약도 채권계약인 이상, 직무발명에 관한 섭외적 법률관계의 준거법은 기본적으로 일반적인 계약(당사자 자치)에 관한 국제사법 제25조 및 26조에 따라 결정하여야 할 것이다.

마지막으로, 직무발명에 기초한 법률관계를 고용계약의 준거법을 일반계약의 준거법 규정에 의할 경우 당사자 사이에 발명자인 종업원에 대해 부당히 불리한 법이 준거법으로 선택될 결정보호에 관한 문제가 있다는 비판에 대해서는, 일반원칙에 따라 국제사법 제10조 공서조항에 의해 해당 외국법을 배척하거나, 일반 민법상의 사적 자치 제한 규정에 의해 해당 고용관계에 관한 계약의 효력을 제한하는 방법에 의하여 종업원에게 부당히 불리한 준거법이 선택되는 것을 제한할 수 있도록 하여야 할 것이다.

한편, 이러한 문제를 해결하기 위하여 직무발명에 관한 발명진흥법상 규정들을 절대적 강행법규(또는 국제적 강행법규)[42]에 해당한다고 보아 고용관계의 준거법과 상관없이 법정지인 국내법률을 직접 적용하는 것이 타당하다는 견해가 있으나,[43] 국내 직무발명에 관한 법률규정들이 사용자와 종업원 등의 고용관계상의 이해관계의 조정을 꾀하기 위한 국가적, 경제정책적인

사용자와 열악한 지위에 있는 노동자 사이에 체결됨으로써 부당한 결과를 초래하는 것을 막기 위해 제정된 노동법상의 각종 제한을 받는 근로계약에 해당하는지 여부를 실질적으로 판단하기 위해 제시되는 기준이나, 직무발명에서의 고용관계 판단에도 일응 참작할 수 있을 것이다.

42) 절대적 강행법규는 국제적 강행법규, 개입규범, 공서법, 직접적용법, 필요적 적용규범 등 각국마다 명칭에 차이가 있으나 기본적으로 동일한 의미로 사용된다.

43) 김언숙, 앞의 글, 346면. 참고로 일본의 경우에는 직무발명에 관한 특허법상 규정들을 절대적 강행법규로 해석하는 것이 다수설 및 판례의 입장이다(東京地裁 2004. 2. 24. 判決, 判例時報 1853호 38면 참조).

목적에서 입법된 것이어서 국내법상 강행규정에 해당한다고 하더라도 이는 준거법이 외국법인 경우에도 적용할 것을 목적으로 입법된 것으로 보기는 어려우므로, 직무발명에 관한 국내법률의 규정들이 준거법에 관계없이 해당 법률관계에 적용되어야 하는 국제적 강행법규에 해당한다고 볼 수는 없다고 생각된다. 따라서 이를 국제적 강행법규로 보아 국제사법 제7조에 의해 준거법이 외국법인 경우에도 적용하는 것은 무리라고 생각된다.[44]

Ⅳ. 맺음말

근래에는 글로벌화 영향으로 직무발명으로 인한 해외 출원이 늘어나고 있는 상황이므로, 직무발명을 둘러싼 섭외적 법률분쟁의 해결을 어느 나라의 법률에 의하여 판단하여야 할 것인지의 문제가 중요하게 대두되고 있다. 앞서 본 바와 같이 직무발명을 기초로 한 법률관계는 하나의 발명을 기초로 발생된 일련의 법률관계로서, 통일적으로 해결될 필요성이 있고, 직무발명으로 파생된 특허권 자체의 효력과 같은 문제와 달리 사용자와 종업원 사이의 고용계약에 기초한 것으로서 그 준거법은 고용관계에 관한 법에 의하여야 할 것이다. 그런데, 이러한 고용계약은 근로계약과는 구분되는 것이고, 우리나라는 직무발명으로 인한 섭외적 법률관계에 대한 별도의 규정을 두고 있지 않으며, 고용계약도 계약의 일종이므로, 이에 대한 준거법은 일반원칙에 따라 계약에 관한 준거법에 관한 규정에 의하는 것이 타당할 것이다.

한편, 우리나라 대법원은 직무발명에 관한 섭외적 법률관계의 준거법은 직무발명의 기초가 된 근로계약의 준거법으로 통일적으로 판단하여야 한다고 하면서 국제사법 제28조에 따라 준거법을 결정해야 한다는 입장이나,[45] 근로계약에 관한 준거법 규정인 국제사법 제28조는 종속적 근로관계에 있는 근로

44) 참고로, 대한민국 법의 강행적 적용에 관한 국제사법 제7조의 강행규정은 당사자 합의에 의해 그 적용을 배제할 수 없다는 의미의 국내적 강행법규(통상의 강행법규 또는 단순한 강행법규)가 아니라, 당사자의 합의에 의해 적용을 배제할 수 없을 뿐만 아니라 그에 추가하여 준거법이 외국법이라도 그 적용이 배제되지 않는 국제적 강행법규(절대적 강행법규)를 말한다. 한편, 근로계약에 관한 국제사법 제28조 제1항의 강행규정은 국내적 강행법규를 말하므로 혼돈이 없기를 바란다(석광현, 앞의 책, 141, 356면 참조).

45) 앞의 각주 20).

자를 보호하기 위한 특칙규정이므로, 국제사법상의 명문 규정의 범위를 벗어나 직무발명에 기초한 권리의무관계에 대하여 동법 제28조에 따라 준거법을 결정한 것은 잘못된 것으로 보인다. 위 대법원 판결은 해당 사용자와 종업원이 대한민국 법인이고 국민으로서 대한민국에서 근로계약을 수행하였으므로 그 근로계약에 관하여 대한민국 법률을 준거법으로 하려는 묵시적 의사가 인정된다고 판시하고, 그렇지 않더라도 피고가 일상적으로 노무를 제공한 곳이 대한민국이므로 대한민국 법이 준거법이 된다고 판시하고 있는데, 당사자자치에 관한 일반 계약의 준거법 규정인 국제사법 제25조에 의하더라도 같은 논리로 당사자 사이에 대한민국 법률을 준거법으로 하려는 묵시적 의사를 인정하거나, 당사자의 준거법 선택이 없었다 하더라도 제26조에 의해 그 계약과 가장 밀접한 관련이 있는 국가의 법은 종업원이 일상적으로 노무를 제공한 국가의 법인 대한민국 법률이 된다고 해석하는데 지장이 없었을 것이다. 일반계약에 관한 준거법 규정을 적용하더라도 실제로 종업원의 보호에 불리해지는 결과를 낳는 일이 발생하는 경우는 드물 것이므로, 법문의 해석을 넘어 근로계약에 관한 국제사법 제28조를 직무발명으로 인한 법률관계의 준거법 결정에 관한 조문으로 보는 것은 적절하지 않다고 생각된다.

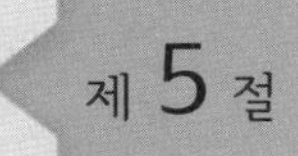

직무발명에 관한 최근 판결동향

특허법원 판사 손천우

Ⅰ. 들어가며

직무발명에 관한 최근 판례들에서 주로 논점이 된 사항들은 직무발명의 귀속에 관한 내용과 직무발명보상금의 발생과 산정기준 그리고 소멸시효의 완성 여부 등이다. 직무발명의 귀속에 관한 문제는 재직 중 발명을 회사에 귀속시키기로 한 사전약정의 효력과 위 약정에 위반하여 처분한 경우 근로자에게 배임죄가 성립하는지 여부, 사용자가 근로자를 상대로 직접 특허권이전등록청구를 할 수 있는지 여부가 문제된다. 직무발명보상금의 산정기준과 관련해서는 사용자의 이익액과 발명자의 기여율 등을 중점적으로 살펴본다. 이하에서는 직무발명에 관한 주요한 대법원 판결과 하급심 판결들을 쟁점별로 살펴보기로 한다.[1]

Ⅱ. 직무발명의 귀속에 관한 문제 – 직무발명으로 한정하지 아니한 재직 중 발명 귀속에 관한 약정의 효력

● **대법원 2012. 11. 15. 선고 2012도6676 판결 【업무상배임 등】**

1) 특허법에 규정되어 있던 직무발명과 그 보상에 관한 제39, 40조가 2006. 3. 3. 개정 특허법에서 삭제되고 발명진흥법(2006. 6. 법률 제7869호)에서 규정하면서 '종전의 규정에 의하여 이루어진 특허 등을 받을 수 있는 권리 또는 특허권 등의 승계나 전용실시권의 설정에 따른 보상은 종전의 특허법의 규정에 의한다'(부칙 제4조)라고 규정하고 있으므로, 이하에서 '구 특허법' 또는 '발명진흥법'이 적용되는 것은 위와 같은 적용시기의 차이에 의한 것이다.

◎ 피고인 A가 피해자 회사와 체결한 비밀유지 및 경업금지약정의 효력

발명진흥법 제2조는 "직무발명"이란 종업원, 법인의 임원 또는 공무원(이하 "종업원 등"이라 한다)이 그 직무에 관하여 발명한 것이 성질상 사용자·법인 또는 국가나 지방자치단체(이하 "사용자 등")의 업무 범위에 속하고 그 발명을 하게 된 행위가 종업원 등의 현재 또는 과거의 직무에 속하는 발명을 말한다고 규정하면서, 제10조 제3항에서 "직무발명 외의 종업원 등의 발명에 대하여 미리 사용자 등에게 특허 등을 받을 수 있는 권리나 특허권 등을 승계시키거나 사용자 등을 위하여 전용실시권을 설정하도록 하는 계약이나 근무규정의 조항은 무효로 한다."고 규정하고 있고, 위 조항은 직무발명을 제외하고 그 외의 종업원 등의 발명에 대하여는 그 발명 전에 미리 특허를 받을 수 있는 권리나 장차 취득할 특허권 등을 사용자 등에게 승계(양도) 시키는 계약 또는 근무규정을 체결하여 두더라도 위 계약이나 근무규정은 무효라고 함으로써 사용자 등에 대하여 약한 입장에 있는 종업원 등의 이익을 보호하는 동시에 발명을 장려하고자 하는 점에 그 입법취지가 있다. 위와 같은 입법취지에 비추어 보면, 계약이나 근무규정이 종업원 등의 직무발명 이외의 발명에 대해서까지 사용자 등에게 양도하거나 전용실시권의 설정을 한다는 취지의 조항을 포함하고 있는 경우에 그 계약이나 근무규정 전체가 무효가 되는 것은 아니고, **직무발명에 관한 부분은 유효**하다고 해석하여야 한다. 또한 발명진흥법 제15조 제1항은 "종업원 등은 직무발명에 대하여 특허 등을 받을 수 있는 권리나 특허권 등을 계약이나 근무규정에 따라 사용자 등에게 승계하게 하거나 전용실시권을 설정한 경우에는 정당한 보상을 받을 권리를 가진다."고 규정하고 있으므로, 계약이나 근무규정 속에 대가에 관한 조항이 없는 경우에도 그 계약이나 근무규정 자체는 유효하되 종업원 등은 사용자 등에 대하여 정당한 보상을 받을 권리를 가진다고 해석해야 할 것이나, 직무발명에 대한 특허 등을 받을 수 있는 권리나 특허권 등의 승계 또는 전용실시권 설정과 위 정당한 보상금의 지급이 동시이행의 관계에 있는 것은 아니다.

☞ 피고인 A는 피해자 회사와 사이에 "피해자 회사에서 재직하는 기간 중 자신들이 독자적으로 또는 타인과 함께 개발한 모든 발명은 발명 즉시 피해자 회사에 서면으로 공개하여야 하고, 그 발명에 대한 일체의 권리는 피해자 회사에 독점적·배타적으로 귀속되는 것으로 한다"는 비밀유지 및 경업금지약정을

체결하였음을 알 수 있다. 피고인 A가 피해자 회사와 체결한 위 비밀유지 및 경업금지약정은 피고인 A의 직무발명에 관하여 미리 피해자 회사에 특허 등을 받을 수 있는 권리나 특허권 등을 승계시키는, 이른바 직무발명 사전승계 약정의 범위 내에서 유효하다고 할 것이고, 또한 위 약정에 따라 피고인 A가 그의 직무발명에 관하여 피해자 회사에 특허 등을 받을 수 있는 권리나 특허권 등을 승계시키는 경우에는 피해자 회사에 대하여 정당한 보상을 받을 권리를 가진다고 해석해야 할 것이다.

◎ 배임죄 또는 영업비밀누설죄 해당 여부

발명진흥법 제12조 전문(前文)은 "종업원 등이 직무발명을 완성한 경우에는 지체 없이 그 사실을 사용자 등에게 문서로 알려야 한다."고 규정하고 있고, 제13조는 제1항에서 "제12조에 따라 통지를 받은 사용자 등(국가나 지방자치단체는 제외한다)은 대통령령으로 정하는 기간에 그 발명에 대한 권리의 승계 여부를 종업원 등에게 문서로 알려야 한다. 다만, 미리 사용자 등에게 특허 등을 받을 수 있는 권리나 특허권 등을 승계시키거나 사용자 등을 위하여 전용실시권을 설정하도록 하는 계약이나 근무규정이 없는 경우에는 사용자 등이 종업원 등의 의사와 다르게 그 발명에 대한 권리의 승계를 주장할 수 없다."는 규정을, 제2항에서 "제1항에 따른 기간에 사용자 등이 그 발명에 대한 권리의 승계 의사를 알린 때에는 그때부터 그 발명에 대한 권리는 사용자 등에게 승계된 것으로 본다."는 규정을 각 두고 있으며, 발명진흥법 시행령 제7조는 법 제13조 제1항 본문에서 "대통령령으로 정하는 기간"이란 법 제12조에 따른 통지를 받은 날부터 4개월 이내를 말한다고 규정하고 있다. 따라서 직무발명에 대한 특허를 받을 수 있는 권리를 사용자 등에게 승계한다는 취지를 정한 약정 또는 근무규정이 있는 경우에는 사용자 등의 위 법령으로 정하는 기간 내의 일방적인 승계 의사 통지에 의하여 직무발명에 대한 특허를 받을 수 있는 권리 등이 사용자 등에게 승계된다. 또한 특허법상 공동발명자 상호간에는 특허를 받을 권리를 공유하는 관계가 성립하고(특허법 제33조 제2항), 그 지분을 타에 양도하려면 다른 공유자의 동의가 필요하지만(특허법 제37조 제3항), 발명진흥법 제14조가 "종업원 등의 직무발명이 제3자와 공동으로 행하여진 경우 계약이나 근무규정에 따라 사용자 등이 그 발명에 대한 권리를 승계하면 사용자 등은 그 발명에 대하여 종업원 등이 가지는 권리의 지분을 갖는다."고 규정하고 있으므로, 직무발명이 제3자와 공동으로 행하여진 경우에는 사용자 등은 앞서 본 바와 같이 그 발명에 대한 종업원 등의 권리를 승계하기만 하면 공유자인 제3자의 동의 없이도 그 발명에 대하여 종업원 등이 가지는 권리의 지분을 갖는다고 보아야 한다.

그렇다면 직무발명에 대한 특허를 받을 수 있는 권리 등을 사용자 등에게 승계한다는 취지를 정한 약정 또는 근무규정의 적용을 받는 종업원 등은 사용자 등이 이를 승계하지 아니하기로 확정되기 전까지는 임의로 위와 같은 승계 약정 또는 근무규정의 구속에서 벗어날 수 없는 상태에 있는 것이어서, 종업원 등이 그 발명의 내용에 관한 비밀을 유지한 채 사용자 등의 특허권 등 권리의 취득에 협력하여야 할 의무는 자기 사무의 처리라는 측면과 아울러 상대방의 재산보전에 협력하는 타인 사무의 처리라는 성격을 동시에 가지게 되므로, 이러한 경우 그 종업원 등은 배임죄의 주체인 '타인의 사무를 처리하는 자'의 지위에 있다고 할 것이다. 따라서 위와 같은 지위에 있는 종업원 등이 그 임무에 위배하여 직무발명을 완성하고도 그 사실을 사용자 등에게 알리지 않은 채 그 발명에 대한 특허를 받을 수 있는 권리를 제3자에게 이중으로 양도하여 제3자가 특허권 등록까지 마치도록 하는 등으로 그 발명의 내용이 공개되도록 하였다면, 이는 사용자 등에게 손해를 가하는 행위로서 배임죄를 구성한다고 할 것이다.

다만 발명자주의에 따라 직무발명을 한 종업원에게 원시적으로 그 발명에 대한 권리가 귀속되는 이상 위 권리가 아직 사용자 등에게 승계되기 전 상태에서는 유기적으로 결합된 전체로서의 발명의 내용 그 자체가 사용자 등의 영업비밀로 된다고 볼 수는 없으므로, 직무발명에 대한 권리를 사용자 등에게 승계한다는 취지를 정한 약정 또는 근무규정의 적용을 받는 종업원 등이 앞서 본 비밀유지 및 이전절차협력의 의무를 이행하지 아니한 채 그 직무발명의 내용이 공개되도록 하는 행위를 발명진흥법 제58조 제1항, 제19조에 위배되는 행위로 의율하거나, 또는 직무발명의 내용 공개에 의하여 그에 내재되어 있었던 사용자 등의 개개의 기술상의 정보 등이 공개되었음을 문제삼아 누설된 사용자 등의 기술상의 정보 등을 개별적으로 특정하여 부정경쟁방지법 소정의 영업비밀 누설행위로 의율할 수 있음은 별론으로 하고, 특별한 사정이 없는 한 그와 같은 직무발명의 내용 공개가 곧바로 부정경쟁방지법 제18조 제2항에서 정한 영업비밀 누설에도 해당한다고 볼 수는 없는 것이다.

☞ Q22 합금은 피고인 A, B가 공동으로 발명한 것이고, 피고인 A가 피해자 회사와 체결한 위 비밀유지 및 경업금지약정은 직무발명의 사전승계 약정으로서는 유효하며, Q22 합금 발명 중 피고인 A의 기여 부분은 피해자 회사와의 관계에서 피고인 A의 직무발명에 해당한다고 보아야 한다. 한편 피고인들은 Q22 합금과 같이 강도가 높으면서도 가벼운 특성이 필요한 휴대 전자제품의 부품을 제조하는 데 적합한 경량 고강도 다이캐스팅용 합금의 발명이 피해자 회사에 긴요하다는 점을 잘 알고 있으면서도, 위 합금을 개발한 후 그에 대한 특허를 받을 수 있는 권리 중 피고인 A 공유지분을 피해자 회사에 이전하는 절차를 밟지 아니하고, 위 발명 전체에 대하여 피고인 B 명의로 단독 특허등록을 받아 피고인 B 명의의 사업체(MIB)를 통해 피고인들이 공동으로 수익을 얻고자 하였으며, 실제로 주식회사 상문, 주식회사 성풍비철금속과 사이에 Q22 합금에 대한 라이선스 계약을 체결하기까지 한 사실 등을 알 수 있다. 위 사실관계를 앞서 본 법리에 비추어 살펴보면, 피고인들이 공모하여, 피해자 회사의 이사로서 회사를 경영하는 지위에 있었고 그 직무에 관하여 Q22 합금을 공동으로 발명한 피고인 A가, 사용자인 피해자 회사가 위 발명에 대한 특허를 받을 수 있는 권리 중 피고인 A의 지분을 승계하지 아니하기로 확정되기 전까지 그 발명의 내용에 관한 비밀을 유지한 채 피해자 회사의 특허권 등 권리의 취득에 협력하여야 할 업무상의 임무에 위배하여, Q22 합금 발명 완성 사실을 피해자 회사에 알리지 않은 채 그 발명에 대한 특허를 받을 수 있는 권리 중 피고인 A의 지분을 피고인 B에게 이중으로 양도하여 피고인 B가 단독으로 특허권 등록까지 마치도록 하고, 피고인 A, C의 주선으로 피고인 B가 위 합금 발명에 관하여 다른 업체와 라이선스 계약을 체결하도록 하여 위 발명의 내용이 공개되도록 함으로써, 피해자 회사에 손해를 가하는 행위를 하였다고 인정하기에 충분하다.

● **대법원 2014. 11. 13. 선고 2011다77313 판결【특허출원인명의변경, 손해배상(지)】**

◎ 직무발명에 대한 특허를 받을 수 있는 권리를 사용자에게 승계시킨다는 취지를 정한 약정 또는 근무규정의 적용을 받는 종업원은 사용자가 이를 승계하지 아니하기로 확정되기 전까지 임의로 위 약정 등의 구속에서 벗어날 수 없는 상태에 있는 것이고, **위 종업원은 사용자가 승계하지 아니하는 것으로 확정**

되기까지는 그 발명의 내용에 관한 비밀을 유지한 채 사용자의 특허권 등 권리의 취득에 협력하여야 할 신임관계에 있다고 봄이 상당하다. 따라서 종업원이 이러한 신임관계에 의한 협력의무에 위배하여 직무발명을 완성하고도 그 사실을 사용자에게 알리지 아니한 채 그 발명에 대한 특허를 받을 수 있는 권리를 제3자에게 이중으로 양도하여 제3자가 특허권 등록까지 마치도록 하였다면, 이는 사용자에 대한 배임행위로서 불법행위가 된다.

피고들은 이 사건 합금과 같이 강도가 높으면서도 가벼운 특성이 필요한 휴대용 전자제품의 부품을 제조하는 데 적합한 경량 고강도 다이캐스팅용 합금의 발명이 원고 회사에 긴요하다는 점을 잘 알고 있으면서도, 위 합금을 개발한 후 그에 대한 특허를 받을 수 있는 권리 중 피고 甲(원고 회사의 이사) 지분을 원고 회사에 이전하는 절차를 밟지 아니하고, 위 발명 전체에 대하여 피고 乙(원고 회사 외부의 제3자) 명의로 단독 특허등록을 받아 피고 乙 명의의 사업체를 통하여 피고들이 공동으로 수익을 얻고자 하였으며, 실제로 소외 회사들과 사이에 이 사건 합금에 대한 라이선스계약을 체결하기까지 한 사실관계를 위 법리에 비추어 살펴보면, 피고들은 공모하여, 피고 甲이 원고 회사와의 신임관계에 의한 협력의무에 위배하여, 이 사건 합금 발명 완성 사실을 원고 회사에 알리지 아니하고 그 발명에 대한 특허를 받을 수 있는 권리 중 피고 甲의 지분을 피고 乙에게 이중으로 양도하여 피고 乙이 단독으로 특허권 등록을 마치도록 하고, 피고 甲, 丙의 주선으로 피고 乙이 위 합금 발명에 관하여 다른 업체와 라이선스 계약을 체결하도록 함으로써, 원고 회사에 손해를 가하는 행위를 하였다고 인정하기에 충분하므로, 피고들은 공동불법행위자로서 원고 회사에 대하여 손해를 배상할 책임을 부담한다.

◎ 2인 이상이 공동으로 발명한 때에는 특허를 받을 수 있는 권리는 공유로 하는데(특허법 제33조 제2항), 특허법상 위 공유관계의 지분을 어떻게 정할 것인지에 관하여는 아무런 규정이 없으나, 특허를 받을 수 있는 권리 역시 재산권이므로 그 성질에 반하지 아니하는 범위에서는 민법의 공유에 관한 규정을 준용할 수 있다고 할 것이다(민법 제278조 참조). 따라서 특허를 받을 수 있는 권리의 공유자 사이에 지분에 대한 별도의 약정이 있으면 그에 따르되, 그 약정이 없는 경우에는 민법 제262조 제2항에 의하여 그 지분의 비율은 균등한 것으로 추정된다.

원심은 이 사건 합금을 피고 甲이 단독으로 발명하였다고 보는 전제에서 피고들이 운영하는 사업체 명의로 소외 회사로부터 위 합금 발명의 특허에 대한 기술료로 지급받은 금원 전액을 원고 회사에 귀속되어야 할 것임에도 그가 얻지 못한 손해액에 해당한다고 판단하였으나, 이 사건 합금은 피고 甲, 乙이 공동으로 발명한 것으로서 위 기술료 가운데 원고 회사가 피고들의 배임행위로 얻지 못한 이익 상당액은 피고 甲 지분에 상응하는 금액에 한정되므로, 원심으로서는 이 사건 합금 발명에 대한 특허를 받을 수 있는 권리 중 피고 甲의 지분을 심리하여 확정하고, 위 기술료 가운데 그 지분에 상응하는 금액만을 손해액으로 산정하여 배상을 명하였어야 한다고 보아 원심을 파기하였다.[2)]

◎ 양도인이 특허를 받을 수 있는 권리를 양수인에게 양도하고, 그에 따라 양수인이 특허권의 설정등록을 받았으나 그 양도계약이 무효나 취소 등의 사유로 효력을 상실하게 된 경우에, 그 특허를 받을 수 있는 권리와 설정등록이 이루어진 특허권이 동일한 발명에 관한 것이라면, 그 양도계약에 의하여 양도인은 재산적 이익인 특허를 받을 수 있는 권리를 잃게 되고 양수인은 법률상 원인 없이 특허권을 얻게 되는 이익을 얻었다고 할 수 있으므로, 양도인은 양수인에 대하여 특허권에 관하여 이전등록을 청구할 수 있다. 한편 발명진흥법 제12조 전문, 제13조 제1항, 제3항 전문, 발명진흥법 시행령 제7조가 종업원으로 하여금 사용자에게 직무발명 완성사실을 문서로 통지하도록 하고, 사용자가 위 통지를 받은 날부터 4개월 이내에 그 발명에 대한 권리의 승계 여부를 종업원에게 알리지 아니한 경우 그 승계를 포기한 것으로 간주되는 효과가 부여되는 점 등에 비추어 보면, 사용자가 종업원의 위 통지가 없음에도 다른 경위로 직무발명 완성사실을 알게 되어 직무발명 사전승계 약정 등에 따라 그 발명에 대한 권리를 승계한다는 취지를 종업원에게 문서로 알린 경우에는 종업원의 직무

2) [청구취지] 원고에게, 피고 B는 별지 목록 기재 특허권에 관하여 특허권이전등록절차를 이행하고, 피고들은 각자 41,977,154원, 피고 A, C는 각자 61,431,840원, 피고 A는 40,063,692원과 각 이에 대한 지연손해금을 지급하라. [원심] 가. 피고들은 각자 원고에게 15,658,814원과 이에 대하여 2010. 8. 27.부터 2011. 8. 17.까지 연 5%, 그 다음날부터 다 갚는 날까지 연 20%의 각 비율에 의한 금원을 지급하라. 나. 피고 A, C는 각자 원고에게 56,605,010원과 그 중 30,786,840원에 대하여는 2010. 8. 27.부터 2010. 11. 30.까지, 25,818,170원에 대하여는 2010. 8. 27.부터 2011. 8. 17.까지 각 연 5%, 그 다음날부터 다 갚는 날까지 연 20%의 각 비율에 의한 금원을 지급하라. 다. 피고 A는 원고에게 38,593,076원과 이에 대하여 2010. 8. 27.부터 2010. 11. 30.까지 연 5%, 그 다음날부터 다 갚는 날까지 연 20%의 각 비율에 의한 금원을 지급하라. 라. 원고의 나머지 청구를 기각한다.

발명 완성사실 통지 없이도 같은 법 제13조 제2항에 따른 권리 승계의 효과가 발생한다고 보아야 한다. 그렇다면 직무발명 사전승계 약정 등의 적용을 받는 종업원이 직무발명을 완성하고도 그 사실을 사용자에게 알리지 아니한 채 그 발명에 대한 특허를 받을 수 있는 권리를 **제3자의 적극 가담 아래 이중으로 양도하여 제3자가 특허권 등록까지 마친 경우**에, 위 직무발명 완성사실을 알게 된 사용자로서는 위 종업원에게 직무발명 사전승계 약정 등에 따라 권리 승계의 의사를 문서로 알림으로써 위 종업원에 대하여 특허권이전등록청구권을 가지게 된다고 봄이 상당하다. 그리고 위 이중양도는 민법 제103조에서 정한 반사회질서의 법률행위로서 무효라고 할 것이므로, 사용자는 위 특허권이전등록청구권을 피보전채권으로 하여 종업원의 그 제3자에 대한 특허권이전등록청구권을 대위행사할 수 있다.

☞ 사실심변론종결 시까지 발명진흥법에서 정한 바에 따라 이 사건 합금발명에 대한 특허를 받을 수 있는 권리 중 피고 甲 지분을 원고 회사에 승계하기 위한 어떠한 절차도 이행된 바 없으므로, 원고 회사는 피고 甲에게 위 합금발명에 대한 권리 중 피고 甲 지분에 관하여 직무발명 사전승계 약정에 따른 승계 의사를 문서로 알리고, 위 발명에 대하여 피고 乙 앞으로 등록된 특허권 중 피고 甲 지분에 관하여 피고 乙을 상대로 피고 甲을 대위하여 피고 甲에게 이전등록할 것을 청구하며, 동시에 피고 甲을 상대로 원고 회사에게 순차 이전등록할 것을 청구할 수 있음은 별론으로 하고, 위 특허권에 관하여 직접 원고 회사에게 이전등록할 것을 청구할 수는 없다고 할 것이어서, 원심이 이전등록청구를 배척한 이유는 부적절하나 결론에 있어서는 정당하다.

Ⅲ. 직무발명보상금청구권의 발생

1. 직무발명보상금 청구권의 성질

● 서울고등법원 2009. 10. 7. 선고 2009나26840 판결

특허법에 의해 인정되는 직무발명보상금 청구권은 통상적으로 사업자에 비해 열악한 지위에 있는 종업원의 권익을 보호하고 발명을 진흥하기 위해 인정되는 것으로서 **직무발명보상금에 관한 구 특허법의 규정은 강행규정이므로, 직무발명보상금 청구권의 발생, 행사 및 보상금의 정당한 액수에 어떠한 제한을 가하는 계약 또는 근무규정은 무효**이고, 나아가 직무발명보상금은 특허를 받을 권리를 양도한 대가로서 인정되는 법정채권으로서 노동의 대가인 임금과는 그 성격상 명확히 구분되므로, 당사자 사이에 명시적인 약정이 없는 한 일반적인 임금, 성과급 등의 지급으로써 특정한 직무발명에 대한 보상금의 지급에 갈음하였다고 보아서는 안 된다.

☞ 피고(한림제약)는, 2004. 9.경 원고와 형식상으로 용역계약을 체결하여 원고에게 피고의 사무실을 무상으로 제공하였을 뿐만 아니라 2006. 7.까지 약 1억 2,400만 원 상당을 자문비, 용역비 등의 명목으로 지급하였는바, 설사 원고에게 지급해야 할 보상금이 인정된다고 하더라도 위와 같이 이미 지급된 금원에 의해 직무발명보상금이 지급된 것으로 보아야 한다는 취지로 주장하였으나, 법원은 위와 같은 법리에 비추어 피고가 원고에게 직무발명보상금 명목으로 금원을 지급하였음을 인정할 증거가 없는 이상 피고가 주장하는 위와 같은 사정만으로 원고에게 나이디핀 발명에 대한 직무발명보상금이 지급되었다고 볼 수 없다고 보아 피고의 주장을 배척하였다.

2. 직무발명으로 등록된 특허에 무효사유가 있는 경우

가. 특허발명에 무효이유가 있는 경우에 독점적·배타적 이익을 인정할 것인지가 문제된 사안에서 대법원은 아래와 같이 판시하였다.

● **대법원 2011. 9. 8. 선고 2009다91507 판결【직무발명보상금】**

구 특허법(2006. 3. 3. 법률 제7869호로 개정되기 전의 것) 제40조 제2항은 사용자가 종업원에게서 직무발명을 승계하는 경우 종업원이 받을 정당한 보상액을 결정하면서 발명에 의하여 사용자가 얻을 이익액과 발명의 완성에 사용자 및 종업원이 공헌한 정도를 고려하도록 하고 있는데, 구 특허법 제39조 제1항에 의하면 사용자는 직무발명을 승계하지 않더라도 그 특허권에 대하여 무상의 통상실시권을 가지므로, 위의 '사용자가 얻을 이익'이란 통상실시권을 넘어 직무발명을 배타적·독점적으로 실시할 수 있는 지위를 취득함으로써 얻을 이익을 의미한다.

☞ 피고는 파노린 발명의 출원 이전부터 아르헨티나 소재 가도 에스에이(GADOR S.A., 이하 '가도사'라고 한다)로부터 파미드론산 이나트륨염을 수입하고 이를 원료로 파노린 제품을 생산하여 파노린 발명을 실시하였는데, 피고가 실시한 위 파미드론산 이나트륨염의 제조방법에 관한 가도사 발명은 파노린 발명의 출원 당시 이미 공지된 것이어서 이를 자유롭게 실시할 수 있었고 경쟁관계에 있는 제3자도 그와 같은 사정을 용이하게 알 수 있었던 것으로 보인다. 또한 피고는 유한화학과 임가공계약을 체결한 다음 유한화학으로부터 파노린 발명을 이용하여 생산한 파미드론산나트륨을 납품받아 이를 원료로 파노린 제품을 생산하여 파노린 발명을 실시하였는데, 피고가 실시한 유한화학의 파미드론산나트륨에 관한 제조방법 역시 파미드론산을 수산화나트륨 용액에 녹인 후 알코올을 가하고 냉각 및 여과하여 결정 석출 후 물로 결정화하여 정제하는 단계로 이루어지는 점 등에서 가도사 발명과 차이가 없어서 그 기술분야에서 통상의 지식을 가진 자가 가도사 발명으로부터 용이하게 실시할 수 있는 기술에 해당하고 그와 같은 사정을 경쟁관계에 있는 제3자도 용이하게 알 수 있었던 것으로 보인다. 위에서 든 사정을 앞서 본 법리에 비추어 볼 때, **피고는 파노린 발명의 실시로 인하여 무상의 통상실시권을 넘는 독점적 · 배타적 이익을 얻고 있다고 단정할 수 없다.** 원심의 이 부분에 관한 이유설시에 있어서 피고가 가도사로부터 파미드론산 이나트륨염을 수입하는 이외에 파노린 발명을 실시한 사실이 없다고 본 것은 부적절하나, 피고가 원고에게 파노린 발명과 관련하여 실시보상금을 지급할 의무가 없다고 판단한 것은 결과적으로 정당하다.

나. 이에 대한 일본의 판결례[3]를 구분하면 ① 보상금 청구소송에서 무효주장을 긍정하는 입장, ② 보상금 산정시 이를 참작할 수 있다는 입장(보상금을 인정하되 그 액을 정함에 있어서 참작한다는 입장), ③ 보상금액 산정시에 고려하기 위해서는 경업자에게 알려져 있는 등의 조건을 분명히 할 필요가 있다는 입장(무효이유가 경업자에게 알려져 있고 사실상의 배타적인 이익이 없다고 판단되는 경우가 아니라면 특허권의 승계에 의한 이익은 부정되지 않는다는 입장) 등이 있다.[4]

3) 이하 일본의 판결례에 대하여는 김종석, 직무발명이 그 출원 당시 이미 공지된 것이고 제3자도 이미 그와 같은 사정을 용이하게 알 수 있었던 것으로 보이는 경우 실시보상금의 지급 의무 여부, 대법원판례해설 90호(2011년 하반기), 법원도서관, 592~594면을 참조하였다.

4) 전촌선지, "직무발명에 관한 보상금 청구소송에 있어서 무효이유 참작의 가부에 관하여", 지재관리 60권 2호, 2010. 2., 169-178행 참조.

1) 위 ①에 관한 판결[동경고판 2004. 9. 29. 평성15(ネ)2747]은 신규성 상실(공용)을 이유로 하는 무효심결이 확정되고 무효로 된 청구항은 기본적인 구성에 관한 것이며 이것을 제외한 잔여 청구항에 관한 발명은 가치가 낮다든가, 실용신안기술평가서 등에 있어서 신규성, 진보성을 결여하고 있다든가, 신규성, 진보성에 의문이 있다고 판단되고 있는 것을 이유로 사용자 등이 얻을 수 있는 이익을 산정할 때에 곱하는 실시료율을 반감(1.5%)시킨 판결이지만, 청구항 전체가 무효인 경우에 상당한 대가의 액을 과연 0으로 하는 취지인지는 분명하지 않다.

2) 위 ②에 관한 판결[동경고판 2001(평성13). 5. 22. 판시1753호]은 무효사유가 인정될 개연성이 매우 높다고 하는 사정에 대해 사용자인 피고가 본건 특허에 무게를 두지 않았던 것을 불합리하다고는 할 수 없다는 이유로 이것을 상당한 대가의 액을 감액하는 방향에 참작하면서 본건 특허를 대상으로 하는 라이센스 계약이 수 개 회사와 체결되어 있다는 점에 비추어 보면 본건 특허가 무가치하고 이것으로부터 얻을 수 있는 이익이 없다고까지는 말할 수 없다고 하여 특허에 의한 사용자의 이익을 5000만 엔, 상당한 대가의 액을 250만 엔으로 산정한 판결이다.

3) 위 ③에 관한 판례로는 아래와 같은 대표적인 3개의 판결이 있다.

가) 지적재산고등재판소 2009년(평성21년) 6월25일 평성19년(ネ)제10056호 판결

발명자인 원고로부터 '특허를 받을 권리'의 양도를 받은 피고가 동 권리를 특허권으로 하기 위해 그 후 자기 책임하에 출원하여 취득한 특허권에 대해 직무발명보수청구소송에 있어서 특허권에 대해 무효사유가 있다고 주장하는 것은 양도계약시에 예정되어 있지 않았던 사정에 기초하여 양도계약의 효력을 과거에 소급하여 참작하고자 하는 점에서 이치에 반하고 양도인인 종업원이 특허무효사유가 있다는 것을 알면서 양도하였다는 등의 특단의 사정이 없는 한 허용되지 않는다고 해석되지만, 다른 한편 직무발명보수채권은 '상당액'의 지불을 내용으로 하는 것으로서 상당액의 산정에 있어서는 특허를 받을 권리 내지 그 발전적 권리로서의 특허권에 의해 양수인인 피고가 취득한 이익을 참작하여 되는 것이므로 상당액의 산정의 일사정으로서 특허권의 무효사유를 고려하는 것은 허용된다고 해석된다.

나) 오사카지방법원 2006년(평성18년) 3월23일 제1945호 원고로부터 피고에게 본건 발명 B의 특허를 받을 권리가 양도된 시점에서는 이미 본건 발명 B는 공연실시에 의해 무효원인이 있는 것으로 피고도 원고도 인식하고 있었다고 추인된다. 이와 같은 무효원인이 있는 것을 알면서 특허청을 기만하여 특허권을 사취하여 불법적인 독점의 이익을 얻을 목적으로 특허를 받을 권리가 양도된 경우에 그 양도대가의 청구권이 법의 보호를 받을 가치가 있는지는 의문이 있는 바이다. 또한 본건 발명 B의 무효원인은 경쟁회사에게 알려져 있었다고 추인되는 점으로부터 보면 원고가 본건 발명 B에 대하여 특허를 받을 권리를 피고에 승계시킨 것에 대한 상당한 대가는 이미 피고가 원고에게 업무발명취급규정에 기초하여 지급한 16만 2천 엔을 넘는다고 인정되지 않는다. 피고는 본건 특허권 C의 배타력의 범위 내인 기술을 실시한 다이본다(ダイボンダ)를 제조·판매한 것이 아닌 한편 다운카운터방식은 경쟁회사도 자유롭게 사용할 수 있는 기술이므로 피고가 본건 발명 C의 특허를 받을 권리를 승계한 것에 의해 얻을 수 있는 이익은, 존재한다고 하더라도 극히 작다고 해야 하고 그 상당한 대가는 이미 피고가 원고에게 지급한 26만 2천 엔을 넘는 것이라고 인정되지 않는다(특허출원 전의 공연실시의 무효이유의 존재와 그 무효이유를 경쟁회사도 알고 있어서 자유롭게 사용할 수 있었던 것을 이유로 이미 지불된 액을 넘는 대가청구권의 존재를 부인한 사안이다).

다) 오사카지방법원 2007년(평성19년) 3월27일 평16(ワ)11060호 판결 무효이유가 있는 특허에 대하여 일률적으로 독점의 이익이 없다고까지 말하는 것은 상당하지 않지만 본건 특허권에 관하여는 실시 예를 추가시험하기만 한다면 무효이유의 존재를 알아차릴 수 있는 것으로서 본건 특허권이 동업 타사에 의해 무시될 수 없는 존재라면 당업자로서 용이하게 그것의 존재를 알 수 있고 이의 또는 무효심판청구를 제기하여 특허가 무효로 될 것이 충분히 예상되는 바이다. 동업 타사가 각 발명과는 전혀 다른 기술에 의해 동등한 제품을 제조·판매하고 있는 경우에는 본건 특허권에 저촉하는 것 없이 동업 타사는 동등제품의 제조·판매가 가능하게 되고 현실적으로 동등품의 제조·판매를 하고 있기 때문에 이와 같은 경우에는 타사에 특허발명의 실시를 금지하는 것에 의해 얻어질 이익을 산정하는 것은 곤란함이 분명하다.

4) 일본의 위 판결들을 정리하면, 등록발명에 무효사유가 있다는 사정만

으로는 그 사유를 들어 보상금의 지급을 면할 수 없고 이를 참작할 수 있으며, 다만 양도인인 종업원이 특허무효사유가 있다는 것을 알면서 양도하였다거나 그 무효이유를 경쟁회사도 알고 있어서 자유롭게 사용할 수 있었던 경우 등의 특별한 사정이 있는 경우에는 실시보상금의 지급을 하지 않을 수 있다고 판단하고 있는 것으로 보인다.[5)]

3. 위 2009다91507 판결이후의 하급심 판결을 살펴보면, 아래와 같다.

● **서울중앙지방법원 2012. 9. 28. 선고 2011가합37396 판결**

원고의 직무발명보상금청구에 대해 피고는 이 사건 직무발명들이 신규성 또는 진보성이 없는 발명이어서 피고에게 위 발명들에 대한 보상금을 지급할 의무가 없다고 주장한다.

이 사건 제1발명의 무효사유가 인정되어 2012. 8. 30. 대법원 2012후1460호 판결로써 위 특허발명이 무효라는 취지의 특허심결이 그대로 확정된 사실은 앞서 본 바와 같다.

특허법은 특허가 일정한 사유에 해당하는 경우에 별도로 마련한 특허의 무효심판절차를 거쳐 무효로 할 수 있도록 규정하고 있으므로, 특허는 일단 등록이 된 이상 이와 같은 심판에 의하여 특허를 무효로 한다는 심결이 확정되지 않는 한 유효한 것이며, 법원은 위와 같은 특허를 무효로 할 수 있는 사유가 있더라도 다른 소송절차에서 그 전제로서 특허가 당연무효라고 판단할 수 없다 (대법원 1992. 6. 2.자 91마540 결정).

살피건대, ① 앞서 본 구 특허법 제40조 및 발명진흥법 제15조는 직무발명보상금 청구권의 성립요건으로 <u>i) 직무발명일 것, ii) 특허를 받을 수 있는 권리 등을 사용자에게 승계하거나 전용실시권을 설정할 것</u>만을 규정하고 있을 뿐 '직무발명에 신규성과 진보성이 인정되어 특허권 등이 유효하게 존속할 것'을 요건으로 규정하고 있지 않은 점, ② 피고 회사들의 직무발명보상에 관한 규정 제20조에서 '발명자에게 지급된 보상금은 그 특허가 무효된 경우에도 이를 반환하지 않는다'고 규정하고 있는 점, ③ 발명을 장려하고 발명의 신속하고 효율적인 권리화와 사업화를 촉진함으로써 산업의 기술 경쟁력을 높이고자 하는

5) 김종석, 위의 논문, 594면.

직무발명보상금 청구권 제도의 취지 등을 종합하여 보면, 종업원이 직무발명을 하여 그 발명에 대한 특허를 받을 수 있는 권리를 사용자에게 계약·근무규정에 의해 승계하게 한 경우 그 승계와 동시에 종업원은 사용자에 대해 그 직무발명에 대한 정당한 보상을 청구할 권리를 취득하고, 그 후 그 직무발명에 대해 특허가 실제로 출원·등록되었는지 여부, 사용자가 그 직무발명 내지 이에 기초한 특허를 실제로 실시하였는지 여부 또는 그 특허의 등록이 무효가 되었는지 여부 등의 후발적 사정은 직무발명보상금 청구권의 발생에 장애가 되지 아니 하며, 다만 보상금의 액수 산정에 고려될 수 있을 뿐이다.

따라서 제1발명에 관한 무효심결이 확정되었다거나 다른 발명들에 무효사유가 있다고 하더라도 그와 같은 사정은 직무발명보상금 산정에 고려될 수 있는 요소일 뿐이지 그 청구권 행사 자체를 저지할 사유는 아니라고 할 것이므로, 피고의 위 주장은 이유 없다.

● **서울고등법원 2014. 7. 17. 선고 2013나2016228 판결**에서는 독점적 이익의 존재 여부에 대한 판단에서 이와 관련해서 판시하였다.

종업원의 직무발명에 대한 권리를 승계한 사용자가 실시한 그 발명이 직무발명 출원 당시 이미 공지된 것이어서 이를 자유롭게 실시할 수 있었고 경쟁관계에 있는 제3자도 그와 같은 사정을 쉽게 알 수 있었던 경우라면 사용자가 직무발명의 실시로 무상의 통상실시권을 넘는 독점적·배타적 이익을 얻고 있다고 볼 수 없으므로 직무발명보상금을 지급할 의무가 없으나(대법원 2011. 9. 8. 선고 2009다91507 판결 참조), 단지 그 발명에 무효사유가 있다는 사정만으로는 위 독점적·배타적 이익을 일률적으로 부정하여 보상금의 지급을 면할 수는 없다.[6]

☞ 통상의 기술자로서는 그 재배열과정을 검색 작업 시작 후에 배치하는 비교대상발명 2 등의 종전 기술에다가 비교대상발명 1을 비롯한 정보통신 기술분야의 주지 관용기술을 결합하여 그 재배열과정을 검색 작업 시작 전에 배치

6) 원고는 삼성전자에서 수석연구원으로 근무 중 '전화단말장치에서 다이얼키를 이용하여 다이얼정보를 검색하는 방법'과 '다이얼정보를 그룹별로 검색하는 방법'을 발명하고, 이에 관하여 특허를 받을 수 있는 권리를 피고에게 양도하였고, 피고는 위 발명들에 대하여 특허등록을 받았다. 원고는 정당한 보상금의 일부로 1억 1천만원의 지급을 구하는 이 사건 소를 제기하였다. 피고는 위 특허들은 비교대상발명 1 내지 5에 의해 진보성이 부정되어 무효일 것이 예견되므로 제1 특허발명으로 독점적 이익을 받지 못하였다고 다투었다.

하는 제1 특허발명의 구성을 쉽게 도출할 수 있다고 볼 여지가 있다(그러나 …… 제1 특허발명이 무효임이 명백하다고 보기에는 부족하다). 그러나 제1 특허발명의 진보성이 부정되어 무효로 될 가능성이 있다고 하더라도, 앞서 판단한 바와 같이 위 발명이 경쟁 관계에 있는 제3자에게까지 알려진 공지 기술이라는 점까지는 인정할 수 없는 이상, 앞서 본 법리에 비추어 그 무효 사유의 존재만으로는 제1 특허발명에 전혀 보호가치가 없다거나 그에 따른 피고의 독점적 이익이 전혀 없어 피고가 보상금의 지급의무를 완전히 면하게 된다고 볼 수 없다(다만 그러한 사정은 뒤에서 보상금의 액수를 산정하면서 독점권 기여율을 정하는 데 참작하기로 한다).[7]

Ⅳ. 직무발명보상금 산정기준

1. 직무발명보상금 산정기준 일반

가. 직무발명보상금은 그 직무발명에 의해 사용자가 얻을 이익의 성격에 따라 발명보상, 출원보상, 등록보상, 실시보상, 처분보상 등으로 나뉜다. 보상액 산정에 있어서 고려해야 할 요소는 ⓐ 사용자가 얻을 이익액, ⓑ 사용자 공헌도(1－발명자 보상률), ⓒ 발명자의 기여율의 세 가지로 구분해볼 수 있는데, 실무상 보상금 산정방식은 아래 표와 같다.[8]

보상금 = 발명으로 인하여 사용자가 얻을 이익액 × 발명자 보상률(1 – 사용자 공헌율) × 원고의 기여율(발명자집단 중에서 원고가 차지하는 비율)

나. 최근 하급심에서는 다음과 같이 판시하고 있다.

구 발명진흥법(2013. 7. 30. 법률 제11960호로 개정되기 전의 것) 제15조 제1항은 종업원이 직무발명에 대하여 특허 등을 받을 수 있는 권리나 특허권 등을 계약이나 근무규정에 따라 사용자에게 승계하게 하거나 전용실시권을 설정한

7) 그 외에도 아래에서 살펴볼 한국타이어 사건(서울고등법원 2014. 4. 24. 선고 2012나53644 판결)에서도 피고 회사는 특허발명들에 신규성 또는 진보성이 부정되므로 보상금지급의무가 없다는 취지로 다투었고, 법원은 신규성과 진보성이 부정된다고 단정하기 어렵다고 보아 피고의 주장을 배척하였다.

8) 김종석, 위의 논문, 585면.

경우에는 정당한 보상을 받을 권리를 가진다고 규정하고, 같은 조 제3항은 제1항에 따른 보상에 대하여 계약이나 근무규정에서 정하고 있지 아니한 경우 그 보상액을 결정할 때에는 그 발명에 의하여 사용자가 얻을 이익과 그 발명의 완성에 사용자와 종업원이 공헌한 정도를 고려하여야 한다고 규정하고 있다.

그런데 사용자는 직무발명을 승계하지 않더라도 특허권에 대하여 무상의 통상실시권을 가지므로, '사용자가 얻을 이익'은 통상실시권을 넘어 직무발명을 배타적·독점적으로 실시할 수 있는 지위를 취득함으로써 얻을 이익을 의미한다. 나아가 '사용자가 얻을 이익'은 직무발명 자체에 의하여 얻을 이익을 의미하는 것이지 수익·비용의 정산 이후에 남는 영업이익 등 회계상 이익을 의미하는 것은 아니므로 수익·비용의 정산 결과와 관계없이 직무발명 자체에 의한 이익이 있다면 사용자가 얻을 이익이 있는 것이고, 직무발명이 완성품의 일부에 관련되는 경우에는 매출액에서 직무발명이 기여한 정도를 당연히 참작하여야 할 것이며, 매출액 중에는 직무발명과는 무관하게 사용자의 인지도, 시장에서의 지위, 명성, 직무발명 외의 품질이나 기능 등에 의해 발생한 부분도 포함되어 있으므로 이러한 부분 역시 제외하여야 할 것이다.

당해 직무발명을 사용자만 실시하고 제3자에게 실시를 허락하지 않는 경우 사용자가 얻을 이익액을 산정하는 방식으로는, ① 사용자가 제3자에게 직무발명에 대한 사용을 허락하였다고 가정할 때 얻을 수 있는 실시료 상당액을 기준으로 산정하는 방식과, ② 사용자가 제3자에 실시허락을 하였을 때 예상되는 감소된 매출액과 비교하여 그것을 상회하는 매출액(초과 매출액)을 기준으로 산정하는 방식 등이 있을 수 있는데, 이 사건에서는 원고가 구하는 바에 따라 아래 산식과 같이 사용자의 매출액에 직무발명이 기여한 정도(직무발명이 완성품 일부에만 관련되는 경우에 적정한 보상금의 산정을 위하여는 완성품 전체의 매출액에서 그 일부에만 관련된 직무발명이 기여한 정도를 참작하여야 한다)와 실시료율을 곱한 값에서 무상의 통상실시권으로 발생한 부분을 제외하는 방식, 즉 독점권 기여율을 곱하는 방식으로 산정하기로 한다.

> 보상금 = 사용자가 얻을 이익(사용자의 매출액 × 직무발명의 기여도 × 실시료율 × 독점권 기여율) × 발명자 공헌도 × 발명자 기여율(공동발명의 경우)

다만 위의 여러 인자를 엄격한 증명에 의하여 인정하는 것은 성질상 매우

어려우므로, 변론 전체의 취지와 증거조사의 결과에 기초하여 상당한 값을 정하기로 한다.[9)]

2. 직무발명보상금의 산정

가. 대법원 판결의 태도

● **대법원 2008. 12. 24. 선고 2007다37370 판결【특허권이전등록등】**

구 특허법(2006. 3. 3. 법률 제7869호로 개정되기 전의 것) 제39조 제1항의 직무발명에 해당하는 회사 임원의 발명에 관하여 회사와 그 대표이사가 임원의 특허를 받을 수 있는 권리를 적법하게 승계하지 않고 같은 법 제40조에 의한 보상도 하지 않은 상태에서 위 임원을 배제한 채 대표이사를 발명자로 하여 회사 명의의 특허등록을 마침으로써 **임원의 특허를 받을 수 있는 권리를 침해**한 경우, 위 임원이 입은 재산상 손해액은 임원이 구 특허법 제40조에 의하여 받을 수 있었던 **정당한 보상금 상당액**이다. 그 **수액은 직무발명제도와 그 보상에 관한 법령의 취지**를 참작하고 증거조사의 결과와 변론 전체의 취지에 의하여 밝혀진 **당사자들 사이의 관계, 특허를 받을 수 있는 권리를 침해하게 된 경위, 위 발명의 객관적인 기술적 가치, 유사한 대체기술의 존재 여부, 위 발명에 의하여 회사가 얻을 이익과 그 발명의 완성에 위 임원과 회사가 공헌한 정도, 회사의 과거 직무발명에 대한 보상금 지급례, 위 특허의 이용 형태** 등 관련된 모든 간접사실들을 종합하여 정함이 상당하고, 등록된 특허권 또는 전용실시권의 침해행위로 인한 손해배상액의 산정에 관한 특허법 제128조 제2항[10)]을 유추적용하여 이를 산정할 것은 아니다.

☞ 원고는 피고를 상대로 "1. 피고 1 회사는 원고에게 별지 목록 기재 특허권에 대하여 진정명의회복을 원인으로 한 특허권이전등록절차를 이행하라. 2. 피고들은 연대하여 원고에게 3억 7천만원 및 이에 대한 지연손해금을 지급하라"는 소를 제기하였는데, 원심은 피고 1 주식회사가 1998. 4. 29. 소외 2 주식

---

9) 수원지방법원 2014. 10. 28. 선고 2013가합12788 판결.

10) 제136조 ② 특허권자 또는 전용실시권자가 고의 또는 과실에 의하여 자기의 특허권 또는 전용실시권을 침해한 자에 대하여 그 침해에 의하여 자기가 받은 손해의 배상을 청구하는 경우 권리를 침해한 자가 그 침해행위에 의하여 이익을 받은 때에는 그 이익의 액을 특허권자 또는 전용실시권자가 받은 손해의 액으로 추정한다.

회사와 사이에 이 사건 특허에 관하여, 사료 및 비료품목에 대하여는 독점적 통상실시권을, 그 이외의 품목에 대하여는 통상실시권을 부여하고, 그 실시료로 위 회사로부터 매출액의 5%를 지급받기로 하는 내용의 '특허권실시 및 상표권 사용 계약'을 체결한 다음 1998년경부터 2005년 6월 말까지의 실시료로 합계 679,174,569원을 지급받은 사실 등을 인정한 다음, 발명자가 여럿인 공동발명에 있어 공동발명자들 중 일부가 다른 공동발명자를 배제한 채 특허출원을 하여 특허등록을 마침으로써 특허등록에서 배제된 공동발명자의 특허를 받을 권리를 침해하였음을 이유로 한 손해액을 산정함에 있어서, 이미 특허등록을 마친 일부 공동발명자들이 그 특허를 실시하여 이익을 얻었음이 인정된 경우에는 특허법 제128조 제2항을 유추적용하여, 특허등록을 마친 공동발명자들의 일부가 얻은 이익을 특허등록에서 배제된 공동발명자에게 지급할 손해배상액 산정의 기초로 삼음이 상당하며, 다만 공동발명의 특성상 그 배상의 범위는 이와 같이 특허등록을 마친 공동발명자가 당해 특허의 실시로 인하여 얻은 이익 중 특허등록에서 배제된 공동발명자의 해당 발명에의 기여도에 상당한 부분이라고 판단하고, 이 사건 손해배상금으로 실시료 합계 679,174,569원 중 원고의 기여도 30%에 해당하는 203,752,370원에서 피고 2가 원고에 대한 손해배상금으로 공탁한 3,000만원을 공제한 나머지 173,752,370원 및 이에 대한 지연손해금의 지급을 명하였다.

그러나 대법원은 위와 같이 판시하면서 피고들 패소 부분을 파기 환송하였고, 파기환송심에서 '피고들은 연대하여 원고에게 5,000만원을 지급'하는 내용으로 임의조정이 성립하였다.

● **대법원 2011. 7. 28. 선고 2009다75178【직무발명보상금】**

[사용자가 얻을 이익의 의미][11]

구 특허법(2001. 2. 3. 법률 제6411호로 개정되기 전의 것, 이하 '구 특허법'이라 한다) 제40조 제2항은 사용자가 종업원에게서 직무발명을 승계하는 경우 종업원이 받을 정당한 보상액을 결정하면서 발명에 의하여 사용자가 얻을 이익액과 발명의 완성에 사용자가 공헌한 정도를 고려하도록 하고 있는데, 구 특허법 제39조 제1항에 의하면 사용자는 직무발명을 승계하지 않더라도 특허권에 대하여

11) 소멸시효에 대한 판단은 아래에서 살펴본다.

무상의 통상실시권을 가지므로, '사용자가 얻을 이익'은 **통상실시권을 넘어 직무발명을 배타적 · 독점적으로 실시할 수 있는 지위를 취득함으로써 얻을 이익을 의미**한다. 한편 여기서 사용자가 얻을 이익은 직무발명 자체에 의하여 얻을 이익을 의미하는 것이지 수익·비용의 정산 이후에 남는 영업이익 등 회계상 이익을 의미하는 것은 아니므로 수익·비용의 정산 결과와 관계없이 직무발명 자체에 의한 이익이 있다면 사용자가 얻을 이익이 있는 것이고, 또한 사용자가 제조·판매하고 있는 제품이 직무발명의 권리범위에 포함되지 않더라도 그것이 직무발명 실시제품의 수요를 대체할 수 있는 제품으로서 사용자가 직무발명에 대한 특허권에 기해 경쟁회사로 하여금 직무발명을 실시할 수 없게 함으로써 매출이 증가하였다면, 그로 인한 이익을 직무발명에 의한 사용자의 이익으로 평가할 수 있다.

☞ 원심은, 피고 회사가 제1 특허발명을 배타적·독점적으로 실시 또는 보유함으로써 얻을 수 있는 매출액은, 설사 피고 회사가 판매하는 3%, 5% 피리벤족심 제제 제품이 제1 특허발명의 권리범위에 속하지 않는다고 하더라도 이는 제1 특허발명 실시제품의 수요를 대체할 수 있는 제품으로서 경쟁 회사가 제1 특허발명을 실시할 수 없는 결과 그 매출이 증가하였다고 볼 수 있는 점 및 제1 특허발명의 해외에 대한 독점성이 약한 점 등을 고려할 때 피리벤족심 제품에 대한 예상 총매출액의 1/4로 보고, 제2 특허발명 관련 특허의 실시료율이 3%로 정하여진 점 등을 참작하여 인정한 농약업계의 실시료율 3%를 제1 특허발명의 실시료율로 보아 피고가 제1 특허발명으로 인하여 얻을 이익을 계산한 다음, 피고 회사가 2007년까지 피리벤족심에 대하여 투자한 연구개발비가 128억여원에 이르고, 그 외 피리벤족심에 관한 물질특허 2건, 제법특허 6건을 가지고 있었으며, 기초적인 수준이기는 하였으나 원고가 입사하기 전에 이미 소외 1 등에 의하여 관련 연구가 진행되고 있었던 점 등을 고려하여 공동발명자들에 대한 보상률을 10%로 보아, 피고 회사가 제1 특허발명과 관련하여 원고에게 지급해야 할 직무발명보상금 액수를 산정하였다. 또한 위와 같은 전제에서, 피고 회사가 제2 특허발명을 배타적·독점적으로 실시함으로써 얻을 수 있는 매출액을 플루세토설퓨론 제품에 대한 예상 총매출액의 1/3로 보고, 제2 특허발명 관련 특허의 실시료율이 3%로 정하여진 점 등을 참작하여 인정한 농약업계의 실시료율 3%를 제2 특허발명의 실시료율로 보아 피고가 제2 특허발명으로 인하여

얻을 이익을 계산한 다음, 피고 회사가 2007년까지 플루세토설퓨론에 대하여 투자한 연구개발비가 127억여원에 이르고, 플루세토설퓨론 물질은 한국화학연구소가 이미 발명한 후보물질에 기초한 것이며, 피고 회사가 관련 특허 3건의 실시허락을 받았고 관련 제법특허 2건을 별도로 가지고 있는 점 등을 고려하여 공동발명자들에 대한 보상률을 20%로 보아, 피고 회사가 제2 특허발명과 관련하여 원고에게 지급해야 할 직무발명보상금 액수를 산정하였는데, 위와 같은 사실인정과 판단은 모두 정당하다.

☞ 위 대법원 판결은 사용자가 직무발명을 실시하지 않았음에도 불구하고 자기실시에 따른 보상금을 인정한 사안이다. 실시과정에서 발생하는 사용자이익 내지 보상금은 자기실시에 따른 것(사용자의 매출액 기준)과 실시료수입/크로스라이선스 등에 의한 것(실시료수입 기준)으로 나누어 볼 수 있는데, 위 사안에서 대법원은 자기실시에 따른 보상금을 인정하였다. 통상 사용자가 실시하지 않는 경우에는 자기실시에 따른 보상금을 인정하지 않는 것이 일반적인데, 위 사안은 대체물품을 실시한 것에 대해서 자기실시에 따른 보상금을 인정하였다는 점에서 특이한 점이 있다.

나. 구체적인 산정사례

1) 사용자가 직접 발명을 실시한 경우

● 서울고등법원 2014. 4. 24. 선고 2012나53644 판결【직무발명보상금】 – 한국타이어 사건

[독점이익의 비율 – 초과매상의 비율]

타이어 제품의 성능은 스틸코드뿐만 아니라 다른 여러 구성 부분의 특성이 복합적으로 작용하여 결정되고, 타이어 제품의 매출은 물리적인 성능뿐만 아니라 타이어의 디자인, 기업 이미지, 광고 및 판매 전략 등에 의해서도 상당한 영향을 받으며, 실제로 피고의 제품을 구매한 소비자들 가운데 상당수는 제품의 성능이 아닌 피고의 기업 이미지를 주된 구매이유로 들고 있고, 발명2에는 그 출원 전에 공지된 다른 발명과 같은 구성도 일부 포함되어 있으며, 타이어 업계에서 발명2와 같은 3층 구조는 2층 구조보다 경쟁력이 떨어지는 측면이 있는 것으로 평가받고 있어 그 초과매상의 비율도 미약할 것으로 보이는 사정 등에 비추어 볼 때 초과매상의 비율(독점권 기여율)은 3% 정도로 봄이 타당하다.

[가상 실시료율]

타이어 제품은 직접 노면과 접촉하는 트레드(Tread), 주행 시 외부 충격을 완화하는 벨트(Belt), 타이어의 골격을 이루는 카카스(Carcass), 유연한 굴신운동으로 승차감을 향상시키는 기능을 하는 사이드월(Sidewall), 튜브 대신 타이어의 공기누출을 방지하는 이너라이너(Innerliner), 타이어를 림에 장착시키는 기능을 하는 비드 코어(Bead Core), 트레드와 사이드월을 연결하면서 주행 중 내부 열을 발산하는 역할을 하는 숄더(Shoulder) 등으로 구성되는 다양한 고무조성물(Compound)의 유기적 결합체이고, 발명2는 타이어의 구성 부분 가운데 벨트 또는 카카스의 일부를 이루는 보강재인 스틸코드에 관한 발명이며, 스틸코드의 구조가 타이어의 내구성과 자동차의 조종 안정성, 승차감 등에 상당한 정도로 영향을 미치기는 하지만, 타이어의 특성은 스틸코드 외에도 위와 같은 다양한 고무조성물의 구조와 성분에 의하여 좌우되고, 나아가 스틸코드가 포함될 수 있는 구성 부분인 벨트 자체의 성능도 발명2가 관련된 스틸코드의 구조뿐만 아니라 단위 인치당 스틸코드의 수, 벨트 사이의 각, 벨트 사이의 각과 폭의 차이, 벨트 에지 테이프의 적용 여부, 벨트 에지 테이프의 게이지, 벨트 토핑 게이지 등 여러 요소에 의하여 결정되며, 피고가 발명2를 착안할 당시에도 이미 타이어 제품의 원가절감 및 경량화를 위하여 스틸코드에서 필라멘트의 수를 줄여야 한다는 것에 관하여는 타이어 제조업계 내에서 어느 정도 공감대가 형성되어 있었으며, 발명2의 적용 당시 피고의 경쟁사들도 고유의 스틸코드 구조를 가진 타이어 제품을 생산하여 판매하였고, 스틸코드의 구조를 새롭게 변경하는 경우 그 변경된 사양에 맞도록 설비를 교체하거나 개선해야 하는 제조공정상의 문제가 발생할 수도 있으며, 발명2 외에 피고가 타이어 제품과 관련하여 출원 또는 등록한 특허의 개수만 하더라도 약 2,000여 개에 이르고, 발명2의 기술혁신의 정도와 개선된 작용 효과, 실시의 용이성과 수익성이 크다고 보기 어려운 사정 등에 비추어 볼 때 가상 실시료율은 1% 정도 봄이 타당하다.

● **서울중앙지방법원 2014. 10. 2. 선고 2013가합517131 판결【직무발명 보상금 청구의 소】**

[독점권 기여율] ① 온열마사지기 제품의 성능은 특허발명 구성들 기능뿐만 아니라 다른 여러 구성 부분의 특성이 복합적으로 작용하여 결정되는 점,

② 온열마사지기 제품의 매출은 제품의 기능 및 사용 편의성뿐만 아니라 기업 이미지, 광고 및 판매 전략 등에 의해서도 상당한 영향을 받게 되는 점, ③ 피고의 V3 제품이 출시되기 이전에 이미 온열치료기 사용자의 신장을 측정하여 치료 부위를 제어하고, 도자의 상하 운동을 통해 강도를 조절할 수 있도록 하는 기술이 개발되어 있었던 점 등을 종합하여 볼 때, 각 발명별 독점권 기여율은 4~10%로 정함이 상당하다.[12)]

[실시료율] ① 하나의 온열마사지기 제품에는 이 사건 제1 내지 4 기능 외에도 메인 매트와 서브 매트의 구성, 도자의 작동 등과 관련된 다양한 기능 또는 기술들이 복합적으로 구현되어 있는 점, ② 이 사건 제1 내지 3 기능은 사용자의 척추 길이 및 굴곡도를 측정·분석하고, 사용자가 도자의 강도를 조절하며, 패턴화된 마사지 형태를 제공함으로써 사용자별 맞춤형 마사지가 가능하도록 하기 위한 기능이고, 이 사건 제4 기능은 슬라이딩 디자인을 적용하여 마사지기 보관 시 소요되는 공간을 절약할 수 있도록 하기 위한 기능인바, 위 각 기능들은 모두 온열마사지 제품에 필수불가결한 요소라기보다는 사용자 편의성을 높이기 위한 기능으로 봄이 상당한 점, ③ 피고의 V3 제품이 출시되기 이전에 이미 온열치료기 사용자의 신장을 측정하여 치료 부위를 제어하고, 도자의 상하 운동을 통해 강도를 조절할 수 있도록 하는 기술이 개발된 것으로 보이는 점, ④ 제11항 발명은 부품 일체화에 관한 발명이고, 제12 발명은 도자 이송부재 단축에 관한 발명으로, 마사지기 도자의 강도를 조절하기 위한 이 사건 제2 기능과의 직접적인 관련성은 없다고 보이는 점, ⑤ 원고는 이 사건 각 발명이 속한 의료기기 분야의 실시료율이 최소 5%에 이른다고 주장하나, 갑 제7호증의 기재만으로 이를 인정하기에 부족하고 달리 이를 인정할 증거가 없는 점, 그 밖에 제1, 3, 5 내지 12 발명이 가지는 기술혁신의 정도 및 개선된 작용효과, 실시의 용이성과 수익성 등을 종합하여 볼 때, 각 발명별 실시료율은 0.4~1%로 정함이 상당하다.

● **서울고등법원 2013. 1. 10. 선고 2011나100994 판결【직무발명보상금】**

[독점적 실시 이익의 판단방법] 피고가 제1고안을 실시하여 판매한 제품의 매출액에 제1고안의 실시에 따른 이익률(실시료율)을 곱하여 산정된 이익 중 **피고가 '통상실시권을 넘어 제1고안을 배타적·독점적으로 실시할 수 있는 지**

12) 총 12개의 특허발명에 따라 4~10%의 범위에서 차등화하여 정하였다.

위를 취득함으로써 얻을 이익(이하 '독점적 실시 이익'이라 한다)' 부분만을 파악하는 방식으로 산정할 수 있다.

◎ 2006년부터 2011년까지 사이에 HP2600용 감광드럼을 판매하여 올린 매출액은 합계 7,673,083,276원이고, 2012. 1.부터 같은 해 10.까지의 매출액은 594,517,659원이다. HP2600용 감광드럼이 적용된 HP2600 프린터는 2009년 무렵 이미 단종되었는데, 위 프린터의 수명은 약 5년 정도이다. 피고는 HP2600 프린터의 단종 무렵인 2014년까지 HP2600용 감광드럼을 판매할 수 있다고 볼 것이고, 특별한 사정이 없는 한 2013년과 2014년의 각 매출액은 2012년의 매출액 713,421,190원(= 2012년의 10개월간 매출액 594,517,659원 × 12/10, 원 미만 버림, 이하 같다)과 거의 동일할 것으로 추산되므로, 피고가 HP2600용 감광드럼을 판매하여 올렸거나 올릴 수 있는 총 매출액은 9,813,346,846원이다.

◎ 피고가 제조·판매한 HP2600용 감광드럼 중 SCC에 공급된 감광드럼에는 제1 고안의 스프링방식과는 다른 나사방식의 기어가 부착된 사실, 피고는 2007년부터 2009년까지 사이에 1,684,654,722원 상당의 HP2600용 감광드럼을 SCC에 판매한 사실을 인정할 수 있으므로, 피고가 위 SCC에 판매하여 올린 매출은 제1 고안의 실시와는 무관한 것이니, 결국 제1 고안과 관련된 피고의 매출액은 위 SCC에 대한 매출액을 제외한 8,128,692,124원(= 9,813,346,846원 − 1,684,654,722원)이다.

[피고가 제1고안을 적용하여 제조·판매한 감광드럼에 관한 이익률] : 2% (제1고안의 목적인 감광드럼의 용이한 탈·부착은, 토너 카트리지의 재활용을 막는 '반재제조(反 再製造) 장치'가 부착된 HP2600 모델의 프린터에 관한 이른바 '애프터마켓(정품 카트리지가 아닌 재생 카트리지 업체에 감광드럼을 공급하는 시장)'에서 감광드럼을 선택함에 있어 고려되는 주요한 하나의 요소이기는 하나, 프린터 카트리지의 일부인 감광드럼은 그 외면에 코팅된 감광물질의 감광효과를 통해 토너를 인쇄하는 기능이 핵심적인 것으로서, 비록 재생 카트리지라고 할지라도 전자기적 성능, 균일성, 안정성 등의 인쇄 품질 관련 기능확보가 우선 과제이고, 제1 고안이 구현하는 탈·부착의 편의성 증대 효과는, 제1 고안 외에도 감광드럼을 카트리지에 설치하는 방식으로서 나사 결합방식, 핀 결합방식, 맞물림 방식 등을 적용한 기어가 이미 상용화되어 있는 점에 비추어 더욱 원활한 재활용이라는 제한적인 의미만이 있다고 보이는 점, 제1고안이 적용되기 전에도 피고 회사 재생 카트리지 제품의 세계 시장 점유율은 20%를 상회하는 수준

에 이르고 있었던 점, 전체 감광드럼 제품 중 기어 부분의 가격이 차지하는 비율은 약 10~16% 정도로서 매출액 기준으로 보면 기어 부분의 비중이 그다지 크지 아니한 점, 컴퓨터 주변기기에 관한 발명의 경우 국내외 실시료율은 통상 1~5% 정도의 범위에서 정해지고 있는 것으로 보이는 점 등을 종합)

[독점적 실시 이익 부분] 앞서 인정한 제1 고안의 구성과 작용 효과 및 전체 감광드럼 제품에서 차지하는 비중과 역할, 피고 회사의 감광드럼 제조·판매 현황 등 이 사건 제1심 및 당심 변론에 나타난 제반 사정을 종합하여 보면 제1 고안과 관련된 피고의 독점적 실시 이익 부분은 앞서 인정한 전체 이익의 50% 정도로 봄이 상당하다.

[발명의 완성에 사용자(피고 회사)**와 종업원**(원고)**이 공헌한 정도]** 제1 고안의 완성에 대한 원고와 피고의 공헌도 6:4(제1 고안은 피고 회사의 주된 사업 목적인 감광드럼의 제조와 관련된 것으로서, 원고는 피고 회사의 특허부서에서 특허소송 관련 업무를 담당하던 중 피고 회사의 감광드럼 관련 기술을 구체적으로 알게 된 후 이를 기초로 제1 고안을 구상하기에 이른 점, 원고가 피고 회사에 제1 고안의 창작을 위하여 CAD 프로그램의 사용승인을 요청하였으나 피고 회사에서 이를 허락하지 않자 원고는 개인적으로 위 프로그램을 구하여 제1 고안의 도면을 작성한 점, 피고 회사는 원고로부터 제1 고안에 대한 보고를 받은 후 목업(mock-up) 제작과 전람회 출품, 금형 제작, 실용신안 출원 등을 비롯하여 이를 실제로 제품에 구현하는 작업을 주도적으로 진행하였고, 원고는 피고의 지휘·감독에 따라 근무 시간 중에 피고 회사 사무실에서 직무 과제의 하나로서 제1 고안 관련 업무를 처리하였으며 그에 관한 비용은 모두 피고 회사가 부담한 점, 원고가 피고 회사에서 실제로 근무한 기간은 4개월 정도인 점 등을 종합)

[계산] 피고가 제1 고안으로 얻을 이익 81,286,921원(= 관련 매출액 8,128,692,124원 × 이익률 0.02 × 독점적 실시 이익률 0.5) × 원고의 공헌도 0.4 = 32,514,768원[13)]

● 서울중앙지방법원 2012. 11. 23. 선고 2010가합41527 판결 【직무발명 보상금】

◎ 원고는 1991. 2. 1. 피고(삼성전자)에 입사하여 영상연구실 및 신호처리 그룹의 수석연구원으로 근무하다가 1995. 2. 21. 퇴사하였다. 원고는 피고에서 근무할 당시 HDTV 신호처리 관련 연구를 하면서 이 사건 특허발명들을 완성

13) 대법원 2013. 6. 13. 선고 2013다14453 판결에서 심리불속행기각으로 확정되었다(원고의 청구금액은 5억원이었다).

하였다. 이 사건 특허발명들은 모두 피고 명의로 출원·등록되었다. 그 후 특허발명 중 7, 8, 10, 14번 발명은 MPEG−2 표준 기술로 채택되었다.[14)]

◎ 원고는 1999. 11. 4. 피고로부터 8, 14번 발명에 관한 보상금으로 2,000만원을 지급받았고, 그 후 원고는 2002. 4. 15. 피고에게 당시 MPEG−2 표준 기술로 채택되어 있던 7, 8, 10, 14번 발명에 관한 적절한 보상금을 지급하여 줄 것을 다시 요청하였고, 2002. 7. 18. 피고로부터 7, 10번 발명에 관한 보상금으로 2억원을 지급받았다.

◎ **사용자의 이익액** : 특허발명들은 위 발명들이 속한 엠펙 표준 그룹에 따라 AVC/H.264, MPEG−2, MPEG−4 Visual, VC1으로 분류할 수 있고, 1997년부터 2010년까지 이 사건 특허발명들이 엠펙 표준 그룹에 속하게 됨으로써 피고가 얻게 된 수입은 아래 실시료수입액표의 각 연도별 금액과 같다(실시료 수입을 얻기 위한 과정에서 소요된 제반 비용을 공제한 금액이다).

실시료수입액 1(공헌도 반영) : AVC/H.264

	공헌도	2000년	2001년	2002년	2003년	2004년	2005년	2006년	2007년	소계(공헌도 반영)
1	1						$0.00	−$1,952.97	−$12,094.19	−$14,047.16
3	1						−$1,989.10	$2,418.46	−$8,109.59	−$7,680.22
5	1						−$1,989.10	$2,418.46	−$8,109.59	−$7,680.22
7	1						$0.00	−$1,545.61	−$7,838.50	−$9,384.11
9	1						−$1,237.09	$17,496.87	$58,951.38	$75,211.15
10	1						−$1,237.09	$17,496.87	$58,951.38	$75,211.15
14	1						−$1,715.12	$5,494.90	$15,893.40	$19,673.18
15	0.8						−$1,715.12	$5,494.90	$15,893.40	$15,738.55
16	0.8						$0.00	$0.00	$0.00	$0.00
29	1						$0.00	$38,929.29	$167,497.20	$206,426.50
30	1						$0.00	$8,200.97	$41,116.10	$49,317.07
31	1						$0.00	$8,200.97	$41,116.10	$49,317.07
32	1							−$10,816.46	−$6,446.90	−$17,263.37
33	1						−$10,301.65	$5,735.43	−$13,309.08	−$17,875.30
34	1						$0.00	−$10,816.46	−$25,542.45	−$36,352.52
35	1						$0.00	−$10,816.46	−$28,590.72	−$38,372.86
44	1						$0.00	$113,149.77	$174,965.24	$288,115.00
55	1						$0.00	$38,929.29	$167,497.20	$206,426.50
57	1						$0.00	$0.00	−$11,145.73	−$11,145.73
	USD	$0.00	$0.00	$0.00	$0.00	$0.00	−$20,184.26	$228,458.93	$620,694.65	$825,034.68
	환율	1247.40	1301.80	1176.20	1182.60	1025.50	1003.10	920.50	929.10	950.90
	KRW	−	−	−	−	−	20,246,830	210,296,443	576,687,399	784,525,479

14) 엠펙 관련 기술의 표준화 과정은 다음과 같다. ① 제안요구서{CFP(Call for Proposal) 공고} ⇒ ② 발명자의 국제표준화 회의에서의 기고문 제출 및 실험결과 제시 ⇒ ③ 표준화 회의 참가 전문가 집단의 타기관 검증 의뢰 및 중요 실험 실시 후 기고문 발표 ⇒ ④ 중요 실험에서 우수성이 입증될 경우 검증모델(VM, Verification Model)로 채택 ⇒ ⑤ 검증모델을 바탕으로 규격초안(WD, Working Draft), 위원회 안(CD, Committee Draft)이 만들어지고, 국가별 투표를 거쳐 국제표준안(DIS, Draft International Standard)이 제정된 후 최종적으로 국제표준(IS, International Standard)으로 확정 ⇒ ⑥ 엠펙 기술의 사용계약(License) 업무를 대행하고 있는 '엠펙 LA'에 등록.

실시료수입액 2(공헌도 반영) : MPEG-2

	공헌도	2000년	2001년	2002년	2003년	2004년	2005년	2006년	2007년	소계(공헌도 반영)
7	1	$3,653.32	$321,467.32	$281,184.51	$178,232.48	$61,808.43	−$80,790.85	−$273,574.24	−$342,533.72	$149,477.24
8	1	$69,564.33	$321,467.32	$281,184.51	$178,232.48	$61,808.43	−$80,790.85	−$273,574.24	−$342,533.72	$215,388.26
10	1	$107,599.85	$1,233,160.90	$1,269,233.71	$1,231,373.04	$1,580,826.81	$1,944,078.88	$2,183,064.78	$2,343,036.71	$11,892,374.66
14	1	$424,631.99	$1,233,160.90	$1,269,233.71	$1,231,373.04	$1,580,826.81	$1,944,078.88	$2,183,064.78	$2,343,036.71	$12,209,406.80
15	0.8	$0.00	$0.00	$0.00	$0.00	$1,091,605.19	$1,944,078.88	$2,183,064.78	$2,343,036.71	$6,049,428.44
16	0.8	$0.00	$0.00	$0.00	$0.00	$0.00	$0.00	$0.00	$0.00	$0.00
17	0.8	$0.00	$0.00	$0.00	$0.00	$0.00	$0.00	$0.00	$0.00	$0.00
18	0.8	$0.00	$0.00	$0.00	$0.00	$0.00	$0.00	$0.00	$0.00	$0.00
19	0.8	$0.00	$0.00	$0.00	$0.00	$0.00	$0.00	$0.00	$0.00	$0.00
20	0.8	$0.00	$0.00	$0.00	$0.00	$0.00	$0.00	$0.00	$0.00	$0.00
21	0.8	$0.00	$0.00	$0.00	$0.00	$0.00	$0.00	$0.00	$0.00	$0.00
22	0.8	$0.00	$0.00	$0.00	$0.00	$0.00	$0.00	$0.00	$0.00	$0.00
23	0.8	$0.00	$0.00	$0.00	$0.00	$0.00	$0.00	$0.00	$0.00	$0.00
24	0.8	$0.00	$0.00	$0.00	$0.00	$0.00	$0.00	$0.00	$0.00	$0.00
25	0.8	$0.00	$0.00	$0.00	$0.00	$0.00	$0.00	$0.00	$0.00	$0.00
26	0.8	$0.00	$0.00	$0.00	$0.00	$0.00	$0.00	$0.00	$0.00	$0.00
27	0.8	$0.00	$0.00	$0.00	$0.00	$0.00	$0.00	$0.00	$0.00	$0.00
28	0.8	$0.00	$0.00	$0.00	$0.00	$0.00	$0.00	$0.00	$0.00	$0.00
29	1	$0.00	$1,179,624.51	$1,064,286.84	$476,364.48	$415,809.63	$777,697.10	$1,036,374.93	$725,629.35	$5,675,786.83
30	1	$0.00	$0.00	$0.00	$317,960.44	$415,809.63	$777,697.10	$1,036,374.93	$725,629.35	$3,273,471.45
31	1	$0.00	$0.00	$0.00	$69,112.95	$415,809.63	$777,697.10	$1,036,374.93	$725,629.35	$3,024,623.95
32	1	$84,198.14	$113,622.67	$107,955.61	$221,602.75	$295,416.88	$241,351.78	$193,140.91	$1,032,639.37	$2,289,928.10
33	1	$237,194.46	$666,652.97	$656,920.71	$399,002.63	$616,631.41	$733,501.79	$501,308.05	$786,610.95	$4,597,822.95
34	1	$70,584.15	$72,522.17	$12,291.77	$143,688.44	$185,394.28	$139,203.57	$244,113.22	$485,409.26	$1,353,206.85
35	1	$94,744.16	$69,993.80	$8,633.50	$36,437.96	$18,247.60	$33,690.20	$6,011.84	−$18,948.08	$249,043.99
	USD	$1,092,403.39	$5,211,732.54	$4,950,924.87	$4,483,380.67	$6,739,994.71	$9,151,493.57	$10,055,744.65	$10,806,642.23	$50,979,959.51
	환율	1247.40	1301.80	1176.20	1182.60	1025.50	1003.10	920.50	929.10	1098.28
	KRW	1,362,663,991	6,784,633,416	5,823,277,831	5,302,045,979	6,911,864,578	9,179,863,196	9,256,312,948	10,040,451,295	55,990,015,033

실시료수입액 3(공헌도 반영) : MPEG-4 Visual

	공헌도	2000년	2001년	2002년	2003년	2004년	2005년	2006년	2007년	소계(공헌도 반영)
2	0.8					$25,821.38	$234,546.19	$40,859.61	$36,450.47	$270,142.12
10	1					$0.00	$0.00	$115,306.91	$86,519.55	$201,826.46
11	1					$0.00	$0.00	$0.00	$0.00	$0.00
12	0.8					$0.00	$0.00	$0.00	$0.00	$0.00
13	0.8					$0.00	$0.00	$0.00	$86,526.59	$69,221.27
14	1					$72,948.85	$51,819.11	$128,671.32	$86,519.55	$339,958.83
15	0.8					$35,553.27	$51,819.11	$128,671.32	$86,519.55	$242,050.60
16	0.8					$0.00	$0.00	$0.00	$0.00	$0.00
29	1					$0.00	$0.00	−$28,538.54	−$28,063.22	−$56,601.76
30	1					−$44,438.96	$246,783.28	$215,309.72	$52,874.83	$470,528.87
31	1					−$44,438.96	$246,783.28	$215,309.72	$52,874.83	$470,528.87
32	1					$0.00	$0.00	$0.00	$0.00	$0.00
33	1					$0.00	$0.00	$0.00	$0.00	$0.00
34	1					$0.00	$0.00	$0.00	$0.00	$0.00
36	0.8					$0.00	$0.00	$0.00	$0.00	$0.00
37	0.8					$0.00	$0.00	$0.00	$0.00	$0.00
38	0.8					$0.00	$0.00	$0.00	$0.00	$0.00
39	0.8					$0.00	$0.00	$0.00	$0.00	$0.00
40	0.8					$0.00	$0.00	$0.00	$0.00	$0.00
41	0.8					$0.00	$0.00	$0.00	$0.00	$0.00
42	0.8					$0.00	$0.00	$0.00	$0.00	$0.00
43	0.8					$0.00	$0.00	$9,226.21	$173,300.18	$146,021.11
45	0.8					$0.00	$0.00	$0.00	$0.00	$0.00
46	0.8					$0.00	$0.00	$0.00	$0.00	$0.00
47	0.8					$0.00	$0.00	$5,588.81	$47,480.87	$42,455.74
48	0.8					$0.00	$0.00	−$6,634.80	$41,288.08	$27,722.62
49	0.8					$0.00	$0.00	−$9,151.90	$14,738.52	$4,469.30
50	0.8					$0.00	$0.00	−$30,284.43	−$30,024.51	−$48,247.15
56	0.8					$0.00	$0.00	$0.00	$0.00	$0.00
	USD	$0.00	$0.00	$0.00	$0.00	$45,445.58	$831,750.98	$784,335.95	$707,005.29	$2,180,076.89
	환율	1247.40	1301.80	1176.20	1182.60	1025.50	1003.10	920.50	929.10	969.55
	KRW	–	–	–	–	46,604,447	834,329,403	721,979,397	656,878,612	2,113,693,547

실시료수입액 4(공헌도 반영) : VC-1

	공헌도	2000년	2001년	2002년	2003년	2004년	2005년	2006년	2007년	소계(공헌도 반영)
1	1								-$39,987.15	-$39,987.15
2	0.8								-$39,987.15	-$31,989.72
3	1								-$39,987.15	-$39,987.15
5	1								-$52,604.67	-$52,604.67
6	1								-$44,373.99	-$44,373.99
9	1								$3,510.58	$3,510.58
10	1								$721,575.11	$721,575.11
11	1								$0.00	$0.00
12	0.8								$0.00	$0.00
13	0.8								$721,575.11	$577,260.09
14	1								$721,575.11	$721,575.11
15	0.8								$531,154.78	$424,923.82
16	0.8								$0.00	$0.00
30	1								$174,347.56	$174,347.56
31	1								$174,347.56	$174,347.56
32	1								$187,300.10	$187,300.10
33	1								$124,495.11	$124,495.11
34	1								$70,245.21	$70,245.21
35	1								$76,479.30	$76,479.30
43	0.8								$159,197.64	$127,358.11
44	1								$32,126.37	$32,126.37
47	0.8								$187,300.10	$149,840.08
48	0.8								$124,495.11	$99,596.09
49	0.8								$70,245.21	$56,196.17
50	0.8								$76,479.30	$61,183.44
51	0.8								$0.00	$0.00
52	0.8								$0.00	$0.00
53	0.8								$0.00	$0.00
54	1								$0.00	$0.00
55	1								$16,618.23	$16,618.23
57	1								$369,316.37	$369,316.37
	USD	$0.00	$0.00	$0.00	$0.00	$0.00	$0.00	$0.00	$4,325,443.72	$3,959,351.70
	환율	1247.40	1301.80	1176.20	1182.60	1025.50	1003.10	920.50	929.10	929.10
	KRW	-	-	-	-	-	-	-	4,018,769,756	3,678,633,662

◎ **발명자 기여도** : 10%(제1 내지 8번 발명특허가 1991. 12.경부터 1992. 7.경 사이에 비교적 단기간 내에 출원되었던 점에 비추어 원고가 피고에 입사하기 이전에 특허 관련 기반기술에 대한 이론연구와 실무경험이 상당하였다는 원고 주장은 설득력이 있고, 원고가 HDTV 수상기의 개발 이외에 영상압축에 관한 원천기술에 관심을 갖고 그에 관한 창의적 발상으로 이 사건 특허발명을 주도하였음을 알 수 있다. 한편 디지털 HDTV의 개발과 영상압축기술은 밀접한 관련이 있고 원고의 피고 재직기간을 전후하여 피고의 HDTV 개발 추진노력이 이 사건 발명에 상당한 직·간접적인 추진동기가 되었을 뿐만 아니라 피고가 회사차원에서 원고의 발명특허를 국제 표준 특허로서 자리매김하게 함으로써 이 사건 특허발명들의 가치를 높이고 큰 수익을 창출하게 하였음도 알 수 있다. 이와 같은 사정에다가 원고와 피고의 관계와 각자의 역할, 피고의 규모, 피고가 이 사건 특허발명들을 통해 얻은 실시료 수익액 등 종합), (구체적으로 고려된 사항들, ⓐ 원고는 1980년 서울대학교 전자공학과를 졸업하고 1982년 한국과학기술원 전자전기공학부 석사과정을 통해 영상처리 분야를 전공하였다. 원고는 1982년부터 1986년까지 KBS 기술연구

소에서 연구원으로 근무하면서 디지털 방송 및 신호에 관한 연구를 하다가, 1986년부터 1990년까지 미국 미시간 대학에서 'Time-frequency signal analysis and synthesis algorithms'라는 제목의 논문으로 박사 학위를 취득하였다. ⓑ 원고는 피고의 스카우트 제의에 따라 1991. 2. 1. 피고에 입사하여 영상연구실 및 신호처리그룹의 수석연구원으로 근무하면서『All-Digital HDTV 개발』과제를 수행하였다. 당시 HDTV에 대한 피고 회사 내부의 연구성과는 미미한 편이었고 원고가 1991. 5.경 400여 페이지에 달하는 연구노트를 작성하면서 본격적인 연구가 가속화되었다. 원고의 아이디어로 창안된 1번 발명이 1991. 12.경 특허출원된 이후 1992. 7.경까지 2번 내지 8번의 발명이 비교적 단기간 내에 특허출원되기에 이르렀다. ⓒ 원고는 피고로부터 1994. 1. 5. 기술논문발표회에서 최우수상을 수여받았고, 1995. 1. 4. 발명의 공로를 인정받아 포장을 받기도 하였다. 또한 원고는 1998. 11. 26. 과학기술부 장관으로부터 '멀티미디어 국제표준에 채택된 핵심원천기술 개발' 등의 연구업적으로 과학기술발전에 기여한 그 동안의 업적에 따라 이달의 과학기술자상을 수상하기도 하였다. ⓓ 이 사건 특허발명들은 여러 개의 기술적 변수들 중 최적의 변수를 선택하는 적응적 기법을 사용한 발명으로서 그 기술적 사상을 블록다이어그램과 알고리즘으로 기술함으로써 완성되는 것이므로, 피고는 위 발명들에 관한 특허출원 전에 별도의 실험이나 시뮬레이션 과정을 거치지 않았다. 피고의 영상연구실 및 신호처리 연구소에는 D-1 브이티알(VTR)과 에스디 모니터(SD Monitor) 등 엠펙 표준기술 개발을 위한 장비가 갖추어져 있지 않았다. ⓔ 원고는 발명의 착상에서부터 구체적인 알고리즘을 전개하는 작업을 하였고, 이 사건 특허발명들에 관한 기술적 사상을 발명신고서에 기재하여 피고에 제출한 뒤, 피고의 특허부서 담당직원 및 변리사에게 명세서 작성을 위한 추가 설명자료를 작성하여 전달하였다. 한편 이 사건 특허발명에 관하여 원고가 작성하여 피고에게 제출한 발명신고서에는 발명동기와 담당과제명이 원고가 피고에 재직하면서 담당하였던 주된 업무와 관련된『All-Digital HDTV 개발』로, 적용제품이『HDTV, Digital VCR 등』으로 기재되어 있다, 피고는 이 사건 특허발명들의 청구항을 보정하거나 이미 특허등록된 경우 정정심판을 거치는 방법으로 엠펙 표준 규격에 맞도록 수정하였고, 분할출원 및 계속출원 절차를 통해 엠펙 표준으로 채택될 청구항을 늘리는 작업을 하였다. 또한 피고는 이 사건 특허발명들이 엠펙 표준 기술로 채택되도록 하기 위해 위 발명들 중 엠펙 표준 기술로 채택될 가능성이 있는 발명을 선별하고, 전문기관에 특허에 대한 평가 및 자문을 의뢰하였으며, 엠펙 회의에 제출할 기고문 등을 작성하였다).

◎ **원고의 기여도** : 80%(공동연구원들 부분 참작)

◎ **직무발명보상금 액수** : 피고가 2000. 7.부터 2007년까지 사이에 얻은 실시료는 총 62,566,867,721원(= AVC/H.264 그룹 784,525,479원 + MPEG-2 그룹 55,990,015,033원 + MPEG-4 그룹 2,113,693,547원 + VC-1 그룹 3,678,633,662원, MPEG-2 그룹의 경우 2000. 7.부터 2000. 12.까지 발생한 실시료를 특정할 수 없어 2000년도 실시료를 반분하였다)이고, 그 구체적인 계산내역은 별지 '실시료수입액(공헌도 반영)' 표 기재와 같다.

피고는 원고에게 위 62,566,867,721원 중 자신의 기여도라고 인정되는 90% 부분을 제외한 금액만을 지급할 의무가 있으므로, 피고가 원고에게 지급하여야 할 이 사건 특허발명들에 대한 정당한 직무발명보상금은 6,256,686,772원(= 62,566,867,721원 × 0.1)이고, 위 금액에서 원고가 피고로부터 이미 지급받은 직무발명보상금 2억 2,000만원을 공제하면 6,036,686,772원(= 6,256,686,772원 - 220,000,000원)이 된다.

인용금액 및 지연손해금 내역

① 발생연도	② 연도별 실시료 수입비율	③ 인용금액	지연손해금	
			④ 연도별 안분금액	⑤ 기산일
2000	0.02	6,036,686,772	120,733,735	2001. 1. 2.
2001	0.11		664,035,545	2002. 1. 2.
2002	0.09		543,301,809	2003. 1. 2.
2003	0.09		543,301,809	2004. 1. 2.
2004	0.11		664,035,545	2005. 1. 2.
2005	0.16		965,869,884	2006. 1. 2.
2006	0.17		1,026,236,751	2007. 1. 2.
2007	0.25		1,509,171,693	2008. 1. 2.

2) 사용자가 제3자에게 실시허락을 한 경우

● **서울고등법원 2004. 11. 16. 선고 2003나52410 판결 【직무발명보상금】**

피고(동아제약)는 이 사건 실시계약의 체결로써 새로 개발한 이타졸 제품의 생산 및 판매를 포기하여 한국얀센으로 하여금 국내 시장에서의 독점적 지위를 유지할 수 있도록 함과 아울러, 한국얀센에 이 사건 발명을 포함한 이 사건 의약발명 전체의 특허에 관한 전용실시권을 부여하고, 관련 정보 및 자료 등 노하우 일체를 넘겨주는 대신, 한국얀센으로부터 그 대가로 초회 계약금 및 실시권 허여 대가 합계 6,805,800,000원을 지급받는 한편, 2000. 9.부터 2003. 12.까지 40개월 동안 실시료 합계 2,308,859,592원(3~5%의 실시료율)을 수령하고, 다시

2004. 1.부터 2004. 6.까지의 기간에 대하여 실시료율 1%를 적용한 실시료 108,346,859원을 지급받았는바, 이후 피고가 한국얀센으로부터 이 사건 실시계약에 따라 지급받게 될 이후 6개월분 실시료도 같은 액수일 것으로 추인된다.

비록 한국얀센의 이트라코나졸 제품에 대한 국내 시장점유율이 감소 추세에 있고, 경쟁대상 제네릭 제품이 3개 이상 국내 시판되고 있는 까닭에 이 사건 실시계약 체결 당시에 비하여 한국얀센의 수익성이 많이 떨어진 것은 부인할 수 없지만, 이와 같은 사정만으로 한국얀센이 반드시 이 사건 실시계약의 관련 조항에 의거 7년차가 되는 2007년도 이후 그 권한을 행사함으로써 전용실시권의 내용을 변경하거나 계약 자체를 종료시킬 것이라고 단정하기 어렵고, 한국얀센 역시 현재 이에 관한 어떠한 확정적인 입장도 밝히지 않고 있는 이상, 이 사건 실시계약은 위 계약기간 조항에 따라 실시제품의 특허기간, 즉 이 사건 의약발명 중 가장 늦게 2000. 4. 21. 출원된 특허발명 6의 특허를 기준으로 그때로부터 20년의 특허권 존속기간이 만료되는 2020. 4. 20.까지 그대로 존속하게 될 것이라고 봄이 옳다.

한국얀센이 피고와 이 사건 실시계약을 체결하게 된 결정적인 동기는, 피고가 이 사건 발명 중 특허발명 4, 6을 실시하여 생산한 시제품으로 생물학적동등성 시험을 통과하고 그 제조, 판매허가를 받아 가까운 시일 내에 국내 항진균제 시장에 진입할 수 있었던 때문이라는 점을 감안한다 하더라도, 이 사건 실시계약은 이 사건 발명 외에 원고가 직접 참여하지 않아서 따로 그에 대한 권리를 주장할 수 없는 특허발명 1 내지 3을 포함한 이 사건 의약발명 전체를 전용실시권 부여의 대상으로 하는 것이고, 이에 더하여 이 사건 의약발명의 특허출원 명세서에 기재되지 아니한 비공개의 유용한 정보 및 자료 등 피고의 제품생산 관련 노하우 일체와 국내 항진균제 시장진출의 포기까지를 위와 같은 금원지급의 반대급부로 하였던바, 이들은 모두 이 사건 발명과 함께 이 사건 실시계약의 다른 중요한 구성요소가 되었던 것으로 판단되고, 이와 달리 볼만한 증거도 없다. **따라서, 이 사건 실시계약에 따른 피고의 수입액 전부를 원고가 발명자로 참여한 이 사건 발명으로 인한 수익이라고 할 수는 없고, 상당인과관계 있는 범위 내로 이를 제한하여야 할 것**인바, 위 인정에 드러난 이 사건 실시계약의 체결경위와 당사자의 의도, 이 사건 의약발명 전체의 내용과 각각의 특허출원 및 등록 결과, 이 사건 실시계약의 약정내용과 실시료 수입액, 계약 당시 이트라코나졸 제품의 국내시장 상황, 이 사건 의약발명 중 이 사건 발명이 차지하는 비중 및 그 우수성, 의약품 생산에서 노하우가 차지하는 중요도, 피고의 제품생산 및 영업능력과 그에 기초한 대외 협상력 등 제반 사정에 비추어 볼 때, 그 비율은 전체 수입액의 50%로 정함이 상당하다.

☞ 계산식 : ㈎ 초회 계약금 및 실시권허여 대가 : 6,805,800,000원

㈏ 2000. 9.부터 2004. 6.까지의 실시료 수령액

: 2,417,206,451원(= 2,308,859,592 + 108,346,859)

㈐ 2004. 7.부터 이 사건 변론종결일에 가까운 2004. 9.까지의 실시료 예상액

: 54,173,429원(= 108,346,859/6 × 3, 원 미만은 버린다, 이하 같다)

㈑ 2004. 10.부터 계약기간 만료일에 가까운 2020. 3.경까지의 추정 실시료

: 2,463,279,803원(위 기간에 대한 추정 실시료 수입액을 호프만식 계산법에 의하여 이 사건 변론종결일이 속한 2004. 9. 당시의 현가로 환산한 것)

합계: 11,740,459,683원(= ㈎ + ㈏ + ㈐ + ㈑)

㈓ 수익액의 결정 : 5,870,229,841원(= ㈒ × 50%)[15]

3) 사용자나 제3자가 실시하였는지 불분명한 경우

● **서울고등법원 2014. 7. 17. 선고 2013나2016228호 판결 【직무발명보상금 청구의 소】**

◎ 구체적 보상금의 산정

피고가 현재 이 사건 각 특허발명을 직접 실시하거나 제3자에게 실시허락을 한 것으로 보이지 아니하는 이 사건에서, '**사용자가 얻을 이익**'은 **그 직무발명을 경쟁 회사가 실시하였더라면 사용자가 상실하였을 이익 상당액이라 할 것**인데, 위와 같은 이익은 그 정확한 액수의 산정이 극히 곤란하므로, 이 사건에서는 원고가 구하는 바에 따라 아래 산식과 같이 사용자의 매출액에 직무발명이 기여한 정도(직무발명이 완성품 일부에만 관련되는 경우에 적정한 보상금의 산정을 위하여는 완성품 전체의 매출액에서 그 일부에만 관련된 직무발명이 기여한 정도를

15) 피고가 원고에게 지급하여야 할 정당한 보상금은 176,106,895원(= 이 사건 발명으로 피고가 얻을 이익 5,870,229,841원 × 발명자 보상률 10% × 원고의 기여율 30%)으로 계산하였다.

참작하여야 한다)와 실시료율을 곱한 값에서 무상의 통상실시권으로 발생한 부분을 제외하는 방식, 즉 독점권 기여율을 곱하는 방식으로 산정하기로 한다.

보상금 = 사용자가 얻을 이익(사용자의 매출액 × 직무발명의 기여도 × 실시료율 × 독점권 기여율) × 발명자 공헌도 × 발명자 기여율(공동발명의 경우)

피고회사의 매출액

연도	국내 생산량(대)[16]	전체 생산량(대)[17]	국내 생산 비중(%)	전체 생산 증가율(%)	국내 매출액(원)
2001년	34,186,653	45,582,205	75	22.6	5,026,737,083,814
2002년	41,912,838	55,883,784	75	22.6	6,162,779,873,844
2003년	51,385,140	68,513,520	75	22.6	7,555,568,215,320
2004년	62,998,182	83,997,576	75	22.6	9,263,126,684,916
2005년	77,235,771	102,981,029	75	22.6	11,356,593,296,298
2006년	71,820,000	114,000,000	63	10.7	10,560,269,160,000
2007년	83,720,000	161,000,000	52	41.2	12,310,021,360,000
2008년	68,950,000	197,000,000	35	22.4	10,138,270,100,000
2009년	68,160,000	227,200,000	30	15.3	10,022,110,080,000
2010년	84,060,000	280,200,000	30	23.3	12,360,014,280,000
2011년	103,057,560	343,525,200	30	22.6	15,153,377,507,280
2012년	126,348,568	421,161,895	30	22.6	17,763,863,657,292[18]
2013.5.	64,543,060	215,143,534	30	22.6	8,897,139,802,763[19]
합계	938,377,772				136,569,871,101,526

◎ **직무발명의 기여도** : 2%(① 휴대전화기 제품의 경우 하드웨어와 소프트웨어 등에 수많은 첨단 기술이 고도로 집약된 점, ② 휴대전화기 제품의 소프트웨어 분야에서도 통신, 데이터 처리, 미디어 제어 등 다양한 분야의 기술이 접목된 점, ③ 특히 이 사건 각 특허발명은 전화번호를 검색하는 방법에 관한 발명으로서 휴대전화기 구동을 위한 소프트웨어 분야에서도 극히 일부의 기술에 해당하는 점, ④ 휴대전화기 제품에서 전화번호를 검색하는 기술은 여러 대체 기술이 풍부하게 존재하므로 피고가 이 사건 각 특허발명을 직접 실시할 필요성이 크지 않다고 보이는 점, ⑤ 휴대전화기 매출에는 상표 등의 고객흡인력, 디자인의 우수성, 홍보 및 마케팅 활동 등 비기술적 요소 역시 기여하는 점 등에 비추어 보면, 휴대전화기 완성품에 대한 이 사건 각 특허발명의 기여도는 2%로 정함이 상당하다.)[20]

---

16) '전체 생산량 × 국내 생산 비중'의 산식에 따라 계산한다.

17) 2006년 1억 1,400만 대를 기준으로 전체 생산 증가율을 역산하여 '전년도 전체 생산량 ÷ (1 + 증가율)'의 산식에 따라 2001년부터 2005년까지 전체 생산량을 계산한다.

18) 126,348,568대 × 147,038원 ÷ (1 + 11개월/12 × 5%).

19) 64,543,060대 × 147,038원 ÷ (1 + 1년 × 5% + 4개월/12 × 5%).

20) '직무발명의 기여도'를 처음으로 적용하여 사용자의 이익액을 산출한 것으로 보인다.

◎ **실시료율** : 2%(① 일반적으로 정보통신분야에서 전용실시권을 설정할 때의 실시료율은 순매출액의 2.48%, 통상실시권을 설정할 때의 실시료율은 순매출액의 1.24%인 점, ② 이 사건 각 특허발명은 피고 제품의 관련 하드웨어가 기술적으로 충분히 뒷받침되어 상호 간에 유기적으로 결합하여야 그 기능을 충분히 발휘할 수 있는 점, ③ 피고의 경쟁 회사에서도 독자적인 방법으로 전화번호를 검색하는 방법을 수행하고 있는 것으로 보이는 점 참작)

◎ **독점권 기여율** : 0.2%{직무발명을 사용자가 실시하지 않고 제3자에게 실시허락도 하지 아니함으로써, 사용자가 제조·판매하고 있는 제품이 직무발명의 권리범위에 포함되지 않더라도 그것이 직무발명 실시제품의 수요를 대체할 수 있는 제품으로서 사용자가 직무발명에 대한 특허권에 기해 경쟁회사로 하여금 직무발명을 실시할 수 없게 함으로써 매출이 증가하였다면, 그로 인한 이익을 직무발명에 의한 사용자의 이익으로 평가할 수 있다(대법원 2011. 7. 28. 선고 2009다75178 판결). 피고 제품은 이 사건 각 특허발명에 대하여 전화번호의 검색 순서 또는 방법을 달리 적용한 것으로서 이 사건 각 특허발명 실시제품의 수요 대체품으로 볼 수 있고(피고는 이 사건 각 특허발명은 휴대전화기가 아닌 팩스나 유·무선전화기에 대한 것이라고 주장하나, 이 사건 각 특허발명의 청구범위에서 그러한 명시적 한정을 발견할 수 없다), 그 결과 이 사건 각 특허발명으로 피고 제품의 매출 증가에 어느 정도의 영향이 있다고 추인할 수 있으므로, 설령 피고가 이 사건 각 특허발명을 직접 실시하지 않았다고 하더라도 그러한 사정만으로 보상금 지급의무를 전부 면할 수는 없고, 다만 그러한 사정은 다음에서 보는 독점권 기여율의 산정에 고려할 수 있을 뿐이다. 현재 피고가 이 사건 각 특허발명을 직접 실시하고 있다고 보기에 충분한 증거가 없는 점, 피고의 경쟁회사들도 이 사건 각 특허발명과 다른 독자적인 방법으로 전화번호를 검색하는 제품을 생산하고 있는 것으로 보이는 점, 따라서 경쟁회사들이 이 사건 각 특허발명을 실시할 수 없게 함으로써 얻은 피고의 이익이 전혀 없다고 평가할 수는 없으나 그 액수는 상당히 적을 것으로 보이는 점, 특히 이 사건 제1 특허발명은 진보성이 부정되어 무효로 될 가능성이 있는 점 등을 종합해 보면, 이 사건 각 특허발명의 가치는 매우 낮은 편으로서 그 독점권 기여율 역시 미미하다고 보이므로 이를 0.2%로 정한다.}

◎ 발명자 공헌도 : 20%(① 원고는 피고 회사에 재직하면서 피고 회사의 각종 자재 및 시설들을 이용하여 이 사건 각 특허발명의 완성에 이르게 된 점, ② 피고가 오랜 기간 누적하여 온 전화기 제조에 관한 기법과 첨단 기술도 이 사건 각 특허발명의

완성에 상당한 영향을 미친 것으로 보이는 점, ③ 이 사건 각 특허발명의 출원 및 등록에 관하여도 피고 측의 상당한 비용과 노력이 투입된 점)

◎ 보상금의 액수 : 피고가 원고에게 지급하여야 할 정당한 보상금의 액수는 21,851,179원(= 사용자 매출액 136,569,871,101,526원 × 직무발명의 기여도 2% × 실시료율 2% × 독점권 기여율 0.2% × 발명자 공헌도 20%)[21]

다. 정당한 보상액에 이르지 못한 경우

● **서울고등법원 2009. 8. 20. 선고 2008나119134 판결**

첫째 사용자가 '그 직무발명에 의해' 얻을 이익이 산정의 기초가 되는바, 종업원의 직무발명에 대해 사용자는 원칙적으로 무상의 통상실시권을 취득하므로(구 특허법 제39조 제1항), '그 직무발명에 의해' 얻을 이익이라 함은 통상실시권을 넘어 사용자가 '특허를 받을 수 있는 권리 내지 특허권을 승계함으로써 그 직무발명을 배타적·독점적으로 실시할 수 있음으로 인하여 얻을 수 있는 이익'을 의미하고, 이를 산정함에 있어서는 제3자에 대한 실시 허락시의 실시료율(사용자가 스스로 발명을 실시할 경우에는 자신 이외에 제3자의 실시를 금지할 수 있음으로 인하여 사용자가 얻는 독점적 이익)을 고려하여야 한다. 둘째, 실시보상금을 산정함에 있어서는 그 직무발명에 의해 사용자가 장래 '얻을' 이익이 산정의 기초가 되는바, 위 규정에 의할 때 이익액의 산정 시점은 원칙적으로는 특허를 받을 수 있는 권리 내지 특허권을 승계한 시점이라고 해석되므로, 승계 시점을 기준으로 하여 장래 사용자가 직무발명에 의해 얻을 것으로 합리적으로 예견되는 이익을 보상금 산정의 기초로 삼아야 하지만, 권리 승계시 장래의 이익을 예상하여 실시보상금을 미리 산정함에는 많은 어려움이 있으므로, 실제 실시계약의 체결 실적, 자사 제품에의 실시 여부 및 매출액 등 권리 승계 후 보상금 청구시까지 발생한 구체적인 사정을 '승계 당시 장래 얻을 수 있었던 이익'의 산정에 참작할 수 있고, 나아가 사용자가 직무발명의 실시로 인하여 실제로 이익을 얻은 경우, 특별한 사정이 없는 한 최소한 그 실현된 이익만큼은 '승계 당시 장래 얻을 수 있었던 이익'으로 봄이 상당하다. 셋째 여기서 사용자의 이익액은 '그 직무발명 자체에 의해 얻을 이익'만을 의미하는 것이지 수익·비용의 정산 이후 남는 회계상 이익액(매출이익, 영업이익 등)을 의미하는 것은 아니므로, 설사 발명 과정에서 상당한 연구비가 지출되어 최종적으로 수익·비용을 정산하면 남

21) 피고의 소멸시효에 대한 항변은 아래에서 살펴본다.

는 것이 없다는 사정만으로는 직무발명 자체에 의해 얻을 이익이 없다고 볼 수 없다(다만, 사용자가 연구비에 상당한 비용을 지출했다는 사정은 '발명자 보상률'을 정하는 단계에서 참작될 수 있다). 피고 회사는 직무발명보상금은 피고 회사의 직무발명보상규정에 의하여 상정되어야 하고 위 규정에 의하면 지급하여야 할 실시보상액이 없다고 주장하므로 살피건대, 근무규칙 등에 의하여 직무발명에 대하여 특허를 받을 권리 등을 사용자 등에게 승계한 종업원 등은, 당해 근무규칙 등에 사용자 등이 종업원 등에 대하여 지급하여야할 대가에 관한 조항이 있는 경우에도 그 대가액이 특허법의 규정에 따라 정해진 대가의 액에 이르지 않은 때에는 그 부족액에 상당하는 대가의 지급을 구할 수 있다고 보아야 하므로 위 주장은 이유 없다.

☞ 원고는 1994. 10.경부터 2007. 6. 1.까지 농약 등을 제조·판매하는 피고(회사)에 근무하면서 관련 발명을 하였고, 피고는 1997. 4. 16.경 이 사건 발명에 관하여 직무발명신고서에 공동발명자로 기재된 원고 외 4인으로부터 특허를 받을 권리를 승계받아 특허등록을 하였다. 이에 원고는 피고에게 특허발명을 이용한 제품을 생산·판매하여 얻은 수익에 관한 정당한 직무발명보상금 중 일부의 지급을 구하였다. 이에 제1심 법원은 원고가 이 사건 발명의 공동발명자가 아니라는 이유로 청구를 기각하였으나, 항소심 법원은 공동발명자임을 인정하고 원고 청구를 일부 인용하면서 산정기준을 밝혔다. 2013. 7. 30. 개정 직무발명법 제15조는 종업원 등이 직무발명에 대하여 특허 등을 받을 수 있는 권리나 특허권 등을 계약이나 근무규정에 따라 사용자 등에게 승계하게 하거나 전용실시권을 설정한 경우에는 정당한 보상을 받을 권리를 가지고(제1항), 사용자 등은 제1항에 따른 보상에 대하여 보상형태와 보상액을 결정하기 위한 기준, 지급방법 등이 명시된 보상규정을 작성하고 종업원 등에게 문서로 알려야 하며(제2항), 사용자 등이 제2 내지 4항의 규정에 따라 종업원 등에게 보상한 경우에는 정당한 보상을 한 것으로 본다. 다만, 그 보상액이 직무발명에 의하여 사용자 등이 얻을 이익과 그 발명의 완성에 사용자 등과 종업원 등이 공헌한 정도를 고려하지 아니한 경우에는 그러하지 아니하다(제6항)라고 '정당한 보상 간주규정'을 신설하였다. 개정법이 적용되는 경우에는 위와 같은 판결의 태도가 그대로 유지되기는 어려워 보인다.

V. 직무발명보상금채무의 이전 - 사용자가 직무발명을 제3자에게 양도한 경우 사용자의 이익

● **대법원 2010. 11. 11. 선고 2010다26769 판결【손해배상】**

사용자가 직무발명을 제3자에게 양도한 이후에는 더 이상 그 발명으로 인하여 얻을 이익이 없을 뿐만 아니라, 직무발명의 양수인이 직무발명을 실시함으로써 얻은 이익은 양수인이 처한 우연한 상황에 따라 좌우되는 것이어서 이러한 양수인의 이익액까지 사용자가 지급해야 할 직무발명보상금의 산정에 참작하는 것은 불합리하므로, **사용자가 직무발명을 양도한 경우에는 특별한 사정이 없는 한 그 양도대금을 포함하여 양도시까지 사용자가 얻은 이익액만을 참작하여 양도인인 사용자가 종업원에게 지급해야 할 직무발명보상금을 산정해야** 한다.

☞ 원고와 乙회사 사이에 '이 사건 발명을 직무발명으로 가정하여 산정한 직무발명보상금 상당액'을 양도대금으로 지급하기로 한 약정의 내용은 이 사건 발명이 제3자에게 양도되는 경우에는 특별한 사정이 없는 한 그 양도대금을 乙회사가 얻을 이익액만을 참작하여 산정하기로 한 것일 뿐 양수인(피고)인 제3자가 얻을 이익액까지 참작하여 산정하기로 한 것이 아니라고 할 것이다. 따라서 원고와 피고 사이에 피고가 얻을 이익액을 기준으로 하여 이 사건 발명에 대한 보상금을 산정하기로 하는 별도의 새로운 약정이 있었다는 등의 특별한 사정이 없는 한, 상법 제44조에 의하여 乙회사의 원고에 대한 이 사건 양도대금 채무를 변제할 책임이 있을 뿐인 피고는 원고에게, 신화피티지가 이 사건 발명으로 인하여 얻은 이익액만을 참작하여 산정한 직무발명보상금 상당액을 지급할 의무가 있다. 그럼에도 원심은 이 사건 발명의 양수인인 피고에게 발생하였거나 발생할 이익액을 참작하여 피고가 원고에게 지급해야 할 이 사건 양도대금의 액수를 산정하고 말았으니, 여기에는 이 사건 권리의 양도대금 산정에 관한 법리를 오해하여 판결에 영향을 미친 위법이 있다.

☞ 사용자가 직무발명을 양도하면 그로 인하여 사용자가 얻은 이익, 즉 그 양도대금을 기준으로 직무발명보상금을 산정해야 함이 일반적이고(이른바 처분보상금), 양도 이후 양수인이 그 실시 또는 처분으로 인하여 얻은 이익까지 합하여 사용자에게 직무발명보상금을 청구할 수 있다는 견해는 발견할 수 없다. 양수인이 직무발명을 양수한 후 실시하여 얻은 이익은 전혀 양도한 사용자에게

귀속되지 않으므로 보상금 산정의 기준이 되는 '사용자가 얻을 이익'에 해당한다고 보기 어렵기 때문이다. 또한 ① 사용자가 당해 특허권을 타인에게 양도한 이후에는 당해 특허권의 독점적·배타적 효력을 상실하여 더 이상 당해 특허로 인하여 얻을 이익이 없는 점, ② 양도된 이후에 당해 특허로 인하여 발생하는 이익은 양수인이 처한 우연한 상황에 따라 좌우되는 것임에도 사용자에게 당해 특허의 전전양도에 따른 실시보상 채무를 계속하여 부담시키는 것은 매우 불합리한 결과를 초래한다고 보이는 점, ③ 사용자가 당해 특허를 낮은 금액으로 타에 양도하였다 하더라도 처분보상규정의 효력 및 평가금액을 다투면서 정당한 보상을 청구할 수도 있다고 보이는 점 등도 그 근거로 제시될 수 있다. '이 사건 발명을 직무발명으로 가정하여 산정한 직무발명보상금 상당액'을 양도대금으로 지급하기로 약정한 원고와 乙회사 사이에도 이 사건 발명이 제3자에게 양도되는 경우에는 특별한 사정이 없는 한 양수인인 제3자가 얻을 이익액까지 참작하지는 않고 乙회사가 얻을 이익액만을 참작하여 양도대금을 산정하기로 하였다고 할 것이므로, 이 사건 양도대금을 산정하면서 이 사건 발명의 양수인인 피고가 얻었거나 얻을 이익액까지 참작하는 것은 양도계약을 체결한 당사자들인 원고와 乙회사의 의사에 합치하지 않고 그들이 양도계약을 체결할 당시 합리적으로 예상할 수 있었던 금액의 범위를 벗어나는 부당한 양도대금 산정이다.[22] 이 대법원판결은 명시적인 약정 없이 자유발명에 관한 특허를 받을 권리를 양도한 사안에서, 기록에 나타난 제반 사정을 참작하여 적어도 '위 발명을 직무발명으로 가정하여 산정한 직무발명보상금 상당액'을 양도대금으로 지급하기로 하는 묵시적인 약정이 있었던 것으로 당사자의 의사를 해석한 최초의 판례로서의 의미가 있다.[23]

● 수원지방법원 2008. 7. 25. 선고 2006가합14007 판결【직무발명보상금청구】

[직무보상발명금 채무가 특허권에 부종하는지 여부]

원고들이 피고 하이닉스반도체(이하 '하이닉스')에 연구원으로 근무하면서 이 사건 각 특허발명에 관여하였고, 피고 하이닉스가 이에 관하여 특허를 받을

22) 유영선, 특허를 받을 권리를 묵시적으로 양도한 경우 그 양도대금에 대한 당사자 의사의 해석방법 및 양도대금이 직무발명보상금 상당액으로 해석되는 경우 영업양수인이 지급해야 하는 양도대금 액수의 산정방법, 대법원판례해설 제86호(2010년 하반기)(2011), 법원도서관, 481~482면 참조.

23) 유영선, 위의 논문, 484면.

수 있는 권리를 승계한 사실, 피고 하이닉스의 직무발명보상규정에 의하면 직무발명보상을 출원보상, 등록보상, 처분보상, 실적보상 등으로 나눈 다음 그에 따른 보상금의 액수와 지급시기를 개별적으로 규정하고 있는 사실, 위 직무발명보상규정 중 처분보상의 경우 피고 하이닉스가 직무발명에 관한 등록된 지적재산권(출원 중인 지적재산권도 포함된다고 해석함이 상당하다)을 유상으로 양도 또는 실시허락 하는 경우에 지급할 수 있도록 규정된 사실, 피고 하이닉스와 피고 하이디스가 2002. 11. 19. 피고 비오이의 모회사인 중국 현지 법인인 비오이 테크놀로지 그룹 주식회사(BOE Technology Group Co, LTD)에게 이 사건 각 특허권을 포함한 지적재산권을 유상으로 매각한 사실이 인정된다.

이 사건 직무발명보상금 채권은 원고들이 피고 하이닉스에게 이 사건 각 특허발명에 관하여 특허를 받을 권리를 양도한 특허들의 각 출원일경 이미 발생하였다 할 것이고, 위 직무발명보상규정에 의하면 원고들의 피고 하이닉스에 대한 처분보상금 채권은 이 사건 자산매매계약 당시에 발생하였다. 이 사건 자산매매계약이 실질적으로 영업양도에 해당한다고 하더라도, 양수인이 양도인의 상호를 속용하거나 채무인수를 광고하지 않은 이상 양도인의 채무나 채무자로서의 지위가 당연히 양수인에게 이전된다고 볼 수 없는 것인바, 원고 甲은 2001. 1. 3.경까지, 원고 乙은 2001. 8.경까지 피고 하이닉스에 근무하다 퇴사함으로써 원고들과 피고 하이닉스 사이의 고용관계가 이 사건 자산매매계약일인 2002. 11. 19. 이전에 이미 종료되었던 사실, 피고 비오이는 피고 하이닉스 및 피고 하이닉스와의 이 사건 자산매매계약을 체결하면서 피고 하이닉스의 과거 고용과 관련하여 발생한 미지급 보수 등 모든 금전적 채무를 인수하지 않기로 하는 한편, 거래 종결일인 2003. 1. 22. 기준으로 하여 영업과 관련 여부를 불문하고 그 이전에 발생한 어떠한 채무도 인수하지 않기로 약정한 사실이 인정되는바, 위 인정사실을 종합하면, 피고 비오이가 이 사건 자산매매계약의 종결인인 2003. 1. 22. 이전에 발생한 피고 하이닉스의 원고들에 대한 이 사건 직무발명보상금 채무를 인수하였거나 이에 관한 채무자로서의 지위를 그대로 승계하였다고 보기 어렵다. 한편, 위 인정사실에 비추어 보면 원고들이 제출한 증거만으로는 피고 하이닉스의 위 직무발명보상규정이 피고 비오이와의 관계에서도 그대로 적용될 아무런 근거가 없다.

그리고, 직무발명보상금 채무가 해당 특허권의 이전에 부종하므로 이 사건 각 특허권의 최종보유자인 피고 비오이는 원고들에게 이 사건 직무발명보상금을 지급할 의무가 있다는 취지의 원고들 주장에 관하여 보건대, 직무발명보상금 청구권은 피용자의 발명을 장려하고 경제적 약자인 종업원을 보호하기 위하여 사용자와 피용자 사이에서 인정되는 법정채권으로서, 그 보상금의 지급의무 및 그 금액을 산정함에 있어서 이미 **특허권과의 분리가능성**(특히, 처분보상금을 산정하는 경우)**을 전제**하고 있으므로, 법령상의 특별한 규정이 없는 한 원고들의 위 주장은 받아들일 수 없다.[24)]

Ⅵ. 직무발명보상금 청구권의 소멸시효

● **대법원 2011. 7. 28. 선고 2009다75178 판결【직무발명보상금】**

직무발명보상금청구권은 일반채권과 마찬가지로 10년간 행사하지 않으면 소멸시효가 완성하고, 기산점은 일반적으로 사용자가 직무발명에 대한 특허를 받을 권리를 종업원한테서 승계한 시점으로 보아야 하나, 회사의 근무규칙 등에 직무발명보상금 지급시기를 정하고 있는 경우에는 그 시기가 도래할 때까지 보상금청구권 행사에 법률상 장애가 있으므로 근무규칙 등에 정하여진 지급시기가 소멸시효의 기산점이 된다.

☞ 원심은, 피고 회사의 직무발명보상 관련 규정들에 의하면 제1 특허발명에 대한 직무발명보상금은 제1 특허발명의 실시에 의해 회사에 기여한 것으로 인정되는 경우 **해당 사업부장과 지적재산담당 임원의 심의가 이루어진 후에 지급**하는 것이고, 특히 **그 첫 회분은 제품출시 연도의 다음 회계 연도 1년 동안의 실적을 평가하여 지급**하도록 되어 있으므로, 원고의 제1 특허발명에 대한 직무발명보상금청구권의 행사는 위와 같은 심의가 이루어지고 피리벤족심이 제품화된 1997년 2월경의 다음 회계 연도 1년 동안의 실적을 평가한 후에야 비로소 가능하다고 할 것인데, 위와 같은 심의 혹은 평가가 이루어졌음을 인정할 아무런 증거가 없어 그 소멸시효의 기산점은 아무리 빨라도 피리벤족심이 제품화된 다음 회계 연도인 1998년 이후이므로, 그로부터 10년 이내인 2007. 8. 31.에 이 사건 소가 제기된 이상 위 직무발명보상금청구권의 소멸시효가 완성하지 않았다는 취지로 판단하였다.

24) 원고가 항소하였으나, 항소기각으로 확정되었다.

● 서울고등법원 2014. 7. 17. 선고 2013나2016228호 【직무발명보상금 청구의 소】

◎ 피고(삼성전자)의 소멸시효 항변에 대한 판단 : 피고의 직무발명보상지침 제16조는 제3호에서 실적보상금에 관하여 '등록된 권리의 실시결과가 회사경영에 현저하게 공헌하였을 경우, 그 공헌한 정도에 따라 위원회의 심의를 거쳐 대표이사의 재가를 받아 실적보상금을 지급한다'고 규정하고 있고, 제4호에서 처분보상금에 관하여 '회사가 종업원이 발명한 지적재산권을 제3자에게 유상으로 처분하거나 실시를 허여한 경우에는 위원회의 심의를 거쳐 그 처분대금 또는 실시료의 10% 범위 내에서 처분보상금을 지급한다'고 규정하고 있으며, 제5호에서 유효특허보상금에 관하여 '출원 또는 등록된 발명이나 지적재산권이 타사에 대한 클레임 제기 및 신규 또는 재계약 협상에서 로얄티 수입 및 절감에 현저하게 공헌한 경우 위원회의 심의를 거쳐 유효특허보상금을 지급한다'고 규정하고 있고, 제27조 제1항은 '위원회는 다음 각 호의 사항을 심의하고 의결한다. 1. 지적재산권의 회사승계 여부와 직무발명 보상 및 포상에 관련된 제반사항, 2. 지적재산권의 양도, 실시허여 및 기타 처분에 관련된 사항, 3. 발명자 또는 직무발명에 관련된 종업원의 이의신청 사항'이라고 규정하고 있으며, 제2항은 '위원회에서 심의하여 결정된 사항은 대표이사의 승인을 받는 것을 원칙으로 한다'고 규정하고 있다. 피고는 내부적으로 직무발명보상지침을 마련하여 실적보상금, 처분보상금, 유효특허보상금 등의 직무발명보상금의 지급액수, 지급시기 등을 심의위원회의 심의와 의결을 거쳐 대표이사의 승인을 받도록 정하고 있으므로, 원고는 위 직무발명보상지침이 정한 바에 따라 보상금에 관한 심의위원회 심의·의결 및 대표이사 승인이 있기 전까지는 보상금청구권을 행사함에 있어서 법률상 장애가 있었다.

이 사건 각 특허발명에 관하여 위 직무발명보상지침에 따른 피고 회사 심의위원회 심의·의결 및 대표이사 승인이 있었음을 인정할 만한 자료가 없는 이상, 원고의 보상금청구권에 대하여는 아직 소멸시효가 진행하지 않았으므로, 피고의 위 소멸시효 완성 주장은 이유 없다.[25)]

25) 피고가 상고하여 대법원에 상고심(2014다220347호) 진행 중이다.

● **서울고등법원 2014. 4. 24. 선고 2012나53644 판결 【직무발명보상금】**

◎ 피고(한국타이어)의 구 관리규정[26]이 보상금의 종류를 출원보상금과 등록보상금의 두 가지만으로 구별하고 있으나, 구 관리규정 13조 3항에 규정된 등록보상금의 지급요건이 “등록시점에 해당 발명이 적용 중에 있거나 적용을 위한 시험 중 또는 시험 실적이 있는 경우”로 되어 있어 개정된 관리규정 11조 5항에 규정된 등록보상금의 지급요건과 다르고, 11조 6항에 새롭게 규정된 실시보상금의 지급요건과 거의 동일하며, 구 관리규정 13조 3항의 등록보상금은 심사를 거쳐 인정된 등급기준에 따라 보상액이 다르게 정해지므로 그 지급기준에 있어서도 개정된 관리규정 11조 5항의 등록보상금이 아니라 11조 6항[27]의 실시보상금과 유사하다. 그리고 구 관리규정 13조 4항은 발명이 등록되었을 때 지급하는 1항의 등록보상금과 별도로 등록 이후 발명이 실제로 적용되는 것을 요건으로 하여 그 적용시점을 기준으로 등급 심사를 거쳐 추가로 지급하는 보상금에 관하여 규정하고 있으며, 실제로 원고의 발명2에 관하여는 개정된 관리규정 11조 5항에 정해진 등록보상이 아닌 11조 6항에 정해진 실시보상이 이루어진 사정 등에 비추어 구 관리규정 13조 3항 또는 4항의 보상금은 실질적으로 개정된 관리규정 11조 6항의 실시보상금과 같은 성격을 가지는 것으로 보아야 한다. 따라서 원고가 피고에게 직무발명에 대한 특허를 받을 권리를 승계하였

---

26) 11조(보상구분) 1. 보상금에 대한 지급은 4조에 의해 승계한 발명을 특허청에 출원한 경우에 지급하는 출원장려금과 등록시 지급하는 등록보상금으로 구분한다.

12조(출원보상) 1. 회사는 8조에 의거 해당 발명을 출원하였을 경우에는 국내 및 또는 해외출원에 불문하고 1회에 한하여 별첨 #4에 준한 출원장려금을 매분기별로 위원장의 재가를 득하여 지급한다.

13조(등록보상) 1. 회사는 8조에 의거 국내 및 해외출원한 발명이 등록되었을 경우 국내등록 시점에서 1회, 해외등록 시점에서 1회씩 각각 별개로 취급하여 등록보상등급평가기준표(양식 #4)에 의한 등급평가를 실시 후 매 분기별로 위원장의 재가를 득하여 별첨 #4에 준한 등록보상금을 지급한다. 2. 등록시점에 해당 발명이 단순 착상단계에 있는 발명의 경우에는 일괄 5등급으로 처리 보상한다. 3. 등록시점에 해당 발명이 적용 중에 있거나 적용을 위한 시험 중 또는 시험 실적이 있는 경우에는 ‘등록보상 등급평가 기준표’(양식 #4)에 의거 전문가 3~5인의 평가를 실시한 후 별첨 #4에 준하여 등급을 결정한다. 4. 등록보상을 할 때 착상단계 또는 적용 시험단계로 처리하여 보상하였던 발명이 그 후 등록일로부터 3년 이내에 회사에 적용되었을 경우에는 적용시점에서 등급심사를 실시하며, 등급심사 결과 최초 등록보상 등급보다 상위등급으로 결정되면 보상금 차액을 발명자에게 추가 지급한다. 이때 적용시점에서의 등급심사 결과 하위 등급으로 결정되더라도 차액의 보상금을 반환하지는 않는다.

27) 6. 실시보상 (1) 등록보상을 실시한 발명 중 해당발명이 적용 중에 있거나, 적용을 위한 시험 중 또는 적용실적이 있는 경우에는 발명자의 실시보상요구서(양식 #3)를 받아 실시보상을 실시하며 보상시한은 등록일로부터 3년 이내를 원칙으로 한다. (2) 실시보상은 실시보상 심의표(양식 #4)에 의거 전문가 3~5인의 평가를 실시하여 등급을 결정하고, 연구소장의 재가를 얻어 별첨 #4에 준한 실시보상금을 지급한다.

을 당시 시행되던 피고의 구 관리규정 13조 3, 4항은 실시보상금의 지급시기를 정하고 있었고, 원고는 구 관리규정 13조 3, 4항에 정해진 실시보상금의 지급시기가 도래할 때까지 보상금청구권을 행사함에 있어서 법률상 장애가 있었다고 볼 수 있다. 그러므로 발명2에 관한 원고의 직무발명보상청구권의 소멸시효는 피고가 발명2에 관한 등급평가를 실시하여 등급을 결정한 2004. 3. 무렵부터 진행하고, 원고의 피고에 대한 직무발명보상금을 구하는 이 사건 소는 그로부터 10년이 경과하기 전에 제기되었음이 역수상 분명하므로 원고의 직무발명보상청구권은 시효로 소멸하지 않았다. 피고의 위 주장은 이유 없다.

Ⅶ. 마치며

직무발명보상금 사건에서는 발명자로서 정당한 보상금을 받으려는 종업원과 각종 직무발명 관련 내규와 약정 등을 근거로 보상금의 지급을 최소화하려는 사용자 사이의 치열한 다툼이 벌어지게 된다. 최근까지 선고된 직무발명보상금 사건들을 살펴보면, 구 특허법 규정에 따른 청구사건이 대부분이어서 개정 발명진흥법에 따른 사건들의 추이는 향후에 지켜봐야 할 것이다. 앞서 살펴본 판결들을 살펴보면 정당한 보상금을 산정하기 위해 필요한 판단근거인 사용자가 얻을 이익 특히 직무발명의 기여도, 실시료율, 독점권 기여율과 발명자 공헌도, 발명자 기여율 등을 계산하는 판단기준들이 축적되고 있다. 이러한 판결들이 쌓이면 정당한 보상금 산정에 대한 기준들이 보다 명확해질 수 있을 것이다.

직무발명보상금을 인정한 판결들을 살펴보면 종업원과 사용자 사이에 체결된 종전의 약정들이 보상금산정에 직접적으로 영향을 미치지 않는 경우가 많은 것으로 보이는데, 이로 인해 객관적으로 발명이 갖고 있는 기여도 등을 평가하기 위해 심리를 집중했던 것으로 보인다. 그러나 개정 발명진흥법 제13조 제2항[28)]

28) 제1항의 규정에 의한 보상에 대하여 계약 또는 근무규정에서 정하고 있는 경우에 그에 따른 보상이 다음 각 호의 상황 등을 고려하여 합리적인 것으로 인정되면 이를 정당한 보상으로 본다.

1. 보상형태 및 보상액을 결정하기 위한 기준을 정함에 있어서 사용자등과 종업원등 사이에 행하여진 협의의 상황
2. 책정된 보상기준의 공표·게시 등 종업원등에 대한 보상기준의 제시 상황
3. 보상형태 및 보상액의 결정시 종업원등으로부터의 의견청취 상황

에서 정당한 보상으로 간주한다는 규정은 종업원과 사용자 사이의 약정들을 통해 '정당한 보상'의 산정에 영향을 미칠 수 있는 여지를 마련하였고, 종업원과 사용자가 대등한 관계에서 약정을 할 수 있는 상황이 마련되지 않는다면 직무발명보상금의 인정에 다소 부정적으로 작용할 것으로 보인다. 이 규정이 속한 절의 제목인 '제2절 직무발명의 활성화'에 부합하는지 의문이 든다. 또한 최근 사건들의 특징은 대법원 2009다91507 판결 이후로 피고 회사들이 자신의 특허권에 무효의 사유가 있다고 주장하는 경우가 많아졌다는 것이다. 침해사건 등을 담당하는 일반법원에서 특허권의 무효를 판단할 수 있으므로, 피고 회사의 이러한 항변에 대해 법원이 판단을 하게 되는데, 특허권자가 직무발명의 보상금을 지급하지 않기 위해 자신의 특허에 대해 무효사유가 있다고 주장하거나 특허권이 매출액 기여도나 독점권 기여율이 낮고, 특허권의 기여도를 낮추는 주장을 하는 것은 일반적인 특허권침해금지청구를 구하는 사건이나 등록무효사건과는 매우 다르고 어색할 수밖에 없는 모습이다.

2009년부터 2014년까지 주요 직무발명보상금 판결례(인용례)

순번	법원 사건 번호	선고일자	발명의 명칭, 분야 (피고 회사)	선고결과(억)		사용자매출액(억)	직무발명 기여도(%)	독점권기여도	실시료율	발명자공헌도	발명자기여도
				청구액	인용액						
1	수원지법 13가합12788	2014.10.28. (원고항소)	훈제오리	5.8	0.2	1581	20	20	1	50	90
						423	30	20	1	40	70
2	서울중앙 13가합517131	2014.10.2. (쌍방항소)	온열 마사지기 (세라젬)	6.3	0.63	4,689		10 4 6	1:0.4 2,4:0.4 3:0.6	1,2:15 3,4:10	20 25
3	서울고등 13나2016228	2014.5.1. (쌍방상고)	다이얼정보 검색 (삼성전자)	1.1	0.21	136,569,871	2	0.2	2	20	
4	서울고등 12나53644	2014.4.24. (확정)	타이어 보강용 스틸코드 (한국타이어)	60	3.9	13,042		3	1	10	
5	서울고등 2011나100994	2013.1.30. (확정)	감광드럼 (백산오피씨)	5	0.3	81		50	2	40	
6	서울중앙 2011가합37396	2012.9.28. (항소 후 강제조정)	프리플렉스, 강재거더 (삼표건설)	10	1.2[29]	1,103,930		30	2	15	70

7	서울중앙 2010가 합41527	2012.11.23. (항소 후 강제조정)	영상데이터의 부호화 장치 및 방법 (삼성전자)	185	60[30]	625[31]				10	80
8	수원지법 2011가 합13213	2012.9.20. (강제조정)	암로디핀 중간체 제조방법 (한림제약)	5.2	2.5						
9	서울고등 2010나 72955	2011.8.31. (확정)	프로브 및 프로브 조립체(유비프리시젼)	2	0.52	866		33.3	2	15	60
10	부산지법 2009가 합10983	2010.12.23. (확정)	스키드 탑재공법, 드라이 도크에서의 선박건조 공법(한진중)	10	0.71	95,000		1	0.5	15	
11	성남지원 2006가 합7873	2010.11.8. (강제조정)	반도체[32] (하이닉스 반도체)	30	1.2						
12	수원지법 2009가 합2746	2010.11.4. (확정)	리튬이온폴리머전지 (삼성SDI)	1	0.84			60	0.9	10	30
13	수원지법 2009가 단56852	2010.6.25. (항소 후 강제조정)	주차요금 정산시스템 (수원시시설관리공단)	0.5	0.5[33]	1.17				50	100
14	서울고등 2009나 26840	2009.10.7. (상고기각 확정)	나이디핀 발명 (한림제약)	10	0.05	5.5		50	5	15	50
15	서울고등 2009나 110806	2010.4.23. (임의조정)	이방성 도전필름의 압흔검사 방법	2	0.38						
16	서울고등 2008나 119134	2009.8.20. (확정)	피리벤족심 플루세토 설퓨론[34]	2	0.37	757		25	3	10	30
						512		33.3	3	20	20

29) 기지급된 3,800만원을 공제한 액수이다.

30) 기지급된 2억을 공제한 액수이다.

31) 실시료 수입액이다.

32) 이 사건의 조정에 갈음하는 결정에서 특이한 점은 피고(하이닉스반도체)가 이 사건 특허발명으로 포괄적 크로스 라이센스를 체결해서 계약기간 내에 상대방이 어느 정도로 실시할지 불확실하다는 점과 원고가 피고 회사에 근무하면서 외국 회사의 피고 회사에 대한 특허공격을 막는데 적지 않은 기여를 하였고, 무엇보다는 피고 회사는 외국에서 이루어진 특허분쟁과 관련해서는 이 사건과 전혀 다른 입장을 취하여 왔다는 사정을 감안하였다고 기재되어 있다.

33) 기지급된 130만원을 공제한 액수이다.

34) 제초제로서 유용한 성분이다. 피고는 엘지생활과학이다.

〈저자 명단〉

강경태 김앤장 법률사무소 변호사
권동주 서울고등법원 판사
김관식 한남대학교 법과대학 교수
김기영 서울중앙지방법원 부장판사
김동엽 특허청 국제특허출원심사2팀장
김동준 충남대학교 법학전문대학원 교수
김미경 서울대학교 의과대학 교수
노갑식 뉴탑법률사무소 변호사
문선영 숙명여자대학교 법과대학 교수
박영규 명지대학교 법과대학 교수
박원규 의정부지방법원 부장판사
박태일 대법원 재판연구관(부장판사)
성창익 법무법인 원 변호사
손천우 특허법원 판사
신혜은 충북대학교 법학전문대학원 교수
염호준 광주지방법원 부장판사
윤태식 서울북부지방법원 부장판사
이규홍 서울중앙지방법원 부장판사
장현진 특허법원 판사
정차호 성균관대학교 법학전문대학원 교수
최승재 법무법인 다래 변호사
한동수 법무법인 율촌 변호사
홍정표 국민대학교 교수

직무발명제도 해설

초판인쇄 2015년 10월 26일
초판발행 2015년 11월 6일

편 자 한국특허법학회
발행인 안종만

편 집 한두희
기획/마케팅 강상희
표지디자인 김문정
제 작 우인도 · 고철민

발행처 (주) 박영사
서울특별시 종로구 새문안로3길 36, 1601
등록 1959. 3. 11. 제300-1959-1호(倫)
전 화 02)733-6771
f a x 02)736-4818
e-mail pys@pybook.co.kr
homepage www.pybook.co.kr
ISBN 979-11-303-2768-6 93360

정 가 28,000원